5TH EDITION

VISTAS

INTRODUCCIÓN A LA LENGUA ESPAÑOLA

Lessons 1-10

José A. Blanco

Philip Redwine Donley, late
Austin Community College

VISTA®
HIGHER LEARNING
Boston, Massachusetts

Publisher: José A. Blanco
Editorial Development: Armando Brito, Deborah Coffey, María Victoria Echeverri,
Jo Hanna Kurth, Raquel Rodríguez, Verónica Tejeda
Project Management: Hillary Gospodarek, Sharon Inglis, Sofía Pellón
Rights Management: Maria Rosa Alcaraz Pinsach, Annie Pickert Fuller, Caitlin O'Brien
Technology Production: Sonja Porras, Paola Ríos Schaaf
Design: Mark James, Jhoany Jiménez, Andrés Vanegas
Production: Manuela Arango, Oscar Díez, Jennifer López

Student Text (Casebound) ISBN: 978-1-62680-637-5
Instructor's Annotated Edition ISBN: 978-1-62680-639-9

Library of Congress Control Number: 2014948570

5 6 7 8 9 WC 20 19 18

5TH EDITION

VISTAS

INTRODUCCIÓN A LA LENGUA ESPAÑOLA

Lessons 1-10

José A. Blanco

Philip Redwine Donley, late
Austin Community College

VISTA®
HIGHER LEARNING
Boston, Massachusetts

Shop online.
Buy from our store and save.
vistahigherlearning.com/store

ISBN-13: 978-1-62680-736-5
90000
9 781626 807365

Introduction

To Vista Higher Learning's great pride, **VISTAS** became the best-selling new introductory college Spanish program in more than a decade in its first edition, and its success has only grown over time. It is now our pleasure to welcome you to **VISTAS**, **Fifth Edition**, your gateway to the Spanish language and to the vibrant cultures of the Spanish-speaking world.

A direct result of extensive reviews and ongoing input from students and instructors, **VISTAS 5/e** includes both the highly successful, ground-breaking features of the original program, plus exciting new elements designed to keep **VISTAS** the most student-friendly program available.

Original, hallmark features

- A unique, easy-to-navigate design built around color-coded sections that appear either completely on one page or on spreads of two facing pages
- Integration of an appealing video, up-front in each lesson of the student text
- Practical, high-frequency vocabulary in meaningful contexts
- Clear, comprehensive grammar explanations with high-impact graphics and other special features that make structures easier to learn and use
- Ample guided practice to make you comfortable with the vocabulary and grammar you are learning and to give you a solid foundation for communication
- An emphasis on communicative interactions with a classmate, small groups, the full class, and your instructor
- A process approach to the development of reading, writing, and listening skills
- Coverage of the entire Spanish-speaking world and integration of everyday culture
- Unprecedented learning support through on-the-spot student sidebars and on-page correlations to the print and technology ancillaries for each lesson section
- A complete set of print and technology ancillaries to help you learn Spanish

NEW! to the Fifth Edition

- New, animated grammar tutorials—now with interactive questions that check understanding
- 3 new **En pantalla** video clips
- Online chat activities for synchronous communication and oral practice
- Online practice tests with diagnostics
- Task-based activities—for more language practice
- Customizable study lists for vocabulary words
- eBook, the downloadable student edition (for iPad®)
- The Practice Partner App for **VISTAS** practice on the go!

Each lesson in **VISTAS 5/e**, **Lessons 1–10**, is organized exactly the same way. To familiarize yourself with the organization of the text, as well as its original and new features, take the **at-a-glance** tour.

table of contents

	contextos	**fotonovela**

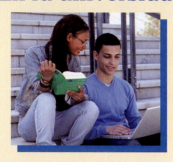

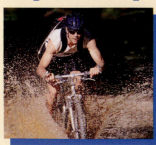

cultura	estructura	adelante

	contextos	**fotonovela**

Lección 5
Las vacaciones

Lección 6
¡De compras!

Lección 7
La rutina diaria

Lección 8
La comida

cultura	estructura	adelante

cultura	estructura	adelante

Icons

Familiarize yourself with these icons that appear throughout **VISTAS**.

 Content on the Supersite: audio, video, and presentations

 Textbook activity available online

 Listening activity/section

 Pair activity

 Group activity

 Information gap activity

 Hoja de actividades

Additional practice on the Supersite, not included in the textbook, is indicated with this icon feature:

 Practice more at **vhlcentral.com.**

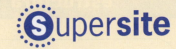

Each section of your textbook comes with activities on the **VISTAS** Supersite, many of which are auto-graded for immediate feedback. Plus, the Supersite is iPad®-friendly*, so it can be accessed on the go! Visit **vhlcentral.com** to explore this wealth of exciting resources.

CONTEXTOS
- Vocabulary tutorials
- Image-based vocabulary activity with audio
- Audio activities
- Textbook activities
- Additional activities for extra practice
- Chat activities for conversational skill-building and oral practice

FOTONOVELA
- Streaming video of **Fotonovela**, with instructor-managed options for subtitles and transcripts in Spanish and English
- Textbook activities
- Additional activities for extra practice
- Audio files for **Pronunciación**
- Record-compare practice

CULTURA
- Reading available online
- Keywords and support for **Conexión Internet**
- Textbook activities
- Additional activities for extra practice
- Additional reading

ESTRUCTURA
- Interactive grammar tutorials
- Grammar presentations available online
- Textbook activities
- Additional activities for extra practice
- Chat activities for conversational skill-building and oral practice
- Diagnostics in **Recapitulación** section

ADELANTE
- Audio-sync reading in **Lectura**
- Additional reading
- Writing activity in **Escritura** with composition engine
- Audio files for listening activity in **Escuchar**
- Textbook activities and additional activities for extra practice
- Streaming **En pantalla** TV clips or short film, with instructor-managed options for subtitles and transcripts in Spanish and English
- Streaming video of **Flash cultura** series, with instructor-managed options for subtitles and transcripts in Spanish and English

PANORAMA
- Interactive map
- Textbook activities
- Additional activities for extra practice
- Streaming video of **Panorama cultural** series, with instructor-managed options for subtitles and transcripts in Spanish and English

VOCABULARIO
- Vocabulary list with audio
- Customizable study lists

Plus! Also found on the Supersite:

- All textbook and lab audio MP3 files
- Communication center for instructor notifications and feedback
- Live Chat tool for video chat, audio chat, and instant messaging without leaving your browser
- A single gradebook for all Supersite activities
- WebSAM online Workbook/Video Manual/Lab Manual

*Students must use a computer for audio recording and select presentations and tools that require Flash or Shockwave.

Lesson Openers
outline the content and features of each lesson.

Communicative Goals

You will learn how to:
- Describe your daily routine
- Talk about personal hygiene
- Reassure someone

La rutina diaria

7

pages 226–229
- Daily routine
- Personal hygiene
- Time expressions

contextos

pages 230–233

Marissa, Felipe, and Jimena all compete for space in front of the mirror as they get ready to go out on Friday night.

fotonovela

pages 234–235
- La siesta
- Ir de tapas

cultura

pages 236–251
- Reflexive verbs
- Indefinite and negative words
- Preterite of **ser** and **ir**
- Verbs like **gustar**
- Recapitulación

estructura

pages 252–259

Lectura: An e-mail from Guillermo
Escritura: A daily routine
Escuchar: An interview with a famous actor
En pantalla
Flash cultura
Panorama: Perú

adelante

A PRIMERA VISTA
- ¿Está él en casa o en una tienda?
- ¿Está contento o enojado?
- ¿Cómo es él?
- ¿Qué colores hay en la foto?

A primera vista activities jump-start the lessons, allowing you to use the Spanish you know to talk about the photos.

Communicative goals highlight the real-life tasks you will be able to carry out in Spanish by the end of each lesson.

Ⓢupersite

Supersite resources are available for every section of the lesson at **vhlcentral.com**. Icons show you which textbook activities are also available online, and where additional practice activities are available. The description next to the Ⓢ icon indicates what additional resources are available for each section: videos, recordings, tutorials, presentations, and more!

Contextos
presents vocabulary in meaningful contexts.

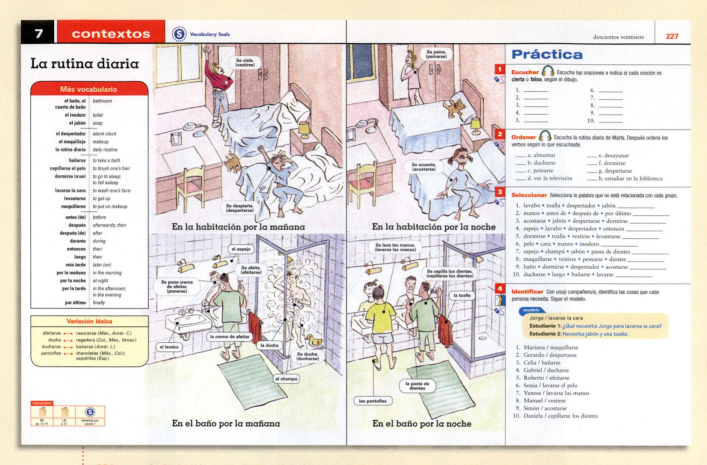

Más vocabulario boxes call out other important theme-related vocabulary in easy-to-reference Spanish-English lists.

Variación léxica presents alternate words and expressions used throughout the Spanish-speaking world.

Illustrations High-frequency vocabulary is introduced through expansive, full-color illustrations.

Recursos The icons in the Recursos boxes let you know exactly which print and technology ancillaries you can use to reinforce and expand on every section of every lesson.

Práctica This section always begins with two listening exercises and continues with activities that practice the new vocabulary in meaningful contexts.

Comunicación activities allow you to use the vocabulary creatively in interactions with a partner, a small group, or the entire class.

Supersite

- Vocabulary tutorials
- Audio support for vocabulary presentation
- Textbook activities
- Additional online-only practice activities

- Chat activities for conversational skill-building and oral practice
- Vocabulary activities in Activity Pack

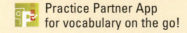 Practice Partner App for vocabulary on the go!

Fotonovela
follows the adventures of a group of students living and traveling in Mexico.

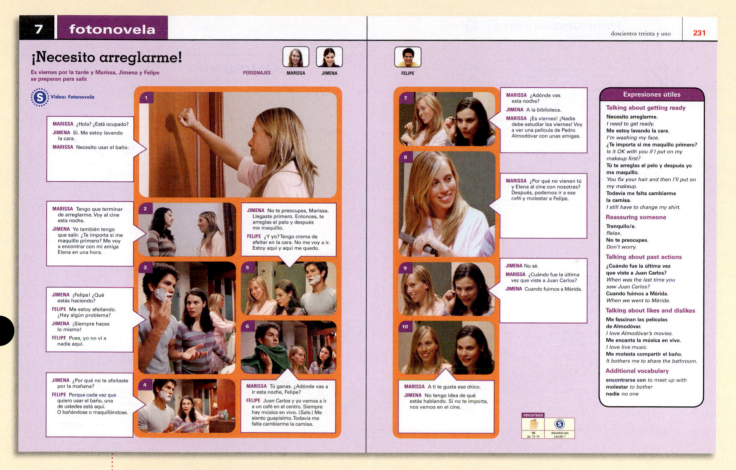

Personajes The photo-based conversations take place among a cast of recurring characters—a Mexican family with two college-age children, and their group of friends.

Icons signal activities by type (pair, group, audio, info gap) and let you know which activities can be completed online.

Fotonovela Video The video episodes that correspond to this section are available for viewing online.

Expresiones útiles These expressions organize new, active structures by language function so you can focus on using them for real-life, practical purposes.

Conversations Taken from the **Fotonovela** Video, the conversations reinforce vocabulary from **Contextos**. They also preview structures from the upcoming **Estructura** section in context and in a comprehensible way.

Supersite

- Streaming video of the **Fotonovela** episode
- Textbook activities
- Additional online-only practice activities

Pronunciación & Ortografía
present the rules of Spanish pronunciation and spelling.

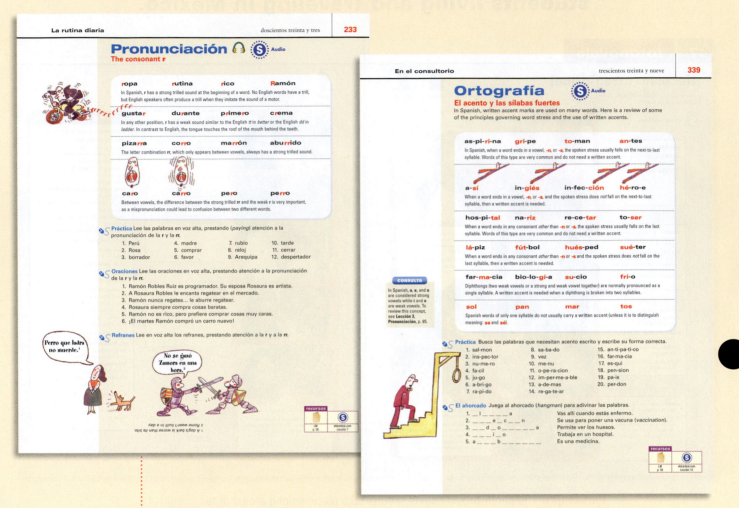

Pronunciación explains the sounds and pronunciation of Spanish in Lessons 1–9.

Ortografía focuses on topics related to Spanish spelling in Lesson 10.

Supersite

- Audio for pronunciation explanation
- Record-compare textbook activities

Cultura
exposes you to different aspects of Hispanic culture tied to the lesson theme.

En detalle & Perfil(es) Two articles on the lesson theme focus on a specific place, custom, person, group, or tradition in the Spanish-speaking world. In Spanish starting in Lesson 7, these features also provide reading practice.

Coverage While the **Panorama** section takes a regional approach to cultural coverage, **Cultura** is theme-driven, covering several Spanish-speaking regions in every lesson.

Así se dice & El mundo hispano Lexical and comparative features expand cultural coverage to people, traditions, customs, trends, and vocabulary throughout the Spanish-speaking world.

Supersite

- **Cultura** article
- Textbook activities
- Additional online-only practice activities

- **Conexión Internet** activity with questions and keywords related to lesson theme
- Additional cultural reading

Estructura
presents Spanish grammar in a graphic-intensive format.

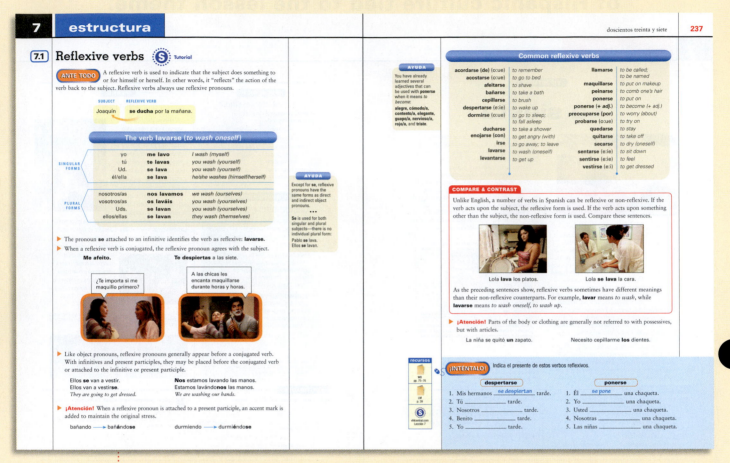

Ante todo Ease into grammar with definitions of grammatical terms, reminders about what you already know of English grammar, and Spanish grammar you have learned in earlier lessons.

Charts To help you learn, colorful, easy-to-use charts call out key grammatical structures and forms, as well as important related vocabulary.

Compare & Contrast This feature focuses on aspects of grammar that native speakers of English may find difficult, clarifying similarities and differences between Spanish and English.

Student sidebars provide you with on-the-spot linguistic, cultural, or language-learning information directly related to the materials in front of you.

Diagrams Clear and easy-to-grasp grammar explanations are reinforced by colorful diagrams that present sample words, phrases, and sentences.

¡Inténtalo! offers an easy first step into each grammar point.

Supersite

- Interactive, animated grammar tutorials with quick checks
- Textbook activities

Estructura
provides directed and communicative practice.

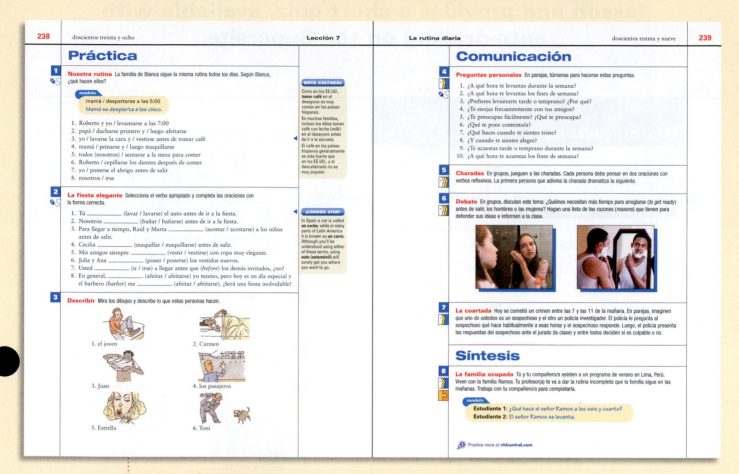

Práctica Guided, yet meaningful exercises weave current and previously learned vocabulary together with the current grammar point.

Information Gap activities You and your partner each have only half of the information you need, so you must work together to accomplish the task at hand.

Comunicación Opportunities for creative expression use the lesson's grammar and vocabulary.

Sidebars The **Notas culturales** expand coverage of the cultures of Spanish-speaking peoples and countries, while the other sidebars provide on-the-spot language support.

Síntesis activities integrate the current grammar point with previously learned points, providing built-in, consistent review.

Supersite

- Textbook activities
- Additional online-only practice activities
- Chat activities for conversational skill-building and oral practice
- Grammar activities in Activity Pack

Estructura
Recapitulación reviews the grammar of each lesson and provides a short quiz, available with auto-grading on the Supersite.

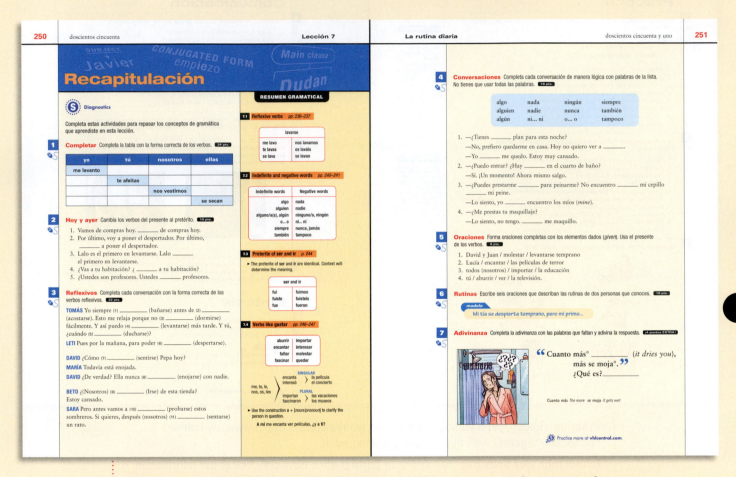

Resumen gramatical This review panel provides you with an easy-to-study summary of the basic concepts of the lesson's grammar, with page references to the full explanations.

Points Each activity is assigned a point value to help you track your progress. All **Recapitulación** sections add up to one hundred points, plus four additional points for successfully completing the bonus activity.

Activities A series of activities, moving from directed to open-ended, systematically test your mastery of the lesson's grammar. The section ends with a riddle or puzzle using the grammar from the lesson.

Supersite

- Textbook activities with follow-up support and practice
- Additional online-only review activities
- Review activities in Activity Pack
- Practice quiz with diagnostics

Adelante
Lectura develops reading skills in the context of the lesson theme.

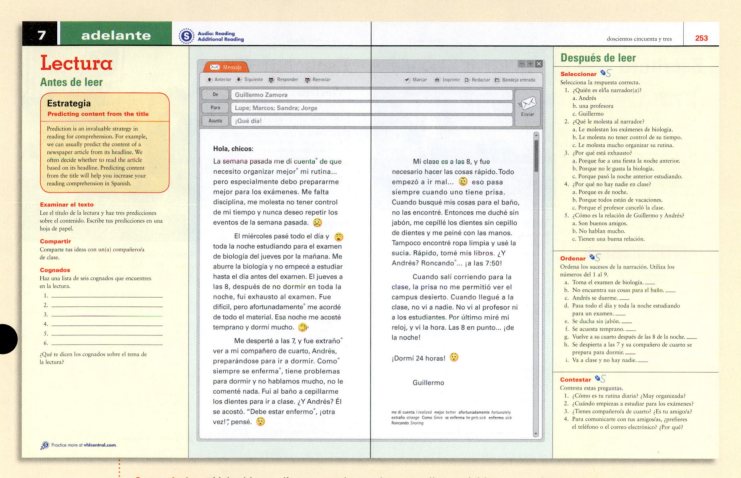

7 adelante   Audio: Reading Additional Reading   doscientos cincuenta y tres **253**

Lectura
Antes de leer

Estrategia
Predicting content from the title

Prediction is an invaluable strategy in reading for comprehension. For example, we can usually predict the content of a newspaper article from its headline. We often decide whether to read the article based on its headline. Predicting content from the title will help you increase your reading comprehension in Spanish.

Examinar el texto
Lee el título de la lectura y haz tres predicciones sobre el contenido. Escribe tus predicciones en una hoja de papel.

Compartir
Comparte tus ideas con un(a) compañero/a de clase.

Cognados
Haz una lista de seis cognados que encuentres en la lectura.

1. _____
2. _____
3. _____
4. _____
5. _____
6. _____

¿Qué te dicen los cognados sobre el tema de la lectura?

Practice more at **vhlcentral.com.**

✉ Mensaje

⬆ Anterior   ⬇ Siguiente   Responder   Reenviar   ✔ Marcar   Imprimir   Redactar   Bandeja entrada

De Guillermo Zamora
Para Lupe; Marcos; Sandra; Jorge
Asunto ¡Qué día!   Enviar

Hola, chicos:

La semana pasada me di cuenta° de que necesito organizar mejor° mi rutina... pero especialmente debo prepararme mejor para los exámenes. Me falta disciplina, me molesta no tener control de mi tiempo y nunca deseo repetir los eventos de la semana pasada. ☹

El miércoles pasé todo el día y toda la noche estudiando para el examen de biología del jueves por la mañana. Me aburre la biología y no empecé a estudiar hasta el día antes del examen. El jueves a las 8, después de no dormir en toda la noche, fui exhausto al examen. Fue difícil, pero afortunadamente° me acordé de todo el material. Esa noche me acosté temprano y dormí mucho.

Me desperté a las 7, y fue extraño° ver a mi compañero de cuarto, Andrés, preparándose para ir a dormir. Como° siempre se enferma°, tiene problemas para dormir y no hablamos mucho, no le comenté nada. Fui al baño a cepillarme los dientes para ir a clase. ¿Y Andrés? Él se acostó. "Debe estar enfermo°, ¡otra vez!", pensé.

Mi clase es a las 8, y fue necesario hacer las cosas rápido. Todo empezó a ir mal... 😳 eso pasa siempre cuando uno tiene prisa. Cuando busqué mis cosas para el baño, no las encontré. Entonces me duché sin jabón, me cepillé los dientes sin cepillo de dientes y me peiné con las manos. Tampoco encontré ropa limpia y usé la sucia. Rápido, tomé mis libros. ¿Y Andrés? Roncando°... ¡a las 7:50!

Cuando salí corriendo para la clase, la prisa no me permitió ver el campus desierto. Cuando llegué a la clase, no vi a nadie. No vi al profesor ni a los estudiantes. Por último miré mi reloj, y vi la hora. Las 8 en punto... ¡de la noche!

¡Dormí 24 horas! 😳

Guillermo

me di cuenta *I realized* mejor *better* afortunadamente *fortunately* extraño *strange* Como *Since* se enferma *he gets sick* enfermo *sick* Roncando *Snoring*

Después de leer

Seleccionar
Selecciona la respuesta correcta.
1. ¿Quién es el/la narrador(a)?
   a. Andrés
   b. una profesora
   c. Guillermo
2. ¿Qué le molesta al narrador?
   a. Le molestan los exámenes de biología.
   b. Le molesta no tener control de su tiempo.
   c. Le molesta mucho organizar su rutina.
3. ¿Por qué está exhausto?
   a. Porque fue a una fiesta la noche anterior.
   b. Porque no le gusta la biología.
   c. Porque pasó la noche anterior estudiando.
4. ¿Por qué no hay nadie en clase?
   a. Porque es de noche.
   b. Porque todos están de vacaciones.
   c. Porque el profesor canceló la clase.
5. ¿Cómo es la relación de Guillermo y Andrés?
   a. Son buenos amigos.
   b. No hablan mucho.
   c. Tienen una buena relación.

Ordenar
Ordena los sucesos de la narración. Utiliza los números del 1 al 9.
a. Toma el examen de biología. ____
b. No encuentra sus cosas para el baño. ____
c. Andrés se duerme. ____
d. Pasa todo el día y toda la noche estudiando para un examen. ____
e. Se ducha sin jabón. ____
f. Se acuesta temprano. ____
g. Vuelve a su cuarto después de las 8 de la noche. ____
h. Se despierta a las 7 y su compañero de cuarto se prepara para dormir. ____
i. Va a clase y no hay nadie. ____

Contestar
Contesta estas preguntas.
1. ¿Cómo es tu rutina diaria? ¿Muy organizada?
2. ¿Cuándo empiezas a estudiar para los exámenes?
3. ¿Tienes compañero/a de cuarto? ¿Es tu amigo/a?
4. Para comunicarte con tus amigos/as, ¿prefieres el teléfono o el correo electrónico? ¿Por qué?

Antes de leer Valuable reading strategies and pre-reading activities strengthen your reading abilities in Spanish.

Readings Selections related to the lesson theme recycle vocabulary and grammar you have learned.

Después de leer Activities include post-reading exercises that review and check your comprehension of the reading as well as expansion activities.

Ⓢupersite

- Audio-sync reading that highlights text as it is being read
- Textbook activities
- Additional reading

Adelante
Escritura develops writing skills while *Escuchar* practices listening skills in the context of the lesson theme.

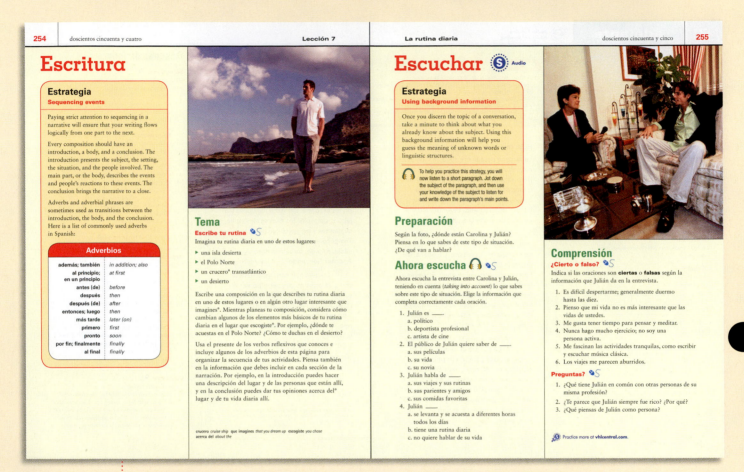

Escritura

Estrategia
Sequencing events

Paying strict attention to sequencing in a narrative will ensure that your writing flows logically from one part to the next.

Every composition should have an introduction, a body, and a conclusion. The introduction presents the subject, the setting, the situation, and the people involved. The main part, or the body, describes the events and people's reactions to these events. The conclusion brings the narrative to a close.

Adverbs and adverbial phrases are sometimes used as transitions between the introduction, the body, and the conclusion. Here is a list of commonly used adverbs in Spanish.

Adverbios

además; también	in addition; also
al principio; en un principio	at first
antes (de)	before
después	then
después (de)	after
entonces; luego	then
más tarde	later (on)
primero	first
pronto	soon
por fin; finalmente	finally
al final	finally

Tema
Escribe tu rutina

Imagina tu rutina diaria en uno de estos lugares:

▶ una isla desierta
▶ el Polo Norte
▶ un crucero° transatlántico
▶ un desierto

Escribe una composición en la que describes tu rutina diaria en uno de estos lugares o en algún otro lugar interesante que imagines°. Mientras planeas tu composición, considera cómo cambian algunos de los elementos más básicos de tu rutina diaria en el lugar que escogiste°. Por ejemplo, ¿dónde te acuestas en el Polo Norte? ¿Cómo te duchas en el desierto?

Usa el presente de los verbos reflexivos que conoces e incluye algunos de los adverbios de esta página para organizar la secuencia de tus actividades. Piensa también en la información que debes incluir en cada sección de la narración. Por ejemplo, en la introducción puedes hacer una descripción del lugar y de las personas que están allí, y en la conclusión puedes dar tus opiniones acerca del° lugar y de tu vida diaria allí.

crucero *cruise ship* que imagines *that you dream up* escogiste *you chose* acerca del *about the*

Escuchar   ⑤ Audio

Estrategia
Using background information

Once you discern the topic of a conversation, take a minute to think about what you already know about the subject. Using this background information will help you guess the meaning of unknown words or linguistic structures.

To help you practice this strategy, you will now listen to a short paragraph. Jot down the subject of the paragraph, and then use your knowledge of the subject to listen for and write down the paragraph's main points.

Preparación

Según la foto, ¿dónde están Carolina y Julián? Piensa en lo que sabes de este tipo de situación. ¿De qué van a hablar?

Ahora escucha 🎧

Ahora escucha la entrevista entre Carolina y Julián, teniendo en cuenta (*taking into account*) lo que sabes sobre este tipo de situación. Elige la información que completa correctamente cada oración.

1. Julián es _____.
   a. político
   b. deportista profesional
   c. artista de cine
2. El público de Julián quiere saber de _____.
   a. sus películas
   b. su vida
   c. su novia
3. Julián habla de _____.
   a. sus viajes y sus rutinas
   b. sus parientes y amigos
   c. sus comidas favoritas
4. Julián _____.
   a. se levanta y se acuesta a diferentes horas todos los días
   b. tiene una rutina diaria
   c. no quiere hablar de su vida

Comprensión
¿Cierto o falso?

Indica si las oraciones son **ciertas** o **falsas** según la información que Julián da en la entrevista.

1. Es difícil despertarme; generalmente duermo hasta las diez.
2. Pienso que mi vida no es más interesante que las vidas de ustedes.
3. Me gusta tener tiempo para pensar y meditar.
4. Nunca hago mucho ejercicio; no soy una persona activa.
5. Me fascinan las actividades tranquilas, como escribir y escuchar música clásica.
6. Los viajes me parecen aburridos.

Preguntas?

1. ¿Qué tiene Julián en común con otras personas de su misma profesión?
2. ¿Te parece que Julián siempre fue rico? ¿Por qué?
3. ¿Qué piensas de Julián como persona?

Practice more at **vhlcentral.com.**

• **Estrategia** Strategies help you prepare for the writing and listening tasks to come.

• **Escritura** The **Tema** describes the writing topic and includes suggestions for approaching it.

• **Escuchar** A recorded conversation or narration develops your listening skills in Spanish. **Preparación** prepares you for listening to the recorded passage.

• **Ahora escucha** walks you through the passage, and **Comprensión** checks your listening comprehension.

⑤upersite

• Composition engine for writing activity in **Escritura**
• Audio for listening activity in **Escuchar**
• Textbook activities
• Additional online-only practice activities

Adelante
En pantalla and *Flash cultura* present additional video tied to the lesson theme.

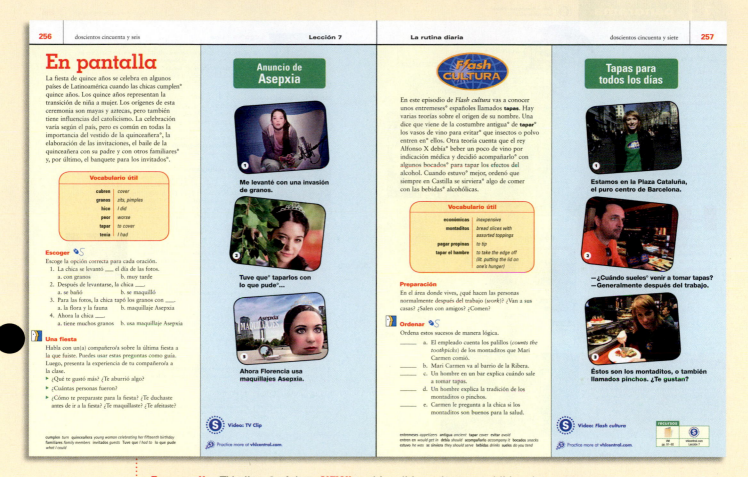

En pantalla TV clips, 3 of them **NEW!** to this edition, give you additional exposure to authentic language. The clips include commercials, a newscast, and a short film that feature the language, vocabulary, and theme of the lesson.

Presentation Cultural notes, video stills with captions, and vocabulary support all prepare you to view the clips. Activities check your comprehension and expand on the ideas presented.

Flash cultura An icon lets you know that the enormously successful **Flash cultura** Video offers specially shot content tied to the lesson theme.

Activities Due to the overwhelming popularity of the **Flash cultura** Video, previewing support and comprehension activities are integrated into the student text.

Ⓢupersite

- Streaming video of **En pantalla** and **Flash cultura**
- Textbook activities
- Additional online-only practice activities

Panorama
presents the nations of the Spanish-speaking world.

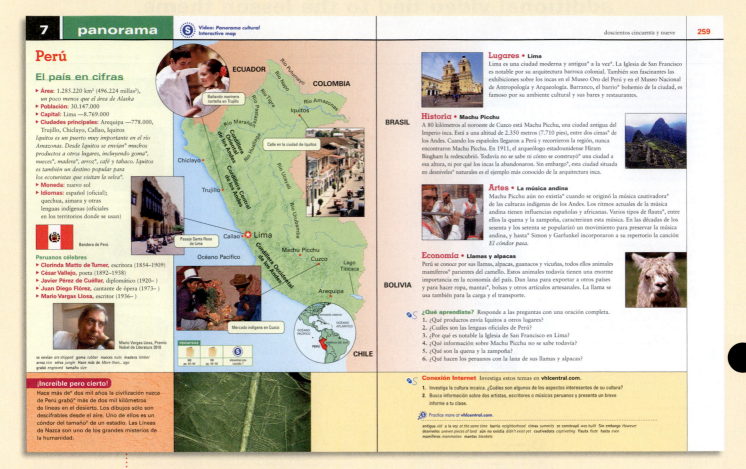

El país en cifras presents interesting key facts about the featured country.

¡Increíble pero cierto! highlights an intriguing fact about the country or its people.

Maps point out major cities, rivers, and geographical features and situate the country in the context of its immediate surroundings and the world.

Readings A series of brief paragraphs explores facets of the country's culture such as history, places, fine arts, literature, and aspects of everyday life.

***Panorama cultural* Video** This video's authentic footage takes you to the featured Spanish-speaking country, letting you experience the sights and sounds of an aspect of its culture.

Supersite

- Interactive map
- Streaming video of the **Panorama cultural** program
- Textbook activities
- Additional online-only practice activities
- **Conexión Internet** activity with questions and keywords related to lesson theme

---

Vocabulario
summarizes all the active vocabulary of the lesson.

7 vocabulario 260 doscientos sesenta

Los verbos reflexivos

acordarse (de) (o:ue)	to remember
acostarse (o:ue)	to go to bed
afeitarse	to shave
bañarse	to take a bath
cepillarse el pelo	to brush one's hair
cepillarse los dientes	to brush one's teeth
despertarse (e:ie)	to wake up
dormirse (o:ue)	to go to sleep; to fall asleep
ducharse	to take a shower
enojarse (con)	to get angry (with)
irse	to go away; to leave
lavarse la cara	to wash one's face
lavarse las manos	to wash one's hands
levantarse	to get up
llamarse	to be called; to be named
maquillarse	to put on makeup
peinarse	to comb one's hair
ponerse	to put on
ponerse (+ adj.)	to become (+ adj.)
preocuparse (por)	to worry (about)
probarse (o:ue)	to try on
quedarse	to stay
quitarse	to take off
secarse	to dry (oneself)
sentarse (e:ie)	to sit down
sentirse (e:ie)	to feel
vestirse (e:i)	to get dressed

Palabras de secuencia

antes (de)	before
después	afterwards; then
después (de)	after
durante	during
entonces	then
luego	then
más tarde	later (on)
por último	finally

Palabras indefinidas y negativas

algo	something; anything
alguien	someone; somebody; anyone
alguno/a(s), algún	some; any
jamás	never; not ever
nada	nothing; not anything
nadie	no one; nobody; not anyone
ni... ni	neither... nor
ninguno/a, ningún	no; none; not any
nunca	never; not ever
o... o	either... or
siempre	always
también	also; too
tampoco	neither; not either

En el baño

el baño, el cuarto de baño	bathroom
el champú	shampoo
la crema de afeitar	shaving cream
la ducha	shower
el espejo	mirror
el inodoro	toilet
el jabón	soap
el lavabo	sink
el maquillaje	makeup
la pasta de dientes	toothpaste
la toalla	towel

Verbos similares a *gustar*

aburrir	to bore
encantar	to like very much; to love (inanimate objects)
faltar	to lack; to need
fascinar	to fascinate; to like very much
importar	to be important to; to matter
interesar	to be interesting to; to interest
molestar	to bother; to annoy
quedar	to be left over; to fit (clothing)

Palabras adicionales

el despertador	alarm clock
las pantuflas	slippers
la rutina diaria	daily routine
por la mañana	in the morning
por la noche	at night
por la tarde	in the afternoon; in the evening

Expresiones útiles	See page 231.

recursos
LM p. 42 — vhlcentral.com Lección 7

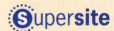
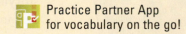 Vocabulary Tools

Vocabulario The end-of-lesson page lists the active vocabulary from each lesson. This is the vocabulary that may appear on quizzes or tests.

Supersite

- Audio for all vocabulary items
- Customizable study lists

Practice Partner App for vocabulary on the go!

xxiii

Fotonovela Video Program

The cast

Here are the main characters you will meet in the **Fotonovela** Video:

From Mexico,
Jimena Díaz Velázquez

From Argentina,
Juan Carlos Rossi

From Mexico,
Felipe Díaz Velázquez

From the U.S.,
Marissa Wagner

From Mexico,
María Eugenia (Maru)
Castaño Ricaurte

From Spain,
Miguel Ángel
Lagasca Martínez

The **VISTAS 5/e Fotonovela** Video is a dynamic and contemporary window into the Spanish language. The video centers around the Díaz family, whose household includes two college-aged children and a visiting student from the U.S. Over the course of an academic year, Jimena, Felipe, Marissa, and their friends explore **el D.F.** and other parts of Mexico as they make plans for their futures. Their adventures take them through some of the greatest natural and cultural treasures of the Spanish-speaking world, as well as the highs and lows of everyday life.

The **Fotonovela** section in each textbook lesson is actually an abbreviated version of the dramatic episode featured in the video. Therefore, each **Fotonovela** section can be done before you see the corresponding video episode, after it, or as a section that stands alone.

In each dramatic segment, the characters interact using the vocabulary and grammar you are studying. As the storyline unfolds, the episodes combine new vocabulary and grammar with previously taught language, exposing you to a variety of authentic accents along the way. At the end of each episode, the **Resumen** section highlights the grammar and vocabulary you are studying.

We hope you find the **Fotonovela** Video to be an engaging and useful tool for learning Spanish!

En pantalla Video Program

The **VISTAS** Supersite features an authentic video clip for each lesson. Clip formats include commercials, news stories, and even a short film. These clips, 3 of them **NEW!** to the Fifth Edition, have been carefully chosen to be comprehensible for students learning Spanish, and are accompanied by activities and vocabulary lists to facilitate understanding. More importantly, though, these clips are a fun and motivating way to improve your Spanish!

Here are the countries represented in each lesson in **En pantalla:**

Lesson 1 U.S.   Lesson 6 Mexico
Lesson 2 Chile   Lesson 7 Argentina
Lesson 3 U.S.   Lesson 8 Colombia
Lesson 4 Peru   Lesson 9 Chile
Lesson 5 Mexico   Lesson 10 Spain

Flash cultura Video Program

In the dynamic **Flash cultura** Video, young people from all over the Spanish-speaking world share aspects of life in their countries with you. The similarities and differences among Spanish-speaking countries that come up through their adventures will challenge you to think about your own cultural practices and values. The segments provide valuable cultural insights as well as linguistic input; the episodes will introduce you to a variety of accents and vocabulary as they gradually move into Spanish.

Panorama cultural Video Program

The **Panorama cultural** Video is integrated with the **Panorama** section in each lesson. Each segment is 2–3 minutes long and consists of documentary footage from each of the countries featured. The images were specially chosen for interest level and visual appeal, while the all-Spanish narrations were carefully written to reflect the vocabulary and grammar covered in the textbook.

acknowledgments

On behalf of its authors and editors, Vista Higher Learning expresses its sincere appreciation to the many instructors and college professors across the U.S. and Canada who contributed their ideas and suggestions.

VISTAS, Fifth Edition, is the direct result of extensive reviews and ongoing input from both students and instructors using the Fourth Edition. Accordingly, we gratefully acknowledge those who shared their suggestions, recommendations, and ideas as we prepared this Fifth Edition.

We express our sincere appreciation to the instructors who completed our online review.

Reviewers

Elizabeth Aguilar,
University of Illinois at Chicago

Karin Alfaro,
Saint Ignatius College Prep, IL

Phyllis Andersen,
Spokane Community College, WA

Gunnar Anderson,
SUNY Potsdam

Isabel Anieves-Gamallo,
San Joaquin Delta College, CA

Patricia Antunez,
Choate Rosemary Hall, CT

Marissa Araquistain,
University of Nevada, Las Vegas

Yuly Asencion,
Northern Arizona University

Jennifer Austin,
Rutgers University, Newark, NJ

Carlos Baez,
North Hennepin Community College, MN

Tim Barnett,
St. Mary's University, TX

Mark Bauman,
Glenbrook South High School, IL

Eric Baxter,
Madison Area Technical College, WI

Georgia Betcher,
Fayetteville Technical Community College, NC

Julie Bezzerides,
Lewis-Clark State College, ID

Leela Bingham,
San Diego Mesa College, CA

Jeanne Boettcher,
Madison College, WI

Stella Boghosian,
Queens College, CUNY

Ryan Boylan,
University of North Georgia

Cathy Briggs,
North Lake College, TX

Sonia Bullock,
Daytona State College, FL

Odalys Campagna,
Kirkwood Community College, IA

Majel Campbell,
Pikes Peak Community College, CO

Lilian Cano,
University of Texas at San Antonio

Kathy Cantrell,
Spokane Community College, WA

Thomas Capuano,
Truman State University, MO

Beth Cardon,
Georgia Perimeter College

Liliana Castro,
Front Range Community College, CO

Maricarmen Cedillo,
University of San Diego, CA

Jennifer Charles,
Arrowhead High School, WI

Sonia Ciccarelli,
San Joaquin Delta College, CA

Donald R. Clymer,
Eastern Mennonite University, VA

Ben Coates,
Gardner-Webb University, NC

America Colmenares,
Augustana College, IL

Ray Cornelius,
Daytona State College, FL

Stacia Corona,
Madison College, WI

Miryam Criado,
Hanover College, KY

Marianne David,
Pace University, NY

Rosa Davila,
Austin Community College, TX

Callie DeBellis,
Meredith College, NC

Roberto E. del Valle,
Cascadia Community College, WA

Beatriz DeSantiago Fjelstad,
Metropolitan State University, MN

David Detwiler,
MiraCosta College, CA

Michael Dillon,
Piedmont College, GA

Celia Dollmeyer,
Hanover College, IN

Danion Doman,
Truman State University, MO

Violeta Donovan,
University of the Virgin Islands

Teresa Dovalpage,
University of New Mexico Taos

Kim Eherenman,
University of San Diego, CA

Edward Eiffler,
University of Minnesota, MN

Martha Elizalde de Pereira,
Napa Valley College, CA

Enrique Escalona,
Catlin Gabel School, OR

Janan Fallon,
Georgia Perimeter College

Fernando Feliu-Moggi,
University of Colorado,
Colorado Springs

Andrea Fernández,
Pace University, NY

Neysa Figueroa,
Kennesaw State University, GA

Barry Flanary,
Southern Vermont College

Justin Fleming,
Concordia University, Saint Paul, MN

Catherine Fountain,
Appalachian State University, NC

Marianne Franco,
Modesto Junior College, CA

Dianne Fruit,
Cascadia Community College, WA

Arlene Fuentes,
Southern Virginia University

Margarita Garcia-Notario,
SUNY Plattsburgh

José Garcia-Paine,
Georgia Perimeter College

Antonia Garcia-Rodriguez,
Pace University

Christopher Gascón,
SUNY Cortland

Raquel Gaytan,
Rice University, TX

LeeAnn Gilroy,
Solon High School, IA

Arcides Gonzalez,
California University of Pennsylvania

María González,
Jacksonville University, FL

Miguel González-Abellas,
Washburn University

Lucila Gonzalez-Cirre,
Cerro Coso Community College, CA

Margarita G. Griggs,
Truckee Meadow Community
College, NV

Kathryn Grovergrys,
Madison Area Technical College, WI

Aimee Guerin,
Mesa Community College, AZ

Cassandra Gulam,
Washington State University,
Vancouver

Connie Gutierrez,
Porterville College, CA

Karla Gutierrez,
Cuyamaca College, CA

Dr. Jesse J. Hargrove,
Philander Smith College, AR

Dennis Haro,
Syracuse University, NY

Helen Haselnuss,
Pace University, NY

Marie P. Healey,
University of Hartford, CT

Richard Heath,
Kirkwood Community College, IA

Matthew B. Herald,
Truckee Meadows Community
College, NV

Helena Hernandez,
Georgia Southern University

Yanina Hernández,
Texas State Technical College

Dawn Heston,
University of Missouri

Yolanda Heyn,
Lehi High School, UT

José M. Hidalgo,
Georgia Southern University

Erinn Holloway,
Mississippi University for Women

Esther Holtermann,
American University, VA

Stephanie Howay,
De La Salle High School, MI

Frank Inscoe,
Chattahoochee Technical College, GA

Becky Jaimes,
Austin Community College, TX

Stacey Jazan,
Glendale Community College, CA

Edward Joe Johnson,
Clayton State University, GA

Harminder Kaur,
Pace University, NY

Michele Keane,
Lake Superior College, MN

Joseph Kelliher,
Cuyamaca College, CA

Isabel Killough,
Norfolk State University, VA

Claire Knowles Morris,
Motlow Community College, TN

Marina Kozanova,
Crafton Hills College, CA

Sherri Kurz,
Franciscan University, OH

Malcolm J. Kutash,
Edison State College, FL

Marina Laneri Schroeder,
Palomar College, CA

Michael Langer,
Wake Technical Community
College, NC

Courtney Lanute,
Edison State College, FL

Dr. Tracee Lawrence,
TALLOrders, MO

Pamela Leonard,
Sage Hill School, CA

Gina Lewandowski,
Madison Area Technical College, WI

Carla Ligo,
Grove City College, PA

Carmen M. Lizardi-Folley,
De Anza College, CA

Talia Loaiza,
Austin Community College, TX

Charles Long,
Choate Rosemary Hall, CT

Debora Maldonado-DeOliveira,
Meredith College, NC

Chris Manges,
Lyndon Institute, VT

Maria Y. Martell,
Mesa Community College, AZ

Laura Martinez,
Centralia College, WA

Theresa McBreen,
Middle Tennessee State University

José Mendoza,
Beaufort County Community
College, NC

Mandy Menke,
Grand Valley State University, MI

María Mercado,
Queens College, CUNY

Mayra Merced-O'Neill,
Atlantic Community High School, FL

Elisabeth A. Miller,
Bristol Community College, RI

Jerome Miner,
Knox College, IL

Deborah E. Mistron,
Middle Tennessee State University

Kelly Montijo Fink,
Kirkwood Community College, IA

Arturo Morales,
LeTourneau University, TX

Gabriel Mucino,
Concordia University, WI

Esperanza Munoz Perez,
Kirkwood Community College, IA

Caroline Murray,
Saint Mary's College of California

Evelyn Nadeau,
Clarke University, IA

Jessica Niehues,
Emporia State University, KS

Janet Norden,
Baylor University, TX

Kathleen Norwood,
St. Mary's High School, MD

Shelia M. O'Brien,
Clarke University, IA

Cecilia Ojeda,
Northern Arizona University

Hannah Padilla Barajas,
San Diego Mesa College, CA

Florencia Pecile,
Kirkwood Community College, IA

Mariana Pensa,
California University of Pennsylvania

Catalina Pérez Abreu,
Albion College, MI

Martha Perez-Bendorf,
Kirkwood Community College, IA

Joyce Pinkard,
Fresno City College, CA

Derrin Pinto,
University of St. Thomas, MN

Marcie Pratt,
Madison College, WI

Beth Purdy,
West Kentucky Community and
Technical College

Karry Putzy,
Solon High School and Kirkwood
Community College, IA

Debbie Quist-Olivares,
Columbia Basin College, WA

Aida Ramos-Sellman,
Goucher College, MD

Jacqueline M. Ramsey,
Concordia University, WI

Timothy Reed,
Ripon College, WI

Jared Reynolds,
Yapapai College, AZ

Warren B. Roby,
John Brown University, AR

Maria Rodriguez,
Bishop Lynch High School, TX

Monica Rodriguez,
Lyon College, AR

Ramiro Rodriguez,
Texas State Technical College

Mirna Rosende,
County College of Morris, NJ

Laura Ruiz-Scott,
Scottsdale Community College, AZ

Judith Rusciolelli,
Middle Tennessee State University

Jeffrey Ruth,
East Stroudsberg University, PA

Elia Salgado,
San Diego Mesa College and
Grossmont College, CA

Virginia Sánchez-Bernardy,
San Diego Mesa College, CA

Bethany Sanio,
University of Nebraska Lincoln

Gina Santi,
Northern Arizona University

Catherine Scholer Kliewer,
Alexandria Technical and Community
College, MN

David Schuettler,
College of St. Scholastica, MN

Brenda Semmelrock,
Kingswood Oxford School, CT

Frank Shulse,
Columbia College, MO

Leonora Simonovis,
University of San Diego, CA

Dena Stock-Marquez,
St. Mary's Academy, OR

Cristina Szterensus,
Rock Valley College, IL

Clay Tanner,
University of Memphis, TN

Edda Temoche-Weldele,
Grossmont College, CA

Janet Tennyson,
Menlo School, CA

Daniel G. Tight,
University of St. Thomas, MN

Patricia A. Tinkey,
Grove City College, PA

Catharine Tonnacliff,
Concordia University, WI

Linda Tracy,
Santa Rosa Junior College, CA

Beatriz Urraca,
Widener University, PA

Debra S. Vedder,
Ohio Wesleyan University

Gladys Veguilla,
Daytona State College, FL

Felix Versaguis,
North Hennepin Community College,
MN

Francisco Vivar,
University of Memphis, TN

Hilde Votaw,
University of Oklahoma

Michael Vrooman,
Grand Valley State University, MI

Wes Weaver,
SUNY Cortland

James R. Wilson,
Madison Area Technical College, WI

David Young,
Fayetteville Technical Community
College, NC

Javier Zaragoza,
West Los Angeles College, CA

Claire Ziamandanis,
The College of Saint Rose, NY

Fernanda Zullo,
Hanover College, IN

Hola, ¿qué tal?

1

Communicative Goals

You will learn how to:
- **Greet people in Spanish**
- **Say goodbye**
- **Identify yourself and others**
- **Talk about the time of day**

contextos

fotonovela

cultura

estructura

adelante

A PRIMERA VISTA
- Guess what the people on the photo are saying:
  a. Adiós. b. Hola. c. salsa
- Most likely they would also say:
  a. Gracias. b. fiesta c. Buenos días.
- The women are:
  a. amigas b. chicos c. señores

Hola, ¿qué tal?

1

ELENA Patricia, le presento a Jorge Perales.
PATRICIA Encantada.
SEÑOR PERALES Igualmente. ¿De dónde es usted, señorita?
PATRICIA Soy de México. ¿Y usted?
SEÑOR PERALES De Puerto Rico.

2

TOMÁS ¿Qué tal, Alberto?
ALBERTO Regular. ¿Y tú?
TOMÁS Bien. ¿Qué hay de nuevo?
ALBERTO Nada.

3

SEÑOR VARGAS Buenas tardes, señora Wong. ¿Cómo está usted?
SEÑORA WONG Muy bien, gracias. ¿Y usted, señor Vargas?
SEÑOR VARGAS Bien, gracias.
SEÑORA WONG Hasta mañana, señor Vargas. Saludos a la señora Vargas.
SEÑOR VARGAS Adiós.

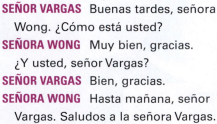

BERTA Hasta luego, Tere.

TERESA Chau, Berta. Nos vemos mañana.

CARMEN Buenas tardes. Me llamo Carmen. ¿Cómo te llamas tú?

ANTONIO Buenas tardes. Me llamo Antonio. Mucho gusto.

CARMEN El gusto es mío. ¿De dónde eres?

ANTONIO Soy de los Estados Unidos, de California.

Práctica

1 Escuchar 🎧 Listen to each question or statement, then choose the correct response.

1. a. Muy bien, gracias.   b. Me llamo Graciela.
2. a. Lo siento.   b. Mucho gusto.
3. a. Soy de Puerto Rico.   b. No muy bien.
4. a. No hay de qué.   b. Regular.
5. a. Mucho gusto.   b. Hasta pronto.
6. a. Nada.   b. Igualmente.
7. a. Me llamo Guillermo Montero.   b. Muy bien, gracias.
8. a. Buenas tardes. ¿Cómo estás?   b. El gusto es mío.
9. a. Saludos a la Sra. Ramírez.   b. Encantada.
10. a. Adiós.   b. Regular.

2 Identificar 🎧 You will hear a series of expressions. Identify the expression (**a**, **b**, **c**, or **d**) that does not belong in each series.

1. ____   3. ____
2. ____   4. ____

3 Escoger For each expression, write another word or phrase that expresses a similar idea.

> **modelo**
> ¿Cómo estás? *¿Qué tal?*

1. De nada.   4. Hasta la vista.
2. Encantado.   5. Mucho gusto.
3. Adiós.

4 Ordenar Work with a partner to put this scrambled conversation in order. Then act it out.

—Muy bien, gracias. Soy Rosabel.
—Soy de México. ¿Y tú?
—Mucho gusto, Rosabel.
—Hola. Me llamo Carlos. ¿Cómo estás?
—Soy de Argentina.
—Igualmente. ¿De dónde eres, Carlos?

CARLOS _____

ROSABEL _____

CARLOS _____

ROSABEL _____

CARLOS _____

ROSABEL _____

5   **Completar** Work with a partner to complete these dialogues.

> **modelo**
>
> **Estudiante 1:** ¿Cómo estás?
> **Estudiante 2:** *Muy bien, gracias.*

1. **Estudiante 1:** _____
   Estudiante 2: Buenos días. ¿Qué tal?
2. **Estudiante 1:** _____
   Estudiante 2: Me llamo Carmen Sánchez.
3. **Estudiante 1:** _____
   Estudiante 2: De Canadá.
4. **Estudiante 1:** Te presento a Marisol.
   Estudiante 2: _____

5. **Estudiante 1:** Gracias.
   Estudiante 2: _____
6. **Estudiante 1:** _____
   Estudiante 2: Regular.
7. **Estudiante 1:** _____
   Estudiante 2: Nada.
8. **Estudiante 1:** ¡Hasta la vista!
   Estudiante 2: _____

6   **Cambiar** Work with a partner and correct the second part of each conversation to make it logical.

> **modelo**
>
> **Estudiante 1:** ¿Qué tal?
> **Estudiante 2:** ~~No hay de qué.~~ *Bien. ¿Y tú?*

1. **Estudiante 1:** Hasta mañana, señora Ramírez. Saludos al señor Ramírez.
   Estudiante 2: *Muy bien, gracias.*
2. **Estudiante 1:** ¿Qué hay de nuevo, Alberto?
   Estudiante 2: *Sí, me llamo Alberto. ¿Cómo te llamas tú?*
3. **Estudiante 1:** Gracias, Tomás.
   Estudiante 2: *Regular. ¿Y tú?*
4. **Estudiante 1:** Miguel, te presento a la señorita Perales.
   Estudiante 2: *No hay de qué, señorita.*
5. **Estudiante 1:** ¿De dónde eres, Antonio?
   Estudiante 2: *Muy bien, gracias. ¿Y tú?*
6. **Estudiante 1:** ¿Cómo se llama usted?
   Estudiante 2: *El gusto es mío.*
7. **Estudiante 1:** ¿Qué pasa?
   Estudiante 2: *Hasta luego, Alicia.*
8. **Estudiante 1:** Buenas tardes, señor. ¿Cómo está usted?
   Estudiante 2: *Soy de Puerto Rico.*

> **¡LENGUA VIVA!**
>
> The titles **señor**, **señora**, and **señorita** are abbreviated **Sr.**, **Sra.**, and **Srta.** Note that these abbreviations are capitalized, while the titles themselves are not.
>
> • • •
>
> There is no Spanish equivalent for the English title *Ms.*; women are addressed as **señora** or **señorita**.

Comunicación

7 **Diálogos** With a partner, complete and act out these conversations.

Conversación 1

—Hola. Me llamo Teresa. ¿Cómo te llamas tú?

—_____

—Soy de Puerto Rico. ¿Y tú?

—_____

Conversación 2

—_____

—Muy bien, gracias. ¿Y usted, señora López?

—_____

—Hasta luego, señora. Saludos al señor López.

—_____

Conversación 3

—_____

—Regular. ¿Y tú?

—_____

—Nada.

8 **Conversaciones** This is the first day of class. Write four short conversations based on what the people in this scene would say.

9 **Situaciones** In groups of three, write and act out these situations.

1. On your way out of class on the first day of school, you strike up a conversation with the two students who were sitting next to you. You find out each student's name and where he or she is from before you say goodbye and go to your next class.
2. At the next class you meet up with a friend and find out how he or she is doing. As you are talking, your friend Elena enters. Introduce her to your friend.
3. As you're leaving the bookstore, you meet your parents' friends Mrs. Sánchez and Mr. Rodríguez. You greet them and ask how each person is. As you say goodbye, you send greetings to Mrs. Rodríguez.
4. Make up and act out a real-life situation that you and your classmates can role-play with the language you've learned.

Bienvenida, Marissa

Marissa llega a México para pasar un año con la familia Díaz.

PERSONAJES

 MARISSA

 SRA. DÍAZ

S Video: *Fotonovela*

MARISSA ¿Usted es de Cuba?

SRA. DÍAZ Sí, de La Habana. Y Roberto es de Mérida. Tú eres de Wisconsin, ¿verdad?

MARISSA Sí, de Appleton, Wisconsin.

1

MARISSA ¿Quiénes son los dos chicos de las fotos? ¿Jimena y Felipe?

SRA. DÍAZ Sí. Ellos son estudiantes.

2

DON DIEGO ¿Cómo está usted hoy, señora Carolina?

SRA. DÍAZ Muy bien, gracias. ¿Y usted?

DON DIEGO Bien, gracias.

DON DIEGO Buenas tardes, señora. Señorita, bienvenida a la Ciudad de México.

MARISSA ¡Muchas gracias!

3

5

6

MARISSA ¿Cómo se llama usted?

DON DIEGO Yo soy Diego. Mucho gusto.

MARISSA El gusto es mío, don Diego.

4

SRA. DÍAZ Ahí hay dos maletas. Son de Marissa.

DON DIEGO Con permiso.

DON DIEGO **SR. DÍAZ** **FELIPE** **JIMENA**

SR. DÍAZ ¿Qué hora es?
FELIPE Son las cuatro y veinticinco.

SRA. DÍAZ Marissa, te presento a Roberto, mi esposo.
SR. DÍAZ Bienvenida, Marissa.
MARISSA Gracias, señor Díaz.

JIMENA ¿Qué hay en esta cosa?
MARISSA Bueno, a ver, hay tres cuadernos, un mapa... ¡Y un diccionario!
JIMENA ¿Cómo se dice mediodía en inglés?
FELIPE "Noon".

FELIPE Estás en México, ¿verdad?
MARISSA ¿Sí?
FELIPE Nosotros somos tu diccionario.

recursos VM pp. 1-2 vhlcentral.com Lección 1

Expresiones útiles

Identifying yourself and others

¿Cómo se llama usted?
What's your name?
Yo soy Diego, el portero. Mucho gusto.
I'm Diego, the doorman. Nice to meet you.
¿Cómo te llamas?
What's your name?
Me llamo Marissa.
My name is Marissa.
¿Quién es...? / ¿Quiénes son...?
Who is...? / Who are...?
Es mi esposo.
He's my husband.
Tú eres..., ¿verdad?/¿cierto?/¿no?
You are..., right?

Identifying objects

¿Qué hay en esta cosa?
What's in this thing?
Bueno, a ver, aquí hay tres cuadernos...
Well, let's see, here are three notebooks...
Oye/Oiga, ¿cómo se dice suitcase en español?
Hey, how do you say suitcase in Spanish?
Se dice maleta.
You say maleta.

Saying what time it is

¿Qué hora es?
What time is it?
Es la una. / Son las dos.
It's one o'clock. / It's two o'clock.
Son las cuatro y veinticinco.
It's four twenty-five.

Polite expressions

Con permiso.
Pardon me; Excuse me. (to request permission)
Perdón.
Pardon me; Excuse me. (to get someone's attention or excuse yourself)
¡Bienvenido/a! *Welcome!*

¿Qué pasó?

1 **¿Cierto o falso?** Indicate if each statement is **cierto** or **falso**. Then correct the false statements.

	Cierto	Falso
1. La Sra. Díaz es de Caracas.	○	○
2. El Sr. Díaz es de Mérida.	○	○
3. Marissa es de Los Ángeles, California.	○	○
4. Jimena y Felipe son profesores.	○	○
5. Las dos maletas son de Jimena.	○	○
6. El Sr. Díaz pregunta "¿qué hora es?".	○	○
7. Hay un diccionario en la mochila (*backpack*) de Marissa.	○	○

2 **Identificar** Indicate which person would make each statement. One name will be used twice.

1. Son las cuatro y veinticinco, papá.
2. Roberto es mi esposo.
3. Yo soy de Wisconsin, ¿de dónde es usted?
4. ¿Qué hay de nuevo, doña Carolina?
5. Yo soy de Cuba.
6. ¿Qué hay en la mochila, Marissa?

MARISSA   **FELIPE**   **SRA. DÍAZ**

DON DIEGO   **JIMENA**

> **¡LENGUA VIVA!**
>
> In Spanish-speaking countries, **don** and **doña** are used with first names to show respect: **don Diego, doña Carolina**. Note that these titles, like **señor** and **señora**, are not capitalized.

3 **Completar** Complete the conversation between Don Diego and Marissa.

DON DIEGO Hola, (1)_____.
MARISSA Hola, señor. ¿Cómo se (2)_____ usted?
DON DIEGO Yo me llamo Diego, ¿y (3)_____?
MARISSA Yo me llamo Marissa. (4)_____.
DON DIEGO (5)_____, señorita Marissa.
MARISSA Nos (6)_____, don Diego.
DON DIEGO Hasta (7)_____, señorita Marissa.

4 **Conversar** Imagine that you are chatting with a traveler you just met at the airport. With a partner, prepare a conversation using these cues.

Estudiante 1	Estudiante 2
Say "good afternoon" to your partner and ask for his or her name.	→ Say hello and what your name is. Then ask what your partner's name is.
Say what your name is and that you are glad to meet your partner.	→ Say that the pleasure is yours.
Ask how your partner is.	→ Say that you're doing well, thank you.
Ask where your partner is from.	→ Say where you're from.
Say it's one o'clock and say goodbye.	→ Say goodbye.

 Practice more at **vhlcentral.com**.

Pronunciación Audio
The Spanish alphabet

The Spanish and English alphabets are almost identical, with a few exceptions. For example, the Spanish letter **ñ (eñe)** doesn't occur in the English alphabet. Furthermore, the letters **k (ka)** and **w (doble ve)** are used only in words of foreign origin. Examine the chart below to find other differences.

Letra	Nombre(s)	Ejemplos	Letra	Nombre(s)	Ejemplos
a	a	adiós	m	eme	mapa
b	be	bien, problema	n	ene	nacionalidad
c	ce	cosa, cero	ñ	eñe	mañana
ch	che	chico	o	o	once
d	de	diario, nada	p	pe	profesor
e	e	estudiante	q	cu	qué
f	efe	foto	r	ere	regular, señora
g	ge	gracias, Gerardo, regular	s	ese	señor
h	hache	hola	t	te	tú
i	i	igualmente	u	u	usted
j	jota	Javier	v	ve	vista, nuevo
k	ka, ca	kilómetro	w	doble ve	walkman
l	ele	lápiz	x	equis	existir, México
ll	elle	llave	y	i griega, ye	yo
			z	zeta, ceta	zona

El alfabeto Repeat the Spanish alphabet and example words after your instructor.

Práctica Spell these words aloud in Spanish.
1. nada
2. maleta
3. quince
4. muy
5. hombre
6. por favor
7. San Fernando
8. Estados Unidos
9. Puerto Rico
10. España
11. Javier
12. Ecuador
13. Maite
14. gracias
15. Nueva York

Refranes Read these sayings aloud

Ver es creer.[1]

En boca cerrada no entran moscas.[2]

1 Seeing is believing. 2 Silence is golden.

Saludos y besos en los países hispanos

Greeting someone with a **beso** varies according to gender and region. Men generally greet each other with a hug or warm handshake, with the exception of Argentina, where male friends and relatives lightly kiss on the cheek. Greetings between men and women, and between women, generally include kissing, but can differ depending on the country and context. In Spain, it is customary to give **dos besos**, starting with the right cheek first. In Latin American countries, including Mexico, Costa Rica, Colombia, and Chile, a greeting consists of a single "air kiss" on the right cheek. Peruvians also "air kiss," but

strangers will simply shake hands. In Colombia, female acquaintances tend to simply pat each other on the right forearm or shoulder.

In Spanish-speaking countries, kissing on the cheek is a customary way to greet friends and family members. Even when people are introduced for the first time, it is common for them to kiss, particularly in non-business settings. Whereas North Americans maintain considerable personal space when greeting, Spaniards and Latin Americans tend to decrease their personal space and give one or two kisses (**besos**) on the cheek, sometimes accompanied by a handshake or a hug. In formal business settings, where associates do not know one another on a personal level, a simple handshake is appropriate.

Tendencias

País	Beso	País	Beso
Argentina	💋	España	💋💋
Bolivia	💋	México	💋
Chile	💋	Paraguay	💋💋
Colombia	💋	Puerto Rico	💋
El Salvador	💋	Venezuela	💋/💋💋

1 **¿Cierto o falso?** Indicate whether these statements are true (**cierto**) or false (**falso**). Correct the false statements.

1. In Spanish-speaking countries, people use less personal space when greeting than in the U.S.

2. Men never greet with a kiss in Spanish-speaking countries.

3. Shaking hands is not appropriate for a business setting in Latin America.

4. Spaniards greet with one kiss on the right cheek

5. In Mexico, people greet with an "air kiss."

6. Gender can play a role in the type of greeting given.

7. If two women acquaintances meet in Colombia, they should exchange two kisses on the cheek.

8. In Peru, a man and a woman meeting for the first time would probably greet each other with an "air kiss."

EL MUNDO HISPANO

Parejas y amigos famosos

Here are some famous couples and friends from the Spanish-speaking world.

- **Penélope Cruz** (España) y **Javier Bardem** (España) Both Oscar-winning actors, the couple married in 2010. They starred together in *Vicky Cristina Barcelona* (2008).

- **Gael García Bernal** (México) y **Diego Luna** (México) These lifelong friends became famous when they starred in the 2001 Mexican film *Y tu mamá también*. They continue to work together on projects, such as the 2012 film *Casa de mi padre.*

- **Salma Hayek** (México) y **Penélope Cruz** (España) These two close friends developed their acting skills in their home countries before meeting in Hollywood.

PERFIL

La plaza principal

In the Spanish-speaking world, public space is treasured. Small city and town life revolves around the **plaza principal**. Often surrounded by cathedrals or municipal buildings like the **ayuntamiento** (*city hall*), the pedestrian **plaza** is designated as a central meeting place for family and friends. During warmer months, when outdoor cafés usually line the **plaza**, it is

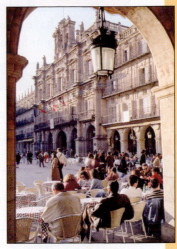
La Plaza Mayor de Salamanca

a popular spot to have a leisurely cup of coffee, chat, and people watch. Many town festivals, or **ferias**, also take place in this space. One of the most famous town squares

is the **Plaza Mayor** in the university town of Salamanca, Spain. Students gather underneath its famous clock tower to meet up with friends or simply take a coffee break.

La Plaza de Armas, Lima, Perú

Conexión Internet

What are the **plazas principales** in large cities such as Mexico City and Caracas?

Go to **vhlcentral.com** to find more cultural information related to this **Cultura** section.

ACTIVIDADES

2 **Comprensión** Answer these questions.

1. What are two types of buildings found on the **plaza principal**?
2. What two types of events or activities are common at a **plaza principal?**
3. How would Diego Luna greet his friends?
4. Would Salma Hayek and Gael García Bernal greet each other with one kiss or two?

3 **Saludos** Role-play these greetings with a partner. Include a verbal greeting as well as a kiss or handshake, as appropriate.

1. friends in Mexico
2. business associates at a conference in Chile
3. friends meeting in Madrid's Plaza Mayor
4. Peruvians meeting for the first time
5. relatives in Argentina

 Practice more at **vhlcentral.com**.
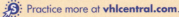

1.1 | # Nouns and articles  **Tutorial**

Spanish nouns

ANTE TODO A noun is a word used to identify people, animals, places, things, or ideas. Unlike English, all Spanish nouns, even those that refer to non-living things, have gender; that is, they are considered either masculine or feminine. As in English, nouns in Spanish also have number, meaning that they are either singular or plural.

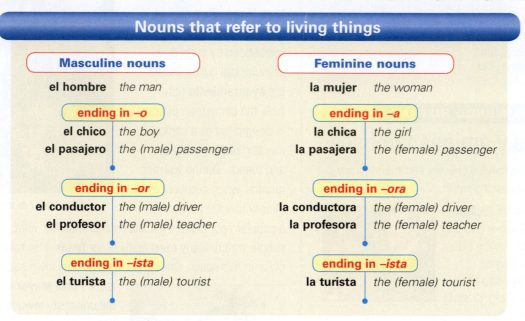

Nouns that refer to living things

Masculine nouns		Feminine nouns	
el hombre	*the man*	**la mujer**	*the woman*
ending in –o		*ending in –a*	
el chico	*the boy*	**la chica**	*the girl*
el pasajero	*the (male) passenger*	**la pasajera**	*the (female) passenger*
ending in –or		*ending in –ora*	
el conductor	*the (male) driver*	**la conductora**	*the (female) driver*
el profesor	*the (male) teacher*	**la profesora**	*the (female) teacher*
ending in –ista		*ending in –ista*	
el turista	*the (male) tourist*	**la turista**	*the (female) tourist*

▶ Generally, nouns that refer to males, like **el hombre**, are masculine, while nouns that refer to females, like **la mujer**, are feminine.

▶ Many nouns that refer to male beings end in **–o** or **–or**. Their corresponding feminine forms end in **–a** and **–ora**, respectively.

el conductor

la profesora

▶ The masculine and feminine forms of nouns that end in **–ista**, like **turista**, are the same, so gender is indicated by the article **el** (masculine) or **la** (feminine). Some other nouns have identical masculine and feminine forms.

el joven
the young man

la joven
the young woman

el estudiante
the (male) student

la estudiante
the (female) student

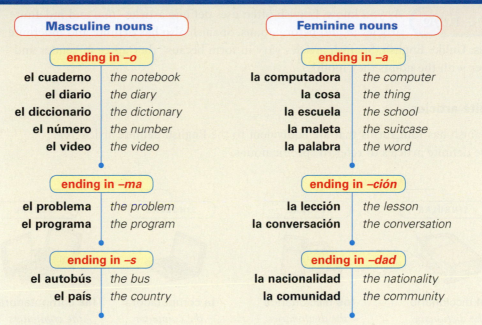

Nouns that refer to non-living things	
Masculine nouns	**Feminine nouns**

ending in –o

el cuaderno	the notebook
el diario	the diary
el diccionario	the dictionary
el número	the number
el video	the video

ending in –a

la computadora	the computer
la cosa	the thing
la escuela	the school
la maleta	the suitcase
la palabra	the word

ending in –ma

el problema	the problem
el programa	the program

ending in –ción

la lección	the lesson
la conversación	the conversation

ending in –s

el autobús	the bus
el país	the country

ending in –dad

la nacionalidad	the nationality
la comunidad	the community

¡LENGUA VIVA!

The Spanish word for *video* can be pronounced with the stress on the **i** or the **e**. For that reason, you might see the word written with or without an accent: **video** or **vídeo**.

▶ As shown above, certain noun endings are strongly associated with a specific gender, so you can use them to determine if a noun is masculine or feminine.

▶ Because the gender of nouns that refer to non-living things cannot be determined by foolproof rules, you should memorize the gender of each noun you learn. It is helpful to learn each noun with its corresponding article, **el** for masculine and **la** for feminine.

▶ Another reason to memorize the gender of every noun is that there are common exceptions to the rules of gender. For example, **el mapa** (*map*) and **el día** (*day*) end in **–a**, but are masculine. **La mano** (*hand*) ends in **–o**, but is feminine.

Plural of nouns

▶ To form the plural, add **–s** to nouns that end in a vowel. For nouns that end in a consonant, add **–es**. For nouns that end in **z**, change the **z** to **c**, then add **–es**.

el chic**o** ⟶ los chic**os**	la nacionalida**d** ⟶ las nacionalida**des**
el diari**o** ⟶ los diari**os**	el pa**ís** ⟶ los pa**íses**
el problem**a** ⟶ los problem**as**	el lápi**z** (*pencil*) ⟶ los lápi**ces**

CONSULTA

You will learn more about accent marks in **Lección 4, Pronunciación**, p. 123.

▶ In general, when a singular noun has an accent mark on the last syllable, the accent is dropped from the plural form.

la lecci**ón** ⟶ las lecci**ones**	el autob**ús** ⟶ los autob**uses**

▶ Use the masculine plural form to refer to a group that includes both males and females.

1 pasajer**o** + 2 pasajer**as** = 3 pasajer**os**   2 chic**os** + 2 chic**as** = 4 chic**os**

Spanish articles

ANTE TODO   As you know, English often uses definite articles (*the*) and indefinite articles (*a, an*) before nouns. Spanish also has definite and indefinite articles. Unlike English, Spanish articles vary in form because they agree in gender and number with the nouns they modify.

Definite articles

▶ Spanish has four forms that are equivalent to the English definite article *the*. Use definite articles to refer to specific nouns.

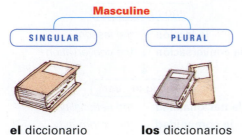

Masculine		**Feminine**	
SINGULAR	PLURAL	SINGULAR	PLURAL
el diccionario	**los** diccionarios	**la** computadora	**las** computadoras
the dictionary	*the dictionaries*	*the computer*	*the computers*

Indefinite articles

▶ Spanish has four forms that are equivalent to the English indefinite article, which according to context may mean *a*, *an*, or *some*. Use indefinite articles to refer to unspecified persons or things.

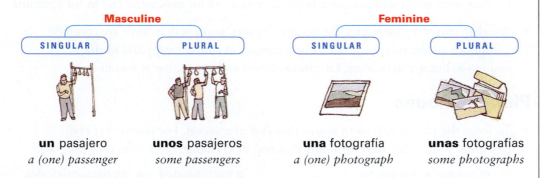

Masculine		**Feminine**	
SINGULAR	PLURAL	SINGULAR	PLURAL
un pasajero	**unos** pasajeros	**una** fotografía	**unas** fotografías
a (one) passenger	*some passengers*	*a (one) photograph*	*some photographs*

¡LENGUA VIVA!

Feminine singular nouns that begin with a stressed **a-** or **ha-** require the masculine articles **el** and **un**. This is done in order to avoid repetition of the a sound. The plural forms still use the feminine articles.

el agua *water*
las aguas *waters*
un hacha *ax*
unas hachas *axes*

¡LENGUA VIVA!

Since **la fotografía** is feminine, so is its shortened form, **la foto**, even though it ends in **–o**.

¡INTÉNTALO!   Provide a definite article for each noun in the first column and an indefinite article for each noun in the second column.

¿el, la, los o las?

1. _____la_____ chica
2. _____ chico
3. _____ maleta
4. _____ cuadernos
5. _____ lápiz
6. _____ mujeres

¿un, una, unos o unas?

1. _____un_____ autobús
2. _____ escuelas
3. _____ computadora
4. _____ hombres
5. _____ señora
6. _____ lápices

recursos

WB
p. 3

LM
p. 3

S
vhlcentral.com
Lección 1

Práctica

 1

¿Singular o plural? If the word is singular, make it plural. If it is plural, make it singular.

1. el número
2. un diario
3. la estudiante
4. el conductor
5. el país
6. las cosas
7. unos turistas
8. las nacionalidades

9. unas computadoras
10. los problemas
11. una fotografía
12. los profesores
13. unas señoritas
14. el hombre
15. la maleta
16. la señora

 2

Identificar For each drawing, provide the noun with its corresponding definite and indefinite articles.

modelo
las maletas, unas maletas

1. _____ 2. _____

3. _____ 4. _____ 5. _____

6. _____ 7. _____ 8. _____

Comunicación

 3

Charadas In groups, play a game of charades. Individually, think of two nouns for each charade, for example, a boy using a computer (**un chico**; **una computadora**). The first person to guess correctly acts out the next charade.

 Practice more at **vhlcentral.com**.

1.2 Numbers 0–30 Tutorial

Los números 0 a 30

0	cero				
1	uno	11	once	21	veintiuno
2	dos	12	doce	22	veintidós
3	tres	13	trece	23	veintitrés
4	cuatro	14	catorce	24	veinticuatro
5	cinco	15	quince	25	veinticinco
6	seis	16	dieciséis	26	veintiséis
7	siete	17	diecisiete	27	veintisiete
8	ocho	18	dieciocho	28	veintiocho
9	nueve	19	diecinueve	29	veintinueve
10	diez	20	veinte	30	treinta

AYUDA

Though it is less common, the numbers 16 through 29 (except 20) can also be written as three words: **diez y seis, diez y siete…**

▶ The number **uno** (*one*) and numbers ending in **–uno**, such as **veintiuno**, have more than one form. Before masculine nouns, **uno** shortens to **un**. Before feminine nouns, **uno** changes to **una**.

     un hombre ⟶ veinti**ún** hombres   **una** mujer ⟶ veinti**una** mujeres

▶ **¡Atención!** The forms **uno** and **veintiuno** are used when counting (**uno, dos, tres… veinte, veintiuno, veintidós…**). They are also used when the number *follows* a noun, even if the noun is feminine: **la lección uno**.

▶ To ask *how many people* or *things* there are, use **cuántos** before masculine nouns and **cuántas** before feminine nouns.

▶ The Spanish equivalent of both *there is* and *there are* is **hay**. Use **¿Hay…?** to ask *Is there…?* or *Are there…?* Use **no hay** to express *there is not* or *there are not*.

—**¿Cuántos** estudiantes **hay**?
How many students are there?

—**Hay** seis estudiantes en la foto.
There are six students in the photo.

—**¿Hay** chicos en la fotografía?
Are there guys in the picture?

—**Hay** tres chicas y **no hay** chicos.
There are three girls, and there are no guys.

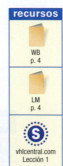

recursos

WB
p. 4

LM
p. 4

vhlcentral.com
Lección 1

¡INTÉNTALO!   Provide the Spanish words for these numbers.

1. **7** _____
2. **16** _____
3. **29** _____
4. **1** _____

5. **0** _____
6. **15** _____
7. **21** _____
8. **9** _____

9. **23** _____
10. **11** _____
11. **30** _____
12. **4** _____

13. **12** _____
14. **28** _____
15. **14** _____
16. **10** _____

Práctica

1 Contar Following the pattern, write out the missing numbers in Spanish.

1. 1, 3, 5, ..., 29
2. 2, 4, 6, ..., 30
3. 3, 6, 9, ..., 30
4. 30, 28, 26, ..., 0
5. 30, 25, 20, ..., 0
6. 28, 24, 20, ..., 0

2 Resolver Solve these math problems with a partner.

modelo
5 + 3 =
Estudiante 1: *cinco más tres son…*
Estudiante 2: *ocho*

AYUDA
+ → más
− → menos
= → son

1. **2 + 15 =**
2. **20 − 1 =**
3. **5 + 7 =**
4. **18 + 12 =**
5. **3 + 22 =**
6. **6 − 3 =**
7. **11 + 12 =**
8. **7 − 2 =**
9. **8 + 5 =**
10. **23 − 14 =**

3 ¿Cuántos hay? How many persons or things are there in these drawings?

modelo
Hay tres maletas.

1. _____　2. _____

3.  _____　4. _____　5. _____

6. _____　7.  _____　8. _____

Comunicación

4

En la clase With a partner, take turns asking and answering these questions about your classroom.

1. ¿Cuántos estudiantes hay?
2. ¿Cuántos profesores hay?
3. ¿Hay una computadora?
4. ¿Hay una maleta?
5. ¿Cuántos mapas hay?

6. ¿Cuántos lápices hay?
7. ¿Hay cuadernos?
8. ¿Cuántos diccionarios hay?
9. ¿Hay hombres?
10. ¿Cuántas mujeres hay?

5

Preguntas With a partner, take turns asking and answering questions about the drawing. Talk about:

1. how many children there are
2. how many women there are
3. if there are some photographs
4. if there is a boy
5. how many notebooks there are

6. if there is a bus
7. if there are tourists
8. how many pencils there are
9. if there is a man
10. how many computers there are

1.3 # Present tense of ser  **Tutorial**

Subject pronouns

ANTE TODO In order to use verbs, you will need to learn about subject pronouns. A subject pronoun replaces the name or title of a person and acts as the subject of a verb.

Subject pronouns			
SINGULAR		**PLURAL**	
yo	*I*	nosotros	*we* (masculine)
		nosotras	*we* (feminine)
tú	*you* (familiar)	vosotros	*you* (masc., fam.)
usted (Ud.)	*you* (formal)	vosotras	*you* (fem., fam.)
		ustedes (Uds.)	*you*
él	*he*	ellos	*they* (masc.)
ella	*she*	ellas	*they* (fem.)

¡LENGUA VIVA!

In Latin America, **ustedes** is used as the plural for both **tú** and **usted**. In Spain, however, **vosotros** and **vosotras** are used as the plural of **tú**, and **ustedes** is used only as the plural of **usted**.

• • •

Usted and **ustedes** are abbreviated as **Ud.** and **Uds.**, or occasionally as **Vd.** and **Vds.**

▶ Spanish has two subject pronouns that mean *you* (singular). Use **tú** when addressing a friend, a family member, or a child you know well. Use **usted** to address a person with whom you have a formal or more distant relationship, such as a superior at work, a professor, or an older person.

Tú eres de Canadá, ¿verdad, David?   ¿**Usted** es la profesora de español?
You are from Canada, right, David?   *Are you the Spanish professor?*

▶ The masculine plural forms **nosotros**, **vosotros**, and **ellos** refer to a group of males or to a group of males and females. The feminine plural forms **nosotras**, **vosotras**, and **ellas** can refer only to groups made up exclusively of females.

nosotros, vosotros, ellos

nosotros, vosotros, ellos

nosotras, vosotras, ellas

▶ There is no Spanish equivalent of the English subject pronoun *it*. Generally *it* is not expressed in Spanish.

Es un problema.   Es una computadora.
It's a problem.   *It's a computer.*

The present tense of ser

ANTE TODO In **Contextos** and **Fotonovela**, you have already used several present-tense forms of **ser** (*to be*) to identify yourself and others, and to talk about where you and others are from. **Ser** is an irregular verb; its forms do not follow the regular patterns that most verbs follow. You need to memorize the forms, which appear in this chart.

The verb ser (*to be*)		
SINGULAR FORMS		
yo	**soy**	*I am*
tú	**eres**	*you are* (fam.)
Ud./él/ella	**es**	*you are* (form.); *he/she is*
PLURAL FORMS		
nosotros/as	**somos**	*we are*
vosotros/as	**sois**	*you are* (fam.)
Uds./ellos/ellas	**son**	*you are; they are*

Uses of *ser*

▶ Use **ser** to identify people and things.

—¿Quién **es** él?
Who is he?

—**Es** Felipe Díaz Velázquez.
He's Felipe Díaz Velázquez.

—¿Qué **es**?
What is it?

—**Es** un mapa de España.
It's a map of Spain.

Es Marissa.

Es una maleta.

▶ **Ser** also expresses possession, with the preposition **de**. There is no Spanish equivalent of the English construction [*noun*] + 's (*Maru's*). In its place, Spanish uses [*noun*] + **de** + [*owner*].

—¿**De** quién **es**?
Whose is it?

—**Es** el diario **de** Maru.
It's Maru's diary.

—¿**De** quién **son**?
Whose are they?

—**Son** los lápices **de** la chica.
They are the girl's pencils.

▶ When **de** is followed by the article **el**, the two combine to form the contraction **del**. **De** does *not* contract with **la**, **las**, or **los**.

—**Es** la computadora **del** conductor.
It's the driver's computer.

—**Son** las maletas **del** chico.
They are the boy's suitcases.

▶ **Ser** also uses the preposition **de** to express origin.

¿De dónde eres?

Yo soy de Wisconsin.

¿De dónde es usted?

Yo soy de Cuba.

—**¿De** dónde **es** Juan Carlos?
Where is Juan Carlos from?

—Es **de** Argentina.
He's from Argentina.

—**¿De** dónde **es** Maru?
Where is Maru from?

—**Es de** Costa Rica.
She's from Costa Rica.

▶ Use **ser** to express profession or occupation.

Don Francisco **es conductor**.
Don Francisco is a driver.

Yo **soy estudiante**.
I am a student.

▶ Unlike English, Spanish does not use the indefinite article (**un**, **una**) after **ser** when referring to professions, unless accompanied by an adjective or other description.

Marta **es** profesora.
Marta is a teacher.

Marta **es una** profesora excelente.
Marta is an excellent teacher.

Somos Perú

LanPerú

¡INTÉNTALO!   Provide the correct subject pronouns and the present forms of **ser**.

1. Gabriel   _él_   _es_
2. Juan y yo   _____   _____
3. Óscar y Flora   _____   _____
4. Adriana   _____   _____

5. las turistas   _____   _____
6. el chico   _____   _____
7. los conductores   _____   _____
8. los señores Ruiz   _____   _____

Práctica

1

Pronombres What subject pronouns would you use to (a) talk *to* these people directly and (b) talk *about* them to others?

> **modelo**
>
> un joven   tú, él

1. una chica
2. el presidente de México
3. tres chicas y un chico
4. un estudiante
5. la señora Ochoa
6. dos profesoras

2

Identidad y origen With a partner, take turns asking and answering these questions about the people indicated: **¿Quién es?/¿Quiénes son?** and **¿De dónde es?/¿De dónde son?**

> **modelo**
>
> Selena Gomez (Estados Unidos)
>
> **Estudiante 1:** ¿Quién es?   **Estudiante 1:** ¿De dónde es?
> **Estudiante 2:** Es Selena Gomez.   **Estudiante 2:** Es de los Estados Unidos.

1. Enrique Iglesias (España)
2. Robinson Canó (República Dominicana)
3. Eva Mendes y Marc Anthony (Estados Unidos)
4. Carlos Santana y Salma Hayek (México)
5. Shakira (Colombia)
6. Antonio Banderas y Penélope Cruz (España)
7. Taylor Swift y Demi Lovato (Estados Unidos)
8. Daisy Fuentes (Cuba)

3

¿Qué es? Ask your partner what each object is and to whom it belongs.

> **modelo**
>
> **Estudiante 1:** ¿Qué es?   **Estudiante 1:** ¿De quién es?
> **Estudiante 2:** Es un diccionario.   **Estudiante 2:** Es del profesor Núñez.

  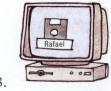 

1.   2.   3.   4.

Comunicación

4

Preguntas Using the items in the word bank, ask your partner questions about the ad.
Be imaginative in your responses.

| ¿Cuántas? | ¿De dónde? | ¿Qué? |
| ¿Cuántos? | ¿De quién? | ¿Quién? |

SOMOS ECOTURISTA, S.A.
Los autobuses oficiales de la Ruta Maya

- 25 autobuses en total
- 30 conductores del área
- pasajeros internacionales
- mapas de la región

¡Todos a bordo!

5

¿Quién es? In small groups, take turns pretending to be a famous person from a Spanish-speaking country (such as Spain, Mexico, Puerto Rico, Cuba, or the United States). Use the list of professions to think of people from a variety of backgrounds. Your partners will ask you questions and try to guess who you are.

| actor *actor* | cantante *singer* | escritor(a) *writer* |
| actriz *actress* | deportista *athlete* | músico/a *musician* |

modelo

Estudiante 3: ¿Eres de Puerto Rico?
Estudiante 1: No. Soy de Colombia.
Estudiante 2: ¿Eres hombre?
Estudiante 1: Sí. Soy hombre.
Estudiante 3: ¿Eres escritor?
Estudiante 1: No. Soy actor.
Estudiante 2: ¿Eres John Leguizamo?
Estudiante 1: ¡Sí! ¡Sí!

 Practice more at **vhlcentral.com**.

1.4 # Telling time  **Tutorial**

ANTE TODO In both English and Spanish, the verb *to be* (**ser**) and numbers are used to tell time.

▶ To ask what time it is, use **¿Qué hora es?** When telling time, use **es + la** with **una** and **son + las** with all other hours.

Es la una.   **Son las** dos.   **Son las** seis.

▶ As in English, you express time in Spanish from the hour to the half hour by adding minutes.

Son las cuatro **y cinco**.   Son las once **y veinte**.

▶ You may use either **y cuarto** or **y quince** to express fifteen minutes or quarter past the hour. For thirty minutes or half past the hour, you may use either **y media** or **y treinta**.

Es la una **y cuarto**.   Son las nueve **y quince**.   Son las doce **y media**.   Son las siete **y treinta**.

▶ You express time from the half hour to the hour in Spanish by subtracting minutes or a portion of an hour from the next hour.

Es la una **menos cuarto**.   Son las tres **menos quince**.   Son las ocho **menos veinte**.   Son las tres **menos diez**.

▶ To ask at what time a particular event takes place, use the phrase **¿A qué hora (...)?**
To state at what time something takes place, use the construction **a la(s)** + *time*.

¿A qué hora es la clase de biología?
(At) what time is biology class?

La clase es **a las dos**.
The class is at two o'clock.

¿A qué hora es la fiesta?
(At) what time is the party?

A las ocho.
At eight.

▶ Here are some useful words and phrases associated with telling time.

Son las ocho **en punto**.
It's 8 o'clock on the dot/sharp.

Es **el mediodía**.
It's noon.

Es **la medianoche**.
It's midnight.

Son las nueve **de la mañana**.
It's 9 a.m./in the morning.

Son las cuatro y cuarto **de la tarde**.
It's 4:15 p.m./in the afternoon.

Son las diez y media **de la noche**.
It's 10:30 p.m./at night.

¿Qué hora es?

Son las cuatro menos diez.

¿Qué hora es?

Son las cuatro y veinticinco.

¡INTÉNTALO! Practice telling time by completing these sentences.

1. (1:00 a.m.) Es la _____una_____ de la mañana.
2. (2:50 a.m.) Son las tres _____ diez de la mañana.
3. (4:15 p.m.) Son las cuatro y _____ de la tarde.
4. (8:30 p.m.) Son las ocho y _____ de la noche.
5. (9:15 a.m.) Son las nueve y quince de la _____.
6. (12:00 p.m.) Es el _____.
7. (6:00 a.m.) Son las seis de la _____.
8. (4:05 p.m.) Son las cuatro y cinco de la _____.
9. (12:00 a.m.) Es la _____.
10. (3:45 a.m.) Son las cuatro menos _____ de la mañana.
11. (2:15 a.m.) Son las _____ y cuarto de la mañana.
12. (1:25 p.m.) Es la una y _____ de la tarde.
13. (6:50 a.m.) Son las _____ menos diez de la mañana.
14. (10:40 p.m.) Son las once menos veinte de la _____.

Práctica

1

Ordenar Put these times in order, from the earliest to the latest.

a. Son las dos de la tarde.
b. Son las once de la mañana.
c. Son las siete y media de la noche.

d. Son las seis menos cuarto de la tarde.
e. Son las dos menos diez de la tarde.
f. Son las ocho y veintidós de la mañana.

2

¿Qué hora es? Give the times shown on each clock or watch.

> **modelo**
> Son las cuatro y cuarto/quince de la tarde.

NOTA CULTURAL

Many Spanish-speaking countries use both the 12-hour clock and the 24-hour clock (that is, military time). The 24-hour clock is commonly used in written form on signs and schedules. For example, 1 p.m. is **13h**, 2 p.m. is **14h** and so on. See the photo on p. 33 for a sample schedule.

p.m.   p.m.   p.m.   a.m.

1. _____ 2. _____ 3. _____ 4. _____ 5. _____

a.m.   a.m.   p.m.

6. _____ 7. _____ 8. _____ 9. _____ 10. _____

3

¿A qué hora? Ask your partner at what time these events take place. Your partner will answer according to the cues provided.

> **modelo**
> la clase de matemáticas (2:30 p.m.)
> **Estudiante 1:** ¿A qué hora es la clase de matemáticas?
> **Estudiante 2:** Es a las dos y media de la tarde.

1. el programa *Las cuatro amigas* (11:30 a.m.)
2. el drama *La casa de Bernarda Alba* (7:00 p.m.)
3. el programa *Las computadoras* (8:30 a.m.)
4. la clase de español (10:30 a.m.)
5. la clase de biología (9:40 a.m.)
6. la clase de historia (10:50 a.m.)
7. el partido (*game*) de béisbol (5:15 p.m.)
8. el partido de tenis (12:45 p.m.)
9. el partido de baloncesto (*basketball*) (7:45 p.m.)

NOTA CULTURAL

La casa de Bernarda Alba is a famous play by Spanish poet and playwright **Federico García Lorca** (1898–1936). Lorca was one of the most famous writers of the 20th century and a close friend of Spain's most talented artists, including the painter Salvador Dalí and the filmmaker Luis Buñuel.

Practice more at **vhlcentral.com**.

Comunicación

4 **En la televisión** With a partner, take turns asking questions about these television listings.

> **modelo**
>
> **Estudiante 1:** ¿A qué hora es el documental *Las computadoras?*
> **Estudiante 2:** Es a las nueve en punto de la noche.

TV Hoy – Programación

11:00 am Telenovela: *La casa de la familia Díaz*	**5:00 pm** Telenovela: *Tres mujeres*
12:00 pm Película: *El cóndor* (drama)	**6:00 pm** Noticias
2:00 pm Telenovela: *Dos mujeres y dos hombres*	**7:00 pm** Especial musical: *Música folklórica de México*
3:00 pm Programa juvenil: *Fiesta*	**7:30 pm** La naturaleza: *Jardín secreto*
3:30 pm Telenovela: *¡Sí, sí, sí!*	**8:00 pm** Noticiero: *Veinticuatro horas*
4:00 pm Telenovela: *El diario de la Sra. González*	**9:00 pm** Documental: *Las computadoras*

5 **Preguntas** With a partner, answer these questions based on your own knowledge.

1. Son las tres de la tarde en Nueva York. ¿Qué hora es en Los Ángeles?

2. Son las ocho y media en Chicago. ¿Qué hora es en Miami?

3. Son las dos menos cinco en San Francisco. ¿Qué hora es en San Antonio?

4. ¿A qué hora es el programa *Saturday Night Live*?; ¿A qué hora es el programa *American Idol*?

6 **Más preguntas** Using the questions in the previous activity as a model, make up four questions of your own. Then get together with a classmate and take turns asking and answering each other's questions.

Síntesis

7 **Situación** With a partner, play the roles of a journalism student interviewing a visiting literature professor (**profesor(a) de literatura**) from Venezuela. Be prepared to act out the conversation for your classmates.

Estudiante	**Profesor(a) de literatura**
Ask the professor his/her name.	Ask the student his/her name.
Ask the professor what time his/her literature class is.	Ask the student where he/she is from.
Ask how many students are in his/her class.	Ask to whom the notebook belongs.
Say thank you and goodbye.	Say thank you and you are pleased to meet him/her.

Recapitulación

 **Diagnostics**

Review the grammar concepts you have learned in this lesson by completing these activities.

1 Completar Complete the charts according to the models. `28 pts.`

Masculino	Femenino
el chico	la chica
	la profesora
	la amiga
el señor	
	la pasajera
el estudiante	
	la turista
el joven	

Singular	Plural
una cosa	unas cosas
un libro	
	unas clases
una lección	
un conductor	
	unos países
	unos lápices
un problema	

2 En la clase Complete each conversation with the correct word. `22 pts.`

 César   Beatriz

CÉSAR ¿(1) _____ (Cuántos/Cuántas) chicas hay en la (2) _____ (maleta/clase)?

BEATRIZ Hay (3) _____ (catorce/cuatro) [14] chicas.

CÉSAR Y, ¿(4) _____ (cuántos/cuántas) chicos hay?

BEATRIZ Hay (5) _____ (tres/trece) [13] chicos.

CÉSAR Entonces (*Then*), en total hay (6) _____ (veintiséis/veintisiete) (7) _____ (estudiantes/chicas) en la clase.

 Ariana   Daniel

ARIANA ¿Tienes (*Do you have*) (8) _____ (un/una) diccionario?

DANIEL No, pero (*but*) aquí (9) _____ (es/hay) uno.

ARIANA ¿De quién (10) _____ (son/es)?

DANIEL (11) _____ (Son/Es) de Carlos.

RESUMEN GRAMATICAL

1.1 Nouns and articles   *pp. 12–14*

Gender of nouns

Nouns that refer to living things

	Masculine		Feminine
-o	el chico	-a	la chica
-or	el profesor	-ora	la profesora
-ista	el turista	-ista	la turista

Nouns that refer to non-living things

	Masculine		Feminine
-o	el libro	-a	la cosa
-ma	el programa	-ción	la lección
-s	el autobús	-dad	la nacionalidad

Plural of nouns

► ending in vowel + -s   la chica → las chicas

► ending in consonant + -es   el señor → los señores

   (-z → -ces un lápiz → unos lápices)

► Definite articles: el, la, los, las

► Indefinite articles: un, una, unos, unas

1.2 Numbers 0–30   *p. 16*

0	cero	8	ocho	16	dieciséis
1	uno	9	nueve	17	diecisiete
2	dos	10	diez	18	dieciocho
3	tres	11	once	19	diecinueve
4	cuatro	12	doce	20	veinte
5	cinco	13	trece	21	veintiuno
6	seis	14	catorce	22	veintidós
7	siete	15	quince	30	treinta

1.3 Present tense of *ser*   *pp. 19–21*

yo	soy	nosotros/as	somos
tú	eres	vosotros/as	sois
Ud./él/ella	es	Uds./ellos/ellas	son

1.4 **Telling time**   *pp. 24–25*

Es la una.	*It's 1:00.*
Son las dos.	*It's 2:00.*
Son las tres **y diez**.	*It's 3:10.*
Es la una **y cuarto/ quince**.	*It's 1:15.*
Son las siete **y media/ treinta**.	*It's 7:30.*
Es la una **menos cuarto/quince**.	*It's 12:45.*
Son las once **menos veinte**.	*It's 10:40.*
Es **el mediodía**.	*It's noon.*
Es **la medianoche**.	*It's midnight.*

3 **Presentaciones** Complete this conversation with the correct form of the verb **ser**. **12 pts.**

JUAN   ¡Hola! Me llamo Juan. (1) _____ estudiante en la clase de español.

DANIELA   ¡Hola! Mucho gusto. Yo (2) _____ Daniela y ella (3) _____ Mónica. ¿De dónde (4) _____ (tú), Juan?

JUAN   De California. Y ustedes, ¿de dónde (5) _____ ?

MÓNICA   Nosotras (6) _____ de Florida.

4 **¿Qué hora es?** Write out in words the following times, indicating whether it's morning, noon, afternoon, or night. **10 pts.**

1. It's 12:00 p.m.

_____

2. It's 7:05 a.m.

_____

3. It's 9:35 p.m.

_____

4. It's 5:15 p.m.

_____

5. It's 1:30 p.m.

_____

5 **¡Hola!** Write five sentences introducing yourself and talking about your classes. You may want to include your name, where you are from, who your Spanish teacher is, the time of your Spanish class, how many students are in the class, etc. **28 pts.**

_____

_____

_____

_____

6 **Canción** Use the two appropriate words from the list to complete this children's song. **4 EXTRA points!**

cinco	cuántas	cuatro	media	quiénes

"_____ patas°
tiene un gato°?
Una, dos, tres y
_____ ."

patas *legs*   tiene un gato *does a cat have*

Practice more at **vhlcentral.com**.

Lectura

Antes de leer

Estrategia
Recognizing cognates

As you learned earlier in this lesson, cognates are words that share similar meanings and spellings in two or more languages. When reading in Spanish, it's helpful to look for cognates and use them to guess the meaning of what you're reading. But watch out for false cognates. For example, **librería** means *bookstore*, not *library*, and **embarazada** means *pregnant*, not *embarrassed*. Look at this list of Spanish words, paying special attention to prefixes and suffixes. Can you guess the meaning of each word?

importante	oportunidad
farmacia	cultura
inteligente	activo
dentista	sociología
decisión	espectacular
televisión	restaurante
médico	policía

Examinar el texto

Glance quickly at the reading selection and guess what type of document it is. Explain your answer.

Cognados

Read the document and make a list of the cognates you find. Guess their English equivalents, then compare your answers with those of a partner.

Joaquín Salvador Lavado nació (*was born*) en Argentina en 1932 (mil novecientos treinta y dos). Su nombre profesional es **Quino**. Es muy popular en Latinoamérica, Europa y Canadá por sus tiras cómicas (*comic strips*). Mafalda es su serie más famosa. La protagonista, Mafalda, es una chica muy inteligente de seis años (*years*). La tira cómica ilustra las aventuras de ella y su grupo de amigos. Las anécdotas de Mafalda y los chicos también presentan temas (*themes*) importantes como la paz (*peace*) y los derechos humanos (*human rights*).

Después de leer

Preguntas

Answer these questions.

1. What is Joaquín Salvador Lavado's pen name?
2. What is Mafalda like?
3. Where is Mafalda in panel 1? What is she doing?
4. What happens to the sheep in panel 3? Why?
5. Why does Mafalda wake up?
6. What number corresponds to the sheep in panel 5?
7. In panel 6, what is Mafalda doing? How do you know?

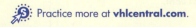

Los animales

This comic strip uses a device called onomatopoeia: a word that represents the sound that it stands for. Did you know that many common instances of onomatopoeia are different from language to language? The noise a sheep makes is *baaaah* in English, but in Mafalda's language it is **béeeee**. Do you think you can match these animals with their Spanish sounds? First, practice saying aloud each animal sound in group B. Then, match each animal with its sound in Spanish. If you need help remembering the sounds the alphabet makes in Spanish, see p. 9.

A

1. ____ **gato**   2. ____ **perro**   3. ____ **vacas**   4. ____ **gallo**

5. ____ **rana**   6. ____ **pato**   7. ____ **cerdo**

B

a. kikirikí   b. muuu   c. croac   d. guau

e. cuac cuac   f. miau   g. oinc

Escritura

Estrategia
Writing in Spanish

Why do we write? All writing has a purpose. For example, we may write an e-mail to share important information or compose an essay to persuade others to accept a point of view. Proficient writers are not born, however. Writing requires time, thought, effort, and a lot of practice. Here are some tips to help you write more effectively in Spanish.

DO

- Try to write your ideas in Spanish
- Use the grammar and vocabulary that you know
- Use your textbook for examples of style, format, and expression in Spanish
- Use your imagination and creativity
- Put yourself in your reader's place to determine if your writing is interesting

AVOID

- Translating your ideas from English to Spanish
- Simply repeating what is in the textbook or on a web page
- Using a dictionary until you have learned how to use foreign language dictionaries

Tema

Hacer una lista

Create a telephone/address list that includes important names, numbers, and websites that will be helpful to you in your study of Spanish. Make whatever entries you can in Spanish without using a dictionary. You might want to include this information:

- The names, phone numbers, and e-mail addresses of at least four other students
- Your professor's name, e-mail address, and office hours
- Three phone numbers and e-mail addresses of campus offices or locations related to your study of Spanish
- Five electronic resources for students of Spanish, such as chat rooms and sites dedicated to the study of Spanish as a second language

Nombre *Sally (la chica de Indiana)* ☎
Teléfono 655-8888 ✉
Dirección electrónica *sally@uru.edu*

Nombre *Profesor José Ramón Casas*
Teléfono 655-8090
Dirección electrónica *jrcasas@uru.edu*
Horas de oficina 12 a 12:30

Nombre *Biblioteca* 655-7000
Dirección electrónica *library@uru.edu*

Escuchar **Audio**

Preparación

Based on the photograph, what do you think Dr. Cavazos and Srta. Martínez are talking about? How would you get the gist of their conversation, based on what you know about Spanish?

Ahora escucha

Now you are going to hear Dr. Cavazos's conversation with Srta. Martínez. List the familiar words and phrases each person says.

Dr. Cavazos	Srta. Martínez
1. _____	9. _____
2. _____	10. _____
3. _____	11. _____
4. _____	12. _____
5. _____	13. _____
6. _____	14. _____
7. _____	15. _____
8. _____	16. _____

With a partner, use your lists of familiar words as a guide to come up with a summary of what happened in the conversation.

TRANSPORTES
ECUADOR
★★★ SERVICIO PREFERENCIAL ★★★

HORARIOS QUITO-GUAYAQUIL

MAÑANA	TARDE	NOCHE
4:50	12:50	19:20
5:50	14:05	20:20
6:50	15:05	21:20
8:00	16:20	21:50
8:50	17:40	22:20
9:20	18:40	22:40
10:20		23:20
11:50		00:20

Comprensión

Identificar

Who would say the following things, Dr. Cavazos or Srta. Martínez?

1. Me llamo…
2. De nada.
3. Gracias. Muchas gracias.
4. Aquí tiene usted los documentos de viaje (*trip*), señor.
5. Usted tiene tres maletas, ¿no?
6. Tengo dos maletas.
7. Hola, señor.
8. ¿Viaja usted a Buenos Aires?

Contestar

1. Does this scene take place in the morning, afternoon, or evening? How do you know?
2. How many suitcases does Dr. Cavazos have?
3. Using the words you already know to determine the context, what might the following words and expressions mean?
   - boleto
   - pasaporte
   - un viaje de ida y vuelta
   - ¡Buen viaje!

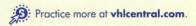

En pantalla

Latinos form the largest-growing minority group in the United States. This trend is expected to continue; the Census Bureau projects that by the year 2050, the Latino population will grow to 30 percent. Viewership of the two major Spanish-language TV stations, **Univisión** and **Telemundo**, has skyrocketed, at times surpassing that of the four major English-language networks. With Latino purchasing power estimated at 1.5 trillion dollars a year, many companies have responded by adapting successful marketing campaigns to target a Spanish-speaking audience. Turn on a Spanish-language channel any night of the week, and you'll see ads for the world's biggest consumer brands, from soft drinks to car makers; many of these advertisements are adaptations of their English-language counterparts. Bilingual ads, which use English and Spanish in a way that is accessible to all viewers, have become popular during events such as the Super Bowl, where advertisers want to appeal to a diverse market.

Vocabulario útil

carne en salsa	*beef with sauce*
copa de helado	*cup of ice cream*
no tiene precio	*priceless*
plato principal	*main course*
un domingo en familia	*Sunday with the family*

Emparejar

Match each item with its price according to the ad. **¡Ojo!** (*Careful!*) One of the responses will not be used.

_____ 1. aperitivo   a. quince dólares
_____ 2. plato principal   b. ocho dólares
_____ 3. postre   c. treinta dólares
                    d. seis dólares

Un comercial

With a partner, brainstorm and write a MasterCard-like TV ad about something you consider priceless. Then read it to the class. Use as much Spanish as you can.

Aperitivo Appetizer **Postre** *Dessert*

Anuncio de MasterCard

Aperitivo°...

Postre°...

Un domingo en familia...

Video: TV Clip

Flash CULTURA

The **Plaza de Mayo** in Buenos Aires, Argentina, is perhaps best known as a place of political protest. Aptly nicknamed **Plaza de Protestas** by the locals, it is the site of weekly demonstrations. Despite this reputation, for many it is also a traditional **plaza**, a spot to escape from the hustle of city life. In warmer months, office workers from neighboring buildings flock to the plaza during lunch hour. **Plaza de Mayo** is also a favorite spot for families, couples, and friends to gather, stroll, or simply sit and chat. Tourists come year-round to take in the iconic surroundings: **Plaza de Mayo** is flanked by the rose-colored presidential palace (**Casa Rosada**), city hall (**municipalidad**), a colonial-era museum (**Cabildo**), and a spectacular cathedral (**Catedral Metropolitana**).

Vocabulario útil

abrazo	hug
¡Cuánto tiempo!	It's been a long time!
encuentro	encounter
plaza	city or town square
¡Qué bueno verte!	It's great to see you!
¡Qué suerte verlos!	How lucky to see you!

Preparación

Where do you and your friends usually meet? Are there public places where you get together? What activities do you take part in there?

Identificar

Identify the person or people who make(s) each of these statements.

1. ¿Cómo están ustedes?   a. Gonzalo
2. ¡Qué bueno verte!   b. Mariana
3. Bien, ¿y vos?   c. Mark
4. Hola.   d. Silvina
5. ¡Qué suerte verlos!

Encuentros en la plaza

Today we are at the Plaza de Mayo.

People come to walk and get some fresh air...

And children come to play...

Video: *Flash cultura*

Practice more at vhlcentral.com.

recursos

VM
pp. 79–80

vhlcentral.com
Lección 1

Video: *Panorama cultural*
Interactive map

Estados Unidos

El país en cifras°

▶ **Población° de los EE.UU.:** 317 millones
▶ **Población de origen hispano:** 50 millones
▶ **País de origen de hispanos en los EE.UU.:**

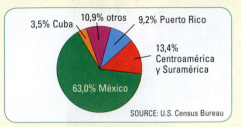

3,5% Cuba
10,9% otros
9,2% Puerto Rico
13,4% Centroamérica y Suramérica
63,0% México

SOURCE: U.S. Census Bureau

▶ **Estados con la mayor° población hispana:**

California 14.013.719
Texas 9.460.921
Florida 4.223.806
Nueva York 3.416.922
Illinois 2.027.578

SOURCE: U.S. Census Bureau

Canadá

El país en cifras

▶ **Población de Canadá:** 35 millones
▶ **Población de origen hispano:** 700.000
▶ **País de origen de hispanos en Canadá:**

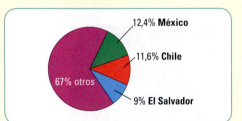

12,4% **México**
11,6% **Chile**
67% otros
9% **El Salvador**

▶ **Ciudades° con la mayor población hispana:**
Montreal, Toronto, Vancouver

en cifras *by the numbers* Población *Population* mayor *largest*
Ciudades *Cities* creció *grew* más *more* cada *every* niños *children*
Se estima *It is estimated* va a ser *it is going to be*

Mission District, en San Francisco

AK   HI

CANADÁ

Vancouver   Calgary

Ottawa   Montreal
Toronto
San Francisco   Chicago   Nueva York
Las Vegas   EE.UU.
Los Ángeles   Washington, D.C.
San Diego

San Antonio   Océano Atlántico

Miami

MÉXICO   Golfo de México

Mar Caribe

El Álamo, en San Antonio, Texas

recursos

WB
pp. 9–10

VM
pp. 37–38

vhlcentral.com
Lección 1

¡Increíble pero cierto!

La población hispana en los EE.UU. creció° un 48% entre los años 2000 (dos mil) y 2011 (dos mil once) (16,7 millones de personas más°). Hoy, uno de cada° cinco niños° en los EE.UU. es de origen hispano. Se estima° que en el año 2034 va a ser° uno de cada tres.

Comida • La comida mexicana

La comida° mexicana es muy popular en los Estados Unidos. Los tacos, las enchiladas, las quesadillas y los frijoles frecuentemente forman parte de las comidas de muchos norteamericanos. También° son populares las variaciones de la comida mexicana en los Estados Unidos: el tex-mex y el cali-mex.

Lugares • La Pequeña Habana

La Pequeña Habana° es un barrio° de Miami, Florida, donde viven° muchos cubanoamericanos. Es un lugar° donde se encuentran° las costumbres° de la cultura cubana, los aromas y sabores° de su comida y la música salsa. La Pequeña Habana es una parte de Cuba en los Estados Unidos.

Costumbres • Desfile puertorriqueño

Cada junio, desde° 1958 (mil novecientos cincuenta y ocho), los puertorriqueños celebran su cultura con un desfile° en Nueva York. Es un gran espectáculo con carrozas° y música salsa, merengue y hip-hop. Muchos espectadores llevan° la bandera° de Puerto Rico en su ropa° o pintada en la cara°.

Comunidad • Hispanos en Canadá

En Canadá viven° muchos hispanos. Toronto y Montreal son las ciudades° con mayor° población hispana. Muchos de ellos tienen estudios universitarios° y hablan° una de las lenguas° oficiales: inglés o francés°. Los hispanos participan activamente en la vida cotidiana° y profesional de Canadá.

¿Qué aprendiste? Completa las oraciones con la información adecuada (*appropriate*).

1. Hay _____ de personas de origen hispano en los Estados Unidos.
2. Los cuatro estados con las poblaciones hispanas más grandes son (en orden) _____, Texas, Florida y _____.
3. Toronto, Montreal y _____ son las ciudades con más población hispana de Canadá.
4. Las quesadillas y las enchiladas son platos (*dishes*) _____.
5. La Pequeña _____ es un barrio de Miami.
6. En Miami hay muchas personas de origen _____.
7. Cada junio se celebra en Nueva York un gran desfile para personas de origen _____.
8. Muchos hispanos en Canadá hablan _____ o francés.

Conexión Internet Investiga estos temas en **vhlcentral.com.**

Practice more at **vhlcentral.com.**

1. Haz (*Make*) una lista de seis hispanos célebres de los EE.UU. o Canadá. Explica (*Explain*) por qué (*why*) son célebres.
2. Escoge (*Choose*) seis lugares en los Estados Unidos con nombres hispanos e investiga sobre el origen y el significado (*meaning*) de cada nombre.

....

comida *food* También *Also* La Pequeña Habana *Little Havana* barrio *neighborhood* viven *live* lugar *place* se encuentran *are found* costumbres *customs* sabores *flavors* Cada junio desde *Each June since* desfile *parade* con carrozas *with floats* llevan *wear* bandera *flag* ropa *clothing* cara *face* viven *live* ciudades *cities* mayor *most* tienen estudios universitarios *have a degree* hablan *speak* lenguas *languages* inglés o francés *English or French* vida cotidiana *daily life*

Saludos

Hola.	Hello; Hi.
Buenos días.	Good morning.
Buenas tardes.	Good afternoon.
Buenas noches.	Good evening; Good night.

Despedidas

Adiós.	Goodbye.
Nos vemos.	See you.
Hasta luego.	See you later.
Hasta la vista.	See you later.
Hasta pronto.	See you soon.
Hasta mañana.	See you tomorrow.
Saludos a...	Greetings to…
Chau.	Bye.

¿Cómo está?

¿Cómo está usted?	How are you? (form.)
¿Cómo estás?	How are you? (fam.)
¿Qué hay de nuevo?	What's new?
¿Qué pasa?	What's happening?; What's going on?
¿Qué tal?	How are you?; How is it going?
(Muy) bien, gracias.	(Very) well, thanks.
Nada.	Nothing.
No muy bien.	Not very well.
Regular.	So-so; OK.

Expresiones de cortesía

Con permiso.	Pardon me; Excuse me.
De nada.	You're welcome.
Lo siento.	I'm sorry.
(Muchas) gracias.	Thank you (very much); Thanks (a lot).
No hay de qué.	You're welcome.
Perdón.	Pardon me; Excuse me.
por favor	please

Títulos

señor (Sr.); don	Mr.; sir
señora (Sra.); doña	Mrs.; ma'am
señorita (Srta.)	Miss

Presentaciones

¿Cómo se llama usted?	What's your name? (form.)
¿Cómo te llamas?	What's your name? (fam.)
Me llamo...	My name is…
¿Y usted?	And you? (form.)
¿Y tú?	And you? (fam.)
Mucho gusto.	Pleased to meet you.
El gusto es mío.	The pleasure is mine.
Encantado/a.	Delighted; Pleased to meet you.
Igualmente.	Likewise.
Le presento a...	I would like to introduce you to (name). (form.)
Te presento a...	I would like to introduce you to (name). (fam.)
el nombre	name

¿De dónde es?

¿De dónde es usted?	Where are you from? (form.)
¿De dónde eres?	Where are you from? (fam.)
Soy de...	I'm from…

Palabras adicionales

¿cuánto(s)/a(s)?	how much/many?
¿de quién...?	whose…? (sing.)
¿de quiénes...?	whose…? (plural)
(no) hay	there is (not); there are (not)

Sustantivos

el autobús	bus
el chico	boy
la chica	girl
la computadora	computer
la comunidad	community
el/la conductor(a)	driver
la conversación	conversation
la cosa	thing
el cuaderno	notebook
el día	day
el diario	diary
el diccionario	dictionary
la escuela	school
el/la estudiante	student
la foto(grafía)	photograph
el hombre	man
el/la joven	young person
el lápiz	pencil
la lección	lesson
la maleta	suitcase
la mano	hand
el mapa	map
la mujer	woman
la nacionalidad	nationality
el número	number
el país	country
la palabra	word
el/la pasajero/a	passenger
el problema	problem
el/la profesor(a)	teacher
el programa	program
el/la turista	tourist
el video	video

Verbo

ser	to be

Numbers 0–30	See page 16.
Telling time	See pages 24–25.
Expresiones útiles	See page 7.

  Vocabulary Tools

recursos

LM p. 6

vhlcentral.com Lección 1

En la universidad

2

Communicative Goals

You will learn how to:

- Talk about your classes and school life
- Discuss everyday activities
- Ask questions in Spanish
- Describe the location of people and things

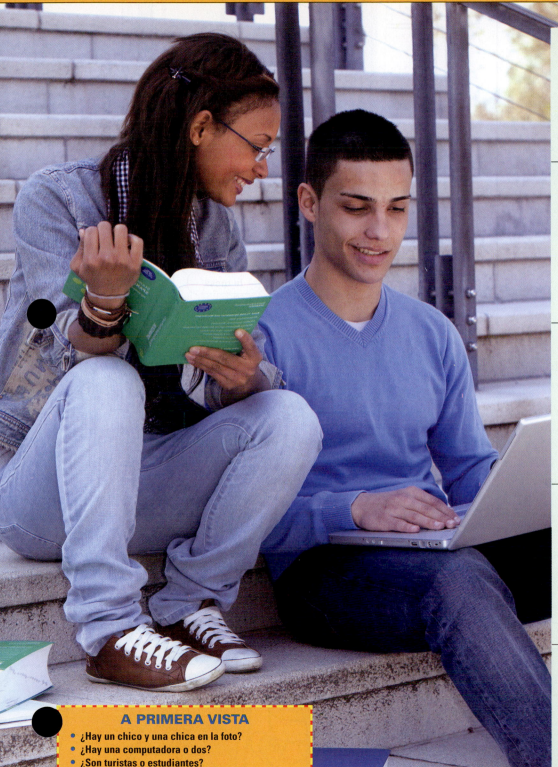

contextos

fotonovela

cultura

estructura

adelante

A PRIMERA VISTA

- ¿Hay un chico y una chica en la foto?
- ¿Hay una computadora o dos?
- ¿Son turistas o estudiantes?
- ¿Qué hora es, la una de la mañana o de la tarde?

En la universidad

Más vocabulario

la biblioteca	*library*
la cafetería	*cafeteria*
la casa	*house; home*
el estadio	*stadium*
el laboratorio	*laboratory*
la librería	*bookstore*
la residencia estudiantil	*dormitory*
la universidad	*university; college*
el/la compañero/a de clase	*classmate*
el/la compañero/a de cuarto	*roommate*
la clase	*class*
el curso	*course*
la especialización	*major*
el examen	*test; exam*
el horario	*schedule*
la prueba	*test; quiz*
el semestre	*semester*
la tarea	*homework*
el trimestre	*trimester; quarter*
la administración de empresas	*business administration*
el arte	*art*
la biología	*biology*
las ciencias	*sciences*
la computación	*computer science*
la contabilidad	*accounting*
la economía	*economics*
el español	*Spanish*
la física	*physics*
la geografía	*geography*
la música	*music*

Variación léxica

pluma ⟷ bolígrafo
pizarra ⟷ tablero (*Col.*)

recursos

| WB pp. 11–12 | LM p. 7 | vhlcentral.com Lección 2 |

el reloj

la ventana

la puerta

la profesora

el estudiante

la mesa

la calculadora

el libro

la pluma

la histo

el mapa

la pizarra

LAS MATERIAS | **COURSES**
la historia | *history*
las humanidades | *humanities*
el inglés | *English*
las lenguas extranjeras | *foreign languages*
la literatura | *literature*
las matemáticas | *mathematics*
el periodismo | *journalism*
la psicología | *psychology*
la química | *chemistry*
la sociología | *sociology*

el papel

el borrador

la tiza

la papelera

el escritorio

la mochila

la estudiante

la silla

Práctica

1 Escuchar 🎧 Listen to Professor Morales talk about her Spanish classroom, then check the items she mentions.

puerta	○	tiza	○	plumas	○
ventanas	○	escritorios	○	mochilas	○
pizarra	○	sillas	○	papel	○
borrador	○	libros	○	reloj	○

2 Identificar 🎧 You will hear a series of words. Write each one in the appropriate category.

Personas	**Lugares**	**Materias**
_____	_____	_____
_____	_____	_____
_____	_____	_____

3 Emparejar Match each question with its most logical response. **¡Ojo!** (*Careful!*) One response will not be used.

1. ¿Qué clase es?
2. ¿Quiénes son?
3. ¿Quién es?
4. ¿De dónde es?
5. ¿A qué hora es la clase de inglés?
6. ¿Cuántos estudiantes hay?

a. Hay veinticinco.
b. Es un reloj.
c. Es de Perú.
d. Es la clase de química.
e. Es el señor Bastos.
f. Es a las nueve en punto.
g. Son los profesores.

4 Identificar Identify the word that does not belong in each group.

1. examen • casa • tarea • prueba
2. economía • matemáticas • biblioteca • contabilidad
3. pizarra • tiza • borrador • librería
4. lápiz • cafetería • papel • cuaderno
5. veinte • diez • pluma • treinta
6. conductor • laboratorio • autobús • pasajero

5 ¿Qué clase es? Name the class associated with the subject matter.

> **modelo**
> los elementos, los átomos *Es la clase de química.*

1. Abraham Lincoln, Winston Churchill
2. Picasso, Leonardo da Vinci
3. Freud, Jung
4. África, el océano Pacífico
5. la cultura de España, verbos
6. Hemingway, Shakespeare
7. geometría, calculadora

Los días de la semana

¿Qué día es hoy (today)?

¿Cuándo (When) es el examen?

Hoy es martes.

Es el viernes.

septiembre

lunes	martes	miércoles	jueves	viernes	sábado	domingo
	1	2	3	4	5	6
7	8	9	10			

¡LENGUA VIVA!

The days of the week are never capitalized in Spanish.

• • •

Monday is considered the first day of the week in Spanish-speaking countries.

CONSULTA

Note that September in Spanish is **septiembre**. For all of the months of the year, go to **Contextos, Lección 5,** p. 154.

6 **¿Qué día es hoy?** Complete each statement with the correct day of the week.

1. Hoy es martes. Mañana es _____. Ayer fue (*Yesterday was*) _____.
2. Ayer fue sábado. Mañana es _____. Hoy es _____.
3. Mañana es viernes. Hoy es _____. Ayer fue _____.
4. Ayer fue domingo. Hoy es _____. Mañana es _____.
5. Hoy es jueves. Ayer fue _____. Mañana es _____.
6. Mañana es lunes. Hoy es _____. Ayer fue _____.

7 **Analogías** Use these words to complete the analogies. Some words will not be used.

arte	día	martes	pizarra
biblioteca	domingo	matemáticas	profesor
catorce	estudiante	mujer	reloj

1. maleta ⟷ pasajero ⊜ mochila ⟷ _____
2. chico ⟷ chica ⊜ hombre ⟷ _____
3. pluma ⟷ papel ⊜ tiza ⟷ _____
4. inglés ⟷ lengua ⊜ miércoles ⟷ _____
5. papel ⟷ cuaderno ⊜ libro ⟷ _____
6. quince ⟷ dieciséis ⊜ lunes ⟷ _____
7. Cervantes ⟷ literatura ⊜ Dalí ⟷ _____
8. autobús ⟷ conductor ⊜ clase ⟷ _____
9. los EE.UU. ⟷ mapa ⊜ hora ⟷ _____
10. veinte ⟷ veintitrés ⊜ jueves ⟷ _____

Practice more at **vhlcentral.com.**

Comunicación

8 **Horario** Choose three courses from the chart to create your own class schedule, then discuss it with a classmate.

materia	horas	días	profesor(a)
historia	9–10	lunes, miércoles	Prof. Ordóñez
biología	12–1	lunes, jueves	Profa. Dávila
periodismo	2–3	martes, jueves	Profa. Quiñones
matemáticas	2–3	miércoles, jueves	Prof. Jiménez
arte	12–1:30	lunes, miércoles	Prof. Molina

¡ATENCIÓN!

Use **el** + [*day of the week*] when an activity occurs on a specific day and **los** + [*day of the week*] when an activity occurs regularly.

El lunes tengo un examen.
On Monday I have an exam.

Los lunes y miércoles tomo biología.
On Mondays and Wednesdays I take biology.

• • •

Except for **sábados** and **domingos**, the singular and plural forms for days of the week are the same.

modelo

Estudiante 1: Tomo (*I take*) biología los lunes y jueves, de 12 a 1, con (*with*) la profesora Dávila.

Estudiante 2: ¿Sí? Yo no tomo biología. Yo tomo arte los lunes y miércoles, de 12 a 1:30, con el profesor Molina.

9 **Memoria** How well do you know your Spanish classroom? Take a good look around and then close your eyes. Your partner will ask you questions about the classroom, using these words and other vocabulary. Each person should answer six questions and switch roles every three questions.

escritorio	mapa	pizarra	reloj
estudiante	mesa	profesor(a)	ventana
libro	mochila	puerta	silla

modelo

Estudiante 1: ¿Cuántas ventanas hay?

Estudiante 2: Hay cuatro ventanas.

10 **Nuevos amigos** During the first week of class, you meet a new student in the cafeteria. With a partner, prepare a conversation using these cues. Then act it out for the class.

Estudiante 1	Estudiante 2
Greet your new acquaintance.	Introduce yourself.
Find out about him or her.	Tell him or her about yourself.
Ask about your partner's class schedule.	Compare your schedule to your partner's.
Say nice to meet you and goodbye.	Say nice to meet you and goodbye.

¿Qué estudias?

Felipe, Marissa, Juan Carlos y Miguel visitan Chapultepec y hablan de las clases.

PERSONAJES

 MARISSA

 FELIPE

 **Video: *Fotonovela***

FELIPE Dos boletos, por favor.

EMPLEADO Dos boletos son 64 pesos.

FELIPE Aquí están 100 pesos.

EMPLEADO 100 menos 64 son 36 pesos de cambio.

MIGUEL Marissa, hablas muy bien el español... ¿Y dónde está tu diccionario?

MARISSA En casa de los Díaz. Felipe necesita practicar inglés.

MIGUEL ¡Ay, Maru! Chicos, nos vemos más tarde.

FELIPE Ésta es la Ciudad de México.

FELIPE Oye, Marissa, ¿cuántas clases tomas?

MARISSA Tomo cuatro clases: español, historia, literatura y también geografía. Me gusta mucho la cultura mexicana.

FELIPE Juan Carlos, ¿quién enseña la clase de química este semestre?

JUAN CARLOS El profesor Morales. Ah, ¿por qué tomo química y computación?

FELIPE Porque te gusta la tarea.

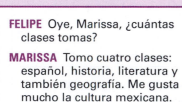

JUAN CARLOS   **MIGUEL**   **EMPLEADO**   **MARU**

FELIPE Los lunes y los miércoles, economía a las 2:30. Tú tomas computación los martes en la tarde, y química, a ver... Los lunes, los miércoles y los viernes ¿a las 10? ¡Uf!

FELIPE Y Miguel, ¿cuándo regresa?

JUAN CARLOS Hoy estudia con Maru.

MARISSA ¿Quién es Maru?

MIGUEL ¿Hablas con tu mamá?

MARU Mamá habla. Yo escucho. Es la 1:30.

MIGUEL Ay, lo siento. Juan Carlos y Felipe...

MARU Ay, Felipe.

MARU Y ahora, ¿adónde? ¿A la biblioteca?

MIGUEL Sí, pero primero a la librería. Necesito comprar unos libros.

recursos
VM pp. 3–4
vhlcentral.com Lección 2

Expresiones útiles

Talking about classes

¿Cuántas clases tomas?
How many classes are you taking?
Tomo cuatro clases.
I'm taking four classes.
Mi especialización es en arqueología.
My major is archeology.
Este año, espero sacar buenas notas y, por supuesto, viajar por el país.
This year, I hope / I'm hoping to get good grades. And, of course, travel through the country.

Talking about likes/dislikes

Me gusta mucho la cultura mexicana.
I like Mexican culture a lot.
Me gustan las ciencias ambientales.
I like environmental science.
Me gusta dibujar.
I like to draw.
¿Te gusta este lugar?
Do you like this place?

Paying for tickets

Dos boletos, por favor.
Two tickets, please.
Dos boletos son sesenta y cuatro pesos.
Two tickets are sixty-four pesos.
Aquí están cien pesos.
Here's a hundred pesos.
Son treinta y seis pesos de cambio.
That's thirty-six pesos change.

Talking about location and direction

¿Dónde está tu diccionario?
Where is your dictionary?
Está en casa de los Díaz.
It's at the Díaz house.
Y ahora, ¿adónde? ¿A la biblioteca?
And now, where to? To the library?
Sí, pero primero a la librería.
Está al lado.
Yes, but first to the bookstore.
It's next door.

¿Qué pasó?

1

Escoger Choose the answer that best completes each sentence.

1. Marissa toma (*is taking*) _____ en la universidad.
   a. español, psicología, economía y música   b. historia, inglés, sociología y periodismo
   c. español, historia, literatura y geografía
2. El profesor Morales enseña (*teaches*) _____.
   a. química   b. matemáticas   c. historia
3. Juan Carlos toma química _____.
   a. los miércoles, jueves y viernes   b. los lunes, miércoles y viernes
   c. los lunes, martes y jueves
4. Miguel necesita ir a (*needs to go to*) _____.
   a. la biblioteca   b. la residencia estudiantil   c. la librería

2

Identificar Indicate which person would make each statement.
The names may be used more than once.

1. ¿Maru es compañera de ustedes? _____
2. Mi mamá habla mucho. _____
3. El profesor Morales enseña la clase de química
   este semestre. _____
4. Mi diccionario está en casa de Felipe
   y Jimena. _____
5. Necesito estudiar con Maru. _____
6. Yo tomo clase de computación los martes
   por la tarde. _____

MARU

JUAN CARLOS   MARISSA

MIGUEL

3

Completar These sentences are similar to things said in the **Fotonovela**.
Complete each sentence with the correct word(s).

Castillo de Chapultepec	estudiar	miércoles
clase	inglés	tarea

1. Marissa, éste es el _____.
2. Felipe tiene (*has*) el diccionario porque (*because*)
   necesita practicar _____.
3. A Juan Carlos le gusta mucho la _____.
4. Hay clase de economía los lunes y _____.
5. Miguel está con Maru para _____.

4

Preguntas personales Interview a partner about his/her university life.

1. ¿Qué clases tomas en la universidad?
2. ¿Qué clases tomas los martes?
3. ¿Qué clases tomas los viernes?
4. ¿En qué clase hay más chicos?
5. ¿En qué clase hay más chicas?
6. ¿Te gusta la clase de español?

 Practice more at **vhlcentral.com**.

Pronunciación Audio

Spanish vowels

a   e   i   o   u

Spanish vowels are never silent; they are always pronounced in a short, crisp way without the glide sounds used in English.

Álex	**clase**	**nada**	**encantada**

The letter **a** is pronounced like the *a* in *father*, but shorter.

el	**ene**	**mesa**	**elefante**

The letter **e** is pronounced like the *e* in *they*, but shorter.

Inés	**chica**	**tiza**	**señorita**

The letter **i** sounds like the *ee* in *beet*, but shorter.

hola	**con**	**libro**	**don Francisco**

The letter **o** is pronounced like the *o* in *tone*, but shorter.

uno	**regular**	**saludos**	**gusto**

The letter **u** sounds like the *oo* in *room*, but shorter.

Práctica Practice the vowels by saying the names of these places in Spain.

1. Madrid
2. Alicante
3. Tenerife
4. Toledo
5. Barcelona
6. Granada
7. Burgos
8. La Coruña

Oraciones Read the sentences aloud, focusing on the vowels.

1. Hola. Me llamo Ramiro Morgado.
2. Estudio arte en la Universidad de Salamanca.
3. Tomo también literatura y contabilidad.
4. Ay, tengo clase en cinco minutos. ¡Nos vemos!

Refranes Practice the vowels by reading these sayings aloud.

Cada loco con su tema.[2]

Del dicho al hecho hay un gran trecho.[1]

1 Easier said than done.   2 To each his own.

recursos

LM p. 8

vhlcentral.com Lección 2

La elección de una
carrera universitaria

Since higher education in the Spanish-speaking world is heavily state-subsidized, tuition is almost free. As a result, public universities see large enrollments. Spanish and Latin American students generally choose their **carrera universitaria** (major) when they're eighteen—which is either the year they enter the university or the year before. In order to enroll, all students must complete a high school degree, known as the **bachillerato**. In countries like Bolivia, Mexico, and Peru, the last year of high school (**colegio***) tends to be specialized in an area of study, such as the arts or natural sciences.

Universidad Central de Venezuela en Caracas

Students then choose their major according to their area of specialization. Similarly, university-bound students in Argentina focus their studies on specific fields, such as the humanities and social sciences, natural sciences, communication, art and design, and economics and business, during their five years of high school. Based on this coursework, Argentine students choose their **carrera**. Finally, in Spain, students choose their major according to the score they receive on the **prueba de aptitud** (skills test or entrance exam).

University graduates receive a **licenciatura**, or bachelor's degree. In Argentina and Chile, a **licenciatura** takes four to six years to complete, and may be considered equivalent to a master's degree. In Peru and Venezuela, a bachelor's degree is a five-year process. Spanish and Colombian **licenciaturas** take four to five years, although some fields, such as medicine, require six or more.

Estudiantes hispanos en los EE.UU.

In the 2012–13 academic year, over 14,000 Mexican students (1.7% of all international students) studied at U.S. universities. Colombians were the second-largest Spanish-speaking group, with over 6,500 students.

*¡Ojo! El **colegio** is a false cognate. In most countries, it means *high school*, but in some regions it refers to an elementary school. All undergraduate study takes place at **la universidad**.

1 **¿Cierto o falso?** Indicate whether these statements are **cierto** or **falso**. Correct the false statements.

1. Students in Spanish-speaking countries must pay large amounts of money toward their college tuition.
2. **Carrera** refers to any undergraduate or graduate program that students enroll in to obtain a professional degree.
3. After studying at a **colegio**, students receive their **bachillerato**.
4. Undergraduates study at a **colegio** or an **universidad**.
5. In Latin America and Spain, students usually choose their majors in their second year at the university.
6. In Argentina, students focus their studies in their high school years.
7. In Mexico, the **bachillerato** involves specialized study.
8. In Spain, majors depend on entrance exam scores.
9. Venezuelans complete a **licenciatura** in five years.
10. According to statistics, Colombians constitute the third-largest Latin American group studying at U.S. universities.

ASÍ SE DICE

Clases y exámenes

aprobar	to pass
la asignatura (Esp.)	la clase, la materia
la clase anual	year-long course
el examen parcial	midterm exam
la facultad	department, school
la investigación	research
el profesorado	faculty
reprobar; suspender (Esp.)	to fail
sacar buenas/ malas notas	to get good/ bad grades
tomar apuntes	to take notes

EL MUNDO HISPANO

Las universidades hispanas

It is not uncommon for universities in Spain and Latin America to have extremely large student body populations.

- **Universidad de Buenos Aires** (Argentina) 308.700 estudiantes
- **Universidad Autónoma de Santo Domingo** (República Dominicana) 170.500 estudiantes
- **Universidad Complutense de Madrid** (España) 84.900 estudiantes
- **Universidad Central de Venezuela** (Venezuela) 62.600 estudiantes

PERFIL

La Universidad de Salamanca

The University of Salamanca, established in 1218, is the oldest university in Spain. It is located in Salamanca, one of the most spectacular Renaissance cities in Europe. Salamanca is nicknamed **La Ciudad Dorada** (*The Golden City*) for the golden glow of its famous sandstone buildings, and it was declared a UNESCO World Heritage Site in 1988.

Salamanca is a true college town, as its prosperity and city life depend on and revolve around the university population. Over 38,000 students from all over Spain, as well as abroad, come to study here each year. The school offers over 250 academic programs, as well as renowned Spanish courses for foreign students. To walk through the university's historic grounds is to follow the footsteps of immortal writers like Miguel de Cervantes and Miguel de Unamuno.

Conexión Internet

To which **facultad** does your major belong in Spain or Latin America?

Go to **vhlcentral.com** to find more cultural information related to this **Cultura** section.

ACTIVIDADES

2 Comprensión Complete these sentences.

1. The University of Salamanca was established in the year _____.
2. A _____ is a year-long course.
3. Salamanca is called _____.
4. Over 300,000 students attend the _____.
5. An _____ occurs about halfway through a course.

3 La universidad en cifras With a partner, research a Spanish or Latin American university online and find five statistics about that institution (for instance, the total enrollment, majors offered, year it was founded, etc.). Using the information you found, create a dialogue between a prospective student and a university representative. Present your dialogue to the class.

Practice more at **vhlcentral.com**.

2.1 Present tense of -ar verbs  **Tutorial**

ANTE TODO In order to talk about activities, you need to use verbs. Verbs express actions or states of being. In English and Spanish, the infinitive is the base form of the verb. In English, the infinitive is preceded by the word *to: to study, to be.* The infinitive in Spanish is a one-word form and can be recognized by its endings: **-ar**, **-er**, or **-ir**.

-ar verb		*-er* verb		*-ir* verb	
estudiar	*to study*	**comer**	*to eat*	**escribir**	*to write*

▶ In this lesson, you will learn the forms of regular **-ar** verbs.

The verb estudiar (*to study*)

SINGULAR FORMS	yo	estud**io**	*I study*
	tú	estud**ias**	*you* (fam.) *study*
	Ud./él/ella	estud**ia**	*you* (form.) *study; he/she studies*
PLURAL FORMS	nosotros/as	estud**iamos**	*we study*
	vosotros/as	estud**iáis**	*you* (fam.) *study*
	Uds./ellos/ellas	estud**ian**	*you study; they study*

Juan Carlos estudia ciencias ambientales.

Y tú, ¿qué estudias, Miguel?

▶ To create the forms of most regular verbs in Spanish, drop the infinitive endings (**-ar, -er, -ir**). You then add to the stem the endings that correspond to the different subject pronouns. This diagram will help you visualize verb conjugation.

Conjugation of *-ar* verbs

INFINITIVE	VERB STEM	CONJUGATED FORM
estudi**ar**	estudi-	yo estudi**o**
bail**ar**	bail-	tú bail**as**
trabaj**ar**	trabaj-	nosotros trabaj**amos**

Common -ar verbs

bailar	to dance	**estudiar**	to study
buscar	to look for	**explicar**	to explain
caminar	to walk	**hablar**	to talk; to speak
cantar	to sing	**llegar**	to arrive
cenar	to have dinner	**llevar**	to carry
comprar	to buy	**mirar**	to look (at); to watch
contestar	to answer	**necesitar (+ inf.)**	to need
conversar	to converse, to chat	**practicar**	to practice
desayunar	to have breakfast	**preguntar**	to ask (a question)
descansar	to rest	**preparar**	to prepare
desear (+ inf.)	to desire; to wish	**regresar**	to return
dibujar	to draw	**terminar**	to end; to finish
enseñar	to teach	**tomar**	to take; to drink
escuchar	to listen (to)	**trabajar**	to work
esperar (+ inf.)	to wait (for); to hope	**viajar**	to travel

▶ **¡Atención!** Unless referring to a person, the Spanish verbs **buscar**, **escuchar**, **esperar**, and **mirar** do not need to be followed by prepositions as they do in English.

Busco la tarea.
I'm looking for the homework.

Escucho la música.
I'm listening to the music.

Espero el autobús.
I'm waiting for the bus.

Miro la pizarra.
I'm looking at the blackboard.

COMPARE & CONTRAST

English uses three sets of forms to talk about the present: (1) the simple present (*Paco works*), (2) the present progressive (*Paco is working*), and (3) the emphatic present (*Paco does work*). In Spanish, the simple present can be used in all three cases.

Paco **trabaja** en la cafetería.
1. *Paco works in the cafeteria.*
2. *Paco is working in the cafeteria.*
3. *Paco does work in the cafeteria.*

In Spanish and English, the present tense is also sometimes used to express future action.

Marina **viaja** a Madrid mañana.
1. *Marina travels to Madrid tomorrow.*
2. *Marina will travel to Madrid tomorrow.*
3. *Marina is traveling to Madrid tomorrow.*

▶ When two verbs are used together with no change of subject, the second verb is generally in the infinitive. To make a sentence negative in Spanish, the word **no** is placed before the conjugated verb. In this case, **no** means *not*.

Deseo hablar con el señor Díaz.
I want to speak with Mr. Díaz.

Alicia **no** desea bailar ahora.
Alicia doesn't want to dance now.

▶ Spanish speakers often omit subject pronouns because the verb endings indicate who the subject is. In Spanish, subject pronouns are used for emphasis, clarification, or contrast.

—¿Qué enseñan?
What do they teach?

—**Ella** enseña arte y **él** enseña física.
She teaches art, and he teaches physics.

—¿Quién desea trabajar hoy?
Who wants to work today?

—**Yo** no deseo trabajar hoy.
I don't want to work today.

The verb **gustar**

▶ **Gustar** is different from other **-ar** verbs. To express your likes and dislikes, use the expression **(no) me gusta** + **el/la** + [*singular noun*] or **(no) me gustan** + **los/las** + [*plural noun*]. Note: You may use the phrase **a mí** for emphasis, but never the subject pronoun **yo**.

Me gusta la música clásica.
I like classical music.

Me gustan las clases de español y biología.
I like Spanish and biology classes.

A mí me gustan las artes.
I like the arts.

A mí no me gusta el programa.
I don't like the program.

▶ To talk about what you like and don't like to do, use **(no) me gusta** + [*infinitive(s)*]. Note that the singular **gusta** is always used, even with more than one infinitive.

No me gusta viajar en autobús.
I don't like to travel by bus.

Me gusta cantar y **bailar**.
I like to sing and dance.

▶ To ask a friend about likes and dislikes, use the pronoun **te** instead of **me**. Note: You may use **a ti** for emphasis, but never the subject pronoun **tú**.

—¿**Te gusta** la geografía?
Do you like geography?

—Sí, **me gusta**. Y a ti, ¿**te gusta** el inglés?
Yes, I like it. And you, do you like English?

▶ You can use this same structure to talk about other people by using the pronouns **nos**, **le**, and **les**. Unless your instructor tells you otherwise, only the **me** and **te** forms will appear on test materials until **Lección 7**.

Nos gusta dibujar. (nosotros)
We like to draw.

Nos gustan las clases de español e inglés. (nosotros)
We like Spanish class and English class.

**No le gusta trabajar.
(usted, él, ella)**
You don't like to work.
He/She doesn't like to work.

**Les gusta el arte.
(ustedes, ellos, ellas)**
You like art.
They like art.

¡ATENCIÓN!

Note that **gustar** does not behave like other **-ar** verbs. You must study its use carefully and pay attention to prepositions, pronouns, and agreement.

AYUDA

Use the construction **a** + [*name/pronoun*] to clarify to whom you are referring. This construction is not always necessary.
A Gabriela le gusta bailar.
A Sara y a él les gustan los animales.
A mí me gusta viajar.
¿**A ti** te gustan las clases?

CONSULTA

For more on **gustar** and other verbs like it, see **Estructura 7.4**, pp. 246–247.

¡INTÉNTALO! Provide the present tense forms of these verbs. The first items have been done for you.

hablar

1. Yo ___hablo___ español.
2. Ellos _____ español.
3. Inés _____ español.
4. Nosotras _____ español.
5. Tú _____ español.

gustar

1. ___Me gusta___ el café. (a mí)
2. ¿_____ las clases? (a ti)
3. No _____ el café. (a ti)
4. No _____ las clases. (a mí)
5. No _____ el café. (a mí)

recursos

WB pp. 13–14

LM p. 9

vhlcentral.com Lección 2

Práctica

1

Completar Complete the conversation with the appropriate forms of the verbs in parentheses.

JUAN ¡Hola, Linda! ¿Qué tal las clases?

LINDA Bien. (1)_____ (Tomar) tres clases… química, biología y computación. Y tú, ¿cuántas clases (2)_____ (tomar)?

JUAN (3)_____ (Tomar) tres también… biología, arte y literatura. El doctor Cárdenas (4)_____ (enseñar) la clase de biología.

LINDA ¿Ah, sí? Lily, Alberto y yo (5)_____ (tomar) biología a las diez con la profesora Garza.

JUAN ¿(6)_____ (Estudiar) mucho ustedes?

LINDA Sí, porque hay muchos exámenes. Alberto y yo (7)_____ (necesitar) estudiar dos horas todos los días (*every day*).

2

Oraciones Form sentences using the words provided. Remember to conjugate the verbs and add any other necessary words.

1. ustedes / practicar / vocabulario
2. ¿preparar (tú) / tarea?
3. clase de español / terminar / once
4. ¿qué / buscar / ustedes?
5. (nosotros) buscar / pluma
6. (yo) comprar / calculadora

3

Gustos Read what these people do. Then use the information in parentheses to tell what they like.

> **modelo**
> Yo enseño en la universidad. (las clases)   Me gustan las clases.

1. Tú deseas mirar cuadros (*paintings*) de Picasso. (el arte)
2. Soy estudiante de economía. (estudiar)
3. Tú estudias italiano y español. (las lenguas extranjeras)
4. No descansas los sábados. (cantar y bailar)
5. Busco una computadora. (la computación)

4

Actividades Get together with a partner and take turns asking each other if you do these activities. Which activities does your partner like? Which do you both like?

> **modelo**
> tomar el autobús
> **Estudiante 1:** ¿Tomas el autobús?
> **Estudiante 2:** Sí, tomo el autobús, pero (*but*) no me gusta./ No, no tomo el autobús.

AYUDA

The Spanish **no** translates to both *no* and *not* in English. In negative answers to questions, you will need to use **no** twice:
¿Estudias geografía?
No, no estudio geografía.

bailar merengue	escuchar música rock	practicar el español
cantar bien	estudiar física	trabajar en la universidad
dibujar en clase	mirar la televisión	viajar a Europa

Comunicación

5

Describir With a partner, describe what you see in the pictures using the given verbs. Also ask your partner whether or not he/she likes one of the activities.

modelo

enseñar
La profesora enseña química. ¿Te gusta la química?

1. caminar, hablar, llevar

2. buscar, descansar, estudiar

3. dibujar, cantar, escuchar

4. llevar, tomar, viajar

6

Charadas In groups of three, play a game of charades using the verbs in the word bank. For example, if someone is studying, you say "**Estudias**." The first person to guess correctly acts out the next charade.

bailar	cantar	descansar	enseñar	mirar
caminar	conversar	dibujar	escuchar	preguntar

Síntesis

7

Conversación Get together with a classmate and pretend that you are friends who have not seen each other on campus for a few days. Have a conversation in which you catch up on things. Mention how you're feeling, what classes you're taking, what days and times you have classes, and which classes you like and don't like.

Practice more at **vhlcentral.com**.

Forming questions in Spanish  **Tutorial**

ANTE TODO   There are three basic ways to ask questions in Spanish. Can you guess what they are by looking at the photos and photo captions on this page?

Te gusta mucho la tarea, ¿no?

¿Hablas con tu mamá?

¿Estudia Maru?

▶ One way to form a question is to raise the pitch of your voice at the end of a declarative sentence. When writing any question in Spanish, be sure to use an upside-down question mark (¿) at the beginning and a regular question mark (?) at the end of the sentence.

Statement	**Question**
Ustedes trabajan los sábados.	¿Ustedes trabajan los sábados?
You work on Saturdays.	*Do you work on Saturdays?*
Carlota busca un mapa.	¿Carlota busca un mapa?
Carlota is looking for a map.	*Is Carlota looking for a map?*

▶ You can also form a question by inverting the order of the subject and the verb of a declarative statement. The subject may even be placed at the end of the sentence.

Statement	**Question**
SUBJECT VERB	VERB SUBJECT
Ustedes trabajan los sábados.	¿**Trabajan ustedes** los sábados?
You work on Saturdays.	*Do you work on Saturdays?*
SUBJECT VERB	VERB SUBJECT
Carlota regresa a las seis.	¿**Regresa** a las seis **Carlota**?
Carlota returns at six.	*Does Carlota return at six?*

▶ Questions can also be formed by adding the tags **¿no?** or **¿verdad?** at the end of a statement.

Statement	**Question**
Ustedes trabajan los sábados.	Ustedes trabajan los sábados, **¿no?**
You work on Saturdays.	*You work on Saturdays, don't you?*
Carlota regresa a las seis.	Carlota regresa a las seis, **¿verdad?**
Carlota returns at six.	*Carlota returns at six, right?*

Question words

Interrogative words			
¿Adónde?	Where (to)?	**¿De dónde?**	From where?
¿Cómo?	How?	**¿Dónde?**	Where?
¿Cuál?, ¿Cuáles?	Which?; Which one(s)?	**¿Por qué?**	Why?
¿Cuándo?	When?	**¿Qué?**	What?; Which?
¿Cuánto/a?	How much?	**¿Quién?**	Who?
¿Cuántos/as?	How many?	**¿Quiénes?**	Who (plural)?

▶ To ask a question that requires more than a *yes* or *no* answer, use an interrogative word.

¿Cuál de ellos estudia en la biblioteca?
Which of them studies in the library?

¿Adónde caminamos?
Where are we walking (to)?

¿Cuántos estudiantes hablan español?
How many students speak Spanish?

¿Por qué necesitas hablar con ella?
Why do you need to talk to her?

¿Dónde trabaja Ricardo?
Where does Ricardo work?

¿Quién enseña la clase de arte?
Who teaches the art class?

¿Qué clases tomas?
What classes are you taking?

¿Cuánta tarea hay?
How much homework is there?

▶ When pronouncing this type of question, the pitch of your voice falls at the end of the sentence.

¿Cómo llegas a clase?
How do you get to class?

¿Por qué necesitas estudiar?
Why do you need to study?

▶ Notice the difference between **¿por qué?**, which is written as two words and has an accent, and **porque**, which is written as one word without an accent.

¿Por qué estudias español?
Why do you study Spanish?

¡Porque es divertido!
Because it's fun!

▶ In Spanish **no** can mean both *no* and *not*. Therefore, when answering a yes/no question in the negative, you need to use **no** twice.

¿Caminan a la universidad?
Do you walk to the university?

No, **no** caminamos a la universidad.
No, we do not walk to the university.

 **¡INTÉNTALO!** Make questions out of these statements. Use the intonation method in column 1 and the tag **¿no?** method in column 2.

Statement	Intonation	Tag questions
1. Hablas inglés.	¿Hablas inglés?	Hablas inglés, ¿no?
2. Trabajamos mañana.		
3. Ustedes desean bailar.		
4. Raúl estudia mucho.		
5. Enseño a las nueve.		
6. Luz mira la televisión.		

CONSULTA
You will learn more about the difference between **qué** and **cuál** in **Estructura 9.3**, p. 316.

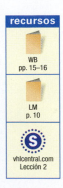
recursos
WB pp. 15–16
LM p. 10
vhlcentral.com Lección 2

Práctica

1

Preguntas Change these sentences into questions by inverting the word order.

> **modelo**
>
> Ernesto habla con su compañero de clase.
> ¿Habla Ernesto con su compañero de clase? /
> ¿Habla con su compañero de clase Ernesto?

1. La profesora Cruz prepara la prueba.
2. Sandra y yo necesitamos estudiar.
3. Los chicos practican el vocabulario.
4. Jaime termina la tarea.
5. Tú trabajas en la biblioteca.

2

Completar Irene and Manolo are chatting in the library. Complete their conversation with the appropriate questions.

IRENE Hola, Manolo. (1)_____

MANOLO Bien, gracias. (2)_____

IRENE Muy bien. (3)_____

MANOLO Son las nueve.

IRENE (4)_____

MANOLO Estudio historia.

IRENE (5)_____

MANOLO Porque hay un examen mañana.

IRENE (6)_____

MANOLO Sí, me gusta mucho la clase.

IRENE (7)_____

MANOLO El profesor Padilla enseña la clase.

IRENE (8)_____

MANOLO No, no tomo psicología este (*this*) semestre.

IRENE (9)_____

MANOLO Regreso a la residencia a las once.

IRENE (10)_____

MANOLO No, no deseo tomar una soda. ¡Deseo estudiar!

3

Dos profesores In pairs, create a dialogue, similar to the one in **Actividad 2**, between Professor Padilla and his colleague Professor Martínez. Use question words.

> **modelo**
>
> **Prof. Padilla:** ¿Qué enseñas este semestre?
> **Prof. Martínez:** Enseño dos cursos de sociología.

Practice more at **vhlcentral.com**.

Comunicación

4

Encuesta Your instructor will give you a worksheet. Change the categories in the first column into questions, then use them to survey your classmates. Find at least one person for each category. Be prepared to report the results of your survey to the class.

5

Un juego In groups of four or five, play a game (**un juego**) of Jeopardy®. Each person has to write two clues. Then take turns reading the clues and guessing the questions. The person who guesses correctly reads the next clue.

Es algo que...	Es un lugar donde...	Es una persona que...
It's something that...	*It's a place where...*	*It's a person that...*

> **modelo**
>
> **Estudiante 1:** Es un lugar donde estudiamos.
> **Estudiante 2:** ¿Qué es la biblioteca?
>
> **Estudiante 1:** Es algo que escuchamos.
> **Estudiante 2:** ¿Qué es la música?
>
> **Estudiante 1:** Es un director de España.
> **Estudiante 2:** ¿Quién es Pedro Almodóvar?

NOTA CULTURAL

Pedro Almodóvar is an award-winning film director from Spain. His films are full of both humor and melodrama, and their controversial subject matter has often sparked great debate. His film **Hable con ella** won the Oscar for Best Original Screenplay in 2002. His 2006 hit **Volver** was nominated for numerous awards, and won the Best Screenplay and Best Actress award for the entire female cast at the Cannes Film Festival.

6

El nuevo estudiante Imagine you are a transfer student and today is your first day of Spanish class. Ask your partner questions to find out all you can about the class, your classmates, and the university. Then switch roles.

> **modelo**
>
> **Estudiante 1:** Hola, me llamo Samuel. ¿Cómo te llamas?
> **Estudiante 2:** Me llamo Laura.
> **Estudiante 1:** ¿Quiénes son ellos?
> **Estudiante 2:** Son Melanie y Lucas.
> **Estudiante 1:** Y él, ¿de dónde es?
> **Estudiante 2:** Es de California.
> **Estudiante 1:** En la universidad hay cursos de ciencias, ¿verdad?
> **Estudiante 2:** Sí, hay clases de biología, química y física.
> **Estudiante 1:** ¿Cuántos exámenes hay en esta clase?
> **Estudiante 2:** Hay dos.

Síntesis

7

Entrevista Imagine that you are a reporter for the school newspaper. Write five questions about student life at your school and use them to interview two classmates. Be prepared to report your findings to the class.

CONSULTA

To review the forms of **ser**, see **Estructura 1.3**, pp. 19–21.

2.3

Present tense of estar Tutorial

ANTE TODO In **Lección 1**, you learned how to conjugate and use the verb **ser** (*to be*). You will now learn a second verb which means *to be*, the verb **estar**. Although **estar** ends in **-ar**, it does not follow the pattern of regular **-ar** verbs. The **yo** form (**estoy**) is irregular. Also, all forms have an accented **á** except the **yo** and **nosotros/as** forms.

The verb estar (*to be*)		
SINGULAR FORMS		
yo	est**oy**	*I am*
tú	est**ás**	*you* (fam.) *are*
Ud./él/ella	est**á**	*you* (form.) *are; he/she is*
PLURAL FORMS		
nosotros/as	est**amos**	*we are*
vosotros/as	est**áis**	*you* (fam.) *are*
Uds./ellos/ellas	est**án**	*you are; they are*

¡Estamos en Perú!

María está en la biblioteca.

COMPARE & CONTRAST

Compare the uses of the verb **estar** to those of the verb **ser**.

Uses of *estar*	**Uses of *ser***

Location
Estoy en casa.
I am at home.

Marissa **está** al lado de Felipe.
Marissa is next to Felipe.

Health
Juan Carlos **está** enfermo hoy.
Juan Carlos is sick today.

Well-being
—¿Cómo **estás**, Jimena?
How are you, Jimena?

—**Estoy** muy bien, gracias.
I'm very well, thank you.

Identity
Hola, **soy** Maru.
Hello, I'm Maru.

Occupation
Soy estudiante.
I'm a student.

Origin
—¿**Eres** de México?
Are you from Mexico?

—Sí, **soy** de México.
Yes, I'm from Mexico.

Telling time
Son las cuatro.
It's four o'clock.

AYUDA

Use **la casa** to express *the house*, but **en casa** to express *at home*.

CONSULTA

To learn more about the difference between **ser** and **estar**, see **Estructura 5.3**, pp. 170–171.

▶ **Estar** is often used with certain prepositions and adverbs to describe the location of a person or an object.

Prepositions and adverbs often used with estar

al lado de	next to	**delante de**	in front of
a la derecha de	to the right of	**detrás de**	behind
a la izquierda de	to the left of	**en**	in; on
allá	over there	**encima de**	on top of
allí	there	**entre**	between
cerca de	near	**lejos de**	far from
con	with	**sin**	without
debajo de	below	**sobre**	on; over

La tiza **está al lado de** la pluma.
The chalk is next to the pen.

Los libros **están encima del** escritorio.
The books are on top of the desk.

El laboratorio **está cerca de** la clase.
The lab is near the classroom.

Maribel **está delante de** José.
Maribel is in front of José.

La maleta **está allí**.
The suitcase is there.

El estadio no **está lejos de** la librería.
The stadium isn't far from the bookstore.

El mapa **está entre** la pizarra y la puerta.
The map is between the blackboard and the door.

Los estudiantes **están en** la clase.
The students are in class.

La calculadora **está sobre** la mesa.
The calculator is on the table.

Los turistas **están allá**.
The tourists are over there.

Estamos lejos de casa.

La biblioteca está al lado de la librería.

¡INTÉNTALO! Provide the present tense forms of **estar**.

1. Ustedes __están__ en la clase.
2. José _____ en la biblioteca.
3. Yo _____ bien, gracias.
4. Nosotras _____ en la cafetería.
5. Tú _____ en el laboratorio.
6. Elena _____ en la librería.
7. Ellas _____ en la clase.
8. Ana y yo _____ en la clase.
9. ¿Cómo _____ usted?
10. Javier y Maribel _____ en el estadio.
11. Nosotros _____ en la cafetería.
12. Yo _____ en el laboratorio.
13. Carmen y María _____ enfermas.
14. Tú _____ en la clase.

Práctica

1 **Completar** Daniela has just returned home from the library. Complete this conversation with the appropriate forms of **ser** or **estar**.

MAMÁ   Hola, Daniela. ¿Cómo (1)_____?

▶ **DANIELA**   Hola, mamá. (2)_____ bien. ¿Dónde (3)_____ papá? ¡Ya (*Already*) (4)_____ las ocho de la noche!

MAMÁ   No (5)_____ aquí. (6)_____ en la oficina.

DANIELA   Y Andrés y Margarita, ¿dónde (7)_____ ellos?

MAMÁ   (8)_____ en el restaurante La Palma con Martín.

DANIELA   ¿Quién (9)_____ Martín?

MAMÁ   (10)_____ un compañero de clase. (11)_____ de México.

DANIELA   Ah. Y el restaurante La Palma, ¿dónde (12)_____?

MAMÁ   (13)_____ cerca de la Plaza Mayor, en San Modesto.

DANIELA   Gracias, mamá. Voy (*I'm going*) al restaurante. ¡Hasta pronto!

---

2 **Escoger** Choose the preposition that best completes each sentence.

1. La pluma está (encima de / detrás de) la mesa.
2. La ventana está (a la izquierda de / debajo de) la puerta.
3. La pizarra está (debajo de / delante de) los estudiantes.
4. Las sillas están (encima de / detrás de) los escritorios.
5. Los estudiantes llevan los libros (en / sobre) la mochila.
6. La biblioteca está (sobre / al lado de) la residencia estudiantil.
7. España está (cerca de / lejos de) Puerto Rico.
8. México está (cerca de / lejos de) los Estados Unidos.
9. Felipe trabaja (con / en) Ricardo en la cafetería.

---

3 **La librería** Imagine that you are in the school bookstore and can't find various items. Ask the clerk (your partner) the location of five items in the drawing. Then switch roles.

▶ **modelo**

Estudiante 1: ¿Dónde están los diccionarios?
Estudiante 2: Los diccionarios están debajo de los libros de literatura.

 Practice more at **vhlcentral.com**.

Comunicación

4

¿Dónde estás...? Get together with a partner and take turns asking each other where you normally are at these times.

> **modelo**
>
> lunes / 10:00 a.m.
> **Estudiante 1:** ¿Dónde estás los lunes a las diez de la mañana?
> **Estudiante 2:** Estoy en la clase de español.

1. sábados / 6:00 a.m.
2. miércoles / 9:15 a.m.
3. lunes / 11:10 a.m.
4. jueves / 12:30 a.m.
5. viernes / 2:25 p.m.
6. martes / 3:50 p.m.
7. jueves / 5:45 p.m.
8. miércoles / 8:20 p.m.

5

La ciudad universitaria You are an exchange student at a Spanish university. Tell a classmate which buildings you are looking for and ask for their location relative to where you are.

> **modelo**
>
> **Estudiante 1:** ¿Está lejos la Facultad de Medicina?
> **Estudiante 2:** No, está cerca. Está a la izquierda de la Facultad de Administración de Empresas.

Facultad de Medicina

Facultad de Administración de Empresas

Facultad de Filosofía y Letras

Biblioteca

Tú estás aquí.

Facultad de Bellas Artes

Colegio Mayor Cervantes

¡LENGUA VIVA!

La Facultad (*School*) **de Filosofía y Letras** includes departments such as language, literature, philosophy, history, and linguistics. Fine arts can be studied in **la Facultad de Bellas Artes**. In Spain, the business school is sometimes called **la Facultad de Administración de Empresas**. **Residencias estudiantiles** are referred to as **colegios mayores**.

Síntesis

6

Entrevista In groups of three, ask each other these questions.

1. ¿Cómo estás?
2. ¿Dónde tomas la clase de inglés/periodismo/física/computación?
3. ¿Dónde está tu (*your*) compañero/a de cuarto ahora?
4. ¿Cuántos estudiantes hay en tu clase de historia/literatura/química/matemáticas?
5. ¿Quién(es) no está(n) en la clase hoy?
6. ¿A qué hora terminan tus clases los lunes?
7. ¿Estudias mucho?
8. ¿Cuántas horas estudias para (*for*) una prueba?

Numbers 31 and higher

 ANTE TODO You have already learned numbers 0–30. Now you will learn the rest of the numbers.

Numbers 31–100

▶ Numbers 31–99 follow the same basic pattern as 21–29.

	Numbers 31–100				
31	treinta y uno	40	cuarenta	50	cincuenta
32	treinta y dos	41	cuarenta y uno	51	cincuenta y uno
33	treinta y tres	42	cuarenta y dos	52	cincuenta y dos
34	treinta y cuatro	43	cuarenta y tres	60	sesenta
35	treinta y cinco	44	cuarenta y cuatro	63	sesenta y tres
36	treinta y seis	45	cuarenta y cinco	64	sesenta y cuatro
37	treinta y siete	46	cuarenta y seis	70	setenta
38	treinta y ocho	47	cuarenta y siete	80	ochenta
39	treinta y nueve	48	cuarenta y ocho	90	noventa
		49	cuarenta y nueve	100	cien, ciento

▶ **Y** is used in most numbers from **31** through **99**. Unlike numbers 21–29, these numbers must be written as three separate words.

Hay **noventa y dos** exámenes. *There are ninety-two exams.*

Hay **cuarenta y dos** estudiantes. *There are forty-two students.*

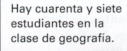
Hay cuarenta y siete estudiantes en la clase de geografía.

Cien menos sesenta y cuatro son treinta y seis pesos de cambio.

▶ With numbers that end in **uno** (31, 41, etc.), **uno** becomes **un** before a masculine noun and **una** before a feminine noun.

Hay **treinta y un** chicos. *There are thirty-one guys.*

Hay **treinta y una** chicas. *There are thirty-one girls.*

▶ **Cien** is used before nouns and in counting. The words **un, una,** and **uno** are never used before **cien** in Spanish. Use **cientos** to say *hundreds.*

Hay **cien** libros y **cien** sillas. *There are one hundred books and one hundred chairs.*

¿Cuántos libros hay? **Cientos.** *How many books are there? Hundreds.*

Numbers 101 and higher

▶ As shown in the chart, Spanish uses a period to indicate thousands and millions, rather than a comma, as is used in English.

Numbers 101 and higher			
101	ciento uno	1.000	mil
200	doscientos/as	1.100	mil cien
300	trescientos/as	2.000	dos mil
400	cuatrocientos/as	5.000	cinco mil
500	quinientos/as	100.000	cien mil
600	seiscientos/as	200.000	doscientos/as mil
700	setecientos/as	550.000	quinientos/as cincuenta mil
800	ochocientos/as	1.000.000	un millón (de)
900	novecientos/as	8.000.000	ocho millones (de)

▶ Notice that you should use **ciento**, not **cien**, to count numbers over 100.

     110 = **ciento diez**   118 = **ciento dieciocho**   150 = **ciento cincuenta**

▶ The numbers 200 through 999 agree in gender with the nouns they modify.

     324 plum**as**   3.505 libr**os**
     trescient**as** veinticuatro plum**as**   tres mil quinient**os** cinco libr**os**

▶ The word **mil**, which can mean *a thousand* and *one thousand*, is not usually used in the plural form to refer to an exact number, but it can be used to express the idea of *a lot*, *many*, or *thousands*. **Cientos** can also be used to express *hundreds* in this manner.

     ¡Hay **miles** de personas en el estadio!   Hay **cientos** de libros en la biblioteca.
     There are thousands of people   *There are hundreds of books*
     in the stadium!   *in the library.*

▶ To express a complex number (including years), string together all of its components.

     55.422   cincuenta y cinco mil cuatrocientos veintidós

¡LENGUA VIVA!

In Spanish, years are not expressed as pairs of two-digit numbers as they are in English (1979, *nineteen seventy-nine*): **1776, mil setecientos setenta y seis; 1945, mil novecientos cuarenta y cinco; 2016, dos mil dieciséis.**

¡ATENCIÓN!

When **millón** or **millones** is used before a noun, the word **de** is placed between the two:
1.000.000 hombres = un millón de hombres
12.000.000 casas = doce millones de casas.

recursos

WB
pp. 19–20

LM
p. 12

vhlcentral.com
Lección 2

¡INTÉNTALO!   Write out the Spanish equivalent of each number.

1. **102** _____ *ciento dos* _____   7. **235** _____
2. **5.000.000** _____   8. **79** _____
3. **201** _____   9. **113** _____
4. **76** _____   10. **88** _____
5. **92** _____   11. **17.123** _____
6. **550.300** _____   12. **497** _____

Práctica y Comunicación

1

Baloncesto Provide these basketball scores in Spanish.

1. Ohio State 76, Michigan 65
2. Florida 92, Florida State 104
3. Stanford 83, UCLA 89
4. Purdue 81, Indiana 78
5. Princeton 67, Harvard 55
6. Duke 115, Virginia 121

2

Completar Following the pattern, write out the missing numbers in Spanish.

1. 50, 150, 250 ... 1.050
2. 5.000, 20.000, 35.000 ... 95.000
3. 100.000, 200.000, 300.000 ... 1.000.000
4. 100.000.000, 90.000.000, 80.000.000 ... 0

3

Resolver In pairs, take turns reading the math problems aloud for your partner to solve.

AYUDA

+	→	**más**
−	→	**menos**
=	→	**son**

> **modelo**
>
> 200 + 300 =
> **Estudiante 1:** Doscientos más trescientos son...
> **Estudiante 2:** ...quinientos.

1. 1.000 + 753 =
2. 1.000.000 − 30.000 =
3. 10.000 + 555 =
4. 15 + 150 =
5. 100.000 + 205.000 =
6. 29.000 − 10.000 =

4

Entrevista Find out the telephone numbers and e-mail addresses of four classmates.

AYUDA

arroba *at* (@)
punto *dot* (.)

> **modelo**
>
> **Estudiante 1:** ¿Cuál es tu (your) número de teléfono?
> **Estudiante 2:** Es el 635-19-51.
> **Estudiante 1:** ¿Y tu dirección de correo electrónico?
> **Estudiante 2:** Es a-Smith-arroba-pe-ele-punto-e-de-u. (asmith@pl.edu)

Síntesis

5

¿A qué distancia...? Your instructor will give you and a partner incomplete charts that indicate the distances between Madrid and various locations. Fill in the missing information on your chart by asking your partner questions.

> **modelo**
>
> **Estudiante 1:** ¿A qué distancia está Arganda del Rey?
> **Estudiante 2:** Está a veintisiete kilómetros de Madrid.

 Practice more at **vhlcentral.com**.

Recapitulación

 **Diagnostics**

Review the grammar concepts you have learned in this lesson by completing these activities.

1 **Completar** Complete the chart with the correct verb forms. `24 pts.`

yo	tú	nosotros	ellas
compro			
	deseas		
		miramos	
			preguntan

2 **Números** Write these numbers in Spanish. `16 pts.`

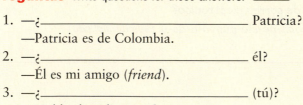
> **modelo**
>
> 645: *seiscientos cuarenta y cinco*

1. **49:** _____
2. **97:** _____
3. **113:** _____
4. **632:** _____
5. **1.781:** _____
6. **3.558:** _____
7. **1.006.015:** _____
8. **67.224.370:** _____

3 **Preguntas** Write questions for these answers. `12 pts.`

1. —¿_____ Patricia?
   —Patricia es de Colombia.
2. —¿_____ él?
   —Él es mi amigo (*friend*).
3. —¿_____ (tú)?
   —Hablo dos idiomas (*languages*).
4. —¿_____ (ustedes)?
   —Deseamos tomar café.
5. —¿_____?
   —Tomo biología porque me gustan las ciencias.
6. —¿_____?
   —Camilo descansa por las mañanas.

RESUMEN GRAMATICAL

2.1 Present tense of -*ar* verbs *pp. 50–52*

estudiar	
estudio	estudiamos
estudias	estudiáis
estudia	estudian

The verb gustar

(no) me gusta + el/la + [*singular noun*]

(no) me gustan + los/las + [*plural noun*]

(no) me gusta + [*infinitive(s)*]

Note: You may use **a mí** for emphasis, but never **yo**.

To ask a friend about likes and dislikes, use **te** instead of **me**, but never **tú**.

¿Te gusta la historia?

2.2 Forming questions in Spanish *pp. 55–56*

▶ ¿Ustedes trabajan los sábados?

▶ ¿Trabajan ustedes los sábados?

▶ Ustedes trabajan los sábados, ¿verdad?/¿no?

Interrogative words		
¿Adónde?	¿Cuánto/a?	¿Por qué?
¿Cómo?	¿Cuántos/as?	¿Qué?
¿Cuál(es)?	¿De dónde?	¿Quién(es)?
¿Cuándo?	¿Dónde?	

2.3 Present tense of *estar* *pp. 59–60*

▶ estar: estoy, estás, está, estamos, estáis, están

2.4 Numbers 31 and higher *pp. 63–64*

31	treinta y uno	101	ciento uno
32	treinta y dos	200	doscientos/as
	(and so on)	500	quinientos/as
40	cuarenta	700	setecientos/as
50	cincuenta	900	novecientos/as
60	sesenta	1.000	mil
70	setenta	2.000	dos mil
80	ochenta	5.100	cinco mil cien
90	noventa	100.000	cien mil
100	cien, ciento	1.000.000	un millón (de)

4 **Al teléfono** Complete this telephone conversation with the correct forms of the verb **estar**.

16 pts.

MARÍA TERESA Hola, señora López. (1) ¿ _____ Elisa en casa?

SRA. LÓPEZ Hola, ¿quién es?

MARÍA TERESA Soy María Teresa. Elisa y yo (2) _____ en la misma (*same*) clase de literatura.

SRA. LÓPEZ ¡Ah, María Teresa! ¿Cómo (3) _____ ?

MARÍA TERESA (4) _____ muy bien, gracias. Y usted, ¿cómo (5) _____ ?

SRA. LÓPEZ Bien, gracias. Pues, no, Elisa no (6) _____ en casa. Ella y su hermano (*her brother*) (7) _____ en la Biblioteca Cervantes.

MARÍA TERESA ¿Cervantes?

SRA. LÓPEZ Es la biblioteca que (8) _____ al lado del café Bambú.

MARÍA TERESA ¡Ah, sí! Gracias, señora López.

SRA. LÓPEZ Hasta luego, María Teresa.

5 **¿Qué te gusta?** Write a paragraph of at least five sentences stating what you like and don't like about your university. If possible, explain your likes and dislikes. **32 pts.**

Me gusta la clase de música porque no hay muchos exámenes. No me gusta cenar en la cafetería...

6 **Canción** Use the appropriate forms of the verb **gustar** to complete the beginning of a popular song by Manu Chao. **4 EXTRA points!**

❝ Me _____ los aviones°,
me gustas tú,
me _____ viajar,
me gustas tú,
me gusta la mañana,
me gustas tú. **❞**

aviones *airplanes*

 Practice more at **vhlcentral.com**.

Lectura

Antes de leer

Estrategia

Predicting content through formats

Recognizing the format of a document can help you to predict its content. For instance, invitations, greeting cards, and classified ads follow an easily identifiable format, which usually gives you a general idea of the information they contain. Look at the text and identify it based on its format.

	lunes	martes	miércoles	jueves	viernes
8:30	biología		biología		biología
9:00		historia		historia	
9:30	inglés		inglés		inglés
10:00					
10:30					
11:00					
12:00					
12:30					
1:00					
2:00	arte		arte		arte

If you guessed that this is a page from a student's schedule, you are correct. You can now infer that the document contains information about a student's weekly schedule, including days, times, and activities.

Cognados

With a partner, make a list of the cognates in the text and guess their English meanings. What do cognates reveal about the content of the document?

Examinar el texto

Look at the format of the document entitled **¡Español en Madrid!** What type of text is it? What information do you expect to find in this type of document?

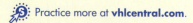
¡ESPAÑOL EN MADRID! ●

UAE

Programa de Cursos Intensivos de Español

Universidad Autónoma de España

Después de leer

Correspondencias

Provide the letter of each item in Column B that matches the words in Column A. Two items will not be used.

A	B
1. profesores	a. (34) 91 523 4500
2. vivienda	b. (34) 91 524 0210
3. Madrid	c. 23 junio–30 julio
4. número de teléfono	d. capital cultural de Europa
5. Español 2B	e. 16 junio–22 julio
6. número de fax	f. especializados en enseñar español como lengua extranjera
	g. (34) 91 523 4623
	h. familias españolas

Universidad Autónoma de España

Madrid, la capital cultural de Europa, y la UAE te ofrecen cursos intensivos de verano° para aprender° español como nunca antes°.

¿Dónde?

En el campus de la UAE, edificio° de la Facultad de Filosofía y Letras.

¿Quiénes son los profesores?

Son todos hablantes nativos del español y catedráticos° de la UAE especializados en enseñar el español como lengua extranjera.

¿Qué niveles se ofrecen?

Se ofrecen tres niveles° básicos:

1. Español Elemental, A, B y C
2. Español Intermedio, A y B
3. Español Avanzado, A y B

Viviendas

Para estudiantes extranjeros se ofrece vivienda° con familias españolas.

¿Cuándo?

Este verano desde° el 16 de junio hasta el 10 de agosto. Los cursos tienen una duración de 6 semanas.

Cursos	Empieza°	Termina
Español 1A	16 junio	22 julio
Español 1B	23 junio	30 julio
Español 1C	30 junio	10 agosto
Español 2A	16 junio	22 julio
Español 2B	23 junio	30 julio
Español 3A	16 junio	22 julio
Español 3B	23 junio	30 julio

Información

Para mayor información, sirvan comunicarse con la siguiente° oficina:

Universidad Autónoma de España

Programa de Español como Lengua Extranjera
Calle del Valle de Mena 95, 28039 Madrid, España
Tel. (34) 91 523 4500, **Fax** (34) 91 523 4623
www.uae.es

verano *summer* aprender *to learn* nunca antes *never before* edificio *building* catedráticos *professors* niveles *levels* vivienda *housing* desde *from* Empieza *Begins* siguiente *following*

¿Cierto o falso?

Indicate whether each statement is **cierto** or **falso**.
Then correct the false statements.

	Cierto	Falso
1. La Universidad Autónoma de España ofrece (*offers*) cursos intensivos de italiano.	○	○
2. La lengua nativa de los profesores del programa es el inglés.	○	○
3. Los cursos de español son en la Facultad de Ciencias.	○	○
4. Los estudiantes pueden vivir (*can live*) con familias españolas.	○	○

	Cierto	Falso
5. La universidad que ofrece los cursos intensivos está en Salamanca.	○	○
6. Español 3B termina en agosto.	○	○
7. Si deseas información sobre (*about*) los cursos intensivos de español, es posible llamar al (34) 91 523 4500.	○	○
8. Español 1A empieza en julio.	○	○

Escritura

Estrategia
Brainstorming

How do you find ideas to write about? In the early stages of writing, brainstorming can help you generate ideas on a specific topic. You should spend ten to fifteen minutes brainstorming and jotting down any ideas about the topic. Whenever possible, try to write your ideas in Spanish. Express your ideas in single words or phrases, and jot them down in any order. While brainstorming, don't worry about whether your ideas are good or bad. Selecting and organizing ideas should be the second stage of your writing. Remember that the more ideas you write down while you're brainstorming, the more options you'll have to choose from later when you start to organize your ideas.

<u>Me gusta</u>
bailar
viajar
mirar la televisión
la clase de español
la clase de psicología

<u>No me gusta</u>
cantar
dibujar
trabajar
la clase de química
la clase de biología

Tema

Una descripción

Write a description of yourself to post in a chat room on a website in order to meet Spanish-speaking people. Include this information in your description:

▸ your name and where you are from, and a photo (optional) of yourself

▸ your major and where you go to school

▸ the courses you are taking

▸ where you work (if you have a job)

▸ some of your likes and dislikes

¡Hola! Me llamo Alicia Roberts. Estudio matemáticas en la Universidad de Toronto.

Escuchar **Audio**

Estrategia

Listening for cognates

You already know that cognates are words that have similar spellings and meanings in two or more languages: for example, *group* and **grupo** or *stereo* and **estéreo.** Listen for cognates to increase your comprehension of spoken Spanish.

 To help you practice this strategy, you will now listen to two sentences. Make a list of all the cognates you hear.

Preparación

Based on the photograph, who do you think Armando and Julia are? What do you think they are talking about?

Ahora escucha

Now you are going to hear Armando and Julia's conversation. Make a list of the cognates they use.

Armando	Julia
_____	_____
_____	_____
_____	_____
_____	_____

Based on your knowledge of cognates, decide whether the following statements are **cierto** or **falso.**

	Cierto	Falso
1. Armando y Julia hablan de la familia.	○	○
2. Armando y Julia toman una clase de matemáticas.	○	○
3. Julia toma clases de ciencias.	○	○
4. Armando estudia lenguas extranjeras.	○	○
5. Julia toma una clase de religión.	○	○

Comprensión

Preguntas

Answer these questions about Armando and Julia's conversation.

1. ¿Qué clases toma Armando?
   _____

2. ¿Qué clases toma Julia?
   _____

Seleccionar

Choose the answer that best completes each sentence.

1. Armando toma _____ clases en la universidad.
   a. cuatro　　　b. cinco　　　c. seis
2. Julia toma dos clases de _____.
   a. matemáticas　b. lengua　　c. ciencias
3. Armando toma italiano y _____.
   a. astronomía　b. japonés　　c. geología
4. Armando y Julia estudian _____ los martes y jueves.
   a. filosofía　　b. antropología　c. italiano

Preguntas personales

1. ¿Cuántas clases tomas tú este semestre?
2. ¿Qué clases tomas este semestre?
3. ¿Qué clases te gustan y qué clases no te gustan?

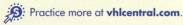

En pantalla

Christmas isn't always in winter. During the months of cold weather and snow in North America, the southern hemisphere enjoys warm weather and longer days. Since Chile's summer lasts from December to February, school vacation coincides with these months. In Chile, the school year starts in early March and finishes toward the end of December. All schools, from preschools to universities, observe this scholastic calendar, with only a few days' variation between institutions.

Vocabulario útil

quería	*I wanted*
pedirte	*to ask you*
te preocupa	*it worries you*
ahorrar	*to save (money)*
Navidad	*Christmas*
aprovecha	*take advantage of*
nuestras	*our*
ofertas	*offers, deals*
calidad	*quality*
no cuesta	*doesn't cost*

¿Qué hay?

For each item, write **sí** if it appears in the TV clip or **no** if it does not.

_____ 1. papelera   _____ 5. diccionario

_____ 2. lápiz   _____ 6. cuaderno

_____ 3. mesa   _____ 7. tiza

_____ 4. computadora   _____ 8. ventana

¿Qué quieres?

Write a list of things that you want for your next birthday. Then read it to the class so they know what to get you. Use as much Spanish as you can.

	Lista de cumpleaños°
	Quiero°...

cumpleaños *birthday* Quiero *I want* Viejito Pascuero *Santa Claus (Chile)*

Anuncio de Jumbo

Viejito Pascuero°...

¿Cómo se escribe *mountain bike*?

M... O...

S Video: TV Clip

Practice more at **vhlcentral.com**.

Flash CULTURA

Mexican author and diplomat Octavio Paz (March 31, 1914–April 19, 1998) studied both law and literature at the **Universidad Nacional Autónoma de México** (**UNAM**), but after graduating he immersed himself in the art of writing. An incredibly prolific writer of novels, poetry, and essays, Paz solidified his prestige as Mexico's preeminent author with his 1950 book *El laberinto de la soledad*, a fundamental study of Mexican identity. Among the many awards he received in his lifetime are the **Premio Miguel de Cervantes** (1981) and Nobel Prize for Literature (1990). Paz foremost considered himself a poet and affirmed that poetry constitutes "**la religión secreta de la edad° moderna**".

Vocabulario útil

¿Cuál es tu materia favorita?	*What is your favorite subject?*
¿Cuántos años tienes?	*How old are you?*
¿Qué estudias?	*What do you study?*
el/la alumno/a	*student*
la carrera (de medicina)	*(medical) degree program, major*
derecho	*law*
reconocido	*well-known*

Preparación

What is the name of your school or university? What degree program are you in? What classes are you taking this semester?

Emparejar

Match the first part of the sentence in the left column with the appropriate ending in the right column.

1. En la UNAM no hay
2. México, D.F. es
3. La UNAM es
4. La UNAM ofrece

a. una universidad muy grande.
b. 74 carreras de estudio.
c. residencias estudiantiles.
d. la ciudad más grande (*biggest*) de Hispanoamérica.

edad *age* ¿Conoces a algún...? *Do you know any...?* que dé *that teaches*

Los estudios

—¿Qué estudias?
—Ciencias de la comunicación.

Estudio derecho en la UNAM.

¿Conoces a algún° profesor famoso que dé° clases... en la UNAM?

Video: *Flash cultura*

Practice more at **vhlcentral.com**.

España

El país en cifras

▶ **Área:** 505.370 km² (kilómetros cuadrados) o 195.124 millas cuadradas°, incluyendo las islas Baleares y las islas Canarias

▶ **Población:** 47.043.000

▶ **Capital:** Madrid—5.762.000

▶ **Ciudades° principales:** Barcelona—5.029.000, Valencia—812.000, Sevilla, Zaragoza

▶ **Moneda°:** euro

▶ **Idiomas°:** español o castellano, catalán, gallego, valenciano, euskera

Gallego Euskera Catalán Español Valenciano

Regiones lingüísticas

Bandera de España

Españoles célebres

▶ **Miguel de Cervantes,** escritor° (1547–1616)

▶ **Pedro Almodóvar,** director de cine° (1949–)

▶ **Rosa Montero,** escritora y periodista° (1951–)

▶ **Fernando Alonso,** corredor de autos° (1981–)

▶ **Paz Vega,** actriz° (1976–)

▶ **Severo Ochoa,** Premio Nobel de Medicina, 1959; doctor y científico (1905–1993)

millas cuadradas *square miles* Ciudades *Cities* Moneda *Currency* Idiomas *Languages* escritor *writer* cine *film* periodista *reporter* corredor de autos *race car driver* actriz *actress* pueblo *town* Cada año *Every year* Durante todo un día *All day long* se tiran *throw at each other* varias toneladas *many tons*

La Sagrada Familia en Barcelona

Plaza Mayor en Madrid

OCÉANO ATLÁNTICO EUROPA ESPAÑA ÁFRICA

Mar Cantábrico

La Coruña

San Sebastián

FRANCIA

ANDORRA

Pirineos

Zaragoza Río Ebro

Salamanca

PORTUGAL

ESPAÑA

Madrid

Valencia

Barcelona

Menorca

Mallorca

Ibiza

Islas Baleares

Sierra Nevada

Mar Mediterráneo

Sevilla

Estrecho de Gibraltar

Ceuta

Melilla

MARRUECOS

El baile flamenco

Islas Canarias

La Palma Tenerife Gran Canaria Lanzarote Gomera Hierro

recursos

| WB pp. 21–22 | VM pp. 39–40 | vhlcentral.com Lección 2 |

¡Increíble pero cierto!

En Buñol, un pueblo° de Valencia, la producción de tomates es un recurso económico muy importante. Cada año° se celebra el festival de *La Tomatina.* Durante todo un día°, miles de personas se tiran° tomates. Llegan turistas de todo el país, y se usan varias toneladas° de tomates.

Gastronomía • **José Andrés**

José Andrés es un chef español famoso internacionalmente°. Le gusta combinar platos° tradicionales de España con las técnicas de cocina más innovadoras°. Andrés vive° en Washington, DC, es dueño° de varios restaurantes en los EE.UU. y presenta° un programa en PBS (foto, izquierda). También° ha estado° en *Late Show with David Letterman* y *Top Chef*.

Cultura • **La diversidad**

La riqueza° cultural y lingüística de España refleja la combinación de las diversas culturas que han habitado° en su territorio durante siglos°. El español es la lengua oficial del país, pero también son oficiales el catalán, el gallego, el euskera y el valenciano.

Póster en catalán

Artes • **Velázquez y el Prado**

El Prado, en Madrid, es uno de los museos más famosos del mundo°. En el Prado hay pinturas° importantes de Botticelli, de El Greco y de los españoles Goya y Velázquez. *Las meninas* es la obra° más conocida° de Diego Velázquez, pintor° oficial de la corte real° durante el siglo° XVII.

Las meninas,
Diego Velázquez, 1656

Comida • **La paella**

La paella es uno de los platos más típicos de España. Siempre se prepara° con arroz° y azafrán°, pero hay diferentes recetas°. La paella valenciana, por ejemplo, es de pollo° y conejo°, y la paella marinera es de mariscos°.

La costa de Ibiza

¿Qué aprendiste? Completa las oraciones con la información adecuada.

1. El chef español _____ es muy famoso.
2. El arroz y el azafrán son ingredientes básicos de la _____.
3. El Prado está en _____.
4. José Andrés vive en _____.
5. El chef José Andrés tiene un _____ de televisión en PBS.
6. El gallego es una de las lenguas oficiales de _____.

Conexión Internet Investiga estos temas en **vhlcentral.com**.

Practice more at
vhlcentral.com.

1. Busca información sobre la Universidad de Salamanca u otra universidad española. ¿Qué cursos ofrece (*does it offer*)? ¿Ofrece tu universidad cursos similares?
2. Busca información sobre un español o una española célebre (por ejemplo, un[a] político/a, un actor, una actriz, un[a] artista). ¿De qué parte de España es y por qué es célebre?

....

internacionalmente *internationally* platos *dishes* más innovadoras *most innovative* vive *lives* dueño *owner* presenta *hosts* También *Also* ha estado *has been* riqueza *richness* han habitado *have lived* durante siglos *for centuries* mundo *world* pinturas *paintings* obra *work* más conocida *best-known* pintor *painter* corte real *royal court* siglo *century* Siempre se prepara *It is always prepared* arroz *rice* azafrán *saffron* recetas *recipes* pollo *chicken* conejo *rabbit* mariscos *seafood*

La clase y la universidad

el/la compañero/a de clase	classmate
el/la compañero/a de cuarto	roommate
el/la estudiante	student
el/la profesor(a)	teacher
el borrador	eraser
la calculadora	calculator
el escritorio	desk
el libro	book
el mapa	map
la mesa	table
la mochila	backpack
el papel	paper
la papelera	wastebasket
la pizarra	blackboard
la pluma	pen
la puerta	door
el reloj	clock; watch
la silla	seat
la tiza	chalk
la ventana	window
la biblioteca	library
la cafetería	cafeteria
la casa	house; home
el estadio	stadium
el laboratorio	laboratory
la librería	bookstore
la residencia estudiantil	dormitory
la universidad	university; college
la clase	class
el curso, la materia	course
la especialización	major
el examen	test; exam
el horario	schedule
la prueba	test; quiz
el semestre	semester
la tarea	homework
el trimestre	trimester; quarter

Las materias

la administración de empresas	business administration
la arqueología	archeology
el arte	art
la biología	biology
las ciencias	sciences
la computación	computer science
la contabilidad	accounting
la economía	economics
el español	Spanish
la física	physics
la geografía	geography
la historia	history
las humanidades	humanities
el inglés	English
las lenguas extranjeras	foreign languages
la literatura	literature
las matemáticas	mathematics
la música	music
el periodismo	journalism
la psicología	psychology
la química	chemistry
la sociología	sociology

Preposiciones y adverbios

al lado de	next to
a la derecha de	to the right of
a la izquierda de	to the left of
allá	over there
allí	there
cerca de	near
con	with
debajo de	below
delante de	in front of
detrás de	behind
en	in; on
encima de	on top of
entre	between
lejos de	far from
sin	without
sobre	on; over

Palabras adicionales

¿Adónde?	Where (to)?
ahora	now
¿Cuál?, ¿Cuáles?	Which?; Which one(s)?
¿Por qué?	Why?
porque	because

Verbos

bailar	to dance
buscar	to look for
caminar	to walk
cantar	to sing
cenar	to have dinner
comprar	to buy
contestar	to answer
conversar	to converse, to chat
desayunar	to have breakfast
descansar	to rest
desear	to wish; to desire
dibujar	to draw
enseñar	to teach
escuchar la radio/ música	to listen (to) the radio/music
esperar (+ *inf.*)	to wait (for); to hope
estar	to be
estudiar	to study
explicar	to explain
gustar	to like
hablar	to talk; to speak
llegar	to arrive
llevar	to carry
mirar	to look (at); to watch
necesitar (+ *inf.*)	to need
practicar	to practice
preguntar	to ask (a question)
preparar	to prepare
regresar	to return
terminar	to end; to finish
tomar	to take; to drink
trabajar	to work
viajar	to travel

Los días de la semana

¿Cuándo?	When?
¿Qué día es hoy?	What day is it?
Hoy es…	Today is…
la semana	week
lunes	Monday
martes	Tuesday
miércoles	Wednesday
jueves	Thursday
viernes	Friday
sábado	Saturday
domingo	Sunday

Numbers 31 and higher	See pages 63–64.
Expresiones útiles	See page 45.

S Vocabulary Tools

recursos

LM p. 12 | vhlcentral.com Lección 2

La familia

Communicative Goals

You will learn how to:

- Talk about your family and friends
- Describe people and things
- Express possession

contextos

fotonovela

cultura

estructura

adelante

A PRIMERA VISTA
- ¿Cuántos chicos hay en la foto?
- ¿Hay una mujer detrás de la chica? ¿Y a la izquierda?
- ¿Hay una cosa en la mano del chico?
- ¿Conversan ellos? ¿Trabajan? ¿Descansan?
- ¿Están en su casa?

 **Vocabulary Tools**

La familia

Más vocabulario

los abuelos	grandparents
el/la bisabuelo/a	great-grandfather/ great-grandmother
el/la gemelo/a	twin
el/la hermanastro/a	stepbrother/stepsister
el/la hijastro/a	stepson/stepdaughter
la madrastra	stepmother
el medio hermano/ la media hermana	half-brother/ half-sister
el padrastro	stepfather
los padres	parents
los parientes	relatives
el/la cuñado/a	brother-in-law/ sister-in-law
la nuera	daughter-in-law
el/la suegro/a	father-in-law/ mother-in-law
el yerno	son-in-law
el/la amigo/a	friend
el apellido	last name
la gente	people
el/la muchacho/a	boy/girl
el/la niño/a	child
el/la novio/a	boyfriend/girlfriend
la persona	person
el/la artista	artist
el/la ingeniero/a	engineer
el/la doctor(a), el/la médico/a	doctor; physician
el/la periodista	journalist
el/la programador(a)	computer programmer

Variación léxica

madre ←→ mamá, mami (colloquial)
padre ←→ papá, papi (colloquial)
muchacho/a ←→ chico/a

recursos

WB pp. 23–24 | LM p. 13 | vhlcentral.com Lección 3

La familia de José Miguel Pérez Santoro

Juan Santoro Sánchez

mi abuelo (my grandfather)

Ernesto Santoro González

mi tío (uncle)
hijo (son) de Juan y Socorro

Marina Gutiérrez de Santoro

mi tía (aunt)
esposa (wife) de Ernesto

Silvia Socorro Santoro Gutiérrez

mi prima (cousin)
hija (daughter) de Ernesto y Marina

Héctor Manuel Santoro Gutiérrez

mi primo (cousin)
nieto (grandson) de Juan y Socorro

Carmen Santoro Gutiérrez

mi prima
hija de Ernesto y Marina

¡LENGUA VIVA!

In Spanish-speaking countries, it is common for people to go by both their first name and middle name, such as **José Miguel** or **Juan Carlos.** You will learn more about names and naming conventions on p. 86.

Práctica

Socorro González de Santoro

mi abuela (*my grandmother*)

Mirta Santoro de Pérez

mi madre (*mother*) **hija de Juan y Socorro**

Rubén Ernesto Pérez Gómez

mi padre (*father*) **esposo de mi madre**

José Miguel Pérez Santoro

hijo de Rubén y Mirta

Beatriz Alicia Pérez de Morales

mi hermana (*sister*)

Felipe Morales Zapata

esposo (*husband*) **de Beatriz Alicia**

Víctor Miguel Morales Pérez

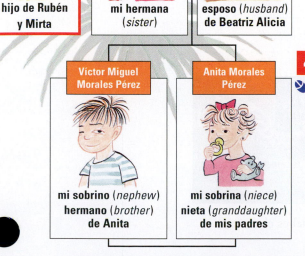

mi sobrino (*nephew*) **hermano** (*brother*) **de Anita**

Anita Morales Pérez

mi sobrina (*niece*) **nieta** (*granddaughter*) **de mis padres**

los hijos (*children*) **de Beatriz Alicia y Felipe**

---

1 Escuchar 🎧 Listen to each statement made by José Miguel Pérez Santoro, then indicate whether it is **cierto** or **falso**, based on his family tree.

	Cierto	Falso		Cierto	Falso
1.	○	○	6.	○	○
2.	○	○	7.	○	○
3.	○	○	8.	○	○
4.	○	○	9.	○	○
5.	○	○	10.	○	○

2 Personas 🎧 Indicate each word that you hear mentioned in the narration.

1. _____ cuñado   4. _____ niño   7. _____ ingeniera
2. _____ tía   5. _____ esposo   8. _____ primo
3. _____ periodista   6. _____ abuelos

3 Emparejar Provide the letter of the phrase that matches each description. Two items will not be used.

1. Mi hermano programa las computadoras.
2. Son los padres de mi esposo.
3. Son los hijos de mis (*my*) tíos.
4. Mi tía trabaja en un hospital.
5. Es el hijo de mi madrastra y el hijastro de mi padre.
6. Es el esposo de mi hija.
7. Es el hijo de mi hermana.
8. Mi primo dibuja y pinta mucho.
9. Mi hermanastra enseña en la universidad.
10. Mi padre trabaja con planos (*blueprints*).

a. Es médica.
b. Es mi hermanastro.
c. Es programador.
d. Es ingeniero.
e. Son mis suegros.
f. Es mi novio.
g. Es mi padrastro.
h. Son mis primos.
i. Es artista.
j. Es profesora.
k. Es mi sobrino.
l. Es mi yerno.

4 Definiciones Define these family terms in Spanish.

> **modelo**
> hijastro *Es el hijo de mi esposo/a, pero no es mi hijo.*

1. abuela
2. bisabuelo
3. tío
4. primas
5. suegra
6. cuñado
7. nietos
8. medio hermano

5

Escoger Complete the description of each photo using words you have learned in **Contextos**.

1. La _____ de Sara es grande.

2. Héctor y Lupita son _____.

3. Maira Díaz es _____.

4. Rubén habla con su _____.

5. Los dos _____ están en el parque.

6. Irene es _____.

7. Elena Vargas Soto es _____.

8. Don Manuel es el _____ de Martín.

Comunicación

6

Una familia With a classmate, identify the members in the family tree by asking questions about how each family member is related to Graciela Vargas García.

> **Estudiante 1:** ¿Quién es Beatriz Pardo de Vargas?
> **Estudiante 2:** Es la abuela de Graciela.

CONSULTA

To see the cities where these family members live, look at the map in **Panorama** on p. 112.

David Vargas Olmedo
de Quito

Beatriz Pardo de Vargas
de Ibarra

Carlos Antonio López Ríos
de Cuenca

Lupe Vargas de López
de Quito

Juan Vargas Pardo
de Quito

María Susana García de Vargas
de Guayaquil

Ernesto López Vargas
de Loja

Ramón Vargas García
de Machala

Graciela Vargas García
de Machala

Now take turns asking each other these questions. Then invent three original questions.

1. ¿Cómo se llama el primo de Graciela?
2. ¿Cómo se llama la hija de David y de Beatriz?
3. ¿De dónde es María Susana?
4. ¿De dónde son Ramón y Graciela?
5. ¿Cómo se llama el yerno de David y de Beatriz?
6. ¿De dónde es Carlos Antonio?
7. ¿De dónde es Ernesto?
8. ¿Cuáles son los apellidos del sobrino de Lupe?

7

Preguntas personales With a classmate, take turns asking each other these questions.

1. ¿Cuántas personas hay en tu familia?
2. ¿Cómo se llaman tus padres? ¿De dónde son? ¿Dónde trabajan?
3. ¿Cuántos hermanos tienes? ¿Cómo se llaman? ¿Dónde estudian o trabajan?
4. ¿Cuántos primos tienes? ¿Cuáles son los apellidos de ellos? ¿Cuántos son niños y cuántos son adultos? ¿Hay más chicos o más chicas en tu familia?
5. ¿Eres tío/a? ¿Cómo se llaman tus sobrinos/as? ¿Dónde estudian o trabajan?
6. ¿Quién es tu pariente favorito?
7. ¿Tienes novio/a? ¿Tienes esposo/a? ¿Cómo se llama?

AYUDA

tu, tus   *your* (sing., pl.)
mi, mis   *my* (sing., pl.)
tienes   *you have*
tengo   *I have*

Un domingo en familia

Marissa pasa el día en Xochimilco con la familia Díaz.

PERSONAJES   FELIPE   TÍA NAYELI

JIMENA Hola, tía Nayeli.

TÍA NAYELI ¡Hola, Jimena! ¿Cómo estás?

JIMENA Bien, gracias. Y, ¿dónde están mis primas?

TÍA NAYELI No sé. ¿Dónde están mis hijas? ¡Ah!

MARISSA ¡Qué bonitas son tus hijas! Y ¡qué simpáticas!

MARISSA La verdad, mi familia es pequeña.

SRA. DÍAZ ¿Pequeña? Yo soy hija única. Bueno, y ¿qué más? ¿Tienes novio?

MARISSA No. Tengo mala suerte con los novios.

FELIPE Soy guapo y delgado.

JIMENA Ay, ¡por favor! Eres gordo, antipático y muy feo.

TÍO RAMÓN ¿Tienes una familia grande, Marissa?

MARISSA Tengo dos hermanos mayores, Zack y Jennifer, y un hermano menor, Adam.

MARISSA Tía Nayeli, ¿cuántos años tienen tus hijas?

TÍA NAYELI Marta tiene ocho años y Valentina doce.

JIMENA

MARTA

VALENTINA

SRA. DÍAZ

TÍO RAMÓN

SR. DÍAZ

MARISSA

7

SRA. DÍAZ Chicas, ¿compartimos una trajinera?

MARISSA ¡Claro que sí! ¡Qué bonitas son!

SRA. DÍAZ ¿Vienes, Jimena?

JIMENA No, gracias. Tengo que leer.

8

MARISSA Me gusta mucho este sitio. Tengo ganas de visitar otros lugares en México.

SRA. DÍAZ ¡Debes viajar a Mérida!

TÍA NAYELI ¡Sí, con tus amigos! Debes visitar a Ana María, la hermana de Roberto y de Ramón.

9

(La Sra. Díaz habla por teléfono con la tía Ana María.)

SRA. DÍAZ ¡Qué bien! Excelente. Sí, la próxima semana. Muchísimas gracias.

10

MARISSA ¡Gracias, Sra. Díaz!

SRA. DÍAZ Tía Ana María.

MARISSA Tía Ana María.

SRA. DÍAZ ¡Un beso, chau!

MARISSA Bye!

recursos

VM
pp. 5–6

vhlcentral.com
Lección 3

Expresiones útiles

Talking about your family

¿Tienes una familia grande?
Do you have a big family?
Tengo dos hermanos mayores y un hermano menor.
I have two older siblings and a younger brother.
La verdad, mi familia es pequeña.
The truth is, my family is small.
¿Pequeña? Yo soy hija única.
Small? I'm an only child.

Describing people

¡Qué bonitas son tus hijas!
Y ¡qué simpáticas!
Your daughters are so pretty!
And so nice!
Soy guapo y delgado.
I'm handsome and slim.
¡Por favor! Eres gordo, antipático y muy feo.
Please! You're fat, unpleasant, and very ugly.

Talking about plans

¿Compartimos una trajinera?
Shall we share a trajinera?
¡Claro que sí! ¡Qué bonitas son!
Of course! They're so pretty!
¿Vienes, Jimena?
Are you coming, Jimena?
No, gracias. Tengo que leer.
No, thanks. I have to read.

Saying how old people are

¿Cuántos años tienen tus hijas?
How old are your daughters?
Marta tiene ocho años y Valentina doce.
Marta is eight and Valentina twelve.

Additional vocabulary

ensayo *essay*
pobrecito/a *poor thing*
próxima *next*
sitio *place*
todavía *still*
trajinera *type of barge*

¿Qué pasó?

1 ¿Cierto o falso? Indicate whether each sentence is **cierto** or **falso**. Correct the false statements.

	Cierto	Falso
1. Marissa dice que (*says that*) tiene una familia grande.	○	○
2. La Sra. Díaz tiene dos hermanos.	○	○
3. Marissa no tiene novio.	○	○
4. Valentina tiene veinte años.	○	○
5. Marissa comparte una trajinera con la Sra. Díaz y la tía Nayeli.	○	○
6. A Marissa le gusta mucho Xochimilco.	○	○

NOTA CULTURAL

Xochimilco is famous for its system of canals and **chinampas**, or artificial islands, which have been used for agricultural purposes since Pre-Hispanic times. In 1987, UNESCO declared **Xochimilco** a World Heritage Site.

2 Identificar Indicate which person would make each statement. The names may be used more than once. **¡Ojo!** One name will not be used.

1. Felipe es antipático y feo.
2. Mis hermanos se llaman Jennifer, Adam y Zack.
3. ¡Soy un joven muy guapo!
4. Mis hijas tienen ocho y doce años.
5. ¡Qué bonitas son las trajineras!
6. Ana María es la hermana de Ramón y Roberto.
7. No puedo (*I can't*) compartir una trajinera porque tengo que leer.
8. Tus hijas son bonitas y simpáticas, tía Nayeli.

SRA. DÍAZ   JIMENA

MARISSA   FELIPE

TÍA NAYELI

NOTA CULTURAL

Trajineras are large passenger barges that you can rent in **Xochimilco**. Each boat is named and decorated and has a table and chairs so passengers can picnic while they ride.

3 Escribir In pairs, choose Marissa, Sra. Díaz, or tía Nayeli and write a brief description of her family. Be creative!

MARISSA   **SRA. DÍAZ**   **TÍA NAYELI**

Marissa es de los EE.UU. ¿Cómo es su familia?   La Sra. Díaz es de Cuba. ¿Cómo es su familia?   La tía Nayeli es de México. ¿Cómo es su familia?

4 Conversar With a partner, use these questions to talk about your families.

1. ¿Cuántos años tienes?
2. ¿Tienes una familia grande?
3. ¿Tienes hermanos o hermanas?
4. ¿Cuántos años tiene tu abuelo (tu hermana, tu primo, etc.)?
5. ¿De dónde son tus padres?

AYUDA

Here are some expressions to help you talk about age.

Yo tengo... años.
I am... years old.

Mi abuelo tiene... años.
My grandfather is... years old.

Pronunciación Audio

Diphthongs and linking

hermano	**niña**	**cuñado**

In Spanish, **a**, **e**, and **o** are considered strong vowels. The weak vowels are **i** and **u**.

ruido	**parientes**	**periodista**

A diphthong is a combination of two weak vowels or of a strong vowel and a weak vowel. Diphthongs are pronounced as a single syllable.

	mi hijo	**una clase excelente**

Two identical vowel sounds that appear together are pronounced like one long vowel.

la abuela

con Natalia	**sus sobrinos**	**las sillas**

Two identical consonants together sound like a single consonant.

es ingeniera	**mis abuelos**	**sus hijos**

A consonant at the end of a word is linked with the vowel sound at the beginning of the next word.

mi hermano	**su esposa**	**nuestro amigo**

A vowel at the end of a word is linked with the vowel sound at the beginning of the next word.

Práctica Say these words aloud, focusing on the diphthongs.

1. historia
2. nieto
3. parientes
4. novia
5. residencia
6. prueba
7. puerta
8. ciencias
9. lenguas
10. estudiar
11. izquierda
12. ecuatoriano

Oraciones Read these sentences aloud to practice diphthongs and linking words.

1. Hola. Me llamo Anita Amaral. Soy del Ecuador.
2. Somos seis en mi familia.
3. Tengo dos hermanos y una hermana.
4. Mi papá es del Ecuador y mi mamá es de España.

Refranes Read these sayings aloud to practice diphthongs and linking sounds.

Cuando una puerta se cierra, otra se abre.[1]

Hablando del rey de Roma, por la puerta se asoma.[2]

1 When one door closes, another opens. 2 Speak of the devil and he will appear.

¿Cómo te llamas?

In the Spanish-speaking world, it is common to have two last names: one paternal and one maternal. In some cases, the conjunctions **de** or **y** are used to connect the two. For example, in the name **Juan Martínez de Velasco,** *Martínez* is the paternal surname (**el apellido paterno**), and *Velasco* is the maternal surname (**el apellido materno**); **de** simply links the two. This convention of using two last names (**doble apellido**) is a European tradition that Spaniards brought to the Americas. It continues to be practiced in many countries, including Chile, Colombia, Mexico, Peru, and Venezuela. There are exceptions, however. In Argentina, the prevailing custom is for children to inherit only the father's last name.

When a woman marries in a country where two last names are used, legally she retains her two maiden surnames. However, socially she may take her husband's paternal surname in place of her inherited maternal surname. For example, **Mercedes**

Gabriel García Márquez

Mercedes Barcha Pardo

Rodrigo García Barcha

Barcha Pardo, widow of Colombian writer **Gabriel García Márquez,** might use the names **Mercedes Barcha García** or **Mercedes Barcha de García** in social situations (although officially her name remains **Mercedes Barcha Pardo**). Adopting a husband's last name for social purposes, though widespread, is only legally recognized in Ecuador and Peru.

Most parents do not break tradition upon naming their children; regardless of the surnames the mother uses, they use the father's first surname followed by the mother's first surname, as in the name **Rodrigo García Barcha.** However, one should note that both surnames come from the grandfathers, and therefore all **apellidos** are effectively paternal.

Hijos en la casa

In Spanish-speaking countries, family and society place very little pressure on young adults to live on their own (**independizarse**), and children often live with their parents well into their thirties. For example, about 60% of Spaniards under 34 years of age live at home with their parents. This delay in moving out is both cultural and economic—lack of job security or low wages coupled with a high cost of living may make it impractical for young adults to live independently before they marry.

ACTIVIDADES

1 **¿Cierto o falso?** Indicate whether these statements are **cierto** or **falso**. Correct the false statements.

1. Most Spanish-speaking people have three last names.

2. Hispanic last names generally consist of the paternal last name followed by the maternal last name.

3. It is common to see **de** or **y** used in a Hispanic last name.

4. Someone from Argentina would most likely have two last names.

5. Generally, married women legally retain two maiden surnames.

6. In social situations, a married woman often uses her husband's last name in place of her inherited paternal surname.

7. Adopting a husband's surname is only legally recognized in Peru and Ecuador.

8. Hispanic last names are effectively a combination of the maternal surnames from the previous generation.

Familia y amigos

el/la bisnieto/a	*great-grandson/daughter*
el/la chamaco/a (Méx.); el/la chamo/a (Ven.); el/la chaval(a) (Esp.); el/la pibe/a (Arg.)	el/la muchacho/a
mi colega (Esp.); mi cuate (Méx.); mi parcero/a (Col.); mi pana (Ven., P. Rico, Rep. Dom.)	*my pal; my buddy*
la madrina	*godmother*
el padrino	*godfather*
el/la tatarabuelo/a	*great-great-grandfather/ great-great-grandmother*

Las familias

Although worldwide population trends show a decrease in average family size, households in many Spanish-speaking countries are still larger than their U.S. counterparts.

- **México** 4,0 personas
- **Colombia** 3,9 personas
- **Argentina** 3,6 personas
- **Uruguay** 3,0 personas
- **España** 2,9 personas
- **Estados Unidos** 2,6 personas

La familia real española

Undoubtedly, Spain's most famous family is **la familia real** (*Royal*). In 1962, the then prince **Juan Carlos de Borbón** married Princess **Sofía** of Greece. In the 1970s, **el Rey** (*King*) **Juan Carlos** and **la Reina** (*Queen*) **Sofía** helped transition Spain to democracy after a forty-year dictatorship. The royal couple has three children: las **infantas** (*Princesses*) **Elena** and **Cristina**, and a son, **el príncipe** (*Prince*) **Felipe**, whose official title was **el Príncipe de Asturias**. In 2004, Felipe married **Letizia Ortiz Rocasolano,** a journalist and TV presenter. They have two daughters, **las infantas Leonor** (born in 2005) and **Sofía** (born in 2007). In 2014, Juan Carlos decided to abdicate the throne in favor of his son.

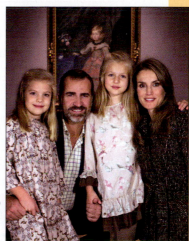

Conexión Internet

What role do **padrinos** and **madrinas** have in today's Hispanic family?

Go to **vhlcentral.com** to find more cultural information related to this **Cultura** section.

---

2 **Comprensión** Complete these sentences.

1. Spain's royals were responsible for guiding in _____.
2. In Spanish, your godmother is called _____.
3. Princess Leonor is the _____ of Queen Sofía.
4. Uruguay's average household has _____ people.
5. If a Venezuelan calls you **mi pana**, you are that person's _____.

3 **Una familia famosa** Create a genealogical tree of a famous family, using photos or drawings labeled with names and ages. Present the family tree to a classmate and explain who the people are and their relationships to each other.

 Practice more at **vhlcentral.com**.

3.1 Descriptive adjectives  Tutorial

ANTE TODO Adjectives are words that describe people, places, and things. In Spanish, descriptive adjectives are used with the verb **ser** to point out characteristics such as nationality, size, color, shape, personality, and appearance.

Forms and agreement of adjectives

COMPARE & CONTRAST

In English, the forms of descriptive adjectives do not change to reflect the gender (masculine/feminine) and number (singular/plural) of the noun or pronoun they describe.

*Juan is **nice**.*   *Elena is **nice**.*   *They are **nice**.*

In Spanish, the forms of descriptive adjectives agree in gender and/or number with the nouns or pronouns they describe.

Juan es simpátic**o**.   Elena es simpátic**a**.   Ellos son simpátic**os**.

▶ Adjectives that end in **-o** have four different forms. The feminine singular is formed by changing the **-o** to **-a**. The plural is formed by adding **-s** to the singular forms.

Masculine		Feminine	
SINGULAR	PLURAL	SINGULAR	PLURAL
el muchach**o** alt**o**	los muchach**os** alt**os**	la muchach**a** alt**a**	las muchach**as** alt**as**

¡Qué bonitas son tus hijas, tía Nayeli!

Felipe es gordo, antipático y muy feo.

▶ Adjectives that end in **-e** or a consonant have the same masculine and feminine forms.

Masculine		Feminine	
SINGULAR	PLURAL	SINGULAR	PLURAL
el chico inteligent**e**	los chicos inteligent**es**	la chica inteligent**e**	las chicas inteligent**es**
el examen difíci**l**	los exámenes difíci**les**	la clase difíci**l**	las clases difíci**les**

▶ Adjectives that end in **-or** are variable in both gender and number.

Masculine		Feminine	
SINGULAR	PLURAL	SINGULAR	PLURAL
el hombre trabajad**or**	los hombres trabajad**ores**	la mujer trabajad**ora**	las mujeres trabajad**oras**

▶ Use the masculine plural form to refer to groups that include males and females.

Manuel es alt**o**.   Lola es alt**a**.   Manuel y Lola son alt**os**.

Common adjectives

alto/a	*tall*	**gordo/a**	*fat*	**mucho/a**	*much; many;*
antipático/a	*unpleasant*	**grande**	*big*		*a lot of*
bajo/a	*short (in*	**guapo/a**	*good-looking*	**pelirrojo/a**	*red-haired*
	height)	**importante**	*important*	**pequeño/a**	*small*
bonito/a	*pretty*	**inteligente**	*intelligent*	**rubio/a**	*blond(e)*
bueno/a	*good*	**interesante**	*interesting*	**simpático/a**	*nice; likeable*
delgado/a	*thin*	**joven**	*young*	**tonto/a**	*foolish*
difícil	*difficult*	**malo/a**	*bad*	**trabajador(a)**	*hard-working*
fácil	*easy*	**mismo/a**	*same*	**viejo/a**	*old*
feo/a	*ugly*	**moreno/a**	*brunet(te)*		

Adjectives of nationality

▶ Unlike in English, Spanish adjectives of nationality are **not** capitalized. Proper names of countries, however, are capitalized.

Some adjectives of nationality

alemán, alemana	*German*	**francés, francesa**	*French*
argentino/a	*Argentine*	**inglés, inglesa**	*English*
canadiense	*Canadian*	**italiano/a**	*Italian*
chino/a	*Chinese*	**japonés, japonesa**	*Japanese*
costarricense	*Costa Rican*	**mexicano/a**	*Mexican*
cubano/a	*Cuban*	**norteamericano/a**	*(North) American*
ecuatoriano/a	*Ecuadorian*	**puertorriqueño/a**	*Puerto Rican*
español(a)	*Spanish*	**ruso/a**	*Russian*
estadounidense	*from the U.S.*		

▶ Adjectives of nationality are formed like other descriptive adjectives. Those that end in **-o** change to **-a** when forming the feminine.

chin**o** ⟶ chin**a**   mexican**o** ⟶ mexican**a**

The plural is formed by adding an **-s** to the masculine or feminine form.

argentin**o** ⟶ argentin**os**   cuban**a** ⟶ cuban**as**

▶ Adjectives of nationality that end in **-e** have only two forms, singular and plural.

canadiens**e** ⟶ canadiens**es**   estadounidens**e** ⟶ estadounidens**es**

▶ To form the feminine of adjectives of nationality that end in a consonant, add **–a**.

alemá**n** ⟶ aleman**a**   españo**l** ⟶ español**a**
japoné**s** ⟶ japones**a**   inglé**s** ⟶ ingles**a**

Position of adjectives

▶ Descriptive adjectives and adjectives of nationality generally follow the nouns they modify.

El niño **rubio** es de España.
The blond boy is from Spain.

La mujer **española** habla inglés.
The Spanish woman speaks English.

▶ Unlike descriptive adjectives, adjectives of quantity precede the modified noun.

Hay **muchos** libros en la biblioteca.
There are many books in the library.

Hablo con **dos** turistas puertorriqueños.
I am talking with two Puerto Rican tourists.

▶ **Bueno/a** and **malo/a** can appear before or after a noun. When placed before a masculine singular noun, the forms are shortened: **bueno ➝ buen; malo ➝ mal**.

Joaquín es un **buen** amigo.
Joaquín es un amigo **bueno**.   ➝   *Joaquín is a good friend.*

Hoy es un **mal** día.
Hoy es un día **malo**.   ➝   *Today is a bad day.*

▶ When **grande** appears before a singular noun, it is shortened to **gran**, and the meaning of the word changes: **gran** = *great* and **grande** = *big, large*.

Don Francisco es un **gran** hombre.
Don Francisco is a great man.

La familia de Inés es **grande**.
Inés' family is large.

¡LENGUA VIVA!

Like **bueno** and **grande**, **santo** (*saint*) is also shortened before masculine nouns (unless they begin with **To-** or **Do-**): **San Francisco, San José** (but: **Santo Tomás, Santo Domingo**). **Santa** is used with names of female saints: **Santa Bárbara, Santa Clara**.

¡INTÉNTALO!   Provide the appropriate forms of the adjectives.

simpático

1. Mi hermano es _simpático_.
2. La profesora Martínez es _____.
3. Rosa y Teresa son _____.
4. Nosotros somos _____.

alemán

1. Hans es _alemán_.
2. Mis primas son _____.
3. Marcus y yo somos _____.
4. Mi tía es _____.

difícil

1. La química es _difícil_.
2. El curso es _____.
3. Las pruebas son _____.
4. Los libros son _____.

guapo

1. Su esposo es _guapo_.
2. Mis sobrinas son _____.
3. Los padres de ella son _____.
4. Marta es _____.

recursos

WB
pp. 25–26

LM
p. 15

vhlcentral.com
Lección 3

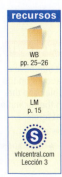

Práctica

1 **Emparejar** Find the words in column B that are the opposite of the words in column A. One word in B will not be used.

Marcos

Jorge

A	B
1. guapo	a. delgado
2. moreno	b. pequeño
3. alto	c. malo
4. gordo	d. feo
5. joven	e. viejo
6. grande	f. rubio
7. simpático	g. antipático
	h. bajo

2 **Completar** Indicate the nationalities of these people by selecting the correct adjectives and changing their forms when necessary.

NOTA CULTURAL

Alfonso Cuarón (1961–) became the first Mexican winner of the Best Director Academy Award for his film *Gravity* (2013).

1. Penélope Cruz es _____.
▶ 2. Alfonso Cuarón es un gran director de cine de México; es _____.
3. Ellen Page y Avril Lavigne son _____.
4. Giorgio Armani es un diseñador de modas (*fashion designer*) _____.
5. Daisy Fuentes es de La Habana, Cuba; ella es _____.
6. Emma Watson y Daniel Radcliffe son actores _____.
7. Heidi Klum y Michael Fassbender son _____.
8. Serena Williams y Michael Phelps son _____.

3 **Describir** Look at the drawing and describe each family member using as many adjectives as possible.

Carlos Romero Sandoval

Josefina Barcos de Romero

Susana Romero Barcos

Tomás Romero Barcos

Alberto Romero Pereda

1. Susana Romero Barcos es _____.
2. Tomás Romero Barcos es _____.
3. Los dos hermanos son _____.
4. Josefina Barcos de Romero es _____.
5. Carlos Romero Sandoval es _____.
6. Alberto Romero Pereda es _____.
7. Tomás y su (*his*) padre son _____.
8. Susana y su (*her*) madre son _____.

Practice more at **vhlcentral.com**.

Comunicación

4

¿Cómo es? With a partner, take turns describing each item on the list. Tell your partner whether you agree (**Estoy de acuerdo**) or disagree (**No estoy de acuerdo**) with their descriptions.

> **modelo**
> San Francisco
> **Estudiante 1:** San Francisco es una ciudad (*city*) muy bonita.
> **Estudiante 2:** No estoy de acuerdo. Es muy fea.

1. Nueva York
2. Steve Carell
3. las canciones (*songs*) de Taylor Swift
4. el presidente de los Estados Unidos
5. Steven Spielberg
6. la primera dama (*first lady*) de los Estados Unidos
7. el/la profesor(a) de español
8. las personas de Los Ángeles
9. las residencias de mi universidad
10. mi clase de español

5

Anuncio personal Write a personal ad that describes yourself and your ideal boyfriend, girlfriend, or mate. Then compare your ad with a classmate's. How are you similar and how are you different? Are you looking for the same things in a romantic partner?

SOY ALTA, morena y bonita. Soy cubana, de Holguín. Estudio arte en la universidad. Busco un chico similar. Mi novio ideal es alto, moreno, inteligente y muy simpático.

Síntesis

6

Diferencias Your instructor will give you and a partner each a drawing of a family. Describe your version of the drawing to your partner in order to find at least five differences between your picture and your partner's.

> **modelo**
> **Estudiante 1:** Susana, la madre, es rubia.
> **Estudiante 2:** No, la madre es morena.

3.2 Possessive adjectives  Tutorial

ANTE TODO Possessive adjectives, like descriptive adjectives, are words that are used to qualify people, places, or things. Possessive adjectives express the quality of ownership or possession.

Forms of possessive adjectives

SINGULAR FORMS	PLURAL FORMS	
mi	mis	*my*
tu	tus	*your* (fam.)
su	sus	*his, her, its, your* (form.)
nuestro/a	nuestros/as	*our*
vuestro/a	vuestros/as	*your* (fam.)
su	sus	*their, your*

COMPARE & CONTRAST

In English, possessive adjectives are invariable; that is, they do not agree in gender and number with the nouns they modify. Spanish possessive adjectives, however, do agree in number with the nouns they modify.

my cousin	*my* cousins	*my* aunt	*my* aunts
mi primo	**mis** primos	**mi** tía	**mis** tías

The forms **nuestro** and **vuestro** agree in both gender and number with the nouns they modify.

nuestr**o** prim**o**	nuestr**os** prim**os**	nuestr**a** tía	nuestr**as** tí**as**

▶ Possessive adjectives are always placed before the nouns they modify.

—¿Está **tu novio** aquí?   —No, **mi novio** está en la biblioteca.
Is your boyfriend here?   *No, my boyfriend is in the library.*

▶ Because **su** and **sus** have multiple meanings (*your, his, her, their, its*), you can avoid confusion by using this construction instead: [*article*] + [*noun*] + **de** + [*subject pronoun*].

sus parientes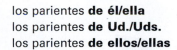
los parientes **de él/ella**   *his/her relatives*
los parientes **de Ud./Uds.**   *your relatives*
los parientes **de ellos/ellas**   *their relatives*

¡INTÉNTALO! Provide the appropriate form of each possessive adjective.

1. Es _____mi_____ (*my*) libro.
2. _____ (*My*) familia es ecuatoriana.
3. _____ (*Your*, fam.) esposo es italiano.
4. _____ (*Our*) profesor es español.
5. Es _____ (*her*) reloj.
6. Es _____ (*your*, fam.) mochila.
7. Es _____ (*your*, form.) maleta.
8. _____ (*Their*) sobrina es alemana.

1. _____Sus_____ (*Her*) primos son franceses.
2. _____ (*Our*) primos son canadienses.
3. Son _____ (*their*) lápices.
4. _____ (*Their*) nietos son japoneses.
5. Son _____ (*our*) plumas.
6. Son _____ (*my*) papeles.
7. _____ (*My*) amigas son inglesas.
8. Son _____ (*his*) cuadernos.

Práctica

AYUDA

Remember that possessive adjectives don't agree in number or gender with the owner of an item; they always agree with the item(s) being possessed.

1

La familia de Manolo Complete each sentence with the correct possessive adjective from the options in parentheses. Use the subject of each sentence as a guide.

1. Me llamo Manolo, y _____ (nuestro, mi, sus) hermano es Federico.
2. _____ (Nuestra, Sus, Mis) madre Silvia es profesora y enseña química.
3. Ella admira a _____ (tu, nuestro, sus) estudiantes porque trabajan mucho.
4. Yo estudio en la misma universidad, pero no tomo clases con _____ (mi, nuestras, tus) madre.
5. Federico trabaja en una oficina con _____ (mis, tu, nuestro) padre.
6. _____ (Mi, Su, Tu) oficina está en el centro de la Ciudad de México.
7. Javier y Óscar son _____ (mis, mi, sus) tíos de Oaxaca.
8. ¿Y tú? ¿Cómo es _____ (mi, su, tu) familia?

2

Clarificar Clarify each sentence with a prepositional phrase. Follow the model.

> **modelo**
>
> Su hermana es muy bonita. (ella)
> *La hermana de ella es muy bonita.*

1. Su casa es muy grande. (ellos) _____
2. ¿Cómo se llama su hermano? (ellas) _____
3. Sus padres trabajan en el centro. (ella) _____
4. Sus abuelos son muy simpáticos. (él) _____
5. Maribel es su prima. (ella) _____
6. Su primo lee los libros. (ellos) _____

3

¿Dónde está? With a partner, imagine that you can't remember where you put some of the belongings you see in the pictures. Your partner will help you by reminding you where your things are. Take turns playing each role.

CONSULTA

For a list of useful prepositions, refer to the table *Prepositions often used with* **estar**, in **Estructura 2.3**, p. 60.

> **modelo**
>
> **Estudiante 1:** ¿Dónde está mi mochila?
> **Estudiante 2:** Tu mochila está encima del escritorio.

1.   2.   3.

4.   5.   6.

Practice more at **vhlcentral.com**.

Comunicación

4

Describir With a partner, describe the people and places listed below. Make note of any similarities and be prepared to share them with the class.

> **modelo**
>
> la biblioteca de su universidad
> *La biblioteca de nuestra universidad es muy grande. Hay muchos libros en la biblioteca. Mis amigos y yo estudiamos en la biblioteca.*

1. tu profesor favorito
2. tu profesora favorita
3. su clase de español
4. la librería de su universidad
5. tus padres
6. tus abuelos
7. tu mejor (*best*) amigo
8. tu mejor amiga
9. su universidad
10. tu país de origen

5

Una familia famosa Assume the identity of a member of a famous family, real or fictional (the Obamas, Clintons, Bushes, Kardashians, Simpsons, etc.), and write a description of "your" family. Be sure not to use any names! Then, in small groups, take turns reading the descriptions aloud. The other group members may ask follow-up questions to help them identify the famous person.

> **modelo**
>
> **Estudiante 1:** *Soy periodista. Mi esposo se llama Felipe. Tengo dos hijas.*
> **Estudiante 2:** *¿Eres española?*
> **Estudiante 1:** *Sí.*
> **Estudiante 3:** *¿Eres Letizia Ortiz Rocasolano?*
> **Estudiante 1:** *Sí.*

Síntesis

6

Describe a tu familia Get together with two classmates and describe your family to them in several sentences (**Mi padre es alto y moreno. Mi madre es delgada y muy bonita. Mis hermanos son...**). They will work together to try to repeat your description (**Su padre es alto y moreno. Su madre...**). If they forget any details, they can ask you questions (**¿Es alto tu hermano?**). Alternate roles until all of you have described your families.

3.3   # Present tense of -er and -ir verbs    **Tutorial**

ANTE TODO   In **Lección 2,** you learned how to form the present tense of regular -ar verbs. You also learned about the importance of verb forms, which change to show who is performing the action. The chart below shows the forms from two other important groups, **-er** verbs and **-ir** verbs.

CONSULTA

To review the conjugation of **-ar** verbs, see **Estructura 2.1,** p. 50.

Present tense of -er and -ir verbs		
	comer (to eat)	**escrib**ir (to write)
SINGULAR FORMS		
yo	com**o**	escrib**o**
tú	com**es**	escrib**es**
Ud./él/ella	com**e**	escrib**e**
PLURAL FORMS		
nosotros/as	com**emos**	escrib**imos**
vosotros/as	com**éis**	escrib**ís**
Uds./ellos/ellas	com**en**	escrib**en**

▶ **-Er** and **-ir** verbs have very similar endings. Study the preceding chart to detect the patterns that make it easier for you to use them to communicate in Spanish.

Felipe y su tío comen.

Jimena lee.

AYUDA

Here are some tips on learning Spanish verbs:
1) Learn to identify the verb's stem, to which all endings attach.
2) Memorize the endings that go with each verb and verb tense.
3) As often as possible, practice using different forms of each verb in speech and writing.
4) Devote extra time to learning irregular verbs, such as **ser** and **estar**.

▶ Like **-ar** verbs, the **yo** forms of **-er** and **-ir** verbs end in **-o.**

    Yo com**o.**   Yo escrib**o.**

▶ Except for the **yo** form, all of the verb endings for **-er** verbs begin with **-e.**

-es	-emos	-en
-e	-éis	

▶ **-Er** and **-ir** verbs have the exact same endings, except in the **nosotros/as** and **vosotros/as** forms.

nosotros ◀ com**emos** / escrib**imos**   vosotros ◀ com**éis** / escrib**ís**

Common -er and -ir verbs

-er verbs		-ir verbs	
aprender (a + *inf.***)**	*to learn*	**abrir**	*to open*
beber	*to drink*	**asistir (a)**	*to attend*
comer	*to eat*	**compartir**	*to share*
comprender	*to understand*	**decidir (+** *inf.***)**	*to decide*
correr	*to run*	**describir**	*to describe*
creer (en)	*to believe (in)*	**escribir**	*to write*
deber (+ *inf.***)**	*should*	**recibir**	*to receive*
leer	*to read*	**vivir**	*to live*

Ellos **corren** en el parque.

Él **escribe** una carta.

¡INTÉNTALO! Provide the appropriate present tense forms of these verbs.

correr

1. Graciela _____corre_____.
2. Tú _____.
3. Yo _____.
4. Sara y Ana _____.
5. Usted _____.
6. Ustedes _____.
7. La gente _____.
8. Marcos y yo _____.

abrir

1. Ellos ___abren___ la puerta.
2. Carolina _____ la maleta.
3. Yo _____ las ventanas.
4. Nosotras _____ los libros.
5. Usted _____ el cuaderno.
6. Tú _____ la ventana.
7. Ustedes _____ las maletas.
8. Los muchachos _____ los cuadernos.

aprender

1. Él ___aprende___ español.
2. Maribel y yo _____ inglés.
3. Tú _____ japonés.
4. Tú y tu hermanastra _____ francés.
5. Mi hijo _____ chino.
6. Yo _____ alemán.
7. Usted _____ inglés.
8. Nosotros _____ italiano.

recursos

WB
pp. 29–30

LM
p. 17

vhlcentral.com
Lección 3

Práctica

1 **Completar** Complete Susana's sentences about her family with the correct forms of the verbs in parentheses. One of the verbs will remain in the infinitive.

1. Mi familia y yo _____ (vivir) en Mérida, Yucatán.
2. Tengo muchos libros. Me gusta _____ (leer).
3. Mi hermano Alfredo es muy inteligente. Alfredo _____ (asistir) a clases los lunes, miércoles y viernes.
4. Los martes y jueves Alfredo y yo _____ (correr) en el Parque del Centenario.
5. Mis padres _____ (comer) mucha lasaña los domingos y se quedan dormidos (*they fall asleep*).
6. Yo _____ (creer) que (*that*) mis padres deben comer menos (*less*).

2 **Oraciones** Juan is talking about what he and his friends do after school. Form complete sentences by adding any other necessary elements.

> **modelo**
> yo / correr / amigos / lunes y miércoles
> *Yo corro con mis amigos los lunes y miércoles.*

1. Manuela / asistir / clase / yoga
2. Eugenio / abrir / correo electrónico (*e-mail*)
3. Isabel y yo / leer / biblioteca
4. Sofía y Roberto / aprender / hablar / inglés
5. tú / comer / cafetería / universidad
6. mi novia y yo / compartir / libro de historia

3 **Consejos** Mario and his family are spending a year abroad to learn Japanese. In pairs, use the words below to say what he and/or his family members are doing or should do to adjust to life in Japan. Then, create one more sentence using a verb not on the list.

> **modelo**
> recibir libros / deber practicar japonés
> **Estudiante 1:** Mario y su esposa reciben muchos libros en japonés.
> **Estudiante 2:** Los hijos deben practicar japonés.

aprender japonés	decidir explorar el país
asistir a clases	escribir listas de palabras en japonés
beber sake	leer novelas japonesas
deber comer cosas nuevas	vivir con una familia japonesa
¿?	¿?

 Practice more at **vhlcentral.com**.

Comunicación

4

Entrevista In pairs, use these questions to interview each other. Be prepared to report the results of your interviews to the class.

1. ¿Dónde comes al mediodía? ¿Comes mucho?
2. ¿Cuándo asistes a tus clases?
3. ¿Cuál es tu clase favorita? ¿Por qué?
4. ¿Dónde vives?
5. ¿Con quién vives?
6. ¿Qué cursos debes tomar el próximo (*next*) semestre?
7. ¿Lees el periódico (*newspaper*)? ¿Qué periódico lees y cuándo?
8. ¿Recibes muchos mensajes de texto (*text messages*)? ¿De quién(es)?
9. ¿Escribes poemas?
10. ¿Crees en fantasmas (*ghosts*)?

5

¿Acción o descripción? In small groups, take turns choosing a verb from the list. Then choose to act out the verb or give a description. The other members of the group will say what you are doing. Be creative!

abrir (un libro, una puerta, una mochila)	correr (en el parque, en un maratón)
aprender (a bailar, a hablar francés, a dibujar)	escribir (una composición, un mensaje de texto [*text message*], con lápiz)
asistir (a una clase de yoga, a un concierto de rock, a una clase interesante)	leer (una carta [*letter*] de amor, un mensaje electrónico [*e-mail message*], un periódico [*newspaper*])
beber (agua, Coca-Cola)	recibir un regalo (*gift*)
comer (pasta, un sándwich, pizza)	¿?
compartir (un libro, un sándwich)	

modelo

Estudiante 1: (*pantomimes typing a keyboard*)
Estudiante 2: ¿Escribes un mensaje electrónico?
Estudiante 1: Sí.

modelo

Estudiante 1: Soy estudiante y tomo muchas clases. Vivo en Roma.
Estudiante 2: ¿Comes pasta?
Estudiante 1: No, no como pasta.
Estudiante 3: ¿Aprendes a hablar italiano?
Estudiante 1: ¡Sí!

Síntesis

6

Horario Your instructor will give you and a partner incomplete versions of Alicia's schedule. Fill in the missing information on the schedule by talking to your partner. Be prepared to reconstruct Alicia's complete schedule with the class.

3.4 Present tense of **tener** and **venir**  Tutorial

ANTE TODO The verbs **tener** (*to have*) and **venir** (*to come*) are among the most frequently used in Spanish. Because most of their forms are irregular, you will have to learn each one individually.

The verbs tener and venir

		tener	**venir**
SINGULAR FORMS	yo	ten**go**	ven**go**
	tú	tien**es**	vien**es**
	Ud./él/ella	tien**e**	vien**e**
PLURAL FORMS	nosotros/as	ten**emos**	ven**imos**
	vosotros/as	ten**éis**	ven**ís**
	Uds./ellos/ellas	tien**en**	vien**en**

▶ The endings are the same as those of regular **-er** and **-ir** verbs, except for the **yo** forms, which are irregular: **tengo, vengo.**

▶ In the **tú, Ud.,** and **Uds.** forms, the **e** of the stem changes to **ie,** as shown below.

INFINITIVE	VERB STEM	VERB FORM
tener	→ ten- →	tú t**ie**nes
		Ud./él/ella t**ie**ne
		Uds./ellos/ellas t**ie**nen
venir	→ ven- →	tú v**ie**nes
		Ud./él/ella v**ie**ne
		Uds./ellos/ellas v**ie**nen

¿Tienes una familia grande, Marissa?

No, tengo una familia pequeña.

▶ Only the **nosotros** and **vosotros** forms are regular. Compare them to the forms of **comer** and **escribir** that you learned on page 96.

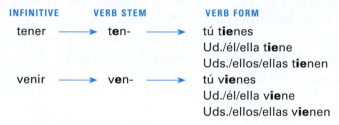

	tener	**comer**	**venir**	**escribir**
nosotros/as	ten**emos**	com**emos**	ven**imos**	escrib**imos**
vosotros/as	ten**éis**	com**éis**	ven**ís**	escrib**ís**

▶ In certain idiomatic or set expressions in Spanish, you use the construction **tener** + [*noun*] to express *to be* + [*adjective*]. This chart contains a list of the most common expressions with **tener**.

Expressions with **tener**			
tener... años	*to be... years old*	tener (mucha) prisa	*to be in a (big) hurry*
tener (mucho) calor	*to be (very) hot*	tener razón	*to be right*
tener (mucho) cuidado	*to be (very) careful*	no tener razón	*to be wrong*
tener (mucho) frío	*to be (very) cold*	tener (mucha) sed	*to be (very) thirsty*
tener (mucha) hambre	*to be (very) hungry*	tener (mucho) sueño	*to be (very) sleepy*
tener (mucho) miedo (de)	*to be (very) afraid/ scared (of)*	tener (mucha) suerte	*to be (very) lucky*

—¿**Tienen** hambre ustedes?
Are you hungry?

—Sí, y **tenemos** sed también.
Yes, and we're thirsty, too.

▶ To express an obligation, use **tener que** (*to have to*) + [*infinitive*].

—¿Qué **tienes que** estudiar hoy?
What do you have to study today?

—**Tengo que** estudiar biología.
I have to study biology.

▶ To ask people if they feel like doing something, use **tener ganas de** (*to feel like*) + [*infinitive*].

—¿**Tienes ganas de** comer?
Do you feel like eating?

—No, **tengo ganas de** dormir.
No, I feel like sleeping.

MIciudad.COM
Usted tiene que visitarnos.

 ¡INTÉNTALO! Provide the appropriate forms of **tener** and **venir**.

tener

1. Ellos ___tienen___ dos hermanos.
2. Yo _____ una hermana.
3. El artista _____ tres primos.
4. Nosotros _____ diez tíos.
5. Eva y Diana _____ un sobrino.
6. Usted _____ cinco nietos.
7. Tú _____ dos hermanastras.
8. Ustedes _____ cuatro hijos.
9. Ella _____ una hija.

venir

1. Mis padres ___vienen___ de México.
2. Tú _____ de España.
3. Nosotras _____ de Cuba.
4. Pepe _____ de Italia.
5. Yo _____ de Francia.
6. Ustedes _____ de Canadá.
7. Alfonso y yo _____ de Portugal.
8. Ellos _____ de Alemania.
9. Usted _____ de Venezuela.

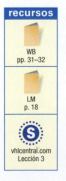
recursos

WB
pp. 31–32

LM
p. 18

vhlcentral.com
Lección 3

Práctica

1

Emparejar Find the expression in column B that best matches an item in column A. Then, come up with a new item that corresponds with the leftover expression in column B.

A	B
1. el Polo Norte	a. tener calor
2. una sauna	b. tener sed
3. la comida salada (*salty food*)	c. tener frío
4. una persona muy inteligente	d. tener razón
5. un abuelo	e. tener ganas de
6. una dieta	f. tener hambre
	g. tener 75 años

2

Completar Complete the sentences with the correct forms of **tener** or **venir**.

1. Hoy nosotros _____ una reunión familiar (*family reunion*).
2. Yo _____ en autobús de la Universidad de Quito.
3. Todos mis parientes _____, excepto mi tío Manolo y su esposa.
4. Ellos no _____ ganas de venir porque viven en Portoviejo.
5. Mi prima Susana y su novio no _____ hasta las ocho porque ella _____ que trabajar.
6. En las fiestas, mi hermana siempre (*always*) _____ muy tarde (*late*).
7. Nosotros _____ mucha suerte porque las reuniones son divertidas (*fun*).
8. Mi madre cree que mis sobrinos son muy simpáticos. Creo que ella _____ razón.

3

Describir Describe what these people are doing or feeling using an expression with **tener**.

1. _____   2. _____   3. _____

4. _____   5. _____   6. _____

 Practice more at **vhlcentral.com**.

Comunicación

4

¿Sí o no? Indicate whether these statements apply to you by checking either **Sí** or **No**.

	Sí	No
1. Mi padre tiene 50 años.	○	○
2. Mis amigos vienen a mi casa todos los días (*every day*).	○	○
3. Vengo a la universidad los martes.	○	○
4. Tengo hambre.	○	○
5. Tengo dos computadoras.	○	○
6. Tengo sed.	○	○
7. Tengo que estudiar los domingos.	○	○
8. Tengo una familia grande.	○	○

Now interview a classmate by transforming each statement into a question. Be prepared to report the results of your interview to the class.

> **modelo**
>
> **Estudiante 1:** ¿Tiene tu padre 50 años?
> **Estudiante 2:** No, no tiene 50 años. Tiene 65.

5

Preguntas Get together with a classmate and ask each other these questions.

1. ¿Tienes que estudiar hoy?
2. ¿Cuántos años tienes? ¿Y tus hermanos/as?
3. ¿Cuándo vienes a la clase de español?
4. ¿Cuándo vienen tus amigos a tu casa, apartamento o residencia estudiantil?
5. ¿De qué tienes miedo? ¿Por qué?
6. ¿Qué tienes ganas de hacer esta noche (*tonight*)?

6

Conversación Use an expression with **tener** to hint at what's on your mind. Your partner will ask questions to find out why you feel that way. If your partner cannot guess what's on your mind after three attempts, tell him/her. Then switch roles.

> **modelo**
>
> **Estudiante 1:** Tengo miedo.
> **Estudiante 2:** ¿Tienes que hablar en público?
> **Estudiante 1:** No.
> **Estudiante 2:** ¿Tienes un examen hoy?
> **Estudiante 1:** Sí, y no tengo tiempo para estudiar.

Síntesis

7

Minidrama Act out this situation with a partner: you are introducing your boyfriend/girlfriend to your extended family. To avoid any surprises before you go, talk about who is coming and what each family member is like. Switch roles.

Recapitulación

 **Diagnostics**

Review the grammar concepts you have learned in this lesson by completing these activities.

1 **Adjetivos** Complete each phrase with the appropriate adjective from the list. Make all necessary changes. **12 pts.**

antipático	interesante	mexicano
difícil	joven	moreno

1. Mi tía es _____. Vive en Guadalajara.
2. Mi primo no es rubio, es _____.
3. Mi novio cree que la clase no es fácil; es _____.
4. Los libros son _____; me gustan mucho.
5. Mis hermanos son _____; no tienen muchos amigos.
6. Las gemelas tienen quince años. Son _____.

2 **Completar** For each set of sentences, provide the appropriate form of the verb **tener** and the possessive adjective. Follow the model. **24 pts.**

> **modelo**
> Él *tiene* un libro. Es *su* libro.

1. Esteban y Julio _____ una tía. Es _____ tía.
2. Yo _____ muchos amigos. Son _____ amigos.
3. Tú _____ tres primas. Son _____ primas.
4. María y tú _____ un hermano. Es _____ hermano.
5. Nosotras _____ unas mochilas. Son _____ mochilas.
6. Usted _____ dos sobrinos. Son _____ sobrinos.

3 **Oraciones** Arrange the words in the correct order to form complete logical sentences. **¡Ojo!** Don't forget to conjugate the verbs. **10 pts.**

1. libros / unos / tener / interesantes / tú / muy
   _____
2. dos / leer / fáciles / compañera / tu / lecciones
   _____
3. mi / francés / ser / amigo / buen / Hugo
   _____
4. ser / simpáticas / dos / personas / nosotras
   _____
5. a / clases / menores / mismas / sus / asistir / hermanos / las
   _____

RESUMEN GRAMATICAL

3.1 Descriptive adjectives   *pp. 88–90*

Forms and agreement of adjectives

Masculine		Feminine	
Singular	**Plural**	**Singular**	**Plural**
alto	altos	alta	altas
inteligente	inteligentes	inteligente	inteligentes
trabajador	trabajadores	trabajadora	trabajadoras

► Descriptive adjectives follow the noun:
  el chico rubio

► Adjectives of nationality also follow the noun:
  la mujer española

► Adjectives of quantity precede the noun:
  muchos libros, dos turistas

► When placed before a singular masculine noun, these adjectives are shortened.

  bueno → buen   malo → mal

► When placed before a singular noun, **grande** is shortened to **gran**.

3.2 Possessive adjectives   *p. 93*

Singular		Plural	
mi	nuestro/a	mis	nuestros/as
tu	vuestro/a	tus	vuestros/as
su	su	sus	sus

3.3 Present tense of -er and -ir verbs   *pp. 96–97*

comer		escribir	
como	comemos	escribo	escribimos
comes	coméis	escribes	escribís
come	comen	escribe	escriben

3.4 Present tense of tener and venir   *pp. 100–101*

tener		venir	
tengo	tenemos	vengo	venimos
tienes	tenéis	vienes	venís
tiene	tienen	viene	vienen

4

Carta Complete this letter with the appropriate forms of the verbs in the word list. Not all verbs will be used. **20 pts.**

abrir	correr	recibir
asistir	creer	tener
compartir	escribir	venir
comprender	leer	vivir

Hola, Ángel:

¿Qué tal? (Yo) (1) _____ esta carta (this letter) en la biblioteca. Todos los días (2) _____ aquí y (3) _____ un buen libro. Yo (4) _____ que es importante leer por diversión. Mi compañero de apartamento no (5) _____ por qué me gusta leer. Él sólo (6) _____ los libros de texto. Pero nosotros (7) _____ unos intereses. Por ejemplo, los dos somos atléticos; por las mañanas nosotros (8) _____. También nos gustan las ciencias; por las tardes (9) _____ a nuestra clase de biología. Y tú, ¿cómo estás? ¿(Tú) (10) _____ mucho trabajo (work)?

5

Su familia Write a brief description of a friend's family. Describe the family members using vocabulary and structures from this lesson. Write at least five sentences. **34 pts.**

> **modelo**
>
> La familia de mi amiga Gabriela es grande. Ella tiene tres hermanos y una hermana. Su hermana mayor es periodista...

6

Proverbio Complete this proverb with the correct forms of the verbs in parentheses. **4 EXTRA points!**

" Dos andares° _____ (tener) el dinero°, _____ (venir) despacio° y se va° ligero°. "

andares *speeds* dinero *money* despacio *slowly*
se va *it leaves* ligero *quickly*

 Practice more at **vhlcentral.com**.

Lectura

Antes de leer

Estrategia

Guessing meaning from context

As you read in Spanish, you'll often come across words you haven't learned. You can guess what they mean by looking at the surrounding words and sentences. Look at the following text and guess what **tía abuela** means, based on the context.

¡Hola, Claudia!

¿Qué hay de nuevo?

¿Sabes qué? Ayer fui a ver a mi tía abuela, la hermana de mi abuela. Tiene 85 años, pero es muy independiente. Vive en un apartamento en Quito con su prima Lorena, quien también tiene 85 años.

If you guessed *great-aunt*, you are correct, and you can conclude from this word and the format clues that this is a letter about someone's visit with his or her great-aunt.

Examinar el texto

Quickly read through the paragraphs and find two or three words you don't know. Using the context as your guide, guess what these words mean. Then glance at the paragraphs where these words appear and try to predict what the paragraphs are about.

Examinar el formato

Look at the format of the reading. What clues do the captions, photos, and layout give you about its content?

Gente··· Las familias

1. Me llamo Armando y tengo setenta años, pero no me considero viejo. Tengo seis nietas y un nieto. Vivo con mi hija y tengo la oportunidad de pasar mucho tiempo con ella y con mi nieto. Por las tardes salgo a pasear° por el parque con él y por la noche le leo cuentos°.

Armando. Tiene seis nietas y un nieto.

2. Mi prima Victoria y yo nos llevamos muy bien. Estudiamos juntas° en la universidad y compartimos un apartamento. Ella es muy inteligente y me ayuda° con los estudios. Además°, es muy simpática y generosa. Si necesito cualquier° cosa, ¡ella me la compra!

Diana. Vive con su prima.

3. Me llamo Ramona y soy paraguaya, aunque° ahora vivo en los Estados Unidos. Tengo tres hijos, uno de nueve años, uno de doce y el mayor de quince. Es difícil a veces, pero mi esposo y yo tratamos° de ayudarlos y comprenderlos siempre°.

Ramona. Sus hijos son muy importantes para ella.

4. Tengo mucha suerte. Aunque mis padres están divorciados, tengo una familia muy unida. Tengo dos hermanos y dos hermanas. Me gusta hablar y salir a fiestas con ellos. Ahora tengo novio en la universidad y él no conoce a mis hermanos. ¡Espero que se lleven bien!

Ana María. Su familia es muy unida.

5. Antes quería° tener hermanos, pero ya no° es tan importante. Ser hijo único tiene muchas ventajas°: no tengo que compartir mis cosas con hermanos, no hay discusiones° y, como soy nieto único también, ¡mis abuelos piensan° que soy perfecto!

Fernando. Es hijo único.

6. Como soy joven todavía°, no tengo ni esposa ni hijos. Pero tengo un sobrino, el hijo de mi hermano, que es muy especial para mí. Se llama Benjamín y tiene diez años. Es un muchacho muy simpático. Siempre tiene hambre y por lo tanto vamos° frecuentemente a comer hamburguesas. Nos gusta también ir al cine° a ver películas de acción. Hablamos de todo. ¡Creo que ser tío es mejor que ser padre!

Santiago. Cree que ser tío es divertido.

salgo a pasear *I go take a walk* cuentos *stories* juntas *together* me ayuda *she helps me* Además *Besides* cualquier *any* aunque *although* tratamos *we try* siempre *always* quería *I wanted* ya no *no longer* ventajas *advantages* discusiones *arguments* piensan *think* todavía *still* vamos *we go* ir al cine *to go to the movies*

Después de leer

Emparejar

Glance at the paragraphs and see how the words and phrases in column A are used in context. Then find their definitions in column B.

A	B
1. me la compra	a. the oldest
2. nos llevamos bien	b. movies
3. no conoce	c. the youngest
4. películas	d. buys it for me
5. mejor que	e. borrows it from me
6. el mayor	f. we see each other
	g. doesn't know
	h. we get along
	i. portraits
	j. better than

Seleccionar

Choose the sentence that best summarizes each paragraph.

1. Párrafo 1
   a. Me gusta mucho ser abuelo.
   b. No hablo mucho con mi nieto.
   c. No tengo nietos.

2. Párrafo 2
   a. Mi prima es antipática.
   b. Mi prima no es muy trabajadora.
   c. Mi prima y yo somos muy buenas amigas.

3. Párrafo 3
   a. Tener hijos es un gran sacrificio, pero es muy bonito también.
   b. No comprendo a mis hijos.
   c. Mi esposo y yo no tenemos hijos.

4. Párrafo 4
   a. No hablo mucho con mis hermanos.
   b. Comparto mis cosas con mis hermanos.
   c. Mis hermanos y yo somos como (*like*) amigos.

5. Párrafo 5
   a. Me gusta ser hijo único.
   b. Tengo hermanos y hermanas.
   c. Vivo con mis abuelos.

6. Párrafo 6
   a. Mi sobrino tiene diez años.
   b. Me gusta mucho ser tío.
   c. Mi esposa y yo no tenemos hijos.

Escritura

Estrategia

Using idea maps

How do you organize ideas for a first draft? Often, the organization of ideas represents the most challenging part of the process. Idea maps are useful for organizing pertinent information. Here is an example of an idea map you can use:

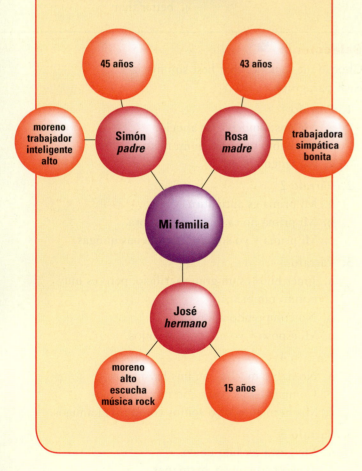

MAPA DE IDEAS

- 45 años
- 43 años
- moreno trabajador inteligente alto
- **Simón** *padre*
- **Rosa** *madre*
- trabajadora simpática bonita
- **Mi familia**
- **José** *hermano*
- moreno alto escucha música rock
- 15 años

Tema

Escribir un mensaje electrónico

A friend you met in a chat room for Spanish speakers wants to know about your family. Using some of the verbs and adjectives you have learned in this lesson, write a brief e-mail describing your family or an imaginary family, including:

▶ Names and relationships
▶ Physical characteristics
▶ Hobbies and interests

Here are some useful expressions for writing an e-mail or letter in Spanish:

Salutations

Estimado/a Julio/Julia:	*Dear Julio/Julia,*
Querido/a Miguel/Ana María:	*Dear Miguel/Ana María,*

Closings

Un abrazo,	*A hug,*
Abrazos,	*Hugs,*
Cariños,	*Much love,*
¡Hasta pronto!	*See you soon!*
¡Hasta la próxima semana!	*See you next week!*

Escuchar Audio

Preparación

Based on the photograph, where do you think
Cristina and Laura are? What do you think Laura
is saying to Cristina?

Ahora escucha

Now you are going to hear Laura and Cristina's
conversation. Use **R** to indicate which adjectives
describe Cristina's boyfriend, Rafael. Use **E** for
adjectives that describe Laura's boyfriend, Esteban.
Some adjectives will not be used.

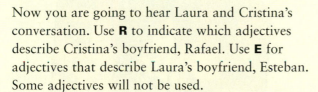

____ rubio	____ interesante
____ feo	____ antipático
____ alto	____ inteligente
____ trabajador	____ inteligente
____ un poco gordo	____ viejo

Comprensión

Identificar

Which person would make each statement: Cristina or Laura?

	Cristina	Laura
1. Mi novio habla sólo de fútbol y de béisbol.	○	○
2. Tengo un novio muy interesante y simpático.	○	○
3. Mi novio es alto y moreno.	○	○
4. Mi novio trabaja mucho.	○	○
5. Mi amiga no tiene buena suerte con los muchachos.	○	○
6. El novio de mi amiga es un poco gordo, pero guapo.	○	○

¿Cierto o falso?

Indicate whether each sentence is **cierto** or **falso**, then
correct the false statements.

	Cierto	Falso
1. Esteban es un chico interesante y simpático.	○	○
2. Laura tiene mala suerte con los chicos.	○	○
3. Rafael es muy interesante.	○	○
4. Laura y su novio hablan de muchas cosas.	○	○

En pantalla

In the Spanish-speaking world, grandparents play an important role in the nuclear family structure. Even in the U.S., where retirement communities and nursing homes abound, in Latino families it is often expected that members of the older generation will live with their adult children and grandchildren. This living situation usually brings benefits—financial, emotional, and logistical—that improve the quality of life for everyone involved, and it facilitates the passing on of family history and culture.

Vocabulario útil

la canción	song
cocinar	to cook
el espíritu	spirit
los frijoles	beans
la lágrima	tear
el milagro	miracle
romántico/a	romantic
se aparece en	appears in
supersticioso/a	superstitious

Preparación

Have you or anyone in your family ever experienced a situation that seemed supernatural? What happened?

Preguntas

Choose the correct answer for each question.

1. ¿Qué hace (is she doing) la abuela?
   a. Prepara tortillas. b. Come tortillas.

2. ¿Quién escucha una canción?
   a. la abuela   b. el nieto

3. ¿Quién se aparece en la tortilla?
   a. el nieto   b. el abuelo

4. ¿Qué tiene el nieto?
   a. sed   b. hambre

Los personajes

Choose one of the characters and write a description of him or her. Use as many adjectives as you can and mention the person's likes and dislikes. Be creative! Then read your description to a partner.

¿me llamaste? you called me?

Tears & Tortillas

Ay, Carlos. Nuestra canción.

¡Beto!... ¡Beto!...

Abuelita... ¿me llamaste?°

Tears & Tortillas forms part of a growing U.S. market for Latino cinema. Director Xóchitl Dorsey's narrative and documentary films have appeared on Showtime and PBS, as well as in various film festivals.

Video: Short Film

Practice more at vhlcentral.com.

Flash CULTURA

If a Spanish-speaking friend told you he was going to a **reunión familiar,** what type of event would you picture? Most likely, your friend would not be referring to an annual event reuniting family members from far-flung cities. In Hispanic culture, family gatherings are much more frequent and relaxed, and thus do not require intensive planning or juggling of schedules. Some families gather every Sunday afternoon to enjoy a leisurely meal; others may prefer to hold get-togethers on a Saturday evening, with food, music, and dancing. In any case, gatherings tend to be laid-back events in which family members spend hours chatting, sharing stories, and telling jokes.

Vocabulario útil

el Día de la Madre	Mother's Day
estamos celebrando	we are celebrating
familia grande y feliz	a big, happy family
familia numerosa	a large family
hacer (algo) juntos	to do (something) together
el patio interior	courtyard
pelear	to fight
reuniones familiares	family gatherings, reunions

Preparación

What is a "typical family" like where you live? Is there such a thing? What members of a family usually live together?

Completar

Complete this paragraph with the correct options.

Los Valdivieso y los Bolaños son dos ejemplos de familias en Ecuador. Los Valdivieso son una familia (1) _____ (difícil/numerosa). Viven en una casa (2) _____ (grande/buena). En el patio, hacen (they do) muchas reuniones (3) _____ (familiares/con amigos). Los Bolaños son una familia pequeña. Ellos comen (4) _____ (separados/juntos) y preparan canelazo, una bebida (drink) típica ecuatoriana.

tan *so*

La familia

—Érica, ¿y cómo se llaman tus padres?
—Mi mamá, Lorena y mi papá, Miguel.

¡Qué familia tan° grande tiene!

Te presento a la familia Bolaños.

 **Video: *Flash cultura***

 Practice more at **vhlcentral.com.**

recursos
VM pp. 83–84
vhlcentral.com Lección 3

Video: *Panorama cultural*
Interactive map

Ecuador

El país en cifras

▶ **Área:** 283.560 km² (109.483 millas²), *incluyendo las islas Galápagos, aproximadamente el área de Colorado*

▶ **Población:** 15.439.000

▶ **Capital:** Quito — 1.622.000

▶ **Ciudades° principales:**
Guayaquil — 2.634.000, Cuenca, Machala, Portoviejo

▶ **Moneda:** dólar estadounidense

▶ **Idiomas:** español (oficial), quichua
La lengua oficial de Ecuador es el español, pero también se hablan° otras° lenguas en el país. Aproximadamente unos 4.000.000 de ecuatorianos hablan lenguas indígenas; la mayoría° de ellos habla quichua. El quichua es el dialecto ecuatoriano del quechua, la lengua de los incas.

Bandera de Ecuador

Ecuatorianos célebres

▶ **Francisco Eugenio De Santa Cruz y Espejo,** médico, periodista y patriota (1747–1795)

▶ **Juan León Mera,** novelista (1832–1894)

▶ **Eduardo Kingman,** pintor° (1913–1997)

▶ **Rosalía Arteaga,** abogada°, política y ex vicepresidenta (1956–)

▶ **Iván Vallejo Ricaurte,** montañista (1959–)

Ciudades *cities* se hablan *are spoken* otras *other* mayoría *majority* pintor *painter* abogada *lawyer* sur *south* mundo *world* pies *feet* dos veces más alto que *twice as tall as*

Las islas Galápagos

COLOMBIA

Indígenas del Amazonas

OCÉANO ATLÁNTICO
ESTADOS UNIDOS
OCÉANO PACÍFICO
ECUADOR
AMÉRICA DEL SUR

Río Esmeraldas

• Ibarra

Quito ⭐

Volcán Cotopaxi 🔺

Río Napo

Volcán Tungurahua 🔺

Río Pastaza

Portoviejo •

Río Daule

Cordillera de los Andes

Volcán Chimborazo 🔺

Guayaquil •

Cuenca •

Océano Pacífico

Machala •

Muchos indígenas de Ecuador hablan quichua.

• Loja

La ciudad de Quito y la Cordillera de los Andes

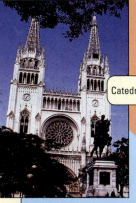
Catedral de Guayaquil

PERÚ

recursos

WB pp. 33–34	VM pp. 41–42	Ⓢ vhlcentral.com Lección 3

¡Increíble pero cierto!

El volcán Cotopaxi, situado a unos 60 kilómetros al sur° de Quito, es considerado el volcán activo más alto del mundo°. Tiene una altura de 5.897 metros (19.340 pies°). Es dos veces más alto que° el monte Santa Elena (2.550 metros o 9.215 pies) en el estado de Washington.

Lugares • Las islas Galápagos

Muchas personas vienen de lejos a visitar las islas Galápagos porque son un verdadero tesoro° ecológico. Aquí Charles Darwin estudió° las especies que inspiraron° sus ideas sobre la evolución. Como las Galápagos están lejos del continente, sus plantas y animales son únicos. Las islas son famosas por sus tortugas° gigantes.

Artes • Oswaldo Guayasamín

Oswaldo Guayasamín fue° uno de los artistas latinoamericanos más famosos del mundo. Fue escultor° y muralista. Su expresivo estilo viene del cubismo y sus temas preferidos son la injusticia y la pobreza° sufridas° por los indígenas de su país.

Deportes • El *trekking*

El sistema montañoso de los Andes cruza° y divide Ecuador en varias regiones. La Sierra, que tiene volcanes, grandes valles y una variedad increíble de plantas y animales, es perfecta para el *trekking*. Muchos turistas visitan Ecuador cada° año para hacer° *trekking* y escalar montañas°.

Lugares • Latitud 0

Hay un monumento en Ecuador, a unos 22 kilómetros (14 millas) de Quito, donde los visitantes están en el hemisferio norte y el hemisferio sur a la vez°. Este monumento se llama la Mitad del Mundo° y es un destino turístico muy popular.

Explosión del volcán Tungurahua

¿Qué aprendiste? Completa las oraciones con la información correcta.
1. La ciudad más grande (*biggest*) de Ecuador es _____.
2. La capital de Ecuador es _____.
3. Unos 4.000.000 de ecuatorianos hablan _____.
4. Darwin estudió el proceso de la evolución en _____.
5. Dos temas del arte de _____ son la pobreza y la _____.
6. Un monumento muy popular es _____.
7. La Sierra es un lugar perfecto para el _____.
8. El volcán _____ es el volcán activo más alto del mundo.

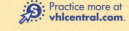
Practice more at **vhlcentral.com.**

Conexión Internet Investiga estos temas en **vhlcentral.com**.
1. Busca información sobre una ciudad de Ecuador. ¿Te gustaría (*Would you like*) visitar la ciudad? ¿Por qué?
2. Haz una lista de tres animales o plantas que viven sólo en las islas Galápagos. ¿Dónde hay animales o plantas similares?

verdadero tesoro *true treasure* estudió *studied* inspiraron *inspired* tortugas *tortoises* fue *was* escultor *sculptor* pobreza *poverty* sufridas *suffered* cruza *crosses* cada *every* hacer *to do* escalar montañas *to climb mountains* a la vez *at the same time* Mitad del Mundo *Equatorial Line Monument (lit. Midpoint of the World)*

La familia

el/la abuelo/a	grandfather/grandmother
los abuelos	grandparents
el apellido	last name
el/la bisabuelo/a	great-grandfather/great-grandmother
el/la cuñado/a	brother-in-law/sister-in-law
el/la esposo/a	husband/wife; spouse
la familia	family
el/la gemelo/a	twin
el/la hermanastro/a	stepbrother/stepsister
el/la hermano/a	brother/sister
el/la hijastro/a	stepson/stepdaughter
el/la hijo/a	son/daughter
los hijos	children
la madrastra	stepmother
la madre	mother
el/la medio/a hermano/a	half-brother/half-sister
el/la nieto/a	grandson/granddaughter
la nuera	daughter-in-law
el padrastro	stepfather
el padre	father
los padres	parents
los parientes	relatives
el/la primo/a	cousin
el/la sobrino/a	nephew/niece
el/la suegro/a	father-in-law/mother-in-law
el/la tío/a	uncle/aunt
el yerno	son-in-law

Otras personas

el/la amigo/a	friend
la gente	people
el/la muchacho/a	boy/girl
el/la niño/a	child
el/la novio/a	boyfriend/girlfriend
la persona	person

Profesiones

el/la artista	artist
el/la doctor(a), el/la médico/a	doctor; physician
el/la ingeniero/a	engineer
el/la periodista	journalist
el/la programador(a)	computer programmer

Adjetivos

alto/a	tall
antipático/a	unpleasant
bajo/a	short (in height)
bonito/a	pretty
buen, bueno/a	good
delgado/a	thin
difícil	difficult
fácil	easy
feo/a	ugly
gordo/a	fat
grande	big
guapo/a	good-looking
importante	important
inteligente	intelligent
interesante	interesting
joven (sing.), jóvenes (pl.)	young
mal, malo/a	bad
mismo/a	same
moreno/a	brunet(te)
mucho/a	much; many; a lot of
pelirrojo/a	red-haired
pequeño/a	small
rubio/a	blond(e)
simpático/a	nice; likeable
tonto/a	foolish
trabajador(a)	hard-working
viejo/a	old

Nacionalidades

alemán, alemana	German
argentino/a	Argentine
canadiense	Canadian
chino/a	Chinese
costarricense	Costa Rican
cubano/a	Cuban
ecuatoriano/a	Ecuadorian
español(a)	Spanish
estadounidense	from the U.S.
francés, francesa	French
inglés, inglesa	English
italiano/a	Italian
japonés, japonesa	Japanese
mexicano/a	Mexican
norteamericano/a	(North) American
puertorriqueño/a	Puerto Rican
ruso/a	Russian

Verbos

abrir	to open
aprender (a + inf.)	to learn
asistir (a)	to attend
beber	to drink
comer	to eat
compartir	to share
comprender	to understand
correr	to run
creer (en)	to believe (in)
deber (+ inf.)	should
decidir (+ inf.)	to decide
describir	to describe
escribir	to write
leer	to read
recibir	to receive
tener	to have
venir	to come
vivir	to live

Possessive adjectives	See page 93.
Expressions with tener	See page 101.
Expresiones útiles	See page 83.

  **Vocabulary Tools**

 **recursos** LM p. 18 / vhlcentral.com Lección 3

Los pasatiempos

4

Communicative Goals

You will learn how to:

- Talk about pastimes, weekend activities, and sports
- Make plans and invitations

A PRIMERA VISTA

- ¿Es esta persona un atleta o un artista?
- ¿En qué tiene interés, en el ciclismo o en el tenis?
- ¿Es viejo? ¿Es delgado?
- ¿Tiene frío o calor?

Los pasatiempos

Lee el periódico. (leer)

Pasea en bicicleta. (pasear)

la pelota

el fútbol

la jugadora

Visitan el monumento. (visitar)

Pasean. (pasear)

Toma el sol. (tomar)

Nada. (nadar)

la piscina

Práctica

1 **Escuchar** 🎧 Indicate the letter of the activity in Column B that best corresponds to each statement you hear. Two items in Column B will not be used.

Patina en línea.
(patinar)

el jugador

el baloncesto

A	B
1. _____	a. leer el correo electrónico
2. _____	b. tomar el sol
3. _____	c. pasear en bicicleta
4. _____	d. ir a un partido de fútbol americano
5. _____	e. escribir una carta
6. _____	f. practicar muchos deportes
	g. nadar
	h. ir de excursión

2 **Ordenar** 🎧 Order these activities according to what you hear in the narration.

_____ a. pasear en bicicleta   _____ d. tomar el sol

_____ b. nadar   _____ e. practicar deportes

_____ c. leer una revista   _____ f. patinar en línea

3 **¿Cierto o falso?** Indicate whether each statement is **cierto** or **falso** based on the illustration.

	Cierto	Falso
1. Un hombre nada en la piscina.	○	○
2. Un hombre lee una revista.	○	○
3. Un chico pasea en bicicleta.	○	○
4. Dos muchachos esquían.	○	○
5. Una mujer y dos niños visitan un monumento.	○	○
6. Un hombre bucea.	○	○
7. Hay un equipo de hockey.	○	○
8. Una mujer toma el sol.	○	○

4 **Clasificar** Fill in the chart below with as many terms from **Contextos** as you can.

Actividades	Deportes	Personas

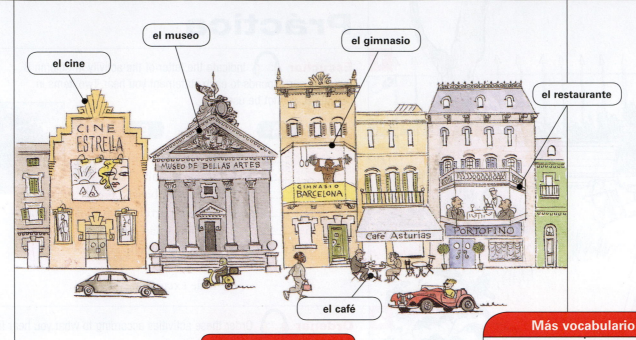

el museo

el cine

el gimnasio

el restaurante

el café

En el centro

Más vocabulario

la diversión	fun activity; entertainment; recreation
el fin de semana	weekend
el pasatiempo	pastime; hobby
los ratos libres	spare (free) time
el videojuego	video game
la iglesia	church
el lugar	place
ver películas (f., pl.)	to watch movies
favorito/a	favorite

5 **Identificar** Identify the place where these activities would take place.

> **modelo**
>
> Esquiamos. **Es una montaña.**

1. Tomamos una limonada.
2. Vemos una película.
3. Nadamos y tomamos el sol.
4. Hay muchos monumentos.
5. Comemos tacos y fajitas.
6. Miramos pinturas (*paintings*) de Diego Rivera y Frida Kahlo.
7. Hay mucho tráfico.
8. Practicamos deportes.

6 **Preguntar** Ask a classmate what he or she does in the places mentioned below. Your classmate will respond using verbs from the word bank.

> **modelo**
>
> una plaza
>
> **Estudiante 1:** ¿Qué haces (*do you do*) cuando estás en una plaza?
> **Estudiante 2:** Camino por la plaza y miro a las personas.

beber	escalar	mirar	practicar
caminar	escribir	nadar	tomar
correr	leer	patinar	visitar

1. una biblioteca
2. un estadio
3. una plaza
4. una piscina
5. las montañas
6. un parque
7. un café
8. un museo

 Practice more at **vhlcentral.com**.

Comunicación

7 **Crucigrama** Your instructor will give you and your partner an incomplete crossword puzzle. Yours has the words your partner needs and vice versa. In order to complete the puzzle, take turns giving each other clues, using definitions, examples, and phrases.

> **modelo**
>
> **2 horizontal:** Es un deporte que practicamos en la piscina.
>
> **6 vertical:** Es un mensaje que escribimos con lápiz o con pluma.

8 **Entrevista** In pairs, take turns asking and answering these questions.

CONSULTA
To review expressions with **gustar,** see **Estructura 2.1,** p. 52.

1. ¿Hay un café cerca de la universidad? ¿Dónde está?
2. ¿Cuál es tu restaurante favorito?
3. ¿Te gusta viajar y visitar monumentos? ¿Por qué?
4. ¿Te gusta ir al cine los fines de semana?
5. ¿Cuáles son tus películas favoritas?
6. ¿Te gusta practicar deportes?
7. ¿Cuáles son tus deportes favoritos? ¿Por qué?
8. ¿Cuáles son tus pasatiempos favoritos?

9 **Conversación** Using the words and expressions provided, work with a partner to prepare a short conversation about pastimes.

| ¿a qué hora? | ¿con quién(es)? | ¿dónde? |
| ¿cómo? | ¿cuándo? | ¿qué? |

> **modelo**
>
> **Estudiante 1:** ¿Cuándo patinas en línea?
>
> **Estudiante 2:** Patino en línea los domingos. Y tú, ¿patinas en línea?
>
> **Estudiante 1:** No, no me gusta patinar en línea. Me gusta practicar el béisbol.

10 **Pasatiempos** In pairs, tell each other what pastimes three of your friends and family members enjoy. Be prepared to share with the class any pastimes you noticed they have in common.

> **modelo**
>
> **Estudiante 1:** Mi hermana pasea mucho en bicicleta, pero mis padres practican la natación. Mi hermano no nada, pero visita muchos museos.
>
> **Estudiante 2:** Mi primo lee muchas revistas, pero no practica muchos deportes. Mis tíos esquían y practican el golf...

Fútbol, cenotes y mole

Maru, Miguel, Jimena y Marissa visitan un cenote, mientras Felipe y Juan Carlos van a un partido de fútbol.

S Video: *Fotonovela*

1

MIGUEL Buenos días a todos.

TÍA ANA MARÍA Hola, Miguel. Maru, ¿qué van a hacer hoy?

MARU Miguel y yo vamos a llevar a Marissa a un cenote.

2

MARISSA ¿No vamos a nadar? ¿Qué es un cenote?

MIGUEL Sí, sí vamos a nadar. Un cenote... difícil de explicar. Es una piscina natural en un hueco profundo.

MARU ¡Ya vas a ver! Seguro que te va a gustar.

(unos minutos después)

EDUARDO Hay un partido de fútbol en el parque. ¿Quieren ir conmigo?

PABLO Y conmigo. Si no consigo más jugadores, nuestro equipo va a perder.

3

ANA MARÍA Marissa, ¿qué te gusta hacer? ¿Escalar montañas? ¿Ir de excursión?

MARISSA Sí, me gusta ir de excursión y practicar el esquí acuático. Y usted, ¿qué prefiere hacer en sus ratos libres?

5

6

PABLO Mi mamá tiene muchos pasatiempos y actividades.

EDUARDO Sí. Ella nada y juega al tenis y al golf.

PABLO Va al cine y a los museos.

ANA MARÍA Sí, salgo mucho los fines de semana

4

FELIPE ¿Recuerdas el restaurante del mole?

EDUARDO ¿Qué restaurante?

JIMENA El mole de mi tía Ana María es mi favorito.

MARU Chicos, ya es hora. ¡Vamos!

ANA MARÍA   **MARU**   **MARISSA**   **EDUARDO**   **FELIPE**   **JUAN CARLOS**   **JIMENA**   **DON GUILLERMO**

7

(*más tarde, en el parque*)

PABLO No puede ser. ¡Cinco a uno!

FELIPE ¡Vamos a jugar! Si perdemos, compramos el almuerzo. Y si ganamos...

EDUARDO ¡Empezamos!

8

(*mientras tanto, en el cenote*)

MARISSA ¿Hay muchos cenotes en México?

MIGUEL Sólo en la península de Yucatán.

MARISSA ¡Vamos a nadar!

9

(*Los chicos visitan a don Guillermo, un vendedor de paletas heladas.*)

JUAN CARLOS Don Guillermo, ¿dónde podemos conseguir un buen mole?

FELIPE Eduardo y Pablo van a pagar el almuerzo. Y yo voy a pedir un montón de comida.

10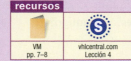

FELIPE Sí, éste es el restaurante. Recuerdo la comida.

EDUARDO Oye, Pablo... No tengo...

PABLO No te preocupes, hermanito.

FELIPE ¿Qué buscas? (*muestra la cartera de Pablo*) ¿Esto?

recursos

VM
pp. 7–8

vhlcentral.com
Lección 4

Expresiones útiles

Making invitations

Hay un partido de fútbol en el parque. ¿Quieren ir conmigo?
There's a soccer game in the park. Do you want to come with me?

¡Yo puedo jugar!
I can play!

Mmm... no quiero.
Hmm... I don't want to.

Lo siento, pero no puedo.
I'm sorry, but I can't.

¡Vamos a nadar!
Let's go swimming!

Sí, vamos.
Yes, let's go.

Making plans

¿Qué van a hacer hoy?
What are you going to do today?

Vamos a llevar a Marissa a un cenote.
We are taking Marissa to a cenote.

Vamos a comprar unas paletas heladas.
We're going to buy some popsicles.

Vamos a jugar. Si perdemos, compramos el almuerzo.
Let's play. If we lose, we'll buy lunch.

Talking about pastimes

¿Qué te gusta hacer? ¿Escalar montañas? ¿Ir de excursión?
What do you like to do? Mountain climbing? Hiking?

Sí, me gusta ir de excursión y practicar esquí acuático.
Yes, I like hiking and water skiing.

Y usted, ¿qué prefiere hacer en sus ratos libres?
And you, what do you like to do in your free time?

Salgo mucho los fines de semana.
I go out a lot on the weekends.

Voy al cine y a los museos.
I go to the movies and to museums.

Additional vocabulary

el/la aficionado/a *fan*
la cartera *wallet* **el hueco** *hole*
un montón de *a lot of*

¿Qué pasó?

1 Escoger Choose the answer that best completes each sentence.

1. Marissa, Maru y Miguel desean _____.
   a. nadar   b. correr por el parque   c. leer el periódico

2. A Marissa le gusta _____.
   a. el tenis   b. el vóleibol   c. ir de excursión y practicar esquí acuático

3. A la tía Ana María le gusta _____.
   a. jugar al hockey   b. nadar y jugar al tenis y al golf   c. hacer ciclismo

4. Pablo y Eduardo pierden el partido de _____.
   a. fútbol   b. béisbol   c. baloncesto

5. Juan Carlos y Felipe desean _____.
   a. patinar   b. esquiar   c. comer mole

NOTA CULTURAL

Mole is a typical sauce in Mexican cuisine. It is made from pumpkin seeds, chile, and chocolate, and it is usually served with chicken, beef, or pork. To learn more about **mole**, go to page 272.

2 Identificar Identify the person who would make each statement.

1. A mí me gusta nadar, pero no sé qué es un cenote. _____

2. Mamá va al cine y al museo en sus ratos libres. _____

3. Yo voy a pedir mucha comida. _____

4. ¿Quieren ir a jugar al fútbol con nosotros en el parque? _____

5. Me gusta salir los fines de semana. _____

MARISSA   FELIPE   EDUARDO   PABLO   TÍA ANA MARÍA

NOTA CULTURAL

Cenotes are deep, freshwater sinkholes found in caves throughout the Yucatán peninsula. They were formed in prehistoric times by the erosion and collapse of cave walls. The Mayan civilization considered the **cenotes** sacred, and performed rituals there. Today, they are popular destinations for swimming and diving.

3 Preguntas Answer the questions using the information from the **Fotonovela**.

1. ¿Qué van a hacer Miguel y Maru?

2. ¿Adónde van Felipe y Juan Carlos mientras sus amigos van al cenote?

3. ¿Quién gana el partido de fútbol?

4. ¿Quiénes van al cenote con Maru y Miguel?

4 Conversación With a partner, prepare a conversation in which you talk about pastimes and invite each other to do some activity together. Use these expressions and also look at **Expresiones útiles** on the previous page.

¿A qué hora? *(At) What time?* contigo *with you*	¿Dónde? *Where?* No puedo porque... *I can't because...*	Nos vemos a las siete. *See you at seven.*

▶ ¿Eres aficionado/a a...?   ▶ ¿Por qué no...?   ▶ ¿Qué vas a hacer esta noche?
▶ ¿Te gusta...?   ▶ ¿Quieres... conmigo?

Pronunciación 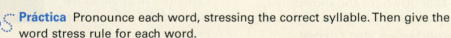 Audio
Word stress and accent marks

pe-**lí**-cu-la	e-di-**fi**-cio	ver	yo

Every Spanish syllable contains at least one vowel. When two vowels are joined in the same syllable they form a **diphthong***. A **monosyllable** is a word formed by a single syllable.

bi-blio-**te**-ca	vi-si-**tar**	**par**-que	**fút**-bol

The syllable of a Spanish word that is pronounced most emphatically is the "stressed" syllable.

pe-**lo**-ta	pis-**ci**-na	**ra**-tos	**ha**-blan

Words that end in **n, s,** or a **vowel** are usually stressed on the next-to-last syllable.

na-ta-**ción**	pa-**pá**	in-**glés**	Jo-**sé**

If words that end in **n, s,** or a **vowel** are stressed on the last syllable, they must carry an accent mark on the stressed syllable.

bai-**lar**	es-pa-**ñol**	u-ni-ver-si-**dad**	tra-ba-ja-**dor**

Words that do not end in **n, s,** or a **vowel** are usually stressed on the last syllable.

béis-bol	**lá**-piz	**ár**-bol	**Gó**-mez

If words that do not end in **n, s,** or a **vowel** are stressed on the next-to-last syllable, they must carry an accent mark on the stressed syllable.

The two vowels that form a diphthong are either both weak or one is weak and the other is strong.

En la unión está la fuerza.[2]

Práctica Pronounce each word, stressing the correct syllable. Then give the word stress rule for each word.

1. profesor
2. Puebla
3. ¿Cuántos?
4. Mazatlán
5. examen
6. ¿Cómo?
7. niños
8. Guadalajara
9. programador
10. México
11. están
12. geografía

Oraciones Read the conversation aloud to practice word stress.

MARINA Hola, Carlos. ¿Qué tal?
CARLOS Bien. Oye, ¿a qué hora es el partido de fútbol?
MARINA Creo que es a las siete.
CARLOS ¿Quieres ir?
MARINA Lo siento, pero no puedo. Tengo que estudiar biología.

Quien ríe de último, ríe mejor.[1]

Refranes Read these sayings aloud to practice word stress.

1 He who laughs last, laughs best.   2 United we stand.

recursos

LM
p. 20

vhlcentral.com
Lección 4

Real Madrid y Barça: rivalidad total

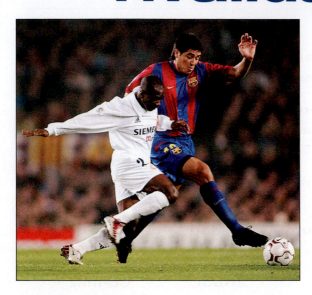

Soccer in Spain is a force to be reckoned with, and no two teams draw more attention than **Real Madrid** and the **Fútbol Club Barcelona**. Whether the venue is Madrid's **Santiago Bernabéu** or Barcelona's **Camp Nou**, the two cities shut down for the showdown, paralyzed by **fútbol** fever. A ticket to the actual game is always the hottest ticket in town.

The rivalry between **Real Madrid** and **Barça** is about more than soccer. As the two biggest, most powerful cities in Spain, Barcelona and Madrid are constantly compared to one another and have a natural rivalry. There is also a political component to the dynamic. Barcelona, with its distinct language and culture, has long struggled for increased autonomy from Madrid's centralized government. Under Francisco Franco's rule (1939–1975), when repression of the Catalan identity was at its height, a game between **Real Madrid** and **FC Barcelona** was wrapped up with all the symbolism of the regime versus the resistance, even though both teams suffered casualties in Spain's civil war and the subsequent Franco dictatorship.

Although the dictatorship is long over, the momentum of all those decades of competition still transforms both cities into a frenzied, tense panic leading up to the game. Once the final score is announced, one of those cities is transformed again, this time into the best party in the country.

Rivalidades del fútbol

Argentina:	Boca Juniors vs River Plate
México:	Águilas del América vs Chivas del Guadalajara
Chile:	Colo Colo vs Universidad de Chile
Guatemala:	Comunicaciones vs Municipal
Uruguay:	Peñarol vs Nacional
Colombia:	Millonarios vs Independiente Santa Fe

ACTIVIDADES

1

¿Cierto o falso? Indicate whether each statement is **cierto** or **falso**. Correct the false statements.

1. People from Spain don't like soccer.
2. Madrid and Barcelona are the most important cities in Spain.
3. Santiago Bernabéu is a stadium in Barcelona.
4. The rivalry between Real Madrid and FC Barcelona is not only in soccer.
5. Barcelona has resisted Madrid's centralized government.
6. Only the FC Barcelona team was affected by the civil war.
7. During Franco's regime, the Catalan culture thrived.
8. There are many famous rivalries between soccer teams in the Spanish-speaking world.
9. River Plate is a popular team from Argentina.
10. Comunicaciones and Peñarol are famous rivals in Guatemala.

Los deportes

el/la árbitro/a	referee
el/la atleta	athlete
la bola; el balón	**la pelota**
el campeón/ la campeona	champion
la carrera	race
competir	to compete
empatar	to tie
la medalla	medal
el/la mejor	the best
mundial	worldwide
el torneo	tournament

Atletas importantes

World-renowned Hispanic athletes:

- **Rafael Nadal** (España) has won 14 Grand Slam singles titles and the 2008 Olympic gold medal in singles tennis.

- **Lionel Andrés Messi** (Argentina) is one of the world's top soccer players. He plays for **FC Barcelona** and for the Argentine national team.

- **Mireia Belmonte García** (España) won two silver medals in swimming at the 2012 Olympics.

- **Lorena Ochoa** (México) was the top-ranked female golfer in the world when she retired in 2010 at the age of 28. She still hosts an LPGA golf tournament, the Lorena Ochoa Invitational, every year.

Miguel Cabrera y Paola Espinosa

Miguel Cabrera, considered one of the best hitters in baseball, now plays first base for the Detroit Tigers. Born in Venezuela in 1983, he made his Major League debut at the age of 20. Cabrera has been selected for both the National League and American League All-Star Teams. In 2012, he became the first player since 1967 to win the Triple Crown.

Mexican diver **Paola Milagros Espinosa Sánchez**, born in 1986, has competed in three Olympics (2004, 2008, and 2012). She and her partner Tatiana Ortiz took home a bronze medal in 2008. In 2012, she won a silver medal with partner Alejandra Orozco. She won three gold medals at the Pan American Games in 2007 and again in 2011.

Conexión Internet

¿Qué deportes son populares en los países hispanos?

Go to **vhlcentral.com** to find more cultural information related to this **Cultura** section.

2 **Comprensión** Write the name of the athlete described in each sentence.

1. Es un jugador de fútbol de Argentina. _____
2. Es una mujer que practica el golf. _____
3. Es un jugador de béisbol de Venezuela. _____
4. Es una mujer mexicana que practica un deporte en la piscina. _____

3 **¿Quién es?** Write a short paragraph describing an athlete that you like, but do not mention his/her name. What does he/she look like? What sport does he/she play? Where does he/she live? Read your description to the class to see if they can guess who it is.

 Practice more at **vhlcentral.com**.

4.1 # Present tense of **ir**  Tutorial

ANTE TODO The verb **ir** (*to go*) is irregular in the present tense. Note that, except for the **yo** form (**voy**) and the lack of a written accent on the **vosotros** form (**vais**), the endings are the same as those for regular present tense **-ar** verbs.

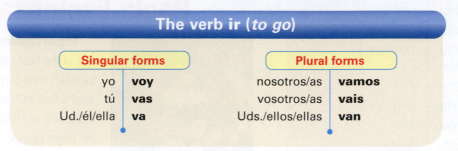

The verb ir (*to go*)

Singular forms		Plural forms	
yo	**voy**	nosotros/as	**vamos**
tú	**vas**	vosotros/as	**vais**
Ud./él/ella	**va**	Uds./ellos/ellas	**van**

▶ **Ir** is often used with the preposition **a** (*to*). If **a** is followed by the definite article **el**, they combine to form the contraction **al**. If **a** is followed by the other definite articles (**la, las, los**), there is no contraction.

a + el = al

Voy **al** parque con Juan.
I'm going to the park with Juan.

Mis amigos van **a las** montañas.
My friends are going to the mountains.

CONSULTA

To review the contraction **de** + **el**, see **Estructura 1.3**, pp. 20–21.

▶ The construction **ir a** + [*infinitive*] is used to talk about actions that are going to happen in the future. It is equivalent to the English *to be going* + [*infinitive*].

Va a leer el periódico.
He is going to read the newspaper.

Van a pasear por el pueblo.
They are going to walk around town.

AYUDA

When asking a question that contains a form of the verb **ir**, remember to use **adónde**:

¿Adónde vas?
(To) Where are you going?

¡Voy a ir con ellos!

Ella va al cine y a los museos.

▶ **Vamos a** + [*infinitive*] can also express the idea of *let's* (*do something*).

Vamos a pasear.
Let's take a walk.

¡**Vamos a** comer!
Let's eat!

recursos

WB pp. 39–40

LM p. 21

vhlcentral.com
Lección 4

¡INTÉNTALO! Provide the present tense forms of **ir**.

1. Ellos ___van___.
2. Yo _____.
3. Tu novio _____.
4. Adela _____.
5. Mi prima y yo _____.
6. Tú _____.
7. Ustedes _____.
8. Nosotros _____.
9. Usted _____.
10. Nosotras _____.
11. Miguel _____.
12. Ellas _____.

Práctica

 Practice more at **vhlcentral.com**.

1

¿Adónde van? Everyone in your neighborhood is dashing off to various places. Say where they are going.

1. la señora Castillo / el centro
2. las hermanas Gómez / la piscina
3. tu tío y tu papá / el partido de fútbol
4. yo / el Museo de Arte Moderno
5. nosotros / el restaurante Miramar

2

¿Qué van a hacer? These sentences describe what several students in a college hiking club are doing today. Use **ir a** + [*infinitive*] to say that they are also going to do the same activities tomorrow.

> **modelo**
> Martín y Rodolfo nadan en la piscina.
> *Van a nadar en la piscina mañana también.*

1. Sara lee una revista.
2. Yo practico deportes.
3. Ustedes van de excursión.
4. El presidente del club patina.
5. Tú tomas el sol.
6. Paseamos con nuestros amigos.

3

Preguntas With a partner, take turns asking and answering questions about where the people are going and what they are going to do there.

> **modelo**
> **Estudiante 1:** *¿Adónde va Estela?*
> **Estudiante 2:** *Va a la Librería Sol.*
> **Estudiante 1:** *Va a comprar un libro.*

Estela

1. Álex y Miguel

2. mi amigo

3. tú

4. los estudiantes

5. la profesora Torres

6. ustedes

Comunicación

4   **Situaciones** Work with a partner and say where you and your friends go in these situations.

1. Cuando deseo descansar…
2. Cuando mi novio/a tiene que estudiar…
3. Si mis compañeros de clase necesitan practicar el español…
4. Si deseo hablar con mis amigos…
5. Cuando tengo dinero (*money*)…
6. Cuando mis amigos y yo tenemos hambre…
7. En mis ratos libres…
8. Cuando mis amigos desean esquiar…
9. Si estoy de vacaciones…
10. Si tengo ganas de leer…

5   **Encuesta** Your instructor will give you a worksheet. Walk around the class and ask your classmates if they are going to do these activities today. Find one person to answer **Sí** and one to answer **No** for each item and note their names on the worksheet in the appropriate column. Be prepared to report your findings to the class.

modelo

Tú: ¿Vas a leer el periódico hoy?
Ana: Sí, voy a leer el periódico hoy.
Luis: No, no voy a leer el periódico hoy.

Actividades	Sí	No
1. comer en un restaurante chino		
2. leer el periódico		
3. escribir un mensaje electrónico	Ana	Luis
4. correr 20 kilómetros		
5. ver una película de terror		
6. pasear en bicicleta		

6   **Entrevista** Talk to two classmates in order to find out where they are going and what they are going to do on their next vacation.

modelo

Estudiante 1: ¿Adónde vas de vacaciones (*on vacation*)?
Estudiante 2: Voy a Guadalajara con mis amigos.
Estudiante 3: ¿Y qué van a hacer (*to do*) ustedes en Guadalajara?
Estudiante 2: Vamos a visitar unos monumentos y museos. ¿Y tú?

Síntesis

7   **Planes** Make a schedule of your activities for the weekend. Then, share with a partner.

▶ For each day, list at least three things you have to do.
▶ For each day, list at least two things you will do for fun.
▶ Tell a classmate what your weekend schedule is like. He or she will write down what you say.
▶ Switch roles to see if you have any plans in common.
▶ Take turns asking each other to participate in some of the activities you listed.

4.2 Stem-changing verbs:  Tutorial
e→ie, o→ue

ANTE TODO Stem-changing verbs deviate from the normal pattern of regular verbs. When stem-changing verbs are conjugated, they have a vowel change in the last syllable of the stem.

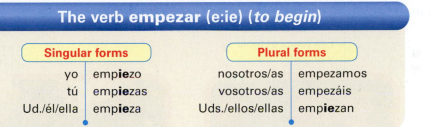

INFINITIVE	VERB STEM	STEM CHANGE	CONJUGATED FORM
empezar	empez-	empiez-	empiezo
volver	volv-	vuelv-	vuelvo

▶ In many verbs, such as **empezar** (*to begin*), the stem vowel changes from **e** to **ie**. Note that the **nosotros/as** and **vosotros/as** forms don't have a stem change.

The verb empezar (e:ie) (*to begin*)

Singular forms		Plural forms	
yo	emp**ie**zo	nosotros/as	empezamos
tú	emp**ie**zas	vosotros/as	empezáis
Ud./él/ella	emp**ie**za	Uds./ellos/ellas	emp**ie**zan

Los chicos empiezan a hablar de su visita al cenote.

Ellos vuelven a comer en el restaurante.

▶ In many other verbs, such as **volver** (*to return*), the stem vowel changes from **o** to **ue**. The **nosotros/as** and **vosotros/as** forms have no stem change.

The verb volver (o:ue) (*to return*)

Singular forms		Plural forms	
yo	v**ue**lvo	nosotros/as	volvemos
tú	v**ue**lves	vosotros/as	volvéis
Ud./él/ella	v**ue**lve	Uds./ellos/ellas	v**ue**lven

▶ To help you identify stem-changing verbs, they will appear as follows throughout the text:

> **empezar (e:ie), volver (o:ue)**

Common stem-changing verbs

e:ie		o:ue	
cerrar	to close	**almorzar**	to have lunch
comenzar (a + *inf.*)	to begin	**contar**	to count; to tell
empezar (a + *inf.*)	to begin	**dormir**	to sleep
entender	to understand	**encontrar**	to find
pensar	to think	**mostrar**	to show
perder	to lose; to miss	**poder (+ *inf.*)**	to be able to; can
preferir (+ *inf.*)	to prefer	**recordar**	to remember
querer (+ *inf.*)	to want; to love	**volver**	to return

¡LENGUA VIVA!

The verb **perder** can mean *to lose* or *to miss*, in the sense of "to miss a train."

Siempre pierdo mis llaves.
I always lose my keys.

Es importante no perder el autobús.
It's important not to miss the bus.

▶ **Jugar** (*to play a sport or a game*) is the only Spanish verb that has a **u:ue** stem change. **Jugar** is followed by **a** + [*definite article*] when the name of a sport or game is mentioned.

Ella juega al tenis y al golf.

Los chicos juegan al fútbol.

▶ **Comenzar** and **empezar** require the preposition **a** when they are followed by an infinitive.

Comienzan a jugar a las siete.
They begin playing at seven.

Ana **empieza a** escribir una postal.
Ana is starting to write a postcard.

▶ **Pensar** + [*infinitive*] means *to plan* or *to intend to do something*. **Pensar en** means *to think about someone* or *something*.

¿Piensan ir al gimnasio?
Are you planning to go to the gym?

¿En qué **piensas**?
What are you thinking about?

¡INTÉNTALO!   Provide the present tense forms of these verbs.

cerrar (e:ie)
1. Ustedes ___cierran___.
2. Tú _____.
3. Nosotras _____.
4. Mi hermano _____.
5. Yo _____.
6. Usted _____.
7. Los chicos _____.
8. Ella _____.

dormir (o:ue)
1. Mi abuela no ___duerme___.
2. Yo no _____.
3. Tú no _____.
4. Mis hijos no _____.
5. Usted no _____.
6. Nosotros no _____.
7. Él no _____.
8. Ustedes no _____.

recursos

WB pp. 41–42

LM p. 22

S
vhlcentral.com
Lección 4

Práctica

1

Completar Complete this conversation with the appropriate forms of the verbs. Then act it out with a partner.

PABLO Óscar, voy al centro ahora.

ÓSCAR ¿A qué hora (1)_____ (pensar) volver? El partido de fútbol (2)_____ (empezar) a las dos.

PABLO (3)_____ (Volver) a la una. (4)_____ (Querer) ver el partido.

ÓSCAR (5)¿_____ (Recordar) que (*that*) nuestro equipo es muy bueno? (6)¡ _____ (Poder) ganar!

PABLO No, (7)_____ (pensar) que va a (8)_____ (perder). Los jugadores de Guadalajara son salvajes (*wild*) cuando (9)_____ (jugar).

2

Preferencias With a partner, take turns asking and answering questions about what these people want to do, using the cues provided.

> **modelo**
>
> Guillermo: estudiar / pasear en bicicleta
> **Estudiante 1:** ¿Quiere estudiar Guillermo?
> **Estudiante 2:** No, prefiere pasear en bicicleta.

NOTA CULTURAL

Dominó (*Dominoes*) is a popular pastime throughout Colombia, Venezuela, Central America, and the Spanish-speaking countries of the Caribbean. It's played both socially and competitively by people of all ages.

1. tú: trabajar / dormir

▶ 2. ustedes: mirar la televisión / jugar al dominó

3. tus amigos: ir de excursión / descansar

4. tú: comer en la cafetería / ir a un restaurante

5. Elisa: ver una película / leer una revista

6. María y su hermana: tomar el sol / practicar el esquí acuático

3

Describir Use a verb from the list to describe what these people are doing.

almorzar	cerrar	contar	dormir	encontrar	mostrar

1. las niñas   2. yo   3. nosotros

4. tú   5. Pedro   6. Teresa

 Practice more at **vhlcentral.com**.

Comunicación

4

Frecuencia In pairs, take turns using the verbs from the list and other stem-changing verbs you know to tell your partner which activities you do daily (**todos los días**), which you do once a month (**una vez al mes**), and which you do once a year (**una vez al año**). Record your partner's responses in the chart so that you can report back to the class.

> **modelo**
>
> **Estudiante 1:** Yo recuerdo a mi familia todos los días.
> **Estudiante 2:** Yo pierdo uno de mis libros una vez al año.

cerrar	perder
dormir	poder
empezar	preferir
encontrar	querer
jugar	recordar
¿?	¿?

todos los días	una vez al mes	una vez al año

5

En la televisión Read the television listings for Saturday. In pairs, write a conversation between two siblings arguing about what to watch. Be creative and be prepared to act out your conversation for the class.

> **modelo**
>
> **Hermano:** Podemos ver la Copa Mundial.
> **Hermana:** ¡No, no quiero ver la Copa Mundial! Prefiero ver...

	13:00	14:00	15:00	16:00	17:00	18:00	19:00	20:00	21:00	22:00	23:00
7	Copa Mundial (*World Cup*) de fútbol			República Deportiva		Campeonato (*Championship*) Mundial de Vóleibol: México-Argentina				Torneo de Natación	
8	Abierto (*Open*) Mexicano de Tenis: Santiago González (México) vs. Nicolás Almagro (España). Semifinales			Campeonato de baloncesto: Los Correcaminos de Tampico vs. los Santos de San Luis				Aficionados al buceo		Cozumel: Aventuras	
12	Yo soy Betty, la fea		Héroes	Hermanos y hermanas			Película: **Sin nombre**		Película: **El coronel no tiene quien le escriba**		
13	El padrastro		60 Minutos			El esquí acuático			Patinaje artístico		
17	Biografías: La artista Frida Kahlo			Música de la semana		Entrevista del día: Iker Casillas y su pasión por el fútbol			Cine de la noche: **Elsa y Fred**		

> **NOTA CULTURAL**
>
> **Iker Casillas Fernández** is a famous goalkeeper for **Real Madrid**. A native of Madrid, he is among the best goalkeepers of his generation.

Síntesis

6

Situación Your instructor will give you and your partner each a partially illustrated itinerary of a city tour. Complete the itineraries by asking each other questions using the verbs in the captions and vocabulary you have learned.

> **modelo**
>
> **Estudiante 1:** Por la mañana, empiezan en el café.
> **Estudiante 2:** Y luego...

4.3 # Stem-changing verbs: e→i  **S** **Tutorial**

ANTE TODO You've already seen that many verbs in Spanish change their stem vowel when conjugated. There is a third kind of stem-vowel change in some verbs, such as **pedir** (*to ask for; to request*). In these verbs, the stressed vowel in the stem changes from **e** to **i**, as shown in the diagram.

INFINITIVE	VERB STEM	STEM CHANGE	CONJUGATED FORM
pedir	p**e**d-	p**i**d-	p**i**do

▶ As with other stem-changing verbs you have learned, there is no stem change in the **nosotros/as** or **vosotros/as** forms in the present tense.

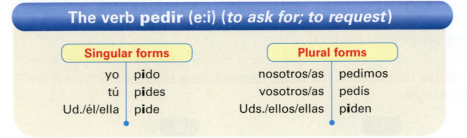

The verb pedir (e:i) (*to ask for; to request*)

Singular forms		Plural forms	
yo	p**i**do	nosotros/as	pedimos
tú	p**i**des	vosotros/as	pedís
Ud./él/ella	p**i**de	Uds./ellos/ellas	p**i**den

¡LENGUA VIVA!

As you learned in **Lección 2, preguntar** means *to ask a question*. **Pedir**, however, means *to ask for something*:
Ella me pregunta cuántos años tengo.
She asks me how old I am.
Él me pide ayuda.
He asks me for help.

▶ To help you identify verbs with the **e:i** stem change, they will appear as follows throughout the text:

pedir (e:i)

▶ These are the most common **e:i** stem-changing verbs:

conseguir	**decir**	**repetir**	**seguir**
to get; to obtain	*to say; to tell*	*to repeat*	*to follow; to continue; to keep (doing something)*

Pido favores cuando es necesario.
I ask for favors when it's necessary.

Javier **dice** la verdad.
Javier is telling the truth.

Sigue con su tarea.
He continues with his homework.

Consiguen ver buenas películas.
They get to see good movies.

▶ **¡Atención!** The verb **decir** is irregular in its **yo** form: **yo digo**.

▶ The **yo** forms of **seguir** and **conseguir** have a spelling change in addition to the stem change **e:i**.

Sigo su plan.
I'm following their plan.

Consigo novelas en la librería.
I get novels at the bookstore.

recursos

WB
pp. 43–44

LM
p. 23

S
vhlcentral.com
Lección 4

¡INTÉNTALO! Provide the correct forms of the verbs.

repetir (e:i)
1. Arturo y Eva _repiten_.
2. Yo _____.
3. Nosotros _____.
4. Julia _____.
5. Sofía y yo _____.

decir (e:i)
1. Yo _digo_.
2. Él _____.
3. Tú _____.
4. Usted _____.
5. Ellas _____.

seguir (e:i)
1. Yo _sigo_.
2. Nosotros _____.
3. Tú _____.
4. Los chicos _____.
5. Usted _____.

Práctica

1

Completar Complete these sentences with the correct form of the verb provided.

1. Cuando mi familia pasea por la ciudad, mi madre siempre (*always*) va a un café y _____ (pedir) una soda.
2. Pero mi padre _____ (decir) que perdemos mucho tiempo. Tiene prisa por llegar al Bosque de Chapultepec.
3. Mi padre tiene suerte, porque él siempre _____ (conseguir) lo que (*that which*) desea.
4. Cuando llegamos al parque, mis hermanos y yo _____ (seguir) conversando (*talking*) con nuestros padres.
5. Mis padres siempre _____ (repetir) la misma cosa: "Nosotros tomamos el sol aquí sin ustedes".
6. Yo siempre _____ (pedir) permiso para volver a casa un poco más tarde porque me gusta mucho el parque.

NOTA CULTURAL

A popular weekend destination for residents and tourists, **el Bosque de Chapultepec** is a beautiful park located in Mexico City. It occupies over 1.5 square miles and includes lakes, wooded areas, several museums, and a botanical garden. You may recognize this park from **Fotonovela, Lección 2**.

2

Combinar Combine words from the two columns to create sentences about yourself and people you know.

A	B
yo	(no) pedir muchos favores
mi compañero/a de cuarto	nunca (*never*) pedir perdón
mi mejor (*best*) amigo/a	nunca seguir las instrucciones
mi familia	siempre seguir las instrucciones
mis amigos/as	conseguir libros en Internet
mis amigos/as y yo	repetir el vocabulario
mis padres	poder hablar dos lenguas
mi hermano/a	dormir hasta el mediodía
mi profesor(a) de español	siempre perder sus libros

3

Opiniones In pairs, take turns guessing how your partner completed the sentences from **Actividad 2**. If you guess incorrectly, your partner must supply the correct answer.

> **modelo**
> **Estudiante 1:** Creo que tus padres consiguen libros en Internet.
> **Estudiante 2:** ¡No! Mi hermana consigue libros en Internet.

CONSULTA

To review possessive adjectives, see **Estructura 3.2**, p. 93.

4

¿Quién? Your instructor will give you a worksheet. Talk to your classmates until you find one person who does each of the activities. Use **e:ie**, **o:ue**, and **e:i** stem-changing verbs.

> **modelo**
> **Tú:** ¿Pides consejos con frecuencia?
> **Maira:** No, no pido consejos con frecuencia.
> **Tú:** ¿Pides consejos con frecuencia?
> **Lucas:** Sí, pido consejos con frecuencia.

Comunicación

5

Las películas Use these questions to interview a classmate.

1. ¿Prefieres las películas románticas, las películas de acción o las películas de terror? ¿Por qué?
2. ¿Dónde consigues información sobre (*about*) cine y televisión?
3. ¿Dónde consigues las entradas (*tickets*) para ver una película?
4. Para decidir qué películas vas a ver, ¿sigues las recomendaciones de los críticos de cine? ¿Qué dicen los críticos en general?
5. ¿Qué cines en tu comunidad muestran las mejores (*best*) películas?
6. ¿Vas a ver una película esta semana? ¿A qué hora empieza la película?

Síntesis

6

El cine In pairs, first scan the ad and jot down all the stem-changing verbs. Then answer the questions. Be prepared to share your answers with the class.

1. ¿Qué palabras indican que *Gravity* es una película dramática?
2. ¿Cómo está el personaje (*character*) del póster? ¿Qué quiere hacer?
3. ¿Te gustan las películas como ésta (*this one*)? ¿Por qué?
4. Describe tu película favorita con los verbos de la **Lección 4**.

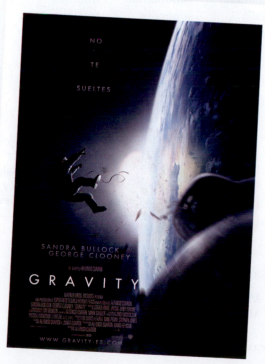

Ganadora de siete premios Óscar

Cuando todo comienza a fallar, ellos no pierden la esperanza.

Del director de Hijos de los hombres y Harry Potter y el prisionero de Azkaban

Un accidente espacial deja a Ryan Stone y Matt Kowalski atrapados en el espacio. Sólo quieren una cosa: seguir vivos.

¿Consiguen sobrevivir? ¿Vuelven finalmente a la Tierra?

Verbs with irregular **yo** forms

ANTE TODO In Spanish, several verbs have irregular **yo** forms in the present tense. You have already seen three verbs with the **-go** ending in the **yo** form: **decir → digo**, **tener → tengo**, and **venir → vengo**.

▶ Here are some common expressions with **decir**.

decir la verdad *to tell the truth*	**decir mentiras** *to tell lies*
decir que *to say that*	**decir la respuesta** *to say the answer*

▶ The verb **hacer** is often used to ask questions about what someone does. Note that when answering, **hacer** is frequently replaced with another, more specific action verb.

Verbs with irregular yo forms

	hacer *(to do; to make)*	**poner** *(to put; to place)*	**salir** *(to leave)*	**suponer** *(to suppose)*	**traer** *(to bring)*
SINGULAR FORMS	**hago** haces hace	**pongo** pones pone	**salgo** sales sale	**supongo** supones supone	**traigo** traes trae
PLURAL FORMS	hacemos hacéis hacen	ponemos ponéis ponen	salimos salís salen	suponemos suponéis suponen	traemos traéis traen

Salgo mucho los fines de semana.

Yo no salgo, yo hago la tarea y veo películas en la televisión.

▶ **Poner** can also mean to *turn on* a household appliance.

Carlos **pone** la radio.
Carlos turns on the radio.

María **pone** la televisión.
María turns on the television.

▶ **Salir de** is used to indicate that someone is leaving a particular place.

Hoy **salgo del** hospital.
Today I leave the hospital.

Sale de la clase a las cuatro.
He leaves class at four.

▶ **Salir para** is used to indicate someone's destination.

Mañana **salgo para** México.
Tomorrow I leave for Mexico.

Hoy **salen para** España.
Today they leave for Spain.

▶ **Salir con** means *to leave with someone* or *something*, or *to date someone*.

Alberto **sale con** su mochila.
Alberto is leaving with his backpack.

Margarita **sale con** Guillermo.
Margarita is going out with Guillermo.

The verbs **ver** and **oír**

▶ The verb **ver** (*to see*) has an irregular **yo** form. The other forms of **ver** are regular.

The verb ver (*to see*)			
Singular forms		**Plural forms**	
yo	**veo**	nosotros/as	vemos
tú	ves	vosotros/as	veis
Ud./él/ella	ve	Uds./ellos/ellas	ven

▶ The verb **oír** (*to hear*) has an irregular **yo** form and the spelling change **i:y** in the **tú**, **usted/él/ella**, and **ustedes/ellos/ellas** forms. The **nosotros/as** and **vosotros/as** forms have an accent mark.

The verb oír (*to hear*)			
Singular forms		**Plural forms**	
yo	**oigo**	nosotros/as	oímos
tú	oyes	vosotros/as	oís
Ud./él/ella	oye	Uds./ellos/ellas	oyen

▶ While most commonly translated as *to hear*, **oír** is also used in contexts where the verb *to listen* would be used in English.

Oigo a unas personas en la otra sala.
I hear some people in the other room.

¿**Oyes** la radio por la mañana?
Do you listen to the radio in the morning?

¡INTÉNTALO!   Provide the appropriate forms of these verbs.

1. salir   Isabel ___*sale*___.   Nosotros _____.   Yo _____.
2. ver   Yo _____.   Uds. _____.   Tú _____.
3. poner   Rita y yo _____.   Yo _____.   Los niños _____.
4. hacer   Yo _____.   Tú _____.   Ud. _____.
5. oír   Él _____.   Nosotros _____.   Yo _____.
6. traer   Ellas _____.   Yo _____.   Tú _____.
7. suponer   Yo _____.   Mi amigo _____.   Nosotras _____.

Práctica

1

Completar Complete this conversation with the appropriate forms of the verbs. Then act it out with a partner.

ERNESTO David, ¿qué (1)_____ (hacer) hoy?

DAVID Ahora estudio biología, pero esta noche (2)_____ (salir) con Luisa. Vamos al cine. Los críticos (3)_____ (decir) que la nueva (*new*) película de Almodóvar es buena.

ERNESTO ¿Y Diana? ¿Qué (4)_____ (hacer) ella?

DAVID (5)_____ (Salir) a comer con sus padres.

ERNESTO ¿Qué (6)_____ (hacer) Andrés y Javier?

DAVID Tienen que (7)_____ (hacer) las maletas. (8)_____ (Salir) para Monterrey mañana.

ERNESTO Pues, ¿qué (9)_____ (hacer) yo?

DAVID Yo (10)_____ (suponer) que puedes estudiar o (11)_____ (ver) la televisión.

ERNESTO No quiero estudiar. Mejor (12)_____ (poner) la televisión. Mi programa favorito empieza en unos minutos.

2

Oraciones Form sentences using the cues provided and verbs from **Estructura 4.4**.

> **modelo**
>
> tú / _____ / cosas / en / su lugar / antes de (*before*) / salir
> *Tú pones las cosas en su lugar antes de salir.*

1. mis amigos / _____ / conmigo / centro
2. tú / _____ / mentiras / pero / yo _____ / verdad
3. Alberto / _____ / música del café Pasatiempos
4. yo / no / _____ / muchas películas
5. domingo / nosotros / _____ / mucha / tarea
6. si / yo / _____ / que / yo / querer / ir / cine / mis amigos / ir / también

3

Describir Use the verbs from **Estructura 4.4** to describe what these people are doing.

1. Fernán

2. los aficionados

3. yo

4. nosotros

5. la señora Vargas

6. el estudiante

 Practice more at **vhlcentral.com**.

Comunicación

4

Tu rutina In pairs, take turns asking each other these questions.

1. ¿Qué traes a clase?
2. ¿Quiénes traen un diccionario a clase? ¿Por qué traen un diccionario?
3. ¿A qué hora sales de tu residencia estudiantil o de tu casa por la mañana? ¿A qué hora sale tu compañero/a de cuarto?
4. ¿Dónde pones tus libros cuando regresas de clase? ¿Siempre (*Always*) pones tus cosas en su lugar?
5. ¿Qué prefieres hacer, oír la radio o ver la televisión?
6. ¿Oyes música cuando estudias?
7. ¿Ves películas en casa o prefieres ir al cine?
8. ¿Haces mucha tarea los fines de semana?
9. ¿Sales con tus amigos los fines de semana? ¿A qué hora? ¿Qué hacen?
10. ¿Te gusta ver deportes en la televisión o prefieres ver otros programas? ¿Cuáles?

5

Charadas In groups, play a game of charades. Each person should think of two phrases containing the verbs **hacer, oír, poner, salir, traer,** or **ver.** The first person to guess correctly acts out the next charade.

6

Entrevista You are doing a market research report on lifestyles. Interview a classmate to find out when he or she goes out with these people and what they do for entertainment.

▶ los/las amigos/as
▶ el/la novio/a
▶ el/la esposo/a
▶ la familia

Síntesis

7

Situación Imagine that you are speaking with your roommate. With a partner, prepare a conversation using these cues.

Estudiante 1	Estudiante 2
Ask your partner what he or she is doing.	Tell your partner that you are watching TV.
Say what you suppose he or she is watching.	Say that you like the show _____. Ask if he or she wants to watch.
Say no, because you are going out with friends, and tell where you are going.	Say you think it's a good idea, and ask what your partner and his or her friends are doing there.
Say what you are going to do, and ask your partner whether he or she wants to come along.	Say no and tell your partner what you prefer to do.

Recapitulación

 **Diagnostics**

Review the grammar concepts you have learned in this lesson by completing these activities.

1 **Completar** Complete the chart with the correct verb forms. **30 pts.**

Infinitive	yo	nosotros/as	ellos/as
	vuelvo		
comenzar		comenzamos	
		hacemos	hacen
ir			
	juego		
repetir			repiten

2 **Un día típico** Complete the paragraph with the appropriate forms of the verbs in the word list. Not all verbs will be used. Some may be used more than once. **20 pts.**

almorzar	ir	salir
cerrar	jugar	seguir
empezar	mostrar	ver
hacer	querer	volver

¡Hola! Me llamo Cecilia y vivo en Puerto Vallarta, México. ¿Cómo es un día típico en mi vida (*life*)? Por la mañana bebo café con mis padres y juntos (*together*) (1) _____ las noticias (*news*) en la televisión. A las siete y media, (*yo*) (2) _____ de mi casa y tomo el autobús. Me gusta llegar temprano (*early*) a la universidad porque siempre (*always*) (3) _____ a mis amigos en la cafetería. Tomamos café y planeamos lo que (4) _____ hacer cada (*each*) día. A las ocho y cuarto, mi amiga Sandra y yo (5) _____ al laboratorio de lenguas. La clase de francés (6) _____ a las ocho y media. ¡Es mi clase favorita! A las doce y media (*yo*) (7) _____ en la cafetería con mis amigos. Después (*Afterwards*), yo (8) _____ con mis clases. Por las tardes, mis amigos (9) _____ a sus casas, pero yo (10) _____ al vóleibol con mi amigo Tomás.

RESUMEN GRAMATICAL

4.1 Present tense of ir   *p. 126*

yo	voy	nos.	vamos
tú	vas	vos.	vais
él	va	ellas	van

▶ ir a + [*infinitive*] = *to be going* + [*infinitive*]

▶ a + el = al

▶ vamos a + [*infinitive*] = *let's (do something)*

4.2 Stem-changing verbs e:ie, o:ue, u:ue   *pp. 129–130*

	empezar	volver	jugar
yo	emp**ie**zo	v**ue**lvo	j**ue**go
tú	emp**ie**zas	v**ue**lves	j**ue**gas
él	emp**ie**za	v**ue**lve	j**ue**ga
nos.	empezamos	volvemos	jugamos
vos.	empezáis	volvéis	jugáis
ellas	emp**ie**zan	v**ue**lven	j**ue**gan

▶ Other e:ie verbs: **cerrar, comenzar, entender, pensar, perder, preferir, querer**

▶ Other o:ue verbs: **almorzar, contar, dormir, encontrar, mostrar, poder, recordar**

4.3 Stem-changing verbs e:i   *p. 133*

	pedir		
yo	p**i**do	nos.	pedimos
tú	p**i**des	vos.	pedís
él	p**i**de	ellas	p**i**den

▶ Other e:i verbs: **conseguir, decir, repetir, seguir**

4.4 Verbs with irregular yo forms   *pp. 136–137*

hacer	poner	salir	suponer	traer
hago	pongo	salgo	supongo	traigo

▶ **ver: veo**, ves, ve, vemos, veis, ven

▶ **oír: oigo**, o**y**es, o**y**e, oímos, oís, o**y**en

3

Oraciones Arrange the cues provided in the correct order to form complete sentences. Make all necessary changes. `14 pts.`

1. tarea / los / hacer / sábados / nosotros / la

_____

2. en / pizza / Andrés / una / restaurante / el / pedir

_____

3. a / ? / museo / ir / ¿ / el / (tú)

_____

4. de / oír / amigos / bien / los / no / Elena

_____

5. libros / traer / yo / clase / mis / a

_____

6. película / ver / en / Jorge y Carlos / pensar / cine / una / el

_____

7. unos / escribir / Mariana / electrónicos / querer / mensajes

_____

4

Escribir Write a short paragraph about what you do on a typical day. Use at least six of the verbs you have learned in this lesson. You can use the paragraph on the opposite page (**Actividad 2**) as a model. `36 pts.`

Un día típico

Hola, me llamo Julia y vivo en Vancouver, Canadá. Por la mañana, yo...

5

Rima Complete the rhyme with the appropriate forms of the correct verbs from the list. `4 EXTRA points!`

contar	poder
oír	suponer

❝ Si no _____ dormir
y el sueño deseas,
lo vas a conseguir
si _____ ovejas°. ❞

ovejas *sheep*

 Practice more at **vhlcentral.com**.

Lectura

Antes de leer

Estrategia
Predicting content from visuals

When you are reading in Spanish, be sure to look for visual clues that will orient you as to the content and purpose of what you are reading. Photos and illustrations, for example, will often give you a good idea of the main points that the reading covers. You may also encounter very helpful visuals that are used to summarize large amounts of data in a way that is easy to comprehend; these include bar graphs, pie charts, flow charts, lists of percentages, and other sorts of diagrams.

Examinar el texto

Take a quick look at the visual elements of the magazine article in order to generate a list of ideas about its content. Then compare your list with a classmate's. Are they the same or are they different? Discuss your lists and make any changes needed to produce a final list of ideas.

Contestar

Read the list of ideas you wrote in **Examinar el texto**, and look again at the visual elements of the magazine article. Then answer these questions:

1. Who is the woman in the photo, and what is her role?
2. What is the article about?
3. What is the subject of the pie chart?
4. What is the subject of the bar graph?

por María Úrsula Echevarría

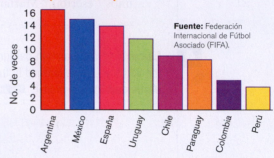

El fútbol es el deporte más popular en el mundo° hispano, según° una encuesta° reciente realizada entre jóvenes universitarios. Mucha gente practica este deporte y tiene un equipo de fútbol favorito. Cada cuatro años se realiza la Copa Mundial°. Argentina y Uruguay han ganado° este campeonato° más de una vez°. Los aficionados siguen los partidos de fútbol en casa por tele y en muchos otros lugares como bares, restaurantes, estadios y clubes deportivos. Los jóvenes juegan al fútbol con sus amigos en parques y gimnasios.

Países hispanos en campeonatos mundiales de fútbol (1930–2014)

Fuente: Federación Internacional de Fútbol Asociado (FIFA).

Pero, por supuesto°, en los países de habla hispana también hay otros deportes populares. ¿Qué deporte sigue al fútbol en estos países? Bueno, ¡depende del país y de otros factores!

Después de leer

Evaluación y predicción

Which of the following sporting events would be most popular among the college students surveyed? Rate them from one (most popular) to five (least popular). Which would be the most popular at your college or university?

_____ 1. la Copa Mundial de Fútbol

_____ 2. los Juegos Olímpicos

_____ 3. el Campeonato de Wimbledon

_____ 4. la Serie Mundial de Béisbol

_____ 5. el Tour de Francia

No sólo el fútbol

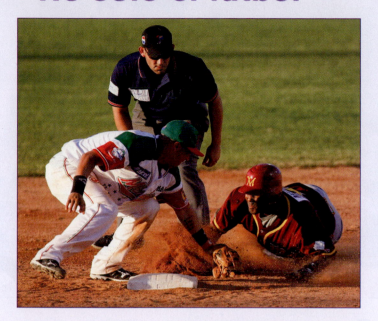

En Colombia, el béisbol también es muy popular después del fútbol, aunque° esto varía según la región del país. En la costa del norte de Colombia, el béisbol es una pasión. Y el ciclismo también es un deporte que los colombianos siguen con mucho interés.

Donde el béisbol es más popular

En los países del Caribe, el béisbol es el deporte predominante. Éste es el caso en Puerto Rico, Cuba y la República Dominicana. Los niños empiezan a jugar cuando son muy pequeños. En Puerto Rico y la República Dominicana, la gente también quiere participar en otros deportes, como el baloncesto, o ver los partidos en la tele. Y para los espectadores aficionados del Caribe, el boxeo es número dos.

Donde el fútbol es más popular

En México, el béisbol es el segundo° deporte más popular después° del fútbol. Pero en Argentina, después del fútbol, el rugby tiene mucha importancia. En Perú a la gente le gusta mucho ver partidos de vóleibol. ¿Y en España? Muchas personas prefieren el baloncesto, el tenis y el ciclismo.

Deportes más populares

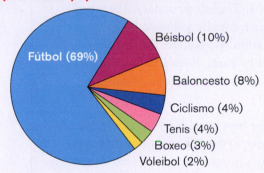

Fútbol (69%)
Béisbol (10%)
Baloncesto (8%)
Ciclismo (4%)
Tenis (4%)
Boxeo (3%)
Vóleibol (2%)

mundo *world* según *according to* encuesta *survey* se realiza la Copa Mundial *the World Cup is held* han ganado *have won* campeonato *championship* más de una vez *more than once* por supuesto *of course* segundo *second* después *after* aunque *although*

¿Cierto o falso?

Indicate whether each sentence is **cierto** or **falso**, then correct the false statements.

	Cierto	Falso
1. El vóleibol es el segundo deporte más popular en México.	○	○
2. En España a la gente le gustan varios deportes como el baloncesto y el ciclismo.	○	○
3. En la costa del norte de Colombia, el tenis es una pasión.	○	○
4. En el Caribe, el deporte más popular es el béisbol.	○	○

Preguntas

Answer these questions in Spanish.

1. ¿Dónde ven el fútbol los aficionados? Y tú, ¿cómo ves tus deportes favoritos?

2. ¿Te gusta el fútbol? ¿Por qué?

3. ¿Miras la Copa Mundial en la televisión?

4. ¿Qué deportes miras en la televisión?

5. En tu opinión, ¿cuáles son los tres deportes más populares en tu universidad? ¿En tu comunidad? ¿En tu país?

6. ¿Practicas deportes en tus ratos libres?

Escritura

Estrategia
Using a dictionary

A common mistake made by beginning language learners is to embrace the dictionary as the ultimate resource for reading, writing, and speaking. While it is true that the dictionary is a useful tool that can provide valuable information about vocabulary, using the dictionary correctly requires that you understand the elements of each entry.

If you glance at a Spanish-English dictionary, you will notice that its format is similar to that of an English dictionary. The word is listed first, usually followed by its pronunciation. Then come the definitions, organized by parts of speech. Sometimes the most frequently used definitions are listed first.

To find the best word for your needs, you should refer to the abbreviations and the explanatory notes that appear next to the entries. For example, imagine that you are writing about your pastimes. You want to write, "I want to buy a new racket for my match tomorrow," but you don't know the Spanish word for "racket." In the dictionary, you may find an entry like this:

> **racket** *s* **1.** alboroto; **2.** raqueta (*dep.*)

The abbreviation key at the front of the dictionary says that *s* corresponds to **sustantivo** (*noun*). Then, the first word you see is **alboroto**. The definition of **alboroto** is *noise* or *racket*, so **alboroto** is probably not the word you're looking for. The second word is **raqueta**, followed by the abbreviation *dep.*, which stands for **deportes**. This indicates that the word **raqueta** is the best choice for your needs.

Tema
Escribir un folleto

Choose one topic to write a brochure.

1. You are the head of the Homecoming Committee at your school this year. Create a pamphlet that lists events for Friday night, Saturday, and Sunday. Include a brief description of each event and its time and location. Include activities for different age groups, since some alumni will bring their families.

2. You are on the Freshman Student Orientation Committee and are in charge of creating a pamphlet for new students that describes the sports offered at your school. Write the flyer and include activities for both men and women.

3. You work for the Chamber of Commerce in your community. It is your job to market your community to potential residents. Write a brief pamphlet that describes the recreational opportunities your community provides, the areas where the activities take place, and the costs, if any. Be sure to include activities that will appeal to singles as well as couples and families; you should include activities for all age groups and for both men and women.

Escuchar Audio

Estrategia

Listening for the gist

Listening for the general idea, or gist, can help you follow what someone is saying even if you can't hear or understand some of the words. When you listen for the gist, you simply try to capture the essence of what you hear without focusing on individual words.

 To help you practice this strategy, you will listen to a paragraph made up of three sentences. Jot down a brief summary of what you hear.

Preparación

Based on the photo, what do you think Anabela is like? Do you and Anabela have similar interests?

Ahora escucha

You will hear first José talking, then Anabela. As you listen, check off each person's favorite activities.

Pasatiempos favoritos de José

1. _____ leer el correo electrónico
2. _____ jugar al béisbol
3. _____ ver películas de acción
4. _____ ir al café
5. _____ ir a partidos de béisbol
6. _____ ver películas románticas
7. _____ dormir la siesta
8. _____ escribir mensajes electrónicos

Pasatiempos favoritos de Anabela

9. _____ esquiar
10. _____ nadar
11. _____ practicar el ciclismo
12. _____ jugar al golf
13. _____ jugar al baloncesto
14. _____ ir a ver partidos de tenis
15. _____ escalar montañas
16. _____ ver televisión

 Practice more at **vhlcentral.com**.

Comprensión

Preguntas

Answer these questions about José's and Anabela's pastimes.

1. ¿Quién practica más deportes?
2. ¿Quién piensa que es importante descansar?
3. ¿A qué deporte es aficionado José?
4. ¿Por qué Anabela no practica el baloncesto?
5. ¿Qué películas le gustan a la novia de José?
6. ¿Cuál es el deporte favorito de Anabela?

Seleccionar

Which person do these statements best describe?

1. Le gusta practicar deportes.
2. Prefiere las películas de acción.
3. Le gustan las computadoras.
4. Le gusta nadar.
5. Siempre (*Always*) duerme una siesta por la tarde.
6. Quiere ir de vacaciones a las montañas.

En pantalla

In many Spanish-speaking countries, soccer isn't just a game; it's a way of life. Many countries have professional and amateur leagues, and soccer is even played in the streets. Every four years, during the World Cup, even those who aren't big fans of the sport find it impossible not to get swept up in "soccer fever." During the month-long Cup, passions only increase with each of the sixty-four matches played. Companies also get caught up in the soccer craze, running ad campaigns and offering promotions with prizes ranging from commemorative glasses to all-expenses-paid trips to the World Cup venue.

Vocabulario útil	
cracks	*stars, aces (sports)*
lo tuvo a Pelé de hijo	*he was a better player than Pelé (coll. expr. Peru)*
Dios me hizo	*God made me*
patito feo	*ugly duckling*
plata	*money (S. America)*
jugando	*playing*

Comprensión

Indicate whether each statement is **cierto** or **falso**.

	Cierto	Falso
1. La familia juega al baloncesto.	○	○
2. No hay mujeres en el anuncio (*ad*).	○	○
3. La pareja tiene cinco hijos.	○	○
4. El narrador es un mariachi.	○	○

Conversación

With a partner, discuss these questions in Spanish.

1. En el anuncio hay varios elementos culturales representativos de la cultura de los países hispanos. ¿Cuáles son?

2. ¿Qué otros elementos culturales de los países hispanos conocen (*do you know*)?

jugaba *used to play* cuna *crib* barriga *womb* Por eso *That's why*
esperaban que yo fuera *they expected that I would be*
el mejor de todos *the best of all*

Anuncio de Totofútbol

Mi hermano mayor jugaba° desde la cuna°.

Mi segundo hermano, desde la barriga°.

Por eso° esperaban que yo fuera° el mejor de todos°.

 Video: TV Clip

 Practice more at **vhlcentral.com**.

The rivalry between the teams **Real Madrid** and **FC Barcelona** is perhaps the fiercest in all of soccer—just imagine if they occupied the same city! Well, each team also has competing clubs within its respective city: Spain's capital has the **Club Atlético de Madrid**, and Barcelona is home to **Espanyol**. In fact, across the Spanish-speaking world, it is common for a city to have more than one professional team, often with strikingly dissimilar origins, identity, and fan base. For example, in Bogotá, the **Millonarios** were so named for the large sums spent on players, while the **Santa Fe** team is one of the most traditional in Colombian soccer. **River Plate** and **Boca Juniors**, who enjoy a famous rivalry, are just two of twenty-four clubs in Buenos Aires—the city with the most professional soccer teams in the world.

Vocabulario útil	
afición	fans
celebran	they celebrate
preferido/a	favorite
rivalidad	rivalry
se junta con	it's tied up with

Preparación

What is the most popular sport at your school? What teams are your rivals? How do students celebrate a win?

Escoger

Select the correct answer.

1. Un partido entre el Barça y el Real Madrid es un _____ (deporte/evento) importante en toda España.

2. Los aficionados _____ (miran/celebran) las victorias de sus equipos en las calles (*streets*).

3. La rivalidad entre el Real Madrid y el Barça está relacionada con la _____ (religión/política).

¡Fútbol en España!

(Hay mucha afición al fútbol en España.)

¿Y cuál es vuestro jugador favorito?

—**¿Y quién va a ganar?**
—**El Real Madrid.**

S Video: *Flash cultura*

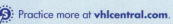 Practice more at **vhlcentral.com**.

recursos

VM
pp. 85–86

vhlcentral.com
Lección 4

México

El país en cifras

▶ **Área:** 1.972.550 km² (761.603 millas²), *casi° tres veces° el área de Texas*

La situación geográfica de México, al sur° de los Estados Unidos, ha influido en° la economía y la sociedad de los dos países. Una de las consecuencias es la emigración de la población mexicana al país vecino°. Hoy día, más de 33 millones de personas de ascendencia mexicana viven en los Estados Unidos.

▶ **Población:** 118.818.000

▶ **Capital:** México, D.F. (y su área metropolitana)—19.319.000

▶ **Ciudades principales:** Guadalajara —4.338.000, Monterrey—3.838.000, Puebla—2.278.000, Ciudad Juárez—1.321.000

▶ **Moneda:** peso mexicano

▶ **Idiomas:** español (oficial), náhuatl, otras lenguas indígenas

Bandera de México

Mexicanos célebres

▶ **Benito Juárez,** héroe nacional (1806–1872)

▶ **Octavio Paz,** poeta (1914–1998)

▶ **Elena Poniatowska,** periodista y escritora (1932–)

▶ **Mario Molina,** Premio Nobel de Química, 1995; químico (1943–)

▶ **Paulina Rubio,** cantante (1971–)

casi *almost* veces *times* sur *south* ha influido en *has influenced* vecino *neighboring* se llenan de luz *get filled with light* flores *flowers* Muertos *Dead* se ríen *laugh* muerte *death* lo cual se refleja *which is reflected* calaveras de azúcar *sugar skulls* pan *bread* huesos *bones*

Cabo San Lucas

ESTADOS UNIDOS

Autorretrato con mono (*Self-portrait with monkey*), 1938, Frida Kahlo

Golfo de California

Baja California

Río Grande

Sierra Madre Oriental

Río Bravo del Norte

Sierra Madre Occidental

Ciudad Juárez

Monterrey

ESTADOS UNIDOS

MÉXICO

OCÉANO ATLÁNTICO

OCÉANO PACÍFICO

AMÉRICA DEL SUR

Océano Pacífico

Puerto Vallarta

Ciudad de México

Guadalajara

Puebla

Acapulco

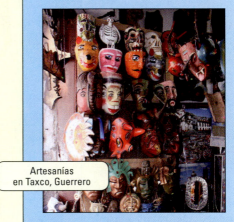

Artesanías en Taxco, Guerrero

Pirámide de Kukulcán en Chichén Itzá

recursos

WB pp. 47–48

VM pp. 43–44

vhlcentral.com
Lección 4

¡Increíble pero cierto!

Cada dos de noviembre los cementerios de México se llenan de luz°, música y flores°. El Día de Muertos° no es un evento triste; es una fiesta en honor a las personas muertas. En ese día, los mexicanos se ríen° de la muerte°, lo cual se refleja° en detalles como las calaveras de azúcar° y el pan° de muerto —pan en forma de huesos°.

Ciudades • **México, D.F.**

La Ciudad de México, fundada° en 1525, también se llama el D.F. o Distrito Federal. Muchos turistas e inmigrantes vienen a la ciudad porque es el centro cultural y económico del país. El crecimiento° de la población es de los más altos° del mundo. El D.F. tiene una población mayor que las de Nueva York, Madrid o París.

Artes • **Diego Rivera y Frida Kahlo**

Frida Kahlo y Diego Rivera eran° artistas mexicanos muy famosos. Se casaron° en 1929. Los dos se interesaron° en las condiciones sociales de la gente indígena de su país. Puedes ver algunas° de sus obras° en el Museo de Arte Moderno de la Ciudad de México.

Historia • **Los aztecas**

Los aztecas dominaron° en México del siglo° XIV al siglo XVI. Sus canales, puentes° y pirámides con templos religiosos eran muy importantes.
El fin del imperio azteca comenzó° con la llegada° de los españoles en 1519, pero la presencia azteca sigue hoy. La Ciudad de México está situada en la capital azteca de Tenochtitlán, y muchos turistas van a visitar sus ruinas.

Economía • **La plata**

México es el mayor productor de plata° del mundo°. Estados como Zacatecas y Durango tienen ciudades fundadas cerca de los más grandes yacimientos° de plata del país. Estas ciudades fueron° en la época colonial unas de las más ricas e importantes. Hoy en día, aún° conservan mucho de su encanto° y esplendor.

Golfo de México

Bahía de Campeche

Península de Yucatán

Mérida

Cancún

Veracruz

Istmo de Tehuantepec

BELICE

GUATEMALA

¿Qué aprendiste? Responde a cada pregunta con una oración completa.

1. ¿Qué lenguas hablan los mexicanos?

2. ¿Cómo es la población del D.F. en comparación con la de otras ciudades?

3. ¿En qué se interesaron Frida Kahlo y Diego Rivera?

4. Nombra algunas de las estructuras de la arquitectura azteca.

5. ¿Dónde está situada la capital de México?

6. ¿Qué estados de México tienen los mayores yacimientos de plata?

Conexión Internet Investiga estos temas en **vhlcentral.com**.

Practice more at **vhlcentral.com**.

1. Busca información sobre dos lugares de México. ¿Te gustaría (*Would you like*) vivir allí? ¿Por qué?

2. Busca información sobre dos artistas mexicanos. ¿Cómo se llaman sus obras más famosas?

---

fundada *founded* **crecimiento** *growth* **más altos** *highest* **eran** *were* **Se casaron** *They got married* **se interesaron** *were interested* **algunas** *some* **obras** *works* **dominaron** *dominated* **siglo** *century* **puentes** *bridges* **comenzó** *started* **llegada** *arrival* **plata** *silver* **mundo** *world* **yacimientos** *deposits* **fueron** *were* **aún** *still* **encanto** *charm*

Pasatiempos

andar en patineta	to skateboard
bucear	to scuba dive
escalar montañas (f., pl.)	to climb mountains
escribir una carta	to write a letter
escribir un mensaje electrónico	to write an e-mail
esquiar	to ski
ganar	to win
ir de excursión	to go on a hike
leer el correo electrónico	to read e-mail
leer un periódico	to read a newspaper
leer una revista	to read a magazine
nadar	to swim
pasear	to take a walk
pasear en bicicleta	to ride a bicycle
patinar (en línea)	to (inline) skate
practicar deportes (m., pl.)	to play sports
tomar el sol	to sunbathe
ver películas (f., pl.)	to watch movies
visitar monumentos (m., pl.)	to visit monuments
la diversión	fun activity; entertainment; recreation
el fin de semana	weekend
el pasatiempo	pastime; hobby
los ratos libres	spare (free) time
el videojuego	video game

Deportes

el baloncesto	basketball
el béisbol	baseball
el ciclismo	cycling
el equipo	team
el esquí (acuático)	(water) skiing
el fútbol	soccer
el fútbol americano	football
el golf	golf
el hockey	hockey
el/la jugador(a)	player
la natación	swimming
el partido	game; match
la pelota	ball
el tenis	tennis
el vóleibol	volleyball

Adjetivos

deportivo/a	sports-related
favorito/a	favorite

Lugares

el café	café
el centro	downtown
el cine	movie theater
el gimnasio	gymnasium
la iglesia	church
el lugar	place
el museo	museum
el parque	park
la piscina	swimming pool
la plaza	city or town square
el restaurante	restaurant

Verbos

almorzar (o:ue)	to have lunch
cerrar (e:ie)	to close
comenzar (e:ie)	to begin
conseguir (e:i)	to get; to obtain
contar (o:ue)	to count; to tell
decir (e:i)	to say; to tell
dormir (o:ue)	to sleep
empezar (e:ie)	to begin
encontrar (o:ue)	to find
entender (e:ie)	to understand
hacer	to do; to make
ir	to go
jugar (u:ue)	to play (a sport or a game)
mostrar (o:ue)	to show
oír	to hear
pedir (e:i)	to ask for; to request
pensar (e:ie)	to think
pensar (+ inf.)	to intend
pensar en	to think about
perder (e:ie)	to lose; to miss
poder (o:ue)	to be able to; can
poner	to put; to place
preferir (e:ie)	to prefer
querer (e:ie)	to want; to love
recordar (o:ue)	to remember
repetir (e:i)	to repeat
salir	to leave
seguir (e:i)	to follow; to continue
suponer	to suppose
traer	to bring
ver	to see
volver (o:ue)	to return

***Decir* expressions**	See page 136.
Expresiones útiles	See page 121.

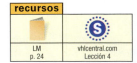

Las vacaciones

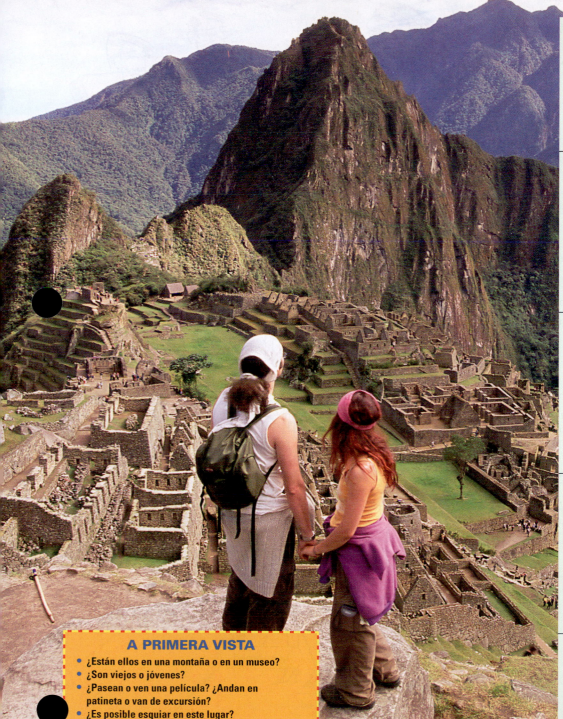

5

A PRIMERA VISTA
- ¿Están ellos en una montaña o en un museo?
- ¿Son viejos o jóvenes?
- ¿Pasean o ven una película? ¿Andan en patineta o van de excursión?
- ¿Es posible esquiar en este lugar?

Las vacaciones

En la agencia de viajes

En el hotel

recursos
WB pp. 49–50 | LM p. 25 | vhlcentral.com Lección 5

Saca/Toma fotos. (sacar, tomar)

BIENVENIDOS

el avión

el viajero

la inspectora de aduanas

En el aeropuerto

Pesca. (pescar)

Monta a caballo. (montar)

Va en barco. (ir)

el mar

Juegan a las cartas. (jugar)

la playa

En la playa

Práctica

1 **Escuchar** 🎧 Indicate who would probably make each statement you hear. Each answer is used twice.

a. el agente de viajes
b. el inspector de aduanas
c. un empleado del hotel

1. _____ 4. _____
2. _____ 5. _____
3. _____ 6. _____

2 **¿Cierto o falso?** 🎧 Mario and his wife, Natalia, are planning their next vacation with a travel agent. Indicate whether each statement is **cierto** or **falso** according to what you hear in the conversation.

	Cierto	Falso
1. Mario y Natalia están en Puerto Rico.	○	○
2. Ellos quieren hacer un viaje a Puerto Rico.	○	○
3. Natalia prefiere ir a la montaña.	○	○
4. Mario quiere pescar en Puerto Rico.	○	○
5. La agente de viajes va a confirmar la reservación.	○	○

3 **Escoger** Choose the best answer for each sentence.

1. Un huésped es una persona que _____.
   a. toma fotos   b. está en un hotel   c. pesca en el mar
2. Abrimos la puerta con _____.
   a. una llave   b. un caballo   c. una llegada
3. Enrique tiene _____ porque va a viajar a otro (*another*) país.
   a. un pasaporte   b. una foto   c. una llegada
4. Antes de (*Before*) ir de vacaciones, hay que _____.
   a. pescar   b. ir en tren   c. hacer las maletas
5. Nosotros vamos en _____ al aeropuerto.
   a. autobús   b. pasaje   c. viajero
6. Me gusta mucho ir al campo. El _____ es increíble.
   a. paisaje   b. pasaje   c. equipaje

4 **Analogías** Complete the analogies using the words below. Two words will not be used.

auto	huésped	mar	sacar
empleado	llegada	pasaporte	tren

1. acampar ⟶ campo ⊜ pescar ⟶
2. agencia de viajes ⟶ agente ⊜ hotel ⟶
3. llave ⟶ habitación ⊜ pasaje ⟶
4. estudiante ⟶ libro ⊜ turista ⟶
5. aeropuerto ⟶ viajero ⊜ hotel ⟶
6. maleta ⟶ hacer ⊜ foto ⟶

Las estaciones y los meses del año

el invierno: diciembre, enero, febrero

la primavera: marzo, abril, mayo

el verano: junio, julio, agosto

el otoño: septiembre, octubre, noviembre

—¿Cuál es la fecha de hoy?	*What is today's date?*
—Es el primero de octubre.	*It's the first of October.*
—Es el dos de marzo.	*It's March 2nd.*
—Es el diez de noviembre.	*It's November 10th.*

El tiempo

—¿Qué tiempo hace?	*How's the weather?*
—Hace buen/mal tiempo.	*The weather is good/bad.*

Hace (mucho) calor.
It's (very) hot.

Hace (mucho) frío.
It's (very) cold.

Llueve. (llover o:ue)
It's raining.

Está lloviendo.
It's raining.

Nieva. (nevar e:ie)
It's snowing.

Está nevando.
It's snowing.

Más vocabulario

Está (muy) nublado.	*It's (very) cloudy.*
Hace fresco.	*It's cool.*
Hace (mucho) sol.	*It's (very) sunny.*
Hace (mucho) viento.	*It's (very) windy.*

5 El Hotel Regis Label the floors of the hotel.

Números ordinales	
primer *(before a masculine singular noun)*, **primero/a**	*first*
segundo/a	*second*
tercer *(before a masculine singular noun)*, **tercero/a**	*third*
cuarto/a	*fourth*
quinto/a	*fifth*
sexto/a	*sixth*
séptimo/a	*seventh*
octavo/a	*eighth*
noveno/a	*ninth*
décimo/a	*tenth*

a. _____ piso
b. _____ piso
c. _____ piso
d. _____ piso
e. _____ piso
f. _____ piso
g. _____ piso
h. _____ baja

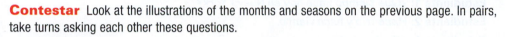

6 Contestar Look at the illustrations of the months and seasons on the previous page. In pairs, take turns asking each other these questions.

modelo

Estudiante 1: ¿Cuál es el primer mes de la primavera?
Estudiante 2: marzo

1. ¿Cuál es el primer mes del invierno?
2. ¿Cuál es el segundo mes de la primavera?
3. ¿Cuál es el tercer mes del otoño?
4. ¿Cuál es el primer mes del año?
5. ¿Cuál es el quinto mes del año?
6. ¿Cuál es el octavo mes del año?
7. ¿Cuál es el décimo mes del año?
8. ¿Cuál es el segundo mes del verano?
9. ¿Cuál es el tercer mes del invierno?
10. ¿Cuál es el sexto mes del año?

7 Las estaciones Name the season that applies to the description.

1. Las clases terminan.
2. Vamos a la playa.
3. Acampamos.
4. Nieva mucho.
5. Las clases empiezan.
6. Hace mucho calor.
7. Llueve mucho.
8. Esquiamos.
9. el entrenamiento (*training*) de béisbol
10. el Día de Acción de Gracias (*Thanksgiving*)

8 ¿Cuál es la fecha? Give the dates for these holidays.

modelo

el día de San Valentín   14 de febrero

1. el día de San Patricio
2. el día de Halloween
3. el primer día de verano
4. el Año Nuevo
5. mi cumpleaños (*birthday*)
6. mi día de fiesta favorito

9

Seleccionar Paco is talking about his family and friends. Choose the word or phrase that best completes each sentence.

1. A mis padres les gusta ir a Yucatán porque (hace sol, nieva).
2. Mi primo de Kansas dice que durante (*during*) un tornado, hace mucho (sol, viento).
3. Mis amigos van a esquiar si (nieva, está nublado).
4. Tomo el sol cuando (hace calor, llueve).
5. Nosotros vamos a ver una película si hace (buen, mal) tiempo.
6. Mi hermana prefiere correr cuando (hace mucho calor, hace fresco).
7. Mis tíos van de excursión si hace (buen, mal) tiempo.
8. Mi padre no quiere jugar al golf si (hace fresco, llueve).
9. Cuando hace mucho (sol, frío) tomo chocolate caliente (*hot*).
10. Hoy mi sobrino va al parque porque (está lloviendo, hace buen tiempo).

10

El clima With a partner, take turns asking and answering questions about the weather and temperatures in these cities. Use the model as a guide.

> **modelo**
>
> **Estudiante 1:** ¿Qué tiempo hace hoy en Nueva York?
> **Estudiante 2:** Hace frío y hace viento.
> **Estudiante 1:** ¿Cuál es la temperatura máxima?
> **Estudiante 2:** Treinta y un grados (*degrees*).
> **Estudiante 1:** ¿Y la temperatura mínima?
> **Estudiante 2:** Diez grados.

soleado   lluvia   nieve   nublado   viento

Nueva York	Miami	Chicago	París	Madrid	Tokio
Máx. 31°	Máx. 84°	Máx. 23°	Máx. 38°	Máx. 42°	Máx. 49°
Mín. 10°	Mín. 62°	Mín. 5°	Mín. 26°	Mín. 27°	Mín. 34°

Montreal	México D.F.	Cozumel	Caracas	Quito	Buenos Aires
Máx. 18°	Máx. 76°	Máx. 91°	Máx. 80°	Máx. 60°	Máx. 85°
Mín. 2°	Mín. 41°	Mín. 73°	Mín. 72°	Mín. 51°	Mín. 59°

11

Completar Complete these sentences with your own ideas.

1. Cuando hace sol, yo…
2. Cuando llueve, mis amigos y yo…
3. Cuando hace calor, mi familia…
4. Cuando hace viento, la gente…
5. Cuando hace frío, yo…
6. Cuando hace mal tiempo, mis amigos…
7. Cuando nieva, muchas personas…
8. Cuando está nublado, mis amigos y yo…
9. Cuando hace fresco, mis padres…
10. Cuando hace buen tiempo, mis amigos…

 Practice more at **vhlcentral.com**.

NOTA CULTURAL

In most Spanish-speaking countries, temperatures are given in degrees Celsius. Use these formulas to convert between **grados centígrados** and **grados Fahrenheit**.

degrees C. × 9 ÷ 5 + 32 = degrees F.

degrees F. - 32 × 5 ÷ 9 = degrees C.

CONSULTA

Calor and **frío** can apply to both weather and people. Use **hacer** to describe weather conditions or climate.

(**Hace frío en Santiago**. *It's cold in Santiago.*)

Use **tener** to refer to people.

(**El viajero tiene frío**. *The traveler is cold.*)

See **Estructura 3.4,** p. 101.

Comunicación

12

Preguntas personales In pairs, ask each other these questions.

1. ¿Cuál es la fecha de hoy? ¿Qué estación es?
2. ¿Te gusta esta estación? ¿Por qué?
3. ¿Qué estación prefieres? ¿Por qué?
4. ¿Prefieres el mar o las montañas? ¿La playa o el campo? ¿Por qué?
5. Cuando haces un viaje, ¿qué te gusta hacer y ver?
6. ¿Piensas ir de vacaciones este verano? ¿Adónde quieres ir? ¿Por qué?
7. ¿Qué deseas ver y qué lugares quieres visitar?
8. ¿Cómo te gusta viajar? ¿En avión? ¿En motocicleta...?

13

Encuesta Your instructor will give you a worksheet. How does the weather affect what you do? Walk around the class and ask your classmates what they prefer or like to do in the weather conditions given. Note their responses on your worksheet. Make sure to personalize your survey by adding a few original questions to the list. Be prepared to report your findings to the class.

14

La reservación In pairs, imagine that one of you is a receptionist at a hotel and the other is a tourist calling to make a reservation. Read only the information that pertains to you. Then role-play the situation.

Turista

Vas a viajar a Yucatán con un amigo. Llegan a Cancún el 23 de febrero y necesitan una habitación con baño privado para cuatro noches. Ustedes quieren descansar y prefieren una habitación con vista (*view*) al mar. Averigua (*Find out*) toda la información que necesitas (el costo, cuántas camas, etc.) y decide si quieres hacer la reservación o no.

Empleado/a

Trabajas en la recepción del Hotel Oceanía en Cancún. Para el mes de febrero, sólo quedan (*remain*) dos habitaciones: una individual ($ 168/noche) en el primer piso y una doble ($ 134/noche) en el quinto piso que tiene descuento porque no hay ascensor. Todas las habitaciones tienen baño privado y vista (*view*) a la piscina.

15

Minidrama With two or three classmates, prepare a skit about people who are on vacation or are planning a vacation. The skit should take place in one of these locations.

- una agencia de viajes
- una casa
- un aeropuerto, una estación de tren/autobuses
- un hotel
- el campo o la playa

Síntesis

16

Un viaje You are planning a trip to Mexico and have many questions about your itinerary on which your partner, a travel agent, will advise you. Your instructor will give you and your partner each a sheet with different instructions for acting out the roles.

¡Vamos a la playa!

Los seis amigos hacen un viaje a la playa.

Video: *Fotonovela*

TÍA ANA MARÍA ¿Están listos para su viaje a la playa?

TODOS Sí.

TÍA ANA MARÍA Excelente... ¡A la estación de autobuses!

MARU ¿Dónde está Miguel?

FELIPE Yo lo traigo.

FELIPE No está nada mal el hotel, ¿verdad? Limpio, cómodo... ¡Oye, Miguel! ¿Todavía estás enojado conmigo? (*a Juan Carlos*) Miguel está de mal humor. No me habla.

JUAN CARLOS ¿Todavía?

(*se escucha un grito de Miguel*)

FELIPE Ya está listo. Y tal vez enojado. Ahorita vamos.

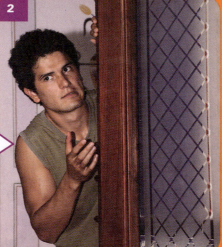

EMPLEADO Bienvenidas. ¿En qué puedo servirles?

MARU Hola. Tenemos una reservación para seis personas para esta noche.

EMPLEADO ¿A nombre de quién?

JIMENA ¿Díaz? ¿López? No estoy segura.

EMPLEADO No encuentro su nombre. Ah, no, ahora sí lo veo, aquí está. Díaz. Dos habitaciones en el primer piso para seis huéspedes.

EMPLEADO Aquí están las llaves de sus habitaciones.

MARU Gracias. Una cosa más. Mi novio y yo queremos hacer windsurf, pero no tenemos tablas.

EMPLEADO El botones las puede conseguir para ustedes.

MARISSA   **JIMENA**   **MARU**   **MIGUEL**   **MAITE FUENTES**   **ANA MARÍA**   **EMPLEADO**

7

JUAN CARLOS ¿Qué hace este libro aquí? ¿Estás estudiando en la playa?

JIMENA Sí, es que tengo un examen la próxima semana.

8

JUAN CARLOS Ay, Jimena. ¡No! ¿Vamos a nadar?

JIMENA Bueno, como estudiar es tan aburrido y el tiempo está tan bonito...

MARISSA Yo estoy un poco cansada. ¿Y tú? ¿Por qué no estás nadando?

FELIPE Es por causa de Miguel.

9

10

MARISSA Hmm, estoy confundida.

FELIPE Esta mañana. ¡Sigue enojado conmigo!

MARISSA No puede seguir enojado tanto tiempo.

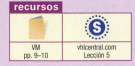

recursos

VM pp. 9–10   vhlcentral.com Lección 5

Expresiones útiles

Talking with hotel personnel

¿En qué puedo servirles?
How can I help you?
Tenemos una reservación.
We have a reservation.
¿A nombre de quién?
In whose name?
¿Quizás López? ¿Tal vez Díaz?
Maybe López? Maybe Díaz?
Ahora lo veo, aquí está. Díaz.
Now I see it. Here it is. Díaz.
Dos habitaciones en el primer piso para seis huéspedes.
Two rooms on the first floor for six guests.
Aquí están las llaves.
Here are the keys.

Describing a hotel

No está nada mal el hotel.
The hotel isn't bad at all.
Todo está tan limpio y cómodo.
Everything is so clean and comfortable.
Es excelente/estupendo/fabuloso/ fenomenal/increíble/magnífico/ maravilloso/perfecto.
It's excellent/stupendous/fabulous/ phenomenal/incredible/magnificent/ marvelous/perfect.

Talking about how you feel

Yo estoy un poco cansado/a.
I am a little tired.
Estoy confundido/a. *I'm confused.*
Todavía estoy/Sigo enojado/a contigo.
I'm still angry with you.

Additional vocabulary

afuera *outside*
amable *nice; friendly*
el balde *bucket*
el/la botones *bellhop*
la crema de afeitar *shaving cream*
el frente (frío) *(cold) front*
el grito *scream*
la temporada *period of time*
entonces *so, then*
es igual *it's the same*

¿Qué pasó?

1

Completar Complete these sentences with the correct term from the word bank.

aburrido	botones	la llave
el aeropuerto	la estación de autobuses	montar a caballo
amable	habitaciones	reservación

1. Los amigos van a _____ para ir a la playa.
2. La _____ del hotel está a nombre de los Díaz.
3. Los amigos tienen dos _____ para seis personas.
4. El _____ puede conseguir tablas de windsurf para Maru.
5. Jimena dice que estudiar en vacaciones es muy _____.

CONSULTA

The meaning of some adjectives, such as **aburrido**, changes depending on whether they are used with **ser** or **estar**. See **Estructura 5.3**, pp. 170–171.

2

Identificar Identify the person who would make each statement.

EMPLEADO   **MARU**   **TÍA ANA MARÍA**   **FELIPE**   **JUAN CARLOS**

1. No lo encuentro, ¿a nombre de quién está su reservación?
2. ¿Por qué estás estudiando en la playa? ¡Mejor vamos a nadar!
3. Nuestra reservación es para seis personas en dos habitaciones.
4. El hotel es limpio y cómodo, pero estoy triste porque Miguel no me habla.
5. Suban al autobús y ¡buen viaje a la playa!

3

Ordenar Place these events in the correct order.

_____ a. El empleado busca la reservación.
_____ b. Marissa dice que está confundida.
_____ c. Los amigos están listos para ir a la playa.
_____ d. El empleado da (gives) las llaves de las habitaciones a las chicas.
_____ e. Miguel grita (screams).

4

Conversar With a partner, use these cues to create a conversation between a hotel employee and a guest in Mexico.

Huésped	**Empleado/a**
Say hi to the employee and ask for your reservation.	Tell the guest that you can't find his/her reservation.
Tell the employee that the reservation is in your name.	Tell him/her that you found the reservation and that it's for a double room.
Tell the employee that the hotel is very clean and comfortable.	Say that you agree with the guest, welcome him/her, and give him/her the keys.
Ask the employee to call the bellhop to help you with your luggage.	Call the bellhop to help the guest with his/her luggage.

Practice more at **vhlcentral.com**.

Pronunciación  Audio

Spanish b and v

bueno	**vóleibol**	**biblioteca**	**vivir**

There is no difference in pronunciation between the Spanish letters **b** and **v**. However, each letter can be pronounced two different ways, depending on which letters appear next to them.

bonito	**viajar**	**también**	**investigar**

B and **v** are pronounced like the English hard *b* when they appear either as the first letter of a word, at the beginning of a phrase, or after **m** or **n**.

deber	**novio**	**abril**	**cerveza**

In all other positions, **b** and **v** have a softer pronunciation, which has no equivalent in English. Unlike the hard **b**, which is produced by tightly closing the lips and stopping the flow of air, the soft **b** is produced by keeping the lips slightly open.

bola	**vela**	**Caribe**	**declive**

In both pronunciations, there is no difference in sound between **b** and **v**. The English *v* sound, produced by friction between the upper teeth and lower lip, does not exist in Spanish. Instead, the soft **b** comes from friction between the two lips.

Verónica y su esposo cantan boleros.

When **b** or **v** begins a word, its pronunciation depends on the previous word. At the beginning of a phrase or after a word that ends in **m** or **n**, it is pronounced as a hard **b**.

Benito   es de Boquerón   pero vive   en Victoria.

Words that begin with **b** or **v** are pronounced with a soft **b** if they appear immediately after a word that ends in a vowel or any consonant other than **m** or **n**.

Práctica Read these words aloud to practice the **b** and the **v**.

1. hablamos	4. van	7. doble	10. nublado
2. trabajar	5. contabilidad	8. novia	11. llave
3. botones	6. bien	9. béisbol	12. invierno

Oraciones Read these sentences aloud to practice the **b** and the **v**.

1. Vamos a Guaynabo en autobús.
2. Voy de vacaciones a la Isla Culebra.
3. Tengo una habitación individual en el octavo piso.
4. Víctor y Eva van en avión al Caribe.
5. La planta baja es bonita también.
6. ¿Qué vamos a ver en Bayamón?
7. Beatriz, la novia de Víctor, es de Arecibo, Puerto Rico.

Refranes Read these sayings aloud to practice the **b** and the **v**.

No hay mal que por bien no venga.[1]

Hombre prevenido vale por dos.[2]

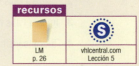

recursos

LM
p. 26

vhlcentral.com
Lección 5

EN DETALLE

Las cataratas del Iguazú

Imagine the impressive and majestic Niagara Falls, the most powerful waterfall in North America. Now, if you can, imagine a waterfall four times as wide and almost twice as tall that caused Eleanor Roosevelt to exclaim "Poor Niagara!" upon seeing it for the first time. Welcome to **las cataratas del Iguazú!**

Iguazú is located in Iguazú National Park, an area of subtropical jungle where Argentina meets Brazil. Its name comes from the indigenous Guaraní word for "great water." A UNESCO World Heritage Site, **las cataratas del Iguazú** span three kilometers and comprise 275 cascades split into two main sections by San Martín Island. Most of the falls are about 82 meters (270 feet) high. The horseshoe-shaped cataract **Garganta del Diablo** (Devil's Throat) has the greatest water flow and is considered to be the most impressive; it also marks the border between Argentina and Brazil.

Each country offers different views and tourist options. Most visitors opt to use the numerous catwalks that are available on both

Garganta del Diablo
Isla San Martín

sides; however, from the Argentinean side, tourists can get very close to the falls, whereas Brazil provides more panoramic views. If you don't mind getting wet, a jet boat tour is a good choice; those looking for wildlife—such as toucans, ocelots, butterflies, and jaguars—should head for San Martín Island. Brazil boasts less conventional ways to view the falls, such as helicopter rides and rappelling, while Argentina focuses on sustainability with its **Tren Ecológico de la Selva** (*Ecological Jungle Train*), an environmentally friendly way to reach the walkways.

No matter which way you choose to enjoy the falls, you are certain to be captivated.

Más cascadas° en Latinoamérica			
Nombre	**País**	**Altura°**	**Datos**
Salto Ángel	Venezuela	979 metros	la más alta° del mundo°
Catarata del Gocta	Perú	771 metros	descubierta° en 2006
Piedra Volada	México	453 metros	la más alta de México

cascadas *waterfalls* Altura *Height* más alta *tallest* mundo *world* descubierta *discovered*

ACTIVIDADES

1 **¿Cierto o falso?** Indicate whether these statements are **cierto** or **falso**. Correct the false statements.

1. Iguazú Falls is located on the border of Argentina and Brazil.

2. Niagara Falls is four times as wide as Iguazú Falls.

3. Iguazú Falls has a few cascades, each about 82 meters.

4. Tourists visiting Iguazú can see exotic wildlife.

5. *Iguazú* is the Guaraní word for "blue water."

6. You can access the walkways by taking the **Garganta del Diablo**.

7. It is possible for tourists to visit Iguazú Falls by air.

8. **Salto Ángel** is the tallest waterfall in the world.

9. There are no waterfalls in Mexico.

10. For the best views of Iguazú Falls, tourists should visit the Brazilian side.

ASÍ SE DICE

Viajes y turismo

el asiento del medio, del pasillo, de la ventanilla	center, aisle, window seat
el itinerario	itinerary
media pensión	breakfast and one meal included
el ómnibus (Perú)	el autobús
pensión completa	all meals included
el puente	long weekend (lit., bridge)

EL MUNDO HISPANO

Destinos populares

- **Las playas del Parque Nacional Manuel Antonio** (Costa Rica) ofrecen° la oportunidad de nadar y luego caminar por el bosque tropical°.

- **Teotihuacán** (México) Desde antes de la época° de los aztecas, aquí se celebra el equinoccio de primavera en la Pirámide del Sol.

- **Puerto Chicama** (Perú), con sus olas° de cuatro kilómetros de largo°, es un destino para surfistas expertos.

- **Tikal** (Guatemala) Aquí puedes ver las maravillas de la selva° y ruinas de la civilización maya.

- **Las playas de Rincón** (Puerto Rico) Son ideales para descansar y observar ballenas°.

ofrecen *offer* bosque tropical *rainforest*
Desde antes de la época *Since before the time* olas *waves*
de largo *in length* selva *jungle* ballenas *whales*

PERFIL

Punta del Este

One of South America's largest and most fashionable beach resort towns is Uruguay's **Punta del Este**, a narrow strip of land containing twenty miles of pristine beaches. Its peninsular shape gives it two very different seascapes. **La Playa Mansa**, facing the bay and therefore the more protected side, has calm waters. Here, people practice water sports like swimming, water skiing, windsurfing, and diving. **La Playa Brava**, facing the east, receives the Atlantic Ocean's powerful, wave-producing winds, making it popular for surfing, body boarding, and kite surfing. Besides the beaches, posh shopping, and world-famous nightlife, **Punta** offers its 600,000 yearly visitors yacht and fishing clubs, golf courses, and excursions to observe sea lions at the **Isla de Lobos** nature reserve.

Conexión Internet

¿Cuáles son los sitios más populares para el turismo en Puerto Rico?

Go to **vhlcentral.com** to find more cultural information related to this **Cultura** section.

ACTIVIDADES

2 **Comprensión** Complete the sentences.

1. En las playas de Rincón puedes ver _____.
2. Cerca de 600.000 turistas visitan _____ cada año.
3. En el avión pides un _____ si te gusta ver el paisaje.
4. En Punta del Este, la gente prefiere nadar en la Playa _____.
5. El _____ es un medio de transporte en Perú.

3 **De vacaciones** Spring break is coming up, and you want to go on a short vacation with some friends. Working in a small group, decide which of the locations featured on these pages best suits the group's likes and interests. Come to an agreement about how you will get there, where you prefer to stay and for how long, and what each of you will do during free time. Present your trip to the class.

 Practice more at **vhlcentral.com**.

5.1 Estar with conditions and emotions

 As you learned in **Lecciones 1** and **2**, the verb **estar** is used to talk about how you feel and to say where people, places, and things are located. **Estar** is also used with adjectives to talk about certain emotional and physical conditions.

▶ Use **estar** with adjectives to describe the physical condition of places and things.

La habitación **está** sucia.
The room is dirty.

La puerta **está** cerrada.
The door is closed.

▶ Use **estar** with adjectives to describe how people feel, both mentally and physically.

Yo estoy cansada.

¿Están listos para su viaje?

▶ **¡Atención!** Two important expressions with **estar** that you can use to talk about conditions and emotions are **estar de buen humor** (*to be in a good mood*) and **estar de mal humor** (*to be in a bad mood*).

CONSULTA

To review the present tense of **estar**, see **Estructura 2.3**, p. 59.
• • •
To review the present tense of **ser**, see **Estructura 1.3**, p. 20.

Adjectives that describe emotions and conditions

abierto/a	*open*	**contento/a**	*content*	**listo/a**	*ready*
aburrido/a	*bored*	**desordenado/a**	*disorderly*	**nervioso/a**	*nervous*
alegre	*happy*	**enamorado/a (de)**	*in love (with)*	**ocupado/a**	*busy*
avergonzado/a	*embarrassed*	**enojado/a**	*angry*	**ordenado/a**	*orderly*
cansado/a	*tired*	**equivocado/a**	*wrong*	**preocupado/a (por)**	*worried (about)*
cerrado/a	*closed*	**feliz**	*happy*	**seguro/a**	*sure*
cómodo/a	*comfortable*	**limpio/a**	*clean*	**sucio/a**	*dirty*
confundido/a	*confused*			**triste**	*sad*

 **¡INTÉNTALO!** Provide the present tense forms of **estar**, and choose which adjective best completes the sentence.

1. La biblioteca ____está____ (cerrada / nerviosa) los domingos por la noche. *cerrada*
2. Nosotros _____ muy (ocupados / equivocados) todos los lunes.
3. Ellas _____ (alegres / confundidas) porque tienen vacaciones.
4. Javier _____ (enamorado / ordenado) de Maribel.
5. Diana _____ (enojada / limpia) con su novio.
6. Yo _____ (nerviosa / abierta) por el viaje.
7. La habitación siempre _____ (ordenada / segura) cuando vienen sus padres.
8. Ustedes no comprenden; _____ (equivocados / tristes).

recursos

WB
pp. 51–52

LM
p. 27

 vhlcentral.com
Lección 5

Práctica y Comunicación

1

¿Cómo están? Complete Martín's statements about how he and other people are feeling. In the first blank, fill in the correct form of **estar**. In the second blank, fill in the adjective that best fits the context.

1. Yo _____ un poco _____ porque tengo un examen mañana.
2. Mi hermana Patricia _____ muy _____ porque mañana va a hacer una excursión al campo.
3. Mis hermanos Juan y José salen de la casa a las cinco de la mañana. Por la noche, siempre _____ muy _____ .
4. Mi amigo Ramiro _____ _____; su novia se llama Adela.
5. Mi papá y sus colegas _____ muy _____ hoy. ¡Hay mucho trabajo!
6. Patricia y yo _____ un poco _____ por ellos porque trabajan mucho.
7. Mi amiga Mónica _____ un poco _____ porque su novio no puede salir esta noche.
8. Esta clase no es muy interesante. ¿Tú _____ _____ también?

2

Describir Describe these people and places.

1. Anabela

2. Juan y Luisa

3. la habitación de Teresa

4. la habitación de César

3

Situaciones With a partner, use **estar** to talk about how you feel in these situations.

1. Cuando hace sol…
2. Cuando tomas un examen…
3. Cuando viajas en avión…
4. Cuando estás en la clase de español…
5. Cuando ves una película con tu actor/actriz favorito/a…

4

En la tele In small groups, imagine that you are a family that stars on a reality TV show. You are vacationing together, but the trip isn't going well for everyone. Write the script of a scene from the show and then act it out. Use at least six adjectives from the previous page and be creative!

modelo

Papá: ¿Por qué estás enojada, María Rosa? El hotel es muy bonito y las habitaciones están limpias.

Mamá: ¡Pero mira, Roberto! Las maletas de Elisa están abiertas y, como siempre, sus cosas están muy desordenadas.

 Practice more at **vhlcentral.com**.

5.2 ## The present progressive  **Tutorial**

ANTE TODO Both Spanish and English use the present progressive, which consists of the present tense of the verb *to be* and the present participle of another verb (the *-ing* form in English).

Las chicas están hablando con el empleado del hotel.

¿Estás estudiando en la playa?

▶ Form the present progressive with the present tense of **estar** and a present participle.

FORM OF ESTAR + PRESENT PARTICIPLE		FORM OF ESTAR + PRESENT PARTICIPLE	
Estoy	**pescando.**	**Estamos**	**comiendo.**
I am	*fishing.*	*We are*	*eating.*

▶ The present participle of regular **-ar**, **-er**, and **-ir** verbs is formed as follows:

INFINITIVE	STEM	ENDING	PRESENT PARTICIPLE
hablar	habl-	**-ando**	habl**ando**
comer	com-	**-iendo**	com**iendo**
escribir	escrib-	**-iendo**	escrib**iendo**

▶ **¡Atención!** When the stem of an **-er** or **-ir** verb ends in a vowel, the present participle ends in **-yendo**.

INFINITIVE	STEM	ENDING	PRESENT PARTICIPLE
leer	le-	**-yendo**	le**yendo**
oír	o-	**-yendo**	o**yendo**
traer	tra-	**-yendo**	tra**yendo**

▶ **Ir**, **poder**, and **venir** have irregular present participles (**yendo**, **pudiendo**, **viniendo**). Several other verbs have irregular present participles that you will need to learn.

▶ **-Ir** stem-changing verbs have a stem change in the present participle.

-ir stem-changing verbs

e:ie in the present tense	**e → i** in the present participle
pref**e**rir	→	pref**i**riendo

e:i in the present tense	**e → i** in the present participle
cons**e**guir	→	cons**i**guiendo

o:ue in the present tense	**o → u** in the present participle
d**o**rmir	→	d**u**rmiendo

The use of the present progressive is much more restricted in Spanish than in English. In Spanish, the present progressive is mainly used to emphasize that an action is in progress at the time of speaking.

Maru **está escuchando** música latina **ahora mismo**.
Maru is listening to Latin music right now.

Felipe y su amigo **todavía están jugando** al fútbol.
Felipe and his friend are still playing soccer.

In English, the present progressive is often used to talk about situations and actions that occur over an extended period of time or in the future. In Spanish, the simple present tense is often used instead.

Xavier **estudia** computación este semestre.
Xavier is studying computer science this semester.

Marissa **sale** mañana para los Estados Unidos.
Marissa is leaving tomorrow for the United States.

¿Está pensando en su futuro?
Nosotros, sí.

BANCO CONGRESO

Preparándolo para el mañana

¡INTÉNTALO! Create complete sentences by putting the verbs in the present progressive.

1. mis amigos / descansar en la playa ___Mis amigos están descansando en la playa.___
2. nosotros / practicar deportes _____
3. Carmen / comer en casa _____
4. nuestro equipo / ganar el partido _____
5. yo / leer el periódico _____
6. él / pensar comprar una bicicleta _____
7. ustedes / jugar a las cartas _____
8. José y Francisco / dormir _____
9. Marisa / leer correo electrónico _____
10. yo / preparar sándwiches _____
11. Carlos / tomar fotos _____
12. ¿dormir / tú? _____

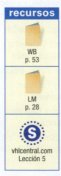
recursos

WB
p. 53

LM
p. 28

Ⓢ
vhlcentral.com
Lección 5

Práctica

1

Completar Alfredo's Spanish class is preparing to travel to Puerto Rico. Use the present progressive of the verb in parentheses to complete Alfredo's description of what everyone is doing.

1. Yo _____ (investigar) la situación política de la isla (*island*).
2. La esposa del profesor _____ (hacer) las maletas.
3. Marta y José Luis _____ (buscar) información sobre San Juan en Internet.
4. Enrique y yo _____ (leer) un correo electrónico de nuestro amigo puertorriqueño.
5. Javier _____ (aprender) mucho sobre la cultura puertorriqueña.
6. Y tú _____ (practicar) el español, ¿verdad?

2

¿Qué están haciendo? María and her friends are vacationing at a resort in San Juan, Puerto Rico. Complete her description of what everyone is doing right now.

CONSULTA

For more information about Puerto Rico, see **Panorama**, pp. 186–187.

1. Yo

2. Javier

3. Alejandro y Rebeca

4. Celia y yo

5. Samuel

6. Lorenzo

3

Personajes famosos Say what these celebrities are doing right now, using the cues provided.

modelo

Shakira

Shakira está cantando una canción ahora mismo.

A		B	
Isabel Allende	Nelly Furtado	bailar	hacer
Rachael Ray	Dwight Howard	cantar	jugar
James Cameron	Las Rockettes de	correr	preparar
Venus y Serena	Nueva York	escribir	¿?
Williams	¿?	hablar	¿?
Joey Votto	¿?		

AYUDA

Isabel Allende: **novelas**

Rachael Ray: **televisión, negocios** (*business*)

James Cameron: **cine**

Venus y Serena Williams: **tenis**

Joey Votto: **béisbol**

Nelly Furtado: **canciones**

Dwight Howard: **baloncesto**

Las Rockettes de Nueva York: **baile**

 Practice more at **vhlcentral.com**.

Comunicación

4

Preguntar With a partner, take turns asking each other what you are doing at these times.

> **modelo**
>
> 8:00 a.m.
> **Estudiante 1:** ¡Hola, Andrés! Son las ocho de la mañana. ¿Qué estás haciendo?
> **Estudiante 2:** Estoy desayunando.

1. 5:00 a.m.
2. 9:30 a.m.
3. 11:00 a.m.
4. 12:00 p.m.
5. 2:00 p.m.
6. 5:00 p.m.
7. 9:00 p.m.
8. 11:30 p.m.

5

Describir Work with a partner and use the present progressive to describe what is going on in this Spanish beach scene.

NOTA CULTURAL

Nearly 60 million tourists travel to Spain every year, many of them drawn by the warm climate and beautiful coasts. Tourists wanting a beach vacation go mostly to the **Costa del Sol** or the Balearic Islands, in the Mediterranean.

6

Conversar Imagine that you and a classmate are each babysitting a group of children. With a partner, prepare a telephone conversation using these cues. Be creative and add further comments.

Estudiante 1	Estudiante 2
Say hello and ask what the kids are doing.	Say hello and tell your partner that two of your kids are doing their homework. Then ask what the kids at his/her house are doing.
Tell your partner that two of your kids are running and dancing in the house.	Tell your partner that one of the kids is reading.
Tell your partner that you are tired and that two of your kids are watching TV and eating pizza.	Tell your partner that one of the kids is sleeping.
Tell your partner you have to go; the kids are playing soccer in the house.	Say goodbye and good luck (¡Buena suerte!).

Síntesis

7

¿Qué están haciendo? A group of classmates is traveling to San Juan, Puerto Rico, for a week-long Spanish immersion program. In order for the participants to be on time for their flight, you and your partner must locate them. Your instructor will give you each a handout to help you complete this task.

5.3   Ser and estar   (S) Tutorial

ANTE TODO   You have already learned that **ser** and **estar** both mean *to be* but are used for different purposes. These charts summarize the key differences in usage between **ser** and **estar**.

¡ATENCIÓN!

Ser de expresses not only origin (**Es de Buenos Aires.**) and possession (**Es la pluma de Maru.**), but also what material something is made of (**La bicicleta es de metal.**).

Uses of ser

1. Nationality and place of origin	Juan Carlos **es** argentino. **Es** de Buenos Aires.
2. Profession or occupation	Adela **es** agente de viajes. Francisco **es** médico.
3. Characteristics of people and things . . .	José y Clara **son** simpáticos. El clima de Puerto Rico **es** agradable.
4. Generalizations	¡**Es** fabuloso viajar! **Es** difícil estudiar a la una de la mañana.
5. Possession	**Es** la pluma de Jimena. **Son** las llaves del señor Díaz.
6. What something is made of	La bicicleta **es** de metal. Los pasajes **son** de papel.
7. Time and date	Hoy **es** martes. **Son** las dos. Hoy **es** el primero de julio.
8. Where or when an event takes place . .	El partido **es** en el estadio Santa Fe. La conferencia **es** a las siete.

Ellos son mis amigos.

Miguel está enojado conmigo.

Uses of estar

1. Location or spatial relationships	El aeropuerto **está** lejos de la ciudad. Tu habitación **está** en el tercer piso.
2. Health	¿Cómo **estás**? **Estoy** bien, gracias.
3. Physical states and conditions	El profesor **está** ocupado. Las ventanas **están** abiertas.
4. Emotional states	Marissa **está** feliz hoy. **Estoy** muy enojado con Maru.
5. Certain weather expressions	**Está** lloviendo. **Está** nublado.
6. Ongoing actions (progressive tenses) . .	**Estamos** estudiando para un examen. Ana **está** leyendo una novela.

Ser and estar with adjectives

▶ With many descriptive adjectives, **ser** and **estar** can both be used, but the meaning will change.

Juan **es** delgado.
Juan is thin.

Juan **está** más delgado hoy.
Juan looks thinner today.

Ana **es** nerviosa.
Ana is a nervous person.

Ana **está** nerviosa por el examen.
Ana is nervous because of the exam.

▶ In the examples above, the statements with **ser** are general observations about the inherent qualities of Juan and Ana. The statements with **estar** describe conditions that are variable.

▶ Here are some adjectives that change in meaning when used with **ser** and **estar**.

With ser	With estar
El chico **es listo**.	El chico **está listo**.
The boy is smart.	*The boy is ready.*
La profesora **es mala**.	La profesora **está mala**.
The professor is bad.	*The professor is sick.*
Jaime **es aburrido**.	Jaime **está aburrido**.
Jaime is boring.	*Jaime is bored.*
Las peras **son verdes**.	Las peras **están verdes**.
Pears are green.	*The pears are not ripe.*
El gato **es muy vivo**.	El gato **está vivo**.
The cat is very clever.	*The cat is alive.*
Iván **es un hombre seguro**.	Iván no **está seguro**.
Iván is a confident man.	*Iván is not sure.*

¡ATENCIÓN!

When referring to objects, **ser seguro/a** means *to be safe*.
El puente es seguro.
The bridge is safe.

¡INTÉNTALO!   Form complete sentences by using the correct form of **ser** or **estar** and making any other necessary changes.

1. Alejandra / cansado
   Alejandra está cansada.

2. ellos / pelirrojo
   _____

3. Carmen / alto
   _____

4. yo / la clase de español
   _____

5. película / a las once
   _____

6. hoy / viernes
   _____

7. nosotras / enojado
   _____

8. Antonio / médico
   _____

9. Romeo y Julieta / enamorado
   _____

10. libros / de Ana
    _____

11. Marisa y Juan / estudiando
    _____

12. partido de baloncesto / gimnasio
    _____

recursos

WB
pp. 54–55

LM
p. 29

S
vhlcentral.com
Lección 5

Práctica

1

¿Ser o estar? Indicate whether each adjective takes **ser** or **estar**. **¡Ojo!**
Three of them can take both verbs.

	ser	estar			ser	estar
1. delgada	○	○	5. seguro	○	○
2. canadiense	○	○	6. enojada	○	○
3. enamorado	○	○	7. importante	○	○
4. lista	○	○	8. avergonzada	○	○

2

Completar Complete this conversation with the appropriate forms of **ser** and **estar**.

EDUARDO   ¡Hola, Ceci! ¿Cómo (1)_____?

CECILIA   Hola, Eduardo. Bien, gracias. ¡Qué guapo (2)_____ hoy!

EDUARDO   Gracias. (3)_____ muy amable. Oye, ¿qué (4)_____ haciendo?
(5)¿_____ ocupada?

CECILIA   No, sólo le (6)_____ escribiendo una carta a mi prima Pilar.

EDUARDO   ¿De dónde (7)_____ ella?

CECILIA   Pilar (8)_____ de Ecuador. Su papá (9)_____ médico en Quito. Pero
ahora Pilar y su familia (10)_____ de vacaciones en Ponce, Puerto Rico.

EDUARDO   Y… ¿cómo (11)_____ Pilar?

CECILIA   (12)_____ muy lista. Y también (13)_____ alta, rubia y muy bonita.

3

En el parque With a partner, take turns describing the people in the drawing. Your descriptions
should answer the questions provided.

1. ¿Quiénes son?
2. ¿Dónde están?
3. ¿Cómo son?
4. ¿Cómo están?

5. ¿Qué están haciendo?
6. ¿Qué estación es?
7. ¿Qué tiempo hace?
8. ¿Quiénes están de vacaciones?

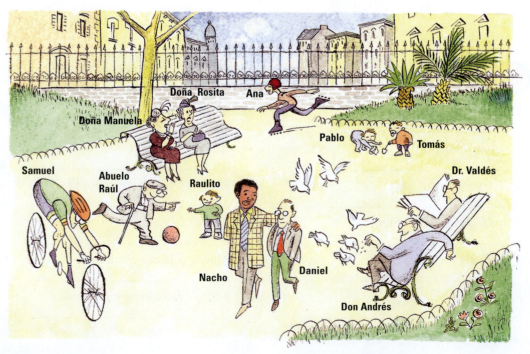

Practice more at **vhlcentral.com**.

Comunicación

Describir With a classmate, take turns describing these people. Mention where they are from, what they are like, how they are feeling, and what they are doing right now.

> **modelo**
>
> tu compañero/a de cuarto
>
> *Mi compañera de cuarto es de San Juan, Puerto Rico. Es muy inteligente.*
> *Está cansada pero está estudiando porque tiene un examen.*

1. tu mejor (*best*) amigo/a
2. tu actor/actriz favorito/a
3. tu profesor(a) favorito/a
4. tu novio/a o esposo/a
5. tus abuelos
6. tus padres

5

Adivinar Get together with a partner and take turns describing a celebrity using these items as a guide. Don't mention the celebrity's name. Can your partner guess who you are describing?

- descripción física
- cómo está ahora
- origen
- dónde está ahora
- qué está haciendo ahora
- profesión u ocupación

6

En el aeropuerto In groups of three, take turns assuming the identity of a character from this drawing. Your partners will ask you questions using **ser** and **estar** until they figure out who you are.

> **modelo**
>
> **Estudiante 3:** ¿Dónde estás?
> **Estudiante 1:** Estoy cerca de la puerta.
> **Estudiante 2:** ¿Qué estás haciendo?
> **Estudiante 1:** Estoy escuchando a otra persona.
> **Estudiante 3:** ¿Eres uno de los pasajeros?
> **Estudiante 1:** No, soy empleado del aeropuerto.
> **Estudiante 2:** ¿Eres Camilo?

Síntesis

7

Conversación In pairs, imagine that you and your partner are two of the characters in the drawing in **Actividad 6**. After boarding, you are seated next to each other and strike up a conversation. Act out what you would say to your fellow passenger.

5.4 Direct object nouns and pronouns  Tutorial

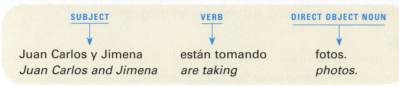

SUBJECT	VERB	DIRECT OBJECT NOUN
Juan Carlos y Jimena	están tomando	fotos.
Juan Carlos and Jimena	*are taking*	*photos.*

▶ A direct object noun receives the action of the verb directly and generally follows the verb. In the example above, the direct object noun answers the question *What are Juan Carlos and Jimena taking?*

▶ When a direct object noun in Spanish is a person or a pet, it is preceded by the word **a**. This is called the personal **a**; there is no English equivalent for this construction.

Mariela mira **a** Carlos.   Mariela mira televisión.
Mariela is watching Carlos.   *Mariela is watching TV.*

▶ In the first sentence above, the personal **a** is required because the direct object is a person. In the second sentence, the personal **a** is not required because the direct object is a thing, not a person.

Miguel no me perdona.

No tenemos tablas de windsurf.

El botones las puede conseguir para ustedes.

▶ Direct object pronouns are words that replace direct object nouns. Like English, Spanish uses a direct object pronoun to avoid repeating a noun already mentioned.

	DIRECT OBJECT			DIRECT OBJECT PRONOUN	
Maribel hace	las maletas.		Maribel	las	hace.
Felipe compra	el sombrero.		Felipe	lo	compra.
Vicky tiene	la llave.		Vicky	la	tiene.

Direct object pronouns

SINGULAR		PLURAL	
me	*me*	nos	*us*
te	*you* (fam.)	os	*you* (fam.)
lo	*you* (m., form.)	los	*you* (m.)
	him; it (m.)		*them* (m.)
la	*you* (f., form.)	las	*you* (f.)
	her; it (f.)		*them* (f.)

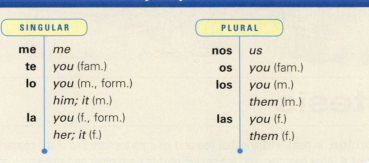

▶ In affirmative sentences, direct object pronouns generally appear before the conjugated verb. In negative sentences, the pronoun is placed between the word **no** and the verb.

Adela practica **el tenis.**
Adela **lo** practica.

Gabriela no tiene **las llaves.**
Gabriela **no las** tiene.

Carmen compra **los pasajes.**
Carmen **los** compra.

Diego no hace **las maletas.**
Diego **no las** hace.

▶ When the verb is an infinitive construction, such as **ir a** + [*infinitive*], the direct object pronoun can be placed before the conjugated form or attached to the infinitive.

Ellos van a escribir **unas postales.**

⟨ Ellos **las** van a escribir.
Ellos van a escribir**las.**

Lidia quiere ver **una película.**

⟨ Lidia **la** quiere ver.
Lidia quiere ver**la.**

▶ When the verb is in the present progressive, the direct object pronoun can be placed before the conjugated form or attached to the present participle. **¡Atención!** When a direct object pronoun is attached to the present participle, an accent mark is added to maintain the proper stress.

Gerardo está leyendo **la lección.**

⟨ Gerardo **la** está leyendo.
Gerardo está leyéndo**la.**

Toni está mirando **el partido.**

⟨ Toni **lo** está mirando.
Toni está mirándo**lo.**

CONSULTA

To learn more about accents, see **Lección 4, Pronunciación,** p. 123, **Lección 10, Ortografía,** p. 339, and **Lección 11, Ortografía,** p. 375.

¡INTÉNTALO!   Choose the correct direct object pronoun for each sentence.

1. Tienes el libro de español. *c*
   a. La tienes.
   b. Los tienes.
   c. Lo tienes.
2. Voy a ver el partido de baloncesto.
   a. Voy a verlo.
   b. Voy a verte.
   c. Voy a vernos.
3. El artista quiere dibujar a Luisa y a su mamá.
   a. Quiere dibujarme.
   b. Quiere dibujarla.
   c. Quiere dibujarlas.
4. Marcos busca la llave.
   a. Me busca.
   b. La busca.
   c. Las busca.
5. Rita me lleva al aeropuerto y también lleva a Tomás.
   a. Nos lleva.
   b. Las lleva.
   c. Te lleva.
6. Puedo oír a Gerardo y a Miguel.
   a. Puedo oírte.
   b. Puedo oírlos.
   c. Puedo oírlo.
7. Quieren estudiar la gramática.
   a. Quieren estudiarnos.
   b. Quieren estudiarlo.
   c. Quieren estudiarla.
8. ¿Practicas los verbos irregulares?
   a. ¿Los practicas?
   b. ¿Las practicas?
   c. ¿Lo practicas?
9. Ignacio ve la película.
   a. La ve.
   b. Lo ve.
   c. Las ve.
10. Sandra va a invitar a Mario a la excursión. También me va a invitar a mí.
    a. Los va a invitar.
    b. Lo va a invitar.
    c. Nos va a invitar.

recursos

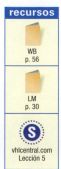

WB
p. 56

LM
p. 30

S
vhlcentral.com
Lección 5

Práctica

1

Simplificar Professor Vega's class is planning a trip to Costa Rica. Describe their preparations by changing the direct object nouns into direct object pronouns.

> **modelo**
>
> La profesora Vega tiene su pasaporte.
> *La profesora Vega lo tiene.*

1. Gustavo y Héctor confirman las reservaciones.
2. Nosotros leemos los folletos (*brochures*).
3. Ana María estudia el mapa.
4. Yo aprendo los nombres de los monumentos de San José.
5. Alicia escucha a la profesora.
6. Miguel escribe las instrucciones para ir al hotel.
7. Esteban busca el pasaje.
8. Nosotros planeamos una excursión.

2

Vacaciones Ramón is going to San Juan, Puerto Rico, with his friends, Javier and Marcos. Express his thoughts more succinctly using direct object pronouns.

> **modelo**
>
> Quiero hacer una excursión.
> *Quiero hacerla./La quiero hacer.*

1. Voy a hacer mi maleta.
2. Necesitamos llevar los pasaportes.
3. Marcos está pidiendo el folleto turístico.
4. Javier debe llamar a sus padres.
5. Ellos desean visitar el Viejo San Juan.
6. Puedo llamar a Javier por la mañana.
7. Prefiero llevar mi cámara.
8. No queremos perder nuestras reservaciones de hotel.

3

¿Quién? The Garza family is preparing to go on a vacation to Puerto Rico. Based on the clues, answer the questions. Use direct object pronouns in your answers.

> **modelo**
>
> ¿Quién hace las reservaciones para el hotel? (el Sr. Garza)
> *El Sr. Garza las hace.*

1. ¿Quién compra los pasajes para el vuelo (*flight*)? (la Sra. Garza)
2. ¿Quién tiene que hacer las maletas de los niños? (María)
3. ¿Quiénes buscan los pasaportes? (Antonio y María)
4. ¿Quién va a confirmar las reservaciones de hotel? (la Sra. Garza)
5. ¿Quién busca la cámara? (María)
6. ¿Quién compra un mapa de Puerto Rico? (Antonio)

 Practice more at **vhlcentral.com**.

Comunicación

4

Entrevista Take turns asking and answering these questions with a classmate. Be sure to use direct object pronouns in your responses.

1. ¿Ves mucho la televisión?
2. ¿Cuándo vas a ver tu programa favorito?
3. ¿Quién prepara la comida (*food*) en tu casa?
4. ¿Te visita mucho tu familia?
5. ¿Visitas mucho a tus abuelos?
6. ¿Nos entienden nuestros padres a nosotros?
7. ¿Cuándo ves a tus amigos/as?
8. ¿Cuándo te llaman tus amigos/as?

5

Los pasajeros Get together with a partner and take turns asking each other questions about the drawing. Use the word bank and direct object pronouns.

AYUDA

For travel-related vocabulary, see **Contextos**, pp. 152–153.

modelo

> **Estudiante 1:** ¿Quién está leyendo el libro?
> **Estudiante 2:** Susana lo está leyendo./Susana está leyéndolo.

buscar	confirmar	escribir	leer	tener	vender
comprar	encontrar	escuchar	llevar	traer	¿?

Marta   Sr. Sánchez   Sra. Sánchez   Orlando   Susana   Sr. López   Miguelito

Síntesis

6

Adivinanzas In pairs, take turns describing a person, place, or thing for your partner to guess. Each of you should give at least five descriptions.

modelo

> **Estudiante 1:** Lo uso para (*I use it to*) escribir en mi cuaderno.
> No es muy grande y tiene borrador. ¿Qué es?
> **Estudiante 2:** ¿Es un lápiz?
> **Estudiante 1:** ¡Sí!

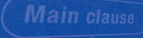

Recapitulación

 **Diagnostics**

Review the grammar concepts you have learned in this lesson by completing these activities.

1 **Completar** Complete the chart with the correct present participle of these verbs. `16 pts.`

Infinitive	Present participle	Infinitive	Present participle
hacer		estar	
acampar		ser	
tener		vivir	
venir		estudiar	

2 **Vacaciones en París** Complete this paragraph about Julia's trip to Paris with the correct form of **ser** or **estar**. `24 pts.`

Hoy (1) _____ (es/está) el 3 de julio y voy a París por tres semanas. (Yo) (2) _____ (Soy/Estoy) muy feliz porque voy a ver a mi mejor amiga. Ella (3) _____ (es/está) de Puerto Rico, pero ahora (4) _____ (es/está) viviendo en París. También (yo) (5) _____ (soy/estoy) un poco nerviosa porque (6) _____ (es/está) mi primer viaje a Francia. El vuelo (*flight*) (7) _____ (es/está) hoy por la tarde, pero ahora (8) _____ (es/está) lloviendo. Por eso (9) _____ (somos/estamos) preocupadas, porque probablemente el avión va a salir tarde. Mi equipaje ya (10) _____ (es/está) listo. (11) _____ (Es/Está) tarde y me tengo que ir. ¡Va a (12) _____ (ser/estar) un viaje fenomenal!

3 **¿Qué hacen?** Respond to these questions by indicating what people do with the items mentioned. Use direct object pronouns. `10 pts.`

> **modelo**
> ¿Qué hacen ellos con la película? (ver)
> La ven.

1. ¿Qué haces tú con el libro de viajes? (leer) _____
2. ¿Qué hacen los turistas en la ciudad? (explorar) _____
3. ¿Qué hace el botones con el equipaje? (llevar) _____
4. ¿Qué hace la agente con las reservaciones? (confirmar) _____
5. ¿Qué hacen ustedes con los pasaportes? (mostrar) _____

RESUMEN GRAMATICAL

5.1 **Estar with conditions and emotions** *p. 164*

▸ Yo est**oy** aburrido/a, feliz, nervioso/a.

▸ El cuarto est**á** desordenado, limpio, ordenado.

▸ Estos libros est**án** abiertos, cerrados, sucios.

5.2 **The present progressive** *pp. 166–167*

▸ The present progressive is formed with the present tense of estar plus the present participle.

Forming the present participle

infinitive	stem	ending	present participle
hablar	habl-	-ando	habl**ando**
comer	com-	-iendo	com**iendo**
escribir	escrib-	-iendo	escrib**iendo**

-ir stem-changing verbs

	infinitive	present participle
e:ie	preferir	pref**i**riendo
e:i	conseguir	cons**i**guiendo
o:ue	dormir	d**u**rmiendo

▸ Irregular present participles: **yendo (ir), pudiendo (poder), viniendo (venir)**

5.3 **Ser and estar** *pp. 170–171*

▸ Uses of **ser**: nationality, origin, profession or occupation, characteristics, generalizations, possession, what something is made of, time and date, time and place of events

▸ Uses of **estar**: location, health, physical states and conditions, emotional states, weather expressions, ongoing actions

▸ Many adjectives can be used with both **ser** and **estar**, but the meaning of the adjectives will change.

Juan **es** delgado. Juan **está** más delgado hoy.
Juan is thin. *Juan looks thinner today.*

4 **Opuestos** Complete these sentences with the appropriate form of the verb **estar** and an antonym for the underlined adjective. `10 pts.`

> **modelo**
>
> Mis respuestas están <u>bien</u>, pero las de Susana *están mal*.

1. Las tiendas están <u>abiertas</u>, pero la agencia de viajes _____ _____.
2. No me gustan las habitaciones <u>desordenadas</u>. Incluso (*Even*) mi habitación de hotel _____ _____.
3. Nosotras estamos <u>tristes</u> cuando trabajamos. Hoy comienzan las vacaciones y _____ _____.
4. En esta ciudad los autobuses están <u>sucios</u>, pero los taxis _____ _____.
5. —El avión sale a las 5:30, ¿verdad? —No, estás <u>confundida</u>. Yo _____ _____ de que el avión sale a las 5:00.

5.4 Direct object nouns and pronouns *pp. 174–175*

Direct object pronouns

Singular		Plural	
me	lo	nos	los
te	la	os	las

In affirmative sentences:
Adela practica **el tenis**. → Adela **lo** practica.

In negative sentences: Adela **no lo** practica.

With an infinitive:
Adela **lo** va a practicar./Adela va a practicar**lo**.

With the present progressive:
Adela **lo** está practicando./Adela está practicándo**lo**.

---

5 **En la playa** Describe what these people are doing. Complete the sentences using the present progressive tense. `8 pts.`

1. El Sr. Camacho _____.
2. Felicia _____.
3. Leo _____.
4. Nosotros _____.

6 **Antes del viaje** Write a paragraph of at least six sentences describing the time right before you go on a trip. Say how you feel and what you are doing. You can use **Actividad 2** as a model. `32 pts.`

> **modelo**
>
> Hoy es viernes, 27 de octubre. Estoy en mi habitación...

7 **Refrán** Complete this Spanish saying by filling in the missing present participles. Refer to the translation and the drawing. `4 EXTRA points!`

¡LA CIUDAD ESTÁ MUY SUCIA!

"Se consigue más _____ que _____."

(*You can accomplish more by doing than by saying.*)

Practice more at **vhlcentral.com**.

Lectura

Antes de leer

Estrategia

Scanning

Scanning involves glancing over a document in search of specific information. For example, you can scan a document to identify its format, to find cognates, to locate visual clues about the document's content, or to find specific facts. Scanning allows you to learn a great deal about a text without having to read it word for word.

Examinar el texto

Scan the reading selection for cognates and write down a few of them.

1. _____   4. _____
2. _____   5. _____
3. _____   6. _____

Based on the cognates you found, what do you think this document is about?

_____

Preguntas

Read these questions. Then scan the document again to look for answers.

1. What is the format of the reading selection?
   _____

2. Which place is the document about?
   _____

3. What are some of the visual cues this document provides? What do they tell you about the content of the document?
   _____

4. Who produced the document, and what do you think it is for?
   _____

Turismo ecológico en Puerto Rico

Hotel Vistahermosa
~ Lajas, Puerto Rico ~

- 40 habitaciones individuales
- 15 habitaciones dobles
- Teléfono/TV por cable/Internet
- Aire acondicionado
- Restaurante (Bar)
- Piscina
- Área de juegos
- Cajero automático°

El hotel está situado en Playa Grande, un pequeño pueblo de pescadores del mar Caribe. Es el lugar perfecto para el viajero que viene de vacaciones. Las playas son seguras y limpias, ideales para tomar el sol, descansar, tomar fotografías y nadar. Está abierto los 365 días del año. Hay una rebaja° especial para estudiantes universitarios.

DIRECCIÓN: Playa Grande 406, Lajas, PR 00667, cerca del Parque Nacional Foresta.

Cajero automático *ATM* rebaja *discount*

Atracciones cercanas

Playa Grande ¿Busca la playa perfecta? Playa Grande es la playa que está buscando. Usted puede pescar, sacar fotos, nadar y pasear en bicicleta. Playa Grande es un paraíso para el turista que quiere practicar deportes acuáticos. El lugar es bonito e interesante y usted va a tener muchas oportunidades para descansar y disfrutar en familia.

Valle Niebla Ir de excursión, tomar café, montar a caballo, caminar, hacer picnics. Más de cien lugares para acampar.

Bahía Fosforescente Sacar fotos, salidas de noche, excursión en barco. Una maravillosa experiencia llena de luz°.

Arrecifes de Coral Sacar fotos, bucear, explorar. Es un lugar único en el Caribe.

Playa Vieja Tomar el sol, pasear en bicicleta, jugar a las cartas, escuchar música. Ideal para la familia.

Parque Nacional Foresta Sacar fotos, visitar el Museo de Arte Nativo. Reserva Mundial de la Biosfera.

Santuario de las Aves Sacar fotos, observar aves°, seguir rutas de excursión.

llena de luz *full of light* **aves** *birds*

Después de leer

Listas
Which amenities of Hotel Vistahermosa would most interest these potential guests? Explain your choices.

1. dos padres con un hijo de seis años y una hija de ocho años

_____

2. un hombre y una mujer en su luna de miel (*honeymoon*)

_____

3. una persona en un viaje de negocios (*business trip*)

_____

Conversaciones
With a partner, take turns asking each other these questions.

1. ¿Quieres visitar el Hotel Vistahermosa? ¿Por qué?

2. Tienes tiempo de visitar sólo tres de las atracciones turísticas que están cerca del hotel. ¿Cuáles vas a visitar? ¿Por qué?

3. ¿Qué prefieres hacer en Valle Niebla? ¿En Playa Vieja? ¿En el Parque Nacional Foresta?

Situaciones
You have just arrived at Hotel Vistahermosa. Your partner is the concierge. Use the phrases below to express your interests and ask for suggestions about where to go.

1. montar a caballo
2. bucear
3. pasear en bicicleta
4. pescar
5. observar aves

Contestar
Answer these questions.

1. ¿Quieres visitar Puerto Rico? Explica tu respuesta.

_____

2. ¿Adónde quieres ir de vacaciones el verano que viene? Explica tu respuesta.

_____

Escritura

Estrategia

Making an outline

When we write to share information, an outline can serve to separate topics and subtopics, providing a framework for the presentation of data. Consider the following excerpt from an outline of the tourist brochure on pages 180–181.

IV. Descripción del sitio (con foto)
   A. Playa Grande
      1. Playas seguras y limpias
      2. Ideal para tomar el sol, descansar, tomar fotografías, nadar
   B. El hotel
      1. Abierto los 365 días del año
      2. Rebaja para estudiantes universitarios

Mapa de ideas

Idea maps can be used to create outlines. The major sections of an idea map correspond to the Roman numerals in an outline. The minor idea map sections correspond to the outline's capital letters, and so on. Examine the idea map that led to the outline above.

Tema

Escribir un folleto

Write a tourist brochure for a hotel or resort you have visited. If you wish, you may write about an imaginary location. You may want to include some of this information in your brochure:

► the name of the hotel or resort
► phone and fax numbers that tourists can use to make contact
► the hotel website that tourists can consult
► an e-mail address that tourists can use to request information
► a description of the exterior of the hotel or resort
► a description of the interior of the hotel or resort, including facilities and amenities
► a description of the surrounding area, including its climate
► a listing of nearby scenic natural attractions
► a listing of nearby cultural attractions
► a listing of recreational activities that tourists can pursue in the vicinity of the hotel or resort

Escuchar Audio

Preparación

Based on the illustration, who do you think Hernán Jiménez is, and what is he doing? What key words might you listen for to help you understand what he is saying?

Ahora escucha

Now you are going to listen to a weather report by Hernán Jiménez. Note which phrases are correct according to the key words and phrases you hear.

Santo Domingo

1. hace sol
2. va a hacer frío
3. una mañana de mal tiempo
4. va a estar nublado
5. buena tarde para tomar el sol
6. buena mañana para la playa

San Francisco de Macorís

1. hace frío
2. hace sol
3. va a nevar
4. va a llover
5. hace calor
6. mal día para excursiones

 Practice more at **vhlcentral.com**.

Comprensión

¿Cierto o falso?

Indicate whether each statement is **cierto** or **falso**, based on the weather report. Correct the false statements.

1. Según el meteorólogo, la temperatura en Santo Domingo es de 26 grados.

   _____

2. La temperatura máxima en Santo Domingo hoy va a ser de 30 grados.

   _____

3. Está lloviendo ahora en Santo Domingo.

   _____

4. En San Francisco de Macorís la temperatura mínima de hoy va a ser de 20 grados.

   _____

5. Va a llover mucho hoy en San Francisco de Macorís.

Preguntas

Answer these questions about the weather report.

1. ¿Hace viento en Santo Domingo ahora?
2. ¿Está nublado en Santo Domingo ahora?
3. ¿Está nevando ahora en San Francisco de Macorís?
4. ¿Qué tiempo hace en San Francisco de Macorís?

En pantalla

If you like adventure or extreme sports, Latin America might be a good destination for you. The area of Patagonia, located in Chile and Argentina, offers both breath-taking scenery and an adrenaline rush. Here, one can enjoy a variety of sports, including whitewater rafting, kayaking, trekking, and skiing. One weeklong itinerary in Argentina might include camping, hiking the granite rock of Mount Fitz Roy, and trekking across the deep blue Perito Moreno Glacier, a massive 18-mile-long sheet of ice and one of the world's few advancing glaciers.

Now, hold on to your helmets as we travel to Mexico to see what sort of adventure you can experience there.

Vocabulario útil

callejones	alleyways, narrow streets
calles	streets
carrera de bicicleta	bicycle race
descender (escaleras)	to descend (stairs)
reto, desafío	challenge

Preparación

Some areas attract tourists because of their unusual sports and activities. Do you know of any such destinations? Where?

Preguntas

Answer these questions in complete sentences.

1. ¿Por qué viajan ciclistas (*cyclists*) a Taxco?

2. ¿Es Taxco una ciudad turística moderna o colonial?

3. ¿Hay competidores de otros (*other*) países en la carrera de bicicleta?

4. ¿Cómo está el reportero (*reporter*) después (*after*) de descender las escaleras, aburrido o cansado?

Deportes extremos

In pairs, discuss these questions: **¿Cómo son las personas que hacen deportes extremos? ¿Por qué crees que los practican? ¿Viajarías (***Would you travel***) a algún destino para practicarlos?**

menor *least*   lo más alto *the highest point*   hasta *to*   diseño *design*

Reportaje sobre Down Taxco

El reto es descender en el menor° tiempo posible...

... desde lo más alto° de la ciudad hasta° la plaza central.

El principal desafío es el diseño° de la ciudad...

 **Video: TV Clip**

 Practice more at **vhlcentral.com**.

Flash CULTURA

Between 1438 and 1533, when the vast and powerful Incan Empire was at its height, the Incas built an elaborate network of **caminos** (*trails*) that traversed the Andes Mountains and converged on the empire's capital, Cuzco. Today, hundreds of thousands of tourists come to Peru annually to walk the surviving trails and enjoy the spectacular scenery. The most popular trail, **el Camino Inca**, leads from Cuzco to **Intipunku** (*Sun Gate*), the entrance to the ancient mountain city of Machu Picchu.

Vocabulario útil

ciudadela	citadel
de cultivo	farming
el/la guía	guide
maravilla	wonder
quechua	Quechua (indigenous Peruvian)
sector (urbano)	(urban) sector

Preparación

Have you ever visited an archeological or historic site? Where? Why did you go there?

Completar

Complete these sentences. Make the necessary changes.

1. Las ruinas de Machu Picchu son una antigua _____ inca.
2. La ciudadela estaba (*was*) dividida en tres sectores: _____ , religioso y de cultivo.
3. Cada año los _____ reciben a cientos (*hundreds*) de turistas de diferentes países.
4. Hoy en día, la cultura _____ está presente en las comunidades andinas (*Andean*) de Perú.

¡Vacaciones en Perú!

Machu Picchu [...] se encuentra aislada sobre° esta montaña...

... siempre he querido° venir [...] Me encantan° las civilizaciones antiguas°.

Somos una familia francesa [...] Perú es un país muy, muy bonito de verdad.

se encuentra aislada sobre *it is isolated on* siempre he querido *I have always wanted* Me encantan *I love* antiguas *ancient*

Video: *Flash cultura*

Practice more at **vhlcentral.com**.

recursos · VM pp. 87–88 · vhlcentral.com Lección 5

Puerto Rico

El país en cifras

▶ **Área:** 8.959 km² (3.459 millas²)
 menor° que el área de Connecticut

▶ **Población:** 3.667.084
Puerto Rico es una de las islas más densamente pobladas° del mundo. Más de la mitad de la población vive en San Juan, la capital.

▶ **Capital:** San Juan—2.730.000

▶ **Ciudades principales:** Arecibo, Bayamón, Fajardo, Mayagüez, Ponce

▶ **Moneda:** dólar estadounidense

▶ **Idiomas:** español (oficial); inglés (oficial)
Aproximadamente la cuarta parte de la población puertorriqueña habla inglés, pero en las zonas turísticas este porcentaje es mucho más alto. El uso del inglés es obligatorio para documentos federales.

Bandera
de Puerto Rico

Puertorriqueños célebres

▶ **Raúl Juliá,** actor (1940–1994)

▶ **Roberto Clemente,** beisbolista (1934–1972)

▶ **Julia de Burgos,** escritora (1914–1953)

▶ **Benicio del Toro,** actor y productor (1967–)

▶ **Rosie Pérez,** actriz y bailarina (1964–)

▶ **José Rivera,** dramaturgo y guionista (1955–)

menor *less* pobladas *populated* río subterráneo *underground river* más largo *longest* cuevas *caves* bóveda *vault* fortaleza *fort* caber *fit*

Faro en Arecibo

Playa en San Juan

Océano Atlántico

Arecibo

San Juan

Bayamón

Río Grande de Añasco

Mayagüez

Cordillera Central

Sierra de Cayey

Ponce

Mar Caribe

Pescadores en Mayagüez

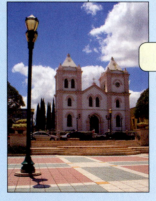
Iglesia en Ponce

recursos

WB
pp. 57–58

VM
pp. 45–46

vhlcentral.com
Lección 5

OCÉANO
ATLÁNTICO

PUERTO RICO

OCÉANO
PACÍFICO

¡Increíble pero cierto!

El río Camuy es el tercer río subterráneo° más largo° del mundo y tiene el sistema de cuevas° más grande del hemisferio occidental.
La Cueva de los Tres Pueblos es una gigantesca bóveda°, tan grande que toda la fortaleza° del Morro puede caber° en su interior.

Lugares • El Morro

El Morro es una fortaleza que se construyó para proteger° la bahía° de San Juan desde principios del siglo° XVI hasta principios del siglo XX. Hoy día muchos turistas visitan este lugar, convertido en un museo. Es el sitio más fotografiado de Puerto Rico. La arquitectura de la fortaleza es impresionante. Tiene misteriosos túneles, oscuras mazmorras° y vistas fabulosas de la bahía.

Artes • Salsa

La salsa, un estilo musical de origen puertorriqueño y cubano, nació° en el barrio latino de la ciudad de Nueva York. Dos de los músicos de salsa más famosos son Tito Puente y Willie Colón, los dos de Nueva York. Las estrellas° de la salsa en Puerto Rico son Felipe Rodríguez y Héctor Lavoe. Hoy en día, Puerto Rico es el centro internacional de este estilo musical. El Gran Combo de Puerto Rico es una de las orquestas de salsa más famosas del mundo°.

Isla de Culebra
Fajardo
Isla de Vieques
Río Loíza

Ciencias • El Observatorio de Arecibo

El Observatorio de Arecibo tiene uno de los radiotelescopios más grandes del mundo. Gracias a este telescopio, los científicos° pueden estudiar las propiedades de la Tierra°, la Luna° y otros cuerpos celestes. También pueden analizar fenómenos celestiales como los quasares y pulsares, y detectar emisiones de radio de otras galaxias, en busca de inteligencia extraterrestre.

Historia • Relación con los Estados Unidos

Puerto Rico pasó a ser° parte de los Estados Unidos después de° la guerra° de 1898 y se hizo° un estado libre asociado en 1952. Los puertorriqueños, ciudadanos° estadounidenses desde° 1917, tienen representación política en el Congreso, pero no votan en las elecciones presidenciales y no pagan impuestos° federales. Hay un debate entre los puertorriqueños: ¿debe la isla seguir como estado libre asociado, hacerse un estado como los otros° o volverse° independiente?

 ¿Qué aprendiste? Responde a las preguntas con una oración completa.

1. ¿Cuál es la moneda de Puerto Rico?
2. ¿Qué idiomas se hablan (*are spoken*) en Puerto Rico?
3. ¿Cuál es el sitio más fotografiado de Puerto Rico?
4. ¿Qué es el Gran Combo?
5. ¿Qué hacen los científicos en el Observatorio de Arecibo?

 Conexión Internet Investiga estos temas en **vhlcentral.com**.

Practice more at
vhlcentral.com.

1. Describe a dos puertorriqueños famosos. ¿Cómo son? ¿Qué hacen? ¿Dónde viven? ¿Por qué son célebres?
2. Busca información sobre lugares en los que se puede hacer ecoturismo en Puerto Rico. Luego presenta un informe a la clase.

proteger *protect* bahía *bay* siglo *century* mazmorras *dungeons* nació *was born* estrellas *stars* mundo *world* científicos *scientists* Tierra *Earth* Luna *Moon* pasó a ser *became* después de *after* guerra *war* se hizo *became* ciudadanos *citizens* desde *since* pagan impuestos *pay taxes* otros *others* volverse *to become*

Los viajes y las vacaciones

acampar	to camp
confirmar una reservación	to confirm a reservation
estar de vacaciones (*f. pl.*)	to be on vacation
hacer las maletas	to pack (one's suitcases)
hacer un viaje	to take a trip
hacer (wind)surf	to (wind)surf
ir de compras (*f. pl.*)	to go shopping
ir de vacaciones	to go on vacation
ir en autobús (*m.*), auto(móvil) (*m.*), avión (*m.*), barco (*m.*), moto(cicleta) (*f.*), taxi (*m.*)	to go by bus, car, plane, boat, motorcycle, taxi
jugar a las cartas	to play cards
montar a caballo (*m.*)	to ride a horse
pescar	to fish
sacar/tomar fotos (*f. pl.*)	to take photos
el/la agente de viajes	travel agent
el/la inspector(a) de aduanas	customs inspector
el/la viajero/a	traveler
el aeropuerto	airport
la agencia de viajes	travel agency
el campo	countryside
el equipaje	luggage
la estación de autobuses, del metro, de tren	bus, subway, train station
la llegada	arrival
el mar	sea
el paisaje	landscape
el pasaje (de ida y vuelta)	(round-trip) ticket
el pasaporte	passport
la playa	beach
la salida	departure; exit
la tabla de (wind)surf	surfboard/sailboard

El hotel

el ascensor	elevator
la cama	bed
el/la empleado/a	employee
la habitación individual, doble	single, double room
el hotel	hotel
el/la huésped	guest
la llave	key
el piso	floor (of a building)
la planta baja	ground floor

Adjetivos

abierto/a	open
aburrido/a	bored; boring
alegre	happy
amable	nice; friendly
avergonzado/a	embarrassed
cansado/a	tired
cerrado/a	closed
cómodo/a	comfortable
confundido/a	confused
contento/a	content
desordenado/a	disorderly
enamorado/a (de)	in love (with)
enojado/a	angry
equivocado/a	wrong
feliz	happy
limpio/a	clean
listo/a	ready; smart
nervioso/a	nervous
ocupado/a	busy
ordenado/a	orderly
preocupado/a (por)	worried (about)
seguro/a	sure; safe; confident
sucio/a	dirty
triste	sad

Los números ordinales

primer, primero/a	first
segundo/a	second
tercer, tercero/a	third
cuarto/a	fourth
quinto/a	fifth
sexto/a	sixth
séptimo/a	seventh
octavo/a	eighth
noveno/a	ninth
décimo/a	tenth

Palabras adicionales

ahora mismo	right now
el año	year
¿Cuál es la fecha (de hoy)?	What is the date (today)?
de buen/mal humor	in a good/bad mood
la estación	season
el mes	month
todavía	yet; still

Seasons, months, and dates	See page 154.
Weather expressions	See page 154.
Direct object pronouns	See page 174.
Expresiones útiles	See page 159.

Vocabulary Tools

¡De compras!

6

A PRIMERA VISTA
- ¿Está comprando algo la chica?
- ¿Crees que busca una maleta o una blusa?
- ¿Está contenta o enojada?
- ¿Cómo es la chica?

¡De compras!

Más vocabulario

el abrigo	coat
los calcetines (el calcetín)	sock(s)
el cinturón	belt
las gafas (de sol)	(sun)glasses
los guantes	gloves
el impermeable	raincoat
la ropa	clothes
la ropa interior	underwear
las sandalias	sandals
el traje	suit
el vestido	dress
los zapatos de tenis	sneakers
el regalo	gift
el almacén	department store
el centro comercial	shopping mall
el mercado (al aire libre)	(open-air) market
el precio (fijo)	(fixed; set) price
la rebaja	sale
la tienda	store
costar (o:ue)	to cost
gastar	to spend (money)
pagar	to pay
regatear	to bargain
vender	to sell
hacer juego (con)	to match (with)
llevar	to wear; to take
usar	to wear; to use

Variación léxica

calcetines	←→	medias (Amér. L.)
cinturón	←→	correa (Col., Venez.)
gafas/lentes	←→	espejuelos (Cuba, P.R.), anteojos (Arg., Chile)
zapatos de tenis	←→	zapatillas de deporte (Esp.), zapatillas (Arg., Perú)

recursos

WB pp. 59–60	LM p. 31	**S** vhlcentral.com Lección 6

Damas

los pantalones cortos

el traje de baño

los pantalones

la camiseta

el dependiente/el vendedor

la camisa

la clienta

el dinero en efectivo

la blusa

el suéter

la bolsa

las medias

la falda

el sombrero

Caballeros

un par de zapatos

los zapatos

la chaqueta

la caja

la cartera

la dependienta/la vendedora

la corbata

la tarjeta de crédito

los (blue)jeans

la bota

Práctica

1 **Escuchar** Listen to Juanita and Vicente talk about what they're packing for their vacations. Indicate who is packing each item. If both are packing an item, write both names. If neither is packing an item, write an **X**.

1. abrigo _____
2. zapatos de tenis _____
3. impermeable _____
4. chaqueta _____
5. sandalias _____
6. bluejeans _____
7. gafas de sol _____
8. camisetas _____
9. traje de baño _____
10. botas _____
11. pantalones cortos _____
12. suéter _____

2 **¿Lógico o ilógico?** Listen to Guillermo and Ana talk about vacation destinations. Indicate whether each statement is **lógico** or **ilógico**.

1. _____
2. _____
3. _____
4. _____

3 **Completar** Anita is talking about going shopping. Complete each sentence with the correct word(s), adding definite or indefinite articles when necessary.

caja	medias	tarjeta de crédito
centro comercial	par	traje de baño
dependientas	ropa	vendedores

1. Hoy voy a ir de compras al _____.
2. Voy a ir a la tienda de ropa para mujeres. Siempre hay muchas rebajas y las _____ son muy simpáticas.
3. Necesito comprar _____ de zapatos.
4. Y tengo que comprar _____ porque el sábado voy a la playa con mis amigos.
5. También voy a comprar unas _____ para mi mamá.
6. Voy a pagar todo (*everything*) en _____.
7. Pero hoy no tengo dinero. Voy a tener que usar mi _____.
8. Mañana voy al mercado al aire libre. Me gusta regatear con los _____.

4 **Escoger** Choose the item in each group that does not belong.

1. almacén • centro comercial • mercado • sombrero
2. camisa • camiseta • blusa • botas
3. jeans • bolsa • falda • pantalones
4. abrigo • suéter • corbata • chaqueta
5. mercado • tienda • almacén • cartera
6. pagar • llevar • hacer juego (con) • usar
7. botas • sandalias • zapatos • traje
8. vender • regatear • ropa interior • gastar

Los colores

amarillo/a	anaranjado/a	azul

blanco/a	gris	marrón, café	morado/a	negro/a

rojo/a	rosado/a	verde

¡LENGUA VIVA!

The names of colors vary throughout the Spanish-speaking world. For example, in some countries, **anaranjado/a** may be referred to as **naranja, morado/a** as **púrpura,** and **rojo/a** as **colorado/a.**

Other terms that will prove helpful include **claro** (*light*) and **oscuro** (*dark*): **azul claro, azul oscuro.**

Adjetivos

barato/a	*cheap*
bueno/a	*good*
cada	*each*
caro/a	*expensive*
corto/a	*short (in length)*
elegante	*elegant*
hermoso/a	*beautiful*
largo/a	*long*
loco/a	*crazy*
nuevo/a	*new*
otro/a	*other; another*
pobre	*poor*
rico/a	*rich*

5

Contrastes Complete each phrase with the opposite of the underlined word.

1. una corbata <u>barata</u> • unas camisas…
2. unas vendedoras <u>malas</u> • unos dependientes…
3. un vestido <u>corto</u> • una falda…
4. un hombre muy <u>pobre</u> • una mujer muy…
5. una cartera <u>nueva</u> • un cinturón…
6. unos trajes <u>hermosos</u> • unos jeans…
7. un impermeable <u>caro</u> • unos suéteres…
8. unos calcetines <u>blancos</u> • unas medias…

CONSULTA

Like other adjectives you have seen, colors must agree in gender and number with the nouns they modify.

Ex: **las camisas verdes, el vestido amarillo.**

For a review of descriptive adjectives, see **Estructura 3.1,** pp. 88–89.

6

Preguntas Answer these questions with a classmate.

1. ¿De qué color es la rosa de Texas?
2. ¿De qué color es la bandera (*flag*) de Canadá?
3. ¿De qué color es la casa donde vive el presidente de los EE.UU.?
4. ¿De qué color es el océano Atlántico?
5. ¿De qué color es la nieve?
6. ¿De qué color es el café?
7. ¿De qué color es el dólar de los EE.UU.?
8. ¿De qué color es la cebra (*zebra*)?

Comunicación

7

Las maletas With a classmate, answer these questions about the drawings.

1. ¿Qué ropa hay al lado de la maleta de Carmela?

2. ¿Qué hay en la maleta?

3. ¿De qué color son las sandalias?

4. ¿Adónde va Carmela?

▶ 5. ¿Qué tiempo va a hacer?

6. ¿Qué hay al lado de la maleta de Pepe?

7. ¿Qué hay en la maleta?

8. ¿De qué color es el suéter?

▶ 9. ¿Qué va a hacer Pepe en Bariloche?

10. ¿Qué tiempo va a hacer?

CONSULTA

To review weather, see **Lección 5, Contextos**, p. 154.

NOTA CULTURAL

Bariloche is a popular resort for skiing in South America. Located in Argentina's Patagonia region, the town is also known for its chocolate factories and its beautiful lakes, mountains, and forests.

8

El viaje Get together with two classmates and imagine that the three of you are going on vacation. Pick a destination and then draw three suitcases. Write in each one what clothing each person is taking. Present your drawings to the rest of the class, answering these questions.

- ¿Adónde van?
- ¿Qué tiempo va a hacer allí?
- ¿Qué van a hacer allí?
- ¿Qué hay en sus maletas?
- ¿De qué color es la ropa que llevan?

9

Preferencias Take turns asking and answering these questions with a classmate.

1. ¿Adónde vas a comprar ropa? ¿Por qué?
2. ¿Qué tipo de ropa prefieres? ¿Por qué?
3. ¿Cuáles son tus colores favoritos?
4. En tu opinión, ¿es importante comprar ropa nueva frecuentemente? ¿Por qué?
5. ¿Gastas mucho dinero en ropa cada mes? ¿Buscas rebajas?
6. ¿Regateas cuando compras ropa? ¿Usas tarjetas de crédito?

En el mercado

Los chicos van de compras al mercado. ¿Quién hizo la mejor compra?

PERSONAJES

FELIPE

JUAN CARLOS

 **Video:** *Fotonovela*

1

MARISSA Oigan, vamos al mercado.

JUAN CARLOS ¡Sí! Los chicos en un equipo y las chicas en otro.

FELIPE Tenemos dos horas para ir de compras.

MARU Y don Guillermo decide quién gana.

2

JIMENA Esta falda azul es muy elegante.

MARISSA ¡Sí! Además, este color está de moda.

MARU Éste rojo es de algodón.

(*Las chicas encuentran unas bolsas.*)

VENDEDOR Ésta de rayas cuesta 190 pesos, ésta 120 pesos y ésta 220 pesos.

3

MARISSA ¿Me das aquella blusa rosada? Me parece que hace juego con esta falda, ¿no? ¿No tienen otras tallas?

JIMENA Sí, aquí. ¿Qué talla usas?

MARISSA Uso talla 4.

JIMENA La encontré. ¡Qué ropa más bonita!

5

6

(*En otra parte del mercado*)

FELIPE Juan Carlos compró una camisa de muy buena calidad.

MIGUEL (*a la vendedora*) ¿Puedo ver ésos, por favor?

VENDEDORA Sí, señor. Le doy un muy buen precio.

4

VENDEDOR Son 530 por las tres bolsas. Pero como ustedes son tan bonitas, son 500 pesos.

MARU Señor, no somos turistas ricas. Somos estudiantes pobres.

VENDEDOR Bueno, son 480 pesos.

MARISSA

JIMENA

MARU

MIGUEL

DON GUILLERMO

VENDEDORA

VENDEDOR

JUAN CARLOS Miren, mi nueva camisa. Elegante, ¿verdad?

FELIPE A ver, Juan Carlos... te queda bien.

MARU ¿Qué compraste?

MIGUEL Sólo esto.

MARU ¡Qué bonitos aretes! Gracias, mi amor.

JUAN CARLOS Y ustedes, ¿qué compraron?

JIMENA Bolsas.

MARU Acabamos de comprar tres bolsas por sólo 480 pesos. ¡Una ganga!

FELIPE Don Guillermo, usted tiene que decidir quién gana. ¿Los chicos o las chicas?

DON GUILLERMO El ganador es... Miguel. ¡Porque no compró nada para él, sino para su novia!

recursos

VM
pp. 11–12

vhlcentral.com
Lección 6

Expresiones útiles

Talking about clothing

¡Qué ropa más bonita!
What nice clothing!

Esta falda azul es muy elegante.
This blue skirt is very elegant.

Está de moda.
It's in style.

Éste rojo es de algodón/lana.
This red one is cotton/wool.

Ésta de rayas/lunares/cuadros es de seda.
This striped / polka-dotted / plaid one is silk.

Es de muy buena calidad.
It's very good quality.

¿Qué talla usas/llevas?
What size do you wear?

Uso/Llevo talla 4.
I wear a size 4.

¿Qué número calza?
What size shoe do you wear?

Yo calzo siete.
I wear a size seven.

Negotiating a price

¿Cuánto cuesta?
How much does it cost?

Demasiado caro/a.
Too expensive.

Es una ganga.
It's a bargain.

Saying what you bought

¿Qué compraste?/¿Qué compró usted?
What did you buy?

Sólo compré esto.
I only bought this.

¡Qué bonitos aretes!
What beautiful earrings!

Y ustedes, ¿qué compraron?
And you guys, what did you buy?

Additional vocabulary

híjole *wow*

¿Qué pasó?

1 **¿Cierto o falso?** Indicate whether each sentence is **cierto** or **falso**. Correct the false statements.

	Cierto	Falso
1. Jimena dice que la falda azul no es elegante.	○	○
2. Juan Carlos compra una camisa.	○	○
3. Marissa dice que el azul es un color que está de moda.	○	○
4. Miguel compra unas sandalias para Maru.	○	○

NOTA CULTURAL

Las guayaberas are a popular men's shirt worn in hot climates. They are usually made of cotton, linen, or silk and decorated with pleats, pockets, and sometimes embroidery. They can be worn instead of a jacket to formal occasions or as everyday clothing.

2 **Identificar** Provide the first initial of the person who would make each statement.

____ 1. ¿Te gusta cómo se me ven mis nuevos aretes?

____ 2. Juan Carlos compró una camisa de muy buena calidad.

____ 3. No podemos pagar 500, señor, eso es muy caro.

____ 4. Aquí tienen ropa de muchas tallas.

____ 5. Esta falda me gusta mucho, el color azul es muy elegante.

____ 6. Hay que darnos prisa, sólo tenemos dos horas para ir de compras.

MARU

FELIPE

JIMENA

3 **Completar** Answer the questions using the information in the **Fotonovela**.

1. ¿Qué talla es Marissa?
2. ¿Cuánto les pide el vendedor por las tres bolsas?
3. ¿Cuál es el precio que pagan las tres amigas por las bolsas?
4. ¿Qué dice Juan Carlos sobre su nueva camisa?
5. ¿Quién ganó al hacer las compras? ¿Por qué?

AYUDA

When discussing prices, it's important to keep in mind singular and plural forms of verbs.

La **camisa cuesta** diez dólares.

Las **botas cuestan** sesenta dólares.

El **precio** de las botas **es** sesenta dólares.

Los **precios** de la ropa **son** altos.

4 **Conversar** With a partner, role-play a conversation between a customer and a salesperson in an open-air market. Use these expressions and also look at **Expresiones útiles** on the previous page.

¿Qué desea?	Estoy buscando...	Prefiero el/la rojo/a.
What would you like?	*I'm looking for...*	*I prefer the red one.*

Cliente/a

Say good afternoon.

Explain that you are looking for a particular item of clothing.

Discuss colors and sizes.

Ask for the price and begin bargaining.

Settle on a price and purchase the item.

Vendedor(a)

Greet the customer and ask what he/she would like.

Show him/her some items and ask what he/she prefers.

Discuss colors and sizes.

Tell him/her a price. Negotiate a price.

Accept a price and say thank you.

 Practice more at **vhlcentral.com**.

Pronunciación  Audio

The consonants **d** and **t**

¿**D**ón**d**e?	ven**d**er	na**d**ar	ver**d**a**d**

Like **b** and **v**, the Spanish **d** can have a hard sound or a soft sound, depending on which letters appear next to it.

Don	**d**inero	tie**nd**a	fal**d**a

At the beginning of a phrase and after **n** or **l**, the letter **d** is pronounced with a hard sound. This sound is similar to the English *d* in *dog*, but a little softer and duller. The tongue should touch the back of the upper teeth, not the roof of the mouth.

me**d**ias	ver**d**e	vesti**d**o	hués**ped**

In all other positions, **d** has a soft sound. It is similar to the English *th* in *there*, but a little softer.

Don **D**iego no tiene el **d**iccionario

When **d** begins a word, its pronunciation depends on the previous word. At the beginning of a phrase or after a word that ends in **n** or **l**, it is pronounced as a hard **d**.

Doña **D**olores es **d**e la capital

Words that begin with **d** are pronounced with a soft **d** if they appear immediately after a word that ends in a vowel or any consonant other than **n** or **l**.

traje	pan**t**alones	tarje**t**a	**t**ienda

When pronouncing the Spanish **t**, the tongue should touch the back of the upper teeth, not the roof of the mouth. Unlike the English *t*, no air is expelled from the mouth.

Práctica Read these phrases aloud to practice the **d** and the **t**.

1. Hasta pronto.
2. De nada.
3. Mucho gusto.
4. Lo siento.
5. No hay de qué.
6. ¿De dónde es usted?
7. ¡Todos a bordo!
8. No puedo.
9. Es estupendo.
10. No tengo computadora.
11. ¿Cuándo vienen?
12. Son las tres y media.

Oraciones Read these sentences aloud to practice the **d** and the **t**.

1. Don Teodoro tiene una tienda en un almacén en La Habana.
2. Don Teodoro vende muchos trajes, vestidos y zapatos todos los días.
3. Un día un turista, Federico Machado, entra en la tienda para comprar un par de botas.
4. Federico regatea con don Teodoro y compra las botas y también un par de sandalias.

En la variedad
está el gusto.[1]

Refranes Read these sayings aloud to practice the **d** and the **t**.

Aunque la mona se
vista de seda, mona
se queda.[2]

[1] Variety is the spice of life. [2] You can't make a silk purse out of a sow's ear.

EN DETALLE

Los mercados
al aire libre

Mercados al aire libre are an integral part of commerce and culture in the Spanish-speaking world. Whether they take place daily or weekly, these markets are an important forum where tourists, locals, and vendors interact. People come to the marketplace to shop, socialize, taste local foods, and watch street performers. Wandering from one **puesto** (*stand*) to the next, one can browse for fresh fruits and vegetables, clothing, CDs and DVDs, and **artesanías** (*crafts*). Some markets offer a mix of products, while others specialize in food, fashion, or used merchandise, such as antiques and books.

When shoppers see an item they like, they can bargain with the vendor. Friendly bargaining is an expected ritual and may result in a significantly lower price. When selling food, vendors may give the customer a little extra of what they purchase; this free addition is known as **la ñapa.**

Many open-air markets are also tourist attractions. The market in Otavalo, Ecuador, is world-famous and has taken place every Saturday since pre-Incan times. This market is well-known for the colorful textiles woven by the **otavaleños,** the indigenous people of the area. One can also find leather goods and wood carvings from nearby towns. Another popular market is **El Rastro,** held every Sunday in Madrid, Spain. Sellers set up **puestos** along the streets to display their wares, which range from local artwork and antiques to inexpensive clothing and electronics.

Mercado de Otavalo

Otros mercados famosos

Mercado	Lugar	Productos
Feria Artesanal de Recoleta	Buenos Aires, Argentina	artesanías
Mercado Central	Santiago, Chile	mariscos°, pescado°, frutas, verduras°
Tianguis Cultural del Chopo	Ciudad de México, México	ropa, música, revistas, libros, arte, artesanías
El mercado de Chichicastenango	Chichicastenango, Guatemala	frutas y verduras, flores°, cerámica, textiles

mariscos *seafood* pescado *fish* verduras *vegetables* flores *flowers*

ACTIVIDADES

1 **¿Cierto o falso?** Indicate whether these statements are **cierto** or **falso.** Correct the false statements.

1. Generally, open-air markets specialize in one type of goods.

2. Bargaining is commonplace at outdoor markets.

3. Only new goods can be found at open-air markets.

4. A Spaniard in search of antiques could search at **El Rastro.**

5. If you are in Guatemala and want to buy ceramics, you can go to Chichicastenango.

6. A **ñapa** is a tax on open-air market goods.

7. The **otavaleños** weave colorful textiles to sell on Saturdays.

8. Santiago's **Mercado Central** is known for books and music.

ASÍ SE DICE

La ropa

la chamarra (Méx.)	la chaqueta
de manga corta/larga	*short/long-sleeved*
los mahones (P. Rico); el pantalón de mezclilla (Méx.); los tejanos (Esp.); los vaqueros (Arg., Cuba, Esp., Uru.)	los bluejeans
la marca	*brand*
la playera (Méx.); la remera (Arg.)	la camiseta

EL MUNDO HISPANO

Diseñadores de moda

- **Adolfo Domínguez** (España) Su ropa tiene un estilo minimalista y práctico. Usa telas° naturales y cómodas en sus diseños.

- **Silvia Tcherassi** (Colombia) Los colores vivos y las líneas asimétricas de sus vestidos y trajes muestran influencias tropicales.

- **Óscar de la Renta** (República Dominicana) Diseñó ropa opulenta para la mujer clásica.

- **Narciso Rodríguez** (EE.UU.) En sus diseños delicados y finos predominan los colores blanco y negro. Hizo° el vestido de boda° de Carolyn Bessette Kennedy. También diseñó varios vestidos para Michelle Obama.

telas *fabrics* Hizo *He made* de boda *wedding*

PERFIL

Carolina Herrera

In 1980, at the urging of some friends, **Carolina Herrera** created a fashion collection as a "test." The Venezuelan designer received such a favorable response that within one year she moved her family from Caracas to New York City and created her own label, Carolina Herrera, Ltd.

"I love elegance and intricacy, but whether it is in a piece of clothing or a fragrance, the intricacy must appear as simplicity," Herrera once stated. She quickly found that many sophisticated women agreed; from the start,

her sleek and glamorous designs have been in constant demand. Over the years, Herrera has grown her brand into a veritable fashion empire that encompasses her fashion and bridal collections, cosmetics, perfume, and accessories that are sold around the globe.

Conexión Internet

¿Qué marcas de ropa son populares en el mundo hispano?

Go to **vhlcentral.com** to find more cultural information related to this **Cultura** section.

ACTIVIDADES

2 **Comprensión** Complete these sentences.

1. Adolfo Domínguez usa telas _____ y _____ en su ropa.
2. Si hace fresco en el D.F., puedes llevar una _____.
3. La diseñadora _____ hace ropa, perfumes y más.
4. La ropa de _____ muestra influencias tropicales.
5. Los _____ son una ropa casual en Puerto Rico.

3 **Mi ropa favorita** Write a brief description of your favorite article of clothing. Mention what store it is from, the brand, colors, fabric, style, and any other information. Then get together with a small group, collect the descriptions, and take turns reading them aloud at random. Can the rest of the group guess whose favorite piece of clothing is being described?

 Practice more at **vhlcentral.com**.

6.1 Saber and conocer  Tutorial

ANTE TODO   Spanish has two verbs that mean *to know*: **saber** and **conocer**. They cannot be used interchangeably. Note the irregular **yo** forms.

The verbs saber and conocer

		saber *(to know)*	conocer *(to know)*
SINGULAR FORMS	yo	sé	conozco
	tú	sabes	conoces
	Ud./él/ella	sabe	conoce
PLURAL FORMS	nosotros/as	sabemos	conocemos
	vosotros/as	sabéis	conocéis
	Uds./ellos/ellas	saben	conocen

▶ **Saber** means *to know a fact or piece(s) of information* or *to know how to do something*.

No **sé** tu número de teléfono.   Mi hermana **sabe** hablar francés.
I don't know your telephone number.   *My sister knows how to speak French.*

▶ **Conocer** means *to know* or *be familiar/acquainted* with a person, place, or thing.

¿**Conoces** la ciudad de Nueva York?   No **conozco** a tu amigo Esteban.
Do you know New York City?   *I don't know your friend Esteban.*

▶ When the direct object of **conocer** is a person or pet, the personal **a** is used.

¿Conoces La Habana?   *but*   ¿Conoces **a** Celia Cruz?
Do you know Havana?   *Do you know Celia Cruz?*

▶ **¡Atención!** **Parecer** (*to seem*) and **ofrecer** (*to offer*) are conjugated like **conocer**.

▶ **¡Atención!** **Conducir** (*to drive*) and **traducir** (*to translate*) also have an irregular **yo** form, but since they are **-ir** verbs, they are conjugated differently from **conocer**.

conducir	conduzco, conduces, conduce, conducimos, conducís, conducen
traducir	traduzco, traduces, traduce, traducimos, traducís, traducen

NOTA CULTURAL

Cuban singer **Celia Cruz** (1925–2003), known as the "Queen of Salsa," recorded many albums over her long career. Adored by her fans, she was famous for her colorful and lively on-stage performances.

 ¡INTÉNTALO!   Provide the appropriate forms of these verbs.

saber

1. José no ___*sabe*___ la hora.
2. Sara y yo _____ jugar al tenis.
3. ¿Por qué no _____ tú estos verbos?
4. Mis padres _____ hablar japonés.
5. Yo _____ a qué hora es la clase.
6. Usted no _____ dónde vivo.
7. Mi hermano no _____ nadar.
8. Nosotros _____ muchas cosas.

conocer

1. Usted y yo ___*conocemos*___ bien Miami.
2. ¿Tú _____ a mi amigo Manuel?
3. Sergio y Taydé _____ mi pueblo.
4. Emiliano _____ a mis padres.
5. Yo _____ muy bien el centro.
6. ¿Ustedes _____ la tienda Gigante?
7. Nosotras _____ una playa hermosa.
8. ¿Usted _____ a mi profesora?

recursos

WB p. 61

LM p. 33

vhlcentral.com
Lección 6

Práctica y Comunicación

1

Completar Indicate the correct verb for each sentence.

1. Mis hermanos (conocen/saben) conducir, pero yo no (sé/conozco).
2. —¿(Conocen/Saben) ustedes dónde está el estadio? —No, no lo (conocemos/sabemos).
3. —¿(Conoces/Sabes) a Lady Gaga? —Bueno, (sé/conozco) quién es, pero no la (conozco/sé).
4. Mi profesora (sabe/conoce) Cuba y también (conoce/sabe) bailar salsa.

2

Combinar Combine elements from each column to create sentences.

A	B	C
Shakira	(no) conocer	Jimmy Fallon
los Yankees	(no) saber	cantar y bailar
el primer ministro		La Habana Vieja
de Canadá		muchas personas importantes
mis amigos y yo		hablar dos lenguas extranjeras
tú		jugar al béisbol

3

Preguntas In pairs, ask each other these questions. Answer with complete sentences.

1. ¿Conoces a un(a) cantante famoso/a? ¿Te gusta cómo canta?
2. En tu familia, ¿quién sabe cantar bien? ¿Tu opinión es objetiva?
3. Y tú, ¿conduces bien o mal? ¿Y tus amigos?
4. Si un(a) amigo/a no conduce muy bien, ¿le ofreces crítica constructiva?
5. ¿Cómo parece estar el/la profesor(a) hoy? ¿Y tus compañeros de clase?

4

Entrevista Jot down three things you know how to do, three people you know, and three places you are familiar with. Then, in a small group, find out what you have in common.

 modelo

Estudiante 1: ¿Conocen ustedes a David Lomas?

Estudiante 2: Sí, conozco a David. Vivimos en la misma residencia estudiantil.

Estudiante 3: No, no lo conozco. ¿Cómo es?

5

Anuncio In groups, read the ad and answer these questions.

1. Busquen ejemplos de los verbos **saber** y **conocer**.
2. ¿Qué saben del Centro Comercial Málaga?
3. ¿Qué pueden hacer en el Centro Comercial Málaga?
4. ¿Conocen otros centros comerciales similares? ¿Cómo se llaman? ¿Dónde están?
5. ¿Conocen un centro comercial en otro país? ¿Cómo es?...

Él sabe dónde **comer** lo que más le gusta.

Él sabe cómo **jugar** cuatro horas seguidas.

Él sabe dónde está su **regalo** de cumpleaños.

Él sabe dónde **divertirse...**

... y usted sabe dónde puede encontrar un poco de todo. ¿Conoce algún otro lugar como éste?

CENTRO COMERCIAL **MÁLAGA** SABE LO QUE TE GUSTA.

6.2 Indirect object pronouns  **Tutorial**

ANTE TODO In **Lección 5**, you learned that a direct object receives the action of the verb directly. In contrast, an indirect object receives the action of the verb indirectly.

SUBJECT	I.O. PRONOUN	VERB	DIRECT OBJECT	INDIRECT OBJECT
Roberto	**le**	presta	cien pesos	**a Luisa**.
Roberto		*lends*	*100 pesos*	*to Luisa.*

An indirect object is a noun or pronoun that answers the question *to whom* or *for whom* an action is done. In the preceding example, the indirect object answers this question: **¿A quién le presta Roberto cien pesos?** *To whom does Roberto lend 100 pesos?*

Indirect object pronouns

Singular forms		Plural forms	
me	(to, for) *me*	**nos**	(to, for) *us*
te	(to, for) *you* (fam.)	**os**	(to, for) *you* (fam.)
le	(to, for) *you* (form.)	**les**	(to, for) *you*
	(to, for) *him; her*		(to, for) *them*

▶ **¡Atención!** The forms of indirect object pronouns for the first and second persons (**me**, **te**, **nos**, **os**) are the same as the direct object pronouns. Indirect object pronouns agree in number with the corresponding nouns, but not in gender.

Acabo de mostrarles que sí sabemos regatear.

Bueno, le doy un descuento.

Using indirect object pronouns

▶ Spanish speakers commonly use both an indirect object pronoun and the noun to which it refers in the same sentence. This is done to emphasize and clarify to whom the pronoun refers.

I.O. PRONOUN	INDIRECT OBJECT	I.O. PRONOUN	INDIRECT OBJECT
Ella **le** vende la ropa	**a Elena**.	**Les** prestamos el dinero	**a Inés y a Álex**.

▶ Indirect object pronouns are also used without the indirect object noun when the person for whom the action is being done is known.

Ana **le** presta la falda **a Elena**.
Ana lends her skirt to Elena.

También **le** presta unos jeans.
She also lends her a pair of jeans.

▶ Indirect object pronouns are usually placed before the conjugated form of the verb. In negative sentences the pronoun is placed between **no** and the conjugated verb.

> Martín **me** compra un regalo.   Eva **no me** escribe cartas.
> *Martín is buying me a gift.*   *Eva doesn't write me letters.*

CONSULTA

For more information on accents, see **Lección 4, Pronunciación**, p. 123, **Lección 10, Ortografía**, p. 339, and **Lección 11, Ortografía**, p. 375.

▶ When a conjugated verb is followed by an infinitive or the present progressive, the indirect object pronoun may be placed before the conjugated verb or attached to the infinitive or present participle. **¡Atención!** When an indirect object pronoun is attached to a present participle, an accent mark is added to maintain the proper stress.

> Él no quiere **pagarte**./   Él está **escribiéndole** una postal a ella./
> Él no **te** quiere pagar.   Él **le** está escribiendo una postal a ella.
> *He does not want to pay you.*   *He is writing a postcard to her.*

▶ Because the indirect object pronouns **le** and **les** have multiple meanings, Spanish speakers often clarify to whom the pronouns refer with the preposition **a** + [*pronoun*] or **a** + [*noun*].

UNCLARIFIED STATEMENTS   **CLARIFIED STATEMENTS**
Yo **le** compro un abrigo.   Yo **le** compro un abrigo **a usted/él/ella**.

Ella **le** describe un libro.   Ella **le** describe un libro **a Juan**.

UNCLARIFIED STATEMENTS   **CLARIFIED STATEMENTS**
Él **les** vende unos sombreros.   Él **les** vende unos sombreros **a ustedes/ellos/ellas**.

Ellos **les** hablan muy claro.   Ellos **les** hablan muy claro **a los clientes**.

▶ The irregular verbs **dar** (*to give*) and **decir** (*to say; to tell*) are often used with indirect object pronouns.

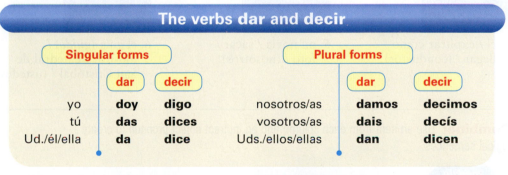

The verbs dar and decir

	Singular forms	dar	decir		Plural forms	dar	decir
yo		doy	digo	nosotros/as		damos	decimos
tú		das	dices	vosotros/as		dais	decís
Ud./él/ella		da	dice	Uds./ellos/ellas		dan	dicen

> **Me dan** una fiesta cada año.   **Te digo** la verdad.
> *They give (throw) me a party every year.* *I'm telling you the truth.*
>
> Voy a **darle** consejos.   No **les digo** mentiras a mis padres.
> *I'm going to give her advice.*   *I don't tell lies to my parents.*

recursos

WB pp. 62–63

LM p. 34

vhlcentral.com Lección 6

¡INTÉNTALO! Use the cues in parentheses to provide the correct indirect object pronoun for each sentence.

1. Juan ____le____ quiere dar un regalo. (*to Elena*)
2. María _____ prepara un café. (*for us*)
3. Beatriz y Felipe _____ escriben desde (*from*) Cuba. (*to me*)
4. Marta y yo _____ compramos unos guantes. (*for them*)
5. Los vendedores _____ venden ropa. (*to you, fam. sing.*)
6. La dependienta _____ muestra los guantes. (*to us*)

Práctica

1

Completar Fill in the blanks with the correct pronouns to complete Mónica's description of her family's holiday shopping.

1. Juan y yo _____ damos una blusa a nuestra hermana Gisela.
2. Mi tía _____ da a nosotros una mesa para la casa.
3. Gisela _____ da dos corbatas a su novio.
4. A mi mamá yo _____ doy un par de guantes negros.
5. A mi profesora _____ doy dos libros de José Martí.
6. Juan _____ da un regalo a mis padres.
7. Mis padres _____ dan un traje nuevo a mí.
8. Y a ti, yo _____ doy un regalo también. ¿Quieres verlo?

NOTA CULTURAL

Cuban writer and patriot **José Martí** (1853–1895) was born in **La Habana Vieja**, the old colonial center of Havana. Founded by Spanish explorers in the early 1500s, Havana, along with San Juan, Puerto Rico, served as a major stopping point for Spaniards traveling to Mexico and South America.

2

En La Habana Describe what happens on Pascual's trip to Cuba based on the cues provided.

1. ellos / cantar / canción / (mí)

2. él / comprar / libros / (sus hijos) / Plaza de Armas

3. yo / preparar el almuerzo (*lunch*) / (ti)

4. él / explicar cómo llegar / (conductor)

5. mi novia / sacar / foto / (nosotros)

6. el guía (*guide*) / mostrar / catedral de San Cristóbal / (ustedes)

NOTA CULTURAL

La Habana Vieja, Cuba, is the site of another well-known outdoor market. Located in the **Plaza de la Catedral**, it is a place where Cuban painters, artists, and sculptors sell their work, and other vendors offer handmade crafts and clothing.

3

Combinar Use an item from each column and an indirect object pronoun to create logical sentences.

> **modelo**
> Mis padres les dan regalos a mis primos.

A	B	C	D
yo	comprar	mensajes electrónicos	mí
el dependiente	dar	corbata	ustedes
el profesor Arce	decir	dinero en efectivo	clienta
la vendedora	escribir	tarea	novia
mis padres	explicar	problemas	primos
tú	pagar	regalos	ti
nosotros/as	prestar	ropa	nosotros
¿?	vender	¿?	¿?

 Practice more at **vhlcentral.com**.

Comunicación

4

Entrevista In pairs, take turns asking and answering for whom you do these activities. Use the model as a guide.

cantar canciones de amor (*love songs*)	escribir mensajes electrónicos
comprar ropa	mostrar fotos de un viaje
dar una fiesta	pedir dinero
decir mentiras	preparar comida (*food*) mexicana

modelo

escribir mensajes electrónicos
Estudiante 1: ¿A quién le escribes mensajes electrónicos?
Estudiante 2: Le escribo mensajes electrónicos a mi hermano.

5

¡Somos ricos! You and your classmates chipped in on a lottery ticket and you won! Now you want to spend money on your loved ones. In groups of three, discuss what each person is buying for family and friends.

modelo

Estudiante 1: Quiero comprarle un vestido de Carolina Herrera a mi madre.
Estudiante 2: Y yo voy a darles un automóvil nuevo a mis padres.
Estudiante 3: Voy a comprarles una casa a mis padres, pero a mis amigos no les voy a dar nada.

6

Entrevista Use these questions to interview a classmate.

1. ¿Qué tiendas, almacenes o centros comerciales prefieres?
2. ¿A quién le compras regalos cuando hay rebajas?
3. ¿A quién le prestas dinero cuando lo necesita?
4. Quiero ir de compras. ¿Cuánto dinero me puedes prestar?
5. ¿Te dan tus padres su tarjeta de crédito cuando vas de compras?

Síntesis

7

Minidrama In groups of three, take turns playing the roles of two shoppers and a clerk in a clothing store. The shoppers should talk about the articles of clothing they are looking for and for whom they are buying the clothes. The clerk should recommend several items based on the shoppers' descriptions. Use these expressions and also look at **Expresiones útiles** on page 195.

Me queda grande/pequeño.	¿Está en rebaja?
It's big/small on me.	*Is it on sale?*
¿Tiene otro color?	También estoy buscando...
Do you have another color?	*I'm also looking for...*

6.3 Preterite tense of regular verbs  Tutorial

ANTE TODO In order to talk about events in the past, Spanish uses two simple tenses: the preterite and the imperfect. In this lesson, you will learn how to form the preterite tense, which is used to express actions or states completed in the past.

		Preterite of regular -ar, -er, and -ir verbs		
		-ar verbs	**-er verbs**	**-ir verbs**
		comprar	**vender**	**escribir**
SINGULAR FORMS	yo	compr**é** *I bought*	vend**í** *I sold*	escrib**í** *I wrote*
	tú	compr**aste**	vend**iste**	escrib**iste**
	Ud./él/ella	compr**ó**	vend**ió**	escrib**ió**
PLURAL FORMS	nosotros/as	compr**amos**	vend**imos**	escrib**imos**
	vosotros/as	compr**asteis**	vend**isteis**	escrib**isteis**
	Uds./ellos/ellas	compr**aron**	vend**ieron**	escrib**ieron**

▶ **¡Atención!** The **yo** and **Ud./él/ella** forms of all three conjugations have written accents on the last syllable to show that it is stressed.

▶ As the chart shows, the endings for regular **-er** and **-ir** verbs are identical in the preterite.

¿Qué compraste?

Compré estos aretes.

▶ Note that the **nosotros/as** forms of regular **-ar** and **-ir** verbs in the preterite are identical to the present tense forms. Context will help you determine which tense is being used.

En invierno **compramos** ropa.
In the winter, we buy clothes.

Anoche **compramos** unos zapatos.
Last night we bought some shoes.

▶ **-Ar** and **-er** verbs that have a stem change in the present tense are regular in the preterite. They do *not* have a stem change.

		PRESENT		PRETERITE
cerrar (e:ie)		La tienda **cierra** a las seis.		La tienda **cerró** a las seis.
volver (o:ue)		Carlitos **vuelve** tarde.		Carlitos **volvió** tarde.
jugar (u:ue)		Él **juega** al fútbol.		Él **jugó** al fútbol.

▶ **¡Atención!** **-Ir** verbs that have a stem change in the present tense also have a stem change in the preterite.

CONSULTA

There are a few high-frequency irregular verbs in the preterite. You will learn more about them in **Estructura 9.1**, p. 310.

CONSULTA

You will learn about the preterite of **-ir** stem-changing verbs in **Estructura 8.1**, p. 274.

▶ Verbs that end in **-car**, **-gar**, and **-zar** have a spelling change in the first person singular (**yo** form) in the preterite.

bus**car**	busc-	qu- → yo bus**qué**
lle**gar**	lleg-	gu- → yo lle**gué**
empe**zar**	empez-	c- → yo empe**cé**

▶ Except for the **yo** form, all other forms of **-car**, **-gar**, and **-zar** verbs are regular in the preterite.

▶ Three other verbs—**creer**, **leer**, and **oír**—have spelling changes in the preterite. The **i** of the verb endings of **creer**, **leer**, and **oír** carries an accent in the **yo**, **tú**, **nosotros/as**, and **vosotros/as** forms, and changes to **y** in the **Ud./él/ella** and **Uds./ellos/ellas** forms.

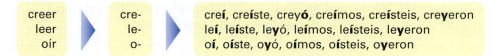

creer	cre-	cre**í**, cre**íste**, cre**yó**, cre**ímos**, cre**ísteis**, cre**yeron**
leer	le-	le**í**, le**íste**, le**yó**, le**ímos**, le**ísteis**, le**yeron**
oír	o-	o**í**, o**íste**, o**yó**, o**ímos**, o**ísteis**, o**yeron**

▶ **Ver** is regular in the preterite, but none of its forms has an accent.

ver ⟶ vi, viste, vio, vimos, visteis, vieron

Words commonly used with the preterite

anoche	last night	pasado/a (*adj.*)	last; past
anteayer	the day before yesterday	el año pasado	last year
		la semana pasada	last week
ayer	yesterday	una vez	once
de repente	suddenly	dos veces	twice
desde... hasta...	from... until...	ya	already

Ayer llegué a Santiago de Cuba.
Yesterday I arrived in Santiago de Cuba.

Anoche oí un ruido extraño.
Last night I heard a strange noise.

▶ **Acabar de** + [*infinitive*] is used to say that something has just occurred. Note that **acabar** is in the present tense in this construction.

Acabo de comprar una falda.
I just bought a skirt.

Acabas de ir de compras.
You just went shopping.

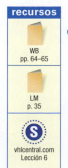

recursos

WB
pp. 64–65

LM
p. 35

S
vhlcentral.com
Lección 6

¡INTÉNTALO! Provide the appropriate preterite forms of the verbs.

	comer	salir	comenzar	leer
1. ellas	comieron	salieron	comenzaron	leyeron
2. tú	_____	_____	_____	_____
3. usted	_____	_____	_____	_____
4. nosotros	_____	_____	_____	_____
5. yo	_____	_____	_____	_____

Práctica

1

Completar Andrea is talking about what happened last weekend. Complete each sentence by choosing the correct verb and putting it in the preterite.

1. El viernes a las cuatro de la tarde, la profesora Mora _____ (asistir, costar, usar) a una reunión (*meeting*) de profesores.
2. A la una, yo _____ (llegar, bucear, llevar) a la tienda con mis amigos.
3. Mis amigos y yo _____ (comprar, regatear, gastar) dos o tres cosas.
4. Yo _____ (costar, comprar, escribir) unos pantalones negros y mi amigo Mateo _____ (gastar, pasear, comprar) una camisa azul.
5. Después, nosotros _____ (llevar, vivir, comer) cerca de un mercado.
6. A las tres, Pepe _____ (hablar, pasear, nadar) con su novia por teléfono.
7. El sábado por la tarde, mi mamá _____ (escribir, beber, vivir) una carta.
8. El domingo mi tía _____ (decidir, salir, escribir) comprarme un traje.
9. A las cuatro de la tarde, mi tía _____ (beber, salir, encontrar) el traje y después nosotras _____ (acabar, ver, salir) una película.

2

Preguntas Imagine that you have a pesky friend who keeps asking you questions. Respond that you already did or have just done what he/she asks. Make sure you and your partner take turns playing the role of the pesky friend and responding to his/her questions.

> **modelo**
>
> leer la lección
> **Estudiante 1:** ¿Leíste la lección?
> **Estudiante 2:** Sí, ya la leí./Sí, acabo de leerla.

1. escribir el mensaje electrónico
2. lavar (*to wash*) la ropa
3. oír las noticias (*news*)
4. comprar pantalones cortos
5. practicar los verbos
6. pagar la cuenta (*bill*)
7. empezar la composición
8. ver la película *Diarios de motocicleta*

NOTA CULTURAL

Based on Ernesto "Che" Guevara's diaries, *Diarios de motocicleta* (2004) traces the road trip of Che (played by Gael García Bernal) with his friend Alberto Granado (played by Rodrigo de la Serna) through Argentina, Chile, Peru, Colombia, and Venezuela.

3

¿Cuándo? Use the time expressions from the word bank to talk about when you and others did the activities listed.

anoche	anteayer	el mes pasado	una vez
ayer	la semana pasada	el año pasado	dos veces

1. mi compañero/a de cuarto: llegar tarde a clase
2. mi mejor (*best*) amigo/a: salir con un(a) chico/a guapo/a
3. mis padres: ver una película
4. yo: llevar un traje/vestido
5. el presidente/primer ministro de mi país: asistir a una conferencia internacional
6. mis amigos y yo: comer en un restaurante
7. ¿?: comprar algo (*something*) bueno, bonito y barato

 Practice more at **vhlcentral.com**.

Comunicación

4

Ayer Jot down at what time you did these activities yesterday. Then get together with a classmate and find out at what time he or she did these activities. Be prepared to share your findings with the class.

1. desayunar
2. empezar la primera clase
3. almorzar
4. ver a un(a) amigo/a
5. salir de clase
6. volver a la residencia/casa

5

Las vacaciones Imagine that you took these photos on a vacation with friends. Get together with a partner and use the pictures to tell him or her about your trip.

6

El fin de semana Your instructor will give you and your partner different incomplete charts about what four employees at **Almacén Gigante** did last weekend. After you fill out the chart based on each other's information, you will fill out the final column about your partner.

Síntesis

7

Conversación Get together with a partner and have a conversation about what you did last week using verbs from the word bank. Don't forget to include school activities, shopping, and pastimes.

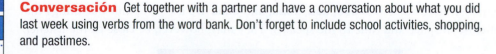

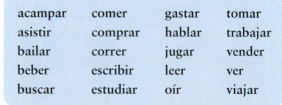

acampar	comer	gastar	tomar
asistir	comprar	hablar	trabajar
bailar	correr	jugar	vender
beber	escribir	leer	ver
buscar	estudiar	oír	viajar

6.4 # Demonstrative adjectives and pronouns

Demonstrative adjectives

ANTE TODO   In Spanish, as in English, demonstrative adjectives are words that "demonstrate" or "point out" nouns. Demonstrative adjectives precede the nouns they modify and, like other Spanish adjectives you have studied, agree with them in gender and number. Observe these examples and then study the chart below.

esta camisa   **ese** vendedor   **aquellos** zapatos
this shirt   *that salesman*   *those shoes (over there)*

Demonstrative adjectives

Singular		Plural		
MASCULINE	FEMININE	MASCULINE	FEMININE	
este	esta	estos	estas	*this; these*
ese	esa	esos	esas	*that; those*
aquel	aquella	aquellos	aquellas	*that; those (over there)*

▶ There are three sets of demonstrative adjectives. To determine which one to use, you must establish the relationship between the speaker and the noun(s) being pointed out.

▶ The demonstrative adjectives **este**, **esta**, **estos**, and **estas** are used to point out things that are close to the speaker and the listener.

Me gustan estos zapatos.

▶ The demonstrative adjectives **ese**, **esa**, **esos**, and **esas** are used to point out things that are not close in space and time to the speaker. They may, however, be close to the listener.

Prefiero esos zapatos.

▶ The demonstrative adjectives **aquel**, **aquella**, **aquellos**, and **aquellas** are used to point out things that are far away from the speaker and the listener.

Aquel auto es de mi hermana.

Demonstrative pronouns

▶ Demonstrative pronouns are identical to their corresponding demonstrative adjectives, with the exception that they traditionally carry an accent mark on the stressed vowel. The **Real Academia** no longer requires this accent, but it is still commonly used.

Demonstrative pronouns			
Singular		**Plural**	
MASCULINE	FEMININE	MASCULINE	FEMININE
éste	ésta	éstos	éstas
ése	ésa	ésos	ésas
aquél	aquélla	aquéllos	aquéllas

—¿Quieres comprar **este suéter**?
Do you want to buy this sweater?

—No, no quiero **éste**. Quiero **ése**.
No, I don't want this one. I want that one.

—¿Vas a leer **estas revistas**?
Are you going to read these magazines?

—Sí, voy a leer **éstas**. También voy a leer **aquéllas**.
Yes, I'm going to read these. I'll also read those (over there).

▶ **¡Atención!** Like demonstrative adjectives, demonstrative pronouns agree in gender and number with the corresponding noun.

Este libro es de Pablito.　　　　**Éstos** son de Juana.

▶ There are three neuter demonstrative pronouns: **esto**, **eso**, and **aquello**. These forms refer to unidentified or unspecified things, situations, ideas, and concepts. They do not change in gender or number and never carry an accent mark.

—¿Qué es **esto**?
What's this?

—**Eso** es interesante.
That's interesting.

—**Aquello** es bonito.
That's pretty.

recursos
WB pp. 66–68
LM p. 36
vhlcentral.com Lección 6

¡INTÉNTALO! Provide the correct form of the demonstrative adjective for these nouns.

1. la falda / este _____ esta falda _____
2. los estudiantes / este _____
3. los países / aquel _____
4. la ventana / ese _____
5. los periodistas / ese _____
6. el chico / aquel _____
7. las sandalias / este _____
8. las chicas / aquel _____

Práctica

1

Cambiar Make the singular sentences plural and the plural sentences singular.

> **modelo**
> Estas camisas son blancas.
> *Esta camisa es blanca.*

1. Aquellos sombreros son muy elegantes.
2. Ese abrigo es muy caro.
3. Estos cinturones son hermosos.
4. Esos precios son muy buenos.
5. Estas faldas son muy cortas.
6. ¿Quieres ir a aquel almacén?
7. Esas blusas son baratas.
8. Esta corbata hace juego con mi traje.

2

Completar Here are some things people might say while shopping. Complete the sentences with the correct demonstrative pronouns.

1. No me gustan esos zapatos. Voy a comprar _____. (*these*)
2. ¿Vas a comprar ese traje o _____? (*this one*)
3. Esta guayabera es bonita, pero prefiero _____. (*that one*)
4. Estas corbatas rojas son muy bonitas, pero _____ son fabulosas. (*those*)
5. Estos cinturones cuestan demasiado. Prefiero _____. (*those over there*)
6. ¿Te gustan esas botas o _____? (*these*)
7. Esa bolsa roja es bonita, pero prefiero _____. (*that one over there*)
8. No voy a comprar estas botas; voy a comprar _____. (*those over there*)
9. ¿Prefieres estos pantalones o _____? (*those*)
10. Me gusta este vestido, pero voy a comprar _____. (*that one*)
11. Me gusta ese almacén, pero _____ es mejor (*better*). (*that one over there*)
12. Esa blusa es bonita, pero cuesta demasiado. Voy a comprar _____. (*this one*)

3

Describir With your partner, look for two items in the classroom that are one of these colors: **amarillo**, **azul**, **blanco**, **marrón**, **negro**, **verde**, **rojo**. Take turns pointing them out to each other, first using demonstrative adjectives, and then demonstrative pronouns.

> **modelo**
> azul
> **Estudiante 1:** *Esta silla es azul. Aquella mochila es azul.*
> **Estudiante 2:** *Ésta es azul. Aquélla es azul.*

Now use demonstrative adjectives and pronouns to discuss the colors of your classmates' clothing. One of you can ask a question about an article of clothing, using the wrong color. Your partner will correct you and point out that color somewhere else in the room.

> **modelo**
> **Estudiante 1:** *¿Esa camisa es negra?*
> **Estudiante 2:** *No, ésa es azul. Aquélla es negra.*

Practice more at **vhlcentral.com**.

Comunicación

4

Conversación With a classmate, use demonstrative adjectives and pronouns to ask each other questions about the people around you. Use expressions from the word bank and/or your own ideas.

¿A qué hora...?	¿Cuántos años tiene(n)...?
¿Cómo es/son...?	¿De dónde es/son...?
¿Cómo se llama...?	¿De quién es/son...?
¿Cuándo...?	¿Qué clases toma(n)...?

modelo

Estudiante 1: *¿Cómo se llama esa chica?*
Estudiante 2: *Se llama Rebeca.*
Estudiante 1: *¿A qué hora llegó aquel chico a la clase?*
Estudiante 2: *A las nueve.*

5

En una tienda Imagine that you and a classmate are in Madrid shopping at Zara. Study the floor plan, then have a conversation about your surroundings. Use demonstrative adjectives and pronouns.

modelo

Estudiante 1: *Me gusta este suéter azul.*
Estudiante 2: *Yo prefiero aquella chaqueta.*

Hombres — chaquetas — suéteres — camisas — pantalones cortos — trajes de baño — botas — pantalones — **Estudiante 1**

blusas — chaquetas — Mujeres — pantalones cortos — trajes de baño — faldas — zapatos — **Estudiante 2**

Síntesis

6

Diferencias Your instructor will give you and a partner each a drawing of a store. They are almost identical, but not quite. Use demonstrative adjectives and pronouns to find seven differences.

modelo

Estudiante 1: *Aquellas gafas de sol son feas, ¿verdad?*
Estudiante 2: *No. Aquellas gafas de sol son hermosas.*

Recapitulación

Diagnostics

Review the grammar concepts you have learned in this lesson by completing these activities.

1 **Completar** Complete the chart with the correct preterite or infinitive form of the verbs. **30 pts.**

Infinitive	yo	ella	ellos
			tomaron
		abrió	
comprender			
	leí		
pagar			

2 **En la tienda** Look at the drawing and complete the conversation with demonstrative adjectives and pronouns. **14 pts.**

CLIENTE Buenos días, señorita. Deseo comprar (1) _____ corbata.

VENDEDORA Muy bien, señor. ¿No le interesa mirar (2) _____ trajes que están allá? Hay unos que hacen juego con la corbata.

CLIENTE (3) _____ de allá son de lana, ¿no? Prefiero ver (4) _____ traje marrón que está detrás de usted.

VENDEDORA Estupendo. Como puede ver, es de seda. Cuesta seiscientos cincuenta dólares.

CLIENTE Ah… eh… no, creo que sólo voy a comprar la corbata, gracias.

VENDEDORA Bueno… si busca algo más económico, hay rebaja en (5) _____ sombreros. Cuestan sólo treinta dólares.

CLIENTE ¡Magnífico! Me gusta (6) _____, el blanco que está hasta arriba (*at the top*). Y quiero pagar todo con (7) _____ tarjeta.

VENDEDORA Sí, señor. Ahora mismo le traigo el sombrero.

6.1 **Saber and conocer** *p. 200*

saber	conocer
sé	conozco
sabes	conoces
sabe	conoce
sabemos	conocemos
sabéis	conocéis
saben	conocen

▶ **saber** = to know facts/how to do something

▶ **conocer** = to know a person, place, or thing

6.2 **Indirect object pronouns** *pp. 202–203*

Indirect object pronouns

Singular	Plural
me	nos
te	os
le	les

▶ **dar** = **doy**, das, da, damos, dais, dan

▶ **decir (e:i)** = **digo**, dices, dice, decimos, decís, dicen

6.3 **Preterite tense of regular verbs** *pp. 206–207*

comprar	vender	escribir
compré	vendí	escribí
compraste	vendiste	escribiste
compró	vendió	escribió
compramos	vendimos	escribimos
comprasteis	vendisteis	escribisteis
compraron	vendieron	escribieron

Verbs with spelling changes in the preterite

▶ **-car**: buscar → yo busqué

▶ **-gar**: llegar → yo llegué

▶ **-zar**: empezar → yo empecé

▶ **creer**: creí, creíste, creyó, creímos, creísteis, creyeron

▶ **leer**: leí, leíste, leyó, leímos, leísteis, leyeron

▶ **oír**: oí, oíste, oyó, oímos, oísteis, oyeron

▶ **ver**: vi, viste, vio, vimos, visteis, vieron

3 ¿Saber o conocer?

¿Saber o conocer? Complete each dialogue with the correct form of **saber** or **conocer**. `20 pts.`

1. —¿Qué _____ hacer tú?
   —(Yo) _____ jugar al fútbol.
2. —¿_____ tú esta tienda de ropa?
   —No, (yo) no la _____. ¿Es buena?
3. —¿Tus padres no _____ a tu novio?
   —No, ¡ellos no _____ que tengo novio!
4. —Mi compañero de cuarto todavía no me _____ bien.
   —Y tú, ¿lo quieres _____ a él?
5. —¿_____ ustedes dónde está el mercado?
   —No, nosotros no _____ bien esta ciudad.

6.4 Demonstrative adjectives and pronouns *pp. 210–211*

Demonstrative adjectives

Singular		Plural	
Masc.	Fem.	Masc.	Fem.
este	esta	estos	estas
ese	esa	esos	esas
aquel	aquella	aquellos	aquellas

Demonstrative pronouns

Singular		Plural	
Masc.	Fem.	Masc.	Fem.
éste	ésta	éstos	éstas
ése	ésa	ésos	ésas
aquél	aquélla	aquéllos	aquéllas

4 Oraciones

Oraciones Form complete sentences using the information provided. Use indirect object pronouns and the present tense of the verbs. `10 pts.`

1. Javier / prestar / el abrigo / a Maripili

   _____

2. nosotros / vender / ropa / a los clientes

   _____

3. el vendedor / traer / las camisetas / a mis amigos y a mí

   _____

4. yo / querer dar / consejos / a ti

   _____

5. ¿tú / ir a comprar / un regalo / a mí?

   _____

5 Mi última compra

Mi última compra Write a short paragraph describing the last time you went shopping. Use at least four verbs in the preterite tense. `26 pts.`

> **modelo**
> El viernes pasado, busqué unos zapatos en el centro comercial...

6 Poema

Poema Write the missing words to complete the excerpt from the poem *Romance sonámbulo* by Federico García Lorca. `4 EXTRA points!`

> "Verde que _____ quiero verde.
> Verde viento. Verdes ramas°.
> El barco sobre la mar
> y el caballo en la montaña, [...]
> Verde que te quiero _____ (*green*)."

ramas *branches*

Practice more at **vhlcentral.com**.

Lectura

Antes de leer

Estrategia
Skimming

Skimming involves quickly reading through a document to absorb its general meaning. This allows you to understand the main ideas without having to read word for word. When you skim a text, you might want to look at its title and subtitles. You might also want to read the first sentence of each paragraph.

Examinar el texto

Look at the format of the reading selection. How is it organized? What does the organization of the document tell you about its content?

Buscar cognados

Scan the reading selection to locate at least five cognates. Based on the cognates, what do you think the reading selection is about?

1. _____   4. _____
2. _____   5. _____
3. _____

The reading selection is about _____.

Impresiones generales

Now skim the reading selection to understand its general meaning. Jot down your impressions. What new information did you learn about the document by skimming it? Based on all the information you now have, answer these questions in Spanish.

1. Who created this document?
2. What is its purpose?
3. Who is its intended audience?

🔲 Corona

◄ ► C   🔲 http://corona.cl

Corona
¡Corona tiene las ofertas más locas del verano!

La tienda más elegante de la ciudad con precios increíbles

niños | **mujeres** | casa | baño | equipaje

Faldas largas
ROPA BONITA
Algodón. De
distintos colores
Talla mediana
Precio especial: 8.000 pesos

Blusas de seda
BAMBÚ
De cuadros y de lunares
Ahora: 21.000 pesos
40% de rebaja

Vestido de algodón
PANAMÁ
Colores blanco,
azul y verde
Ahora: 18.000 pesos
30% de rebaja

Accesorios
BELLEZA
Cinturones, gafas de sol,
sombreros, medias
Diversos estilos
Todos con un 40% de rebaja

Carteras
ELEGANCIA
Colores anaranjado,
blanco, rosado y amarillo
Ahora: 15.000 pesos
50% de rebaja

Sandalias de playa
GINO
Números del 35 al 38
A sólo 12.000 pesos
50% de descuento

Lunes a sábado de 9 a 21 horas.
Domingo de 10 a 14 horas.

Real° Liquidación°
¡La rebaja está de moda en Corona!

¡Grandes rebajas!

y con la tarjeta de crédito más conveniente del mercado.

| bebé | **hombres** | jardín | joyas | electrónica |

Chaquetas
CASINO
Microfibra. Colores negro,
café y gris
Tallas: P, M, G, XG
Ahora: 22.500 pesos

Traje inglés
GALES
Modelos originales
Ahora: 105.000 pesos
30% de rebaja

Pantalones
OCÉANO
Colores negro, gris y café
Ahora: 11.500 pesos
30% de rebaja

Accesorios
GUAPO
Gafas de sol, corbatas,
cinturones, calcetines
Diversos estilos
Todos con un 40% de rebaja

Zapatos
COLOR
Italianos y franceses
Números del 40 al 45
A sólo 20.000 pesos

Ropa interior
ATLÁNTICO
Tallas: P, M, G
Colores blanco, negro y gris
40% de rebaja

Real *Royal* Liquidación *Clearance sale*

Por la compra de 40.000 pesos, puede llevar un regalo gratis.
- Un hermoso cinturón de mujer
- Un par de calcetines
- Una corbata de seda
- Una bolsa para la playa
- Una mochila
- Unas medias

Después de leer

Completar 🌐
Complete this paragraph about the reading selection with the correct forms of the words from the word bank.

almacén	hacer juego	tarjeta de crédito
caro	increíble	tienda
dinero	pantalones	verano
falda	rebaja	zapato

En este anuncio, el _____ Corona anuncia
la liquidación de _____ con grandes
_____. Con muy poco _____
usted puede conseguir ropa fina y elegante. Si no tiene
dinero en efectivo, puede utilizar su _____ y
pagar luego. Para el caballero con gustos refinados, hay
_____ importados de París y Roma.
La señora elegante puede encontrar blusas de seda que
_____ con todo tipo de _____ o
_____. Los precios de esta liquidación son
realmente _____.

¿Cierto o falso? 🌐
Indicate whether each statement is **cierto** or **falso**.
Correct the false statements.

1. Hay sandalias de playa.
2. Las corbatas tienen una rebaja del 30%.
3. El almacén Corona tiene un departamento de zapatos.
4. Normalmente las sandalias cuestan 22.000 pesos.
5. Cuando gastas 30.000 pesos en la tienda, llevas un regalo gratis.
6. Tienen carteras amarillas.

Preguntas
In pairs, take turns asking and answering these questions.

1. Imagina que vas a ir a la tienda Corona. ¿Qué departamentos vas a visitar? ¿El departamento de ropa para señoras, el departamento de ropa para caballeros…?
2. ¿Qué vas a buscar en Corona?
3. ¿Hay tiendas similares a la tienda Corona en tu pueblo o ciudad? ¿Cómo se llaman? ¿Tienen muchas gangas?

Escritura

Estrategia

How to report an interview

There are several ways to prepare a written report about an interview. For example, you can transcribe the interview verbatim, you can simply summarize it, or you can summarize it but quote the speakers occasionally. In any event, the report should begin with an interesting title and a brief introduction, which may include the five Ws (*what, where, when, who, why*) and the H (*how*) of the interview. The report should end with an interesting conclusion. Note that when you transcribe dialogue in Spanish, you should pay careful attention to format and punctuation.

Writing dialogue in Spanish

- If you need to transcribe an interview verbatim, you can use speakers' names to indicate a change of speaker.

CARMELA	¿Qué compraste? ¿Encontraste muchas gangas?
ROBERTO	Sí, muchas. Compré un suéter, una camisa y dos corbatas. Y tú, ¿qué compraste?
CARMELA	Una blusa y una falda muy bonitas. ¿Cuánto costó tu camisa?
ROBERTO	Sólo diez dólares. ¿Cuánto costó tu blusa?
CARMELA	Veinte dólares.

- You can also use a dash (*raya*) to mark the beginning of each speaker's words.

—¿Qué compraste?

—Un suéter y una camisa muy bonitos. Y tú, ¿encontraste muchas gangas?

—Sí… compré dos blusas, tres camisetas y un par de zapatos.

—¡A ver!

Tema

Escribe un informe

Write a report for the school newspaper about an interview you conducted with a student about his or her shopping habits and clothing preferences. First, brainstorm a list of interview questions. Then conduct the interview using the questions below as a guide, but feel free to ask other questions as they occur to you.

Examples of questions:

▶ ¿Cuándo vas de compras?

▶ ¿Adónde vas de compras?

▶ ¿Con quién vas de compras?

▶ ¿Qué tiendas, almacenes o centros comerciales prefieres?

▶ ¿Compras ropa de catálogos o por Internet?

▶ ¿Prefieres comprar ropa cara o barata? ¿Por qué? ¿Te gusta buscar gangas?

▶ ¿Qué ropa llevas cuando vas a clase?

▶ ¿Qué ropa llevas cuando sales a bailar?

▶ ¿Qué ropa llevas cuando practicas un deporte?

▶ ¿Cuáles son tus colores favoritos? ¿Compras mucha ropa de esos colores?

▶ ¿Les das ropa a tu familia o a tus amigos/as?

Escuchar Audio

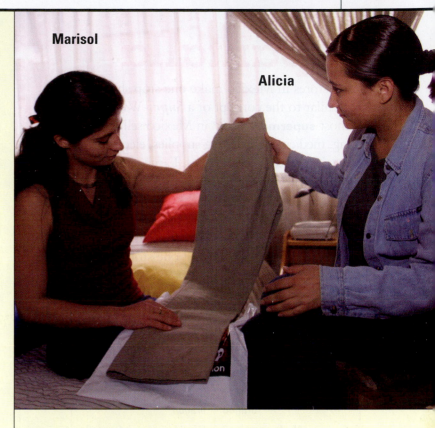

Marisol

Alicia

Estrategia

Listening for linguistic cues

You can enhance your listening comprehension by listening for specific linguistic cues. For example, if you listen for the endings of conjugated verbs, or for familiar constructions, such as **acabar de** + [*infinitive*] or **ir a** + [*infinitive*], you can find out whether an event already took place, is taking place now, or will take place in the future. Verb endings also give clues about who is participating in the action.

 To practice listening for linguistic cues, you will now listen to four sentences. As you listen, note whether each sentence refers to a past, present, or future action. Also jot down the subject of each sentence.

Preparación

Based on the photograph, what do you think Marisol has recently done? What do you think Marisol and Alicia are talking about? What else can you guess about their conversation from the visual clues in the photograph?

Ahora escucha

Now you are going to hear Marisol and Alicia's conversation. Make a list of the clothing items that each person mentions. Then put a check mark after the item if the person actually purchased it.

Marisol	Alicia
1. _____	1. _____
2. _____	2. _____
3. _____	3. _____
4. _____	4. _____

Comprensión

¿Cierto o falso?

Indicate whether each statement is **cierto** or **falso**. Then correct the false statements.

1. Marisol y Alicia acaban de ir de compras juntas (*together*).
2. Marisol va a comprar unos pantalones y una blusa mañana.
3. Marisol compró una blusa de cuadros.
4. Alicia compró unos zapatos nuevos hoy.
5. Alicia y Marisol van a ir al café.
6. Marisol gastó todo el dinero de la semana en ropa nueva.

Preguntas

Discuss the following questions with a classmate. Be sure to explain your answers.

1. ¿Crees que Alicia y Marisol son buenas amigas? ¿Por qué?
2. ¿Cuál de las dos estudiantes es más ahorradora (*frugal*)? ¿Por qué?
3. ¿Crees que a Alicia le gusta la ropa que Marisol compró?
4. ¿Crees que la moda es importante para Alicia? ¿Para Marisol? ¿Por qué?
5. ¿Es importante para ti estar a la moda? ¿Por qué?

 Practice more at **vhlcentral.com**.

En pantalla

Grocery stores in Mexico make one-stop shopping easy! Similar to the concept of a *Super-Walmart* in the U.S., most **supermercados°** in Mexico sell appliances, clothing, medicine, gardening supplies, electronics, and toys in addition to groceries. Large chains, like **Comercial Mexicana,** and smaller grocery stores alike typically sell a variety of products, allowing customers to satisfy all of their routine weekly shopping needs in one trip. Watch the **En pantalla** videoclip to see how one customer takes advantage of one-stop shopping at his local supermarket.

Vocabulario útil

con lo que ahorré	*with what I saved*
corazón	*sweetheart*
de peluche	*stuffed (toy)*
dragón	*dragon*
¿Me lo compras?	*Would you buy it for me?*

Comprensión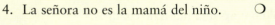

Indicate whether each statement is **cierto** or **falso.**

	Cierto	Falso
1. El niño quiere un elefante de peluche.	○	○
2. La señora usa zapatos negros.	○	○
3. El niño sigue a la señora hasta la caja.	○	○
4. La señora no es la mamá del niño.	○	○

Conversar

With a partner, use these cues to create a conversation in Spanish between two friends at a clothing store.

Estudiante 1: Would you buy me a(n)...?
Estudiante 2: No, because it costs...
Estudiante 1: Please! I always (**siempre**) buy you...
Estudiante 2: OK, I will buy you this... How much does it cost?
Estudiante 1: It's on sale! It only costs....

supermercados *supermarkets*

Anuncio de Comercial Mexicana

¿Me lo compras?

No, corazón.

¿Me lo compras, me lo compras, me lo compras?

 **Video: TV Clip**

Practice more at **vhlcentral.com.**

In the Spanish-speaking world, most city dwellers shop at large supermarkets and little stores that specialize in just one item, such as a butcher shop (**carnicería**), vegetable market (**verdulería**), perfume shop (**perfumería**), or hat shop (**sombrerería**). In small towns where supermarkets are less common, many people rely exclusively on specialty shops. This requires shopping more frequently—often every day or every other day for perishable items—but also means that the foods they consume are fresher and the goods are usually locally produced. Each neighborhood generally has its own shops, so people don't have to walk far to find fresh bread (at a **panadería**) for the midday meal.

Vocabulario útil

colones (pl.)	currency from Costa Rica
¿Cuánto vale?	¿Cuánto cuesta?
descuento	discount
disculpe	excuse me
¿Dónde queda...?	Where is... located?
los helados	ice cream
el regateo	bargaining

Preparación

Have you ever been to an open-air market? What did you buy? Have you ever negotiated a price? What did you say?

Comprensión

Select the option that best summarizes this episode.

a. Randy Cruz va al mercado al aire libre para comprar papayas. Luego va al Mercado Central. Él les pregunta a varios clientes qué compran, prueba (*tastes*) platos típicos y busca la heladería.

b. Randy Cruz va al mercado al aire libre para comprar papayas y pedir un descuento. Luego va al Mercado Central para preguntarles a los clientes qué compran en los mercados.

Comprar en los mercados

Trescientos colones.

... pero me hace un buen descuento.

¿Qué compran en el Mercado Central?

 **Video:** *Flash cultura*

Practice more at **vhlcentral.com**.

Ⓢ Video: *Panorama cultural*
Interactive map

Cuba

El país en cifras

▶ **Área:** 110.860 km² (42.803 millas²), *aproximadamente el área de Pensilvania*

▶ **Población:** 11.061.886

▶ **Capital:** La Habana—2.116.000

La Habana Vieja fue declarada° Patrimonio° Cultural de la Humanidad por la UNESCO en 1982. Este distrito es uno de los lugares más fascinantes de Cuba. En La Plaza de Armas, se puede visitar el majestuoso Palacio de Capitanes Generales, que ahora es un museo. En la calle° Obispo, frecuentada por el autor Ernest Hemingway, hay hermosos cafés, clubes nocturnos y tiendas elegantes.

▶ **Ciudades principales:** Santiago de Cuba; Camagüey; Holguín; Guantánamo

▶ **Moneda:** peso cubano

▶ **Idiomas:** español (oficial)

Bandera de Cuba

Cubanos célebres

▶ **Carlos Finlay,** doctor y científico (1833–1915)

▶ **José Martí,** político y poeta (1853–1895)

▶ **Fidel Castro,** ex primer ministro, ex comandante en jefe° de las fuerzas armadas (1926–2016)

▶ **Zoé Valdés,** escritora (1959–)

▶ **Ibrahim Ferrer,** músico (1927–2005)

▶ **Carlos Acosta,** bailarín (1973–)

fue declarada *was declared* Patrimonio *Heritage* calle *street* comandante en jefe *commander in chief* liviano *light* colibrí abeja *bee hummingbird* ave *bird* mundo *world* miden *measure* pesan *weigh*

Golfo de México

ESTADOS UNIDOS

Gran Teatro de La Habana

Océano Atlántico

Los coco taxis son un medio de transporte cubano muy popular.

Plaza del Capitolio

★ La Habana

Cordillera de los Órganos

Isla de la Juventud

ESTADOS UNIDOS

CUBA

OCÉANO ATLÁNTICO

OCÉANO PACÍFICO

AMÉRICA DEL SUR

Mar Caribe

Camagüey •

La música es parte esencial de la vida en Cuba.

recursos

WB pp. 69–70

VM pp. 47–48

Ⓢ vhlcentral.com Lección 6

¡Increíble pero cierto!

Pequeño y liviano°, el colibrí abeja° de Cuba es una de las más de 320 especies de colibrí y es también el ave° más pequeña del mundo°. Menores que muchos insectos, estas aves minúsculas miden° 5 centímetros y pesan° sólo 1,95 gramos.

Baile • Ballet Nacional de Cuba

La bailarina Alicia Alonso fundó el Ballet Nacional de Cuba en 1948, después de° convertirse en una estrella° internacional en el Ballet de Nueva York y en Broadway. El Ballet Nacional de Cuba es famoso en todo el mundo por su creatividad y perfección técnica.

Economía • La caña de azúcar y el tabaco

La caña de azúcar° es el producto agrícola° que más se cultiva en la isla y su exportación es muy importante para la economía del país. El tabaco, que se usa para fabricar los famosos puros° cubanos, es otro cultivo° de mucha importancia.

Gente • Población

La población cubana tiene raíces° muy heterogéneas. La inmigración a la isla fue determinante° desde la colonia hasta mediados° del siglo° XX. Los cubanos de hoy son descendientes de africanos, europeos, chinos y antillanos, entre otros.

Música • Buena Vista Social Club

En 1997 nace° el fenómeno musical conocido como *Buena Vista Social Club*. Este proyecto reúne° a un grupo de importantes músicos de Cuba, la mayoría ya mayores, con una larga trayectoria interpretando canciones clásicas del son° cubano. Ese mismo año ganaron un *Grammy*. Hoy en día estos músicos son conocidos en todo el mundo, y personas de todas las edades bailan al ritmo° de su música.

Holguín

Santiago de Cuba
Guantánamo
Sierra Maestra

¿Qué aprendiste? Responde a las preguntas con una oración completa.
1. ¿Qué autor está asociado con la Habana Vieja?
2. ¿Por qué es famoso el Ballet Nacional de Cuba?
3. ¿Cuáles son los dos cultivos más importantes para la economía cubana?
4. ¿Qué fabrican los cubanos con la planta del tabaco?
5. ¿De dónde son muchos de los inmigrantes que llegaron a Cuba?
6. ¿En qué año ganó un *Grammy* el disco *Buena Vista Social Club*?

Conexión Internet Investiga estos temas en **vhlcentral.com**.

Practice more at **vhlcentral.com**.

1. Busca información sobre un(a) cubano/a célebre. ¿Por qué es célebre? ¿Qué hace? ¿Todavía vive en Cuba?
2. Busca información sobre una de las ciudades principales de Cuba. ¿Qué atracciones hay en esta ciudad?

después de *after* estrella *star* caña de azúcar *sugar cane* agrícola *farming* puros *cigars* cultivo *crop* raíces *roots* determinante *deciding* mediados *halfway through* siglo *century* nace *is born* reúne *gets together* son *Cuban musical genre* ritmo *rhythm*

La ropa

el abrigo	coat
los (blue)jeans	jeans
la blusa	blouse
la bolsa	purse; bag
la bota	boot
los calcetines (el calcetín)	sock(s)
la camisa	shirt
la camiseta	t-shirt
la cartera	wallet
la chaqueta	jacket
el cinturón	belt
la corbata	tie
la falda	skirt
las gafas (de sol)	(sun)glasses
los guantes	gloves
el impermeable	raincoat
las medias	pantyhose; stockings
los pantalones	pants
los pantalones cortos	shorts
la ropa	clothes
la ropa interior	underwear
las sandalias	sandals
el sombrero	hat
el suéter	sweater
el traje	suit
el traje de baño	bathing suit
el vestido	dress
los zapatos de tenis	sneakers

Verbos

conducir	to drive
conocer	to know; to be acquainted with
dar	to give
ofrecer	to offer
parecer	to seem
saber	to know; to know how
traducir	to translate

Ir de compras

el almacén	department store
la caja	cash register
el centro comercial	shopping mall
el/la cliente/a	customer
el/la dependiente/a	clerk
el dinero	money
(en) efectivo	cash
el mercado (al aire libre)	(open-air) market
un par (de zapatos)	a pair (of shoes)
el precio (fijo)	(fixed; set) price
la rebaja	sale
el regalo	gift
la tarjeta de crédito	credit card
la tienda	store
el/la vendedor(a)	salesperson
costar (o:ue)	to cost
gastar	to spend (money)
hacer juego (con)	to match (with)
llevar	to wear; to take
pagar	to pay
regatear	to bargain
usar	to wear; to use
vender	to sell

Adjetivos

barato/a	cheap
bueno/a	good
cada	each
caro/a	expensive
corto/a	short (in length)
elegante	elegant
hermoso/a	beautiful
largo/a	long
loco/a	crazy
nuevo/a	new
otro/a	other; another
pobre	poor
rico/a	rich

Los colores

el color	color
amarillo/a	yellow
anaranjado/a	orange
azul	blue
blanco/a	white
gris	gray
marrón, café	brown
morado/a	purple
negro/a	black
rojo/a	red
rosado/a	pink
verde	green

Palabras adicionales

acabar de (+ inf.)	to have just done something
anoche	last night
anteayer	the day before yesterday
ayer	yesterday
de repente	suddenly
desde	from
dos veces	twice
hasta	until
pasado/a (adj.)	last; past
el año pasado	last year
la semana pasada	last week
prestar	to lend; to loan
una vez	once
ya	already

Indirect object pronouns	See page 202.
Demonstrative adjectives and pronouns	See page 210.
Expresiones útiles	See page 195.

  **Vocabulary Tools**

La rutina diaria

7

Communicative Goals

You will learn how to:

• Describe your daily routine
• Talk about personal hygiene
• Reassure someone

A PRIMERA VISTA

• ¿Está él en casa o en una tienda?
• ¿Está contento o enojado?
• ¿Cómo es él?
• ¿Qué colores hay en la foto?

La rutina diaria

En la habitación por la mañana

En el baño por la mañana

Se peina.
(peinarse)

Se acuesta.
(acostarse)

En la habitación por la noche

Se lava las manos.
(lavarse las manos)

Se cepilla los dientes.
(cepillarse los dientes)

la toalla

las pantuflas

la pasta de dientes

En el baño por la noche

Práctica

1 Escuchar Escucha las oraciones e indica si cada oración es **cierta** o **falsa**, según el dibujo.

1. _____   6. _____
2. _____   7. _____
3. _____   8. _____
4. _____   9. _____
5. _____   10. _____

2 Ordenar Escucha la rutina diaria de Marta. Después ordena los verbos según lo que escuchaste.

____ a. almorzar   ____ e. desayunar
____ b. ducharse   ____ f. dormirse
____ c. peinarse   ____ g. despertarse
____ d. ver la televisión   ____ h. estudiar en la biblioteca

3 Seleccionar Selecciona la palabra que no está relacionada con cada grupo.

1. lavabo • toalla • despertador • jabón _____
2. manos • antes de • después de • por último _____
3. acostarse • jabón • despertarse • dormirse _____
4. espejo • lavabo • despertador • entonces _____
5. dormirse • toalla • vestirse • levantarse _____
6. pelo • cara • manos • inodoro _____
7. espejo • champú • jabón • pasta de dientes _____
8. maquillarse • vestirse • peinarse • dientes _____
9. baño • dormirse • despertador • acostarse _____
10. ducharse • luego • bañarse • lavarse _____

4 Identificar Con un(a) compañero/a, identifica las cosas que cada persona necesita. Sigue el modelo.

> **modelo**
> Jorge / lavarse la cara
> **Estudiante 1:** ¿Qué necesita Jorge para lavarse la cara?
> **Estudiante 2:** Necesita jabón y una toalla.

1. Mariana / maquillarse
2. Gerardo / despertarse
3. Celia / bañarse
4. Gabriel / ducharse
5. Roberto / afeitarse
6. Sonia / lavarse el pelo
7. Vanesa / lavarse las manos
8. Manuel / vestirse
9. Simón / acostarse
10. Daniela / cepillarse los dientes

5 **La rutina de Andrés** Ordena esta rutina de una manera lógica.

a. Se afeita después de cepillarse los dientes. _____

b. Se acuesta a las once y media de la noche. _____

c. Por último, se duerme. _____

d. Después de afeitarse, sale para las clases. _____

e. Asiste a todas sus clases y vuelve a su casa. _____

f. Andrés se despierta a las seis y media de la mañana. _____

g. Después de volver a casa, come un poco. Luego estudia en su habitación. _____

h. Se viste y entonces se cepilla los dientes. _____

i. Se cepilla los dientes antes de acostarse. _____

j. Se ducha antes de vestirse. _____

6 **La rutina diaria** Con un(a) compañero/a, mira los dibujos y describe lo que hacen Ángel y Lupita.

1.
2.
3.
4.
5.
6.
7.
8.

Practice more at **vhlcentral.com**.

Comunicación

7

La farmacia Lee el anuncio y responde a las preguntas con un(a) compañero/a.

LA FARMACIA NUEVO SOL tiene todo
lo que necesitas para la vida diaria.

Esta semana tenemos
grandes rebajas.

Con poco dinero puedes comprar lo que necesitas para el
cuarto de baño ideal.

Para los hombres ofrecemos…
Excelentes cremas de afeitar
de Guapo y Máximo

Para las mujeres ofrecemos…
Nuevo maquillaje de Marisol y
jabones de baño Ilusiones y Belleza

Y para todos tenemos los mejores jabones, pastas
de dientes y cepillos de dientes.

¡Visita **LA FARMACIA NUEVO SOL**!
Tenemos los mejores precios. Visita nuestra tienda muy cerca de tu casa.

1. ¿Qué tipo de tienda es?
2. ¿Qué productos ofrecen para las mujeres?
3. ¿Qué productos ofrecen para los hombres?
4. Haz (*Make*) una lista de los verbos que asocias con los productos del anuncio.
5. ¿Dónde compras tus productos de higiene?
6. ¿Tienes una tienda favorita? ¿Cuál es?

8

Rutinas diarias Trabajen en parejas para describir la rutina diaria de dos o tres
de estas personas. Pueden usar palabras de la lista.

antes (de)	entonces	primero
después (de)	luego	tarde
durante el día	por último	temprano

- un(a) profesor(a) de la universidad
- un(a) turista
- un hombre o una mujer de negocios (*businessman/woman*)
- un vigilante nocturno (*night watchman*)
- un(a) jubilado/a (*retired person*)
- el presidente/primer ministro de tu país
- un niño de cuatro años
- Daniel Espinosa

¡Necesito arreglarme!

Es viernes por la tarde y Marissa, Jimena y Felipe se preparan para salir.

S Video: *Fotonovela*

PERSONAJES

MARISSA

JIMENA

MARISSA ¿Hola? ¿Está ocupado?

JIMENA Sí. Me estoy lavando la cara.

MARISSA Necesito usar el baño.

MARISSA Tengo que terminar de arreglarme. Voy al cine esta noche.

JIMENA Yo también tengo que salir. ¿Te importa si me maquillo primero? Me voy a encontrar con mi amiga Elena en una hora.

JIMENA No te preocupes, Marissa. Llegaste primero. Entonces, te arreglas el pelo y después me maquillo.

FELIPE ¿Y yo? Tengo crema de afeitar en la cara. No me voy a ir. Estoy aquí y aquí me quedo.

JIMENA ¡Felipe! ¿Qué estás haciendo?

FELIPE Me estoy afeitando. ¿Hay algún problema?

JIMENA ¡Siempre haces lo mismo!

FELIPE Pues, yo no vi a nadie aquí.

JIMENA ¿Por qué no te afeitaste por la mañana?

FELIPE Porque cada vez que quiero usar el baño, una de ustedes está aquí. O bañándose o maquillándose.

MARISSA Tú ganas. ¿Adónde vas a ir esta noche, Felipe?

FELIPE Juan Carlos y yo vamos a ir a un café en el centro. Siempre hay música en vivo. (*Sale.*) Me siento guapísimo. Todavía me falta cambiarme la camisa.

FELIPE

MARISSA ¿Adónde vas esta noche?

JIMENA A la biblioteca.

MARISSA ¡Es viernes! ¡Nadie debe estudiar los viernes! Voy a ver una película de Pedro Almodóvar con unas amigas.

MARISSA ¿Por qué no vienen tú y Elena al cine con nosotras? Después, podemos ir a ese café y molestar a Felipe.

JIMENA No sé.

MARISSA ¿Cuándo fue la última vez que viste a Juan Carlos?

JIMENA Cuando fuimos a Mérida.

MARISSA A ti te gusta ese chico.

JIMENA No tengo idea de qué estás hablando. Si no te importa, nos vemos en el cine.

Expresiones útiles

Talking about getting ready

Necesito arreglarme.
I need to get ready.
Me estoy lavando la cara.
I'm washing my face.
¿Te importa si me maquillo primero?
Is it OK with you if I put on my makeup first?
Tú te arreglas el pelo y después yo me maquillo.
You fix your hair and then I'll put on my makeup.
Todavía me falta cambiarme la camisa.
I still have to change my shirt.

Reassuring someone

Tranquilo/a.
Relax.
No te preocupes.
Don't worry.

Talking about past actions

¿Cuándo fue la última vez que viste a Juan Carlos?
When was the last time you saw Juan Carlos?
Cuando fuimos a Mérida.
When we went to Mérida.

Talking about likes and dislikes

Me fascinan las películas de Almodóvar.
I love Almodóvar's movies.
Me encanta la música en vivo.
I love live music.
Me molesta compartir el baño.
It bothers me to share the bathroom.

Additional vocabulary

encontrarse con *to meet up with*
molestar *to bother*
nadie *no one*

recursos

VM
pp. 13–14

vhlcentral.com
Lección 7

¿Qué pasó?

1   **¿Cierto o falso?** Indica si lo que dicen estas oraciones es **cierto** o **falso**. Corrige las oraciones falsas.

1. Marissa va a ver una película de Pedro Almodóvar con unas amigas.

2. Jimena se va a encontrar con Elena en dos horas.

3. Felipe se siente muy feo después de afeitarse.

4. Jimena quiere maquillarse.

5. Marissa quiere ir al café para molestar a Juan Carlos.

2   **Identificar** Identifica quién puede decir estas oraciones. Puedes usar cada nombre más de una vez.

1. No puedo usar el baño porque siempre están aquí, o bañándose o maquillándose. _____

2. Quiero arreglarme el pelo porque voy al cine esta noche. _____

3. Hoy voy a ir a la biblioteca. _____

4. ¡Necesito arreglarme! _____

5. Te gusta Juan Carlos. _____

6. ¿Por qué quieres afeitarte cuando estamos en el baño? _____

MARISSA

FELIPE

JIMENA

3   **Ordenar** Ordena correctamente los planes que tiene Marissa.

_____ a. Voy al café.

_____ b. Me arreglo el pelo.

_____ c. Molesto a Felipe.

_____ d. Me encuentro con unas amigas.

_____ e. Entro al baño.

_____ f. Voy al cine.

4   **En el baño** Trabajen en parejas para representar los papeles de dos compañeros/as de cuarto que deben usar el baño al mismo tiempo para hacer su rutina diaria. Usen las instrucciones como guía.

Estudiante 1	Estudiante 2
Di (*Say*) que quieres arreglarte porque vas a ir al cine.	Di (*Say*) que necesitas arreglarte porque te vas a encontrar con tus amigos/as.
Pregunta si puedes secarte (*dry*) el pelo.	Responde que no porque necesitas lavarte la cara.
Di que puede lavarse la cara, pero que después necesitas secarte el pelo.	Di que puede secarse el pelo, pero que después necesitas peinarte.

Practice more at **vhlcentral.com**.

Pronunciación 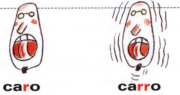 Audio
The consonant r

ropa	**rutina**	**rico**	**Ramón**

In Spanish, **r** has a strong trilled sound at the beginning of a word. No English words have a trill, but English speakers often produce a trill when they imitate the sound of a motor.

gustar	**durante**	**primero**	**crema**

In any other position, **r** has a weak sound similar to the English *tt* in *better* or the English *dd* in *ladder*. In contrast to English, the tongue touches the roof of the mouth behind the teeth.

pizarra	**corro**	**marrón**	**aburrido**

The letter combination **rr**, which only appears between vowels, always has a strong trilled sound.

caro	**carro**	**pero**	**perro**

Between vowels, the difference between the strong trilled **rr** and the weak **r** is very important, as a mispronunciation could lead to confusion between two different words.

Práctica Lee las palabras en voz alta, prestando (*paying*) atención a la pronunciación de la **r** y la **rr**.

1. Perú
2. Rosa
3. borrador
4. madre
5. comprar
6. favor
7. rubio
8. reloj
9. Arequipa
10. tarde
11. cerrar
12. despertador

Oraciones Lee las oraciones en voz alta, prestando atención a la pronunciación de la **r** y la **rr**.

1. Ramón Robles Ruiz es programador. Su esposa Rosaura es artista.
2. A Rosaura Robles le encanta regatear en el mercado.
3. Ramón nunca regatea… le aburre regatear.
4. Rosaura siempre compra cosas baratas.
5. Ramón no es rico, pero prefiere comprar cosas muy caras.
6. ¡El martes Ramón compró un carro nuevo!

Refranes Lee en voz alta los refranes, prestando atención a la **r** y a la **rr**.

Perro que ladra no muerde.[1]

No se ganó Zamora en una hora.[2]

1 A dog's bark is worse than its bite.   2 Rome wasn't built in a day.

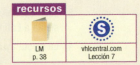

La siesta

¿Sientes cansancio° después de comer?

¿Te cuesta° volver al trabajo° o a clase después del almuerzo? Estas sensaciones son normales. A muchas personas les gusta relajarse° después de almorzar. Este momento de descanso es **la siesta**. La siesta es popular en los países hispanos y viene de una antigua costumbre° del área del Mediterráneo. La palabra *siesta* viene del latín, es una forma corta de decir "sexta hora". La sexta hora del día es después del mediodía, el momento de más calor. Debido al° calor y al cansancio, los habitantes de España, Italia, Grecia y Portugal tienen la costumbre de dormir la siesta desde hace° más de° dos mil años. Los españoles y los portugueses llevaron la costumbre a los países americanos.

Aunque° hoy día esta costumbre está desapareciendo° en las grandes ciudades, la siesta todavía es importante en la cultura hispana. En pueblos pequeños, por ejemplo, muchas oficinas° y tiendas tienen la costumbre de cerrar por dos o tres horas después del mediodía. Los empleados van a su casa, almuerzan con sus familias, duermen la siesta o hacen actividades, como ir al gimnasio, y luego regresan al trabajo entre las 2:30 y las 4:30 de la tarde.

Los estudios científicos explican que una siesta corta después de almorzar ayuda° a trabajar más y mejor° durante la tarde. Pero ¡cuidado! Esta siesta debe durar° sólo entre veinte y cuarenta minutos. Si dormimos más, entramos en la fase de sueño profundo y es difícil despertarse.

Hoy, algunas empresas° de los EE.UU., Canadá, Japón, Inglaterra y Alemania tienen salas° especiales donde los empleados pueden dormir la siesta.

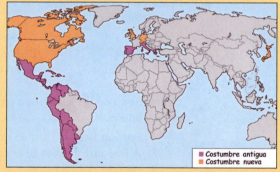

¿Dónde duermen la siesta?

■ Costumbre antigua
■ Costumbre nueva

En los lugares donde la siesta es una costumbre antigua, las personas la duermen en su casa. En los países donde la siesta es una costumbre nueva, la gente duerme en sus lugares de trabajo o en centros de siesta.

Sientes cansancio *Do you feel tired* Te cuesta *Is it hard for you* trabajo *work* relajarse *to relax* antigua costumbre *old custom* Debido al *Because (of)* desde hace *for* más de *more than* Aunque *Although* está desapareciendo *is disappearing* oficinas *offices* ayuda *helps* mejor *better* durar *last* algunas empresas *some businesses* salas *rooms*

1 **¿Cierto o falso?** Indica si lo que dicen las oraciones es **cierto** o **falso**. Corrige la información falsa.

1. La costumbre de la siesta empezó en Asia.
2. La palabra *siesta* está relacionada con la sexta hora del día.
3. Los españoles y los portugueses llevaron la costumbre de la siesta a Latinoamérica.
4. La siesta ayuda a trabajar más y mejor durante la tarde.
5. Los horarios de trabajo de las grandes ciudades hispanas son los mismos que los pueblos pequeños.
6. Una siesta larga siempre es mejor que una siesta corta.
7. En los Estados Unidos, los empleados de algunas empresas pueden dormir la siesta en el trabajo.
8. Es fácil despertar de un sueño profundo.

ASÍ SE DICE

El cuidado personal

el aseo; el excusado; el servicio; el váter (Esp.)	el baño
el cortaúñas	*nail clippers*
el desodorante	*deodorant*
el enjuague bucal	*mouthwash*
el hilo dental/ la seda dental	*dental floss*
la máquina de afeitar/ de rasurar (Méx.)	*electric razor*

EL MUNDO HISPANO

Costumbres especiales

- **México y El Salvador** Los vendedores pasan por las calles anunciando a gritos° su mercancía°: tanques de gas y flores° en México; pan y tortillas en El Salvador.

- **Costa Rica** Para encontrar las direcciones°, los costarricenses usan referencias a anécdotas, lugares o características geográficas. Por ejemplo: *200 metros norte de la iglesia Católica, frente al° supermercado Mi Mega.*

- **Argentina** En Tigre, una ciudad junto al Río° de la Plata, la gente usa barcos particulares°, barcos colectivos y barcos-taxi para ir de una isla a otra. Todas las mañanas, un barco colectivo recoge° a los niños y los lleva a la escuela.

gritos *shouts* mercancía *merchandise* flores *flowers* direcciones *addresses* frente al *opposite* Río *River* particulares *private* recoge *picks up*

PERFIL

El mate

El mate es una parte muy importante de la rutina diaria en muchos países. Es una bebida° muy similar al té que se consume en Argentina, Uruguay y Paraguay. Tradicionalmente se bebe caliente° con una *bombilla°* y en un recipiente° que también se llama *mate*. Por ser amarga°, algunos le agregan° azúcar para suavizar su sabor°. El mate se puede tomar a cualquier° hora y en cualquier lugar, aunque en Argentina las personas prefieren sentarse en círculo e ir pasando el mate de mano en mano mientras° conversan. Los uruguayos, por otra parte, acostumbran llevar el agua° caliente para el mate en un termo°

bajo el brazo° y lo beben mientras caminan. Si ves a una persona con un termo bajo el brazo y un mate en la mano, ¡es casi seguro que es de Uruguay!

bebida *drink* caliente *hot* bombilla *straw (in Argentina)* recipiente *container* amarga *bitter* agregan *add* suavizar su sabor *soften its flavor* cualquier *any* mientras *while* agua *water* termo *thermos* bajo el brazo *under their arm*

Conexión Internet

¿Qué costumbres son populares en los países hispanos?

Go to **vhlcentral.com** to find more cultural information related to this **Cultura** section.

ACTIVIDADES

2 **Comprensión** Completa las oraciones.

1. Uso _____ para limpiar (*to clean*) entre los dientes.
2. En _____ las personas compran pan y tortillas a los vendedores que pasan por la calle.
3. El _____ es una bebida similar al té.
4. Los uruguayos beben mate mientras _____.

3 **¿Qué costumbres tienes?** Escribe cuatro oraciones sobre una costumbre que compartes con tus amigos o con tu familia (por ejemplo: ir al cine, ir a eventos deportivos, leer, comer juntos, etc.). Explica qué haces, cuándo lo haces y con quién.

  Practice more at **vhlcentral.com**.

7.1 Reflexive verbs  Tutorial

ANTE TODO A reflexive verb is used to indicate that the subject does something to or for himself or herself. In other words, it "reflects" the action of the verb back to the subject. Reflexive verbs always use reflexive pronouns.

SUBJECT	REFLEXIVE VERB
Joaquín	**se ducha** por la mañana.

The verb **lavarse** (*to wash oneself*)

SINGULAR FORMS

yo	**me lavo**	*I wash (myself)*
tú	**te lavas**	*you wash (yourself)*
Ud.	**se lava**	*you wash (yourself)*
él/ella	**se lava**	*he/she washes (himself/herself)*

PLURAL FORMS

nosotros/as	**nos lavamos**	*we wash (ourselves)*
vosotros/as	**os laváis**	*you wash (yourselves)*
Uds.	**se lavan**	*you wash (yourselves)*
ellos/ellas	**se lavan**	*they wash (themselves)*

▶ The pronoun **se** attached to an infinitive identifies the verb as reflexive: **lavarse**.

▶ When a reflexive verb is conjugated, the reflexive pronoun agrees with the subject.

Me afeito.   **Te despiertas** a las siete.

¿Te importa si me maquillo primero?

A las chicas les encanta maquillarse durante horas y horas.

▶ Like object pronouns, reflexive pronouns generally appear before a conjugated verb. With infinitives and present participles, they may be placed before the conjugated verb or attached to the infinitive or present participle.

Ellos **se** van a vestir.   **Nos** estamos lavando las manos.
Ellos van a vestir**se**.   Estamos lavándo**nos** las manos.
They are going to get dressed.   *We are washing our hands.*

▶ **¡Atención!** When a reflexive pronoun is attached to a present participle, an accent mark is added to maintain the original stress.

bañando ⟶ bañ**á**ndo**se**   durmiendo ⟶ durmi**é**ndo**se**

AYUDA

Except for **se**, reflexive pronouns have the same forms as direct and indirect object pronouns.

•••

Se is used for both singular and plural subjects—there is no individual plural form:
Pablo **se** lava.
Ellos **se** lavan.

Common reflexive verbs

acordarse (de) (o:ue)	to remember	**llamarse**	to be called; to be named
acostarse (o:ue)	to go to bed		
afeitarse	to shave	**maquillarse**	to put on makeup
bañarse	to take a bath	**peinarse**	to comb one's hair
cepillarse	to brush	**ponerse**	to put on
despertarse (e:ie)	to wake up	**ponerse** (+ *adj.*)	to become (+ adj.)
dormirse (o:ue)	to go to sleep; to fall asleep	**preocuparse (por)**	to worry (about)
		probarse (o:ue)	to try on
ducharse	to take a shower	**quedarse**	to stay
enojarse (con)	to get angry (with)	**quitarse**	to take off
irse	to go away; to leave	**secarse**	to dry (oneself)
lavarse	to wash (oneself)	**sentarse** (e:ie)	to sit down
levantarse	to get up	**sentirse** (e:ie)	to feel
		vestirse (e:i)	to get dressed

AYUDA

You have already learned several adjectives that can be used with **ponerse** when it means *to become*:

alegre, cómodo/a, contento/a, elegante, guapo/a, nervioso/a, rojo/a, and **triste**.

COMPARE & CONTRAST

Unlike English, a number of verbs in Spanish can be reflexive or non-reflexive. If the verb acts upon the subject, the reflexive form is used. If the verb acts upon something other than the subject, the non-reflexive form is used. Compare these sentences.

Lola **lava** los platos.

Lola **se lava** la cara.

As the preceding sentences show, reflexive verbs sometimes have different meanings than their non-reflexive counterparts. For example, **lavar** means *to wash*, while **lavarse** means *to wash oneself, to wash up*.

▶ **¡Atención!** Parts of the body or clothing are generally not referred to with possessives, but with articles.

La niña se quitó **un** zapato.   Necesito cepillarme **los** dientes.

recursos

WB
pp. 75–76

LM
p. 39

vhlcentral.com
Lección 7

¡INTÉNTALO! Indica el presente de estos verbos reflexivos.

despertarse

1. Mis hermanos ___se despiertan___ tarde.
2. Tú _____ tarde.
3. Nosotros _____ tarde.
4. Benito _____ tarde.
5. Yo _____ tarde.

ponerse

1. Él ___se pone___ una chaqueta.
2. Yo _____ una chaqueta.
3. Usted _____ una chaqueta.
4. Nosotras _____ una chaqueta.
5. Las niñas _____ una chaqueta.

Práctica

1   Nuestra rutina La familia de Blanca sigue la misma rutina todos los días. Según Blanca, ¿qué hacen ellos?

> **modelo**
> mamá / despertarse a las 5:00
> *Mamá se despierta a las cinco.*

1. Roberto y yo / levantarse a las 7:00
2. papá / ducharse primero y / luego afeitarse
3. yo / lavarse la cara y / vestirse antes de tomar café
4. mamá / peinarse y / luego maquillarse
5. todos (nosotros) / sentarse a la mesa para comer
6. Roberto / cepillarse los dientes después de comer
7. yo / ponerse el abrigo antes de salir
8. nosotros / irse

2   La fiesta elegante Selecciona el verbo apropiado y completa las oraciones con la forma correcta.

1. Tú _____ (lavar / lavarse) el auto antes de ir a la fiesta.
2. Nosotros _____ (bañar / bañarse) antes de ir a la fiesta.
3. Para llegar a tiempo, Raúl y Marta _____ (acostar / acostarse) a los niños antes de salir.
4. Cecilia _____ (maquillar / maquillarse) antes de salir.
5. Mis amigos siempre _____ (vestir / vestirse) con ropa muy elegante.
6. Julia y Ana _____ (poner / ponerse) los vestidos nuevos.
7. Usted _____ (ir / irse) a llegar antes que (*before*) los demás invitados, ¿no?
8. En general, _____ (afeitar / afeitarse) yo mismo, pero hoy es un día especial y el barbero (*barber*) me _____ (afeitar / afeitarse). ¡Será una fiesta inolvidable!

3   Describir Mira los dibujos y describe lo que estas personas hacen.

 1. el joven

 2. Carmen

 3. Juan

 4. los pasajeros

 5. Estrella

  6. Toni

Comunicación

4

Preguntas personales En parejas, túrnense para hacerse estas preguntas.

1. ¿A qué hora te levantas durante la semana?
2. ¿A qué hora te levantas los fines de semana?
3. ¿Prefieres levantarte tarde o temprano? ¿Por qué?
4. ¿Te enojas frecuentemente con tus amigos?
5. ¿Te preocupas fácilmente? ¿Qué te preocupa?
6. ¿Qué te pone contento/a?
7. ¿Qué haces cuando te sientes triste?
8. ¿Y cuando te sientes alegre?
9. ¿Te acuestas tarde o temprano durante la semana?
10. ¿A qué hora te acuestas los fines de semana?

5

Charadas En grupos, jueguen a las charadas. Cada persona debe pensar en dos oraciones con verbos reflexivos. La primera persona que adivina la charada dramatiza la siguiente.

6

Debate En grupos, discutan este tema: ¿Quiénes necesitan más tiempo para arreglarse (*to get ready*) antes de salir, los hombres o las mujeres? Hagan una lista de las razones (*reasons*) que tienen para defender sus ideas e informen a la clase.

7

La coartada Hoy se cometió un crimen entre las 7 y las 11 de la mañana. En parejas, imaginen que uno de ustedes es un sospechoso y el otro un policía investigador. El policía le pregunta al sospechoso qué hace habitualmente a esas horas y el sospechoso responde. Luego, el policía presenta las respuestas del sospechoso ante el jurado (la clase) y entre todos deciden si es culpable o no.

Síntesis

8

La familia ocupada Tú y tu compañero/a asisten a un programa de verano en Lima, Perú. Viven con la familia Ramos. Tu profesor(a) te va a dar la rutina incompleta que la familia sigue en las mañanas. Trabaja con tu compañero/a para completarla.

 modelo

Estudiante 1: ¿Qué hace el señor Ramos a las seis y cuarto?
Estudiante 2: El señor Ramos se levanta.

 Practice more at **vhlcentral.com**.

7.2   Indefinite and negative words   Tutorial

ANTE TODO   Indefinite words refer to people and things that are not specific, for example, *someone* or *something*. Negative words deny the existence of people and things or contradict statements, for instance, *no one* or *nothing*. Spanish indefinite words have corresponding negative words, which are opposite in meaning.

Indefinite and negative words

Indefinite words		Negative words	
algo	*something; anything*	**nada**	*nothing; not anything*
alguien	*someone; somebody; anyone*	**nadie**	*no one; nobody; not anyone*
alguno/a(s), algún	*some; any*	**ninguno/a, ningún**	*no; none; not any*
o... o	*either... or*	**ni... ni**	*neither... nor*
siempre	*always*	**nunca, jamás**	*never, not ever*
también	*also; too*	**tampoco**	*neither; not either*

▶ There are two ways to form negative sentences in Spanish. You can place the negative word before the verb, or you can place **no** before the verb and the negative word after.

Nadie se levanta temprano.
No one gets up early.

No se levanta nadie temprano.
No one gets up early.

Ellos **nunca gritan**.
They never shout.

Ellos **no gritan nunca**.
They never shout.

¿Hay algún problema?

Siempre haces esto.

▶ Because they refer to people, **alguien** and **nadie** are often used with the personal **a**. The personal **a** is also used before **alguno/a, algunos/as,** and **ninguno/a** when these words refer to people and they are the direct object of the verb.

—Perdón, señor, ¿busca usted **a alguien**?
—No, gracias, señorita, no busco **a nadie**.

—Tomás, ¿buscas **a alguno** de tus hermanos?
—No, mamá, no busco **a ninguno**.

▶ **¡Atención!** Before a masculine singular noun, **alguno** and **ninguno** are shortened to **algún** and **ningún**.

—¿Tienen ustedes **algún** amigo peruano?

—No, no tenemos **ningún** amigo peruano.

COMPARE & CONTRAST

In English, it is incorrect to use more than one negative word in a sentence. In Spanish, however, sentences frequently contain two or more negative words. Compare these Spanish and English sentences.

Nunca le escribo a **nadie**.	**No** me preocupo **nunca** por **nada**.
I never write to anyone.	*I do not ever worry about anything.*

As the preceding sentences show, once an English sentence contains one negative word (for example, *not* or *never*), no other negative word may be used. Instead, indefinite (or affirmative) words are used. In Spanish, however, once a sentence is negative, no other affirmative (that is, indefinite) word may be used. Instead, all indefinite ideas must be expressed in the negative.

▶ **Pero** is used to mean *but*. The meaning of **sino** is *but rather* or *on the contrary*. It is used when the first part of the sentence is negative and the second part contradicts it.

Los estudiantes no se acuestan temprano **sino** tarde.	Esas gafas son caras, **pero** bonitas.
The students don't go to bed early, but rather late.	*Those glasses are expensive, but pretty.*
María no habla francés **sino** español.	José es inteligente, **pero** no saca buenas notas.
María doesn't speak French, but rather Spanish.	*José is intelligent but doesn't get good grades.*

¡INTÉNTALO!   Cambia las oraciones para que sean negativas.

1. Siempre se viste bien.
   <u> Nunca </u> se viste bien.
   <u> No </u> se viste bien <u> nunca </u>.
2. Alguien se ducha.
   _____ se ducha.
   _____ se ducha _____.
3. Ellas van también.
   Ellas _____ van.
   Ellas _____ van _____.
4. Alguien se pone nervioso.
   _____ se pone nervioso.
   _____ se pone nervioso _____.
5. Tú siempre te lavas las manos.
   Tú _____ te lavas las manos.
   Tú ____ te lavas las manos _____.
6. Voy a traer algo.
   _____ voy a traer _____.

7. Juan se afeita también.
   Juan _____ se afeita.
   Juan _____ se afeita _____.
8. Mis amigos viven en una residencia o en casa.
   Mis amigos _____ viven _____ en una residencia _____ en casa.
9. La profesora hace algo en su escritorio.
   La profesora _____ hace _____ en su escritorio.
10. Tú y yo vamos al mercado.
    _____ tú _____ yo vamos al mercado.
11. Tienen un espejo en su casa.
    _____ tienen _____ espejo en su casa.
12. Algunos niños se ponen los abrigos.
    _____ niño se pone el abrigo.

Práctica

1

¿Pero o sino? Forma oraciones sobre estas personas usando **pero** o **sino**.

> **modelo**
>
> muchos estudiantes viven en residencias estudiantiles / muchos de
> ellos quieren vivir fuera del (*off*) campus
> *Muchos estudiantes viven en residencias estudiantiles, pero muchos*
> *de ellos quieren vivir fuera del campus.*

1. Marcos nunca se despierta temprano / siempre llega puntual a clase

2. Lisa y Katarina no se acuestan temprano / muy tarde

3. Alfonso es inteligente / algunas veces es antipático

4. los directores de la residencia no son ecuatorianos / peruanos

5. no nos acordamos de comprar champú / compramos jabón

6. Emilia no es estudiante / profesora

7. no quiero levantarme / tengo que ir a clase

8. Miguel no se afeita por la mañana / por la noche

2

Completar Completa esta conversación. Usa expresiones negativas en tus respuestas. Luego, dramatiza la conversación con un(a) compañero/a.

AURELIO   Ana María, ¿encontraste algún regalo para Eliana?
ANA MARÍA (1)_____
AURELIO   ¿Viste a alguna amiga en el centro comercial?
ANA MARÍA (2)_____
AURELIO   ¿Me llamó alguien?
ANA MARÍA (3)_____
AURELIO   ¿Quieres ir al teatro o al cine esta noche?
ANA MARÍA (4)_____
AURELIO   ¿No quieres salir a comer?
ANA MARÍA (5)_____
AURELIO   ¿Hay algo interesante en la televisión esta noche?
ANA MARÍA (6)_____
AURELIO   ¿Tienes algún problema?
ANA MARÍA (7)_____

 Practice more at **vhlcentral.com**.

Comunicación

3

Opiniones Completa estas oraciones de una manera lógica. Luego, compara tus respuestas con las de un(a) compañero/a.

1. Mi habitación es _____, pero _____.
2. Por la noche me gusta _____, pero _____.
3. Un(a) profesor(a) ideal no es _____, sino _____.
4. Mis amigos son _____, pero _____.

4

En el campus En parejas, háganse preguntas sobre qué hay en su universidad: residencias bonitas, departamento de ingeniería, cines, librerías baratas, estudiantes guapos/as, equipo de fútbol, playa, clases fáciles, museo, profesores/as estrictos/as. Sigan el modelo.

> **modelo**
>
> **Estudiante 1:** ¿Hay algunas residencias bonitas?
> **Estudiante 2:** Sí, hay una/algunas. Está(n) detrás del estadio.
> **Estudiante 1:** ¿Hay algún museo?
> **Estudiante 2:** No, no hay ninguno.

5

Quejas En parejas, hagan una lista de cinco quejas (*complaints*) comunes que tienen los estudiantes. Usen expresiones negativas.

> **modelo**
>
> Nadie me entiende.

Ahora hagan una lista de cinco quejas que los padres tienen de sus hijos.

> **modelo**
>
> Nunca limpian sus habitaciones.

6

Anuncios En parejas, lean el anuncio y contesten las preguntas.

1. ¿Es el anuncio positivo o negativo? ¿Por qué?
2. ¿Qué palabras indefinidas hay?
3. Escriban el texto del anuncio cambiando todo por expresiones negativas.

Ahora preparen su propio (*own*) anuncio usando expresiones afirmativas y negativas.

¿Buscas algún producto especial?

¡Siempre hay algo para todos en las tiendas García!

Síntesis

7

Encuesta Tu profesor(a) te va a dar una hoja de actividades para hacer una encuesta. Circula por la clase y pídeles a tus compañeros que comparen las actividades que hacen durante la semana con las que hacen durante los fines de semana. Escribe las respuestas.

7.3 Preterite of **ser** and **ir**  Tutorial

ANTE TODO   In **Lección 6**, you learned how to form the preterite tense of regular **-ar**, **-er**, and **-ir** verbs. The following chart contains the preterite forms of **ser** (*to be*) and **ir** (*to go*). Since these forms are irregular, you will need to memorize them.

Preterite of ser and ir

		ser *(to be)*	**ir** *(to go)*
SINGULAR FORMS	yo	**fui**	**fui**
	tú	**fuiste**	**fuiste**
	Ud./él/ella	**fue**	**fue**
PLURAL FORMS	nosotros/as	**fuimos**	**fuimos**
	vosotros/as	**fuisteis**	**fuisteis**
	Uds./ellos/ellas	**fueron**	**fueron**

AYUDA

Note that, whereas regular **-er** and **-ir** verbs have accent marks in the **yo** and **Ud./él/ella** forms of the preterite, **ser** and **ir** do not.

▶ Since the preterite forms of **ser** and **ir** are identical, context clarifies which of the two verbs is being used.

Él **fue** a comprar champú y jabón.
He went to buy shampoo and soap.

¿Cómo **fue** la película anoche?
How was the movie last night?

¿Cuándo fue la última vez que viste a Juan Carlos?

Cuando fuimos a Mérida.

¡INTÉNTALO!   Completa las oraciones usando el pretérito de **ser** e **ir**.

ir

1. Los viajeros ___fueron___ a Perú.
2. Patricia _____ a Cuzco.
3. Tú _____ a Iquitos.
4. Gregorio y yo _____ a Lima.
5. Yo _____ a Trujillo.
6. Ustedes _____ a Arequipa.
7. Mi padre _____ a Lima.
8. Nosotras _____ a Cuzco.
9. Él _____ a Machu Picchu.
10. Usted _____ a Nazca.

ser

1. Usted ___fue___ muy amable.
2. Yo _____ muy cordial.
3. Ellos _____ simpáticos.
4. Nosotros _____ muy tontos.
5. Ella _____ antipática.
6. Tú _____ muy generoso.
7. Ustedes _____ cordiales.
8. La gente _____ amable.
9. Tomás y yo _____ muy felices.
10. Los profesores _____ buenos.

recursos

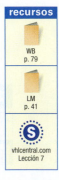

WB
p. 79

LM
p. 41

vhlcentral.com
Lección 7

Práctica y Comunicación

1

Completar Completa estas conversaciones con la forma correcta del pretérito de **ser** o **ir**. Indica el infinitivo de cada forma verbal.

NOTA CULTURAL

La ciudad peruana de **El Callao**, fundada en 1537, fue por muchos años el puerto (*port*) más activo de la costa del Pacífico en Suramérica. En el siglo XVIII, se construyó (*was built*) una fortaleza allí para proteger (*protect*) la ciudad de los ataques de piratas y bucaneros.

Conversación 1		ser	ir
RAÚL	¿Adónde (1)_____ ustedes de vacaciones?	○	○
PILAR	(2)_____ a Perú.	○	○
RAÚL	¿Cómo (3)_____ el viaje?	○	○
▶ **PILAR**	¡(4)_____ estupendo! Machu Picchu y El Callao son increíbles.	○	○
RAÚL	¿(5)_____ caro el viaje?	○	○
PILAR	No, el precio (6)_____ muy bajo. Sólo costó tres mil dólares.	○	○

Conversación 2		ser	ir
ISABEL	Tina y Vicente (7)_____ novios, ¿no?	○	○
LUCÍA	Sí, pero ahora no. Anoche Tina (8)_____ a comer con Gregorio	○	○
	y la semana pasada ellos (9)_____ al partido de fútbol.	○	○
ISABEL	¿Ah sí? Javier y yo (10)_____ al partido y no los vimos.	○	○

2

Descripciones Forma oraciones con estos elementos. Usa el pretérito.

A	**B**	**C**	**D**
yo	(no) ir	a un restaurante	ayer
tú	(no) ser	en autobús	anoche
mi compañero/a		estudiante	anteayer
nosotros		muy simpático/a	la semana pasada
mis amigos		a la playa	año pasado
ustedes		dependiente/a en una tienda	

3

Preguntas En parejas, túrnense para hacerse estas preguntas.

1. ¿Cuándo fuiste al cine por última vez? ¿Con quién fuiste?
2. ¿Fuiste en auto, en autobús o en metro? ¿Cómo fue el viaje?
3. ¿Cómo fue la película?
4. ¿Fue una película de terror, de acción o un drama?
5. ¿Fue una de las mejores películas que viste? ¿Por qué?
6. ¿Fueron buenos los actores o no? ¿Cuál fue el mejor?
7. ¿Adónde fuiste/fueron después?
8. ¿Fue una buena idea ir al cine?
9. ¿Fuiste feliz ese día?

4

El viaje En parejas, escriban un diálogo de un(a) viajero/a hablando con el/la agente de viajes sobre un viaje que hizo recientemente. Usen el pretérito de **ser** e **ir**.

> **modelo**
>
> **Agente:** *¿Cómo fue el viaje?*
> **Viajero:** *El viaje fue maravilloso/horrible…*

 Practice more at **vhlcentral.com**.

Verbs like gustar  **Tutorial**

ANTE TODO In **Lección 2**, you learned how to express preferences with **gustar**. You will now learn more about the verb **gustar** and other similar verbs. Observe these examples.

Me gusta ese champú.

ENGLISH EQUIVALENT
I like that shampoo.
LITERAL MEANING
That shampoo is pleasing to me.

¿**Te gustaron** las clases?

ENGLISH EQUIVALENT
Did you like the classes?
LITERAL MEANING
Were the classes pleasing to you?

▶ As the examples show, constructions with **gustar** do not have a direct equivalent in English. The literal meaning of this construction is *to be pleasing to (someone)*, and it requires the use of an indirect object pronoun.

INDIRECT OBJECT PRONOUN	VERB	SUBJECT	SUBJECT	VERB	DIRECT OBJECT
Me	**gusta**	ese champú.	*I*	*like*	*that shampoo.*

▶ In the diagram above, observe how in the Spanish sentence the object being liked (**ese champú**) is really the subject of the sentence. The person who likes the object, in turn, is an indirect object because it answers the question: *To whom is the shampoo pleasing?*

¿Te gusta Juan Carlos?

Me gustan los cafés que tienen música en vivo.

▶ Other verbs in Spanish are used in the same way as **gustar**. Here is a list of the most common ones.

Verbs like gustar

aburrir	to bore	**importar**	to be important to; to matter
encantar	to like very much; to love (inanimate objects)	**interesar**	to be interesting to; to interest
faltar	to lack; to need	**molestar**	to bother; to annoy
fascinar	to fascinate; to like very much	**quedar**	to be left over; to fit (clothing)

¡ATENCIÓN!

Faltar expresses what is lacking or missing. **Me falta una página.** *I'm missing one page.*
Quedar expresses how much of something is left. **Nos quedan tres pesos.** *We have three pesos left.*

•••

Quedar also means *to fit.* It can be used to tell how something looks (on someone). **Estos zapatos me quedan bien.** *These shoes fit me well.* **Esa camisa te queda muy bien.** *That shirt looks good on you.*

▶ The most commonly used verb forms of **gustar** and similar verbs are the third person (singular and plural). When the object or person being liked is singular, the singular form (**gusta**) is used. When two or more objects or persons are being liked, the plural form (**gustan**) is used. Observe the following diagram:

	SINGULAR	
me, te, le, nos, os, les	encanta interesó	la película el concierto
	PLURAL	
	importan fascinaron	las vacaciones los museos de Lima

▶ To express what someone likes or does not like to do, use an appropriate verb followed by an infinitive. The singular form is used even if there is more than one infinitive.

Nos molesta comer a las nueve.
It bothers us to eat at nine o'clock.

Les encanta bailar y **cantar** en las fiestas.
They love to dance and sing at parties.

▶ As you learned in **Lección 2**, the construction **a** + [*pronoun*] (**a mí, a ti, a usted, a él,** etc.) is used to clarify or to emphasize who is pleased, bored, etc. The construction **a** + [*noun*] can also be used before the indirect object pronoun to clarify or to emphasize who is pleased.

A los turistas les gustó mucho Machu Picchu.
The tourists liked Machu Picchu a lot.

A ti te gusta cenar en casa, pero **a mí** me aburre.
You like eating dinner at home, but I get bored.

▶ **¡Atención!** **Mí** (*me*) has an accent mark to distinguish it from the possessive adjective **mi** (*my*).

AYUDA

Note that the **a** must be repeated if there is more than one person.
A Armando y **a Carmen** les molesta levantarse temprano.

¡INTÉNTALO! Indica el pronombre de objeto indirecto y la forma del tiempo presente adecuados en cada oración.

fascinar

1. A él ___le fascina___ viajar.
2. A mí _____ bailar.
3. A nosotras _____ cantar.
4. A ustedes _____ leer.
5. A ti _____ correr y patinar.
6. A ellos _____ los aviones.
7. A mis padres _____ caminar.
8. A usted _____ jugar al tenis.
9. A mi esposo y a mí _____ dormir.
10. A Alberto _____ dibujar y pintar.
11. A todos _____ opinar.
12. A Pili _____ los sombreros.

aburrir

1. A ellos ___les aburren___ los deportes.
2. A ti _____ las películas.
3. A usted _____ los viajes.
4. A mí _____ las revistas.
5. A Jorge y a Luis _____ los perros.
6. A nosotros _____ las vacaciones.
7. A ustedes _____ el béisbol.
8. A Marcela _____ los libros.
9. A mis amigos _____ los museos.
10. A ella _____ el ciclismo.
11. A Omar _____ ir de compras.
12. A ti y a mí _____ el baile.

recursos

WB
pp. 80–82

LM
p. 42

S
vhlcentral.com
Lección 7

Práctica

1

Completar Completa las oraciones con todos los elementos necesarios.

1. _____ Adela _____ (encantar) la música de Tito "El Bambino".
2. A _____ me _____ (interesar) la música de otros países.
3. A mis amigos _____ (encantar) las canciones (*songs*) de Calle 13.
4. A Juan y _____ Rafael no les _____ (molestar) la música alta (*loud*).
5. _____ nosotros _____ (fascinar) los grupos de pop latino.
6. _____ señor Ruiz _____ (interesar) más la música clásica.
7. A _____ me _____ (aburrir) la música clásica.
8. ¿A _____ te _____ (faltar) dinero para el concierto de Carlos Santana?
9. No. Ya compré el boleto y _____ (quedar) cinco dólares.
10. ¿Cuánto dinero te _____ (quedar) a _____?

NOTA CULTURAL

Hoy día, la música latina es popular en los EE.UU. gracias a artistas como **Shakira**, de nacionalidad colombiana, y **Tito "El Bambino"**, puertorriqueño. Otros artistas, como **Carlos Santana** y **Gloria Estefan**, difundieron (*spread*) la música latina en los años 60, 70, 80 y 90.

2

Describir Mira los dibujos y describe lo que está pasando. Usa los verbos de la lista.

aburrir	faltar	molestar
encantar	interesar	quedar

1. a Ramón

2. a nosotros

3. a ti

LIBROS DE ARTE MODERNO

4. a Sara

3

Gustos Forma oraciones con los elementos de las columnas.

> **modelo**
> A ti te interesan las ruinas de Machu Picchu.

A	B	C
yo	aburrir	despertarse temprano
tú	encantar	mirarse en el espejo
mi mejor amigo/a	faltar	la música rock
mis amigos y yo	fascinar	las pantuflas rosadas
Bart y Homero Simpson	interesar	la pasta de dientes con menta (*mint*)
Shakira	molestar	las ruinas de Machu Picchu
Antonio Banderas		los zapatos caros

 Practice more at **vhlcentral.com**.

Comunicación

4

Preguntas En parejas, túrnense para hacer y contestar estas preguntas.

1. ¿Te gusta levantarte temprano o tarde? ¿Por qué? ¿Y a tu compañero/a de cuarto?
2. ¿Te gusta acostarte temprano o tarde? ¿Y a tu compañero/a de cuarto?
3. ¿Te gusta dormir la siesta?
4. ¿Te encanta acampar o prefieres quedarte en un hotel cuando estás de vacaciones?
5. ¿Qué te gusta hacer en el verano?
6. ¿Qué te fascina de esta universidad? ¿Qué te molesta?
7. ¿Te interesan más las ciencias o las humanidades? ¿Por qué?
8. ¿Qué cosas te aburren?

5

Completar Trabajen en parejas. Túrnense para completar estas frases de una manera lógica.

1. A mi novio/a le fascina(n)…
2. A mi mejor (*best*) amigo/a no le interesa(n)…
3. A mis padres les importa(n)…
4. A nosotros nos molesta(n)…
5. A mis hermanos les aburre(n)…
6. A mi compañero/a de cuarto le aburre(n)…
7. A los turistas les interesa(n)…
8. A los jugadores profesionales les encanta(n)…
9. A nuestro/a profesor(a) le molesta(n)…
10. A mí me importa(n)…

6

La residencia Tú y tu compañero/a de clase son los directores de una residencia estudiantil en Perú. Su profesor(a) les va a dar a cada uno de ustedes las descripciones de cinco estudiantes. Con la información tienen que escoger quiénes van a ser compañeros de cuarto. Después, completen la lista.

Síntesis

7

Situación Trabajen en parejas para representar los papeles de un(a) cliente/a y un(a) dependiente/a en una tienda de ropa. Usen las instrucciones como guía.

 **Dependiente/a**    **Cliente/a**

Saluda al/a la cliente/a y pregúntale en qué le puedes servir. → Saluda al/a la dependiente/a y dile (*tell him/her*) qué quieres comprar y qué colores prefieres.

Pregúntale si le interesan los estilos modernos y empieza a mostrarle la ropa. → Explícale que los estilos modernos te interesan. Escoge las cosas que te interesan.

Habla de los gustos del/de la cliente/a. → Habla de la ropa (me queda(n) bien/mal, me encanta(n)…).

Da opiniones favorables al/a la cliente/a (las botas te quedan fantásticas…). → Decide cuáles son las cosas que te gustan y qué vas a comprar.

Recapitulación

 **Diagnostics**

Completa estas actividades para repasar los conceptos de gramática que aprendiste en esta lección.

1 **Completar** Completa la tabla con la forma correcta de los verbos. `24 pts.`

yo	tú	nosotros	ellas
me levanto			
	te afeitas		
		nos vestimos	
			se secan

2 **Hoy y ayer** Cambia los verbos del presente al pretérito. `10 pts.`

1. Vamos de compras hoy. _____ de compras hoy.
2. Por último, voy a poner el despertador. Por último, _____ a poner el despertador.
3. Lalo es el primero en levantarse. Lalo _____ el primero en levantarse.
4. ¿Vas a tu habitación? ¿ _____ a tu habitación?
5. Ustedes son profesores. Ustedes _____ profesores.

3 **Reflexivos** Completa cada conversación con la forma correcta de los verbos reflexivos. `22 pts.`

TOMÁS Yo siempre (1) _____ (bañarse) antes de (2) _____ (acostarse). Esto me relaja porque no (3) _____ (dormirse) fácilmente. Y así puedo (4) _____ (levantarse) más tarde. Y tú, ¿cuándo (5) _____ (ducharse)?

LETI Pues por la mañana, para poder (6) _____ (despertarse).

DAVID ¿Cómo (7) _____ (sentirse) Pepa hoy?

MARÍA Todavía está enojada.

DAVID ¿De verdad? Ella nunca (8) _____ (enojarse) con nadie.

BETO ¿(Nosotros) (9) _____ (Irse) de esta tienda? Estoy cansado.

SARA Pero antes vamos a (10) _____ (probarse) estos sombreros. Si quieres, después (nosotros) (11) _____ (sentarse) un rato.

RESUMEN GRAMATICAL

7.1 **Reflexive verbs** *pp. 236–237*

lavarse	
me lavo	nos lavamos
te lavas	os laváis
se lava	se lavan

7.2 **Indefinite and negative words** *pp. 240–241*

Indefinite words	Negative words
algo	nada
alguien	nadie
alguno/a(s), algún	ninguno/a, ningún
o... o	ni... ni
siempre	nunca, jamás
también	tampoco

7.3 **Preterite of ser and ir** *p. 244*

▶ The preterite of **ser** and **ir** are identical. Context will determine the meaning.

ser and ir	
fui	fuimos
fuiste	fuisteis
fue	fueron

7.4 **Verbs like gustar** *pp. 246–247*

aburrir	importar
encantar	interesar
faltar	molestar
fascinar	quedar

▶ Use the construction **a** + [*noun/pronoun*] to clarify the person in question.

A mí me encanta ver películas, ¿y **a ti**?

4   **Conversaciones** Completa cada conversación de manera lógica con palabras de la lista. No tienes que usar todas las palabras. **18 pts.**

algo	nada	ningún	siempre
alguien	nadie	nunca	también
algún	ni... ni	o... o	tampoco

1. —¿Tienes _____ plan para esta noche?

    —No, prefiero quedarme en casa. Hoy no quiero ver a _____.

    —Yo _____ me quedo. Estoy muy cansado.

2. —¿Puedo entrar? ¿Hay _____ en el cuarto de baño?

    —Sí. ¡Un momento! Ahora mismo salgo.

3. —¿Puedes prestarme _____ para peinarme? No encuentro _____ mi cepillo _____ mi peine.

    —Lo siento, yo _____ encuentro los míos (*mine*).

4. —¿Me prestas tu maquillaje?

    —Lo siento, no tengo. _____ me maquillo.

5   **Oraciones** Forma oraciones completas con los elementos dados (*given*). Usa el presente de los verbos. **8 pts.**

1. David y Juan / molestar / levantarse temprano
2. Lucía / encantar / las películas de terror
3. todos (nosotros) / importar / la educación
4. tú / aburrir / ver / la televisión.

6   **Rutinas** Escribe seis oraciones que describan las rutinas de dos personas que conoces. **18 pts.**

> **modelo**
> Mi tía se despierta temprano, pero mi primo...

7   **Adivinanza** Completa la adivinanza con las palabras que faltan y adivina la respuesta. **¡4 puntos EXTRA!**

> **"Cuanto más° _____ (*it dries you*), más se moja°."**
> ¿Qué es?_____

Cuanto más *The more* se moja *it gets wet*

Lectura

Antes de leer

Estrategia

Predicting content from the title

Prediction is an invaluable strategy in reading for comprehension. For example, we can usually predict the content of a newspaper article from its headline. We often decide whether to read the article based on its headline. Predicting content from the title will help you increase your reading comprehension in Spanish.

Examinar el texto

Lee el título de la lectura y haz tres predicciones sobre el contenido. Escribe tus predicciones en una hoja de papel.

Compartir

Comparte tus ideas con un(a) compañero/a de clase.

Cognados

Haz una lista de seis cognados que encuentres en la lectura.

1. _____
2. _____
3. _____
4. _____
5. _____
6. _____

¿Qué te dicen los cognados sobre el tema de la lectura?

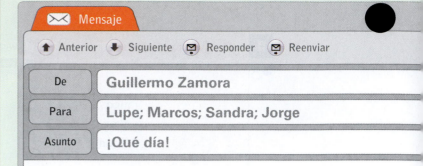

	Mensaje
↑ Anterior	↓ Siguiente	✉ Responder	✉ Reenviar

De	Guillermo Zamora
Para	Lupe; Marcos; Sandra; Jorge
Asunto	¡Qué día!

Hola, chicos:

La semana pasada me di cuenta° de que necesito organizar mejor° mi rutina... pero especialmente debo prepararme mejor para los exámenes. Me falta disciplina, me molesta no tener control de mi tiempo y nunca deseo repetir los eventos de la semana pasada. 🙁

El miércoles pasé todo el día y toda la noche estudiando para el examen de biología del jueves por la mañana. Me aburre la biología y no empecé a estudiar hasta el día antes del examen. El jueves a las 8, después de no dormir en toda la noche, fui exhausto al examen. Fue difícil, pero afortunadamente° me acordé de todo el material. Esa noche me acosté temprano y dormí mucho. 😴

Me desperté a las 7, y fue extraño° ver a mi compañero de cuarto, Andrés, preparándose para ir a dormir. Como° siempre se enferma°, tiene problemas para dormir y no hablamos mucho, no le comenté nada. Fui al baño a cepillarme los dientes para ir a clase. ¿Y Andrés? Él se acostó. "Debe estar enfermo°, ¡otra vez!", pensé. 😮

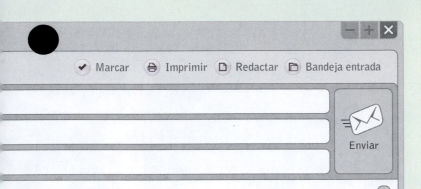

✔ Marcar   🖨 Imprimir   Redactar   Bandeja entrada

Enviar

Mi clase es a las 8, y fue necesario hacer las cosas rápido. Todo empezó a ir mal... eso pasa siempre cuando uno tiene prisa. Cuando busqué mis cosas para el baño, no las encontré. Entonces me duché sin jabón, me cepillé los dientes sin cepillo de dientes y me peiné con las manos. Tampoco encontré ropa limpia y usé la sucia. Rápido, tomé mis libros. ¿Y Andrés? Roncando°... ¡a las 7:50!

Cuando salí corriendo para la clase, la prisa no me permitió ver el campus desierto. Cuando llegué a la clase, no vi a nadie. No vi al profesor ni a los estudiantes. Por último miré mi reloj, y vi la hora. Las 8 en punto... ¡de la noche!

¡Dormí 24 horas!

Guillermo

me di cuenta *I realized*   mejor *better*   afortunadamente *fortunately* extraño *strange*   Como *Since*   se enferma *he gets sick*   enfermo *sick* Roncando *Snoring*

Después de leer

Seleccionar

Selecciona la respuesta correcta.

1. ¿Quién es el/la narrador(a)?
   a. Andrés
   b. una profesora
   c. Guillermo
2. ¿Qué le molesta al narrador?
   a. Le molestan los exámenes de biología.
   b. Le molesta no tener control de su tiempo.
   c. Le molesta mucho organizar su rutina.
3. ¿Por qué está exhausto?
   a. Porque fue a una fiesta la noche anterior.
   b. Porque no le gusta la biología.
   c. Porque pasó la noche anterior estudiando.
4. ¿Por qué no hay nadie en clase?
   a. Porque es de noche.
   b. Porque todos están de vacaciones.
   c. Porque el profesor canceló la clase.
5. ¿Cómo es la relación de Guillermo y Andrés?
   a. Son buenos amigos.
   b. No hablan mucho.
   c. Tienen una buena relación.

Ordenar

Ordena los sucesos de la narración. Utiliza los números del 1 al 9.

a. Toma el examen de biología. ____
b. No encuentra sus cosas para el baño. ____
c. Andrés se duerme. ____
d. Pasa todo el día y toda la noche estudiando para un examen. ____
e. Se ducha sin jabón. ____
f. Se acuesta temprano. ____
g. Vuelve a su cuarto después de las 8 de la noche. ____
h. Se despierta a las 7 y su compañero de cuarto se prepara para dormir. ____
i. Va a clase y no hay nadie. ____

Contestar

Contesta estas preguntas.

1. ¿Cómo es tu rutina diaria? ¿Muy organizada?
2. ¿Cuándo empiezas a estudiar para los exámenes?
3. ¿Tienes compañero/a de cuarto? ¿Es tu amigo/a?
4. Para comunicarte con tus amigos/as, ¿prefieres el teléfono o el correo electrónico? ¿Por qué?

Escritura

Estrategia
Sequencing events

Paying strict attention to sequencing in a narrative will ensure that your writing flows logically from one part to the next.

Every composition should have an introduction, a body, and a conclusion. The introduction presents the subject, the setting, the situation, and the people involved. The main part, or the body, describes the events and people's reactions to these events. The conclusion brings the narrative to a close.

Adverbs and adverbial phrases are sometimes used as transitions between the introduction, the body, and the conclusion. Here is a list of commonly used adverbs in Spanish:

Adverbios	
además; también	in addition; also
al principio; en un principio	at first
antes (de)	before
después	then
después (de)	after
entonces; luego	then
más tarde	later (on)
primero	first
pronto	soon
por fin; finalmente	finally
al final	finally

Tema
Escribe tu rutina

Imagina tu rutina diaria en uno de estos lugares:

- una isla desierta
- el Polo Norte
- un crucero° transatlántico
- un desierto

Escribe una composición en la que describes tu rutina diaria en uno de estos lugares o en algún otro lugar interesante que imagines°. Mientras planeas tu composición, considera cómo cambian algunos de los elementos más básicos de tu rutina diaria en el lugar que escogiste°. Por ejemplo, ¿dónde te acuestas en el Polo Norte? ¿Cómo te duchas en el desierto?

Usa el presente de los verbos reflexivos que conoces e incluye algunos de los adverbios de esta página para organizar la secuencia de tus actividades. Piensa también en la información que debes incluir en cada sección de la narración. Por ejemplo, en la introducción puedes hacer una descripción del lugar y de las personas que están allí, y en la conclusión puedes dar tus opiniones acerca del° lugar y de tu vida diaria allí.

crucero *cruise ship*   que imagines *that you dream up*   escogiste *you chose*
acerca del *about the*

Escuchar Audio

Estrategia

Using background information

Once you discern the topic of a conversation, take a minute to think about what you already know about the subject. Using this background information will help you guess the meaning of unknown words or linguistic structures.

 To help you practice this strategy, you will now listen to a short paragraph. Jot down the subject of the paragraph, and then use your knowledge of the subject to listen for and write down the paragraph's main points.

Preparación

Según la foto, ¿dónde están Carolina y Julián? Piensa en lo que sabes de este tipo de situación. ¿De qué van a hablar?

Ahora escucha

Ahora escucha la entrevista entre Carolina y Julián, teniendo en cuenta (*taking into account*) lo que sabes sobre este tipo de situación. Elige la información que completa correctamente cada oración.

1. Julián es ____.
   a. político
   b. deportista profesional
   c. artista de cine
2. El público de Julián quiere saber de ____.
   a. sus películas
   b. su vida
   c. su novia
3. Julián habla de ____.
   a. sus viajes y sus rutinas
   b. sus parientes y amigos
   c. sus comidas favoritas
4. Julián ____.
   a. se levanta y se acuesta a diferentes horas todos los días
   b. tiene una rutina diaria
   c. no quiere hablar de su vida

Comprensión

¿Cierto o falso?

Indica si las oraciones son **ciertas** o **falsas** según la información que Julián da en la entrevista.

1. Es difícil despertarme; generalmente duermo hasta las diez.
2. Pienso que mi vida no es más interesante que las vidas de ustedes.
3. Me gusta tener tiempo para pensar y meditar.
4. Nunca hago mucho ejercicio; no soy una persona activa.
5. Me fascinan las actividades tranquilas, como escribir y escuchar música clásica.
6. Los viajes me parecen aburridos.

Preguntas

1. ¿Qué tiene Julián en común con otras personas de su misma profesión?
2. ¿Te parece que Julián siempre fue rico? ¿Por qué?
3. ¿Qué piensas de Julián como persona?

 Practice more at **vhlcentral.com**.

En pantalla

La fiesta de quince años se celebra en algunos países de Latinoamérica cuando las chicas cumplen° quince años. Los quince años representan la transición de niña a mujer. Los orígenes de esta ceremonia son mayas y aztecas, pero también tiene influencias del catolicismo. La celebración varía según el país, pero es común en todas la importancia del vestido de la quinceañera°, la elaboración de las invitaciones, el baile de la quinceañera con su padre y con otros familiares° y, por último, el banquete para los invitados°.

Vocabulario útil	
cubren	cover
granos	zits, pimples
hice	I did
peor	worse
tapar	to cover
tenía	I had

Escoger

Escoge la opción correcta para cada oración.
1. La chica se levantó ___ el día de las fotos.
   a. con granos   b. muy tarde
2. Después de levantarse, la chica ___.
   a. se bañó   b. se maquilló
3. Para las fotos, la chica tapó los granos con ___.
   a. la flora y la fauna   b. maquillaje Asepxia
4. Ahora la chica ___.
   a. tiene muchos granos   b. usa maquillaje Asepxia

Una fiesta

Habla con un(a) compañero/a sobre la última fiesta a la que fuiste. Puedes usar estas preguntas como guía. Luego, presenta la experiencia de tu compañero/a a la clase.

▶ ¿Qué te gustó más? ¿Te aburrió algo?

▶ ¿Cuántas personas fueron?

▶ ¿Cómo te preparaste para la fiesta? ¿Te duchaste antes de ir a la fiesta? ¿Te maquillaste? ¿Te afeitaste?

cumplen *turn* quinceañera *young woman celebrating her fifteenth birthday*
familiares *family members* invitados *guests* Tuve que *I had to* lo que pude
what I could

Anuncio de Asepxia

Me levanté con una invasión de granos.

Tuve que° taparlos con lo que pude°...

Ahora Florencia usa maquillajes Asepxia.

 **Video: TV Clip**

 Practice more at **vhlcentral.com**.

Flash CULTURA

En este episodio de *Flash cultura* vas a conocer unos entremeses° españoles llamados **tapas**. Hay varias teorías sobre el origen de su nombre. Una dice que viene de la costumbre antigua° de **tapar**° los vasos de vino para evitar° que insectos o polvo entren en° ellos. Otra teoría cuenta que el rey Alfonso X debía° beber un poco de vino por indicación médica y decidió acompañarlo° con algunos bocados° para tapar los efectos del alcohol. Cuando estuvo° mejor, ordenó que siempre en Castilla se sirviera° algo de comer con las bebidas° alcohólicas.

Vocabulario útil

económicas	*inexpensive*
montaditos	*bread slices with assorted toppings*
pagar propinas	*to tip*
tapar el hambre	*to take the edge off (lit. putting the lid on one's hunger)*

Preparación

En el área donde vives, ¿qué hacen las personas normalmente después del trabajo (*work*)? ¿Van a sus casas? ¿Salen con amigos? ¿Comen?

Ordenar

Ordena estos sucesos de manera lógica.

_____ a. El empleado cuenta los palillos (*counts the toothpicks*) de los montaditos que Mari Carmen comió.

_____ b. Mari Carmen va al barrio de la Ribera.

_____ c. Un hombre en un bar explica cuándo sale a tomar tapas.

_____ d. Un hombre explica la tradición de los montaditos o pinchos.

_____ e. Carmen le pregunta a la chica si los montaditos son buenos para la salud.

entremeses *appetizers* antigua *ancient* tapar *cover* evitar *avoid*
entren en *would get in* debía *should* acompañarlo *accompany it* bocados *snacks*
estuvo *he was* se sirviera *they should serve* bebidas *drinks* sueles *do you tend*

Tapas para todos los días

Estamos en la Plaza Cataluña, el puro centro de Barcelona.

—¿Cuándo sueles° venir a tomar tapas?
—Generalmente después del trabajo.

Éstos son los montaditos, o también llamados pinchos. ¿Te gustan?

 **Video:** *Flash cultura*

 Practice more at **vhlcentral.com**.

recursos

VM
pp. 91–92

vhlcentral.com
Lección 7

Perú

El país en cifras

▶ **Área:** 1.285.220 km² (496.224 millas²), *un poco menos que el área de Alaska*

▶ **Población:** 30.147.000

▶ **Capital:** Lima —8.769.000

▶ **Ciudades principales:** Arequipa —778.000, Trujillo, Chiclayo, Callao, Iquitos

Iquitos es un puerto muy importante en el río Amazonas. Desde Iquitos se envían° muchos productos a otros lugares, incluyendo goma°, nueces°, madera°, arroz°, café y tabaco. Iquitos es también un destino popular para los ecoturistas que visitan la selva°.

▶ **Moneda:** nuevo sol

▶ **Idiomas:** español (oficial); quechua, aimara y otras lenguas indígenas (oficiales en los territorios donde se usan)

Bandera de Perú

Peruanos célebres

▶ **Clorinda Matto de Turner,** escritora (1854–1909)

▶ **César Vallejo,** poeta (1892–1938)

▶ **Javier Pérez de Cuéllar,** diplomático (1920–)

▶ **Juan Diego Flórez,** cantante de ópera (1973–)

▶ **Mario Vargas Llosa,** escritor (1936–)

Mario Vargas Llosa, Premio Nobel de Literatura 2010

se envían *are shipped* **goma** *rubber* **nueces** *nuts* **madera** *timber* **arroz** *rice* **selva** *jungle* **Hace más de** *More than... ago* **grabó** *engraved* **tamaño** *size*

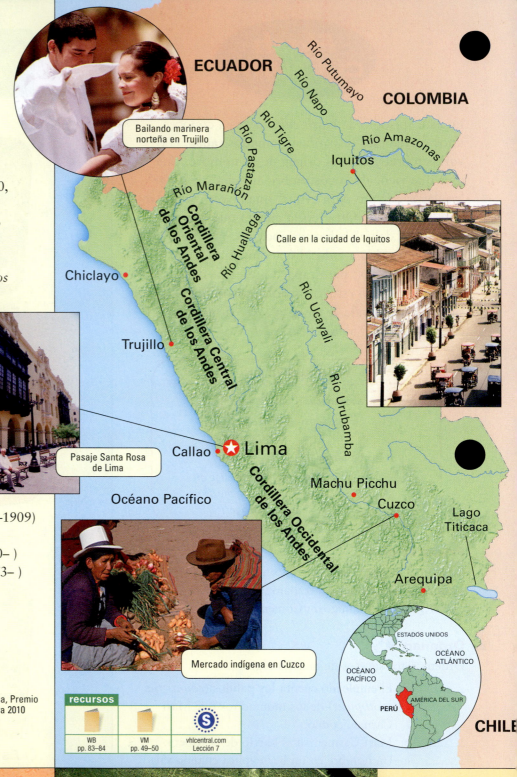

ECUADOR
COLOMBIA

Río Putumayo
Río Napo
Río Tigre
Río Pastaza
Río Amazonas
Iquitos
Río Marañón
Cordillera Oriental de los Andes
Río Huallaga
Cordillera Central de los Andes
Río Ucayali
Río Urubamba

Bailando marinera norteña en Trujillo

Calle en la ciudad de Iquitos

Chiclayo

Trujillo

Pasaje Santa Rosa de Lima

Callao ★ Lima

Océano Pacífico

Cordillera Occidental de los Andes

Machu Picchu
Cuzco
Lago Titicaca

Arequipa

Mercado indígena en Cuzco

ESTADOS UNIDOS
OCÉANO ATLÁNTICO
OCÉANO PACÍFICO
AMÉRICA DEL SUR
PERÚ

CHILE

recursos

WB pp. 83–84	VM pp. 49–50	vhlcentral.com Lección 7

¡Increíble pero cierto!

Hace más de° dos mil años la civilización nazca de Perú grabó° más de dos mil kilómetros de líneas en el desierto. Los dibujos sólo son descifrables desde el aire. Uno de ellos es un cóndor del tamaño° de un estadio. Las Líneas de Nazca son uno de los grandes misterios de la humanidad.

Lugares • Lima

Lima es una ciudad moderna y antigua° a la vez°. La Iglesia de San Francisco es notable por su arquitectura barroca colonial. También son fascinantes las exhibiciones sobre los incas en el Museo Oro del Perú y en el Museo Nacional de Antropología y Arqueología. Barranco, el barrio° bohemio de la ciudad, es famoso por su ambiente cultural y sus bares y restaurantes.

BRASIL

Historia • Machu Picchu

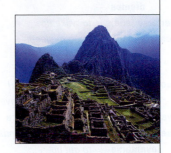

A 80 kilómetros al noroeste de Cuzco está Machu Picchu, una ciudad antigua del Imperio inca. Está a una altitud de 2.350 metros (7.710 pies), entre dos cimas° de los Andes. Cuando los españoles llegaron a Perú y recorrieron la región, nunca encontraron Machu Picchu. En 1911, el arqueólogo estadounidense Hiram Bingham la redescubrió. Todavía no se sabe ni cómo se construyó° una ciudad a esa altura, ni por qué los incas la abandonaron. Sin embargo°, esta ciudad situada en desniveles° naturales es el ejemplo más conocido de la arquitectura inca.

Artes • La música andina

Machu Picchu aún no existía° cuando se originó la música cautivadora° de las culturas indígenas de los Andes. Los ritmos actuales de la música andina tienen influencias españolas y africanas. Varios tipos de flauta°, entre ellos la quena y la zampoña, caracterizan esta música. En las décadas de los sesenta y los setenta se popularizó un movimiento para preservar la música andina, y hasta° Simon y Garfunkel incorporaron a su repertorio la canción *El cóndor pasa*.

Economía • Llamas y alpacas

Perú se conoce por sus llamas, alpacas, guanacos y vicuñas, todos ellos animales mamíferos° parientes del camello. Estos animales todavía tienen una enorme importancia en la economía del país. Dan lana para exportar a otros países y para hacer ropa, mantas°, bolsas y otros artículos artesanales. La llama se usa también para la carga y el transporte.

BOLIVIA

¿Qué aprendiste? Responde a las preguntas con una oración completa.

1. ¿Qué productos envía Iquitos a otros lugares?
2. ¿Cuáles son las lenguas oficiales de Perú?
3. ¿Por qué es notable la Iglesia de San Francisco en Lima?
4. ¿Qué información sobre Machu Picchu no se sabe todavía?
5. ¿Qué son la quena y la zampoña?
6. ¿Qué hacen los peruanos con la lana de sus llamas y alpacas?

Conexión Internet Investiga estos temas en **vhlcentral.com**.

1. Investiga la cultura incaica. ¿Cuáles son algunos de los aspectos interesantes de su cultura?
2. Busca información sobre dos artistas, escritores o músicos peruanos y presenta un breve informe a tu clase.

Practice more at **vhlcentral.com**.

antigua *old* a la vez *at the same time* barrio *neighborhood* cimas *summits* se construyó *was built* Sin embargo *However* desniveles *uneven pieces of land* aún no existía *didn't exist yet* cautivadora *captivating* flauta *flute* hasta *even* mamíferos *mammalian* mantas *blankets*

Los verbos reflexivos

acordarse (de) (o:ue)	to remember
acostarse (o:ue)	to go to bed
afeitarse	to shave
bañarse	to take a bath
cepillarse el pelo	to brush one's hair
cepillarse los dientes	to brush one's teeth
despertarse (e:ie)	to wake up
dormirse (o:ue)	to go to sleep; to fall asleep
ducharse	to take a shower
enojarse (con)	to get angry (with)
irse	to go away; to leave
lavarse la cara	to wash one's face
lavarse las manos	to wash one's hands
levantarse	to get up
llamarse	to be called; to be named
maquillarse	to put on makeup
peinarse	to comb one's hair
ponerse	to put on
ponerse (+ *adj.*)	to become (+ adj.)
preocuparse (por)	to worry (about)
probarse (o:ue)	to try on
quedarse	to stay
quitarse	to take off
secarse	to dry (oneself)
sentarse (e:ie)	to sit down
sentirse (e:ie)	to feel
vestirse (e:i)	to get dressed

Palabras de secuencia

antes (de)	before
después	afterwards; then
después (de)	after
durante	during
entonces	then
luego	then
más tarde	later (on)
por último	finally

Palabras indefinidas y negativas

algo	something; anything
alguien	someone; somebody; anyone
alguno/a(s), algún	some; any
jamás	never; not ever
nada	nothing; not anything
nadie	no one; nobody; not anyone
ni… ni	neither… nor
ninguno/a, ningún	no; none; not any
nunca	never; not ever
o… o	either… or
siempre	always
también	also; too
tampoco	neither; not either

Verbos similares a *gustar*

aburrir	to bore
encantar	to like very much; to love (inanimate objects)
faltar	to lack; to need
fascinar	to fascinate; to like very much
importar	to be important to; to matter
interesar	to be interesting to; to interest
molestar	to bother; to annoy
quedar	to be left over; to fit (clothing)

Palabras adicionales

el despertador	alarm clock
las pantuflas	slippers
la rutina diaria	daily routine
por la mañana	in the morning
por la noche	at night
por la tarde	in the afternoon; in the evening

Expresiones útiles	See page 231.

En el baño

el baño, el cuarto de baño	bathroom
el champú	shampoo
la crema de afeitar	shaving cream
la ducha	shower
el espejo	mirror
el inodoro	toilet
el jabón	soap
el lavabo	sink
el maquillaje	makeup
la pasta de dientes	toothpaste
la toalla	towel

La comida

8

Communicative Goals

You will learn how to:
- Order food in a restaurant
- Talk about and describe food

contextos

fotonovela

cultura

estructura

adelante

A PRIMERA VISTA
- ¿Dónde está ella?
- ¿Qué hace?
- ¿Es parte de su rutina diaria?
- ¿Qué colores hay en la foto?

 **Vocabulary Tools**

La comida

Las frutas

la pera

la banana

las uvas

el limón

la naranja

Las verduras

el maíz

la lechuga

la cebolla

el champiñón

la zanahoria

el tomate

Práctica

1 Escuchar Indica si las oraciones que vas a escuchar son **ciertas** o **falsas**, según el dibujo. Después, corrige las falsas.

1. _____ 6. _____
2. _____ 7. _____
3. _____ 8. _____
4. _____ 9. _____
5. _____ 10. _____

¡LENGUA VIVA!

You learned the verb **saber** in **Lección 6**. This verb is also used to describe food.

Use **saber** + [*adjective*] to explain how something *tastes*.

Ex: **Este plato sabe dulce/rico/amargo.**

(*This dish tastes sweet/delicious/bitter.*)

Use **saber** + **a** to say what something *tastes like*.

Ex: **Sabe a ajo.**

(*It tastes like garlic.*)

Estas langostas no saben a nada.

(*These lobsters don't taste like anything./ These lobsters don't have any flavor.*)

2 Seleccionar Paulino y Pilar van a cenar a un restaurante. Escucha la conversación y selecciona la respuesta que mejor completa cada oración.

1. Paulino le pide el _____ (menú / plato) al camarero.
2. El plato del día es (atún / salmón) _____.
3. Pilar ordena _____ (leche / agua mineral) para beber.
4. Paulino quiere un refresco de _____ (naranja / limón).
5. Paulino hoy prefiere _____ (el salmón / la chuleta).
6. Dicen que la carne en ese restaurante es muy _____ (sabrosa / mala).
7. Pilar come salmón con _____ (zanahorias / champiñones).

3 Identificar Identifica la palabra que no está relacionada con cada grupo.

1. champiñón • cebolla • propina • zanahoria
2. camarones • ajo • atún • salmón
3. aceite • leche • refresco • agua mineral
4. jamón • chuleta de cerdo • vinagre • carne de res
5. cerveza • lechuga • arvejas • frijoles
6. carne • pescado • mariscos • camarero
7. pollo • naranja • limón • melocotón
8. maíz • queso • tomate • champiñón

4 Completar Completa las oraciones con las palabras más lógicas.

1. ¡Me gusta mucho este plato! Sabe _____.
   a. mal   b. delicioso   c. antipático
2. Camarero, ¿puedo ver el _____, por favor?
   a. aceite   b. maíz   c. menú
3. Carlos y yo bebemos siempre agua _____.
   a. cómoda   b. mineral   c. principal
4. El plato del día es _____.
   a. pollo asado   b. mayonesa   c. ajo
5. Margarita es vegetariana. Ella come _____.
   a. frijoles   b. chuletas   c. jamón
6. Mi hermana le da _____ a su niña.
   a. ajo   b. vinagre   c. yogur

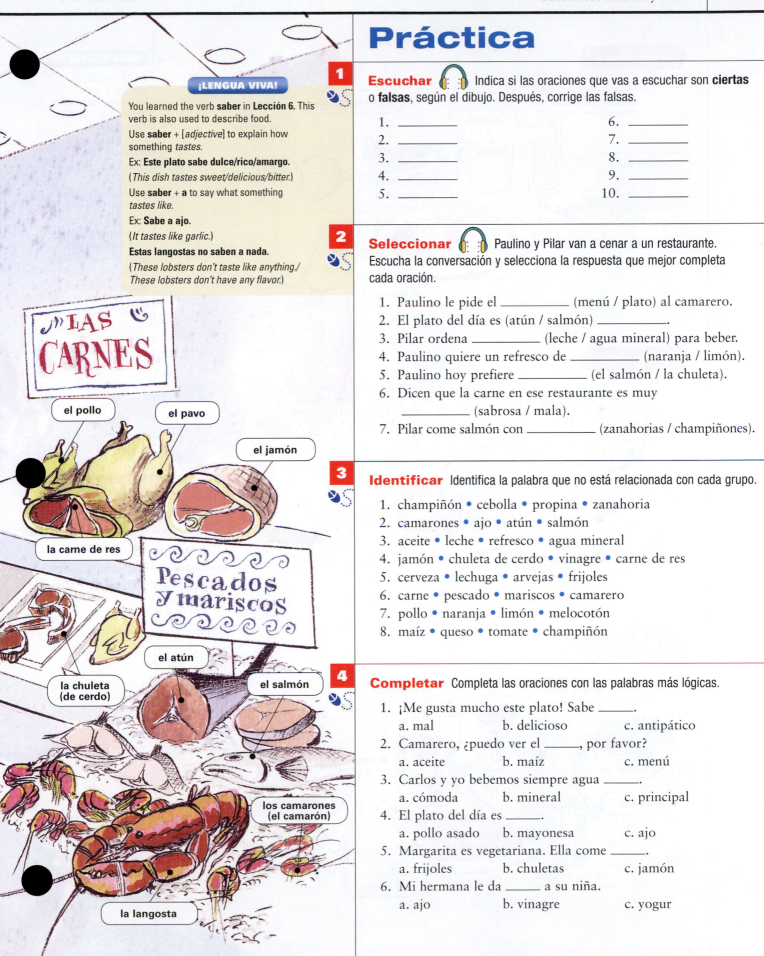

LAS CARNES

el pollo

el pavo

el jamón

la carne de res

Pescados y mariscos

el atún

la chuleta (de cerdo)

el salmón

los camarones (el camarón)

la langosta

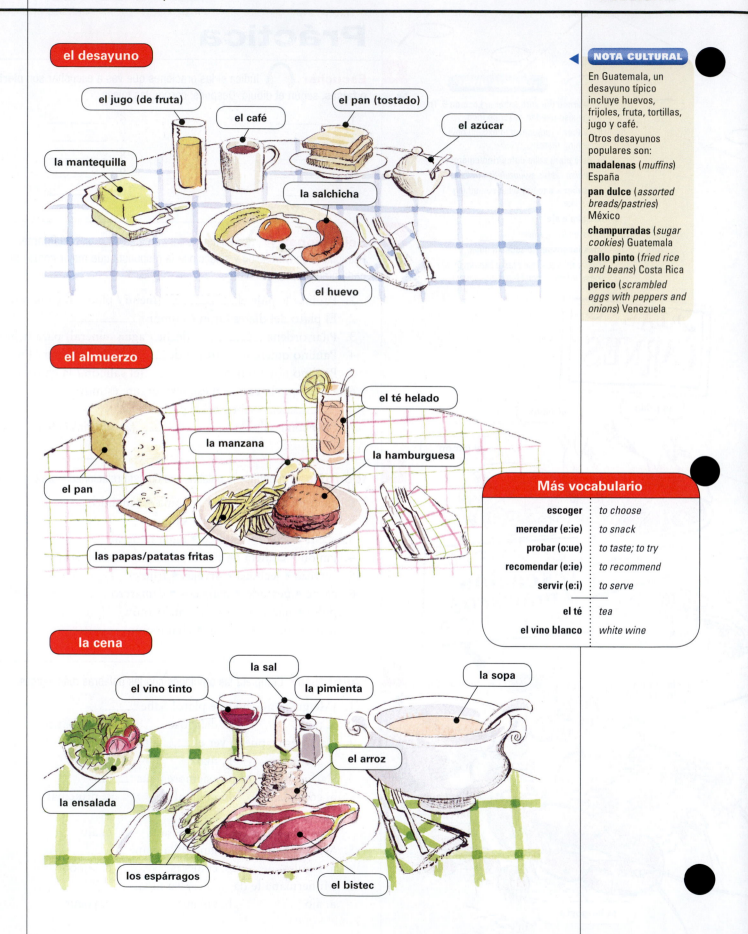

el desayuno

el jugo (de fruta)

el café

el pan (tostado)

el azúcar

la mantequilla

la salchicha

el huevo

el almuerzo

el té helado

la manzana

la hamburguesa

el pan

las papas/patatas fritas

la cena

la sal

el vino tinto

la pimienta

la sopa

el arroz

la ensalada

los espárragos

el bistec

NOTA CULTURAL

En Guatemala, un desayuno típico incluye huevos, frijoles, fruta, tortillas, jugo y café.

Otros desayunos populares son:

madalenas (*muffins*) España

pan dulce (*assorted breads/pastries*) México

champurradas (*sugar cookies*) Guatemala

gallo pinto (*fried rice and beans*) Costa Rica

perico (*scrambled eggs with peppers and onions*) Venezuela

Más vocabulario

escoger	to choose
merendar (e:ie)	to snack
probar (o:ue)	to taste; to try
recomendar (e:ie)	to recommend
servir (e:i)	to serve
el té	tea
el vino blanco	white wine

5

Completar Trabaja con un(a) compañero/a de clase para relacionar cada producto con el grupo alimenticio (*food group*) correcto.

modelo

_____La carne_____ es del grupo uno.

el aceite	las bananas	los cereales	la leche
el arroz	el café	los espárragos	el pescado
el azúcar	la carne	los frijoles	el vino

1. _____ y el queso son del grupo cuatro.
2. _____ son del grupo ocho.
3. _____ y el pollo son del grupo tres.
4. _____ es del grupo cinco.
5. _____ es del grupo dos.
6. Las manzanas y _____ son del grupo siete.
7. _____ es del grupo seis.
8. _____ son del grupo diez.
9. _____ y los tomates son del grupo nueve.
10. El pan y _____ son del grupo diez.

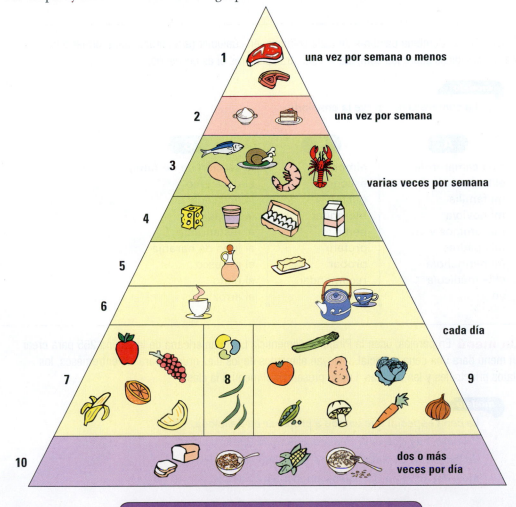

1 — una vez por semana o menos

2 — una vez por semana

3 — varias veces por semana

4

5

6 — cada día

7   8   9

10 — dos o más veces por día

La Pirámide Alimenticia Latinoamericana

6

¿Cierto o falso? Consulta la Pirámide Alimenticia Latinoamericana de la página 265 e indica si lo que dice cada oración es **cierto** o **falso**. Si la oración es falsa, escribe las comidas que sí están en el grupo indicado.

> **modelo**
>
> El queso está en el grupo diez.
> *Falso. En ese grupo están el maíz, el pan, los cereales y el arroz.*

1. La manzana, la banana, el limón y las arvejas están en el grupo siete.

2. En el grupo cuatro están los huevos, la leche y el aceite.

3. El azúcar está en el grupo dos.

4. En el grupo diez están el pan, el arroz y el maíz.

5. El pollo está en el grupo uno.

6. En el grupo nueve están la lechuga, el tomate, las arvejas, la naranja, la papa, los espárragos y la cebolla.

7. El café y el té están en el mismo grupo.

8. En el grupo cinco está el arroz.

9. El pescado, el yogur y el bistec están en el grupo tres.

7

Combinar Combina palabras de cada columna, en cualquier (*any*) orden, para formar diez oraciones lógicas sobre las comidas. Añade otras palabras si es necesario.

> **modelo**
>
> *La camarera nos sirve la ensalada.*

A	B	C
el/la camarero/a	almorzar	la sección de no fumar
el/la dueño/a	escoger	el desayuno
mi familia	gustar	la ensalada
mi novio/a	merendar	las uvas
mis amigos y yo	pedir	el restaurante
mis padres	preferir	el jugo de naranja
mi hermano/a	probar	el refresco
el/la médico/a	recomendar	el plato
yo	servir	el arroz

NOTA CULTURAL

El arroz es un alimento básico en el Caribe, Centroamérica y México, entre otros países. Aparece frecuentemente como acompañamiento del plato principal y muchas veces se sirve con frijoles. Un plato muy popular en varios países es **el arroz con pollo** *(chicken and rice casserole)*.

8

Un menú En parejas, usen la Pirámide Alimenticia Latinoamericana de la página 265 para crear un menú para una cena especial. Incluyan alimentos de los diez grupos para los entremeses, los platos principales y las bebidas. Luego presenten el menú a la clase.

> **modelo**
>
> *La cena especial que vamos a preparar es deliciosa. Primero, hay dos entremeses: ensalada César y sopa de langosta. El plato principal es salmón con salsa de ajo y espárragos. También vamos a servir arroz…*

 Practice more at **vhlcentral.com**.

Comunicación

9

Conversación En parejas, túrnense para hacerse estas preguntas.

1. ¿Qué te gusta cenar?
2. ¿A qué hora, dónde y con quién almuerzas?
3. ¿Cuáles son las comidas más (*most*) típicas de tu almuerzo?
4. ¿Desayunas? ¿Qué comes y bebes por la mañana?
5. ¿Qué comida te gusta más? ¿Qué comida no conoces y quieres probar?
6. ¿Comes cada día alimentos de los diferentes grupos de la pirámide alimenticia? ¿Cuáles son las comidas y bebidas más frecuentes en tu dieta?
7. ¿Qué comida recomiendas a tus amigos? ¿Por qué?
8. ¿Eres vegetariano/a? ¿Crees que ser vegetariano/a es una buena idea? ¿Por qué?
9. ¿Te gusta cocinar (*to cook*)? ¿Qué comidas preparas para tus amigos? ¿Para tu familia?

10

Describir Con dos compañeros/as de clase, describe las dos fotos, contestando estas preguntas.

▶ ¿Quiénes están en las fotos?

▶ ¿Dónde están?

▶ ¿Qué hora es?

▶ ¿Qué comen y qué beben?

11

Crucigrama Tu profesor(a) les va a dar a ti y a tu compañero/a un crucigrama (*crossword puzzle*) incompleto. Tú tienes las palabras que necesita tu compañero/a y él/ella tiene las palabras que tú necesitas. Tienen que darse pistas (*clues*) para completarlo. No pueden decir la palabra; deben utilizar definiciones, ejemplos y frases.

modelo

6 vertical: *Es un condimento que normalmente viene con la sal.*

12 horizontal: *Es una fruta amarilla.*

Una cena... romántica

Maru y Miguel quieren tener una cena romántica, pero les espera una sorpresa.

PERSONAJES

MARU

MIGUEL

Video: *Fotonovela*

1

MARU No sé qué pedir. ¿Qué me recomiendas?

MIGUEL No estoy seguro. Las chuletas de cerdo se ven muy buenas.

MARU ¿Vas a pedirlas?

MIGUEL No sé.

MIGUEL ¡Qué bonitos! ¿Quién te los dio?

MARU Me los compró un chico muy guapo e inteligente.

MIGUEL ¿Es tan guapo como yo?

MARU Sí, como tú, guapísimo.

2

MIGUEL Por nosotros.

MARU Dos años.

3

(El camarero llega a la mesa.)

CAMARERO ¿Les gustaría saber nuestras especialidades del día?

MARU Sí, por favor.

CAMARERO Para el entremés, tenemos ceviche de camarón. De plato principal ofrecemos bistec con verduras a la plancha.

5

6

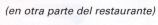

MARU Voy a probar el jamón.

CAMARERO Perfecto. ¿Y para usted, caballero?

MIGUEL Pollo asado con champiñones y papas, por favor.

CAMARERO Excelente.

4

(en otra parte del restaurante)

JUAN CARLOS Disculpe. ¿Qué me puede contar del pollo? ¿Dónde lo consiguió el chef?

CAMARERO ¡Oiga! ¿Qué está haciendo?

CAMARERO

JUAN CARLOS

FELIPE

GERENTE

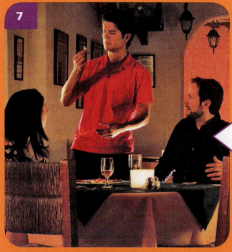

FELIPE Los espárragos están sabrosísimos esta noche. Usted pidió el pollo, señor. Estos champiñones saben a mantequilla.

GERENTE ¿Qué pasa aquí, Esteban?

CAMARERO Lo siento, señor. Me quitaron la comida.

GERENTE (*a Felipe*) Señor, ¿quién es usted? ¿Qué cree que está haciendo?

JUAN CARLOS Felipe y yo les servimos la comida a nuestros amigos. Pero desafortunadamente, salió todo mal.

FELIPE Soy el peor camarero del mundo. ¡Lo siento! Nosotros vamos a pagar la comida.

JUAN CARLOS ¿Nosotros?

FELIPE Todo esto fue idea tuya, Juan Carlos.

JUAN CARLOS ¿Mi idea? ¡Felipe! (*al gerente*) Señor, él es más responsable que yo.

GERENTE Tú y tú, vamos.

recursos

VM
pp. 15–16

vhlcentral.com
Lección 8

Expresiones útiles

Ordering food

¿Qué me recomiendas?
What do you recommend?
Las chuletas de cerdo se ven muy buenas.
The pork chops look good.
¿Les gustaría saber nuestras especialidades del día?
Would you like to hear our specials?
Para el entremés, tenemos ceviche de camarón.
For an appetizer, we have shrimp ceviche.
De plato principal ofrecemos bistec con verduras a la plancha.
For a main course, we have beef with grilled vegetables.
Voy a probar el jamón.
I am going to try the ham.

Describing people and things

¡Qué bonitos! ¿Quién te los dio?
How pretty! Who gave them to you?
Me los compró un chico muy guapo e inteligente.
A really handsome, intelligent guy bought them for me.
¿Es tan guapo como yo?
Is he as handsome as I am?
Sí, como tú, guapísimo.
Yes, like you, gorgeous.
Soy el peor camarero del mundo.
I am the worst waiter in the world.
Él es más responsable que yo.
He is more responsible than I am.

Additional vocabulary

el/la gerente *manager*
caballero *gentleman, sir*

¿Qué pasó?

1

Escoger Escoge la respuesta que completa mejor cada oración.

1. Miguel lleva a Maru a un restaurante para _____.
   a. almorzar   b. desayunar   c. cenar
2. El camarero les ofrece _____ como plato principal.
   a. ceviche de camarón   b. bistec con verduras a la plancha
   c. pescado, arroz y ensalada
3. Miguel va a pedir _____.
   a. pollo asado con champiñones y papas
   b. langosta al horno   c. pescado con verduras a la mantequilla
4. Felipe les lleva la comida a sus amigos y prueba _____.
   a. el jamón y los vinos   b. el atún y la lechuga
   c. los espárragos y los champiñones

NOTA CULTURAL

El **ceviche** es un plato típico de varios países hispanos como México, Perú y Costa Rica. En México, se prepara con pescado o mariscos frescos, jugo de limón, jitomate, cebolla, chile y cilantro. Se puede comer como plato fuerte, pero también como entremés o botana (*snack*). Casi siempre se sirve con tostadas (*fried tortillas*) o galletas saladas (*crackers*).

2

Identificar Indica quién puede decir estas oraciones.

1. ¡Qué desastre! Soy un camarero muy malo.
2. Les recomiendo el bistec con verduras a la plancha.
3. Tal vez escoja las chuletas de cerdo, creo que son muy sabrosas.
4. ¿Qué pasa aquí?
5. Dígame las especialidades del día, por favor.
6. No fue mi idea. Felipe es más responsable que yo.

FELIPE   MARU   JUAN CARLOS   CAMARERO   MIGUEL   GERENTE

3

Preguntas Contesta estas preguntas sobre la **Fotonovela.**

1. ¿Por qué fueron Maru y Miguel a un restaurante?
2. ¿Qué entremés es una de las especialidades del día?
3. ¿Qué pidió Maru?
4. ¿Quiénes van a pagar la cuenta?

4

En el restaurante

1. Prepara con un(a) compañero/a una conversación en la que le preguntas si conoce algún buen restaurante en tu comunidad. Tu compañero/a responde que él/ella sí conoce un restaurante que sirve una comida deliciosa. Lo/La invitas a cenar y tu compañero/a acepta. Determinan la hora para verse en el restaurante.

2. Trabaja con un(a) compañero/a para representar los papeles de un(a) cliente/a y un(a) camarero/a en un restaurante. El/La camarero/a te pregunta qué te puede servir y tú preguntas cuál es la especialidad de la casa. El/La camarero/a te dice cuál es la especialidad y te recomienda algunos platos del menú. Tú pides entremeses, un plato principal y escoges una bebida. El/La camarero/a te sirve la comida y tú le das las gracias.

CONSULTA

To review indefinite words like **algún**, see **Estructura 7.2**, p. 240.

Pronunciación  **Audio**

ll, ñ, c, and z

pollo	**llave**	**ella**	**cebolla**

Most Spanish speakers pronounce **ll** like the *y* in *yes*.

mañana	**señor**	**baño**	**niña**

The letter **ñ** is pronounced much like the *ny* in *canyon*.

café	**colombiano**	**cuando**	**rico**

Before **a**, **o**, or **u**, the Spanish **c** is pronounced like the *c* in *car*.

cereales	**delicioso**	**conducir**	**conocer**

Before **e** or **i**, the Spanish **c** is pronounced like the *s* in *sit*. (In parts of Spain, **c** before **e** or **i** is pronounced like the *th* in *think*.)

zeta	**zanahoria**	**almuerzo**	**cerveza**

The Spanish **z** is pronounced like the *s* in *sit*. (In parts of Spain, **z** is pronounced like the *th* in *think*.)

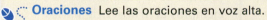

Práctica Lee las palabras en voz alta.

1. mantequilla
2. cuñado
3. aceite
4. manzana
5. español
6. cepillo
7. zapato
8. azúcar
9. quince
10. compañera
11. almorzar
12. calle

Oraciones Lee las oraciones en voz alta.

1. Mi compañero de cuarto se llama Toño Núñez. Su familia es de la ciudad de Guatemala y de Quetzaltenango.
2. Dice que la comida de su mamá es deliciosa, especialmente su pollo al champiñón y sus tortillas de maíz.
3. Creo que Toño tiene razón porque hoy cené en su casa y quiero volver mañana para cenar allí otra vez.

Refranes Lee los refranes en voz alta.

Las apariencias engañan.[1]

Panza llena, corazón contento.[2]

1 Looks can be deceiving.
2 A full belly makes a happy heart.

EN DETALLE

Frutas y verduras
de América

Imagínate una pizza sin salsa° de tomate o una hamburguesa sin papas fritas. Ahora piensa que quieres ver una película, pero las palomitas de maíz° y el chocolate no existen. ¡Qué mundo° tan insípido°! Muchas de las comidas más populares del mundo tienen ingredientes esenciales que son originarios del continente llamado Nuevo Mundo. Estas frutas y verduras no fueron introducidas en Europa sino hasta° el siglo° XVI.

El tomate, por ejemplo, era° usado como planta ornamental cuando llegó por primera vez a Europa porque pensaron que era venenoso°. El maíz, por su parte, era ya la base de la comida de muchos países latinoamericanos muchos siglos antes de la llegada de los españoles.

La papa fue un alimento° básico para los incas. Incluso consiguieron deshidratarla para almacenarla° por largos períodos de tiempo. El cacao (planta con la que se hace el chocolate) fue muy importante para los aztecas y los mayas. Ellos usaban sus semillas° como moneda° y como ingrediente de diversas salsas. También las molían° para preparar una bebida, mezclándolas° con agua ¡y con chile!

El aguacate°, la guayaba°, la papaya, la piña y el maracuyá (o fruta de la pasión) son otros ejemplos de frutas originarias de América que son hoy día conocidas en todo el mundo.

Mole

¿En qué alimentos encontramos estas frutas y verduras?

Tomate: pizza, ketchup, salsa de tomate, sopa de tomate

Maíz: palomitas de maíz, tamales, tortillas, arepas (Colombia y Venezuela), pan

Papa: papas fritas, frituras de papa°, puré de papas°, sopa de papas, tortilla de patatas (España)

Cacao: mole (México), chocolatinas°, cereales, helados°, tartas°

Aguacate: guacamole (México), coctel de camarones, sopa de aguacate, nachos, enchiladas hondureñas

salsa *sauce* palomitas de maíz *popcorn* mundo *world* insípido *flavorless* hasta *until* siglo *century* era *was* venenoso *poisonous* alimento *food* almacenarla *to store it* semillas *seeds* moneda *currency* las molían *they used to grind them* mezclándolas *mixing them* aguacate *avocado* guayaba *guava* frituras de papa *chips* puré de papas *mashed potatoes* chocolatinas *chocolate bars* helados *ice cream* tartas *cakes*

ACTIVIDADES

1 **¿Cierto o falso?** Indica si lo que dicen las oraciones es cierto o falso. Corrige la información falsa.

1. El tomate se introdujo a Europa como planta ornamental.

2. Los incas sólo consiguieron almacenar las papas por poco tiempo.

3. Los aztecas y los mayas usaron las papas como moneda.

4. El maíz era una comida poco popular en Latinoamérica.

5. El aguacate era el alimento básico de los incas.

6. En México se hace una salsa con chocolate.

7. El aguacate, la guayaba, la papaya, la piña y el maracuyá son originarios de América.

8. Las arepas se hacen con cacao.

9. El aguacate es un ingrediente del cóctel de camarones.

10. En España hacen una tortilla con papas.

ASÍ SE DICE

La comida

el banano (Col.), el cambur (Ven.), el guineo (Nic.), el plátano (Amér. L., Esp.)	la banana
el choclo (Amér. S.), el elote (Méx.), el jojoto (Ven.), la mazorca (Esp.)	*corncob*
las caraotas (Ven.), los porotos (Amér. S.), las habichuelas (P. R.)	los frijoles
el durazno (Méx.)	el melocotón
el jitomate (Méx.)	el tomate

EL MUNDO HISPANO

Algunos platos típicos

- **Ceviche peruano:** Es un plato de pescado crudo° que se marina° en jugo de limón, con sal, pimienta, cebolla y ají°. Se sirve con lechuga, maíz, camote° y papa amarilla.

- **Gazpacho andaluz:** Es una sopa fría típica del sur de España. Se hace con verduras crudas y molidas°: tomate, ají, pepino° y ajo. También lleva pan, sal, aceite y vinagre.

- **Sancocho colombiano:** Es una sopa de pollo, pescado o carne con plátano, maíz, zanahoria, yuca, papas, cebolla, cilantro y ajo. Se sirve con arroz blanco.

crudo *raw* se marina *gets marinated* ají *pepper* camote *sweet potato* molidas *mashed* pepino *cucumber*

PERFIL

Ferran Adrià: arte en la cocina°

¿Qué haces si un amigo te invita a comer croquetas líquidas o paella de *Kellogg's*? ¿Piensas que es una broma°? ¡Cuidado! Puedes estar perdiendo la oportunidad de probar los platos de uno de los chefs más innovadores del mundo°: **Ferran Adrià.**

Este artista de la cocina basa su éxito° en la creatividad y en la química. Adrià modifica combinaciones de ingredientes y juega con contrastes de gustos y sensaciones: frío-caliente, crudo-cocido°, dulce°-salado°...

Aire de zanahorias

A partir de nuevas técnicas, altera la textura de los alimentos sin alterar su sabor°. Sus platos sorprendentes° y divertidos atraen a muchos nuevos chefs a su academia de cocina experimental. Quizás un día compraremos° en el supermercado té esférico°, carne líquida y espuma° de tomate.

cocina *kitchen* broma *joke* mundo *world* éxito *success* cocido *cooked* dulce *sweet* salado *savory* sabor *taste* sorprendentes *surprising* compraremos *we will buy* esférico *spheric* espuma *foam*

Conexión Internet

¿Qué platos comen los hispanos en los Estados Unidos?

Go to **vhlcentral.com** to find more cultural information related to this **Cultura** section.

ACTIVIDADES

2

Comprensión Empareja cada palabra con su definición.

1. fruta amarilla
2. sopa típica de Colombia
3. ingrediente del ceviche
4. chef español

a. gazpacho
b. Ferran Adrià
c. sancocho
d. guineo
e. pescado

3

¿Qué plato especial hay en tu región? Escribe cuatro oraciones sobre un plato típico de tu región. Explica los ingredientes que contiene y cómo se sirve.

 Practice more at **vhlcentral.com**.

8.1 Preterite of stem-changing verbs Tutorial

ANTE TODO As you learned in **Lección 6**, **–ar** and **–er** stem-changing verbs have no stem change in the preterite. **–Ir** stem-changing verbs, however, do have a stem change. Study the following chart and observe where the stem changes occur.

CONSULTA

There are a few high-frequency irregular verbs in the preterite. You will learn more about them in **Estructura 9.1**, p. 310.

Preterite of –ir stem-changing verbs

		servir (to serve)	**dormir** (to sleep)
SINGULAR FORMS	yo	serví	dormí
	tú	serviste	dormiste
	Ud./él/ella	s**i**rvió	d**u**rmió
PLURAL FORMS	nosotros/as	servimos	dormimos
	vosotros/as	servisteis	dormisteis
	Uds./ellos/ellas	s**i**rvieron	d**u**rmieron

▶ Stem-changing **–ir** verbs, in the preterite only, have a stem change in the third-person singular and plural forms. The stem change consists of either **e** to **i** or **o** to **u**.

(e → i) pedir: p**i**dió, p**i**dieron   (o → u) morir (to die): m**u**rió, m**u**rieron

¿Quién pidió el jamón?

Yo lo pedí.

¡INTÉNTALO! Cambia cada infinitivo al pretérito.

1. Yo _serví, dormí, pedí..._. (servir, dormir, pedir, preferir, repetir, seguir)

2. Usted _____. (morir, conseguir, pedir, sentirse, servir, vestirse)

3. Tú _____. (conseguir, servir, morir, pedir, dormir, repetir)

4. Ellas _____. (repetir, dormir, seguir, preferir, morir, servir)

5. Nosotros _____. (seguir, preferir, servir, vestirse, pedir, dormirse)

6. Ustedes _____. (sentirse, vestirse, conseguir, pedir, repetir, dormirse)

7. Él _____. (dormir, morir, preferir, repetir, seguir, pedir)

recursos

WB
pp. 87–88

LM
p. 45

vhlcentral.com
Lección 8

Práctica

1

Completar Completa estas oraciones para describir lo que pasó anoche en el restaurante El Famoso.

▶ 1. Paula y Humberto Suárez llegaron al restaurante El Famoso a las ocho y _____ (seguir) al camarero a una mesa en la sección de no fumar.

2. El señor Suárez _____ (pedir) una chuleta de cerdo.

3. La señora Suárez _____ (preferir) probar los camarones.

4. De tomar, los dos _____ (pedir) vino tinto.

5. El camarero _____ (repetir) el pedido (*the order*) para confirmarlo.

6. La comida tardó mucho (*took a long time*) en llegar y los señores Suárez _____ (dormirse) esperando la comida.

7. A las nueve y media el camarero les _____ (servir) la comida.

8. Después de comer la chuleta, el señor Suárez _____ (sentirse) muy mal.

9. Pobre señor Suárez... ¿por qué no _____ (pedir) los camarones?

2

El camarero loco En el restaurante La Hermosa trabaja un camarero muy distraído que siempre comete muchos errores. Indica lo que los clientes pidieron y lo que el camarero les sirvió.

modelo

Armando / papas fritas
Armando pidió papas fritas, pero el camarero le sirvió maíz.

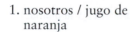

1. nosotros / jugo de naranja

2. Beatriz / queso

3. tú / arroz

4. Elena y Alejandro / atún

5. usted / agua mineral

6. yo / hamburguesa

Comunicación

3

El almuerzo Trabajen en parejas. Túrnense para completar las oraciones de César de una manera lógica.

> **modelo**
>
> Mi compañero de cuarto se despertó temprano, pero yo…
>
> *Mi compañero de cuarto se despertó temprano, pero yo me desperté tarde.*

1. Yo llegué al restaurante a tiempo, pero mis amigos…
2. Beatriz pidió la ensalada de frutas, pero yo…
3. Yolanda les recomendó el bistec, pero Eva y Paco…
4. Nosotros preferimos las papas fritas, pero Yolanda…
5. El camarero sirvió la carne, pero yo…
6. Beatriz y yo pedimos café, pero Yolanda y Paco…
7. Eva se sintió enferma, pero Paco y yo…
8. Nosotros repetimos postre (*dessert*), pero Eva…
9. Ellos salieron tarde, pero yo…
10. Yo me dormí temprano, pero mi compañero de cuarto…

¡LENGUA VIVA!

In Spanish, the verb **repetir** is used to express *to have a second helping (of something)*.

Cuando mi mamá prepara sopa de champiñones, yo siempre repito. *When my mom makes mushroom soup, I always have a second helping.*

4

Entrevista Trabajen en parejas y túrnense para entrevistar a su compañero/a.

1. ¿Te acostaste tarde o temprano anoche? ¿A qué hora te dormiste? ¿Dormiste bien?
2. ¿A qué hora te despertaste esta mañana? Y, ¿a qué hora te levantaste?
3. ¿A qué hora vas a acostarte esta noche?
4. ¿Qué almorzaste ayer? ¿Quién te sirvió el almuerzo?
5. ¿Qué cenaste ayer?
6. ¿Cenaste en un restaurante recientemente? ¿Con quién(es)?
7. ¿Qué pediste en el restaurante? ¿Qué pidieron los demás?
8. ¿Se durmió alguien en alguna de tus clases la semana pasada? ¿En qué clase?

Síntesis

5

Describir En grupos, estudien la foto y las preguntas. Luego, describan la primera (¿y la última?) cita de César y Libertad.

▶ ¿Adónde salieron a cenar?

▶ ¿Qué pidieron?

▶ ¿Les gustó la comida?

▶ ¿Quién prefirió una cena vegetariana? ¿Por qué?

▶ ¿Cómo se vistieron?

▶ ¿De qué hablaron? ¿Les gustó la conversación?

▶ ¿Van a volver a verse? ¿Por qué?

CONSULTA

To review words commonly associated with the preterite, such as **anoche**, see **Estructura 6.3**, p. 207.

8.2 Double object pronouns  Tutorial

ANTE TODO In **Lecciones 5** and **6**, you learned that direct and indirect object pronouns replace nouns and that they often refer to nouns that have already been referenced. You will now learn how to use direct and indirect object pronouns together. Observe the following diagram.

Indirect Object Pronouns			Direct Object Pronouns	
me	nos	**+**	lo	los
te	os		la	las
le (se)	les (se)			

▶ When direct and indirect object pronouns are used together, the indirect object pronoun always precedes the direct object pronoun.

I.O.   D.O.
La camarera **me** muestra **el menú**. → La camarera **me lo** muestra.
The waitress shows me the menu.   **DOUBLE OBJECT PRONOUNS**
The waitress shows it to me.

I.O.   D.O.
Nos sirven **los platos**. → **Nos los** sirven.
They serve us the dishes.   **DOUBLE OBJECT PRONOUNS**
They serve them to us.

I.O.   D.O.
Maribel **te** pidió **una hamburguesa**. → Maribel **te la** pidió.
Maribel ordered a hamburger for you.   **DOUBLE OBJECT PRONOUNS**
Maribel ordered it for you.

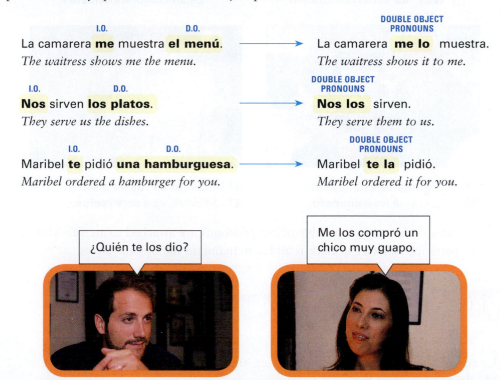

¿Quién te los dio?

Me los compró un chico muy guapo.

▶ In Spanish, two pronouns that begin with the letter **l** cannot be used together. Therefore, the indirect object pronouns **le** and **les** always change to **se** when they are used with **lo, los, la,** and **las**.

I.O.   D.O.
Le escribí **la carta**. → **Se la** escribí.
I wrote him the letter.   **DOUBLE OBJECT PRONOUNS**
I wrote it to him.

I.O.   D.O.
Les sirvió **los sándwiches**. → **Se los** sirvió.
He served them the sandwiches.   **DOUBLE OBJECT PRONOUNS**
He served them to them.

▶ Because **se** has multiple meanings, Spanish speakers often clarify to whom the pronoun refers by adding **a usted, a él, a ella, a ustedes, a ellos,** or **a ellas**.

¿El sombrero? Carlos **se** lo
vendió **a ella**.
The hat? Carlos sold it to her.

¿Las verduras? Ellos **se** las
compran **a usted**.
The vegetables? They are buying them for you.

▶ Double object pronouns are placed before a conjugated verb. With infinitives and present participles, they may be placed before the conjugated verb or attached to the end of the infinitive or present participle.

DOUBLE OBJECT
PRONOUNS
Te lo voy a mostrar.

DOUBLE OBJECT
PRONOUNS
Voy a mostrár**telo**.

DOUBLE OBJECT
PRONOUNS
Nos las están comprando.

DOUBLE OBJECT
PRONOUNS
Están comprándo**noslas**.

Mi abuelo **me lo** está leyendo.
Mi abuelo está leyéndo**melo**.

El camarero **se los** va a servir.
El camarero va a servír**selos**.

▶ As you can see above, when double object pronouns are attached to an infinitive or a present participle, an accent mark is added to maintain the original stress.

 ¡INTÉNTALO!   Escribe el pronombre de objeto directo o indirecto que falta en cada oración.

Objeto directo

1. ¿La ensalada? El camarero nos ___*la*___ sirvió.
2. ¿El salmón? La dueña me _____ recomienda.
3. ¿La comida? Voy a preparárte_____.
4. ¿Las bebidas? Estamos pidiéndose_____.
5. ¿Los refrescos? Te _____ puedo traer ahora.
6. ¿Los platos de arroz? Van a servírnos_____ después.

Objeto indirecto

1. ¿Puedes traerme tu plato? No, no ___*te*___ lo puedo traer.
2. ¿Quieres mostrarle la carta? Sí, voy a mostrár_____la ahora.
3. ¿Les serviste la carne? No, no _____ la serví.
4. ¿Vas a leerle el menú? No, no _____ lo voy a leer.
5. ¿Me recomiendas la langosta? Sí, _____ la recomiendo.
6. ¿Cuándo vas a prepararnos la cena? _____ la voy a preparar en una hora.

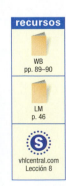

Práctica

1

Responder Imagínate que trabajas de camarero/a en un restaurante. Responde a los pedidos (*requests*) de estos clientes usando pronombres.

> **modelo**
>
> Sra. Gómez: Una ensalada, por favor.
> Sí, señora. Enseguida (*Right away*) se la traigo.

1. Sres. López: La mantequilla, por favor.
2. Srta. Rivas: Los camarones, por favor.
3. Sra. Lugones: El pollo asado, por favor.
4. Tus compañeros/as de cuarto: Café, por favor.
5. Tu profesor(a) de español: Papas fritas, por favor.
6. Dra. González: La chuleta de cerdo, por favor.
7. Tu padre: Los champiñones, por favor.
8. Dr. Torres: La cuenta, por favor.

2

¿Quién? La señora Cevallos está planeando una cena. Se pregunta cómo va a resolver ciertas situaciones. En parejas, túrnense para decir lo que ella está pensando. Cambien los sustantivos subrayados por pronombres de objeto directo y hagan los otros cambios necesarios.

> **modelo**
>
> ¡No tengo carne! ¿Quién va a traerme la carne del supermercado? (mi esposo)
> Mi *esposo va a traérmela./Mi esposo me la va a traer.*

1. ¡Las invitaciones! ¿Quién les manda las invitaciones a los invitados (*guests*)? (mi hija)
2. No tengo tiempo de ir a la bodega. ¿Quién me puede comprar el vino? (mi hijo)
3. ¡Ay! No tengo suficientes platos (*plates*). ¿Quién puede prestarme los platos que necesito? (mi mamá)
4. Nos falta mantequilla. ¿Quién nos trae la mantequilla? (mi cuñada)
5. ¡Los entremeses! ¿Quién está preparándonos los entremeses? (Silvia y Renata)
6. No hay suficientes sillas. ¿Quién nos trae las sillas que faltan? (Héctor y Lorena)
7. No tengo tiempo de pedirle el aceite a Mónica. ¿Quién puede pedirle el aceite? (mi hijo)
8. ¿Quién va a servirles la cena a los invitados? (mis hijos)
9. Quiero poner buena música de fondo (*background*). ¿Quién me va a recomendar la música? (mi esposo)
10. ¡Los postres! ¿Quién va a preparar los postres para los invitados? (Sra. Villalba)

Comunicación

3

Contestar Trabajen en parejas. Túrnense para hacer preguntas, usando las palabras interrogativas **¿Quién?** o **¿Cuándo?**, y para responderlas. Sigan el modelo.

> *modelo*
>
> nos enseña español
>
> **Estudiante 1:** ¿Quién nos enseña español?
> **Estudiante 2:** La profesora Camacho nos lo enseña.

1. te puede explicar la tarea cuando no la entiendes
2. les vende el almuerzo a los estudiantes
3. vas a comprarme boletos (*tickets*) para un concierto
4. te escribe mensajes de texto
5. nos prepara los entremeses
6. me vas a prestar tu computadora
7. te compró esa bebida
8. nos va a recomendar el menú de la cafetería
9. le enseñó español al/a la profesor(a)
10. me vas a mostrar tu casa o apartamento

4

Preguntas En parejas, túrnense para hacerse estas preguntas.

> *modelo*
>
> **Estudiante 1:** ¿Les prestas tu casa a tus amigos? ¿Por qué?
> **Estudiante 2:** No, no se la presto a mis amigos porque no son muy responsables.

1. ¿Me prestas tu auto? ¿Ya le prestaste tu auto a otro/a amigo/a?
2. ¿Quién te presta dinero cuando lo necesitas?
3. ¿Les prestas dinero a tus amigos? ¿Por qué?
4. ¿Nos compras el almuerzo a mí y a los otros compañeros de clase?
5. ¿Les mandas correo electrónico a tus amigos? ¿Y a tu familia?
6. ¿Les das regalos a tus amigos? ¿Cuándo?
7. ¿Quién te va a preparar la cena esta noche?
8. ¿Quién te va a preparar el desayuno mañana?

Síntesis

5

Regalos de Navidad Tu profesor(a) te va a dar a ti y a un(a) compañero/a una parte de la lista de los regalos de Navidad (*Christmas*) que Berta pidió y los regalos que sus parientes le compraron. Conversen para completar sus listas.

> *modelo*
>
> **Estudiante 1:** ¿Qué le pidió Berta a su mamá?
> **Estudiante 2:** Le pidió una computadora. ¿Se la compró?
> **Estudiante 1:** Sí, se la compró.

8.3 # Comparisons  **Tutorial**

 **ANTE TODO** Both Spanish and English use comparisons to indicate which of two people or things has a lesser, equal, or greater degree of a quality.

Comparisons

menos interesante	**más grande**	**tan sabroso como**
less interesting	*bigger*	*as delicious as*

Comparisons of inequality

▶ Comparisons of inequality are formed by placing **más** (*more*) or **menos** (*less*) before adjectives, adverbs, and nouns and **que** (*than*) after them.

$$\textbf{más/menos} + \begin{bmatrix} \textit{adjective} \\ \textit{adverb} \\ \textit{noun} \end{bmatrix} + \textbf{que}$$

▶ **¡Atención!** Note that while English has a comparative form for short adjectives (*taller*), such forms do not exist in Spanish (**más** alto).

adjectives

Los bistecs son **más caros que** el pollo.	Estas uvas son **menos ricas que** esa pera.
Steaks are more expensive than chicken.	*These grapes are less tasty than that pear.*

adverbs

Me acuesto **más tarde que** tú.	Luis se despierta **menos temprano que** yo.
I go to bed later than you (do).	*Luis wakes up less early than I (do).*

nouns

Juan prepara **más platos que** José.	Susana come **menos carne que** Enrique.
Juan prepares more dishes than José (does).	*Susana eats less meat than Enrique (does).*

La ensalada es menos cara que la sopa.

¿El pollo es más rico que el jamón?

▶ When the comparison involves a numerical expression, **de** is used before the number instead of **que**.

Hay más **de** cincuenta naranjas.	Llego en menos **de** diez minutos.
There are more than fifty oranges.	*I'll be there in less than ten minutes.*

▶ With verbs, this construction is used to make comparisons of inequality.

$$\begin{bmatrix} \textit{verb} \end{bmatrix} + \textbf{más/menos que}$$

Mis hermanos **comen más que** yo.	Arturo **duerme menos que** su padre.
My brothers eat more than I (do).	*Arturo sleeps less than his father (does).*

Comparisons of equality

▶ This construction is used to make comparisons of equality.

| **tan** + | *adjective* *adverb* | + **como** | | **tanto/a(s)** + | *singular noun* *plural noun* | + **como** |

¿Es tan guapo como yo?

¿Aquí vienen tantos mexicanos como extranjeros?

▶ **¡Atención!** Note that unlike **tan**, **tanto** acts as an adjective and therefore agrees in number and gender with the noun it modifies.

Estas uvas son **tan ricas como** aquéllas.
These grapes are as tasty as those ones (are).

Yo probé **tantos platos como** él.
I tried as many dishes as he did.

▶ **Tan** and **tanto** can also be used for emphasis, rather than to compare, with these meanings: **tan** *so*, **tanto** *so much*, **tantos/as** *so many*.

¡Tu almuerzo es **tan** grande!
Your lunch is so big!

¡Comes **tantas** manzanas!
You eat so many apples!

¡Comes **tanto**!
You eat so much!

¡Preparan **tantos** platos!
They prepare so many dishes!

▶ Comparisons of equality with verbs are formed by placing **tanto como** after the verb. Note that in this construction **tanto** does not change in number or gender.

| *verb* | + **tanto como** |

Tú viajas **tanto como** mi tía.
You travel as much as my aunt (does).

Ellos hablan **tanto como** mis hermanas.
They talk as much as my sisters.

Sabemos **tanto como** ustedes.
We know as much as you (do).

No estudio **tanto como** Felipe.
I don't study as much as Felipe (does).

Irregular comparisons

▶ Some adjectives have irregular comparative forms.

Irregular comparative forms			
Adjective		**Comparative form**	
bueno/a	good	**mejor**	better
malo/a	bad	**peor**	worse
grande	grown, adult	**mayor**	older
pequeño/a	young	**menor**	younger
joven	young	**menor**	younger
viejo/a	old	**mayor**	older

CONSULTA

To review how descriptive adjectives like **bueno**, **malo**, and **grande** are shortened before nouns, see **Estructura 3.1**, p. 90.

▶ When **grande** and **pequeño/a** refer to age, the irregular comparative forms, **mayor** and **menor**, are used. However, when these adjectives refer to size, the regular forms, **más grande** and **más pequeño/a**, are used.

Yo soy **menor** que tú.
I'm younger than you.

Pedí un plato **más pequeño.**
I ordered a smaller dish.

Nuestro hijo es **mayor** que
el hijo de los Andrade.
Our son is older than the Andrades' son.

La ensalada de Isabel es **más grande**
que ésa.
Isabel's salad is bigger than that one.

▶ The adverbs **bien** and **mal** have the same irregular comparative forms as the adjectives **bueno/a** and **malo/a**.

Julio nada **mejor** que los otros chicos.
Julio swims better than the other boys.

Ellas cantan **peor** que las otras chicas.
They sing worse than the other girls.

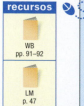

recursos

WB
pp. 91–92

LM
p. 47

Ⓢ
vhlcentral.com
Lección 8

¡INTÉNTALO!   Escribe el equivalente de las palabras en inglés.

1. Ernesto mira más televisión ___que___ (*than*) Alberto.
2. Tú eres _____ (*less*) simpático que Federico.
3. La camarera sirve _____ (*as much*) carne como pescado.
4. Recibo _____ (*more*) propinas que tú.
5. No estudio _____ (*as much as*) tú.
6. ¿Sabes jugar al tenis tan bien _____ (*as*) tu hermana?
7. ¿Puedes beber _____ (*as many*) refrescos como yo?
8. Mis amigos parecen _____ (*as*) simpáticos como ustedes.

Práctica

1   **Escoger**   Escoge la palabra correcta para comparar a dos hermanas muy diferentes. Haz los cambios necesarios.

1. Lucila es más alta y más bonita _____ Tita. (de, más, menos, que)
2. Tita es más delgada porque come _____ verduras que su hermana. (de, más, menos, que)
3. Lucila es más _____ que Tita porque es alegre. (listo, simpático, bajo)
4. A Tita le gusta comer en casa. Va a _____ restaurantes que su hermana. (más, menos, que) Es tímida, pero activa. Hace _____ ejercicio (*exercise*) que su hermana. (más, tanto, menos) Todos los días toma más _____ cinco vasos (*glasses*) de agua mineral. (que, tan, de)
5. Lucila come muchas papas fritas y se preocupa _____ que Tita por comer frutas. (de, más, menos) ¡Son _____ diferentes! Pero se llevan (*they get along*) muy bien. (como, tan, tanto)

2   **Emparejar**   Compara a Mario y a Luis, los novios de Lucila y Tita, completando las oraciones de la columna A con las palabras o frases de la columna B.

A	**B**
1. Mario es _____ como Luis.	tantas
2. Mario viaja tanto _____ Luis.	diferencia
3. Luis toma _____ clases de cocina (*cooking*) como Mario.	tan interesante
4. Luis habla _____ tan bien como Mario.	amigos extranjeros
5. Mario tiene tantos _____ como Luis.	como
6. ¡Qué casualidad (*coincidence*)! Mario y Luis también son hermanos, pero no hay tanta _____ entre ellos como entre Lucila y Tita.	francés

3   **Oraciones**   Combina elementos de las columnas A, B y C para hacer comparaciones. Escribe oraciones completas.

> **modelo**
> **Chris Hemsworth tiene tantos autos como Jennifer Aniston.**
> **Jennifer Aniston es menos musculosa que Chris Hemsworth.**

A	**B**	**C**
la comida japonesa	costar	la gente de Montreal
el fútbol	saber	la música *country*
Chris Hemsworth	ser	el brócoli
el pollo	tener	el presidente de los EE.UU.
la gente de Vancouver	¿?	la comida italiana
la primera dama (*lady*) de los EE.UU.		el hockey
las universidades privadas		Jennifer Aniston
las espinacas		las universidades públicas
la música rap		la carne de res

 Practice more at **vhlcentral.com**.

Comunicación

4

Intercambiar En parejas, hagan comparaciones sobre diferentes cosas. Pueden usar las sugerencias de la lista u otras ideas.

> **modelo**
>
> **Estudiante 1:** Los pollos de *Pollitos del Corral* son muy ricos.
> **Estudiante 2:** Pues yo creo que los pollos de *Rostipollos* son tan buenos como los pollos de *Pollitos del Corral*.
> **Estudiante 1:** Ummm... no tienen tanta mantequilla como los pollos de *Pollitos del Corral*. Tienes razón. Son muy sabrosos.

restaurantes en tu ciudad/pueblo
cafés en tu comunidad
tiendas en tu ciudad/pueblo

periódicos en tu ciudad/pueblo
revistas favoritas
libros favoritos

comidas favoritas
los profesores
los cursos que toman

5

Conversar En grupos, túrnense para hacer comparaciones entre ustedes mismos (*yourselves*) y una persona de cada categoría de la lista.

▶ una persona de tu familia

▶ un(a) amigo/a especial

▶ una persona famosa

Síntesis

6

La familia López En grupos, túrnense para hablar de Sara, Sabrina, Cristina, Ricardo y David y hacer comparaciones entre ellos.

Sara   Sabrina   David   Ricardo   Cristina

> **modelo**
>
> **Estudiante 1:** Sara es tan alta como Sabrina.
> **Estudiante 2:** Sí, pero David es más alto que ellas.
> **Estudiante 3:** En mi opinión, él es guapo también.

8.4 Superlatives  Tutorial

ANTE TODO Both English and Spanish use superlatives to express the highest or lowest degree of a quality.

el/la mejor	**el/la peor**	**el/la más alto/a**
the best	*the worst*	*the tallest*

▶ This construction is used to form superlatives. Note that the noun is always preceded by a definite article and that **de** is equivalent to the English *in* or *of*.

> **el/la/los/las** + [*noun*] + **más/menos** + [*adjective*] + **de**

▶ The noun can be omitted if the person, place, or thing referred to is clear.

¿El restaurante Las Delicias?
Es **el más elegante** de la ciudad.
The restaurant Las Delicias?
It's the most elegant (one) in the city.

Recomiendo el pollo asado.
Es **el más sabroso** del menú.
I recommend the roast chicken.
It's the most delicious on the menu.

▶ Here are some irregular superlative forms.

Irregular superlatives

Adjective		Superlative form	
bueno/a	good	**el/la mejor**	(the) best
malo/a	bad	**el/la peor**	(the) worst
grande	grown, adult	**el/la mayor**	(the) oldest
pequeño/a	young	**el/la menor**	(the) youngest
joven	young	**el/la menor**	(the) youngest
viejo/a	old	**el/la mayor**	(the) oldest

▶ The absolute superlative is equivalent to *extremely*, *super*, or *very*. To form the absolute superlative of most adjectives and adverbs, drop the final vowel, if there is one, and add **-ísimo/a(s)**.

malo → mal- → **malísimo**
¡El bistec está **malísimo**!

mucho → much- → **muchísimo**
Comes **muchísimo**.

▶ Note these spelling changes.

rico → **riquísimo**   largo → **larguísimo**   feliz → **felicísimo**
fácil → **facilísimo**   joven → **jovencísimo**   trabajador → **trabajadorcísimo**

¡INTÉNTALO! Escribe el equivalente de las palabras en inglés.

1. Marisa es __la más inteligente__ (*the most intelligent*) de todas.
2. Ricardo y Tomás son _____ (*the least boring*) de la fiesta.
3. Miguel y Antonio son _____ (*the worst*) estudiantes de la clase.
4. Mi profesor de biología es _____ (*the oldest*) de la universidad.

¡ATENCIÓN!
While **más** alone means *more*, after **el, la, los,** or **las**, it means *most*. Likewise, **menos** can mean *less* or *least*.
Es **el café más rico del** país.
It's the most delicious coffee in the country.
Es **el menú menos caro de** todos éstos.
It is the least expensive menu of all of these.

CONSULTA
The rule you learned in **Estructura 8.3** (p. 283) regarding the use of **mayor/menor** with age, but not with size, is also true with superlative forms.

recursos
WB pp. 93–94
LM p. 48
vhlcentral.com Lección 8

Práctica y Comunicación

1

El más... Responde a las preguntas afirmativamente. Usa las palabras entre paréntesis.

> **modelo**
>
> El cuarto está sucísimo, ¿no? (residencia)
> *Sí, es el más sucio de la residencia.*

1. El almacén Velasco es buenísimo, ¿no? (centro comercial)
2. La silla de tu madre es comodísima, ¿no? (casa)
3. Ángela y Julia están nerviosísimas por el examen, ¿no? (clase)
4. Jorge es jovencísimo, ¿no? (mis amigos)

2

Completar Tu profesor(a) te va a dar una hoja de actividades con descripciones de José Valenzuela Carranza y Ana Orozco Hoffman. Completa las oraciones con las palabras de la lista.

altísima	del	mayor	peor
atlética	guapísimo	mejor	periodista
bajo	la	menor	trabajadorcísimo
de	más	Orozco	Valenzuela

1. José tiene 22 años; es el _____ y el más _____ de su familia. Es _____ y _____. Es el mejor _____ de la ciudad y el _____ jugador de baloncesto.
2. Ana es la más _____ y _____ mejor jugadora de baloncesto del estado. Es la _____ de sus hermanos (tiene 28 años) y es _____. Estudió la profesión _____ difícil _____ todas: medicina.
3. Jorge es el _____ jugador de videojuegos de su familia.
4. Mauricio es el menor de la familia _____.
5. El abuelo es el _____ de todos los miembros de la familia Valenzuela.
6. Fifí es la perra más antipática _____ mundo.

3

Superlativos Trabajen en parejas para hacer comparaciones. Usen los superlativos.

> **modelo**
>
> Angelina Jolie, Bill Gates, Jimmy Carter
> **Estudiante 1:** *Bill Gates es el más rico de los tres.*
> **Estudiante 2:** *Sí, ¡es riquísimo! Y Jimmy Carter es el mayor de los tres.*

1. Guatemala, Argentina, España
2. Jaguar, Prius, Smart
3. la comida mexicana, la comida francesa, la comida árabe
4. Amy Adams, Meryl Streep, Jennifer Lawrence
5. Ciudad de México, Buenos Aires, Nueva York
6. *Don Quijote de la Mancha, Cien años de soledad, Como agua para chocolate*
7. el fútbol americano, el golf, el béisbol
8. las películas románticas, las películas de acción, las películas cómicas

 Practice more at **vhlcentral.com**.

Recapitulación

Diagnostics

Completa estas actividades para repasar los conceptos de gramática que aprendiste en esta lección.

1 **Completar** Completa la tabla con la forma correcta del pretérito. **18 pts.**

Infinitive	yo	usted	ellos
dormir			
servir			
vestirse			

2 **La cena** Completa la conversación con el pretérito de los verbos. **14 pts.**

PAULA ¡Hola, Daniel! ¿Qué tal el fin de semana?

DANIEL Muy bien. Marta y yo (1) _____ (conseguir) hacer muchas cosas, pero lo mejor fue la cena del sábado.

PAULA Ah, ¿sí? ¿Adónde fueron?

DANIEL Al restaurante Vistahermosa. Es elegante, así que (nosotros) (2) _____ (vestirse) bien.

PAULA Y, ¿qué platos (3) _____ (pedir, ustedes)?

DANIEL Yo (4) _____ (pedir) camarones y Marta (5) _____ (preferir) el pollo. Y al final, el camarero nos (6) _____ (servir) flan.

PAULA ¡Qué rico!

DANIEL Sí. Pero después de la cena Marta no (7) _____ (sentirse) bien.

3 **Camareros** Genaro y Úrsula son camareros en un restaurante. Completa la conversación que tienen con su jefe usando pronombres. **8 pts.**

JEFE Úrsula, ¿le ofreciste agua fría al cliente de la mesa 22?

ÚRSULA Sí, (1) _____ de inmediato.

JEFE Genaro, ¿los clientes de la mesa 5 te pidieron ensaladas?

GENARO Sí, (2) _____.

ÚRSULA Genaro, ¿recuerdas si ya me mostraste los vinos nuevos?

GENARO Sí, ya (3) _____.

JEFE Genaro, ¿van a pagarte la cuenta los clientes de la mesa 5?

GENARO Sí, (4) _____ ahora mismo.

RESUMEN GRAMATICAL

8.1 **Preterite of stem-changing verbs** *p. 274*

servir	dormir
serví	dormí
serviste	dormiste
sirvió	durmió
servimos	dormimos
servisteis	dormisteis
sirvieron	durmieron

8.2 **Double object pronouns** *pp. 277–278*

Indirect Object Pronouns: me, te, le (se), nos, os, les (se)

Direct Object Pronouns: lo, la, los, las

Le escribí **la carta**. → **Se la** escribí.
Nos van a servir **los platos**. → **Nos los** van a servir./
Van a servír**noslos**.

8.3 **Comparisons** *pp. 281–283*

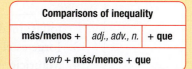

Comparisons of inequality		
más/menos +	*adj., adv., n.*	+ que
verb + **más/menos** + **que**		

Comparisons of equality		
tan +	*adj., adv.,*	+ como
tanto/a(s) +	*noun*	+ como
verb + **tanto como**		

Irregular comparative forms	
bueno/a	mejor
malo/a	peor
grande	mayor
pequeño/a	menor
joven	menor
viejo/a	mayor

8.4 **Superlatives**   *p. 286*

el/la/ los/las +	*noun*	+ más/ menos +	*adjective*	+ de

► Irregular superlatives follow the same pattern as irregular comparatives.

4 **El menú** Observa el menú y sus características. Completa las oraciones basándote en los elementos dados. Usa comparativos y superlativos. **14 pts.**

Ensaladas	Precio	Calorías
Ensalada de tomates	$9.00	170
Ensalada de mariscos	$12.99	325
Ensalada de zanahorias	$9.00	200

Platos principales		
Pollo con champiñones	$13.00	495
Cerdo con papas	$10.50	725
Atún con espárragos	$18.95	495

1. ensalada de mariscos / otras ensaladas / costar
   La ensalada de mariscos _____ las otras ensaladas.
2. pollo con champiñones / cerdo con papas / calorías
   El pollo con champiñones tiene _____ el cerdo con papas.
3. atún con espárragos / pollo con champiñones / calorías
   El atún con espárragos tiene _____ el pollo con champiñones.
4. ensalada de tomates / ensalada de zanahorias / caro
   La ensalada de tomates es _____ la ensalada de zanahorias.
5. cerdo con papas / platos principales / caro
   El cerdo con papas es _____ los platos principales.
6. ensalada de zanahorias / ensalada de tomates / costar
   La ensalada de zanahorias _____ la ensalada de tomates.
7. ensalada de mariscos / ensaladas / caro
   La ensalada de mariscos es _____ las ensaladas.

5 **Dos restaurantes** ¿Cuál es el mejor restaurante que conoces? ¿Y el peor? Escribe un párrafo de por lo menos (*at least*) seis oraciones donde expliques por qué piensas así. Puedes hablar de la calidad de la comida, el ambiente, los precios, el servicio, etc. **46 pts.**

6 **Adivinanza** Completa la adivinanza y adivina la respuesta. **¡4 puntos EXTRA!**

"En el campo yo nací°, mis hermanos son los _____ (*garlic, pl.*), y aquél que llora° por mí me está partiendo° en pedazos°." ¿Quién soy? _____

naci *was born* llora *cries* partiendo *cutting* pedazos *pieces*

Practice more at **vhlcentral.com**.

Lectura

Antes de leer

Estrategia

Reading for the main idea

As you know, you can learn a great deal about a reading selection by looking at the format and looking for cognates, titles, and subtitles. You can skim to get the gist of the reading selection and scan it for specific information. Reading for the main idea is another useful strategy; it involves locating the topic sentences of each paragraph to determine the author's purpose for writing a particular piece. Topic sentences can provide clues about the content of each paragraph, as well as the general organization of the reading. Your choice of which reading strategies to use will depend on the style and format of each reading selection.

Examinar el texto

En esta sección tenemos dos textos diferentes. ¿Qué estrategias puedes usar para leer la crítica culinaria°? ¿Cuáles son las apropiadas para familiarizarte con el menú? Utiliza las estrategias más eficaces° para cada texto. ¿Qué tienen en común? ¿Qué tipo de comida sirven en el restaurante?

Identificar la idea principal

Lee la primera oración de cada párrafo de la crítica culinaria del restaurante **La feria del maíz**. Apunta° el tema principal de cada párrafo. Luego lee todo el primer párrafo. ¿Crees que el restaurante le gustó al autor de la crítica culinaria? ¿Por qué? Ahora lee la crítica entera. En tu opinión, ¿cuál es la idea principal de la crítica? ¿Por qué la escribió el autor? Compara tus opiniones con las de un(a) compañero/a.

crítica culinaria *restaurant review* eficaces *effective*
Apunta *Jot down*

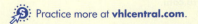
MENÚ

Entremeses
Tortilla servida con
• Ajiaceite (chile, aceite) • Ajicomino (chile, comino)
Pan tostado servido con
• Queso frito a la pimienta • Salsa de ajo y mayonesa

Sopas
• Tomate • Cebolla • Verduras • Pollo y huevo
• Carne de res • Mariscos

Entradas
Tomaticán
(tomate, papas, maíz, chile, arvejas y zanahorias)
Tamales
(maíz, azúcar, ajo, cebolla)
Frijoles enchilados
(frijoles negros, carne de cerdo o de res, arroz, chile)
Chilaquil
(tortilla de maíz, queso, hierbas y chile)
Tacos
(tortillas, pollo, verduras y salsa)
Cóctel de mariscos
(camarones, langosta, vinagre, sal, pimienta, aceite)

Postres°
• Plátanos caribeños • Cóctel de frutas al ron°
• Uvate (uvas, azúcar de caña y ron) • Flan napolitano
• Helado° de piña y naranja • Pastel° de yogur

Después de leer

Preguntas

En parejas, contesten estas preguntas sobre la crítica culinaria de **La feria del maíz.**

1. ¿Quién es el dueño y chef de **La feria del maíz**?
2. ¿Qué tipo de comida se sirve en el restaurante?
3. ¿Cuál es el problema con el servicio?
4. ¿Cómo es el ambiente del restaurante?
5. ¿Qué comidas probó el autor?
6. ¿Quieren ir ustedes al restaurante **La feria del maíz**? ¿Por qué?

23F

Gastronomía

Por Eduardo Fernández

La feria del maíz

Sobresaliente°. En el nuevo restaurante **La feria del maíz** va a encontrar la perfecta combinación entre la comida tradicional y el encanto° de la vieja ciudad de Antigua. Ernesto Sandoval, antiguo jefe de cocina° del famoso restaurante **El fogón**, está teniendo mucho éxito° en su nueva aventura culinaria.

El gerente°, el experimentado José Sierra, controla a la perfección la calidad del servicio. El camarero que me atendió esa noche fue muy amable en todo momento. Sólo hay que comentar que,

La feria del maíz
13 calle 4-41 Zona 1
La Antigua, Guatemala
2329912

lunes a sábado
10:30am-11:30pm
domingo 10:00am-10:00pm

Comida ￼ℙℙℙℙℙ

Servicio ℙℙℙ

Ambiente ℙℙℙℙ

Precio ℙℙℙ

debido al éxito inmediato de **La feria del maíz**, se necesitan más camareros para atender a los clientes de una forma más eficaz. En esta ocasión, el mesero se

tomó unos veinte minutos en traerme la bebida.

Afortunadamente, no me importó mucho la espera entre plato y plato, pues el ambiente es tan agradable que me sentí como en casa. El restaurante mantiene el estilo colonial de Antigua. Por dentro°, es elegante y rústico a la vez. Cuando el tiempo lo permite, se puede comer también en el patio, donde hay muchas flores.

El servicio de camareros y el ambiente agradable del local pasan a un segundo plano cuando llega la comida, de una calidad extraordinaria. Las tortillas de casa se sirven con un ajiaceite delicioso. La sopa

de mariscos es excelente y los tamales, pues, tengo que confesar que son mejores que los de mi abuelita. También recomiendo los tacos de pollo, servidos con un mole buenísimo. De postre, don Ernesto me preparó su especialidad, unos plátanos caribeños sabrosísimos.

Los precios pueden parecer altos° para una comida tradicional, pero la calidad de los productos con que se cocinan los platos y el exquisito ambiente de **La feria del maíz** garantizan° una experiencia inolvidable°.

Bebidas

- Cerveza negra • Chilate (bebida de maíz, chile y cacao)
- Jugos de fruta • Agua mineral • Té helado
- Vino tinto/blanco • Ron

Postres *Desserts* ron *rum* Helado *Ice cream* Pastel *Cake* Sobresaliente *Outstanding* encanto *charm* jefe de cocina *head chef* éxito *success* gerente *manager* Por dentro *Inside* altos *high* garantizan *guarantee* inolvidable *unforgettable*

Un(a) guía turístico/a

Tú eres un(a) guía turístico/a en Guatemala. Estás en el restaurante **La feria del maíz** con un grupo de turistas norteamericanos. Ellos no hablan español y quieren pedir de comer, pero necesitan tu ayuda. Lee nuevamente el menú e indica qué error comete cada turista.

1. La señora Johnson es diabética y no puede comer azúcar. Pide sopa de verduras y tamales. No pide nada de postre.

2. Los señores Petit son vegetarianos y piden sopa de tomate, frijoles enchilados y plátanos caribeños.

3. El señor Smith, que es alérgico al chocolate, pide tortilla servida con ajiaceite, chilaquil y chilate para beber.

4. La adorable hija del señor Smith tiene sólo cuatro años y le gustan mucho las verduras y las frutas naturales. Su papá le pide tomaticán y un cóctel de frutas.

5. La señorita Jackson está a dieta y pide uvate, flan napolitano y helado.

Escritura

Estrategia

Expressing and supporting opinions

Written reviews are just one of the many kinds of writing which require you to state your opinions. In order to convince your reader to take your opinions seriously, it is important to support them as thoroughly as possible. Details, facts, examples, and other forms of evidence are necessary. In a restaurant review, for example, it is not enough just to rate the food, service, and atmosphere. Readers will want details about the dishes you ordered, the kind of service you received, and the type of atmosphere you encountered. If you were writing a concert or album review, what kinds of details might your readers expect to find?

It is easier to include details that support your opinions if you plan ahead. Before going to a place or event that you are planning to review, write a list of questions that your readers might ask. Decide which aspects of the experience you are going to rate and list the details that will help you decide upon a rating. You can then organize these lists into a questionnaire and a rating sheet. Bring these forms with you to help you make your opinions and to remind you of the kinds of information you need to gather in order to support those opinions. Later, these forms will help you organize your review into logical categories. They can also provide the details and other evidence you need to convince your readers of your opinions.

Tema

Escribir una crítica

Escribe una crítica culinaria° sobre un restaurante local para el periódico de la universidad. Clasifica el restaurante dándole de una a cinco estrellas° y anota tus recomendaciones para futuros clientes del restaurante. Incluye tus opiniones acerca de°:

▶ La comida
   ¿Qué tipo de comida es? ¿Qué tipo de ingredientes usan?
   ¿Es de buena calidad? ¿Cuál es el mejor plato? ¿Y el peor?
   ¿Quién es el/la chef?

▶ El servicio
   ¿Es necesario esperar mucho para conseguir una mesa?
   ¿Tienen los camareros un buen conocimiento del menú?
   ¿Atienden a los clientes con rapidez° y cortesía?

▶ El ambiente
   ¿Cómo es la decoración del restaurante?
   ¿Es el ambiente informal o elegante?
   ¿Hay música o algún tipo de entretenimiento°?
   ¿Hay un bar? ¿Un patio?

▶ Información práctica
   ¿Cómo son los precios?
   ¿Se aceptan tarjetas de crédito?
   ¿Cuál es la dirección° y el número de teléfono?
   ¿Quién es el/la dueño/a? ¿El/La gerente?

crítica culinaria *restaurant review* estrellas *stars* acerca de *about*
rapidez *speed* entretenimiento *entertainment* dirección *address*

Escuchar Audio

Preparación

Mira la foto. ¿Dónde están estas personas y qué hacen? ¿Sobre qué crees que están hablando?

Ahora escucha

Rosa y Roberto están en un restaurante. Escucha la conversación entre ellos y la camarera y toma nota de cuáles son los especiales del día, qué pidieron y qué bebidas se mencionan.

Especiales del día

Entremeses
_____

Plato principal
_____
_____
_____

¿Qué pidieron?

Roberto
_____

Rosa
_____

Bebidas
_____
_____

Comprensión

Seleccionar

Usa tus notas para seleccionar la opción correcta para completar cada oración.

1. Dos de los mejores platos del restaurante son _____.
   a. los entremeses del día y el cerdo
   b. el salmón y el arroz con pollo
   c. la carne y el arroz con pollo

2. La camarera _____.
   a. los lleva a su mesa, les muestra el menú y les sirve el postre
   b. les habla de los especiales del día, les recomienda unos platos y ellos deciden qué van a comer
   c. les lleva unas bebidas, les recomienda unos platos y les sirve pan

3. Roberto va a comer _____ Rosa.
   a. tantos platos como
   b. más platos que
   c. menos platos que

Preguntas

En grupos de tres o cuatro, respondan a las preguntas: ¿Conocen los platos que Rosa y Roberto pidieron? ¿Conocen platos con los mismos ingredientes? ¿En qué son diferentes o similares? ¿Cuál les gusta más? ¿Por qué?

 Practice more at **vhlcentral.com**.

En pantalla

La sopa es un plato muy importante en las cocinas° del mundo hispano. Se pueden tomar° frías, como el famoso gazpacho español, a base de tomate y otras verduras y servida totalmente líquida. La mayoría se sirven calientes, como el pozole de México, un plato precolombino preparado con nixtamal°, cerdo, chiles y otras especias°. Otra sopa de origen indígena es la changua, de la región andina central de Colombia. Aunque° las sopas normalmente forman parte del almuerzo, la changua siempre se toma en el desayuno: se hace con agua, leche, huevo y cilantro.

Vocabulario útil	
bajar	*to descend*
la escalera	*staircase*
lo que yo quiera	*whatever I want*
sabor marinero	*seafood flavor*

Ordenar

Ordena cronológicamente estas oraciones.

_____ a. El niño abre la puerta.

_____ b. El niño decide almorzar.

_____ c. El niño baja la escalera con una maleta.

_____ d. El niño se va a lavar las manos.

_____ e. La madre dice que la sopa está servida.

Sopas

En parejas, túrnense para describir su sopa favorita. ¿Cuál es tu sopa favorita? ¿Quién la prepara o dónde la compras? ¿Qué ingredientes tiene? ¿Con qué se sirve? ¿Cómo la prefieres, caliente o fría? ¿La tomas en el almuerzo o en la cena? ¿En invierno o en verano?

Anuncio de Sopas Roa

Me voy de esta casa.

Ya está servida° la sopa...

... y lavarme las manos.

 **Video: TV Clip**

Practice more at **vhlcentral.com**.

cocinas *cuisines* tomar *to eat (soup)* nixtamal *hominy* especias *spices* Aunque *Although* está servida *it is served*

España y la mayoría de los países de Latinoamérica tienen una producción muy abundante de frutas y verduras. Es por esto que en los hogares° hispanos se acostumbra° cocinar° con productos frescos° más que con alimentos° que vienen en latas° o frascos°. Las salsas mexicanas, el gazpacho español y el sancocho colombiano, por ejemplo, deben prepararse con ingredientes frescos para que mantengan° su sabor° auténtico. Actualmente, en los Estados Unidos está creciendo el interés en cocinar con productos frescos y orgánicos. Cada vez hay más mercados donde los agricultores° pueden vender sus frutas y verduras directamente° al público. Además, las personas prefieren consumir productos locales de temporada°. En este episodio de *Flash cultura* vas a ver algunas de las frutas y verduras típicas de la comida hispana.

Vocabulario útil

blanda	*soft*
cocinar	*to cook*
dura	*hard*
¿Está lista para ordenar?	*Are you ready to order?*
pruébala	*try it, taste it*
las ventas	*sales*

Preparación

¿Probaste alguna vez comida latina? ¿La compraste en un supermercado o fuiste a un restaurante? ¿Qué plato(s) probaste? ¿Te gustó?

¿Cierto o falso?

Indica si cada oración es **cierta** o **falsa**.

1. En Los Ángeles hay comida de países latinoamericanos y de España.
2. Leticia explica que la tortilla del taco americano es blanda y la del taco mexicano es dura.
3. Las ventas de salsa son bajas en los Estados Unidos.
4. Leticia fue a un restaurante ecuatoriano.
5. Leticia probó Inca Kola en un supermercado.

hogares *homes* se acostumbra *they are used* cocinar *to cook* frescos *fresh* alimentos *foods* latas *cans* frascos *jars* para que mantengan *so that they keep* sabor *flavor* agricultores *farmers* directamente *directly* de temporada *seasonal* mostrará *will show*

La comida latina

La mejor comida latina no sólo se encuentra en los grandes restaurantes.

Marta nos mostrará° algunos de los platos de la comida mexicana.

... hay más lugares donde podemos comprar productos hispanos.

Video: *Flash cultura*

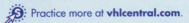 Practice more at **vhlcentral.com**.

recursos
VM pp. 93–94
vhlcentral.com Lección 8

Video: *Panorama cultural*
Interactive map

Guatemala

El país en cifras

▶ **Área:** 108.890 km² (42.042 millas²),
un poco más pequeño que Tennessee

▶ **Población:** 14.647.000

▶ **Capital:** Ciudad de Guatemala—1.075.000

▶ **Ciudades principales:** Quetzaltenango,
Escuintla, Mazatenango, Puerto Barrios

▶ **Moneda:** quetzal

▶ **Idiomas:** español (oficial),
lenguas mayas, xinca, garífuna
*El español es la lengua de un
60 por ciento° de la población;
el otro 40 por ciento tiene como
lengua materna el xinca, el
garífuna o, en su mayoría°, una
de las lenguas mayas (cakchiquel,
quiché y kekchícomo, entre
otras). Una palabra que las
lenguas mayas tienen en común
es ixim, que significa 'maíz', un
cultivo° de mucha importancia
en estas culturas.*

Bandera de Guatemala

Guatemaltecos célebres

▶ **Carlos Mérida,** pintor (1891–1984)

▶ **Miguel Ángel Asturias,** escritor (1899–1974)

▶ **Margarita Carrera,** poeta y ensayista (1929–)

▶ **Rigoberta Menchú Tum,** activista (1959–),
Premio Nobel de la Paz° en 1992

▶ **Jaime Viñals Massanet,** montañista (1966–)

por ciento *percent* en su mayoría *most of them* cultivo *crop*
Paz *Peace* telas *fabrics* tinte *dye* aplastados *crushed*
hace... destiñan *keeps the colors from running*

ESTADOS UNIDOS
OCÉANO
ATLÁNTICO
GUATEMALA
OCÉANO
PACÍFICO
AMÉRICA DEL SUR

Palacio Nacional de la Cultura
en la Ciudad de Guatemala

MÉXICO

Sierra de Lacandón

Lago Petén Itzá

Río Usumacinta

Río de la Pasión

BELICE

Mujeres indígenas limpiando cebollas

Lago de
Izabal

Sierra Madre

Quetzaltenango

Lago
de Atitlán

Sierra de las Minas

Río Motagua

⭐ Guatemala

Antigua Guatemala

Mazatenango

Escuintla

Iglesia de la Merced en
Antigua Guatemala

EL SALVADOR

Océano Pacífico

recursos

| WB | VM | vhlcentral.com |
| pp. 95–96 | pp. 51–52 | Lección 8 |

¡Increíble pero cierto!

¿Qué "ingrediente" secreto se encuentra en las
telas° tradicionales de Guatemala? ¡El mosquito! El
excepcional tinte° de estas telas es producto de una
combinación de flores y de mosquitos aplastados°.
El insecto hace que los colores no se destiñan°.
Quizás es por esto que los artesanos representan
la figura del mosquito en muchas de sus telas.

Ciudades • Antigua Guatemala

Antigua Guatemala fue fundada en 1543. Fue una capital de gran importancia hasta 1773, cuando un terremoto° la destruyó. Sin embargo, conserva el carácter original de su arquitectura y hoy es uno de los centros turísticos del país. Su celebración de la Semana Santa° es, para muchas personas, la más importante del hemisferio.

Naturaleza • El quetzal

El quetzal simbolizó la libertad para los antiguos° mayas porque creían° que este pájaro° no podía° vivir en cautiverio°. Hoy el quetzal es el símbolo nacional. El pájaro da su nombre a la moneda nacional y aparece también en los billetes° del país. Desafortunadamente, está en peligro° de extinción. Para su protección, el gobierno mantiene una reserva ecológica especial.

Historia • Los mayas

Desde 1500 a.C. hasta 900 d.C., los mayas habitaron gran parte de lo que ahora es Guatemala. Su civilización fue muy avanzada. Los mayas fueron arquitectos y constructores de pirámides, templos y observatorios. También descubrieron° y usaron el cero antes que los europeos, e inventaron un calendario complejo° y preciso.

Artesanía • La ropa tradicional

La ropa tradicional de los guatemaltecos se llama *huipil* y muestra el amor° de la cultura maya por la naturaleza. Ellos se inspiran en las flores°, plantas y animales para crear sus diseños° de colores vivos° y formas geométricas. El diseño y los colores de cada *huipil* indican el pueblo de origen y a veces también el sexo y la edad° de la persona que lo lleva.

¿Qué aprendiste? Responde a cada pregunta con una oración completa.

1. ¿Qué significa la palabra *ixim*?
2. ¿Quién es Rigoberta Menchú?
3. ¿Qué pájaro representa a Guatemala?
4. ¿Qué simbolizó el quetzal para los mayas?
5. ¿Cuál es la moneda nacional de Guatemala?
6. ¿De qué fueron arquitectos los mayas?
7. ¿Qué celebración de la Antigua Guatemala es la más importante del hemisferio para muchas personas?
8. ¿Qué descubrieron los mayas antes que los europeos?
9. ¿Qué muestra la ropa tradicional de los guatemaltecos?
10. ¿Qué indica un *huipil* con su diseño y sus colores?

Conexión Internet Investiga estos temas en **vhlcentral.com**.

1. Busca información sobre Rigoberta Menchú. ¿De dónde es? ¿Qué libros publicó? ¿Por qué es famosa?
2. Estudia un sitio arqueológico de Guatemala para aprender más sobre los mayas y prepara un breve informe para tu clase.

 Practice more at **vhlcentral.com**.

terremoto *earthquake* Semana Santa *Holy Week* antiguos *ancient* creían *they believed* pájaro *bird* no podía *couldn't* cautiverio *captivity* los billetes *bills* peligro *danger* descubrieron *they discovered* complejo *complex* amor *love* flores *flowers* diseños *designs* vivos *bright* edad *age*

Mar Caribe

Golfo de Honduras

Puerto Barríos

HONDURAS

Las comidas

el/la camarero/a	waiter/waitress
la comida	food; meal
la cuenta	bill
el/la dueño/a	owner
el menú	menu
la propina	tip
la sección de (no) fumar	(non) smoking section
el almuerzo	lunch
la cena	dinner
el desayuno	breakfast
los entremeses	appetizers
el plato (principal)	(main) dish
delicioso/a	delicious
rico/a	tasty; delicious
sabroso/a	tasty; delicious

Las frutas

la banana	banana
las frutas	fruits
el limón	lemon
la manzana	apple
el melocotón	peach
la naranja	orange
la pera	pear
la uva	grape

Las verduras

las arvejas	peas
la cebolla	onion
el champiñón	mushroom
la ensalada	salad
los espárragos	asparagus
los frijoles	beans
la lechuga	lettuce
el maíz	corn
las papas/patatas (fritas)	(fried) potatoes; French fries
el tomate	tomato
las verduras	vegetables
la zanahoria	carrot

La carne y el pescado

el atún	tuna
el bistec	steak
los camarones	shrimp
la carne	meat
la carne de res	beef
la chuleta (de cerdo)	(pork) chop
la hamburguesa	hamburger
el jamón	ham
la langosta	lobster
los mariscos	shellfish
el pavo	turkey
el pescado	fish
el pollo (asado)	(roast) chicken
la salchicha	sausage
el salmón	salmon

Otras comidas

el aceite	oil
el ajo	garlic
el arroz	rice
el azúcar	sugar
los cereales	cereal; grains
el huevo	egg
la mantequilla	butter
la margarina	margarine
la mayonesa	mayonnaise
el pan (tostado)	(toasted) bread
la pimienta	black pepper
el queso	cheese
la sal	salt
el sándwich	sandwich
la sopa	soup
el vinagre	vinegar
el yogur	yogurt

Las bebidas

el agua (mineral)	(mineral) water
la bebida	drink
el café	coffee
la cerveza	beer
el jugo (de fruta)	(fruit) juice
la leche	milk
el refresco	soft drink
el té (helado)	(iced) tea
el vino (blanco/ tinto)	(white/red) wine

Verbos

escoger	to choose
merendar (e:ie)	to snack
morir (o:ue)	to die
pedir (e:i)	to order (food)
probar (o:ue)	to taste; to try
recomendar (e:ie)	to recommend
saber (a)	to taste (like)
servir (e:i)	to serve

Las comparaciones

como	like; as
más de (+ number)	more than
más… que	more… than
menos de (+ number)	fewer than
menos… que	less… than
tan… como	as… as
tantos/as… como	as many… as
tanto… como	as much… as
el/la mayor	the oldest
el/la mejor	the best
el/la menor	the youngest
el/la peor	the worst
mejor	better
peor	worse

Expresiones útiles	See page 269.

Las fiestas

9

Communicative Goals

You will learn how to:

- Express congratulations
- Express gratitude
- Ask for and pay the bill at a restaurant

A PRIMERA VISTA
- ¿Se conocen ellos?
- ¿Cómo se sienten, alegres o tristes?
- ¿Está el hombre más contento que la mujer?
- ¿De qué color es su ropa?

Las fiestas

Más vocabulario

la alegría	*happiness*
la amistad	*friendship*
el amor	*love*
el beso	*kiss*
la sorpresa	*surprise*
el aniversario (de bodas)	*(wedding) anniversary*
la boda	*wedding*
el cumpleaños	*birthday*
el día de fiesta	*holiday*
el divorcio	*divorce*
el matrimonio	*marriage*
la Navidad	*Christmas*
la quinceañera	*young woman celebrating her fifteenth birthday*
el/la recién casado/a	*newlywed*
cambiar (de)	*to change*
celebrar	*to celebrate*
divertirse (e:ie)	*to have fun*
graduarse (de/en)	*to graduate (from/in)*
invitar	*to invite*
jubilarse	*to retire (from work)*
nacer	*to be born*
odiar	*to hate*
pasarlo bien/mal	*to have a good/bad time*
reírse (e:i)	*to laugh*
relajarse	*to relax*
sonreír (e:i)	*to smile*
sorprender	*to surprise*
juntos/as	*together*
¡Felicidades!/ ¡Felicitaciones!	*Congratulations!*

Variación léxica

pastel ⟷ torta (*Arg., Col., Venez.*)
comprometerse ⟷ prometerse (*Esp.*)

la pareja

el pastel (de chocolate)

la botella de vino

el flan de caramelo

las galletas

los postres

el champán

los dulces

Práctica

1 Escuchar 🎧 Escucha la conversación e indica si las oraciones son **ciertas** o **falsas**.

1. A Silvia no le gusta mucho el chocolate.
2. Silvia sabe que sus amigos le van a hacer una fiesta.
3. Los amigos de Silvia le compraron un pastel de chocolate.
4. Los amigos brindan por Silvia con refrescos.
5. Silvia y sus amigos van a comer helado.
6. Los amigos de Silvia le van a servir flan y galletas.

2 Ordenar 🎧 Escucha la narración y ordena las oraciones de acuerdo con los eventos de la vida de Beatriz.

_____ a. Beatriz se compromete con Roberto.

_____ b. Beatriz se gradúa.

_____ c. Beatriz sale con Emilio.

_____ d. Sus padres le hacen una gran fiesta.

_____ e. La pareja se casa.

_____ f. Beatriz nace en Montevideo.

3 Emparejar Indica la letra de la frase que mejor completa cada oración.

a. **cambió de**	d. **nos divertimos**	g. **se llevan bien**
b. **lo pasaron mal**	e. **se casaron**	h. **sonrió**
c. **nació**	f. **se jubiló**	i. **tenemos una cita**

1. María y sus compañeras de cuarto _____. Son buenas amigas.
2. Pablo y yo _____ en la fiesta. Bailamos y comimos mucho.
3. Manuel y Felipe _____ en el cine. La película fue muy mala.
4. ¡Tengo una nueva sobrina! Ella _____ ayer por la mañana.
5. Mi madre _____ profesión. Ahora es artista.
6. Mi padre _____ el año pasado. Ahora no trabaja.
7. Jorge y yo _____ esta noche. Vamos a ir a un restaurante muy elegante.
8. Jaime y Laura _____ el septiembre pasado. La boda fue maravillosa.

4 Definiciones En parejas, definan las palabras y escriban una oración para cada ejemplo.

modelo

romper (con) una pareja termina la relación
Marta rompió con su novio.

1. regalar
2. helado
3. pareja
4. invitado
5. casarse
6. pasarlo bien
7. sorpresa
8. amistad

Las etapas de la vida de Sergio

el nacimiento   la niñez   la adolescencia

la juventud   la madurez   la vejez

Más vocabulario

la edad	age
el estado civil	marital status
las etapas de la vida	the stages of life
la muerte	death
casado/a	married
divorciado/a	divorced
separado/a	separated
soltero/a	single
viudo/a	widower/widow

5   **Las etapas de la vida** Identifica las etapas de la vida que se describen en estas oraciones.

1. Mi abuela se jubiló y se mudó (*moved*) a Viña del Mar.
2. Mi padre trabaja para una compañía grande en Santiago.
3. ¿Viste a mi nuevo sobrino en el hospital? Es precioso y ¡tan pequeño!
4. Mi abuelo murió este año.
5. Mi hermana celebró su fiesta de quince años.
6. Mi hermana pequeña juega con muñecas (*dolls*).

6   **Cambiar** En parejas, imaginen que son dos hermanos/as de diferentes edades. Cada vez que el/la hermano/a menor dice algo, se equivoca. El/La hermano/a mayor lo/la corrige (*corrects him/her*), cambiando las expresiones subrayadas (*underlined*). Túrnense para ser mayor y menor, decir algo equivocado y corregir.

> **modelo**
>
> **Estudiante 1:** La <u>niñez</u> es cuando trabajamos mucho.
> **Estudiante 2:** No, te equivocas (*you're wrong*). La madurez es cuando trabajamos mucho.

1. <u>El nacimiento</u> es el fin de la vida.
2. <u>La juventud</u> es la etapa cuando nos jubilamos.
3. A los sesenta y cinco años, muchas personas <u>comienzan a trabajar.</u>
4. Julián y nuestra prima <u>se divorcian</u> mañana.
5. Mamá <u>odia</u> a su hermana.
6. El abuelo murió, por eso la abuela es <u>separada</u>.
7. Cuando te gradúas de la universidad, estás en la etapa de <u>la adolescencia</u>.
8. Mi tío nunca se casó; es <u>viudo</u>.

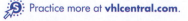 Practice more at **vhlcentral.com**.

NOTA CULTURAL

Viña del Mar es una ciudad en la costa de Chile, situada al oeste de Santiago. Tiene playas hermosas, excelentes hoteles, casinos y buenos restaurantes. El poeta Pablo Neruda pasó muchos años allí.

¡LENGUA VIVA!

The term **quinceañera** refers to a girl who is celebrating her 15th birthday. The party is called **la fiesta de quince años**.

AYUDA

Other ways to contradict someone:
No es verdad.
It's not true.
Creo que no.
I don't think so.
¡Claro que no!
Of course not!
¡Qué va!
No way!

Comunicación

7

Una fiesta Trabaja con un(a) compañero/a para planear una fiesta. Recuerda incluir la siguiente información.

1. ¿Qué tipo de fiesta es? ¿Dónde va a ser? ¿Cuándo va a ser?
2. ¿A quiénes van a invitar?
3. ¿Qué van a comer? ¿Quiénes van a llevar o a preparar la comida?
4. ¿Qué van a beber? ¿Quiénes van a traer las bebidas?
5. ¿Cómo planean entretener a los invitados? ¿Van a bailar o a jugar algún juego?
6. Después de la fiesta, ¿quiénes van a limpiar (*to clean*)?

8

Encuesta Tu profesor(a) va a darte una hoja de actividades. Haz las preguntas de la hoja a dos o tres compañeros/as de clase para saber qué actitudes tienen en sus relaciones personales. Luego comparte los resultados de la encuesta con la clase y comenta tus conclusiones.

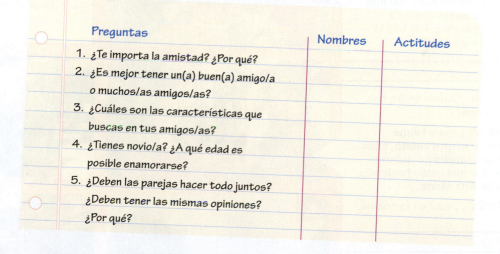

Preguntas	Nombres	Actitudes
1. ¿Te importa la amistad? ¿Por qué?		
2. ¿Es mejor tener un(a) buen(a) amigo/a o muchos/as amigos/as?		
3. ¿Cuáles son las características que buscas en tus amigos/as?		
4. ¿Tienes novio/a? ¿A qué edad es posible enamorarse?		
5. ¿Deben las parejas hacer todo juntos? ¿Deben tener las mismas opiniones? ¿Por qué?		

9

Minidrama En parejas, consulten la ilustración de la página 302 y luego, usando las palabras de la lista, preparen un minidrama para representar las etapas de la vida de Sergio. Pueden inventar más información sobre su vida.

amor	celebrar	enamorarse	romper
boda	comprometerse	graduarse	salir
cambiar	cumpleaños	jubilarse	separarse
casarse	divorciarse	nacer	tener una cita

El Día de Muertos

La familia Díaz conmemora el Día de Muertos.

PERSONAJES

 MARISSA

 JIMENA

 FELIPE

 JUAN CARLOS

 Video: *Fotonovela*

MAITE FUENTES El Día de Muertos se celebra en México el primero y el segundo de noviembre. Como pueden ver, hay calaveras de azúcar, flores, música y comida por todas partes. Ésta es una fiesta única que todos deben ver por lo menos una vez en la vida.

MARISSA *Holy moley!* ¡Está delicioso!

TÍA ANA MARÍA Mi mamá me enseñó a prepararlo. El mole siempre fue el plato favorito de mi papá. Mi hijo Eduardo nació el día de su cumpleaños. Por eso le pusimos su nombre.

MARISSA ¿Cómo se conocieron?

TÍA ANA MARÍA En la fiesta de un amigo. Fue amor a primera vista.

MARISSA (*Señala la foto.*) La voy a llevar al altar.

TÍO RAMÓN ¿Dónde están mis hermanos?

JIMENA Mi papá y Felipe están en el otro cuarto. Esos dos antipáticos no quieren decirnos qué están haciendo. Y la tía Ana María...

TÍO RAMÓN ... está en la cocina.

TÍA ANA MARÍA Marissa, ¿le puedes llevar esa foto que está ahí a Carolina? La necesita para el altar.

MARISSA Sí. ¿Son sus padres?

TÍA ANA MARÍA Sí, el día de su boda.

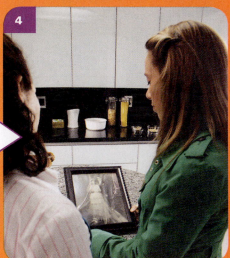

TÍA ANA MARÍA Ramón, ¿cómo estás?

TÍO RAMÓN Bien, gracias. ¿Y Mateo? ¿No vino contigo?

TÍA ANA MARÍA No. Ya sabes que me casé con un doctor y, pues, trabaja muchísimo.

SRA. DÍAZ **SR. DÍAZ** **TÍA ANA MARÍA** **TÍO RAMÓN** **TÍA NAYELI** **DON DIEGO** **MARTA** VALENTINA **MAITE FUENTES**

7

SR. DÍAZ Familia Díaz, deben prepararse...

FELIPE ... ¡para la sorpresa de sus vidas!

8

JUAN CARLOS Gracias por invitarme.

SR. DÍAZ Juan Carlos, como eres nuestro amigo, ya eres parte de la familia.

9

(*En el cementerio*)

JIMENA Yo hice las galletas y el pastel. ¿Dónde los puse?

MARTA Postres... ¿Cuál prefiero? ¿Galletas? ¿Pastel? ¡Dulces!

VALENTINA Me gustan las galletas.

10

SR. DÍAZ Brindamos por ustedes, mamá y papá.

TÍO RAMÓN Todas las otras noches estamos separados. Pero esta noche estamos juntos.

TÍA ANA MARÍA Con gratitud y amor.

Expresiones útiles

Discussing family history

El mole siempre fue el plato favorito de mi papá.
Mole was always my dad's favorite dish.

Mi hijo Eduardo nació el día de su cumpleaños.
My son Eduardo was born on his birthday.

Por eso le pusimos su nombre.
That's why we named him after him (after my father).

¿Cómo se conocieron sus padres?
How did your parents meet?

En la fiesta de un amigo. Fue amor a primera vista.
At a friend's party. It was love at first sight.

Talking about a party/celebration

Ésta es una fiesta única que todos deben ver por lo menos una vez.
This is a unique celebration that everyone should see at least once.

Gracias por invitarme.
Thanks for inviting me.

Brindamos por ustedes.
A toast to you.

Additional vocabulary

alma *soul*
altar *altar*
ángel *angel*
calavera de azúcar
skull made out of sugar
cementerio *cemetery*
cocina *kitchen*
disfraz *costume*

recursos

 VM pp. 17–18

 vhlcentral.com Lección 9

¿Qué pasó?

1

Completar Completa las oraciones con la información correcta, según la **Fotonovela**.

1. El Día de Muertos es una _____ única que todos deben ver.
2. La tía Ana María preparó _____ para celebrar.
3. Marissa lleva la _____ al altar.
4. Jimena hizo las _____ y el _____.
5. Marta no sabe qué _____ prefiere.

2

Identificar Identifica quién puede decir estas oraciones. Vas a usar un nombre dos veces.

1. Mis padres se conocieron en la fiesta de un amigo.

2. El Día de Muertos se celebra con flores, calaveras de azúcar, música y comida.

3. Gracias por invitarme a celebrar este Día de Muertos.

4. Los de la foto son mis padres el día de su boda.

5. A mí me gustan mucho las galletas.

6. ¡Qué bueno que estás aquí, Juan Carlos! Eres uno más de la familia.

SR. DÍAZ

MAITE FUENTES

JUAN CARLOS

VALENTINA

TÍA ANA MARÍA

3

Seleccionar Selecciona algunas de las opciones de la lista para completar las oraciones.

amor	días de fiesta	pasarlo bien	salieron
el champán	divorciarse	postres	se enamoraron
cumpleaños	flan	la quinceañera	una sorpresa

1. El Sr. Díaz y Felipe prepararon _____ para la familia.
2. Los _____, como el Día de Muertos, se celebran con la familia.
3. Eduardo, el hijo de Ana María, nació el día del _____ de su abuelo.
4. La tía Ana María siente gratitud y _____ hacia (*toward*) sus padres.
5. Los días de fiesta también son para _____ con los amigos.
6. El Día de Muertos se hacen muchos _____.
7. Los padres de la tía Ana María _____ a primera vista.

4

Una cena Trabajen en grupos para representar una conversación en una cena de Año Nuevo.

• Una persona brinda por el año que está por comenzar y por estar con su familia y amigos.

• Cada persona del grupo habla de cuál es su comida favorita en año nuevo.

• Después de la cena, una persona del grupo dice que es hora de (*it's time to*) comer las uvas.

• Cada persona del grupo dice qué desea para el año que empieza.

• Después, cada persona del grupo debe desear Feliz Año Nuevo a las demás.

NOTA CULTURAL

Comer doce uvas a las doce de la noche del 31 de diciembre de cada año es una costumbre que nació en España y que también se observa en varios países de Latinoamérica. Se debe comer una uva por cada una de las 12 campanadas (*strokes*) del reloj y se cree que (*it's believed that*) quien lo hace va a tener un año próspero.

Pronunciación  Audio

The letters **h**, **j**, and **g**

helado	**h**ombre	**h**ola	**h**ermosa

The Spanish **h** is always silent.

José	**j**ubilarse	de**j**ar	pare**j**a

The letter **j** is pronounced much like the English *h* in *his*.

a**g**encia	**g**eneral	**G**il	**G**isela

The letter **g** can be pronounced three different ways. Before **e** or **i**, the letter **g** is pronounced much like the English *h*.

Gustavo, **g**racias por llamar el domi**ng**o.

At the beginning of a phrase or after the letter **n**, the Spanish **g** is pronounced like the English *g* in *girl*.

Me **g**radué en a**g**osto.

In any other position, the Spanish **g** has a somewhat softer sound.

Guerra	conse**gu**ir	**gu**antes	a**gua**

In the combinations **gue** and **gui**, the **g** has a hard sound and the **u** is silent. In the combination **gua**, the **g** has a hard sound and the **u** is pronounced like the English *w*.

Práctica Lee las palabras en voz alta, prestando atención a la **h**, la **j** y la **g**.

1. hamburguesa	5. geografía	9. seguir	13. Jorge
2. jugar	6. magnífico	10. gracias	14. tengo
3. oreja	7. espejo	11. hijo	15. ahora
4. guapa	8. hago	12. galleta	16. guantes

Oraciones Lee las oraciones en voz alta, prestando atención a la **h**, la **j** y la **g**.

1. Hola. Me llamo Gustavo Hinojosa Lugones y vivo en Santiago de Chile.
2. Tengo una familia grande; somos tres hermanos y tres hermanas.
3. Voy a graduarme en mayo.
4. Para celebrar mi graduación, mis padres van a regalarme un viaje a Egipto.
5. ¡Qué generosos son!

Refranes Lee los refranes en voz alta, prestando atención a la **h**, la **j** y la **g**.

A la larga, lo más dulce amarga.[1]

El hábito no hace al monje.[2]

1 Too much of a good thing. 2 The clothes don't make the man.

Semana Santa:
vacaciones y tradición

¿Te imaginas pasar veinticuatro horas tocando un tambor° entre miles de personas? Así es como mucha gente celebra el Viernes Santo° en el pequeño pueblo de **Calanda**, España.

De todas las celebraciones hispanas, la Semana Santa° es una de las más espectaculares y únicas.

Procesión en Sevilla, España

Semana Santa es la semana antes de Pascua°, una celebración religiosa que conmemora la Pasión de Jesucristo. Generalmente, la gente tiene unos días de vacaciones en esta semana. Algunas personas aprovechan° estos días para viajar, pero otras prefieren participar en las tradicionales celebraciones religiosas en las calles. En **Antigua**, Guatemala, hacen alfombras° de flores° y altares; también organizan Vía Crucis° y danzas. En las famosas procesiones y desfiles° religiosos de **Sevilla**, España, los fieles°

sacan a las calles imágenes religiosas. Las imágenes van encima de plataformas ricamente decoradas con abundantes flores y velas°. En la procesión, los penitentes llevan túnicas y unos sombreros cónicos que les cubren° la cara°. En sus manos llevan faroles° o velas encendidas.

Si visitas algún país hispano durante la Semana Santa, debes asistir a un desfile. Las playas y las discotecas pueden esperar hasta la semana siguiente.

**Alfombra de flores
en Antigua, Guatemala**

Otras celebraciones famosas

Ayacucho, Perú: Además de alfombras de flores y procesiones, aquí hay una antigua tradición llamada "quema de la chamiza"°.

Iztapalapa, Ciudad de México: Es famoso el Vía Crucis del cerro° de la Estrella. Es una representación del recorrido° de Jesucristo con la cruz°.

Popayán, Colombia: En las procesiones "chiquitas" los niños llevan imágenes que son copias pequeñas de las que llevan los mayores.

tocando un tambor *playing a drum* Viernes Santo *Good Friday* Semana Santa *Holy Week* Pascua *Easter Sunday* aprovechan *take advantage of* alfombras *carpets* flores *flowers* Vía Crucis *Stations of the Cross* desfiles *parades* fieles *faithful* velas *candles* cubren *cover* cara *face* faroles *lamps* quema de la chamiza *burning of brushwood* cerro *hill* recorrido *route* cruz *cross*

ACTIVIDADES

1 **¿Cierto o falso?** Indica si lo que dicen las oraciones sobre Semana Santa en países hispanos es **cierto** o **falso**. Corrige las falsas.

1. La Semana Santa se celebra después de Pascua.

2. Las personas tienen días libres durante la Semana Santa.

3. Todas las personas asisten a las celebraciones religiosas.

4. En los países hispanos, las celebraciones se hacen en las calles.

5. En Antigua y en Ayacucho es típico hacer alfombras de flores.

6. En Sevilla, sacan imágenes religiosas a las calles.

7. En Sevilla, las túnicas cubren la cara.

8. En la procesión en Sevilla algunas personas llevan flores en sus manos.

9. El Vía Crucis de Iztapalapa es en el interior de una iglesia.

10. Las procesiones "chiquitas" son famosas en Sevilla, España.

tructura

ASÍ SE DICE

Fiestas y celebraciones

la despedida de soltero/a	*bachelor(ette) party*
el día feriado/festivo	el día de fiesta
disfrutar	*to enjoy*
festejar	celebrar
los fuegos artificiales	*fireworks*
pasarlo en grande	divertirse mucho
la vela	*candle*

EL MUNDO HISPANO

Celebraciones latinoamericanas

- **Oruro, Bolivia** Durante el carnaval de Oruro se realiza la famosa Diablada, una antigua danza° que muestra la lucha° entre el Bien y el Mal: ángeles contra° demonios.

- **Panchimalco, El Salvador** La primera semana de mayo, Panchimalco se cubre de flores y de color. También hacen el Desfile de las palmas° y bailan danzas antiguas.

- **Quito, Ecuador** El mes de agosto es el Mes de las Artes. Danza, teatro, música, cine, artesanías° y otros eventos culturales inundan la ciudad.

- **San Pedro Sula, Honduras** En junio se celebra la Feria Juniana. Hay comida típica, bailes, desfiles, conciertos, rodeos, exposiciones ganaderas° y eventos deportivos y culturales.

danza *dance* lucha *fight* contra *versus* palmas *palm leaves* artesanías *handcrafts* exposiciones ganaderas *cattle shows*

PERFIL

Festival de Viña del Mar

En 1959 unos estudiantes de **Viña del Mar**, Chile, celebraron una fiesta en una casa de campo conocida como la Quinta Vergara donde hubo° un espectáculo° musical. En 1960 repitieron el evento. Asistió tanta gente que muchos vieron el espectáculo parados° o sentados en el suelo°. Algunos se subieron a los árboles°.

Años después, se convirtió en el **Festival Internacional de la Canción**. Este evento se celebra en febrero, en el mismo lugar donde empezó. ¡Pero ahora nadie necesita subirse a un árbol para verlo! Hay un anfiteatro con capacidad para quince mil personas.

En el festival hay concursos° musicales y conciertos de artistas famosos como Calle 13 y Nelly Furtado.

Nelly Furtado

hubo *there was* espectáculo *show* parados *standing* suelo *floor* se subieron a los árboles *climbed trees* concursos *competitions*

Conexión Internet

¿Qué celebraciones hispanas hay en los Estados Unidos y Canadá?

Go to **vhlcentral.com** to find more cultural information related to this **Cultura** section.

ACTIVIDADES

2 **Comprensión** Responde a las preguntas.

1. ¿Cuántas personas por día pueden asistir al Festival de Viña del Mar?

2. ¿Qué es la Diablada?

3. ¿Qué celebran en Quito en agosto?

4. Nombra dos atracciones en la Feria Juniana de San Pedro Sula.

5. ¿Qué es la Quinta Vergara?

3 **¿Cuál es tu celebración favorita?** Escribe un pequeño párrafo sobre la celebración que más te gusta de tu comunidad. Explica cómo se llama, cuándo ocurre y cómo es.

 Practice more at **vhlcentral.com**.

9.1 Irregular preterites  Tutorial

ANTE TODO You already know that the verbs **ir** and **ser** are irregular in the preterite. You will now learn other verbs whose preterite forms are also irregular.

Preterite of tener, venir, and decir

		tener (**u**-stem)	venir (**i**-stem)	decir (**j**-stem)
SINGULAR FORMS	yo	tuv**e**	vin**e**	dij**e**
	tú	tuv**iste**	vin**iste**	dij**iste**
	Ud./él/ella	tuv**o**	vin**o**	dij**o**
PLURAL FORMS	nosotros/as	tuv**imos**	vin**imos**	dij**imos**
	vosotros/as	tuv**isteis**	vin**isteis**	dij**isteis**
	Uds./ellos/ellas	tuv**ieron**	vin**ieron**	dij**eron**

▶ **¡Atención!** The endings of these verbs are the regular preterite endings of **-er/-ir** verbs, except for the **yo** and **usted/él/ella** forms. Note that these two endings are unaccented.

▶ These verbs observe similar stem changes to **tener, venir,** and **decir**.

INFINITIVE	U-STEM	PRETERITE FORMS
poder	pud-	pude, pudiste, pudo, pudimos, pudisteis, pudieron
poner	pus-	puse, pusiste, puso, pusimos, pusisteis, pusieron
saber	sup-	supe, supiste, supo, supimos, supisteis, supieron
estar	estuv-	estuve, estuviste, estuvo, estuvimos, estuvisteis, estuvieron

INFINITIVE	I-STEM	PRETERITE FORMS
querer	quis-	quise, quisiste, quiso, quisimos, quisisteis, quisieron
hacer	hic-	hice, hiciste, hizo, hicimos, hicisteis, hicieron

¡ATENCIÓN!
Note the **c → z** spelling change in the third-person singular form of **hacer: hizo**.

INFINITIVE	J-STEM	PRETERITE FORMS
traer	traj-	traje, trajiste, trajo, trajimos, trajisteis, trajeron
conducir	conduj-	conduje, condujiste, condujo, condujimos, condujisteis, condujeron
traducir	traduj-	traduje, tradujiste, tradujo, tradujimos, tradujisteis, tradujeron

▶ **¡Atención!** Most verbs that end in **-cir** are **j**-stem verbs in the preterite. For example, **producir → produje, produjiste,** etc.

> **Produjimos** un documental sobre los accidentes en la casa.
> *We produced a documentary about accidents in the home.*

▶ Notice that the preterites with **j**-stems omit the letter **i** in the **ustedes/ellos/ellas** form.

> Mis amigos **trajeron** comida a la fiesta.
> *My friends brought food to the party.*

> Ellos **dijeron** la verdad.
> *They told the truth.*

The preterite of **dar**

yo	d**i**	nosotros/as	d**imos**
tú	d**iste**	vosotros/as	d**isteis**
Ud./él/ella	d**io**	Uds./ellos/ellas	d**ieron**

SINGULAR FORMS

PLURAL FORMS

▶ The endings for **dar** are the same as the regular preterite endings for **-er** and **-ir** verbs, except that there are no accent marks.

La camarera me **dio** el menú.
The waitress gave me the menu.

Los invitados le **dieron** un regalo.
The guests gave him/her a gift.

Le **di** a Juan algunos consejos.
I gave Juan some advice.

Nosotros **dimos** una gran fiesta.
We gave a great party.

▶ The preterite of **hay** (*inf.* **haber**) is **hubo** (*there was; there were*).

CONSULTA

Note that there are other ways to say *there was* or *there were* in Spanish. See **Estructura 10.1**, p. 342.

Marissa le dio la foto a la Sra. Díaz.

Hubo una celebración en casa de los Díaz.

¡INTÉNTALO! Escribe la forma correcta del pretérito de cada verbo que está entre paréntesis.

1. (querer) tú __quisiste__
2. (decir) usted _____
3. (hacer) nosotras _____
4. (traer) yo _____
5. (conducir) ellas _____
6. (estar) ella _____
7. (tener) tú _____
8. (dar) ella y yo _____
9. (traducir) yo _____
10. (haber) ayer _____
11. (saber) usted _____
12. (poner) ellos _____

13. (venir) yo _____
14. (poder) tú _____
15. (querer) ustedes _____
16. (estar) nosotros _____
17. (decir) tú _____
18. (saber) ellos _____
19. (hacer) él _____
20. (poner) yo _____
21. (traer) nosotras _____
22. (tener) yo _____
23. (dar) tú _____
24. (poder) ustedes _____

recursos

WB
pp. 99–100

LM
p. 51

S
vhlcentral.com
Lección 9

Práctica

1

Completar Completa estas oraciones con el pretérito de los verbos entre paréntesis.

1. El sábado _____ (haber) una fiesta sorpresa para Elsa en mi casa.
2. Sofía _____ (hacer) un pastel para la fiesta y Miguel _____ (traer) un flan.
3. Los amigos y parientes de Elsa _____ (venir) y _____ (traer) regalos.
4. El hermano de Elsa no _____ (venir) porque _____ (tener) que trabajar.
5. Su tía María Dolores tampoco _____ (poder) venir.
6. Cuando Elsa abrió la puerta, todos gritaron: "¡Feliz cumpleaños!" y su esposo le _____ (dar) un beso.
7. Elsa no _____ (saber) cómo reaccionar (*react*). _____ (Estar) un poco nerviosa al principio, pero pronto sus amigos _____ (poner) música y ella _____ (poder) relajarse bailando con su esposo.
8. Al final de la noche, todos _____ (decir) que se divirtieron mucho.

NOTA CULTURAL

El **flan** es un postre muy popular en los países de habla hispana. Se prepara con huevos, leche y azúcar y se sirve con salsa de caramelo. Existen variedades deliciosas como el flan de chocolate o el flan de coco.

2

Describir En parejas, usen verbos de la lista para describir lo que estas personas hicieron. Deben dar por lo menos dos oraciones por cada dibujo.

dar	hacer	tener	traer
estar	poner	traducir	venir

3. anoche nosotros

1. el señor López

4. Roberto y Elena

2. Norma

Comunicación

3

Preguntas En parejas, túrnense para hacerse y responder a estas preguntas.

1. ¿Fuiste a una fiesta de cumpleaños el año pasado? ¿De quién?
2. ¿Quiénes fueron a la fiesta?
3. ¿Quién condujo el auto?
4. ¿Cómo estuvo el ambiente de la fiesta?
5. ¿Quién llevó regalos, bebidas o comida? ¿Llevaste algo especial?
6. ¿Hubo comida? ¿Quién la hizo? ¿Hubo champán?
7. ¿Qué regalo hiciste tú? ¿Qué otros regalos trajeron los invitados?
8. ¿Cuántos invitados hubo en la fiesta?
9. ¿Qué tipo de música hubo?
10. ¿Qué te dijeron algunos invitados de la fiesta?

4

Encuesta Tu profesor(a) va a darte una hoja de actividades. Para cada una de las actividades de la lista, encuentra a alguien que hizo esa actividad.

> **modelo**
>
> traer dulces a clase
>
> **Estudiante 1:** ¿Trajiste dulces a clase?
> **Estudiante 2:** Sí, traje galletas y helado a la fiesta del fin del semestre.

Actividades   Nombres

1. ponerse un disfraz (*costume*) de Halloween
2. traer dulces a clase
3. conducir su auto a clase
4. estar en la biblioteca ayer
5. dar un regalo a alguien ayer
6. poder levantarse temprano esta mañana
7. hacer un viaje a un país hispano en el verano
8. tener una cita anoche
9. ir a una fiesta el fin de semana pasado
10. tener que trabajar el sábado pasado

Síntesis

5

Conversación En parejas, preparen una conversación en la que uno/a de ustedes va a visitar a su hermano/a para explicarle por qué no fue a su fiesta de graduación y para saber cómo estuvo la fiesta. Incluyan esta información en la conversación:

- cuál fue el menú
- quiénes vinieron a la fiesta y quiénes no pudieron venir
- quiénes prepararon la comida o trajeron algo
- si él/ella tuvo que preparar algo
- lo que la gente hizo antes y después de comer
- cómo lo pasaron, bien o mal

9.2   # Verbs that change meaning in the preterite

ANTE TODO   The verbs **conocer**, **saber**, **poder**, and **querer** change meanings when used in the preterite. Because of this, each of them corresponds to more than one verb in English, depending on its tense.

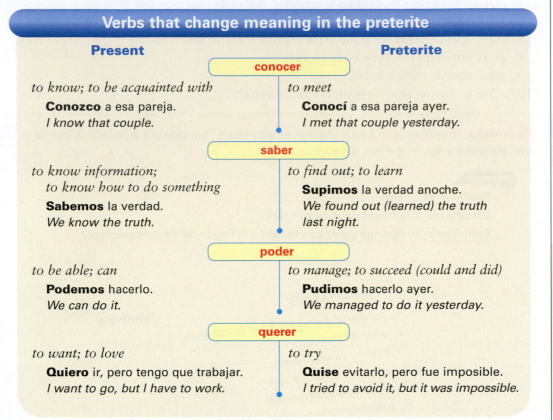

Verbs that change meaning in the preterite

Present	Preterite
conocer	
to know; to be acquainted with	to meet
Conozco a esa pareja.	**Conocí** a esa pareja ayer.
I know that couple.	I met that couple yesterday.
saber	
to know information; to know how to do something	to find out; to learn
Sabemos la verdad.	**Supimos** la verdad anoche.
We know the truth.	We found out (learned) the truth last night.
poder	
to be able; can	to manage; to succeed (could and did)
Podemos hacerlo.	**Pudimos** hacerlo ayer.
We can do it.	We managed to do it yesterday.
querer	
to want; to love	to try
Quiero ir, pero tengo que trabajar.	**Quise** evitarlo, pero fue imposible.
I want to go, but I have to work.	I tried to avoid it, but it was impossible.

¡ATENCIÓN!

In the preterite, the verbs **poder** and **querer** have different meanings, depending on whether they are used in affirmative or negative sentences.
pude I succeeded
no pude I failed (to)
quise I tried (to)
no quise I refused (to)

 **¡INTÉNTALO!**   Elige la respuesta más lógica.

1. Yo no hice lo que me pidieron mis padres. ¡Tengo mis principios!
   a. No quise hacerlo.   b. No supe hacerlo.

2. Hablamos por primera vez con Nuria y Ana en la boda.
   a. Las conocimos en la boda.   b. Les dijimos en la boda.

3. Por fin hablé con mi hermano después de llamarlo siete veces.
   a. No quise hablar con él.   b. Pude hablar con él.

4. Josefina se acostó para relajarse. Se durmió inmediatamente.
   a. Pudo relajarse.   b. No pudo relajarse.

5. Después de mucho buscar, encontraste la definición en el diccionario.
   a. No supiste la respuesta.   b. Supiste la respuesta.

6. Las chicas fueron a la fiesta. Cantaron y bailaron mucho.
   a. Ellas pudieron divertirse.   b. Ellas no supieron divertirse.

recursos

WB p. 101

LM p. 52

vhlcentral.com
Lección 9

Práctica y Comunicación

1

Carlos y Eva Forma oraciones con los siguientes elementos. Usa el pretérito y haz todos los cambios necesarios. Al final, inventa la razón del divorcio de Carlos y Eva.

1. anoche / mi esposa y yo / saber / que / Carlos y Eva / divorciarse

▶ 2. los / conocer / viaje / isla de Pascua

3. no / poder / hablar / mucho / con / ellos / ese día

4. pero / ellos / ser / simpático / y / nosotros / hacer planes / vernos / con más / frecuencia

5. yo / poder / encontrar / su / número / teléfono / páginas / amarillo

6. (yo) querer / llamar / los / ese día / pero / no / tener / tiempo

7. cuando / los / llamar / nosotros / poder / hablar / Eva

8. nosotros / saber / razón / divorcio / después / hablar / ella

9. _____

2

Completar Completa estas frases de una manera lógica.

1. Ayer mi compañero/a de cuarto supo…
2. Esta mañana no pude…
3. Conocí a mi mejor amigo/a en…
4. Mis padres no quisieron…
5. Mi mejor amigo/a no pudo…
6. Mi novio/a y yo nos conocimos en…
7. La semana pasada supe…
8. Ayer mis amigos quisieron…

3

Telenovela En parejas, escriban el diálogo para una escena de una telenovela (*soap opera*). La escena trata de una situación amorosa entre tres personas: Mirta, Daniel y Raúl. Usen el pretérito de **conocer, poder, querer** y **saber** en su diálogo.

PASIÓN — SUSPENSO   AVENTURA — VENGANZA

LA MUJER DOBLE

Síntesis

4

Conversación En una hoja de papel, escribe dos listas: las cosas que hiciste durante el fin de semana y las cosas que quisiste hacer, pero no pudiste. Luego, compara tu lista con la de un(a) compañero/a, y expliquen ambos por qué no pudieron hacer esas cosas.

 Practice more at **vhlcentral.com**.

9.3

¿Qué? and ¿cuál?  Tutorial

ANTE TODO You've already learned how to use interrogative words and phrases. As you know, **¿qué?** and **¿cuál?** or **¿cuáles?** mean *what?* or *which?* However, they are not interchangeable.

▶ **¿Qué?** is used to ask for a definition or an explanation.

> **¿Qué** es el flan?
> *What is flan?*

> **¿Qué** estudias?
> *What do you study?*

▶ **¿Cuál(es)?** is used when there is more than one possibility to choose from.

> **¿Cuál** de los dos prefieres,
> el vino o el champán?
> *Which of these (two) do you prefer,*
> *wine or champagne?*

> **¿Cuáles** son tus medias,
> las negras o las blancas?
> *Which ones are your socks,*
> *the black ones or the white ones?*

▶ **¿Cuál?** should not be used before a noun; in this case, **¿qué?** is used.

> **¿Qué** sorpresa te dieron tus amigos?
> *What surprise did your friends give you?*

> **¿Qué** colores te gustan?
> *What colors do you like?*

▶ **¿Qué?** used before a noun has the same meaning as **¿cuál?**

> **¿Qué regalo** te gusta?
> *What (Which) gift do you like?*

> **¿Qué dulces** quieren ustedes?
> *What (Which) sweets do you want?*

Review of interrogative words and phrases

¿a qué hora?	at what time?	**¿cuántos/as?**	how many?
¿adónde?	(to) where?	**¿de dónde?**	from where?
¿cómo?	how?	**¿dónde?**	where?
¿cuál(es)?	what?; which?	**¿por qué?**	why?
¿cuándo?	when?	**¿qué?**	what?; which?
¿cuánto/a?	how much?	**¿quién(es)?**	who?

¡INTÉNTALO! Completa las preguntas con **¿qué?** o **¿cuál(es)?**, según el contexto.

1. ¿ _Cuál_ de los dos te gusta más?
2. ¿ _____ es tu teléfono?
3. ¿ _____ tipo de pastel pediste?
4. ¿ _____ es una galleta?
5. ¿ _____ haces ahora?
6. ¿ _____ son tus platos favoritos?
7. ¿ _____ bebidas te gustan más?
8. ¿ _____ es esto?
9. ¿ _____ es el mejor?
10. ¿ _____ es tu opinión?

11. ¿ _____ fiestas celebras tú?
12. ¿ _____ botella de vino prefieres?
13. ¿ _____ es tu helado favorito?
14. ¿ _____ pones en la mesa?
15. ¿ _____ restaurante prefieres?
16. ¿ _____ estudiantes estudian más?
17. ¿ _____ quieres comer esta noche?
18. ¿ _____ es la sorpresa mañana?
19. ¿ _____ postre prefieres?
20. ¿ _____ opinas?

recursos

WB
p. 102

LM
p. 53

vhlcentral.com
Lección 9

Práctica y Comunicación

1

Completar Tu clase de español va a crear un sitio web. Completa estas preguntas con alguna(s) palabra(s) interrogativa(s). Luego, con un(a) compañero/a, hagan y contesten las preguntas para obtener la información para el sitio web.

1. ¿_____ es la fecha de tu cumpleaños?
2. ¿_____ naciste?
3. ¿_____ es tu estado civil?
4. ¿_____ te relajas?
5. ¿_____ es tu mejor amigo/a?
6. ¿_____ cosas te hacen reír?
7. ¿_____ postres te gustan? ¿_____ te gusta más?
8. ¿_____ problemas tuviste en la primera cita con alguien?

2

Una invitación En parejas, lean esta invitación. Luego, túrnense para hacer y contestar preguntas con **qué** y **cuál** basadas en la información de la invitación.

> **modelo**
>
> **Estudiante 1:** ¿Cuál es el nombre del padre de la novia?
>
> **Estudiante 2:** Su nombre es Fernando Sandoval Valera.

> Fernando Sandoval Valera   Lorenzo Vásquez Amaral
> Isabel Arzipe de Sandoval   Elena Soto de Vásquez
>
> tienen el agrado de invitarlos
> a la boda de sus hijos
>
> María Luisa y José Antonio
>
> La ceremonia religiosa tendrá lugar
> el sábado 10 de junio a las dos de la tarde
> en el Templo de Santo Domingo
> (Calle Santo Domingo, 961).
>
> Después de la ceremonia, sírvanse pasar a la recepción en el salón
> de baile del Hotel Metrópoli (Sotero del Río, 465).

3

Quinceañera Trabaja con un(a) compañero/a. Uno/a de ustedes es el/la director(a) del salón de fiestas "Renacimiento". La otra persona es el padre/la madre de Sandra, quien quiere hacer la fiesta de quince años de su hija gastando menos de $25 por invitado. Su profesor(a) va a darles la información necesaria para confirmar la reservación.

> **modelo**
>
> **Estudiante 1:** ¿Cuánto cuestan los entremeses?
>
> **Estudiante 2:** Depende. Puede escoger champiñones por 50 centavos o camarones por dos dólares.
>
> **Estudiante 1:** ¡Uf! A mi hija le gustan los camarones, pero son muy caros.
>
> **Estudiante 2:** Bueno, también puede escoger quesos por un dólar por invitado.

 Practice more at **vhlcentral.com**.

9.4 Pronouns after prepositions  Tutorial

ANTE TODO In Spanish, as in English, the object of a preposition is the noun or pronoun that follows a preposition. Observe the following diagram.

PREPOSITION	NOUN	PREPOSITION	PRONOUN
La sopa es para	Alicia	y para	él.

Prepositional pronouns

	Singular		Plural	
	mí	me	nosotros/as	us
	ti	you (fam.)	vosotros/as	you (fam.)
preposition +	Ud.	you (form.)	Uds.	you
	él	him	ellos	them (m.)
	ella	her	ellas	them (f.)

▶ Note that, except for **mí** and **ti**, these pronouns are the same as the subject pronouns. **¡Atención!** **Mí** (*me*) has an accent mark to distinguish it from the possessive adjective **mi** (*my*).

▶ The preposition **con** combines with **mí** and **ti** to form **conmigo** and **contigo**, respectively.

—¿Quieres venir **conmigo** a Concepción?
Do you want to come with me to Concepción?

—Sí, gracias, me gustaría ir **contigo**.
Yes, thanks, I would like to go with you.

▶ The preposition **entre** is followed by **tú** and **yo** instead of **ti** and **mí**.

Papá va a sentarse **entre tú y yo**.
Dad is going to sit between you and me.

CONSULTA

For more prepositions, refer to **Estructura 2.3**, p. 60.

¡INTÉNTALO! Completa estas oraciones con las preposiciones y los pronombres apropiados.

1. (*with him*) No quiero ir ___con él___.
2. (*for her*) Las galletas son _____.
3. (*for me*) Los mariscos son _____.
4. (*with you*, pl.) Preferimos estar _____.
5. (*with you*, sing. fam.) Me gusta salir _____.
6. (*with me*) ¿Por qué no quieres tener una cita _____?
7. (*for her*) La cuenta es _____.
8. (*for them*, m.) La habitación es muy pequeña _____.
9. (*with them*, f.) Anoche celebré la Navidad _____.
10. (*for you*, sing. fam.) Este beso es _____.
11. (*with you*, sing. fam.) Nunca me aburro _____.
12. (*with you*, pl.) ¡Qué bien que vamos _____!
13. (*for you*, sing. fam.) _____ la vida es muy fácil.
14. (*for them*, f.) _____ no hay sorpresas.

recursos

WB
pp. 103–104

LM
p. 54

vhlcentral.com
Lección 9

Práctica y Comunicación

1

Completar David sale con sus amigos a comer. Para saber quién come qué, lee el mensaje electrónico que David le envió (*sent*) a Cecilia dos días después y completa el diálogo en el restaurante con los pronombres apropiados.

> **modelo**
>
> **Camarero:** Los camarones en salsa verde, ¿para quién son?
> **David:** Son para ____ella____.

NOTA CULTURAL

Las **machas a la parmesana** son un plato muy típico de Chile. Se prepara con machas, un tipo de almeja (*clam*) que se encuentra en Suramérica. Las machas a la parmesana se hacen con queso parmesano, limón, sal, pimienta y mantequilla, y luego se ponen en el horno (*oven*).

| Para: Cecilia | Asunto: El menú |

```
Hola, Cecilia:
¿Recuerdas la comida del viernes? Quiero repetir el menú en
mi casa el miércoles. Ahora voy a escribir lo que comimos,
luego me dices si falta algún plato. Yo pedí el filete de
pescado y Maribel camarones en salsa verde. Tatiana pidió
un plato grandísimo de machas a la parmesana. Diana y Silvia
pidieron langostas, ¿te acuerdas? Y tú, ¿qué pediste? Ah, sí,
un bistec grande con papas. Héctor también pidió un bistec,
pero más pequeño. Miguel pidió pollo y vino tinto para todos.
Y la profesora comió ensalada verde porque está a dieta.
¿Falta algo? Espero tu mensaje. Hasta pronto. David.
```

CAMARERO El filete de pescado, ¿para quién es?
DAVID Es para (1)_____.
CAMARERO Aquí está. ¿Y las machas a la parmesana y las langostas?
DAVID Las machas son para (2)_____.
SILVIA Y DIANA Las langostas son para (3)_____.
CAMARERO Tengo un bistec grande...
DAVID Cecilia, es para (4)_____, ¿no es cierto? Y el bistec más pequeño es para (5)_____.
CAMARERO ¿Y la botella de vino?
MIGUEL Es para todos (6)_____, y el pollo es para (7)_____.
CAMARERO (*a la profesora*) Entonces la ensalada verde es para (8)_____.

2

Compartir Tu profesor(a) va a darte una hoja de actividades en la que hay un dibujo. En parejas, hagan preguntas para saber dónde está cada una de las personas en el dibujo. Ustedes tienen dos versiones diferentes de la ilustración. Al final deben saber dónde está cada persona.

> **modelo**
>
> **Estudiante 1:** ¿Quién está al lado de Óscar?
> **Estudiante 2:** Alfredo está al lado de él.

AYUDA

Here are some other useful prepositions: **al lado de, debajo de, a la derecha de, a la izquierda de, cerca de, lejos de, delante de, detrás de, entre.**

Alfredo	Dolores	Graciela	Raúl
Sra. Blanco	Enrique	Leonor	Rubén
Carlos	Sra. Gómez	Óscar	Yolanda

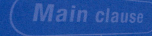

Recapitulación

 **Diagnostics**

Completa estas actividades para repasar los conceptos de gramática que aprendiste en esta lección.

1 **Completar** Completa la tabla con el pretérito de los verbos. `18 pts.`

Infinitive	yo	ella	nosotros
conducir			
hacer			
saber			

2 **Mi fiesta** Completa este mensaje electrónico con el pretérito de los verbos de la lista. Vas a usar cada verbo sólo una vez. `20 pts.`

dar	haber	tener
decir	hacer	traer
estar	poder	venir
	poner	

Hola, Omar:

Como tú no (1) _____ venir a mi fiesta de cumpleaños, quiero contarte cómo fue. El día de mi cumpleaños, muy temprano por la mañana, mis hermanos me (2) _____ una gran sorpresa: ellos (3) _____ un regalo delante de la puerta de mi habitación: ¡una bicicleta roja preciosa! Mi madre nos preparó un desayuno riquísimo. Después de desayunar, mis hermanos y yo (4) _____ que limpiar toda la casa, así que (*therefore*) no (5) _____ más celebración hasta la tarde. A las seis y media (nosotros) (6) _____ una barbacoa en el patio de la casa. Todos los invitados (7) _____ bebidas y regalos. (8) _____ todos mis amigos, excepto tú, ¡qué pena! :-(La fiesta (9) _____ muy animada hasta las diez de la noche, cuando mis padres (10) _____ que los vecinos (*neighbors*) iban a (*were going to*) protestar y entonces todos se fueron a sus casas.

9.1 **Irregular preterites** *pp. 310–311*

u-stem	estar poder poner saber tener	estuv- pud- pus- sup- tuv-	
i-stem	hacer querer venir	hic- quis- vin-	-e, -iste, -o, -imos, -isteis, -(i)eron
j-stem	conducir decir traducir traer	conduj- dij- traduj- traj-	

▶ Preterite of **dar**: di, diste, dio, dimos, disteis, dieron

▶ Preterite of **hay** (*inf.* **haber**): hubo

9.2 **Verbs that change meaning in the preterite** *p. 314*

Present	Preterite
conocer	
to know; to be acquainted with	to meet
saber	
to know info.; to know how to do something	to find out; to learn
poder	
to be able; can	to manage; to succeed
querer	
to want; to love	to try

9.3 **¿Qué? and ¿cuál?** *p. 316*

▶ Use **¿qué?** to ask for a definition or an explanation.

▶ Use **¿cuál(es)?** when there is more than one possibility to choose from.

▶ **¿Cuál?** should not be used before a noun; use **¿qué?** instead.

▶ **¿Qué?** used before a noun has the same meaning as **¿cuál?**

3 ¿**Presente o pretérito?** Escoge la forma correcta de los verbos en paréntesis. `12 pts.`

1. Después de muchos intentos (*tries*), (podemos/ pudimos) hacer una piñata.
2. —¿Conoces a Pepe?
   —Sí, lo (conozco/ conocí) en tu fiesta.
3. Como no es de aquí, Cristina no (sabe/supo) mucho de las celebraciones locales.
4. Yo no (quiero/quise) ir a un restaurante grande, pero tú decides.
5. Ellos (quieren/quisieron) darme una sorpresa, pero Nina me lo dijo todo.
6. Mañana se terminan las vacaciones; por fin (podemos/pudimos) volver a la escuela.

> **9.4** **Pronouns after prepositions**   *p. 318*
>
> **Prepositional pronouns**
>
> | | Singular | Plural |
> |---|---|---|
> | *Preposition +* | mí | nosotros/as |
> | | ti | vosotros/as |
> | | Ud. | Uds. |
> | | él | ellos |
> | | ella | ellas |
>
> ► Exceptions: **conmigo, contigo, entre tú y yo**

4 **Preguntas** Escribe una pregunta para cada respuesta con los elementos dados. Empieza con **qué, cuál** o **cuáles** de acuerdo con el contexto y haz los cambios necesarios. `8 pts.`

1. —¿? / pastel / querer —Quiero el pastel de chocolate.
2. —¿? / ser / sangría —La sangría es una bebida típica española.
3. —¿? / ser / restaurante favorito —Mis restaurantes favoritos son Dalí y Jaleo.
4. —¿? / ser / dirección electrónica —Mi dirección electrónica es paco@email.com.

5 ¿**Dónde me siento?** Completa la conversación con los pronombres apropiados. `14 pts.`

JUAN A ver, te voy a decir dónde te vas a sentar. Manuel, ¿ves esa silla? Es para _____. Y esa otra silla es para tu novia, que todavía no está aquí.

MANUEL Muy bien, yo la reservo para _____.

HUGO ¿Y esta silla es para _____ (*me*)?

JUAN No, Hugo. No es para _____. Es para Carmina, que viene con Julio.

HUGO No, Carmina y Julio no pueden venir. Hablé con _____ y me avisaron.

JUAN Pues ellos se lo pierden (*it's their loss*). ¡Más comida para _____ (*us*)!

CAMARERO Aquí tienen el menú. Les doy un minuto y enseguida estoy con _____.

6 **Cumpleaños feliz** Escribe cinco oraciones que describan cómo celebraste tu último cumpleaños. Usa el pretérito y los pronombres que aprendiste en esta lección. `28 pts.`

7 **Poema** Completa este fragmento del poema *Elegía nocturna* de Carlos Pellicer con el pretérito de los verbos entre paréntesis. `¡4 puntos EXTRA!`

> 66 Ay de mi corazón° que nadie _____ (querer)
> tomar de entre mis manos desoladas.
> Tú _____ (venir) a mirar sus llamaradas°
> y le miraste arder° claro° y sereno. 99

corazón *heart* llamaradas *flames* arder *to burn* claro *clear*

Practice more at **vhlcentral.com**.

Lectura

Antes de leer

Examinar el texto

Familiarízate con el texto usando las estrategias de lectura más efectivas para ti. ¿Qué tipo de documento es? ¿De qué tratan° las cuatro secciones del documento? Explica tus respuestas.

Raíces°

Completa el siguiente cuadro° para ampliar tu vocabulario. Usa palabras de la lectura de esta lección y vocabulario de las lecciones anteriores. ¿Qué significan las palabras que escribiste en el cuadro?

Verbos	Sustantivos	Otras formas
1. agradecer *to thank, to be grateful for*	*agradecimiento/ gracias gratitude/thanks*	*agradecido grateful, thankful*
2. estudiar	_____	_____
3. _____	_____	celebrado
4. _____	baile	_____
5. bautizar	_____	_____

¿De qué tratan...? *What are... about?* **Raíces** *Roots* **cuadro** *chart*

Practice more at **vhlcentral.com**.

Vida social

Matrimonio
Espinoza Álvarez-Reyes Salazar

El día sábado 17 de junio a las 19 horas, se celebró el matrimonio de Silvia Reyes y Carlos Espinoza en la catedral de Santiago. La ceremonia fue oficiada por el pastor Federico Salas y participaron los padres de los novios, el señor Jorge Espinoza y señora y el señor José Alfredo Reyes y señora. Después de la ceremonia, los padres de los recién casados ofrecieron una fiesta bailable en el restaurante La Misión.

Bautismo

José María recibió el bautismo el 26 de junio.

Sus padres, don Roberto Lagos Moreno y doña María Angélica Sánchez, compartieron la alegría de la fiesta con todos sus parientes y amigos. La ceremonia religiosa tuvo lugar° en la catedral de Aguas Blancas. Después de la ceremonia, padres, parientes y amigos celebraron una fiesta en la residencia de la familia Lagos.

32B

Fiesta de quince años

El doctor don Amador Larenas Fernández y la señora Felisa Vera de Larenas celebraron los quince años de su hija Ana Ester junto a sus parientes y amigos. La quinceañera reside en la ciudad de Valparaíso y es estudiante del Colegio Francés. La fiesta de presentación en sociedad de la señorita Ana Ester fue el día viernes 2 de mayo a las 19 horas en el Club Español. Entre los invitados especiales asistieron el alcalde° de la ciudad, don Pedro Castedo, y su esposa. La música estuvo a cargo de la Orquesta Americana. ¡Feliz cumpleaños, le deseamos a la señorita Ana Ester en su fiesta bailable!

Expresión de gracias
Carmen Godoy Tapia

Agradecemos° sinceramente a todas las personas que nos acompañaron en el último adiós a nuestra apreciada esposa, madre, abuela y tía, la señora Carmen Godoy Tapia. El funeral tuvo lugar el día 28 de junio en la ciudad de Viña del Mar. La vida de Carmen Godoy fue un ejemplo de trabajo, amistad, alegría y amor para todos nosotros. Su esposo, hijos y familia agradecen de todo corazón° su asistencia° al funeral a todos los parientes y amigos.

tuvo lugar *took place* alcalde *mayor* Agradecemos *We thank*
de todo corazón *sincerely* asistencia *attendance*

Después de leer

Corregir
Escribe estos comentarios otra vez para corregir la información errónea.

1. El alcalde y su esposa asistieron a la boda de Silvia y Carlos.

2. Todos los anuncios (*announcements*) describen eventos felices.

3. Felisa Vera de Larenas cumple quince años.

4. Roberto Lagos y María Angélica Sánchez son hermanos.

5. Carmen Godoy Tapia les dio las gracias a las personas que asistieron al funeral.

Identificar
Escribe el nombre de la(s) persona(s) descrita(s) (*described*).

1. Dejó viudo a su esposo el 28 de junio.

2. Sus padres y todos los invitados brindaron por él, pero él no entendió por qué.

3. El Club Español les presentó una cuenta considerable.

4. Unió a los novios en santo matrimonio.

5. Su fiesta de cumpleaños se celebró en Valparaíso.

Un anuncio
Trabajen en grupos pequeños para inventar un anuncio breve sobre una celebración importante. Puede ser una graduación, un matrimonio o una gran fiesta en la que ustedes participan. Incluyan la siguiente información.

1. nombres de los participantes

2. la fecha, la hora y el lugar

3. qué se celebra

4. otros detalles de interés

Escritura

Estrategia

Planning and writing a comparative analysis

Writing any kind of comparative analysis requires careful planning. Venn diagrams are useful for organizing your ideas visually before comparing and contrasting people, places, objects, events, or issues. To create a Venn diagram, draw two circles that overlap one another and label the top of each circle. List the differences between the two elements in the outer rings of the two circles, then list their similarities where the two circles overlap. Review the following example.

Diferencias y similitudes

Boda de Silvia Reyes y Carlos Espinoza

Diferencias:
1. Primero hay una celebración religiosa.
2. Se celebra en un restaurante.

Similitudes:
1. Las dos fiestas se celebran por la noche.
2. Las dos fiestas son bailables.

Fiesta de quince años de Ana Ester Larenas Vera

Diferencias:
1. Se celebra en un club.
2. Vienen invitados especiales.

La lista de palabras y expresiones a la derecha puede ayudarte a escribir este tipo de ensayo (*essay*).

Tema

Escribir una composición

Compara una celebración familiar (como una boda, una fiesta de cumpleaños o una graduación) a la que tú asististe recientemente con otro tipo de celebración. Utiliza palabras y expresiones de esta lista.

Para expresar similitudes

además; también	*in addition; also*
al igual que	*the same as*
como	*as; like*
de la misma manera	*in the same manner (way)*
del mismo modo	*in the same manner (way)*
tan + [*adjetivo*] + como	*as + [adjective] + as*
tanto/a(s) + [*sustantivo*] + como	*as many/much + [noun] + as*

Para expresar diferencias

a diferencia de	*unlike*
a pesar de	*in spite of*
aunque	*although*
en cambio	*on the other hand*
más/menos... que	*more/less ... than*
no obstante	*nevertheless; however*
por el contrario	*on the contrary*
por otro lado	*on the other hand*
sin embargo	*nevertheless; however*

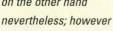

Escuchar Audio

*Margarita Robles de García
y Roberto García Olmos*

*Piden su presencia en la celebración
del décimo aniversario de bodas
el día 13 de marzo
con una misa en la Iglesia Virgen del Coromoto
a las 6:30*

*seguida por cena y baile
en el restaurante El Campanero,
Calle Principal, Las Mercedes
a las 8:30*

Estrategia

Guessing the meaning of words through context

When you hear an unfamiliar word, you can often guess its meaning by listening to the words and phrases around it.

 To practice this strategy, you will now listen to a paragraph. Jot down the unfamiliar words that you hear. Then listen to the paragraph again and jot down the word or words that give the most useful clues to the meaning of each unfamiliar word.

Preparación

Lee la invitación. ¿De qué crees que van a hablar Rosa y Josefina?

Ahora escucha

Ahora escucha la conversación entre Josefina y Rosa. Cuando oigas una de las palabras de la columna A, usa el contexto para identificar el sinónimo o la definición en la columna B.

A	B
_____ 1. festejar	a. conmemoración religiosa de una muerte
_____ 2. dicha	b. tolera
_____ 3. bien parecido	c. suerte
_____ 4. finge (fingir)	d. celebrar
_____ 5. soporta (soportar)	e. me divertí
_____ 6. yo lo disfruté (disfrutar)	f. horror
	g. crea una ficción
	h. guapo

Comprensión

¿Cierto o falso?

Lee cada oración e indica si lo que dice es **cierto** o **falso**. Corrige las oraciones falsas.

1. No invitaron a mucha gente a la fiesta de Margarita y Roberto porque ellos no conocen a muchas personas.

2. Algunos fueron a la fiesta con pareja y otros fueron sin compañero/a.

3. Margarita y Roberto decidieron celebrar el décimo aniversario porque no hicieron una fiesta el día de su boda.

4. Rafael les parece interesante a Rosa y a Josefina.

5. Josefina se divirtió mucho en la fiesta porque bailó toda la noche con Rafael.

Preguntas

Responde a estas preguntas con oraciones completas.

1. ¿Son solteras Rosa y Josefina? ¿Cómo lo sabes?

2. ¿Tienen las chicas una amistad de mucho tiempo con la pareja que celebra su aniversario? ¿Cómo lo sabes?

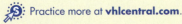 Practice more at **vhlcentral.com**.

En pantalla

Desfiles°, música, asados°, fuegos artificiales° y baile son los elementos de una buena fiesta. ¿Celebrar durante toda una semana? ¡Eso sí que es una fiesta espectacular! El 18 de septiembre Chile conmemora su independencia de España y los chilenos demuestran su orgullo° nacional durante una semana llena de celebraciones. Durante las Fiestas Patrias° casi todas las oficinas° y escuelas se cierran para que la gente se reúna° a festejar. Desfiles y rodeos representan la tradición de los vaqueros° del país, y la gente baila cueca, el baile nacional. Las familias y los amigos se reúnen para preparar y comer platos tradicionales como las empanadas y asados. Otra de las tradiciones de estas fiestas es hacer volar cometas°, llamadas volantines. Mira el video para descubrir cómo se celebran otras fiestas en Chile.

Vocabulario útil

conejo	bunny
disfraces	costumes
mariscal	traditional Chilean soup with raw seafood
sustos	frights
vieja (Chi.)	mother

Seleccionar

Selecciona la palabra que no está relacionada con cada grupo.
1. disfraces • noviembre • arbolito • sustos
2. volantines • arbolito • regalos • diciembre
3. conejo • enero • huevitos • chocolates
4. septiembre • volantines • disfraces • asado

Fiesta

Trabajen en grupos de tres. Imaginen que van a organizar una fiesta para celebrar el 4 de julio. Escriban una invitación electrónica para invitar a sus parientes y amigos a la fiesta. Describan los planes que tienen para la fiesta y díganles a sus amigos qué tiene que traer cada uno.

Desfiles/Paradas *Parades* asados *barbecues* fuegos artificiales *fireworks* orgullo *pride* Fiestas Patrias *Independence Day celebrations* oficinas *offices* se reúna *would get together* vaqueros *cowboys* cometas/volantines *kites*

Fiestas patrias: Chilevisión

Noviembre: disfraces, dulces...

Mayo: besito, tarjeta, tecito con la mamá...

Septiembre... Septiembre: familia, parada militar...

 Video: TV Clip

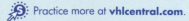 Practice more at **vhlcentral.com**.

El Día de los Reyes Magos* es una celebración muy popular en muchos países hispanos. No sólo es el día en que los reyes les traen regalos a los niños, también es una fiesta llena° de tradiciones. La tarde del 5 de enero, en muchas ciudades como Barcelona, España, se hace un desfile° en que los reyes regalan dulces a los niños y reciben sus cartas con peticiones. Esa noche, antes de irse a dormir, los niños deben dejar un zapato junto a la ventana y un bocado° para los reyes. En Puerto Rico, por ejemplo, los niños ponen una caja con hierba° bajo su cama para alimentar a los camellos° de los reyes.

Vocabulario útil

los cabezudos	carnival figures with large heads
los carteles	posters
fiesta de pueblo	popular celebration
santos de palo	wooden saints

Preparación

¿Se celebra la Navidad en tu país? ¿Qué otras fiestas importantes se celebran? En cada caso, ¿cuántos días dura la fiesta? ¿Cuáles son las tradiciones y actividades típicas? ¿Hay alguna comida típica en esa celebración?

Elegir

Indica cuál de las dos opciones resume mejor este episodio.

a. Las Navidades puertorriqueñas son las más largas y terminan después de las fiestas de la calle San Sebastián. Esta fiesta de pueblo se celebra con baile, música y distintas expresiones artísticas típicas.

b. En la celebración de las Navidades puertorriqueñas, los cabezudos son una tradición de España y son el elemento más importante de la fiesta. A la gente le gusta bailar y hacer procesiones por la noche.

According to the Christian tradition, the Three Wise Men were the three kings that traveled to Bethlehem after the birth of Baby Jesus, carrying with them gifts of gold, frankincense, and myrrh to pay him homage.

llena *full* desfile *parade* bocado *snack* hierba *grass* alimentar los camellos *feed the camels*

Las fiestas

Los cabezudos son una tradición [...] de España.

Hay mucha gente y mucho arte.

Es una fiesta de pueblo... una tradición. Vengo todos los años.

Video: *Flash cultura*

Practice more at **vhlcentral.com**.

recursos
VM pp. 95–96
vhlcentral.com Lección 9

Chile

El país en cifras

- ▶ **Área:** 756.950 km² (292.259 millas²), *dos veces el área de Montana*
- ▶ **Población:** 17.363.000 *Aproximadamente el 80 por ciento de la población del país es urbana.*
- ▶ **Capital:** Santiago de Chile—6.034.000
- ▶ **Ciudades principales:** Valparaíso— 865.000, Concepción, Viña del Mar, Temuco
- ▶ **Moneda:** peso chileno
- ▶ **Idiomas:** español (oficial), mapuche

Bandera de Chile

Chilenos célebres

- ▶ **Bernardo O'Higgins,** militar° y héroe nacional (1778–1842)
- ▶ **Gabriela Mistral,** Premio Nobel de Literatura, 1945; poeta y diplomática (1889–1957)
- ▶ **Pablo Neruda,** Premio Nobel de Literatura, 1971; poeta (1904–1973)
- ▶ **Isabel Allende,** novelista (1942–)
- ▶ **Ana Tijoux,** cantante (1977–)

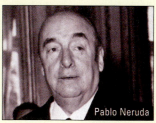

Pablo Neruda

militar *soldier* desierto *desert* el más seco *the driest* mundo *world* han tenido *have had* ha sido usado *has been used* Marte *Mars*

PERÚ

Pampa del Tamarugal

La costa de Viña del Mar

Cordillera de los Andes

BOLIVIA

El puerto de Valparaíso

Edificio antiguo en Santiago

Océano Pacífico

Viña del Mar
Valparaíso

Santiago de Chile

ARGENTINA

Concepción

Temuco

Una celebración en Temuco

Torres del Paine

Lago Buenos Aires

Océano Atlántico

Punta Arenas

recursos

Estrecho de Magallanes

Isla Grande de Tierra del Fuego

WB pp. 105–106	VM pp. 53–54	vhlcentral.com Lección 9

¡Increíble pero cierto!

El desierto° de Atacama, en el norte de Chile, es el más seco° del mundo°. Con más de cien mil km² de superficie, algunas zonas de este desierto nunca han tenido° lluvia. Atacama ha sido usado° como escenario para representar a Marte° en películas y series de televisión.

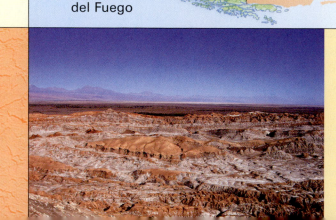

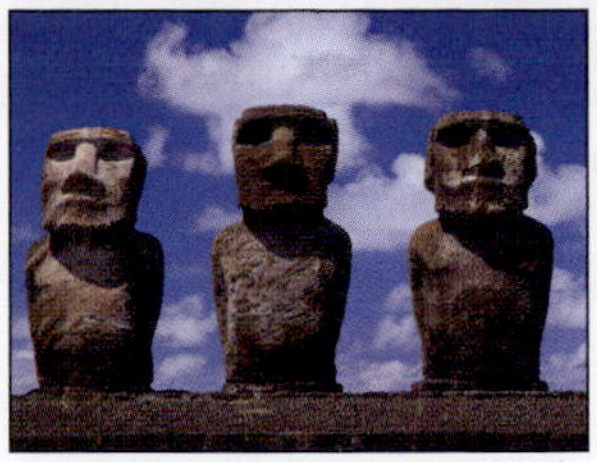

Lugares • La isla de Pascua

La isla de Pascua° recibió ese nombre porque los exploradores holandeses° llegaron a la isla por primera vez el día de Pascua de 1722. Ahora es parte del territorio de Chile. La isla de Pascua es famosa por los *moái*, estatuas enormes que representan personas con rasgos° muy exagerados. Estas estatuas las construyeron los *rapa nui*, los antiguos habitantes de la zona. Todavía no se sabe mucho sobre los *rapa nui*, ni tampoco se sabe por qué decidieron abandonar la isla.

Deportes • Los deportes de invierno

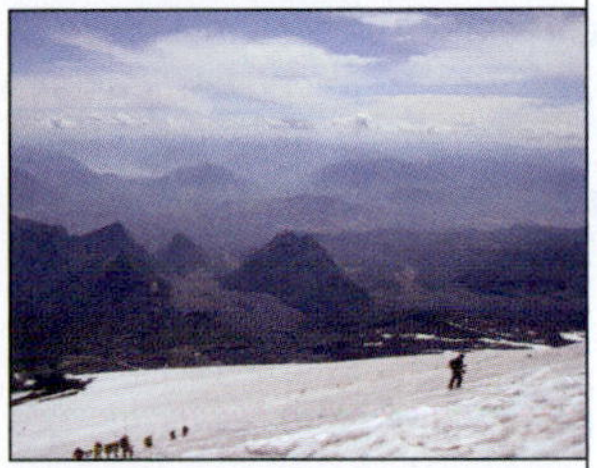

Hay muchos lugares para practicar deportes de invierno en Chile porque las montañas nevadas de los Andes ocupan gran parte del país. El Parque Nacional Villarrica, por ejemplo, situado al pie de un volcán y junto a° un lago, es un sitio popular para el esquí y el *snowboard*. Para los que prefieren deportes más extremos, el centro de esquí Valle Nevado organiza excursiones para practicar heliesquí.

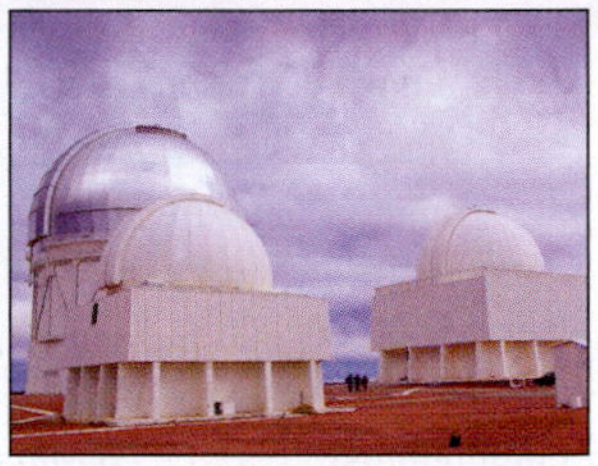

Ciencias • Astronomía

Los observatorios chilenos, situados en los Andes, son lugares excelentes para las observaciones astronómicas. Científicos° de todo el mundo van a Chile para estudiar las estrellas° y otros cuerpos celestes. Hoy día Chile está construyendo nuevos observatorios y telescopios para mejorar las imágenes del universo.

Economía • El vino

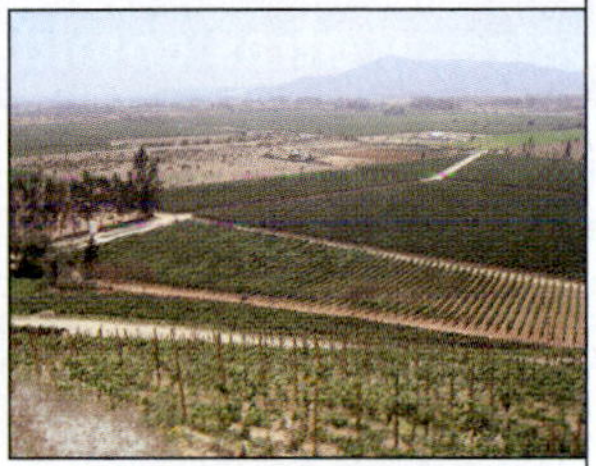

La producción de vino comenzó en Chile en el siglo° XVI. Ahora la industria del vino constituye una parte importante de la actividad agrícola del país y la exportación de sus productos está aumentando° cada vez más. Los vinos chilenos son muy apreciados internacionalmente por su gran variedad, sus ricos y complejos sabores° y su precio moderado. Los más conocidos son los vinos de Aconcagua y del valle del Maipo.

¿Qué aprendiste? Responde a cada pregunta con una oración completa.

1. ¿Qué porcentaje (*percentage*) de la población chilena es urbana?
2. ¿Qué son los *moái*? ¿Dónde están?
3. ¿Qué deporte extremo ofrece el centro de esquí Valle Nevado?
4. ¿Por qué van a Chile científicos de todo el mundo?
5. ¿Cuándo comenzó la producción de vino en Chile?
6. ¿Por qué son apreciados internacionalmente los vinos chilenos?

Conexión Internet Investiga estos temas en **vhlcentral.com**.

1. Busca información sobre Pablo Neruda e Isabel Allende. ¿Dónde y cuándo nacieron? ¿Cuáles son algunas de sus obras (*works*)? ¿Cuáles son algunos de los temas de sus obras?
2. Busca información sobre sitios donde los chilenos y los turistas practican deportes de invierno en Chile. Selecciona un sitio y descríbeselo a tu clase.

Practice more at **vhlcentral.com**.

La isla de Pascua *Easter Island* **holandeses** *Dutch* **rasgos** *features* **junto a** *beside* **Científicos** *Scientists* **estrellas** *stars* **siglo** *century* **aumentando** *increasing* **complejos sabores** *complex flavors*

Las celebraciones

el aniversario (de bodas)	(wedding) anniversary
la boda	wedding
el cumpleaños	birthday
el día de fiesta	holiday
la fiesta	party
el/la invitado/a	guest
la Navidad	Christmas
la quinceañera	young woman celebrating her fifteenth birthday
la sorpresa	surprise
brindar	to toast (drink)
celebrar	to celebrate
divertirse (e:ie)	to have fun
invitar	to invite
pasarlo bien/mal	to have a good/bad time
regalar	to give (a gift)
reírse (e:i)	to laugh
relajarse	to relax
sonreír (e:i)	to smile
sorprender	to surprise

Los postres y otras comidas

la botella (de vino)	bottle (of wine)
el champán	champagne
los dulces	sweets; candy
el flan (de caramelo)	baked (caramel) custard
la galleta	cookie
el helado	ice cream
el pastel (de chocolate)	(chocolate) cake; pie
el postre	dessert

Las relaciones personales

la amistad	friendship
el amor	love
el divorcio	divorce
el estado civil	marital status
el matrimonio	marriage
la pareja	(married) couple; partner
el/la recién casado/a	newlywed
casarse (con)	to get married (to)
comprometerse (con)	to get engaged (to)
divorciarse (de)	to get divorced (from)
enamorarse (de)	to fall in love (with)
llevarse bien/mal (con)	to get along well/ badly (with)
odiar	to hate
romper (con)	to break up (with)
salir (con)	to go out (with); to date
separarse (de)	to separate (from)
tener una cita	to have a date; to have an appointment
casado/a	married
divorciado/a	divorced
juntos/as	together
separado/a	separated
soltero/a	single
viudo/a	widower/widow

Las etapas de la vida

la adolescencia	adolescence
la edad	age
las etapas de la vida	the stages of life
la juventud	youth
la madurez	maturity; middle age
la muerte	death
el nacimiento	birth
la niñez	childhood
la vejez	old age
cambiar (de)	to change
graduarse (de/en)	to graduate (from/in)
jubilarse	to retire (from work)
nacer	to be born

Palabras adicionales

la alegría	happiness
el beso	kiss
conmigo	with me
contigo	with you
¡Felicidades!/ ¡Felicitaciones!	Congratulations!
¡Feliz cumpleaños!	Happy birthday!

Expresiones útiles	See page 305.

En el consultorio

Communicative Goals

You will learn how to:
- • **Describe how you feel physically**
- • **Talk about health and medical conditions**

10

A PRIMERA VISTA
- • ¿Están en una farmacia o en un hospital?
- • ¿La mujer es médica o dentista?
- • ¿Qué hace ella, una operación o un examen médico?
- • ¿Crees que la paciente está nerviosa?

En el consultorio

Más vocabulario

la clínica	clinic
el consultorio	doctor's office
el/la dentista	dentist
el examen médico	physical exam
la farmacia	pharmacy
el hospital	hospital
la operación	operation
la sala de emergencia(s)	emergency room
el cuerpo	body
el oído	(sense of) hearing; inner ear
el accidente	accident
la salud	health
el síntoma	symptom
caerse	to fall (down)
darse con	to bump into; to run into
doler (o:ue)	to hurt
enfermarse	to get sick
estar enfermo/a	to be sick
lastimarse (el pie)	to injure (one's foot)
poner una inyección	to give an injection
recetar	to prescribe
romperse (la pierna)	to break (one's leg)
sacar(se) un diente	to have a tooth removed
sufrir una enfermedad	to suffer an illness
torcerse (o:ue) (el tobillo)	to sprain (one's ankle)
toser	to cough

Variación léxica

gripe	←→	gripa (Col., Gua., Méx.)
resfriado	←→	catarro (Cuba, Esp., Gua.)
sala de emergencia(s)	←→	sala de urgencias (Arg., Col., Esp., Méx.)
romperse	←→	quebrarse (Arg., Gua.)

recursos

WB pp. 109–110

LM p. 55

vhlcentral.com Lección 10

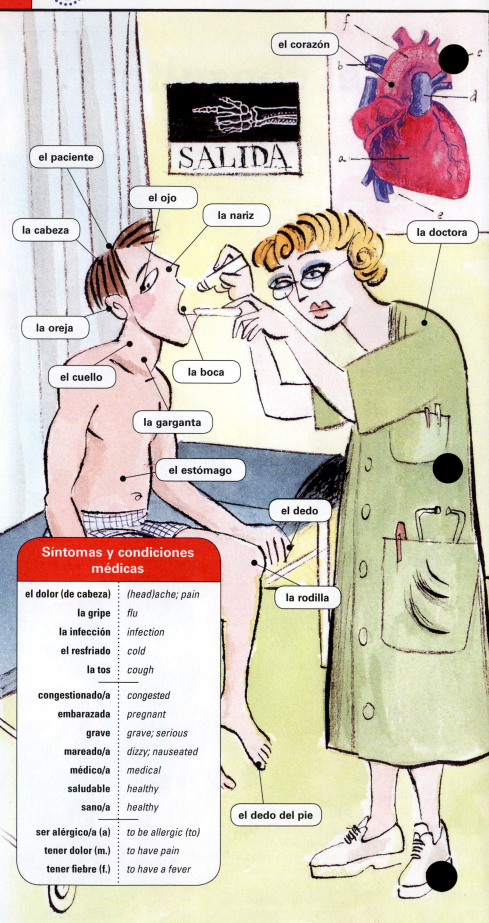

el corazón

SALIDA

el paciente

el ojo

la nariz

la cabeza

la doctora

la oreja

la boca

el cuello

la garganta

el estómago

el dedo

la rodilla

el dedo del pie

Síntomas y condiciones médicas

el dolor (de cabeza)	(head)ache; pain
la gripe	flu
la infección	infection
el resfriado	cold
la tos	cough
congestionado/a	congested
embarazada	pregnant
grave	grave; serious
mareado/a	dizzy; nauseated
médico/a	medical
saludable	healthy
sano/a	healthy
ser alérgico/a (a)	to be allergic (to)
tener dolor (m.)	to have pain
tener fiebre (f.)	to have a fever

la radiografía

el hueso

la enfermera

la paciente

Estornuda.

Toma la temperatura.

el brazo

la pierna

el tobillo

La medicina

el antibiótico	*antibiotic*
la aspirina	*aspirin*
el medicamento	*medication*
la pastilla	*pill*
la receta	*prescription*

Práctica

1 **Escuchar** 🎧 Escucha las preguntas y selecciona la respuesta más adecuada.

a. Tengo dolor de cabeza y fiebre.
b. No fui a la clase porque estaba (*I was*) enfermo.
c. Me caí la semana pasada jugando al tenis.
d. Debes ir a la farmacia.
e. Porque tengo gripe.
f. Sí, tengo mucha tos por las noches.
g. Lo llevaron directamente a la sala de emergencia.
h. No sé. Todavía tienen que tomarme la temperatura.

1. _____   3. _____   5. _____   7. _____
2. _____   4. _____   6. _____   8. _____

2 **Seleccionar** 🎧 Escucha la conversación entre Daniel y su doctor y selecciona la respuesta que mejor complete cada oración.

1. Daniel cree que tiene ____.
   a. gripe   b. un resfriado   c. la temperatura alta
2. A Daniel le duele la cabeza, estornuda, tose y ____.
   a. se cae   b. tiene fiebre   c. está congestionado
3. El doctor le ____.
   a. pone una inyección   b. toma la temperatura
   c. mira el oído
4. A Daniel no le gustan ____.
   a. las inyecciones   b. los antibióticos   c. las visitas al doctor
5. El doctor dice que Daniel tiene ____.
   a. gripe   b. un resfriado   c. fiebre
6. Después de la consulta Daniel va a ____.
   a. la sala de emergencia   b. la clínica   c. la farmacia

3 **Completar** Completa las oraciones con una palabra de la misma familia de la palabra subrayada. Usa la forma correcta de cada palabra.

1. Cuando <u>oyes</u> algo, usas el _____.
2. Cuando te <u>enfermas</u>, te sientes _____ y necesitas ir al consultorio para ver a la _____.
3. ¿Alguien _____? Creo que oí un <u>estornudo</u> (*sneeze*).
4. No puedo <u>arrodillarme</u> (*kneel down*) porque me lastimé la _____ en un accidente de coche.
5. ¿Vas al _____ para <u>consultar</u> al médico?
6. Si te rompes un <u>diente</u>, vas al _____.

4 **Contestar** Mira el dibujo y contesta las preguntas.

1. ¿Qué hace la doctora?
2. ¿Qué hay en la pared (*wall*)?
3. ¿Qué hace la enfermera?
4. ¿Qué hace el paciente?
5. ¿A quién le duele la garganta?
6. ¿Qué tiene la paciente?

5   **Asociaciones** Trabajen en parejas para identificar las partes del cuerpo que ustedes asocian con estas actividades. Sigan el modelo.

> **modelo**
>
> nadar
>
> **Estudiante 1:** Usamos los brazos para nadar.
> **Estudiante 2:** Usamos las piernas también.

1. hablar por teléfono
2. tocar el piano
3. correr en el parque
4. escuchar música
5. ver una película
6. toser
7. llevar zapatos
8. comprar perfume
9. estudiar biología
10. comer pollo asado

AYUDA

Remember that in Spanish, parts of the body are usually referred to with an article and not a possessive adjective: **Me duelen los pies.** The indirect object pronoun **me** is used to express the concept of *my*.

6   **Cuestionario** Contesta el cuestionario seleccionando las respuestas que reflejen mejor tus experiencias. Suma (*Add*) los puntos de cada respuesta y anota el resultado. Después, con el resto de la clase, compara y analiza los resultados del cuestionario y comenta lo que dicen de la salud y de los hábitos de todo el grupo.

¿Tienes buena salud?

27–30 puntos	Salud y hábitos excelentes
23–26 puntos	Salud y hábitos buenos
22 puntos o menos	Salud y hábitos problemáticos

1. ¿Con qué frecuencia te enfermas? (resfriados, gripe, etc.)
Cuatro veces por año o más. (1 punto)
Dos o tres veces por año. (2 puntos)
Casi nunca. (3 puntos)

2. ¿Con qué frecuencia tienes dolores de estómago o problemas digestivos?
Con mucha frecuencia. (1 punto)
A veces. (2 puntos)
Casi nunca. (3 puntos)

3. ¿Con qué frecuencia sufres de dolores de cabeza?
Frecuentemente. (1 punto)
A veces. (2 puntos)
Casi nunca. (3 puntos)

4. ¿Comes verduras y frutas?
No, casi nunca como verduras ni frutas. (1 punto)
Sí, a veces. (2 puntos)
Sí, todos los días. (3 puntos)

5. ¿Eres alérgico/a a algo?
Sí, a muchas cosas. (1 punto)
Sí, a algunas cosas. (2 puntos)
No. (3 puntos)

6. ¿Haces ejercicios aeróbicos?
No, casi nunca hago ejercicios aeróbicos. (1 punto)
Sí, a veces. (2 puntos)
Sí, con frecuencia. (3 puntos)

7. ¿Con qué frecuencia te haces un examen médico?
Nunca o casi nunca. (1 punto)
Cada dos años. (2 puntos)
Cada año y/o antes de empezar a practicar un deporte. (3 puntos)

8. ¿Con qué frecuencia vas al dentista?
Nunca voy al dentista. (1 punto)
Sólo cuando me duele un diente. (2 puntos)
Por lo menos una vez por año. (3 puntos)

9. ¿Qué comes normalmente por la mañana?
No como nada por la mañana. (1 punto)
Tomo una bebida dietética. (2 puntos)
Como cereal y fruta. (3 puntos)

10. ¿Con qué frecuencia te sientes mareado/a?
Frecuentemente. (1 punto)
A veces. (2 puntos)
Casi nunca. (3 puntos)

Comunicación

7

¿Qué les pasó? Trabajen en un grupo de dos o tres personas. Hablen de lo que les pasó y de cómo se sienten las personas que aparecen en los dibujos.

1. Adela

2. Francisco

3. Pilar

4. Pedro

5. Cristina
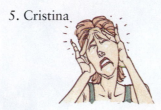

6. Félix

8

Un accidente Cuéntale a un(a) compañero/a de un accidente o una enfermedad que tuviste. Incluye información que conteste estas preguntas.

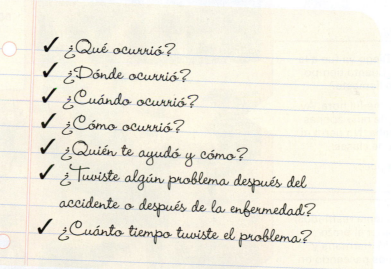

✔ ¿Qué ocurrió?
✔ ¿Dónde ocurrió?
✔ ¿Cuándo ocurrió?
✔ ¿Cómo ocurrió?
✔ ¿Quién te ayudó y cómo?
✔ ¿Tuviste algún problema después del accidente o después de la enfermedad?
✔ ¿Cuánto tiempo tuviste el problema?

9

Crucigrama Tu profesor(a) les va a dar a ti y a un(a) compañero/a un crucigrama (*crossword*) incompleto. Tú tienes las palabras que necesita tu compañero/a y él/ella tiene las palabras que tú necesitas. Tienen que darse pistas para completarlo. No pueden decir la palabra necesaria; deben utilizar definiciones, ejemplos y frases.

modelo

10 horizontal: La usamos para hablar.
14 vertical: Es el médico que examina los dientes.

¡Qué dolor!

Jimena no se siente bien y tiene que ir al doctor.

PERSONAJES

 ELENA

JIMENA

 Video: *Fotonovela*

1

ELENA ¿Cómo te sientes?

JIMENA Me duele un poco la garganta. Pero no tengo fiebre.

ELENA Creo que tienes un resfriado. Te voy a llevar a casa.

2

ELENA ¿Don Diego ya fue a la farmacia? ¿Cuánto tiempo hace que lo llamaste?

JIMENA Hace media hora. Ay, qué cosas, de niña apenas me enfermaba. No perdí ni un solo día de clases.

ELENA Yo tampoco.

ELENA Nunca tenía resfriados, pero me rompí el brazo dos veces. Mi hermana y yo estábamos paseando en bicicleta y casi me di con un señor que caminaba por la calle. Me caí y me rompí el brazo.

3

JIMENA ¿Qué es esto?

ELENA Es té de jengibre. Cuando me dolía el estómago, mi mamá siempre me hacía tomarlo. Se dice que es bueno para el dolor de estómago.

JIMENA Pero no me duele el estómago.

4

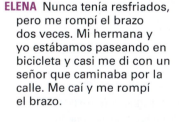

JIMENA Hola, don Diego. Gracias por venir.

DON DIEGO Fui a la farmacia. Aquí están las pastillas para el resfriado. Se debe tomar una cada seis horas con las comidas. Y no se deben tomar más de seis pastillas al día.

5

6

(*La Sra. Díaz llama a Jimena.*)

JIMENA Hola, mamá. Don Diego me trajo los medicamentos... ¿Al doctor? ¿Estás segura? Allá nos vemos. (*A Elena*) Mi mamá ya hizo una cita para mí con el Dr. Meléndez.

DON DIEGO **SRA. DÍAZ** **DR. MELÉNDEZ**

SRA. DÍAZ ¿Te pusiste un suéter anoche?

JIMENA No, mamá. Se me olvidó.

SRA. DÍAZ Doctor, esta jovencita salió anoche, se le olvidó ponerse un suéter y parece que le dio un resfriado.

DR. MELÉNDEZ Jimena, ¿cuáles son tus síntomas?

JIMENA Toso con frecuencia y me duele la garganta.

DR. MELÉNDEZ ¿Cuánto tiempo hace que tienes estos síntomas?

JIMENA Hace dos días que me duele la garganta.

DR. MELÉNDEZ Muy bien. Aquí no tienes infección. No tienes fiebre. Te voy a mandar algo para la garganta. Puedes ir por los medicamentos inmediatamente a la farmacia.

SRA. DÍAZ Doctor, ¿cómo está? ¿Es grave?

DR. MELÉNDEZ No, no es nada grave. Jimena, la próxima vez, escucha a tu mamá. ¡Tienes que usar suéter!

Expresiones útiles

Discussing medical conditions

¿Cómo te sientes?
How do you feel?
Me duele un poco la garganta.
My throat hurts a little.
No me duele el estómago.
My stomach doesn't hurt.
De niño/a apenas me enfermaba.
As a child, I rarely got sick.
¡Soy alérgico/a a chile!
I'm allergic to chili powder!

Discussing remedies

Se dice que el té de jengibre es bueno para el dolor de estómago.
They say ginger tea is good for stomachaches.
Aquí están las pastillas para el resfriado.
Here are the pills for your cold.
Se debe tomar una cada seis horas.
You should take one every six hours.

Expressions with hacer

Hace + [*period of time*] **que** + [*present /preterite*]
¿Cuánto tiempo hace que tienes estos síntomas?
How long have you had these symptoms?
Hace dos días que me duele la garganta.
My throat has been hurting for two days.
¿Cuánto tiempo hace que lo llamaste?
How long has it been since you called him?
Hace media hora.
It's been a half hour (since I called).

Additional vocabulary

canela *cinnamon*
miel *honey*
terco *stubborn*

recursos

VM
pp. 19–20

vhlcentral.com
Lección 10

¿Qué pasó?

1

¿Cierto o falso? Decide si lo que dicen estas oraciones sobre Jimena es **cierto** o **falso**. Corrige las oraciones falsas.

	Cierto	Falso
1. Dice que de niña apenas se enfermaba.	○	○
2. Tiene dolor de garganta y fiebre.	○	○
3. Olvidó ponerse un suéter anoche.	○	○
4. Hace tres días que le duele la garganta.	○	○
5. El doctor le dice que tiene una infección.	○	○

2

Identificar Identifica quién puede decir estas oraciones.

1. Como dice tu mamá, tienes que usar suéter.
2. Por pasear en bicicleta me rompí el brazo dos veces.
3. ¿Cuánto tiempo hace que toses y te duele la garganta?
4. Tengo cita con el Dr. Meléndez.
5. Dicen que el té de jengibre es muy bueno para los dolores de estómago.
6. Nunca perdí un día de clases porque apenas me enfermaba.

DR. MELÉNDEZ

ELENA

JIMENA

3

Ordenar Pon estos sucesos en el orden correcto.

a. Jimena va a ver al doctor. _____
b. El doctor le dice a la Sra. Díaz que no es nada serio. _____
c. Elena le habla a Jimena de cuando se rompió el brazo. _____
d. El doctor le receta medicamentos. _____
e. Jimena le dice a Elena que le duele la garganta. _____
f. Don Diego le trae a Jimena las pastillas para el resfriado. _____

4

En el consultorio Trabajen en parejas para representar los papeles de un(a) médico/a y su paciente. Usen las instrucciones como guía. ◀

AYUDA

Here are some useful expressions:
¿Cómo se lastimó...?
¿Qué le pasó?
¿Cuánto tiempo hace que...?
Tengo...
Estoy...
¿Es usted alérgico/a a algún medicamento?
Usted debe...

El/La médico/a	El/La paciente
Pregúntale al / a la paciente qué le pasó.	Dile que te caíste en casa. Describe tu dolor.
Pregúntale cuánto tiempo hace que se cayó.	Describe la situación. Piensas que te rompiste el dedo.
Mira el dedo. Debes recomendar un tratamiento (*treatment*) al / a la paciente.	Debes hacer preguntas al / a la médico/a sobre el tratamiento (*treatment*).

Ortografía

El acento y las sílabas fuertes

In Spanish, written accent marks are used on many words. Here is a review of some of the principles governing word stress and the use of written accents.

as-pi-ri-na   **gri-pe**   **to-man**   **an-tes**

In Spanish, when a word ends in a vowel, **-n**, or **-s**, the spoken stress usually falls on the next-to-last syllable. Words of this type are very common and do not need a written accent.

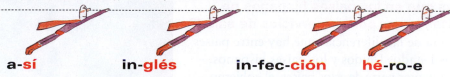

a-sí   **in-glés**   **in-fec-ción**   **hé-ro-e**

When a word ends in a vowel, **-n**, or **-s**, and the spoken stress does *not* fall on the next-to-last syllable, then a written accent is needed.

hos-pi-tal   **na-riz**   **re-ce-tar**   **to-ser**

When a word ends in any consonant *other* than **-n** or **-s**, the spoken stress usually falls on the last syllable. Words of this type are very common and do not need a written accent.

lá-piz   **fút-bol**   **hués-ped**   **sué-ter**

When a word ends in any consonant *other* than **-n** or **-s** and the spoken stress does *not* fall on the last syllable, then a written accent is needed.

far-ma-cia   **bio-lo-gí-a**   **su-cio**   **frí-o**

Diphthongs (two weak vowels or a strong and weak vowel together) are normally pronounced as a single syllable. A written accent is needed when a diphthong is broken into two syllables.

sol   **pan**   **mar**   **tos**

Spanish words of only one syllable do not usually carry a written accent (unless it is to distinguish meaning: **se** and **sé**).

CONSULTA

In Spanish, **a**, **e**, and **o** are considered strong vowels while **i** and **u** are weak vowels. To review this concept, see **Lección 3**, **Pronunciación**, p. 85.

Práctica Busca las palabras que necesitan acento escrito y escribe su forma correcta.

1. sal-mon
2. ins-pec-tor
3. nu-me-ro
4. fa-cil
5. ju-go
6. a-bri-go
7. ra-pi-do

8. sa-ba-do
9. vez
10. me-nu
11. o-pe-ra-cion
12. im-per-me-a-ble
13. a-de-mas
14. re-ga-te-ar

15. an-ti-pa-ti-co
16. far-ma-cia
17. es-qui
18. pen-sion
19. pa-is
20. per-don

El ahorcado Juega al ahorcado (*hangman*) para adivinar las palabras.

1. __ l __ __ __ __ __ a   Vas allí cuando estás enfermo.
2. __ __ __ __ e __ c __ __ n   Se usa para poner una vacuna (*vaccination*).
3. __ __ d __ o __ __ __ __ __ a   Permite ver los huesos.
4. __ __ __ i __ o   Trabaja en un hospital.
5. a __ __ __ b __ __ __ __ __ __   Es una medicina.

EN DETALLE

Servicios de salud

¿Sabías que en los países hispanos no necesitas pagar por los servicios de salud? Ésta es una de las diferencias que hay entre países como los Estados Unidos y los países hispanos.

En la mayor parte de estos países, el gobierno ofrece servicios médicos muy baratos o gratuitos° a sus ciudadanos°. Los turistas y extranjeros también pueden tener acceso a los servicios médicos a bajo° costo. La Seguridad Social y organizaciones similares son las responsables de gestionar° estos servicios.

Naturalmente, esto no funciona igual° en todos los países. En Ecuador, México y Perú, la situación varía según las regiones. Los habitantes de las ciudades y pueblos grandes tienen acceso a más servicios médicos, mientras que quienes viven en pueblos remotos sólo cuentan con° pequeñas clínicas.

Por su parte, Costa Rica, Colombia, Cuba y España tienen sistemas de salud muy desarrollados°.

Cruz verde de farmacia en Madrid, España

En España, por ejemplo, la mayoría de la gente tiene acceso a ellos y en muchos casos son completamente gratuitos. Según un informe de la Organización Mundial de la Salud, el sistema de salud español ocupa uno de los primeros diez lugares del mundo. Esto se debe no sólo al buen funcionamiento° del sistema, sino también al nivel de salud general de la población. Impresionante, ¿no?

Consulta médica en la República Dominicana

Las farmacias

Farmacia de guardia: Las farmacias generalmente tienen un horario comercial. Sin embargo°, en cada barrio° hay una farmacia de guardia que abre las veinticuatro horas del día.

Productos farmacéuticos: Todavía hay muchas farmacias tradicionales que están más especializadas en medicinas y productos farmacéuticos. No venden una gran variedad de productos.

Recetas: Muchos medicamentos se venden sin receta médica. Los farmacéuticos aconsejan° a las personas sobre problemas de salud y les dan las medicinas.

Cruz° verde: En muchos países, las farmacias tienen como símbolo una cruz verde. Cuando la cruz verde está encendida°, la farmacia está abierta.

---

gratuitos *free (of charge)* ciudadanos *citizens* bajo *low* gestionar *to manage* igual *in the same way* cuentan con *have* desarrollados *developed* funcionamiento *operation* Sin embargo *However* barrio *neighborhood* aconsejan *advise* Cruz *Cross* encendida *lit (up)*

ACTIVIDADES

1 **¿Cierto o falso?** Indica si lo que dicen las oraciones es **cierto** o **falso**. Corrige la información falsa.

1. En los países hispanos los gobiernos ofrecen servicios de salud accesibles a sus ciudadanos.

2. En los países hispanos los extranjeros tienen que pagar mucho dinero por los servicios médicos.

3. El sistema de salud español es uno de los mejores del mundo.

4. Las farmacias de guardia abren sólo los sábados y domingos.

5. En los países hispanos las farmacias venden una gran variedad de productos.

6. Los farmacéuticos de los países hispanos aconsejan a los enfermos y venden algunas medicinas sin necesidad de receta.

7. En México y otros países, los pueblos remotos cuentan con grandes centros médicos.

8. Muchas farmacias usan una cruz verde como símbolo.

La salud

el chequeo (Esp., Méx.)	el examen médico
la droguería (Col.)	la farmacia
la herida	*injury; wound*
la píldora	la pastilla
los primeros auxilios	*first aid*
la sangre	*blood*

Remedios caseros° y plantas medicinales

- **Achiote°** En Suramérica se usa para curar inflamaciones de garganta. Las hojas° de achiote se cuecen° en agua, se cuelan° y se hacen gárgaras° con esa agua.

- **Ají** En Perú se usan cataplasmas° de las semillas° de ají para aliviar los dolores reumáticos y la tortícolis°.

- **Azúcar** En Nicaragua y otros países centroamericanos se usa el azúcar para detener° la sangre en pequeñas heridas.

- **Sábila (aloe vera)** En Latinoamérica, el jugo de las hojas de sábila se usa para reducir cicatrices°. Se recomienda aplicarlo sobre la cicatriz dos veces al día, durante varios meses.

Remedios caseros *Home remedies* Achiote *Annatto* hojas *leaves* se cuecen *are cooked* se cuelan *they are drained* gárgaras *gargles* cataplasmas *pastes* semillas *seeds* tortícolis *stiff neck* detener *to stop* cicatrices *scars*

Curanderos° y chamanes

¿Quieres ser doctor(a), juez(a)°, político/a o psicólogo/a? En algunas sociedades de las Américas **los curanderos** y **los chamanes** no tienen que escoger entre estas profesiones porque ellos son mediadores de conflictos y dan consejos a la comunidad. Su opinión es muy respetada.

Códice Florentino, México, siglo XVI

Desde las culturas antiguas° de las Américas muchas personas piensan que la salud del cuerpo y de la mente sólo puede existir si hay un equilibrio entre el ser humano y la naturaleza. Los curanderos y los chamanes son quienes cuidan este equilibrio.

Los curanderos se especializan más en enfermedades físicas, mientras que los chamanes están más

Cuzco, Perú

relacionados con los males° de la mente y el alma°. Ambos° usan plantas, masajes y rituales y sus conocimientos se basan en la tradición, la experiencia, la observación y la intuición.

Curanderos *Healers* juez(a) *judge* antiguas *ancient* males *illnesses* alma *soul* Ambos *Both*

Conexión Internet

¿Cuáles son algunos hospitales importantes del mundo hispano?

Go to **vhlcentral.com** to find more cultural information related to this **Cultura** section.

2 **Comprensión** Contesta las preguntas.

1. ¿Cómo se les llama a las farmacias en Colombia?
2. ¿Qué parte del achiote se usa para curar la garganta?
3. ¿Cómo se aplica la sábila para reducir cicatrices?
4. En algunas partes de las Américas, ¿quiénes mantienen el equilibrio entre el ser humano y la naturaleza?
5. ¿Qué usan los curanderos y chamanes para curar?

3 **¿Qué haces cuando tienes gripe?** Escribe cuatro oraciones sobre las cosas que haces cuando tienes gripe. Explica si vas al médico, si tomas medicamentos o si sigues alguna dieta especial. Después, comparte tu texto con un(a) compañero/a.

  Practice more at **vhlcentral.com**.

10.1 The imperfect tense  Tutorial

ANTE TODO In **Lecciones 6–9,** you learned the preterite tense. You will now learn the imperfect, which describes past activities in a different way.

The imperfect of regular verbs

		cantar	beber	escribir
SINGULAR FORMS	yo	cant**aba**	beb**ía**	escrib**ía**
	tú	cant**abas**	beb**ías**	escrib**ías**
	Ud./él/ella	cant**aba**	beb**ía**	escrib**ía**
PLURAL FORMS	nosotros/as	cant**ábamos**	beb**íamos**	escrib**íamos**
	vosotros/as	cant**abais**	beb**íais**	escrib**íais**
	Uds./ellos/ellas	cant**aban**	beb**ían**	escrib**ían**

De niña apenas me enfermaba.

Cuando me dolía el estómago, mi mamá me daba té de jengibre.

▶ There are no stem changes in the imperfect.

entender (e:ie)

servir (e:i)

doler (o:ue)

Entendíamos japonés.
We used to understand Japanese.
El camarero les **servía** el café.
The waiter was serving them coffee.
A Javier le **dolía** el tobillo.
Javier's ankle was hurting.

▶ The imperfect form of **hay** is **había** *(there was; there were; there used to be).*

▶ **¡Atención!** **Ir, ser,** and **ver** are the only verbs that are irregular in the imperfect.

The imperfect of irregular verbs

		ir	ser	ver
SINGULAR FORMS	yo	**iba**	**era**	**veía**
	tú	**ibas**	**eras**	**veías**
	Ud./él/ella	**iba**	**era**	**veía**
PLURAL FORMS	nosotros/as	**íbamos**	**éramos**	**veíamos**
	vosotros/as	**ibais**	**erais**	**veíais**
	Uds./ellos/ellas	**iban**	**eran**	**veían**

CONSULTA

You will learn more about the contrast between the preterite and the imperfect in **Estructura 10.2**, pp. 346–347.

Uses of the imperfect

▶ As a general rule, the imperfect is used to describe actions that are seen by the speaker as incomplete or "continuing," while the preterite is used to describe actions that have been completed. The imperfect expresses what was happening at a certain time or how things used to be. The preterite, in contrast, expresses a completed action.

—¿Qué te **pasó**? —Me **torcí** el tobillo.
What happened to you? *I sprained my ankle.*

—¿Dónde **vivías** de niño? —**Vivía** en San José.
Where did you live as a child? *I lived in San José.*

▶ These expressions are often used with the imperfect because they express habitual or repeated actions: **de niño/a** (*as a child*), **todos los días** (*every day*), **mientras** (*while*).

Uses of the imperfect

1. Habitual or repeated actions . . . .
Íbamos al parque los domingos.
We used to go to the park on Sundays.

2. Events or actions that were in progress
Yo **leía** mientras él **estudiaba**.
I was reading while he was studying.

3. Physical characteristics . . . .
Era alto y guapo.
He was tall and handsome.

4. Mental or emotional states . . . .
Quería mucho a su familia.
He loved his family very much.

5. Telling time . . . .
Eran las tres y media.
It was 3:30.

6. Age . . . .
Los niños **tenían** seis años.
The children were six years old.

¡INTÉNTALO! Indica la forma correcta de cada verbo en el imperfecto.

1. Mis hermanos ___*veían*___ (ver) televisión todas las tardes.
2. Yo _____ (viajar) en el tren de las 3:30.
3. ¿Dónde _____ (vivir) Samuel de niño?
4. Tú _____ (hablar) con Javier.
5. Leonardo y yo _____ (correr) por el parque.
6. Ustedes _____ (ir) a la clínica.
7. Nadia _____ (bailar) merengue.
8. ¿Cuándo _____ (asistir) tú a clase de español?
9. Yo _____ (ser) muy feliz.
10. Nosotras _____ (comprender) las preguntas.

recursos

WB
pp. 111–112

LM
p. 57

vhlcentral.com
Lección 10

Práctica

1

Completar Primero, completa las oraciones con el imperfecto de los verbos. Luego, pon las oraciones en orden lógico y compáralas con las de un(a) compañero/a.

a. El doctor dijo que no _____ (ser) nada grave. _____
b. El doctor _____ (querer) ver la nariz del niño. _____
c. Su mamá _____ (estar) dibujando cuando Miguelito entró llorando. _____
d. Miguelito _____ (tener) la nariz hinchada (*swollen*). Fueron al hospital. _____
e. Miguelito no _____ (ir) a jugar más. Ahora quería ir a casa a descansar. _____
f. Miguelito y sus amigos _____ (jugar) al béisbol en el patio. _____
g. _____ (Ser) las dos de la tarde. _____
h. Miguelito le dijo a la enfermera que _____ (dolerle) la nariz. _____

2

Transformar Forma oraciones completas para describir lo que hacían Julieta y César. Usa las formas correctas del imperfecto y añade todas las palabras necesarias.

1. Julieta y César / ser / paramédicos

2. trabajar / juntos y / llevarse / muy bien

3. cuando / haber / accidente, / siempre / analizar / situación / con cuidado

4. preocuparse / mucho / por / pacientes

5. si / paciente / tener / mucho / dolor, / ponerle / inyección

3

En la escuela de medicina Usa los verbos de la lista para completar las oraciones con las formas correctas del imperfecto. Algunos verbos se usan más de una vez.

caerse	enfermarse	ir	querer	tener
comprender	estornudar	pensar	sentirse	tomar
doler	hacer	poder	ser	toser

1. Cuando Javier y Victoria _____ estudiantes de medicina, siempre _____ que ir al médico.

2. Cada vez que él _____ un examen, a Javier le _____ mucho la cabeza.

3. Cuando Victoria _____ ejercicios aeróbicos, siempre _____ mareada.

4. Todas las primaveras, Javier _____ mucho porque es alérgico al polen.

5. Victoria también _____ de su bicicleta camino a la escuela.

6. Después de comer en la cafetería, a Victoria siempre le _____ el estómago.

7. Javier _____ ser médico para ayudar a los demás.

8. Pero no _____ por qué él _____ con tanta frecuencia.

9. Cuando Victoria _____ fiebre, no _____ ni leer el termómetro.

10. A Javier _____ los dientes, pero nunca _____ ir al dentista.

11. Victoria _____ mucho cuando _____ congestionada.

12. Javier y Victoria _____ que nunca _____ a graduarse.

Practice more at **vhlcentral.com**.

Comunicación

 4

Entrevista Trabajen en parejas. Un(a) estudiante usa estas preguntas para entrevistar a su compañero/a. Luego compartan los resultados de la entrevista con la clase.

1. Cuando eras estudiante de primaria, ¿te gustaban tus profesores/as?
2. ¿Veías mucha televisión cuando eras niño/a?
3. Cuando tenías diez años, ¿cuál era tu programa de televisión favorito?
4. Cuando eras niño/a, ¿qué hacía tu familia durante las vacaciones?
5. ¿Cuántos años tenías en 2010?
6. Cuando estabas en el quinto año escolar, ¿qué hacías con tus amigos/as?
7. Cuando tenías once años, ¿cuál era tu grupo musical favorito?
8. Antes de tomar esta clase, ¿sabías hablar español?

5

Describir En parejas, túrnense para describir cómo eran sus vidas cuando eran niños. Pueden usar las sugerencias de la lista u otras ideas. Luego informen a la clase sobre la vida de su compañero/a.

> **modelo**
>
> De niña, mi familia y yo siempre íbamos a Tortuguero. Tomábamos un barco desde Limón, y por las noches mirábamos las tortugas (*turtles*) en la playa. Algunas veces teníamos suerte, porque las tortugas venían a poner (*lay*) huevos. Otras veces, volvíamos al hotel sin ver ninguna tortuga.

- las vacaciones
- ocasiones especiales
- qué hacías durante el verano
- celebraciones con tus amigos/as
- celebraciones con tu familia
- cómo era tu escuela
- cómo eran tus amigos/as
- los viajes que hacías
- a qué jugabas
- qué hacías cuando te sentías enfermo/a

Síntesis

6

En el consultorio Tu profesor(a) te va a dar una lista incompleta con los pacientes que fueron al consultorio del doctor Donoso ayer. En parejas, conversen para completar sus listas y saber a qué hora llegaron las personas al consultorio y cuáles eran sus problemas.

10.2 # The preterite and the imperfect  Tutorial

ANTE TODO Now that you have learned the forms of the preterite and the imperfect, you will learn more about how they are used. The preterite and the imperfect are not interchangeable. In Spanish, the choice between these two tenses depends on the context and on the point of view of the speaker.

Me rompí el brazo cuando estaba paseando en bicicleta.

Tenía dolor de cabeza, pero me tomé una aspirina y se me fue.

COMPARE & CONTRAST

Use the preterite to...	Use the imperfect to...
1. Express actions that are viewed by the speaker as completed	**1.** Describe an ongoing past action with no reference to its beginning or end
Sandra **se rompió** la pierna. *Sandra broke her leg.*	Sandra **esperaba** al doctor. *Sandra was waiting for the doctor.*
Fueron a Buenos Aires ayer. *They went to Buenos Aires yesterday.*	El médico **se preocupaba** por sus pacientes. *The doctor worried about his patients.*
2. Express the beginning or end of a past action	**2.** Express habitual past actions and events
La película **empezó** a las nueve. *The movie began at nine o'clock.*	Cuando **era** joven, **jugaba** al tenis. *When I was young, I used to play tennis.*
Ayer **terminé** el proyecto para la clase de química. *Yesterday I finished the project for chemistry class.*	De niño, Eduardo **se enfermaba** con mucha frecuencia. *As a child, Eduardo used to get sick very frequently.*
3. Narrate a series of past actions or events	**3.** Describe physical and emotional states or characteristics
La doctora me **miró** los oídos, me **hizo** unas preguntas y **escribió** la receta. *The doctor looked in my ears, asked me some questions, and wrote the prescription.*	La chica **quería** descansar. **Se sentía** mal y **tenía** dolor de cabeza. *The girl wanted to rest. She felt ill and had a headache.*
Me di con la mesa, **me caí** y **me lastimé** el pie. *I bumped into the table, I fell, and I injured my foot.*	Ellos **eran** altos y **tenían** ojos verdes. *They were tall and had green eyes.*
	Estábamos felices de ver a la familia. *We were happy to see our family.*

AYUDA

These words and expressions, as well as similar ones, commonly occur with the preterite: **ayer, anteayer, una vez, dos veces, tres veces, el año pasado, de repente**. They usually imply that an action has happened at a specific point in time. For a review, see **Estructura 6.3,** p. 207.

AYUDA

These words and expressions, as well as similar ones, commonly occur with the imperfect: **de niño/a, todos los días, mientras, siempre, con frecuencia, todas las semanas**. They usually express habitual or repeated actions in the past.

▶ The preterite and the imperfect often appear in the same sentence. In such cases, the imperfect describes what *was happening*, while the preterite describes the action that "interrupted" the ongoing activity.

> **Miraba** la tele cuando **sonó** el teléfono.
> *I was watching TV when the phone rang.*

> Felicia **leía** el periódico cuando **llegó** Ramiro.
> *Felicia was reading the newspaper when Ramiro arrived.*

▶ You will also see the preterite and the imperfect together in narratives such as fiction, news, and the retelling of events. The imperfect provides background information, such as time, weather, and location, while the preterite indicates the specific events that occurred.

> **Eran** las dos de la mañana y el detective ya no **podía** mantenerse despierto. **Se bajó** lentamente del coche, **estiró** las piernas y **levantó** los brazos hacia el cielo oscuro.
> *It was two in the morning, and the detective could no longer stay awake. He slowly stepped out of the car, stretched his legs, and raised his arms toward the dark sky.*

> La luna **estaba** llena y no **había** en el cielo ni una sola nube. De repente, el detective **escuchó** un grito espeluznante proveniente del parque.
> *The moon was full and there wasn't a single cloud in the sky. Suddenly, the detective heard a piercing scream coming from the park.*

Un médico colombiano desarrolló una vacuna contra la malaria

En 1986, el doctor colombiano Manuel Elkin Patarroyo creó la primera vacuna sintética para combatir la malaria. Esta enfermedad parecía haberse erradicado hacía décadas en muchas partes del mundo. Sin embargo, justo cuando Patarroyo terminó de elaborar la inmunización, los casos de malaria empezaban a aumentar de nuevo. En mayo de 1993, el doctor colombiano cedió la patente de la vacuna a la Organización Mundial de la Salud en nombre de Colombia. Los grandes laboratorios farmacéuticos presionaron a la OMS porque querían la vacuna. Las presiones no tuvieron éxito y, en 1995, el doctor Patarroyo y la OMS pactaron continuar con el acuerdo inicial: la vacuna seguía siendo propiedad de la OMS.

¡INTÉNTALO! Elige el pretérito o el imperfecto para completar la historia. Explica por qué se usa ese tiempo verbal en cada ocasión.

1. ___Eran___ (Fueron/Eran) las doce.
2. _____ (Hubo/Había) mucha gente en la calle.
3. A las doce y media, Tomás y yo _____ (entramos/entrábamos) en el restaurante Tárcoles.
4. Todos los días yo _____ (almorcé/almorzaba) con Tomás al mediodía.
5. El camarero _____ (llegó/llegaba) inmediatamente con el menú.
6. Nosotros _____ (empezamos/empezábamos) a leerlo.
7. Yo _____ (pedí/pedía) el pescado.
8. De repente, el camarero _____ (volvió/volvía) a nuestra mesa.
9. Y nos _____ (dio/daba) una mala noticia.
10. Desafortunadamente, no _____ (tuvieron/tenían) más pescado.
11. Por eso Tomás y yo _____ (decidimos/decidíamos) comer en otro lugar.
12. _____ (Llovió/Llovía) mucho cuando _____ (salimos/salíamos) del restaurante.
13. Así que _____ (regresamos/regresábamos) al restaurante Tárcoles.
14. Esta vez, _____ (pedí/pedía) arroz con pollo.

recursos

WB
pp. 113–116

LM
p. 58

vhlcentral.com
Lección 10
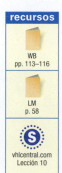

Práctica

1

En el periódico Completa esta noticia con las formas correctas del pretérito o el imperfecto.

Un accidente trágico

Ayer temprano por la mañana (1)_____ (haber) un trágico accidente en el centro de San José cuando el conductor de un autobús no (2)_____ (ver) venir un carro. La mujer que (3)_____ (manejar) el carro (4)_____ (morir) al instante y los paramédicos (5)_____ (tener) que llevar al pasajero al hospital porque (6)_____ (sufrir) varias fracturas. El conductor del autobús (7)_____ (decir) que no (8)_____ (ver) el carro hasta el último momento porque (9)_____ (estar) muy nublado y (10)_____ (llover). Él (11)_____ (intentar) (*to attempt*) dar un viraje brusco (*to swerve*), pero (12)_____ (perder) el control del autobús y no (13)_____ (poder) evitar (*to avoid*) el accidente. Según nos informaron, no (14)_____ (lastimarse) ningún pasajero del autobús.

AYUDA

Reading Spanish-language newspapers is a good way to practice verb tenses. You will find that both the imperfect and the preterite occur with great regularity. Many newsstands carry international papers, and many Spanish-language newspapers (such as Spain's **El País**, Mexico's **Reforma**, and Argentina's **Clarín**) are on the Web.

2

Seleccionar Utiliza el tiempo verbal adecuado, según el contexto.

1. La semana pasada, Manolo y Aurora _____ (querer) dar una fiesta. _____ (Decidir) invitar a seis amigos y servirles mucha comida.

2. Manolo y Aurora _____ (estar) preparando la comida cuando Elena _____ (llamar). Como siempre, _____ (tener) que estudiar para un examen.

3. A las seis, _____ (volver) a sonar el teléfono. Su amigo Francisco tampoco _____ (poder) ir a la fiesta, porque _____ (tener) fiebre. Manolo y Aurora _____ (sentirse) muy tristes, pero _____ (tener) que preparar la comida.

4. Después de otros quince minutos, _____ (sonar) el teléfono. Sus amigos, los señores Vega, _____ (estar) en camino (*en route*) al hospital: a su hijo le _____ (doler) mucho el estómago. Sólo dos de los amigos _____ (poder) ir a la cena.

5. Por supuesto, _____ (ir) a tener demasiada comida. Finalmente, cinco minutos antes de las ocho, _____ (llamar) Ramón y Javier. Ellos _____ (pensar) que la fiesta _____ (ser) la próxima semana.

6. Tristes, Manolo y Aurora _____ (sentarse) a comer solos. Mientras _____ (comer), pronto _____ (llegar) a la conclusión de que _____ (ser) mejor estar solos: ¡La comida _____ (estar) malísima!

3

Completar Completa las frases de una manera lógica. Usa el pretérito o el imperfecto. En parejas, comparen sus respuestas.

1. De niño/a, yo...
2. Yo conducía el auto mientras...
3. Anoche mi novio/a...
4. Ayer el/la profesor(a)...
5. La semana pasada un(a) amigo/a...
6. Con frecuencia mis padres...
7. Esta mañana en la cafetería...
8. Hablábamos con el doctor cuando...

 Practice more at **vhlcentral.com**.

Comunicación

4

Entrevista Usa estas preguntas para entrevistar a un(a) compañero/a acerca de su primer(a) novio/a. Si quieres, puedes añadir otras preguntas.

1. ¿Quién fue tu primer(a) novio/a?
2. ¿Cuántos años tenías cuando lo/la conociste?
3. ¿Cómo era él/ella?
4. ¿Qué le gustaba hacer? ¿Tenían ustedes los mismos pasatiempos?
5. ¿Por cuánto tiempo salieron ustedes?
6. ¿Adónde iban cuando salían?
7. ¿Pensaban casarse?
8. ¿Cuándo y por qué rompieron?

5

La sala de emergencias En parejas, miren la lista e inventen qué les pasó a estas personas que están en la sala de emergencias.

> **modelo**
>
> Eran las tres de la tarde. Como todos los días, Pablo jugaba al fútbol con sus amigos. Estaba muy contento. De repente, se cayó y se rompió el brazo. Entonces fue a la sala de emergencias.

Paciente	Edad	Hora	Estado
1. Pablo Romero	9 años	15:20	hueso roto (el brazo)
2. Estela Rodríguez	45 años	15:25	tobillo torcido
3. Lupe Quintana	29 años	15:37	embarazada, dolores
4. Manuel López	52 años	15:45	infección de garganta
5. Marta Díaz	3 años	16:00	congestión, fiebre
6. Roberto Salazar	32 años	16:06	dolor de oído
7. Marco Brito	18 años	16:18	daño en el cuello, posible fractura
8. Ana María Ortiz	66 años	16:29	reacción alérgica a un medicamento

6

Situación Anoche alguien robó (*stole*) el examen de la **Lección 10** de la oficina de tu profesor(a) y tú tienes que averiguar quién lo hizo. Pregúntales a tres compañeros dónde estaban, con quién estaban y qué hicieron entre las ocho y las doce de la noche.

Síntesis

7

La primera vez En grupos, cuéntense cómo fue la primera vez que les pusieron una inyección, se rompieron un hueso, pasaron la noche en un hospital, estuvieron mareados/as, etc. Incluyan estos datos en su conversación: una descripción del tiempo que hacía, sus edades, qué pasó y cómo se sentían.

10.3   Constructions with se    Tutorial

ANTE TODO   In **Lección 7,** you learned how to use **se** as the third person reflexive pronoun (**Él se despierta. Ellos se visten. Ella se baña.**). **Se** can also be used to form constructions in which the person performing the action is not expressed or is de-emphasized.

Impersonal constructions with se

▶ In Spanish, verbs that are not reflexive can be used with **se** to form impersonal constructions. These are statements in which the person performing the action is not defined.

> **Se habla** español en Costa Rica.
> *Spanish is spoken in Costa Rica.*

> **Se puede leer** en la sala de espera.
> *You can read in the waiting room.*

> **Se hacen** operaciones aquí.
> *They perform operations here.*

> **Se necesitan** medicinas enseguida.
> *They need medicine right away.*

▶ **¡Atención!** Note that the third person singular verb form is used with singular nouns and the third person plural form is used with plural nouns.

> **Se vende** ropa.   **Se venden** camisas.

▶ You often see the impersonal **se** in signs, advertisements, and directions.

SE PROHÍBE
NADAR

Se necesitan
programadores
Grupo Tecno
Tel. 778-34-34

ENTRADA

Se entra por la
izquierda

Se for unplanned events

¿Te pusiste un
suéter anoche?

No, mamá.
Se me olvidó.

▶ **Se** also describes accidental or unplanned events. In this construction, the person who performs the action is de-emphasized, implying that the accident or unplanned event is not his or her direct responsibility. Note this construction.

$$\textbf{se} \; + \; \left[\begin{array}{c}\textbf{INDIRECT}\\ \textbf{OBJECT}\\ \textbf{PRONOUN}\end{array}\right] \; + \; \left[\textbf{VERB}\right] \; + \; \left[\textbf{SUBJECT}\right]$$

Se   me   cayó   la pluma.

AYUDA

In English, the passive voice or indefinite subjects (*you, they, one*) are used where Spanish uses impersonal constructions with **se**.

▶ In this type of construction, what would normally be the direct object of the sentence becomes the subject, and it agrees with the verb, not with the indirect object pronoun.

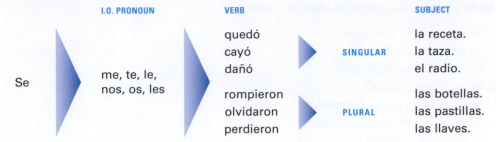

I.O. PRONOUN	VERB		SUBJECT
Se me, te, le, nos, os, les	quedó cayó dañó	SINGULAR	la receta. la taza. el radio.
	rompieron olvidaron perdieron	PLURAL	las botellas. las pastillas. las llaves.

▶ These verbs are the ones most frequently used with **se** to describe unplanned events.

Verbs commonly used with se

caer	to fall; to drop	**perder (e:ie)**	to lose
dañar	to damage; to break down	**quedar**	to be left behind
olvidar	to forget	**romper**	to break

Se me perdió el teléfono de la farmacia.
I lost the pharmacy's phone number.

Se nos olvidaron los pasajes.
We forgot the tickets.

▶ **¡Atención!** While Spanish has a verb for *to fall* (**caer**), there is no direct translation for *to drop*. **Dejar caer** (*To let fall*) or a **se** construction is often used to mean *to drop*.

El médico **dejó caer** la aspirina.
The doctor dropped the aspirin.

A mí **se me cayeron** los cuadernos.
I dropped the notebooks.

CONSULTA

For an explanation of prepositional pronouns, refer to **Estructura 9.4**, p. 318.

▶ To clarify or emphasize who the person involved in the action is, this construction commonly begins with the preposition **a** + [*noun*] or **a** + [*prepositional pronoun*].

Al paciente se le perdió la receta.
The patient lost his prescription.

A ustedes se les quedaron los libros en casa.
You left the books at home.

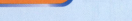 **¡INTÉNTALO!**   Completa las oraciones con **se** impersonal y los verbos en presente.

A

1. <u>Se enseñan</u> (enseñar) cinco lenguas en esta universidad.
2. _____ (comer) muy bien en Las Delicias.
3. _____ (vender) muchas camisetas allí.
4. _____ (servir) platos exquisitos cada noche.

Completa las oraciones con **se** y los verbos en pretérito.

B

1. <u>Se me rompieron</u> (*I broke*) las gafas.
2. _____ (*You* (fam., sing.) *dropped*) las pastillas.
3. _____ (*They lost*) la receta.
4. _____ (*You* (form., sing.) *left*) aquí la radiografía.

recursos

WB
pp. 117–118

LM
p. 59

vhlcentral.com
Lección 10

Práctica

1

¿Cierto o falso? Lee estas oraciones sobre la vida en 1901. Indica si lo que dice cada oración es **cierto** o **falso**. Luego corrige las oraciones falsas.

1. Se veía mucha televisión.
2. Se escribían muchos libros.
3. Se viajaba mucho en tren.
4. Se montaba a caballo.
5. Se mandaba correo electrónico.
6. Se preparaban comidas en casa.
7. Se llevaban minifaldas.
8. Se pasaba mucho tiempo con la familia.

2

Traducir Traduce estos letreros (*signs*) y anuncios al español.

1. Nurses needed
2. Eating and drinking prohibited
3. Programmers sought
4. English is spoken
5. Computers sold
6. No talking
7. Teacher needed
8. Books sold
9. Do not enter
10. Spanish is spoken

3

¿Qué pasó? Mira los dibujos e indica lo que pasó en cada uno.

1. camarero / pastel

2. Sr. Álvarez / espejo

3. Arturo / tarea

4. Sra. Domínguez / llaves

5. Carla y Lupe / botellas de vino

6. Juana / platos

 Practice more at **vhlcentral.com**.

Comunicación

4

¿Distraído/a yo? Trabajen en parejas y usen estas preguntas para averiguar cuál de los/las dos es más distraído/a (*absentminded*).

¿Alguna vez…
1. se te olvidó invitar a alguien a una fiesta o comida? ¿A quién?
2. se te quedó algo importante en la casa? ¿Qué?
3. se te perdió algo importante durante un viaje? ¿Qué?
4. se te rompió algo muy caro? ¿Qué?

¿Sabes…
5. si se permite el ingreso (*admission*) de perros al parque cercano a la universidad?
6. si en el supermercado se aceptan cheques?
7. dónde se arreglan zapatos y botas?
8. qué se sirve en la cafetería de la universidad los lunes?

5

Opiniones En parejas, terminen cada oración con ideas originales. Después, comparen los resultados con la clase para ver qué pareja tuvo las mejores ideas.

1. No se tiene que dejar propina cuando…
2. Antes de viajar, se debe…
3. Si se come bien, …
4. Para tener una vida sana, se debe…
5. Se sirve la mejor comida en…
6. Se hablan muchas lenguas en…

Síntesis

6

Anuncios En grupos, preparen dos anuncios de televisión para presentar a la clase. Usen el imperfecto y por lo menos dos construcciones con **se** en cada uno.

modelo

Se me cayeron unos libros en el pie y me dolía mucho. Pero ahora no, gracias a SuperAspirina 500. ¡Dos pastillas y se me fue el dolor! Se puede comprar SuperAspirina 500 en todas las farmacias Recetamax.

10.4 **Adverbs** **Tutorial**

ANTE TODO Adverbs are words that describe how, when, and where actions take place. They can modify verbs, adjectives, and even other adverbs. In previous lessons, you have already learned many Spanish adverbs, such as the ones below.

aquí	hoy	nunca
ayer	mal	siempre
bien	muy	temprano

▶ The most common adverbs end in **-mente**, equivalent to the English ending *-ly*.

verdaderamente *truly, really*   **generalmente** *generally*   **simplemente** *simply*

▶ To form these adverbs, add **-mente** to the feminine form of the adjective. If the adjective does not have a special feminine form, just add **-mente** to the standard form. **¡Atención!** Adjectives do not lose their accents when adding **-mente**.

ADJECTIVE	FEMININE FORM	SUFFIX	ADVERB
seguro	segura	-mente	seguramente
fabuloso	fabulosa	-mente	fabulosamente
enorme		-mente	enormemente
fácil		-mente	fácilmente

▶ Adverbs that end in **-mente** generally follow the verb, while adverbs that modify an adjective or another adverb precede the word they modify.

Maira dibuja **maravillosamente**.   Sergio está **casi siempre** ocupado.
Maira draws wonderfully.   *Sergio is almost always busy.*

Common adverbs and adverbial expressions

a menudo	*often*	así	*like this; so*	menos	*less*
a tiempo	*on time*	bastante	*enough; rather*	muchas	*a lot; many*
a veces	*sometimes*	casi	*almost*	veces	*times*
además (de)	*furthermore; besides*	con frecuencia	*frequently*	poco	*little*
				por lo menos	*at least*
apenas	*hardly; scarcely*	de vez en cuando	*from time to time*	pronto	*soon*
		despacio	*slowly*	rápido	*quickly*

¡ATENCIÓN!

When a sentence contains two or more adverbs in sequence, the suffix **-mente** is dropped from all but the last adverb.

Ex: **El médico nos habló simple y abiertamente.** *The doctor spoke to us simply and openly.*

¡ATENCIÓN!

Rápido functions as an adjective (**Ella tiene una computadora rápida.**) as well as an adverb (**Ellas corren rápido.**). Note that as an adverb, **rápido** does not need to agree with any other word in the sentence. You can also use the adverb **rápidamente** (**Ella corre rápidamente.**).

recursos

WB
pp. 119–120

LM
p. 60

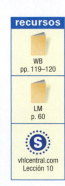
vhlcentral.com
Lección 10

¡INTÉNTALO! Transforma los adjetivos en adverbios.

1. alegre _alegremente_
2. constante _____
3. gradual _____
4. perfecto _____

5. real _____
6. frecuente _____
7. tranquilo _____
8. regular _____

9. maravilloso _____
10. normal _____
11. básico _____
12. afortunado _____

Práctica

1

Escoger Completa la historia con los adverbios adecuados.

1. La cita era a las dos, pero llegamos _____. (menos, nunca, tarde)
2. El problema fue que _____ se nos dañó el despertador. (aquí, ayer, despacio)
3. La recepcionista no se enojó porque sabe que normalmente llego _____. (a veces, a tiempo, poco)
4. _____ el doctor estaba listo. (Por lo menos, Muchas veces, Casi)
5. _____ tuvimos que esperar cinco minutos. (Así, Además, Apenas)
6. El doctor dijo que nuestra hija Irene necesitaba cambiar su rutina diaria _____. (temprano, menos, inmediatamente)
▶ 7. El doctor nos explicó _____ las recomendaciones del Cirujano General (*Surgeon General*) sobre la salud de los jóvenes. (de vez en cuando, bien, apenas)
8. _____ nos dijo que Irene estaba bien, pero tenía que hacer más ejercicio y comer mejor. (Bastante, Afortunadamente, A menudo)

NOTA CULTURAL

La doctora Antonia Novello, de Puerto Rico, fue la primera mujer y la primera hispana en tomar el cargo de **Cirujana General** de los Estados Unidos (1990–1993).

Comunicación

2

Aspirina Lee el anuncio y responde a las preguntas con un(a) compañero/a.

No hay tiempo para el dolor de cabeza.

Si tienes prisa, o simplemente quieres que tu dolor de cabeza se vaya muy pronto, piensa en Capalivia. Se asimila mejor y actúa rápidamente. Ya no se puede perder tiempo por un dolor de cabeza.

ASPIRINA

1. ¿Cuáles son los adverbios que aparecen en el anuncio?
2. Según el anuncio, ¿cuáles son las ventajas (*advantages*) de este tipo de aspirina?
3. ¿Tienen ustedes dolores de cabeza? ¿Qué toman para curarlos?
4. ¿Qué medicamentos ven con frecuencia en los anuncios de televisión? Escriban descripciones de varios de estos anuncios. Usen adverbios en sus descripciones.

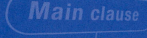

Recapitulación

 **Diagnostics**

Completa estas actividades para repasar los conceptos de gramática que aprendiste en esta lección.

1

Completar Completa el cuadro con la forma correcta del imperfecto. `24 pts.`

yo/Ud./él/ella	tú	nosotros	Uds./ellos/ellas
era			
	cantabas		
		veníamos	
			querían

2

Adverbios Escoge el adverbio correcto de la lista para completar estas oraciones. Lee con cuidado las oraciones; los adverbios sólo se usan una vez. No vas a usar uno de los adverbios. `16 pts.`

a menudo	apenas	fácilmente
a tiempo	casi	maravillosamente
además	despacio	por lo menos

1. Pablito se cae _____; un promedio (*average*) de cuatro veces por semana.

2. No me duele nada y no sufro de ninguna enfermedad; me siento _____ bien.

3. —Doctor, ¿cómo supo que tuve una operación de garganta?
   —Muy _____, lo leí en su historial médico (*medical history*).

4. ¿Le duele mucho la espalda (*back*)? Entonces tiene que levantarse _____.

5. Ya te sientes mucho mejor, ¿verdad? Mañana puedes volver al trabajo; tu temperatura es _____ normal.

6. Es importante hacer ejercicio con regularidad, _____ tres veces a la semana.

7. El examen médico no comenzó ni tarde ni temprano. Comenzó _____, a las tres de la tarde.

8. Parece que ya te estás curando del resfriado. _____ estás congestionada.

10.1 **The imperfect tense** *pp. 342–343*

The imperfect of regular verbs

cantar	beber	escribir
cantaba	bebía	escribía
cantabas	bebías	escribías
cantaba	bebía	escribía
cantábamos	bebíamos	escribíamos
cantabais	bebíais	escribíais
cantaban	bebían	escribían

► There are no stem changes in the imperfect: entender (e:ie) → entendía; servir (e:i) → servía; doler (o:ue) → dolía

► The imperfect of **hay** is **había**.

► Only three verbs are irregular in the imperfect.
ir: iba, ibas, iba, íbamos, ibais, iban
ser: era, eras, era, éramos, erais, eran
ver: veía, veías, veía, veíamos, veíais, veían

10.2 **The preterite and the imperfect** *pp. 346–347*

Preterite	Imperfect
1. Completed actions **Fueron** a Buenos Aires ayer.	1. Ongoing past action Usted **miraba** el fútbol.
2. Beginning or end of past action La película **empezó** a las nueve.	2. Habitual past actions Todos los domingos yo **visitaba** a mi abuela.
3. Series of past actions or events Me **caí** y me **lastimé** el pie.	3. Description of states or characteristics Ella **era** alta. **Quería** descansar.

10.3 **Constructions with se** *pp. 350–351*

Impersonal constructions with se

Se	prohíbe fumar.
	habla español.
	hablan varios idiomas.

Se for unplanned events		
Se	me, te, le, nos, os, les	cayó la taza.
		dañó el radio.
		rompieron las botellas.
		olvidaron las llaves.

3 **Un accidente** Escoge el imperfecto o el pretérito según el contexto para completar esta conversación. **20 pts.**

NURIA Hola, Felipe. ¿Estás bien? ¿Qué es eso? ¿(1) (Te lastimaste/Te lastimabas) el pie?

FELIPE Ayer (2) (tuve/tenía) un pequeño accidente.

NURIA Cuéntame. ¿Cómo (3) (pasó/pasaba)?

FELIPE Bueno, (4) (fueron/eran) las cinco de la tarde y (5) (llovió/llovía) mucho cuando (6) (salí/salía) de la casa en mi bicicleta. No (7) (vi/veía) a una chica que (8) (caminó/caminaba) en mi dirección, y los dos (9) (nos caímos/nos caíamos) al suelo (*ground*).

NURIA Y la chica, ¿está bien ella?

FELIPE Sí. Cuando llegamos al hospital, ella sólo (10) (tuvo/tenía) dolor de cabeza.

10.4 **Adverbs** *p. 354*

Formation of adverbs		
fácil	→	fácilmente
seguro	→	seguramente
verdadero	→	verdaderamente

4 **Oraciones** Escribe oraciones con **se** a partir de los elementos dados (*given*). Usa el tiempo especificado entre paréntesis y añade pronombres cuando sea necesario. **10 pts.**

> **modelo**
>
> Carlos / quedar / la tarea en casa (pretérito)
> A Carlos se le quedó la tarea en casa.

1. en la farmacia / vender / medicamentos (presente)

2. ¿(tú) / olvidar / las llaves / otra vez? (pretérito)

3. (yo) / dañar / la computadora (pretérito)

4. en esta clase / prohibir / hablar inglés (presente)

5. ellos / romper / las gafas / en el accidente (pretérito)

5 **En la consulta** Escribe al menos cinco oraciones sobre tu última visita al médico. Incluye cinco verbos en pretérito y cinco en imperfecto. Habla de qué te pasó, cómo te sentías, cómo era el/la doctor(a), qué te dijo, etc. Usa tu imaginación. **30 pts.**

6 **Refrán** Completa el refrán con las palabras que faltan. **¡4 puntos EXTRA!**

 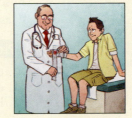 

" Lo que _____ (*well*) se aprende,
nunca _____ pierde. "

 Practice more at **vhlcentral.com**.

Lectura

Antes de leer

Estrategia

Activating background knowledge

Using what you already know about a particular subject will often help you better understand a reading selection. For example, if you read an article about a recent medical discovery, you might think about what you already know about health in order to understand unfamiliar words or concepts.

Examinar el texto

Utiliza las estrategias de lectura que tú consideras más efectivas para hacer algunas observaciones preliminares acerca del texto. Después trabajen en parejas para comparar sus observaciones acerca del texto. Luego contesten estas preguntas:

- Analicen el formato del texto: ¿Qué tipo de texto es? ¿Dónde creen que se publicó este artículo?
- ¿Quiénes son Carla Baron y Tomás Monterrey?
- Miren la foto del libro. ¿Qué sugiere el título del libro sobre su contenido?

Conocimiento previo

Ahora piensen en su conocimiento previo° sobre el cuidado de la salud en los viajes. Consideren estas preguntas:

- ¿Viajaron alguna vez a otro estado o a otro país?
- ¿Tuvieron problemas durante sus viajes con el agua, la comida o el clima del lugar?
- ¿Olvidaron poner en su maleta algún medicamento que después necesitaron?
- Imaginen que su compañero/a se va de viaje. Díganle por lo menos cinco cosas que debe hacer para prevenir cualquier problema de salud.

conocimiento previo *background knowledge*

Libro de la semana

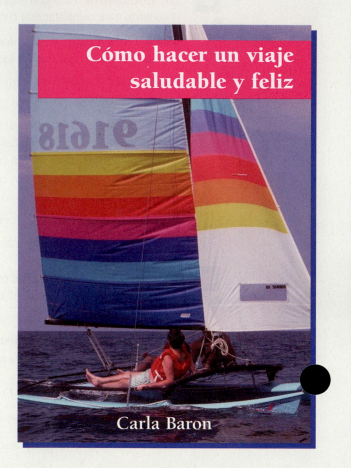

Cómo hacer un viaje saludable y feliz

Carla Baron

Después de leer

Correspondencias

Busca las correspondencias entre los problemas y las recomendaciones.

Problemas

1. el agua _____
2. el sol _____
3. la comida _____
4. la identificación _____
5. el clima _____

Recomendaciones

a. Hay que adaptarse a los ingredientes desconocidos (*unknown*).
b. Toma sólo productos purificados (*purified*).
c. Es importante llevar ropa adecuada cuando viajas.
d. Lleva loción o crema con alta protección solar.
e. Lleva tu pasaporte.

Entrevista a Carla Baron
por Tomás Monterrey

Tomás: ¿Por qué escribió su libro *Cómo hacer un viaje saludable y feliz*?

Carla: Me encanta viajar, conocer otras culturas y escribir. Mi primer viaje lo hice cuando era estudiante universitaria. Todavía recuerdo el día en que llegamos a San Juan, Puerto Rico. Era el panorama ideal para unas vacaciones maravillosas, pero al llegar a la habitación del hotel, bebí mucha agua de la llave° y luego pedí un jugo de frutas con mucho hielo°. El clima en San Juan es tropical y yo tenía mucha sed y calor. Los síntomas llegaron en menos de media hora: pasé dos días con dolor de estómago y corriendo al cuarto de baño cada diez minutos. Desde entonces, siempre que viajo sólo bebo agua mineral y llevo un pequeño bolso con medicinas necesarias, como pastillas para el dolor y también bloqueador solar, una crema repelente de mosquitos y un desinfectante.

Tomás: ¿Son reales° las situaciones que se narran en su libro?

Carla: Sí, son reales y son mis propias° historias°. A menudo los autores crean caricaturas divertidas de un turista en dificultades. ¡En mi libro la turista en dificultades soy yo!

Tomás: ¿Qué recomendaciones puede encontrar el lector en su libro?

Carla: Bueno, mi libro es anecdótico y humorístico, pero el tema de la salud se trata° de manera seria. En general, se dan recomendaciones sobre ropa adecuada para cada sitio, consejos para protegerse del sol, y comidas y bebidas adecuadas para el turista que viaja al Caribe o Suramérica.

Tomás: ¿Tiene algún consejo para las personas que se enferman cuando viajan?

Carla: Muchas veces los turistas toman el avión sin saber nada acerca del país que van a visitar. Ponen toda su ropa en la maleta, toman el pasaporte, la cámara fotográfica y ¡a volar°! Es necesario tomar precauciones porque nuestro cuerpo necesita adaptarse al clima, al sol, a la humedad, al agua y a la comida. Se trata de° viajar, admirar las maravillas del mundo y regresar a casa con hermosos recuerdos. En resumen, el secreto es "prevenir en vez de° curar".

llave *faucet* **hielo** *ice* **reales** *true* **propias** *own* **historias** *stories*
se trata *is treated* **¡a volar!** *Off they go!* **Se trata de** *It's a question of*
en vez de *instead of*

Seleccionar

Selecciona la respuesta correcta.

1. El tema principal de este libro es _____.
   a. Puerto Rico   b. la salud y el agua   c. otras culturas
   d. el cuidado de la salud en los viajes
2. Las situaciones narradas en el libro son _____.
   a. autobiográficas   b. inventadas   c. ficticias
   d. imaginarias
3. ¿Qué recomendaciones no vas a encontrar en este libro? _____
   a. cómo vestirse adecuadamente
   b. cómo prevenir las quemaduras solares
   c. consejos sobre la comida y la bebida
   d. cómo dar propina en los países del Caribe o de Suramérica

4. En opinión de la señorita Baron, _____.
   a. es bueno tomar agua de la llave y beber jugo de frutas con mucho hielo
   b. es mejor tomar solamente agua embotellada (*bottled*)
   c. los minerales son buenos para el dolor abdominal
   d. es importante visitar el cuarto de baño cada diez minutos
5. ¿Cuál de estos productos no lleva la autora cuando viaja a otros países? _____
   a. desinfectante
   b. crema repelente
   c. detergente
   d. pastillas medicinales

Escritura

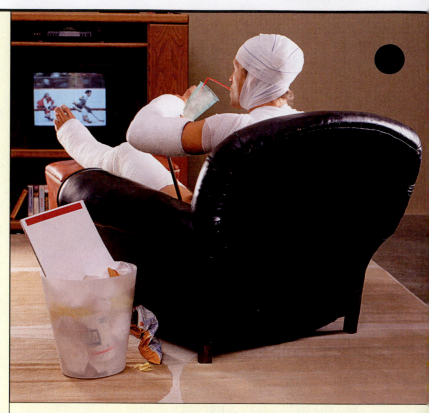

Estrategia

Mastering the simple past tenses

In Spanish, when you write about events that occurred in the past you will need to know when to use the preterite and when to use the imperfect tense. A good understanding of the uses of each tense will make it much easier to determine which one to use as you write.

Look at the summary of the uses of the preterite and the imperfect and write your own example sentence for each of the rules described.

Preterite vs. imperfect

Preterite

1. Completed actions
   _____
   _____

2. Beginning or end of past actions
   _____
   _____

3. Series of past actions
   _____
   _____

Imperfect

1. Ongoing past actions
   _____
   _____

2. Habitual past actions
   _____
   _____

3. Mental, physical, and emotional states and characteristics in the past
   _____
   _____

Get together with a few classmates to compare your example sentences. Then use these sentences and the chart as a guide to help you decide which tense to use as you are writing a story or other type of narration about the past.

Tema

Escribir una historia

Escribe una historia acerca de una experiencia tuya° (o de otra persona) con una enfermedad, accidente o problema médico. Tu historia puede ser real o imaginaria y puede tratarse de un incidente divertido, humorístico o desastroso. Incluye todos los detalles relevantes. Consulta la lista de sugerencias° con detalles que puedes incluir.

▶ Descripción del/de la paciente
  nombre y apellidos
  edad
  características físicas
  historial médico°

▶ Descripción de los síntomas
  enfermedades
  accidente
  problemas médicos

▶ Descripción del tratamiento°
  tratamientos
  recetas
  operaciones

tuya *of yours* sugerencias *suggestions* historial médico *medical history*
tratamiento *treatment*

Escuchar Audio

Estrategia

Listening for specific information

You can listen for specific information effectively once you identify the subject of a conversation and use your background knowledge to predict what kinds of information you might hear.

 To practice this strategy, you will listen to a paragraph from a letter Marta wrote to a friend about her fifteenth birthday celebration. Before you listen to the paragraph, use what you know about this type of party to predict the content of the letter. What kinds of details might Marta include in her description of the celebration? Now listen to the paragraph and jot down the specific information Marta relates. Then compare these details to the predictions you made about the letter.

Preparación

Mira la foto. ¿Con quién crees que está conversando Carlos Peña? ¿De qué están hablando?

Ahora escucha

Ahora escucha la conversación de la señorita Méndez y Carlos Peña. Marca las oraciones donde se mencionan los síntomas de Carlos.

1. _____ Tiene infección en los ojos.
2. _____ Se lastimó el dedo.
3. _____ No puede dormir.
4. _____ Siente dolor en los huesos.
5. _____ Está mareado.
6. _____ Está congestionado.
7. _____ Le duele el estómago.
8. _____ Le duele la cabeza.
9. _____ Es alérgico a la aspirina.
10. _____ Tiene tos.
11. _____ Le duele la garganta.
12. _____ Se rompió la pierna.
13. _____ Tiene dolor de oído.
14. _____ Tiene frío.

Comprensión

Preguntas

1. ¿Tiene fiebre Carlos?

2. ¿Cuánto tiempo hace que le duele la garganta a Carlos?

3. ¿Qué tiene que hacer el médico antes de recetarle algo a Carlos?

4. ¿A qué hora es su cita con el médico?

5. Después de darle una cita con el médico, ¿qué otra información le pide a Carlos la señorita del consultorio?

6. En tu opinión, ¿qué tiene Carlos? ¿Gripe? ¿Un resfriado? ¿Alergias? Explica tu opinión.

Diálogo

Con un(a) compañero/a, escribe el diálogo entre el Dr. Aguilar y Carlos Peña en el consultorio del médico. Usa la información del diálogo telefónico para pensar en lo que dice el médico mientras examina a Carlos. Imagina cómo responde Carlos y qué preguntas le hace al médico. ¿Cuál es el diagnóstico del médico?

 Practice more at **vhlcentral.com.**

En pantalla

El objetivo de esta original y divertida campaña es informar y sensibilizar° a la sociedad sobre la enfermedad del Parkinson y el sufrimiento que ocasiona° a los que la padecen°. Además de darse a conocer° y enfrentarse a° la indiferencia, con esta campaña también se pretende° recaudar fondos°, ya que la Asociación Parkinson Alicante se ha visto afectada por la crisis económica española, disminuyendo así el número de ayudas recibidas.

Vocabulario útil	
aullar	to howl
hombre lobo	werewolf
lucha	fight, battle
manada	pack (of wolves)
subvenciones	subsidies
tiembla	trembles, shakes

Preparación

¿Conoces alguna ONG (organización no gubernamental)? ¿Cuál? ¿Qué cosas se hacen en esa organización para ayudar a los demás? Utiliza construcciones con se.

Escoger

Elige la opción correcta.

1. Las _____ a la asociación estaban fallando.
   a. subvenciones   b. peticiones
2. La asociación decidió inventar una _____ para el Parkinson.
   a. pastilla   b. causa
3. Michael J. Fox hizo el papel de un _____ y tiene Parkinson.
   a. hombre lobo   b. hombre araña
4. La forma para llegar a todo el mundo es _____ lo más fuerte (*loud*) posible.
   a. cantar   b. aullar

Una campaña

En parejas, creen una campaña para transformar una organización, real o ficticia. Utilicen el imperfecto y construcciones con se.

sensibilizar *to raise awareness* ocasiona *causes* la padecen *suffer from it* darse a conocer *spreading the word* enfrentarse a *to fight against* se pretende *the hope is to* recaudar fondos *to raise money*

Asociación Parkinson Alicante

Hemos decidido inventarnos una causa para el Parkinson.

Tal vez la gente pueda creerse que ser hombre lobo provoque Parkinson.

Queremos que la gente conozca la asociación y nos ayude en esta lucha.

 **Video: TV Clip**

 Practice more at **vhlcentral.com**.

Argentina tiene una gran tradición médica influenciada desde el siglo XIX por la medicina francesa. Tres de los cinco premios Nobel de esta nación están relacionados con investigaciones médicas que han hecho° grandes aportes° al avance de las ciencias de la salud. Además, existen otros adelantos° de médicos argentinos que han hecho historia. Entre ellos se cuentan el *bypass* coronario, desarrollado° por el cirujano° René Favaloro en 1967, y la técnica de cirugía cardiovascular sin circulación extracorpórea° desarrollada en 1978 por Federico Benetti, quien es considerado uno de los padres de la cirugía cardíaca moderna.

Vocabulario útil

la cita previa	*previous appointment*
la guardia	*emergency room*
Me di un golpe.	*I got hit.*
la práctica	*rotation (hands-on medical experience)*

Preparación

¿Qué haces si tienes un pequeño accidente o quieres hacer una consulta? ¿Visitas a tu médico general o vas al hospital? ¿Debes pedir un turno (*appointment*)?

¿Cierto o falso?

Indica si las oraciones son **ciertas** o **falsas**.

1. Silvina tuvo un accidente en su automóvil.
2. Silvina fue a la guardia del hospital.
3. La guardia del hospital está abierta sólo durante el día y es necesario tener cita previa.
4. Los entrevistados (*interviewees*) tienen enfermedades graves.
5. En Argentina, los médicos reciben la certificación cuando terminan la práctica.

han hecho *have done* aportes *contributions* adelantos *advances* desarrollado *developed* cirujano *surgeon* extracorpórea *out-of-body* podría *could*

La salud

1

¿Le podría° pedir que me explique qué es la guardia?

2

Nuestro hospital público es gratuito para todas las personas.

3

... la carrera de medicina comienza con el primer año de la universidad.

Video: *Flash cultura*

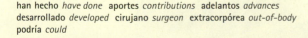
Practice more at **vhlcentral.com**.

recursos	
VM pp. 97–98	vhlcentral.com Lección 10

Costa Rica

El país en cifras

▶ **Área:** 51.100 km² (19.730 millas²),
aproximadamente el área de Virginia Occidental°

▶ **Población:** 4.755.000

Costa Rica es el país de Centroamérica con la población más homogénea. El 94% de sus habitantes es blanco y mestizo°. Más del 50% de la población es de ascendencia° española y un alto porcentaje tiene sus orígenes en otros países europeos.

▶ **Capital:** San José —1.515.000

▶ **Ciudades principales:** Alajuela, Cartago, Puntarenas, Heredia

▶ **Moneda:** colón costarricense

▶ **Idioma:** español (oficial)

Bandera de Costa Rica

Costarricenses célebres

▶ **Carmen Lyra,** escritora (1888–1949)

▶ **Chavela Vargas,** cantante (1919–2012)

▶ **Óscar Arias Sánchez,** ex presidente de Costa Rica (1941–)

▶ **Laura Chinchilla Miranda,** ex presidenta de Costa Rica (1959–)

▶ **Claudia Poll,** nadadora° olímpica (1972–)

Óscar Arias recibió el Premio Nobel de la Paz en 1987.

Virginia Occidental *West Virginia* mestizo *of indigenous and white parentage* ascendencia *descent* nadadora *swimmer* ejército *army* gastos *expenditures* invertir *to invest* cuartel *barracks*

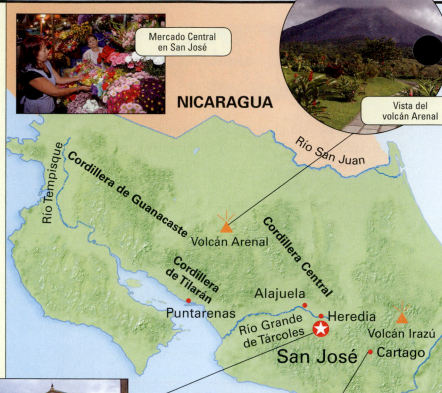
Mercado Central en San José

Vista del volcán Arenal

NICARAGUA

Río San Juan

Río Tempisque

Cordillera de Guanacaste

Cordillera Central

Volcán Arenal

Cordillera de Tilarán

Alajuela

Puntarenas

Río Grande de Tárcoles

Heredia

Volcán Irazú

San José

Cartago

Cordillera de

Océano Pacífico

Edificio Metálico en San José

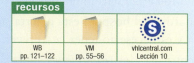
ESTADOS UNIDOS

OCÉANO ATLÁNTICO

COSTA RICA

OCÉANO PACÍFICO

AMÉRICA DEL SUR

Basílica de Nuestra Señora de los Ángeles en Cartago

recursos

WB pp. 121–122	VM pp. 55–56	vhlcentral.com Lección 10

¡Increíble pero cierto!

Costa Rica no tiene ejército°. Sin gastos° militares, el gobierno puede invertir° más dinero en la educación y las artes. En la foto aparece el Museo Nacional de Costa Rica, antiguo cuartel° del ejército.

Lugares • **Los parques nacionales**

El sistema de parques nacionales de Costa Rica ocupa aproximadamente el 12% de su territorio y fue establecido° para la protección de su biodiversidad. En los parques, los ecoturistas pueden admirar montañas, cataratas° y una gran variedad de plantas exóticas. Algunos ofrecen también la oportunidad de ver quetzales°, monos°, jaguares, armadillos y mariposas° en su hábitat natural.

Mar Caribe

Economía • **Las plantaciones de café**

Costa Rica fue el primer país centroamericano en desarrollar° la industria del café. En el siglo° XIX, los costarricenses empezaron a exportar esta semilla a Inglaterra°, lo que significó una contribución importante a la economía de la nación. Actualmente, más de 50.000 costarricenses trabajan en el cultivo del café. Este producto representa cerca del 15% de sus exportaciones anuales.

• **Limón**

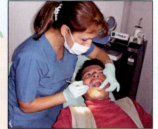

Sociedad • **Una nación progresista**

Costa Rica es un país progresista. Tiene un nivel de alfabetización° del 96%, uno de los más altos de Latinoamérica. En 1871, esta nación centroamericana abolió la pena de muerte° y en 1948 eliminó el ejército e hizo obligatoria y gratuita° la educación para todos sus ciudadanos.

Talamanca

PANAMÁ

Parque Morazán en San José

¿Qué aprendiste? Contesta las preguntas con oraciones completas.

1. ¿Cómo se llama la capital de Costa Rica?

2. ¿Quién es Claudia Poll?

3. ¿Qué porcentaje del territorio de Costa Rica ocupan los parques nacionales?

4. ¿Para qué se establecieron los parques nacionales?

5. ¿Qué pueden ver los turistas en los parques nacionales?

6. ¿Cuántos costarricenses trabajan en las plantaciones de café hoy día?

7. ¿Cuándo eliminó Costa Rica la pena de muerte?

Conexión Internet Investiga estos temas en **vhlcentral.com**.

Practice more at **vhlcentral.com**.

1. Busca información sobre Óscar Arias Sánchez. ¿Quién es? ¿Por qué se le considera (*is he considered*) un costarricense célebre?

2. Busca información sobre los artistas de Costa Rica. ¿Qué artista, escritor o cantante te interesa más? ¿Por qué?

establecido *established* cataratas *waterfalls* quetzales *type of tropical bird* monos *monkeys* mariposas *butterflies* en desarrollar *to develop* siglo *century* Inglaterra *England* nivel de alfabetización *literacy rate* pena de muerte *death penalty* gratuita *free*

El cuerpo

la boca	mouth
el brazo	arm
la cabeza	head
el corazón	heart
el cuello	neck
el cuerpo	body
el dedo	finger
el dedo del pie	toe
el estómago	stomach
la garganta	throat
el hueso	bone
la nariz	nose
el oído	(sense of) hearing; inner ear
el ojo	eye
la oreja	(outer) ear
el pie	foot
la pierna	leg
la rodilla	knee
el tobillo	ankle

La salud

el accidente	accident
el antibiótico	antibiotic
la aspirina	aspirin
la clínica	clinic
el consultorio	doctor's office
el/la dentista	dentist
el/la doctor(a)	doctor
el dolor (de cabeza)	(head)ache; pain
el/la enfermero/a	nurse
el examen médico	physical exam
la farmacia	pharmacy
la gripe	flu
el hospital	hospital
la infección	infection
el medicamento	medication
la medicina	medicine
la operación	operation
el/la paciente	patient
la pastilla	pill
la radiografía	X-ray
la receta	prescription
el resfriado	cold (illness)
la sala de emergencia(s)	emergency room
la salud	health
el síntoma	symptom
la tos	cough

Verbos

caerse	to fall (down)
dañar	to damage; to break down
darse con	to bump into; to run into
doler (o:ue)	to hurt
enfermarse	to get sick
estar enfermo/a	to be sick
estornudar	to sneeze
lastimarse (el pie)	to injure (one's foot)
olvidar	to forget
poner una inyección	to give an injection
prohibir	to prohibit
recetar	to prescribe
romper	to break
romperse (la pierna)	to break (one's leg)
sacar(se) un diente	to have a tooth removed
ser alérgico/a (a)	to be allergic (to)
sufrir una enfermedad	to suffer an illness
tener dolor (m.)	to have pain
tener fiebre (f.)	to have a fever
tomar la temperatura	to take someone's temperature
torcerse (o:ue) (el tobillo)	to sprain (one's ankle)
toser	to cough

Adjetivos

congestionado/a	congested
embarazada	pregnant
grave	grave; serious
mareado/a	dizzy; nauseated
médico/a	medical
saludable	healthy
sano/a	healthy

Adverbios

a menudo	often
a tiempo	on time
a veces	sometimes
además (de)	furthermore; besides
apenas	hardly; scarcely
así	like this; so
bastante	enough; rather
casi	almost
con frecuencia	frequently
de niño/a	as a child
de vez en cuando	from time to time
despacio	slowly
menos	less
muchas veces	a lot; many times
poco	little
por lo menos	at least
pronto	soon
rápido	quickly
todos los días	every day

Conjunción

mientras	while

Expresiones útiles	See page 337.

  Vocabulary Tools

recursos

LM p. 60

vhlcentral.com
Lección 10

Plan de escritura

1 **Ideas y organización**

Begin by organizing your writing materials. If you prefer to write by hand, you may want to have a few spare pens and pencils on hand, as well as an eraser or correction fluid. If you prefer to use a word-processing program, make sure you know how to type Spanish accent marks, the **tilde**, and Spanish punctuation marks. Then make a list of the resources you can consult while writing. Finally, make a list of the basic ideas you want to cover. Beside each idea, jot down a few Spanish words and phrases you may want to use while writing.

2 **Primer borrador**

Write your first draft, using the resources and ideas you gathered in **Ideas y organización.**

3 **Comentario**

Exchange papers with a classmate and comment on each other's work, using these questions as a guide. Begin by mentioning what you like about your classmate's writing.

a. How can your classmate make his or her writing clearer, more logical, or more organized?

b. What suggestions do you have for making the writing more interesting or complete?

c. Do you see any spelling or grammatical errors?

4 **Redacción**

Revise your first draft, keeping in mind your classmate's comments. Also, incorporate any new information you may have. Before handing in the final version, review your work using these guidelines:

a. Make sure each verb agrees with its subject. Then check the gender and number of each article, noun, and adjective.

b. Check your spelling and punctuation.

c. Consult your **Anotaciones para mejorar la escritura** (see description below) to avoid repetition of previous errors.

5 **Evaluación y progreso**

You may want to share what you've written with a classmate, a small group, or the entire class. After your instructor has returned your paper, review the comments and corrections. On a separate sheet of paper, write the heading **Anotaciones para mejorar** (*Notes for improving*) **la escritura** and list your most common errors. Place this list and your corrected document in your writing portfolio (**Carpeta de trabajos**) and consult it from time to time to gauge your progress.

Spanish Terms for Direction Lines and Classroom Use

Below is a list of useful terms that you might hear your instructor say in class. It also includes Spanish terms that appear in the direction lines of your textbook.

En las instrucciones *In direction lines*

Cambia/Cambien...	*Change...*
Camina/Caminen por la clase.	*Walk around the classroom.*
Ciertas o falsas	*True or false*
Cierto o falso	*True or false*
Circula/Circulen por la clase.	*Walk around the classroom.*
Completa las oraciones de una manera lógica.	*Complete the sentences logically.*
Con un(a) compañero/a...	*With a classmate...*
Contesta las preguntas.	*Answer the questions.*
Corrige las oraciones falsas.	*Correct the false statements.*
Cuenta/Cuenten...	*Tell...*
Di/Digan...	*Say...*
Discute/Discutan...	*Discuss...*
En grupos...	*In groups...*
En parejas...	*In pairs...*
Entrevista...	*Interview...*
Escúchala	*Listen to it*
Forma oraciones completas.	*Create/Make complete sentences.*
Háganse preguntas.	*Ask each other questions.*
Haz el papel de...	*Play the role of...*
Haz los cambios necesarios.	*Make the necessary changes.*
Indica/Indiquen si las oraciones...	*Indicate if the sentences...*
Intercambia/Intercambien...	*Exchange...*
Lee/Lean en voz alta.	*Read aloud.*
Pon/Pongan...	*Put...*
... que mejor completa...	*...that best completes...*
Reúnete...	*Get together...*
... se da/dan como ejemplo.	*...is/are given as a model.*
Toma nota...	*Take note...*
Tomen apuntes.	*Take notes.*
Túrnense...	*Take turns...*

Palabras útiles *Useful words*

la adivinanza	*riddle*
el anuncio	*advertisement/ad*
los apuntes	*notes*
el borrador	*draft*
la canción	*song*
la concordancia	*agreement*
el contenido	*contents*
el cortometraje	*short film*
eficaz	*efficient; effective*
la encuesta	*survey*
el equipo	*team*
el esquema	*outline*
el folleto	*brochure*
las frases	*phrases*
la hoja de actividades	*activity sheet/handout*
la hoja de papel	*piece of paper*
la información errónea	*incorrect information*
el/la lector(a)	*reader*
la lectura	*reading*
las oraciones	*sentences*
la ortografía	*spelling*
el papel	*role*
el párrafo	*paragraph*
el paso	*step*
la(s) persona(s) descrita(s)	*the person (people) described*
la pista	*clue*
por ejemplo	*for example*
el propósito	*purpose*
los recursos	*resources*
el reportaje	*report*
los resultados	*results*
según	*according to*
siguiente	*following*
la sugerencia	*suggestion*
el sustantivo	*noun*
el tema	*topic*
último	*last*
el último recurso	*last resort*

Verbos útiles *Useful verbs*

adivinar	*to guess*
anotar	*to jot down*
añadir	*to add*
apoyar	*to support*
averiguar	*to find out*
cambiar	*to change*
combinar	*to combine*
compartir	*to share*
comprobar (o:ue)	*to check*
contestar	*to answer*
corregir (e:i)	*to correct*
crear	*to create*
devolver (o:ue)	*to return*
doblar	*to fold*
dramatizar	*to act out*
elegir (e:i)	*to choose/select*
emparejar	*to match*
entrevistar	*to interview*
escoger	*to choose*
identificar	*to identify*
incluir	*to include*
informar	*to report*
intentar	*to try*
intercambiar	*to exchange*
investigar	*to research*
marcar	*to mark*
preguntar	*to ask*
recordar (o:ue)	*to remember*
responder	*to answer*
revisar	*to revise*
seguir (e:i)	*to follow*
seleccionar	*to select*
subrayar	*to underline*
traducir	*to translate*
tratar de	*to be about*

Expresiones útiles *Useful expressions*

Ahora mismo.	*Right away.*
¿Cómo no?	*But of course.*
¿Cómo se dice _____ en español?	*How do you say _____ in Spanish?*
¿Cómo se escribe _____?	*How do you spell _____?*
¿Comprende(n)?	*Do you understand?*
Con gusto.	*With pleasure.*
Con permiso.	*Excuse me.*
De acuerdo.	*Okay.*
De nada.	*You're welcome.*
¿De veras?	*Really?*
¿En qué página estamos?	*What page are we on?*
¿En serio?	*Seriously?*
Enseguida.	*Right away.*
hoy día	*nowadays*
Más despacio, por favor.	*Slower, please.*
Muchas gracias.	*Thanks a lot.*
No entiendo.	*I don't understand.*
No hay de qué.	*Don't mention it.*
No importa.	*No problem./It doesn't matter.*
¡No me digas!	*You don't say!*
No sé.	*I don't know.*
¡Ojalá!	*Hopefully!*
Perdone.	*Pardon me.*
Por favor.	*Please.*
Por supuesto.	*Of course.*
¡Qué bien!	*Great!*
¡Qué gracioso!	*How funny!*
¡Qué pena!	*What a shame/pity!*
¿Qué significa _____?	*What does _____ mean?*
Repite, por favor.	*Please repeat.*
Tengo una pregunta.	*I have a question.*
¿Tiene(n) alguna pregunta?	*Do you have any questions?*
Vaya(n) a la página dos.	*Go to page 2.*

Glossary of Grammatical Terms

ADJECTIVE A word that modifies, or describes, a noun or pronoun.

muchos libros
many books

un hombre **rico**
a rich man

las mujeres **altas**
the tall women

Demonstrative adjective An adjective that specifies which noun a speaker is referring to.

esta fiesta
this party

ese chico
that boy

aquellas flores
those flowers

Possessive adjective An adjective that indicates ownership or possession.

mi mejor vestido
my best dress

Éste es **mi** hermano.
This is my brother.

Stressed possessive adjective A possessive adjective that emphasizes the owner or possessor.

Es un libro **mío**.
It's my book./It's a book of mine.

Es amiga **tuya**; yo no la conozco.
She's a friend of yours; I don't know her.

ADVERB A word that modifies, or describes, a verb, adjective, or other adverb.

Pancho escribe **rápidamente**.
Pancho writes quickly.

Este cuadro es **muy** bonito.
This picture is very pretty.

ARTICLE A word that points out a noun in either a specific or a non-specific way.

Definite article An article that points out a noun in a specific way.

el libro
the book

la maleta
the suitcase

los diccionarios
the dictionaries

las palabras
the words

Indefinite article An article that points out a noun in a general, non-specific way.

un lápiz
a pencil

una computadora
a computer

unos pájaros
some birds

unas escuelas
some schools

CLAUSE A group of words that contains both a conjugated verb and a subject, either expressed or implied.

Main (or Independent) clause A clause that can stand alone as a complete sentence.

Pienso ir a cenar pronto.
I plan to go to dinner soon.

Subordinate (or Dependent) clause A clause that does not express a complete thought and therefore cannot stand alone as a sentence.

Trabajo en la cafetería **porque necesito dinero para la escuela**.
I work in the cafeteria because I need money for school.

COMPARATIVE A construction used with an adjective or adverb to express a comparison between two people, places, or things.

Este programa es **más interesante** que el otro.
This program is more interesting than the other one.

Tomás no es **tan alto como** Alberto.
Tomás is not as tall as Alberto.

CONJUGATION A set of the forms of a verb for a specific tense or mood or the process by which these verb forms are presented.

Preterite conjugation of **cantar**:

canté	cantamos
cantaste	cantasteis
cantó	cantaron

CONJUNCTION A word used to connect words, clauses, or phrases.

Susana es de Cuba **y** Pedro es de España.
Susana is from Cuba and Pedro is from Spain.

No quiero estudiar **pero** tengo que hacerlo.
I don't want to study, but I have to.

CONTRACTION The joining of two words into one. The only contractions in Spanish are **al** and **del.**

Mi hermano fue **al** concierto ayer.
My brother went to the concert yesterday.

Saqué dinero **del** banco.
I took money from the bank.

DIRECT OBJECT A noun or pronoun that directly receives the action of the verb.

Tomás lee **el libro.**	La pagó ayer.
Tomás reads the book.	*She paid it yesterday.*

GENDER The grammatical categorizing of certain kinds of words, such as nouns and pronouns, as masculine, feminine, or neuter.

Masculine
articles **el, un**
pronouns **él, lo, mío, éste, ése, aquél**
adjective **simpático**

Feminine
articles **la, una**
pronouns **ella, la, mía, ésta, ésa, aquélla**
adjective **simpática**

IMPERSONAL EXPRESSION A third-person expression with no expressed or specific subject.

Es muy importante.	**Llueve** mucho.
It's very important.	*It's raining hard.*

Aquí **se habla** español.
Spanish is spoken here.

INDIRECT OBJECT A noun or pronoun that receives the action of the verb indirectly; the object, often a living being, to or for whom an action is performed.

Eduardo **le** dio un libro **a Linda.**
Eduardo gave a book to Linda.

La profesora **me** puso una C en el examen.
The professor gave me a C on the test.

INFINITIVE The basic form of a verb. Infinitives in Spanish end in **-ar, -er,** or **-ir.**

hablar	**correr**	**abrir**
to speak	*to run*	*to open*

INTERROGATIVE An adjective, adverb, or pronoun used to ask a question.

¿Quién habla?	**¿Cuántos** compraste?
Who is speaking?	*How many did you buy?*

¿Qué piensas hacer hoy?
What do you plan to do today?

INVERSION Changing the word order of a sentence, often to form a question.

Statement: Elena pagó la cuenta del restaurante.

Inversion: ¿Pagó Elena la cuenta del restaurante?

MOOD A grammatical distinction of verbs that indicates whether the verb is intended to make a statement or command or to express a doubt, emotion, or condition contrary to fact.

Imperative mood Verb forms used to make commands.

Di la verdad.	**Caminen** ustedes conmigo.
Tell the truth.	*Walk with me.*

¡Comamos ahora!
Let's eat now!

Indicative mood Verb forms used to state facts, actions, and states considered to be real.

Sé que **tienes** el dinero.
I know that you have the money.

Subjunctive mood Verb forms used principally in subordinate (dependent) clauses to express wishes, desires, emotions, doubts, and certain conditions, such as contrary-to-fact situations.

Prefieren que **hables** en español.
They prefer that you speak in Spanish.

Dudo que Luis **tenga** el dinero necesario.
I doubt that Luis has the necessary money.

NOUN A word that identifies people, animals, places, things, and ideas.

hombre	gato
man	*cat*
México	casa
Mexico	*house*
libertad	libro
freedom	*book*

NUMBER A grammatical term that refers to singular or plural. Nouns in Spanish and English have number. Other parts of a sentence, such as adjectives, articles, and verbs, can also have number.

Singular	Plural
una cosa	**unas** cosas
a thing	*some things*
el profesor	**los** profesores
the professor	*the professors*

NUMBERS Words that represent amounts.

Cardinal numbers Words that show specific amounts.

cinco minutos
five minutes

el año **dos mil veintitrés**
the year 2023

Ordinal numbers Words that indicate the order of a noun in a series.

el **cuarto** jugador   la **décima** hora
*the **fourth** player*   *the **tenth** hour*

PAST PARTICIPLE A past form of the verb used in compound tenses. The past participle may also be used as an adjective, but it must then agree in number and gender with the word it modifies.

Han **buscado** por todas partes.
*They have **searched** everywhere.*

Yo no había **estudiado** para el examen.
*I hadn't **studied** for the exam.*

Hay una **ventana abierta** en la sala.
*There is an **open window** in the living room.*

PERSON The form of the verb or pronoun that indicates the speaker, the one spoken to, or the one spoken about. In Spanish, as in English, there are three persons: first, second, and third.

Person	Singular	Plural
1st	**yo** *I*	**nosotros/as** *we*
2nd	**tú, Ud.** *you*	**vosotros/as, Uds.** *you*
3rd	**él, ella** *he, she*	**ellos, ellas** *they*

PREPOSITION A word or words that describe(s) the relationship, most often in time or space, between two other words.

Anita es **de** California.
*Anita is **from** California.*

La chaqueta está **en** el carro.
*The jacket is **in** the car.*

Marta se peinó **antes de** salir.
*Marta combed her hair **before** going out.*

PRESENT PARTICIPLE In English, a verb form that ends in *-ing*. In Spanish, the present participle ends in **-ndo**, and is often used with **estar** to form a progressive tense.

Mi hermana está **hablando** por teléfono ahora mismo.
*My sister is **talking** on the phone right now.*

PRONOUN A word that takes the place of a noun or nouns.

Demonstrative pronoun A pronoun that takes the place of a specific noun.

Quiero **ésta**.
*I want **this one**.*

¿Vas a comprar **ése**?
*Are you going to buy **that one**?*

Juan prefirió **aquéllos**.
*Juan preferred **those** (over there).*

Object pronoun A pronoun that functions as a direct or indirect object of the verb.

Te digo la verdad.
*I'm telling **you** the truth.*

Me lo trajo Juan.
*Juan brought **it** to **me**.*

Reflexive pronoun A pronoun that indicates that the action of a verb is performed by the subject on itself. These pronouns are often expressed in English with *-self: myself, yourself*, etc.

Yo **me** bañé antes de salir.
*I bathed (**myself**) before going out.*

Elena **se acostó** a las once y media.
*Elena **went to bed** at eleven-thirty.*

Relative pronoun A pronoun that connects a subordinate clause to a main clause.

El chico **que** nos escribió viene de visita mañana.
*The boy **who** wrote us is coming to visit tomorrow.*

Ya sé **lo que** tenemos que hacer.
*I already know **what** we have to do.*

Subject pronoun A pronoun that replaces the name or title of a person or thing, and acts as the subject of a verb.

Tú debes estudiar más.
***You** should study more.*

Él llegó primero.
***He** arrived first.*

SUBJECT A noun or pronoun that performs the action of a verb and is often implied by the verb.

María va al supermercado.
***María** goes to the supermarket.*

(**Ellos**) Trabajan mucho.
***They** work hard.*

Esos **libros** son muy caros.
*Those **books** are very expensive.*

SUPERLATIVE A word or construction used with an adjective or adverb to express the highest or lowest degree of a specific quality among three or more people, places, or things.

De todas mis clases, ésta es la **más interesante**.
*Of all my classes, this is the **most interesting**.*

Raúl es el **menos simpático** de los chicos.
*Raúl is the **least likeable** of the boys.*

TENSE A set of verb forms that indicates the time of an action or state: past, present, or future.

Compound tense A two-word tense made up of an auxiliary verb and a present or past participle. In Spanish, **estar** and **haber** are auxiliary verbs.

En este momento, **estoy estudiando**.
*At this time, **I am studying**.*

El paquete no **ha llegado** todavía.
*The package **has** not **arrived** yet.*

Simple tense A tense expressed by a single verb form.

María **estaba** enferma anoche.
*María **was** sick last night.*

Juana **hablará** con su mamá mañana.
*Juana **will speak** with her mom tomorrow.*

VERB A word that expresses actions or states of being.

Auxiliary verb A verb used with a present or past participle to form a compound tense. **Haber** is the most commonly used auxiliary verb in Spanish.

Los chicos **han** visto los elefantes.
*The children **have** seen the elephants.*

Espero que **hayas** comido.
*I hope you **have** eaten.*

Reflexive verb A verb that describes an action performed by the subject on itself and is always used with a reflexive pronoun.

Me compré un carro nuevo.
*I bought **myself** a new car.*

Pedro y Adela **se levantan** muy temprano.
*Pedro and Adela **get (themselves) up** very early.*

Spelling change verb A verb that undergoes a predictable change in spelling, in order to reflect its actual pronunciation in the various conjugations.

practicar	c→qu	practico	practiqué
dirigir	g→j	dirigí	dirijo
almorzar	z→c	almorzó	almorcé

Stem-changing verb A verb whose stem vowel undergoes one or more predictable changes in the various conjugations.

entender (e:ie)	entiendo
pedir (e:i)	piden
dormir (o:ue, u)	duermo, durmieron

Verb Conjugation Tables

The verb lists

The list of verbs below, and the model-verb tables that start on page A-11 show you how to conjugate the verbs taught in **VISTAS**. Each verb in the list is followed by a model verb conjugated according to the same pattern. The number in parentheses indicates where in the verb tables you can find the conjugated forms of the model verb. If you want to find out how to conjugate **divertirse**, for example, look up number 33, **sentir**, the model for verbs that follow the e:ie stem-change pattern.

How to use the verb tables

In the tables you will find the infinitive, present and past participles, and all the simple forms of each model verb. The formation of the compound tenses of any verb can be inferred from the table of compound tenses, pages A-11–12, either by combining the past participle of the verb with a conjugated form of **haber** or by combining the present participle with a conjugated form of **estar.**

abrazar (z:c) like cruzar (37)
abrir like vivir (3) *except* past participle is **abierto**
aburrir(se) like vivir (3)
acabar like hablar (1)
acampar like hablar (1)
acompañar like hablar (1)
aconsejar like hablar (1)
acordarse (o:ue) like contar (24)
acostarse (o:ue) like contar (24)
adelgazar (z:c) like cruzar (37)
afeitarse like hablar (1)
ahorrar like hablar (1)
alegrarse like hablar (1)
aliviar like hablar (1)
almorzar (o:ue) like contar (24) *except* (z:c)
alquilar like hablar (1)
andar like hablar (1) *except* preterite stem is **anduv-**
anunciar like hablar (1)
apagar (g:gu) like llegar (41)
aplaudir like vivir (3)
apreciar like hablar (1)
aprender like comer (2)
apurarse like hablar (1)
arrancar (c:qu) like tocar (44)
arreglar like hablar (1)

asistir like vivir (3)
aumentar like hablar (1)
ayudar(se) like hablar (1)
bailar like hablar (1)
bajar(se) like hablar (1)
bañarse like hablar (1)
barrer like comer (2)
beber like comer (2)
besar(se) like hablar (1)
borrar like hablar (1)
brindar like hablar (1)
bucear like hablar (1)
buscar (c:qu) like tocar (44)
caber (4)
caer(se) (5)
calentarse (e:ie) like pensar (30)
calzar (z:c) like cruzar (37)
cambiar like hablar (1)
caminar like hablar (1)
cantar like hablar (1)
casarse like hablar (1)
cazar (z:c) like cruzar (37)
celebrar like hablar (1)
cenar like hablar (1)
cepillarse like hablar (1)
cerrar (e:ie) like pensar (30)
chatear like hablar (1)
cobrar like hablar (1)
cocinar like hablar (1)
comenzar (e:ie) (z:c) like empezar (26)
comer (2)

compartir like vivir (3)
comprar like hablar (1)
comprender like comer (2)
comprometerse like comer (2)
comunicarse (c:qu) like tocar (44)
conducir (c:zc) (6)
confirmar like hablar (1)
conocer (c:zc) (35)
conseguir (e:i) (g:gu) like seguir (32)
conservar like hablar (1)
consumir like vivir (3)
contaminar like hablar (1)
contar (o:ue) (24)
contestar like hablar (1)
contratar like hablar (1)
controlar like hablar (1)
conversar like hablar (1)
correr like comer (2)
costar (o:ue) like contar (24)
creer (y) (36)
cruzar (z:c) (37)
cuidar like hablar (1)
dañar like hablar (1)
dar (7)
deber like comer (2)
decidir like vivir (3)
decir (e:i) (8)
declarar like hablar (1)
dejar like hablar (1)

depositar like hablar (1)
desarrollar like hablar (1)
desayunar like hablar (1)
descansar like hablar (1)
descargar like llegar (41)
describir like vivir (3) *except* past participle is descrito
descubrir like vivir (3) *except* past participle is descubierto
desear like hablar (1)
despedir(se) (e:i) like pedir (29)
despertarse (e:ie) like pensar (30)
destruir (y) (38)
dibujar like hablar (1)
dirigir (g:j) like vivir (3) *except* (g:j)
disfrutar like hablar (1)
divertirse (e:ie) like sentir (33)
divorciarse like hablar (1)
doblar like hablar (1)
doler (o:ue) like volver (34) *except* past participle is regular
dormir(se) (o:ue) (25)
ducharse like hablar (1)
dudar like hablar (1)
durar like hablar (1)
echar like hablar (1)
elegir (e:i) like pedir (29) *except* (g:j)

emitir like vivir (3)
empezar (e:ie) (z:c) (26)
enamorarse like hablar (1)
encantar like hablar (1)
encontrar(se) (o:ue) like contar (24)
enfermarse like hablar (1)
engordar like hablar (1)
enojarse like hablar (1)
enseñar like hablar (1)
ensuciar like hablar (1)
entender (e:ie) (27)
entrenarse like hablar (1)
entrevistar like hablar (1)
enviar (envío) (39)
escalar like hablar (1)
escanear like hablar (1)
escoger (g:j) like proteger (43)
escribir like vivir (3) *except* past participle is **escrito**
escuchar like hablar (1)
esculpir like vivir (3)
esperar like hablar (1)
esquiar (esquío) like enviar (39)
establecer (c:zc) like conocer (35)
estacionar like hablar (1)
estar (9)
estornudar like hablar (1)
estudiar like hablar (1)
evitar like hablar (1)
explicar (c:qu) like tocar (44)
faltar like hablar (1)
fascinar like hablar (1)
firmar like hablar (1)
fumar like hablar (1)
funcionar like hablar (1)
ganar like hablar (1)
gastar like hablar (1)
grabar like hablar (1)
graduarse (gradúo) (40)
guardar like hablar (1)
gustar like hablar (1)
haber (hay) (10)
hablar (1)
hacer (11)
importar like hablar (1)
imprimir like vivir (3)
indicar (c:qu) like tocar (44)
informar like hablar (1)
insistir like vivir (3)
interesar like hablar (1)

invertir (e:ie) like sentir (33)
invitar like hablar (1)
ir(se) (12)
jubilarse like hablar (1)
jugar (u:ue) (g:gu) (28)
lastimarse like hablar (1)
lavar(se) like hablar (1)
leer (y) like creer (36)
levantar(se) like hablar (1)
limpiar like hablar (1)
llamar(se) like hablar (1)
llegar (g:gu) (41)
llenar like hablar (1)
llevar(se) like hablar (1)
llover (o:ue) like volver (34) *except* past participle is regular
luchar like hablar (1)
mandar like hablar (1)
manejar like hablar (1)
mantener(se) (e:ie) like tener (20)
maquillarse like hablar (1)
mejorar like hablar (1)
merendar (e:ie) like pensar (30)
mirar like hablar (1)
molestar like hablar (1)
montar like hablar (1)
morir (o:ue) like dormir (25) *except* past participle is **muerto**
mostrar (o:ue) like contar (24)
mudarse like hablar (1)
nacer (c:zc) like conocer (35)
nadar like hablar (1)
navegar (g:gu) like llegar (41)
necesitar like hablar (1)
negar (e:ie) like pensar (30) *except* (g:gu)
nevar (e:ie) like pensar (30)
obedecer (c:zc) like conocer (35)
obtener (e:ie) like tener (20)
ocurrir like vivir (3)
odiar like hablar (1)
ofrecer (c:zc) like conocer (35)
oír (13)
olvidar like hablar (1)
pagar (g:gu) like llegar (41)
parar like hablar (1)

parecer (c:zc) like conocer (35)
pasar like hablar (1)
pasear like hablar (1)
patinar like hablar (1)
pedir (e:i) (29)
peinarse like hablar (1)
pensar (e:ie) (30)
perder (e:ie) like entender (27)
pescar (c:qu) like tocar (44)
pintar like hablar (1)
planchar like hablar (1)
poder (o:ue) (14)
poner(se) (15)
practicar (c:qu) like tocar (44)
preferir (e:ie) like sentir (33)
preguntar like hablar (1)
prender like comer (2)
preocuparse like hablar (1)
preparar like hablar (1)
presentar like hablar (1)
prestar like hablar (1)
probar(se) (o:ue) like contar (24)
prohibir (prohíbo) (42)
proteger (g:j) (43)
publicar (c:qu) like tocar (44)
quedar(se) like hablar (1)
querer (e:ie) (16)
quitar(se) like hablar (1)
recetar like hablar (1)
recibir like vivir (3)
reciclar like hablar (1)
recoger (g:j) like proteger (43)
recomendar (e:ie) like pensar (30)
recordar (o:ue) like contar (24)
reducir (c:zc) like conducir (6)
regalar like hablar (1)
regatear like hablar (1)
regresar like hablar (1)
reír(se) (e:i) (31)
relajarse like hablar (1)
renunciar like hablar (1)
repetir (e:i) like pedir (29)
resolver (o:ue) like volver (34)
respirar like hablar (1)
revisar like hablar (1)

rogar (o:ue) like contar (24) *except* (g:gu)
romper(se) like comer (2) *except* past participle is **roto**
saber (17)
sacar (c:qu) like tocar (44)
sacudir like vivir (3)
salir (18)
saludar(se) like hablar (1)
secar(se) (c:qu) like tocar (44)
seguir (e:i) (32)
sentarse (e:ie) like pensar (30)
sentir(se) (e:ie) (33)
separarse like hablar (1)
ser (19)
servir (e:i) like pedir (29)
solicitar like hablar (1)
sonar (o:ue) like contar (24)
sonreír (e:i) like reír(se) (31)
sorprender like comer (2)
subir like vivir (3)
sudar like hablar (1)
sufrir like vivir (3)
sugerir (e:ie) like sentir (33)
suponer like poner (15)
temer like comer (2)
tener (e:ie) (20)
terminar like hablar (1)
tocar (c:qu) (44)
tomar like hablar (1)
torcerse (o:ue) like volver (34) *except* (c:z) and past participle is regular; e.g., **yo tuerzo**
toser like comer (2)
trabajar like hablar (1)
traducir (c:zc) like conducir (6)
traer (21)
transmitir like vivir (3)
tratar like hablar (1)
usar like hablar (1)
vender like comer (2)
venir (e:ie) (22)
ver (23)
vestirse (e:i) like pedir (29)
viajar like hablar (1)
visitar like hablar (1)
vivir (3)
volver (o:ue) (34)
votar like hablar (1)

Regular verbs: simple tenses

Infinitive	INDICATIVE					SUBJUNCTIVE		IMPERATIVE
	Present	Imperfect	Preterite	Future	Conditional	Present	Past	
hablar	hablo	hablaba	hablé	hablaré	hablaría	hable	hablara	
	hablas	hablabas	hablaste	hablarás	hablarías	hables	hablaras	habla tú (no hables)
Participles:	habla	hablaba	habló	hablará	hablaría	hable	hablara	hable Ud.
hablando	hablamos	hablábamos	hablamos	hablaremos	hablaríamos	hablemos	habláramos	hablemos
hablado	habláis	hablabais	hablasteis	hablaréis	hablaríais	habléis	hablarais	hablad (no habléis)
	hablan	hablaban	hablaron	hablarán	hablarían	hablen	hablaran	hablen Uds.
comer	como	comía	comí	comeré	comería	coma	comiera	
	comes	comías	comiste	comerás	comerías	comas	comieras	come tú (no comas)
Participles:	come	comía	comió	comerá	comería	coma	comiera	coma Ud.
comiendo	comemos	comíamos	comimos	comeremos	comeríamos	comamos	comiéramos	comamos
comido	coméis	comíais	comisteis	comeréis	comeríais	comáis	comierais	comed (no comáis)
	comen	comían	comieron	comerán	comerían	coman	comieran	coman Uds.
vivir	vivo	vivía	viví	viviré	viviría	viva	viviera	
	vives	vivías	viviste	vivirás	vivirías	vivas	vivieras	vive tú (no vivas)
Participles:	vive	vivía	vivió	vivirá	viviría	viva	viviera	viva Ud.
viviendo	vivimos	vivíamos	vivimos	viviremos	viviríamos	vivamos	viviéramos	vivamos
vivido	vivís	vivíais	vivisteis	viviréis	viviríais	viváis	vivierais	vivid (no viváis)
	viven	vivían	vivieron	vivirán	vivirían	vivan	vivieran	vivan Uds.

All verbs: compound tenses

PERFECT TENSES

INDICATIVE						SUBJUNCTIVE	
Present Perfect	Past Perfect	Future Perfect	Conditional Perfect			Present Perfect	Past Perfect
he	había	habré	habría			haya	hubiera
has	habías	habrás	habrías			hayas	hubieras
ha hablado	había hablado	habrá hablado	habría hablado			haya hablado	hubiera hablado
hemos comido	habíamos comido	habremos comido	habríamos comido			hayamos comido	hubiéramos comido
habéis vivido	habíais vivido	habréis vivido	habríais vivido			hayáis vivido	hubierais vivido
han	habían	habrán	habrían			hayan	hubieran

PROGRESSIVE TENSES

INDICATIVE

Present Progressive		Past Progressive		Future Progressive		Conditional Progressive	
estoy	hablando	estaba	hablando	estaré	hablando	estaría	hablando
estás	comiendo	estabas	comiendo	estarás	comiendo	estarías	comiendo
está	viviendo	estaba	viviendo	estará	viviendo	estaría	viviendo
estamos		estábamos		estaremos		estaríamos	
estáis		estabais		estaréis		estaríais	
están		estaban		estarán		estarían	

SUBJUNCTIVE

Present Progressive		Past Progressive	
esté	hablando	estuviera	hablando
estés	comiendo	estuvieras	comiendo
esté	viviendo	estuviera	viviendo
estemos		estuviéramos	
estéis		estuvierais	
estén		estuvieran	

Irregular verbs

Infinitive	INDICATIVE					SUBJUNCTIVE		IMPERATIVE
	Present	Imperfect	Preterite	Future	Conditional	Present	Past	
4 caber	**quepo**	cabía	**cupe**	**cabré**	**cabría**	**quepa**	**cupiera**	
	cabes	cabías	**cupiste**	**cabrás**	**cabrías**	**quepas**	**cupieras**	cabe tú (no **quepas**)
	cabe	cabía	**cupo**	**cabrá**	**cabría**	**quepa**	**cupiera**	**quepa** Ud.
Participles:	cabemos	cabíamos	**cupimos**	**cabremos**	**cabríamos**	**quepamos**	**cupiéramos**	**quepamos**
cabiendo	cabéis	cabíais	**cupisteis**	**cabréis**	**cabríais**	**quepáis**	**cupierais**	cabed (no **quepáis**)
cabido	caben	cabían	**cupieron**	**cabrán**	**cabrían**	**quepan**	**cupieran**	**quepan** Uds.
5 caer(se)	**caigo**	caía	caí	caeré	caería	**caiga**	cayera	
	caes	caías	**caíste**	caerás	caerías	**caigas**	cayeras	cae tú (no **caigas**)
	cae	caía	**cayó**	caerá	caería	**caiga**	cayera	**caiga** Ud.
Participles:	caemos	caíamos	**caímos**	caeremos	caeríamos	**caigamos**	cayéramos	**caigamos**
cayendo	caéis	caíais	**caísteis**	caeréis	caeríais	**caigáis**	cayerais	caed (no **caigáis**)
caído	caen	caían	**cayeron**	caerán	caerían	**caigan**	cayeran	**caigan** Uds.
6 conducir (c:zc)	**conduzco**	conducía	**conduje**	conduciré	conduciría	**conduzca**	**condujera**	
	conduces	conducías	**condujiste**	conducirás	conducirías	**conduzcas**	**condujeras**	conduce tú (no **conduzcas**)
	conduce	conducía	**condujo**	conducirá	conduciría	**conduzca**	**condujera**	**conduzca** Ud.
Participles:	conducimos	conducíamos	**condujimos**	conduciremos	conduciríamos	**conduzcamos**	**condujéramos**	**conduzcamos**
conduciendo	conducís	conducíais	**condujisteis**	conduciréis	conduciríais	**conduzcáis**	**condujerais**	conducid (no **conduzcáis**)
conducido	conducen	conducían	**condujeron**	conducirán	conducirían	**conduzcan**	**condujeran**	**conduzcan** Uds.

7 — dar (Participles: dando, dado)

	Present	Imperfect	Preterite	Future	Conditional	Subjunctive Present	Subjunctive Past	Imperative
	doy	daba	di	daré	daría	dé	diera	
	das	dabas	diste	darás	darías	des	dieras	da tú (no des)
	da	daba	dio	dará	daría	dé	diera	dé Ud.
	damos	dábamos	dimos	daremos	daríamos	demos	diéramos	demos
	dais	dabais	disteis	daréis	daríais	deis	dierais	dad (no deis)
	dan	daban	dieron	darán	darían	den	dieran	den Uds.

8 — decir (e:i) (Participles: diciendo, dicho)

	Present	Imperfect	Preterite	Future	Conditional	Subjunctive Present	Subjunctive Past	Imperative
	digo	decía	dije	diré	diría	diga	dijera	
	dices	decías	dijiste	dirás	dirías	digas	dijeras	di tú (no digas)
	dice	decía	dijo	dirá	diría	diga	dijera	diga Ud.
	decimos	decíamos	dijimos	diremos	diríamos	digamos	dijéramos	digamos
	decís	decíais	dijisteis	diréis	diríais	digáis	dijerais	decid (no digáis)
	dicen	decían	dijeron	dirán	dirían	digan	dijeran	digan Uds.

9 — estar (Participles: estando, estado)

	Present	Imperfect	Preterite	Future	Conditional	Subjunctive Present	Subjunctive Past	Imperative
	estoy	estaba	estuve	estaré	estaría	esté	estuviera	
	estás	estabas	estuviste	estarás	estarías	estés	estuvieras	está tú (no estés)
	está	estaba	estuvo	estará	estaría	esté	estuviera	esté Ud.
	estamos	estábamos	estuvimos	estaremos	estaríamos	estemos	estuviéramos	estemos
	estáis	estabais	estuvisteis	estaréis	estaríais	estéis	estuvierais	estad (no estéis)
	están	estaban	estuvieron	estarán	estarían	estén	estuvieran	estén Uds.

10 — haber (Participles: habiendo, habido)

	Present	Imperfect	Preterite	Future	Conditional	Subjunctive Present	Subjunctive Past	Imperative
	he	había	hube	habré	habría	haya	hubiera	
	has	habías	hubiste	habrás	habrías	hayas	hubieras	
	ha	había	hubo	habrá	habría	haya	hubiera	
	hemos	habíamos	hubimos	habremos	habríamos	hayamos	hubiéramos	
	habéis	habíais	hubisteis	habréis	habríais	hayáis	hubierais	
	han	habían	hubieron	habrán	habrían	hayan	hubieran	

11 — hacer (Participles: haciendo, hecho)

	Present	Imperfect	Preterite	Future	Conditional	Subjunctive Present	Subjunctive Past	Imperative
	hago	hacía	hice	haré	haría	haga	hiciera	
	haces	hacías	hiciste	harás	harías	hagas	hicieras	haz tú (no hagas)
	hace	hacía	hizo	hará	haría	haga	hiciera	haga Ud.
	hacemos	hacíamos	hicimos	haremos	haríamos	hagamos	hiciéramos	hagamos
	hacéis	hacíais	hicisteis	haréis	haríais	hagáis	hicierais	haced (no hagáis)
	hacen	hacían	hicieron	harán	harían	hagan	hicieran	hagan Uds.

12 — ir (Participles: yendo, ido)

	Present	Imperfect	Preterite	Future	Conditional	Subjunctive Present	Subjunctive Past	Imperative
	voy	iba	fui	iré	iría	vaya	fuera	
	vas	ibas	fuiste	irás	irías	vayas	fueras	ve tú (no vayas)
	va	iba	fue	irá	iría	vaya	fuera	vaya Ud.
	vamos	íbamos	fuimos	iremos	iríamos	vayamos	fuéramos	vamos
	vais	ibais	fuisteis	iréis	iríais	vayáis	fuerais	id (no vayáis)
	van	iban	fueron	irán	irían	vayan	fueran	vayan Uds.

13 — oír (y) (Participles: oyendo, oído)

	Present	Imperfect	Preterite	Future	Conditional	Subjunctive Present	Subjunctive Past	Imperative
	oigo	oía	oí	oiré	oiría	oiga	oyera	
	oyes	oías	oíste	oirás	oirías	oigas	oyeras	oye tú (no oigas)
	oye	oía	oyó	oirá	oiría	oiga	oyera	oiga Ud.
	oímos	oíamos	oímos	oiremos	oiríamos	oigamos	oyéramos	oigamos
	oís	oíais	oísteis	oiréis	oiríais	oigáis	oyerais	oíd (no oigáis)
	oyen	oían	oyeron	oirán	oirían	oigan	oyeran	oigan Uds.

14. poder (o:ue) — Participles: pudiendo, podido

	INDICATIVE					SUBJUNCTIVE		IMPERATIVE
	Present	Imperfect	Preterite	Future	Conditional	Present	Past	
	puedo	podía	pude	podré	podría	pueda	pudiera	
	puedes	podías	pudiste	podrás	podrías	puedas	pudieras	puede tú (no puedas)
	puede	podía	pudo	podrá	podría	pueda	pudiera	pueda Ud.
	podemos	podíamos	pudimos	podremos	podríamos	podamos	pudiéramos	podamos
	podéis	podíais	pudisteis	podréis	podríais	podáis	pudierais	poded (no podáis)
	pueden	podían	pudieron	podrán	podrían	puedan	pudieran	puedan Uds.

15. poner — Participles: poniendo, puesto

	INDICATIVE					SUBJUNCTIVE		IMPERATIVE
	Present	Imperfect	Preterite	Future	Conditional	Present	Past	
	pongo	ponía	puse	pondré	pondría	ponga	pusiera	
	pones	ponías	pusiste	pondrás	pondrías	pongas	pusieras	pon tú (no pongas)
	pone	ponía	puso	pondrá	pondría	ponga	pusiera	ponga Ud.
	ponemos	poníamos	pusimos	pondremos	pondríamos	pongamos	pusiéramos	pongamos
	ponéis	poníais	pusisteis	pondréis	pondríais	pongáis	pusierais	poned (no pongáis)
	ponen	ponían	pusieron	pondrán	pondrían	pongan	pusieran	pongan Uds.

16. querer (e:ie) — Participles: queriendo, querido

	INDICATIVE					SUBJUNCTIVE		IMPERATIVE
	Present	Imperfect	Preterite	Future	Conditional	Present	Past	
	quiero	quería	quise	querré	querría	quiera	quisiera	
	quieres	querías	quisiste	querrás	querrías	quieras	quisieras	quiere tú (no quieras)
	quiere	quería	quiso	querrá	querría	quiera	quisiera	quiera Ud.
	queremos	queríamos	quisimos	querremos	querríamos	queramos	quisiéramos	queramos
	queréis	queríais	quisisteis	querréis	querríais	queráis	quisierais	quered (no queráis)
	quieren	querían	quisieron	querrán	querrían	quieran	quisieran	quieran Uds.

17. saber — Participles: sabiendo, sabido

	INDICATIVE					SUBJUNCTIVE		IMPERATIVE
	Present	Imperfect	Preterite	Future	Conditional	Present	Past	
	sé	sabía	supe	sabré	sabría	sepa	supiera	
	sabes	sabías	supiste	sabrás	sabrías	sepas	supieras	sabe tú (no sepas)
	sabe	sabía	supo	sabrá	sabría	sepa	supiera	sepa Ud.
	sabemos	sabíamos	supimos	sabremos	sabríamos	sepamos	supiéramos	sepamos
	sabéis	sabíais	supisteis	sabréis	sabríais	sepáis	supierais	sabed (no sepáis)
	saben	sabían	supieron	sabrán	sabrían	sepan	supieran	sepan Uds.

18. salir — Participles: saliendo, salido

	INDICATIVE					SUBJUNCTIVE		IMPERATIVE
	Present	Imperfect	Preterite	Future	Conditional	Present	Past	
	salgo	salía	salí	saldré	saldría	salga	saliera	
	sales	salías	saliste	saldrás	saldrías	salgas	salieras	sal tú (no salgas)
	sale	salía	salió	saldrá	saldría	salga	saliera	salga Ud.
	salimos	salíamos	salimos	saldremos	saldríamos	salgamos	saliéramos	salgamos
	salís	salíais	salisteis	saldréis	saldríais	salgáis	salierais	salid (no salgáis)
	salen	salían	salieron	saldrán	saldrían	salgan	salieran	salgan Uds.

19. ser — Participles: siendo, sido

	INDICATIVE					SUBJUNCTIVE		IMPERATIVE
	Present	Imperfect	Preterite	Future	Conditional	Present	Past	
	soy	era	fui	seré	sería	sea	fuera	
	eres	eras	fuiste	serás	serías	seas	fueras	sé tú (no seas)
	es	era	fue	será	sería	sea	fuera	sea Ud.
	somos	éramos	fuimos	seremos	seríamos	seamos	fuéramos	seamos
	sois	erais	fuisteis	seréis	seríais	seáis	fuerais	sed (no seáis)
	son	eran	fueron	serán	serían	sean	fueran	sean Uds.

20. tener (e:ie) — Participles: teniendo, tenido

	INDICATIVE					SUBJUNCTIVE		IMPERATIVE
	Present	Imperfect	Preterite	Future	Conditional	Present	Past	
	tengo	tenía	tuve	tendré	tendría	tenga	tuviera	
	tienes	tenías	tuviste	tendrás	tendrías	tengas	tuvieras	ten tú (no tengas)
	tiene	tenía	tuvo	tendrá	tendría	tenga	tuviera	tenga Ud.
	tenemos	teníamos	tuvimos	tendremos	tendríamos	tengamos	tuviéramos	tengamos
	tenéis	teníais	tuvisteis	tendréis	tendríais	tengáis	tuvierais	tened (no tengáis)
	tienen	tenían	tuvieron	tendrán	tendrían	tengan	tuvieran	tengan Uds.

Infinitive	INDICATIVE					SUBJUNCTIVE		IMPERATIVE
	Present	Imperfect	Preterite	Future	Conditional	Present	Past	
21 traer	traigo	traía	traje	traeré	traería	traiga	trajera	
	traes	traías	trajiste	traerás	traerías	traigas	trajeras	trae tú (no traigas)
Participles:	trae	traía	trajo	traerá	traería	traiga	trajera	traiga Ud.
trayendo	traemos	traíamos	trajimos	traeremos	traeríamos	traigamos	trajéramos	traigamos
traído	traéis	traíais	trajisteis	traeréis	traeríais	traigáis	trajerais	traed (no traigáis)
	traen	traían	trajeron	traerán	traerían	traigan	trajeran	traigan Uds.
22 venir (e:ie)	vengo	venía	vine	vendré	vendría	venga	viniera	
	vienes	venías	viniste	vendrás	vendrías	vengas	vinieras	ven tú (no vengas)
Participles:	viene	venía	vino	vendrá	vendría	venga	viniera	venga Ud.
viniendo	venimos	veníamos	vinimos	vendremos	vendríamos	vengamos	viniéramos	vengamos
venido	venís	veníais	vinisteis	vendréis	vendríais	vengáis	vinierais	venid (no vengáis)
	vienen	venían	vinieron	vendrán	vendrían	vengan	vinieran	vengan Uds.
23 ver	veo	veía	vi	veré	vería	vea	viera	
	ves	veías	viste	verás	verías	veas	vieras	ve tú (no veas)
Participles:	ve	veía	vio	verá	vería	vea	viera	vea Ud.
viendo	vemos	veíamos	vimos	veremos	veríamos	veamos	viéramos	veamos
visto	veis	veíais	visteis	veréis	veríais	veáis	vierais	ved (no veáis)
	ven	veían	vieron	verán	verían	vean	vieran	vean Uds.

Stem-changing verbs

Infinitive	INDICATIVE					SUBJUNCTIVE		IMPERATIVE
	Present	Imperfect	Preterite	Future	Conditional	Present	Past	
24 contar (o:ue)	cuento	contaba	conté	contaré	contaría	cuente	contara	
	cuentas	contabas	contaste	contarás	contarías	cuentes	contaras	cuenta tú (no cuentes)
Participles:	cuenta	contaba	contó	contará	contaría	cuente	contara	cuente Ud.
contando	contamos	contábamos	contamos	contaremos	contaríamos	contemos	contáramos	contemos
contado	contáis	contabais	contasteis	contaréis	contaríais	contéis	contarais	contad (no contéis)
	cuentan	contaban	contaron	contarán	contarían	cuenten	contaran	cuenten Uds.
25 dormir (o:ue)	duermo	dormía	dormí	dormiré	dormiría	duerma	durmiera	
	duermes	dormías	dormiste	dormirás	dormirías	duermas	durmieras	duerme tú (no duermas)
Participles:	duerme	dormía	durmió	dormirá	dormiría	duerma	durmiera	duerma Ud.
durmiendo	dormimos	dormíamos	dormimos	dormiremos	dormiríamos	durmamos	durmiéramos	durmamos
dormido	dormís	dormíais	dormisteis	dormiréis	dormiríais	durmáis	durmierais	dormid (no durmáis)
	duermen	dormían	durmieron	dormirán	dormirían	duerman	durmieran	duerman Uds.
26 empezar (e:ie) (z:c)	empiezo	empezaba	empecé	empezaré	empezaría	empiece	empezara	
	empiezas	empezabas	empezaste	empezarás	empezarías	empieces	empezaras	empieza tú (no empieces)
	empieza	empezaba	empezó	empezará	empezaría	empiece	empezara	empiece Ud.
Participles:	empezamos	empezábamos	empezamos	empezaremos	empezaríamos	empecemos	empezáramos	empecemos
empezando	empezáis	empezabais	empezasteis	empezaréis	empezaríais	empecéis	empezarais	empezad (no empecéis)
empezado	empiezan	empezaban	empezaron	empezarán	empezarían	empiecen	empezaran	empiecen Uds.

27. entender (e:ie) — Participles: entendiendo, entendido

	Present	Imperfect	Preterite	Future	Conditional	Subjunctive Present	Subjunctive Past	Imperative
	entiendo	entendía	entendí	entenderé	entendería	entienda	entendiera	
	entiendes	entendías	entendiste	entenderás	entenderías	entiendas	entendieras	entiende tú (no entiendas)
	entiende	entendía	entendió	entenderá	entendería	entienda	entendiera	entienda Ud.
	entendemos	entendíamos	entendimos	entenderemos	entenderíamos	entendamos	entendiéramos	entendamos
	entendéis	entendíais	entendisteis	entenderéis	entenderíais	entendáis	entendierais	entended (no entendáis)
	entienden	entendían	entendieron	entenderán	entenderían	entiendan	entendieran	entiendan Uds.

28. jugar (u:ue) (g:gu) — Participles: jugando, jugado

	Present	Imperfect	Preterite	Future	Conditional	Subjunctive Present	Subjunctive Past	Imperative
	juego	jugaba	jugué	jugaré	jugaría	juegue	jugara	
	juegas	jugabas	jugaste	jugarás	jugarías	juegues	jugaras	juega tú (no juegues)
	juega	jugaba	jugó	jugará	jugaría	juegue	jugara	juegue Ud.
	jugamos	jugábamos	jugamos	jugaremos	jugaríamos	juguemos	jugáramos	juguemos
	jugáis	jugabais	jugasteis	jugaréis	jugaríais	juguéis	jugarais	jugad (no juguéis)
	juegan	jugaban	jugaron	jugarán	jugarían	jueguen	jugaran	jueguen Uds.

29. pedir (e:i) — Participles: pidiendo, pedido

	Present	Imperfect	Preterite	Future	Conditional	Subjunctive Present	Subjunctive Past	Imperative
	pido	pedía	pedí	pediré	pediría	pida	pidiera	
	pides	pedías	pediste	pedirás	pedirías	pidas	pidieras	pide tú (no pidas)
	pide	pedía	pidió	pedirá	pediría	pida	pidiera	pida Ud.
	pedimos	pedíamos	pedimos	pediremos	pediríamos	pidamos	pidiéramos	pidamos
	pedís	pedíais	pedisteis	pediréis	pediríais	pidáis	pidierais	pedid (no pidáis)
	piden	pedían	pidieron	pedirán	pedirían	pidan	pidieran	pidan Uds.

30. pensar (e:ie) — Participles: pensando, pensado

	Present	Imperfect	Preterite	Future	Conditional	Subjunctive Present	Subjunctive Past	Imperative
	pienso	pensaba	pensé	pensaré	pensaría	piense	pensara	
	piensas	pensabas	pensaste	pensarás	pensarías	pienses	pensaras	piensa tú (no pienses)
	piensa	pensaba	pensó	pensará	pensaría	piense	pensara	piense Ud.
	pensamos	pensábamos	pensamos	pensaremos	pensaríamos	pensemos	pensáramos	pensemos
	pensáis	pensabais	pensasteis	pensaréis	pensaríais	penséis	pensarais	pensad (no penséis)
	piensan	pensaban	pensaron	pensarán	pensarían	piensen	pensaran	piensen Uds.

31. reír(se) (e:i) — Participles: riendo, reído

	Present	Imperfect	Preterite	Future	Conditional	Subjunctive Present	Subjunctive Past	Imperative
	río	reía	reí	reiré	reiría	ría	riera	
	ríes	reías	reíste	reirás	reirías	rías	rieras	ríe tú (no rías)
	ríe	reía	rio	reirá	reiría	ría	riera	ría Ud.
	reímos	reíamos	reímos	reiremos	reiríamos	riamos	riéramos	riamos
	reís	reíais	reísteis	reiréis	reiríais	riáis	rierais	reíd (no riáis)
	ríen	reían	rieron	reirán	reirían	rían	rieran	rían Uds.

32. seguir (e:i) (gu:g) — Participles: siguiendo, seguido

	Present	Imperfect	Preterite	Future	Conditional	Subjunctive Present	Subjunctive Past	Imperative
	sigo	seguía	seguí	seguiré	seguiría	siga	siguiera	
	sigues	seguías	seguiste	seguirás	seguirías	sigas	siguieras	sigue tú (no sigas)
	sigue	seguía	siguió	seguirá	seguiría	siga	siguiera	siga Ud.
	seguimos	seguíamos	seguimos	seguiremos	seguiríamos	sigamos	siguiéramos	sigamos
	seguís	seguíais	seguisteis	seguiréis	seguiríais	sigáis	siguierais	seguid (no sigáis)
	siguen	seguían	siguieron	seguirán	seguirían	sigan	siguieran	sigan Uds.

33. sentir (e:ie) — Participles: sintiendo, sentido

	Present	Imperfect	Preterite	Future	Conditional	Subjunctive Present	Subjunctive Past	Imperative
	siento	sentía	sentí	sentiré	sentiría	sienta	sintiera	
	sientes	sentías	sentiste	sentirás	sentirías	sientas	sintieras	siente tú (no sientas)
	siente	sentía	sintió	sentirá	sentiría	sienta	sintiera	sienta Ud.
	sentimos	sentíamos	sentimos	sentiremos	sentiríamos	sintamos	sintiéramos	sintamos
	sentís	sentíais	sentisteis	sentiréis	sentiríais	sintáis	sintierais	sentid (no sintáis)
	sienten	sentían	sintieron	sentirán	sentirían	sientan	sintieran	sientan Uds.

Table 34

Infinitive	INDICATIVE					SUBJUNCTIVE		IMPERATIVE
	Present	Imperfect	Preterite	Future	Conditional	Present	Past	
34 volver (o:ue)	**vuelvo**	volvía	volví	volveré	volvería	**vuelva**	volviera	
	vuelves	volvías	volviste	volverás	volverías	**vuelvas**	volvieras	**vuelve** tú (no **vuelvas**)
Participles:	**vuelve**	volvía	volvió	volverá	volvería	**vuelva**	volviera	**vuelva** Ud.
volviendo	volvemos	volvíamos	volvimos	volveremos	volveríamos	volvamos	volviéramos	volvamos
vuelto	volvéis	volvíais	volvisteis	volveréis	volveríais	volváis	volvierais	volved (no volváis)
	vuelven	volvían	volvieron	volverán	volverían	**vuelvan**	volvieran	**vuelvan** Uds.

Verbs with spelling changes only

Infinitive	INDICATIVE					SUBJUNCTIVE		IMPERATIVE
	Present	Imperfect	Preterite	Future	Conditional	Present	Past	
35 conocer (c:zc)	**conozco**	conocía	conocí	conoceré	conocería	**conozca**	conociera	
	conoces	conocías	conociste	conocerás	conocerías	**conozcas**	conocieras	conoce tú (no **conozcas**)
Participles:	conoce	conocía	conoció	conocerá	conocería	**conozca**	conociera	**conozca** Ud.
conociendo	conocemos	conocíamos	conocimos	conoceremos	conoceríamos	**conozcamos**	conociéramos	**conozcamos**
conocido	conocéis	conocíais	conocisteis	conoceréis	conoceríais	**conozcáis**	conocierais	conoced (no **conozcáis**)
	conocen	conocían	conocieron	conocerán	conocerían	**conozcan**	conocieran	**conozcan** Uds.
36 creer (y)	creo	creía	**creí**	creeré	creería	crea	**creyera**	
	crees	creías	**creíste**	creerás	creerías	creas	**creyeras**	cree tú (no creas)
Participles:	cree	creía	**creyó**	creerá	creería	crea	**creyera**	crea Ud.
creyendo	creemos	creíamos	**creímos**	creeremos	creeríamos	creamos	**creyéramos**	creamos
creído	creéis	creíais	**creísteis**	creeréis	creeríais	creáis	**creyerais**	creed (no creáis)
	creen	creían	**creyeron**	creerán	creerían	crean	**creyeran**	crean Uds.
37 cruzar (z:c)	cruzo	cruzaba	**crucé**	cruzaré	cruzaría	**cruce**	cruzara	
	cruzas	cruzabas	cruzaste	cruzarás	cruzarías	**cruces**	cruzaras	cruza tú (no **cruces**)
Participles:	cruza	cruzaba	cruzó	cruzará	cruzaría	**cruce**	cruzara	**cruce** Ud.
cruzando	cruzamos	cruzábamos	cruzamos	cruzaremos	cruzaríamos	**crucemos**	cruzáramos	**crucemos**
cruzado	cruzáis	cruzabais	cruzasteis	cruzaréis	cruzaríais	**crucéis**	cruzarais	cruzad (no **crucéis**)
	cruzan	cruzaban	cruzaron	cruzarán	cruzarian	**crucen**	cruzaran	**crucen** Uds.
38 destruir (y)	**destruyo**	destruía	destruí	destruiré	destruiría	**destruya**	**destruyera**	
	destruyes	destruías	destruiste	destruirás	destruirías	**destruyas**	**destruyeras**	**destruye** tú (no **destruyas**)
Participles:	**destruye**	destruía	**destruyó**	destruirá	destruiría	**destruya**	**destruyera**	**destruya** Ud.
destruyendo	destruimos	destruíamos	destruimos	destruiremos	destruiríamos	**destruyamos**	**destruyéramos**	**destruyamos**
destruido	destruís	destruíais	destruisteis	destruiréis	destruiríais	**destruyáis**	**destruyerais**	destruid (no **destruyáis**)
	destruyen	destruían	**destruyeron**	destruirán	destruirían	**destruyan**	**destruyeran**	**destruyan** Uds.
39 enviar (envío)	**envío**	enviaba	envié	enviaré	enviaría	**envíe**	enviara	
	envías	enviabas	enviaste	enviarás	enviarías	**envíes**	enviaras	**envía** tú (no **envíes**)
Participles:	**envía**	enviaba	envió	enviará	enviaría	**envíe**	enviara	**envíe** Ud.
enviando	enviamos	enviábamos	enviamos	enviaremos	enviaríamos	**enviemos**	enviáramos	enviemos
enviado	enviáis	enviabais	enviasteis	enviaréis	enviaríais	**enviéis**	enviarais	enviad (no enviéis)
	envían	enviaban	enviaron	enviarán	enviarían	**envíen**	enviaran	**envíen** Uds.

Infinitive	INDICATIVE					SUBJUNCTIVE		IMPERATIVE
	Present	Imperfect	Preterite	Future	Conditional	Present	Past	
40 graduarse (gradúo) Participles: graduando graduado	gradúo gradúas gradúa graduamos graduáis gradúan	graduaba graduabas graduaba graduábamos graduabais graduaban	gradué graduaste graduó graduamos graduasteis graduaron	graduaré graduarás graduará graduaremos graduaréis graduarán	graduaría graduarías graduaría graduaríamos graduaríais graduarían	gradúe gradúes gradúe graduemos graduéis gradúen	graduara graduaras graduara graduáramos graduarais graduaran	**gradúa** tú (no **gradúes**) **gradúe** Ud. graduemos graduad (no graduéis) **gradúen** Uds.
41 llegar (g:gu) Participles: llegando llegado	llego llegas llega llegamos llegáis llegan	llegaba llegabas llegaba llegábamos llegabais llegaban	**llegué** llegaste llegó llegamos llegasteis llegaron	llegaré llegarás llegará llegaremos llegaréis llegarán	llegaría llegarías llegaría llegaríamos llegaríais llegarían	**llegue** **llegues** **llegue** **lleguemos** **lleguéis** **lleguen**	llegara llegaras llegara llegáramos llegarais llegaran	llega tú (no **llegues**) **llegue** Ud. **lleguemos** llegad (no **lleguéis**) **lleguen** Uds.
42 prohibir (prohíbo) Participles: prohibiendo prohibido	**prohíbo** **prohíbes** **prohíbe** prohibimos prohibís **prohíben**	prohibía prohibías prohibía prohibíamos prohibíais prohibían	prohibí prohibiste prohibió prohibimos prohibisteis prohibieron	prohibiré prohibirás prohibirá prohibiremos prohibiréis prohibirán	prohibiría prohibirías prohibiría prohibiríamos prohibiríais prohibirían	**prohíba** **prohíbas** **prohíba** prohibamos prohibáis **prohíban**	prohibiera prohibieras prohibiera prohibiéramos prohibierais prohibieran	**prohíbe** tú (no **prohíbas**) **prohíba** Ud. prohibamos prohibid (no prohibáis) **prohíban** Uds.
43 proteger (g:j) Participles: protegiendo protegido	**protejo** proteges protege protegemos protegéis protegen	protegía protegías protegía protegíamos protegíais protegían	protegí protegiste protegió protegimos protegisteis protegieron	protegeré protegerás protegerá protegeremos protegeréis protegerán	protegería protegerías protegería protegeríamos protegeríais protegerían	**proteja** **protejas** **proteja** **protejamos** **protejáis** protejan	protegiera protegieras protegiera protegiéramos protegierais protegieran	protege tú (no **protejas**) **proteja** Ud. **protejamos** proteged (no **protejáis**) **protejan** Uds.
44 tocar (c:qu) Participles: tocando tocado	toco tocas toca tocamos tocáis tocan	tocaba tocabas tocaba tocábamos tocabais tocaban	**toqué** tocaste tocó tocamos tocasteis tocaron	tocaré tocarás tocará tocaremos tocaréis tocarán	tocaría tocarías tocaría tocaríamos tocaríais tocarían	**toque** **toques** **toque** **toquemos** **toquéis** **toquen**	tocara tocaras tocara tocáramos tocarais tocaran	toca tú (no **toques**) **toque** Ud. **toquemos** tocad (no **toquéis**) **toquen** Uds.

Guide to Vocabulary

Note on alphabetization

For purposes of alphabetization, **ch** and **ll** are not treated as separate letters, but **ñ** follows **n**. Therefore, in this glossary you will find that **año**, for example, appears after **anuncio**.

Abbreviations used in this glossary

adj.	adjective	*form.*	formal	*pl.*	plural
adv.	adverb	*indef.*	indefinite	*poss.*	possessive
art.	article	*interj.*	interjection	*prep.*	preposition
conj.	conjunction	*i.o.*	indirect object	*pron.*	pronoun
def.	definite	*m.*	masculine	*ref.*	reflexive
d.o.	direct object	*n.*	noun	*sing.*	singular
f.	feminine	*obj.*	object	*sub.*	subject
fam.	familiar	*p.p.*	past participle	*v.*	verb

Spanish-English

A

a *prep.* at; to 1
  ¿A qué hora...? At what time...? 1
  a bordo aboard
  a dieta on a diet 15
  a la derecha de to the right of 2
  a la izquierda de to the left of 2
  a la plancha grilled 8
  a la(s) + *time* at + *time* 1
  a menos que *conj.* unless 13
  a menudo *adv.* often 10
  a nombre de in the name of 5
  a plazos in installments 14
  A sus órdenes. At your service.
  a tiempo *adv.* on time 10
  a veces *adv.* sometimes 10
  a ver let's see
abeja *f.* bee
abierto/a *adj.* open 5, 14
abogado/a *m., f.* lawyer 16
abrazar(se) *v.* to hug; to embrace (each other) 11
abrazo *m.* hug
abrigo *m.* coat 6
abril *m.* April 5
abrir *v.* to open 3
abuelo/a *m., f.* grandfather/grandmother 3
abuelos *pl.* grandparents 3
aburrido/a *adj.* bored; boring 5
aburrir *v.* to bore 7
aburrirse *v.* to get bored 17
acabar de (+ *inf.*) *v.* to have just done something 6
acampar *v.* to camp 5
accidente *m.* accident 10
acción *f.* action 17
  de acción action (genre) 17

aceite *m.* oil 8
aceptar: ¡Acepto casarme contigo! I'll marry you! 17
acompañar *v.* to accompany 14
aconsejar *v.* to advise 12
acontecimiento *m.* event 18
acordarse (de) (o:ue) *v.* to remember 7
acostarse (o:ue) *v.* to go to bed 7
activo/a *adj.* active 15
actor *m.* actor 16
actriz *f.* actress 16
actualidades *f., pl.* news; current events 18
adelgazar *v.* to lose weight; to slim down 15
además (de) *adv.* furthermore; besides 10
adicional *adj.* additional
adiós *m.* goodbye 1
adjetivo *m.* adjective
administración de empresas *f.* business administration 2
adolescencia *f.* adolescence 9
¿adónde? *adv.* where (to)? (destination) 2
aduana *f.* customs
aeróbico/a *adj.* aerobic 15
aeropuerto *m.* airport 5
afectado/a *adj.* affected 13
afeitarse *v.* to shave 7
aficionado/a *m., f.* fan 4
afirmativo/a *adj.* affirmative
afuera *adv.* outside 5
afueras *f., pl.* suburbs; outskirts 12
agencia de viajes *f.* travel agency 5
agente de viajes *m., f.* travel agent 5
agosto *m.* August 5
agradable *adj.* pleasant

agua *f.* water 8
  agua mineral mineral water 8
aguantar *v.* to endure, to hold up 14
ahora *adv.* now 2
  ahora mismo right now 5
ahorrar *v.* to save (money) 14
ahorros *m., pl.* savings 14
aire *m.* air 13
ajo *m.* garlic 8
al (*contraction of* **a + el**) 4
  al aire libre open-air 6
  al contado in cash 14
  (al) este (to the) east 14
  al lado de next to; beside 2
  (al) norte (to the) north 14
  (al) oeste (to the) west 14
  (al) sur (to the) south 14
alcoba *f.* bedroom
alcohol *m.* alcohol 15
alcohólico/a *adj.* alcoholic 15
alegrarse (de) *v.* to be happy 13
alegre *adj.* happy; joyful 5
alegría *f.* happiness 9
alemán, alemana *adj.* German 3
alérgico/a *adj.* allergic 10
alfombra *f.* carpet; rug 12
algo *pron.* something; anything 7
algodón *m.* cotton 6
alguien *pron.* someone; somebody; anyone 7
algún, alguno/a(s) *adj.* any; some 7
alimento *m.* food
  alimentación *f.* diet
aliviar *v.* to reduce 15
  aliviar el estrés/la tensión to reduce stress/tension 15
allá *adv.* over there 2
allí *adv.* there 2
alma *f.* soul 9
almacén *m.* department store 6

almohada *f.* pillow 12
almorzar (o:ue) *v.* to have lunch 4
almuerzo *m.* lunch 4, 8
aló *interj.* hello (*on the telephone*) 11
alquilar *v.* to rent 12
alquiler *m.* rent (payment) 12
altar *m.* altar 9
altillo *m.* attic 12
alto/a *adj.* tall 3
aluminio *m.* aluminum 13
ama de casa *m., f.* housekeeper; caretaker 12
amable *adj.* nice; friendly 5
amarillo/a *adj.* yellow 6
amigo/a *m., f.* friend 3
amistad *f.* friendship 9
amor *m.* love 9
  amor a primera vista love at first sight 9
anaranjado/a *adj.* orange 6
ándale *interj.* come on 14
andar *v.* **en patineta** to skateboard 4
ángel *m.* angel 9
anillo *m.* ring 17
animal *m.* animal 13
aniversario (de bodas) *m.* (wedding) anniversary 9
anoche *adv.* last night 6
anteayer *adv.* the day before yesterday 6
antes *adv.* before 7
  antes (de) que *conj.* before 13
  antes de *prep.* before 7
antibiótico *m.* antibiotic 10
antipático/a *adj.* unpleasant 3
anunciar *v.* to announce; to advertise 18
anuncio *m.* advertisement 16
año *m.* year 5
  año pasado last year 6
apagar *v.* to turn off 11
aparato *m.* appliance
apartamento *m.* apartment 12
apellido *m.* last name 3
apenas *adv.* hardly; scarcely 10
aplaudir *v.* to applaud 17
aplicación *f.* app 11
apreciar *v.* to appreciate 17
aprender (a + inf.) *v.* to learn 3
apurarse *v.* to hurry; to rush 15
aquel, aquella *adj.* that (over there) 6
aquél, aquélla *pron.* that (over there) 6
aquello *neuter, pron.* that; that thing; that fact 6
aquellos/as *pl. adj.* those (over there) 6
aquéllos/as *pl. pron.* those (ones) (over there) 6
aquí *adv.* here 1
  Aquí está(n)... Here is/are... 5
árbol *m.* tree 13

archivo *m.* file 11
arete *m.* earring 6
argentino/a *adj.* Argentine 3
armario *m.* closet 12
arqueología *f.* archeology 2
arqueólogo/a *m., f.* archeologist 16
arquitecto/a *m., f.* architect 16
arrancar *v.* to start (*a car*) 11
arreglar *v.* to fix; to arrange 11; to neaten; to straighten up 12
arreglarse *v.* to get ready 7; to fix oneself (*clothes, hair, etc. to go out*) 7
arroba *f.* @ symbol 11
arroz *m.* rice 8
arte *m.* art 2
artes *f., pl.* arts 17
artesanía *f.* craftsmanship; crafts 17
artículo *m.* article 18
artista *m., f.* artist 3
artístico/a *adj.* artistic 17
arveja *f.* pea 8
asado/a *adj.* roast 8
ascenso *m.* promotion 16
ascensor *m.* elevator 5
así *adv.* like this; so (*in such a way*) 10
asistir (a) *v.* to attend 3
aspiradora *f.* vacuum cleaner 12
aspirante *m., f.* candidate; applicant 16
aspirina *f.* aspirin 10
atún *m.* tuna 8
aumentar *v.* to grow; to get bigger 13
aumentar *v.* **de peso** to gain weight 15
aumento *m.* increase
  aumento de sueldo pay raise 16
aunque although
autobús *m.* bus 1
automático/a *adj.* automatic
auto(móvil) *m.* auto(mobile) 5
autopista *f.* highway 11
ave *f.* bird 13
avenida *f.* avenue
aventura *f.* adventure 17
  de aventuras adventure (genre) 17
avergonzado/a *adj.* embarrassed 5
avión *m.* airplane 5
¡Ay! *interj.* Oh!
  ¡Ay, qué dolor! Oh, what pain!
ayer *adv.* yesterday 6
ayudar(se) *v.* to help (each other) 11
azúcar *m.* sugar 8
azul *adj. m., f.* blue 6

B

bailar *v.* to dance 2
bailarín/bailarina *m., f.* dancer 17
baile *m.* dance 17
bajar(se) de *v.* to get off of/out of (a vehicle) 11
bajo/a *adj.* short (*in height*) 3
balcón *m.* balcony 12
balde *m.* bucket 5
ballena *f.* whale 13
baloncesto *m.* basketball 4
banana *f.* banana 8
banco *m.* bank 14
banda *f.* band 17
bandera *f.* flag
bañarse *v.* to bathe; to take a bath 7
baño *m.* bathroom 7
barato/a *adj.* cheap 6
barco *m.* boat 5
barrer *v.* to sweep 12
  barrer el suelo *v.* to sweep the floor 12
barrio *m.* neighborhood 12
bastante *adv.* enough; rather 10
basura *f.* trash 12
baúl *m.* trunk 11
beber *v.* to drink 3
bebida *f.* drink 8
  bebida alcohólica *f.* alcoholic beverage 15
béisbol *m.* baseball 4
bellas artes *f., pl.* fine arts 17
belleza *f.* beauty 14
beneficio *m.* benefit 16
besar(se) *v.* to kiss (each other) 11
beso *m.* kiss 9
biblioteca *f.* library 2
bicicleta *f.* bicycle 4
bien *adv.* well 1
bienestar *m.* well-being 15
bienvenido(s)/a(s) *adj.* welcome 1
billete *m.* paper money; ticket
billón *m.* trillion
biología *f.* biology 2
bisabuelo/a *m., f.* great-grandfather/great-grandmother 3
bistec *m.* steak 8
blanco/a *adj.* white 6
blog *m.* blog 11
(blue)jeans *m., pl.* jeans 6
blusa *f.* blouse 6
boca *f.* mouth 10
boda *f.* wedding 9
boleto *m.* ticket 2, 17
bolsa *f.* purse, bag 6
bombero/a *m., f.* firefighter 16
bonito/a *adj.* pretty 3
borrador *m.* eraser 2
borrar *v.* to erase 11
bosque *m.* forest 13
  bosque tropical tropical forest; rain forest 13

bota *f.* boot 6
botella *f.* bottle 9
   botella de vino bottle of
    wine 9
botones *m., f. sing.* bellhop 5
brazo *m.* arm 10
brindar *v.* to toast (*drink*) 9
bucear *v.* to scuba dive 4
buen, bueno/a *adj.* good 3, 6
   buena forma good shape
    (*physical*) 15
   Buenas noches. Good evening;
    Good night. 1
   Buenas tardes. Good
    afternoon. 1
   Bueno. Hello. (*on telephone*)
    11
   Buenos días. Good morning. 1
bulevar *m.* boulevard
buscador *m.* browser 11
buscar *v.* to look for 2
buzón *m.* mailbox 14

C

caballero *m.* gentleman, sir 8
caballo *m.* horse 5
cabe: no cabe duda de there's
   no doubt 13
cabeza *f.* head 10
cada *adj. m., f.* each 6
caerse *v.* to fall (down) 10
café *m.* café 4; *adj. m., f.*
   brown 6; *m.* coffee 8
cafeína *f.* caffeine 15
cafetera *f.* coffee maker 12
cafetería *f.* cafeteria 2
caído/a *p.p.* fallen 14
caja *f.* cash register 6
cajero/a *m., f.* cashier
   cajero automático *m.* ATM 14
calavera de azúcar *f.* skull made
   out of sugar 9
calcetín (calcetines) *m.*
   sock(s) 6
calculadora *f.* calculator 2
calentamiento global *m.* global
   warming 13
calentarse (e:ie) *v.* to warm
   up 15
calidad *f.* quality 6
calle *f.* street 11
calor *m.* heat
caloría *f.* calorie 15
calzar *v.* to take size... shoes 6
cama *f.* bed 5
cámara de video *f.* video
   camera 11
cámara digital *f.* digital camera 11
camarero/a *m., f.* waiter/
   waitress 8
camarón *m.* shrimp 8
cambiar (de) *v.* to change 9
cambio: de cambio in change 2
cambio *m.* **climático** climate
   change 13

cambio *m.* **de moneda** currency
   exchange
caminar *v.* to walk 2
camino *m.* road
camión *m.* truck; bus
camisa *f.* shirt 6
camiseta *f.* t-shirt 6
campo *m.* countryside 5
canadiense *adj.* Canadian 3
canal *m.* (TV) channel 11; 17
canción *f.* song 17
candidato/a *m., f.* candidate 18
canela *f.* cinnamon 10
cansado/a *adj.* tired 5
cantante *m., f.* singer 17
cantar *v.* to sing 2
capital *f.* capital city
capó *m.* hood 11
cara *f.* face 7
caramelo *m.* caramel 9
cargador *m.* charger 11
carne *f.* meat 8
   carne de res *f.* beef 8
carnicería *f.* butcher shop 14
caro/a *adj.* expensive 6
carpintero/a *m., f.* carpenter 16
carrera *f.* career 16
carretera *f.* highway; (main)
   road 11
carro *m.* car; automobile 11
carta *f.* letter 4; (playing) card 5
cartel *m.* poster 12
cartera *f.* wallet 4, 6
cartero *m.* mail carrier 14
casa *f.* house; home 2
casado/a *adj.* married 9
casarse (con) *v.* to get married
   (to) 9
casi *adv.* almost 10
catorce fourteen 1
cazar *v.* to hunt 13
cebolla *f.* onion 8
cederrón *m.* CD-ROM
celebrar *v.* to celebrate 9
cementerio *m.* cemetery 9
cena *f.* dinner 8
cenar *v.* to have dinner 2
centro *m.* downtown 4
   centro comercial shopping
    mall 6
cepillarse los dientes/el pelo *v.*
   to brush one's teeth/one's hair 7
cerámica *f.* pottery 17
cerca de *prep.* near 2
cerdo *m.* pork 8
cereales *m., pl.* cereal; grains 8
cero *m.* zero 1
cerrado/a *adj.* closed 5
cerrar (e:ie) *v.* to close 4
cerveza *f.* beer 8
césped *m.* grass
ceviche *m.* marinated fish dish 8
   ceviche de camarón *m.*
    lemon-marinated shrimp 8
   chaleco *m.* vest
champán *m.* champagne 9
champiñón *m.* mushroom 8

champú *m.* shampoo 7
chaqueta *f.* jacket 6
chatear *v.* to chat 11
chau *fam. interj.* bye 1
cheque *m.* (bank) check 14
   cheque (de viajero) *m.*
    (traveler's) check 14
chévere *adj., fam.* terrific
chico/a *m., f.* boy/girl 1
chino/a *adj.* Chinese 3
chocar (con) *v.* to run into
chocolate *m.* chocolate 9
choque *m.* collision 18
chuleta *f.* chop (food) 8
   chuleta de cerdo *f.* pork
    chop 8
cibercafé *m.* cybercafé 11
ciclismo *m.* cycling 4
cielo *m.* sky 13
cien(to) one hundred 2
ciencias *f., pl.* sciences 2
   ciencias ambientales
    environmental science 2
   de ciencia ficción *f.* science
    fiction (genre) 17
científico/a *m., f.* scientist 16
cierto/a *adj.* certain 13
   es cierto it's certain 13
   no es cierto it's not certain 13
cima *f.* top, peak 15
cinco five 1
cincuenta fifty 2
cine *m.* movie theater 4
cinta *f.* (audio)tape
cinta caminadora *f.* treadmill 15
cinturón *m.* belt 6
circulación *f.* traffic 11
cita *f.* date; appointment 9
ciudad *f.* city
ciudadano/a *m., f.* citizen 18
Claro (que sí). *fam.* Of course.
clase *f.* class 2
   clase de ejercicios aeróbicos
    f. aerobics class 15
clásico/a *adj.* classical 17
cliente/a *m., f.* customer 6
clínica *f.* clinic 10
cobrar *v.* to cash (a check) 14
coche *m.* car; automobile 11
cocina *f.* kitchen; stove 9, 12
cocinar *v.* to cook 12
cocinero/a *m., f.* cook, chef 16
cofre *m.* hood 14
cola *f.* line 14
colesterol *m.* cholesterol 15
color *m.* color 6
comedia *f.* comedy; play 17
comedor *m.* dining room 12
comenzar (e:ie) *v.* to begin 4
comer *v.* to eat 3
comercial *adj.* commercial;
   business-related 16
comida *f.* food; meal 4, 8
como like; as 8
¿cómo? what?; how? 1, 2
   ¿Cómo es...? What's... like?

¿Cómo está usted? *form.* How are you? 1
¿Cómo estás? *fam.* How are you? 1
¿Cómo se llama usted? *(form.)* What's your name? 1
¿Cómo te llamas? *fam.* What's your name? 1
cómoda *f.* chest of drawers 12
cómodo/a *adj.* comfortable 5
compañero/a de clase *m., f.* classmate 2
compañero/a de cuarto *m., f.* roommate 2
compañía *f.* company; firm 16
compartir *v.* to share 3
compositor(a) *m., f.* composer 17
comprar *v.* to buy 2
compras *f., pl.* purchases
  ir de compras to go shopping 5
comprender *v.* to understand 3
comprobar *v.* to check
comprometerse (con) *v.* to get engaged (to) 9
computación *f.* computer science 2
computadora *f.* computer 1
computadora portátil *f.* portable computer; laptop 11
comunicación *f.* communication 18
comunicarse (con) *v.* to communicate (with) 18
comunidad *f.* community 1
con *prep.* with 2
  Con él/ella habla. Speaking. *(on telephone)* 11
  con frecuencia *adv.* frequently 10
  Con permiso. Pardon me; Excuse me. 1
  con tal (de) que *conj.* provided (that) 13
concierto *m.* concert 17
concordar *v.* to agree
concurso *m.* game show; contest 17
conducir *v.* to drive 6, 11
conductor(a) *m., f.* driver 1
conexión *f.* **inalámbrica** wireless connection 11
confirmar *v.* to confirm 5
confirmar *v.* **una reservación** *f.* to confirm a reservation 5
confundido/a *adj.* confused 5
congelador *m.* freezer 12
congestionado/a *adj.* congested; stuffed-up 10
conmigo *pron.* with me 4, 9
conocer *v.* to know; to be acquainted with 6
conocido/a *adj.; p.p.* known
conseguir (e:i) *v.* to get; to obtain 4
consejero/a *m., f.* counselor; advisor 16
consejo *m.* advice
conservación *f.* conservation 13
conservar *v.* to conserve 13
construir *v.* to build
consultorio *m.* doctor's office 10
consumir *v.* to consume 15

contabilidad *f.* accounting 2
contador(a) *m., f.* accountant 16
contaminación *f.* pollution 13
  contaminación del aire/del agua air/water pollution 13
contaminado/a *adj.* polluted 13
contaminar *v.* to pollute 13
contar (o:ue) *v.* to count; to tell 4
contento/a *adj.* content 5
contestadora *f.* answering machine
contestar *v.* to answer 2
contigo *fam. pron.* with you 5, 9
contratar *v.* to hire 16
control *m.* **remoto** remote control 11
controlar *v.* to control 13
conversación *f.* conversation 1
conversar *v.* to converse, to chat 2
copa *f.* wineglass; goblet 12
corazón *m.* heart 10
corbata *f.* tie 6
corredor(a) *m., f.* **de bolsa** stockbroker 16
correo *m.* mail; post office 14
  correo de voz *m.* voice mail 11
  correo electrónico *m.* e-mail 4
correr *v.* to run 3
cortesía *f.* courtesy
cortinas *f., pl.* curtains 12
corto/a *adj.* short *(in length)* 6
cosa *f.* thing 1
costar (o:ue) *v.* to cost 6
costarricense *adj.* Costa Rican 3
cráter *m.* crater 13
creer *v.* to believe 3, 13
  creer (en) *v.* to believe (in) 3
  no creer *v.* not to believe 13
creído/a *adj., p.p.* believed 14
crema de afeitar *f.* shaving cream 5, 7
crimen *m.* crime; murder 18
cruzar *v.* to cross 14
cuaderno *m.* notebook 1
cuadra *f.* (city) block 14
¿cuál(es)? which?; which one(s)? 2
  ¿Cuál es la fecha de hoy? What is today's date? 5
cuadro *m.* picture 12
cuando *conj.* when 7; 13
¿cuándo? when? 2
¿cuánto(s)/a(s)? how much/how many? 1, 2
  ¿Cuánto cuesta...? How much does... cost? 6
  ¿Cuántos años tienes? How old are you?
cuarenta forty 2
cuarto de baño *m.* bathroom 7
cuarto *m.* room 2; 7
cuarto/a *adj.* fourth 5
  menos cuarto quarter to (time) 1
  y cuarto quarter after (time) 1
cuatro four 1
cuatrocientos/as four hundred 2
cubano/a *adj.* Cuban 3
cubiertos *m., pl.* silverware

cubierto/a *p.p.* covered
cubrir *v.* to cover
cuchara *f.* (table or large) spoon 12
cuchillo *m.* knife 12
cuello *m.* neck 10
cuenta *f.* bill 8; account 14
  cuenta corriente *f.* checking account 14
  cuenta de ahorros *f.* savings account 14
cuento *m.* short story 17
cuerpo *m.* body 10
cuidado *m.* care
cuidar *v.* to take care of 13
cultura *f.* culture 2, 17
cumpleaños *m., sing.* birthday 9
cumplir años *v.* to have a birthday
cuñado/a *m., f.* brother-in-law/ sister-in-law 3
currículum *m.* résumé 16
curso *m.* course 2

D

danza *f.* dance 17
dañar *v.* to damage; to break down 10
dar *v.* to give 6
  dar un consejo *v.* to give advice
  darse con *v.* to bump into; to run into (something) 10
  darse prisa *v.* to hurry; to rush 15
de *prep.* of; from 1
  ¿De dónde eres? *fam.* Where are you from? 1
  ¿De dónde es usted? *form.* Where are you from? 1
  ¿De parte de quién? Who is speaking/calling? *(on telephone)* 11
  ¿de quién...? whose...? *(sing.)* 1
  ¿de quiénes...? whose...? *(pl.)* 1
  de algodón (made) of cotton 6
  de aluminio (made) of aluminum 13
  de buen humor in a good mood 5
  de compras shopping 5
  de cuadros plaid 6
  de excursión hiking 4
  de hecho in fact
  de ida y vuelta roundtrip 5
  de la mañana in the morning; A.M. 1
  de la noche in the evening; at night; P.M. 1
  de la tarde in the afternoon; in the early evening; P.M. 1
  de lana (made) of wool 6
  de lunares polka-dotted 6
  de mal humor in a bad mood 5
  de moda in fashion 6
  De nada. You're welcome. 1
  de niño/a as a child 10
  de parte de on behalf of 11

de plástico (made) of plastic 13
de rayas striped 6
de repente suddenly 6
de seda (made) of silk 6
de vaqueros western (genre) 17
de vez en cuando from
  time to time 10
de vidrio (made) of glass 13
debajo de *prep.* below; under 2
deber (+ *inf.***)** *v.* should; must;
  ought to 3
deber *m.* responsibility;
  obligation 18
debido a due to (the fact that)
débil *adj.* weak 15
decidir (+ *inf.***)** *v.* to decide 3
décimo/a *adj.* tenth 5
decir (e:i) *v.* **(que)** to say (that);
  to tell (that) 4
  decir la respuesta to say the
    answer 4
  decir la verdad to tell the
    truth 4
  decir mentiras to tell lies 4
declarar *v.* to declare; to say 18
dedo *m.* finger 10
dedo del pie *m.* toe 10
deforestación *f.* deforestation 13
dejar *v.* to let; to quit; to leave
  behind 16
  dejar de (+ *inf.***)** *v.* to stop
    (*doing something*) 13
  dejar una propina *v.* to leave
    a tip
del (*contraction of* **de + el)** of the;
  from the 1
delante de *prep.* in front of 2
delgado/a *adj.* thin; slender 3
delicioso/a *adj.* delicious 8
demás *adj.* the rest
demasiado *adv.* too much 6
dentista *m., f.* dentist 10
dentro de (diez años) within
  (ten years) 16; inside
dependiente/a *m., f.* clerk 6
deporte *m.* sport 4
deportista *m.* sports person
deportivo/a *adj.* sports-related 4
depositar *v.* to deposit 14
derecha *f.* right 2
  a la derecha de to the right of 2
derecho *adv.* straight (ahead) 14
derechos *m., pl.* rights 18
desarrollar *v.* to develop 13
desastre (natural) *m.* (natural)
  disaster 18
desayunar *v.* to have breakfast 2
desayuno *m.* breakfast 8
descafeinado/a *adj.*
  decaffeinated 15
descansar *v.* to rest 2
descargar *v.* to download 11
descompuesto/a *adj.* not
  working; out of order 11
describir *v.* to describe 3
descrito/a *p.p.* described 14
descubierto/a *p.p.* discovered 14

descubrir *v.* to discover 13
desde *prep.* from 6
desear *v.* to wish; to desire 2
desempleo *m.* unemployment 18
desierto *m.* desert 13
desigualdad *f.* inequality 18
desordenado/a *adj.* disorderly 5
despacio *adv.* slowly 10
despedida *f.* farewell; goodbye
despedir (e:i) *v.* to fire 16
despedirse (de) (e:i) *v.* to say
  goodbye (to) 18
despejado/a *adj.* clear (*weather*)
despertador *m.* alarm clock 7
despertarse (e:ie) *v.* to wake up 7
después *adv.* afterwards; then 7
  después de after 7
  después de que *conj.* after 13
destruir *v.* to destroy 13
detrás de *prep.* behind 2
día *m.* day 1
  día de fiesta holiday 9
diario *m.* diary 1; newspaper 18
diario/a *adj.* daily 7
dibujar *v.* to draw 2
dibujo *m.* drawing
  dibujos animados *m., pl.*
    cartoons 4
diccionario *m.* dictionary 1
dicho/a *p.p.* said 14
diciembre *m.* December 5
dictadura *f.* dictatorship 18
diecinueve nineteen 1
dieciocho eighteen 1
dieciséis sixteen 1
diecisiete seventeen 1
diente *m.* tooth 7
dieta *f.* diet 15
  comer una dieta equilibrada
    to eat a balanced diet 15
diez ten 1
difícil *adj.* difficult; hard 3
Diga. Hello. (*on telephone*) 11
diligencia *f.* errand 14
dinero *m.* money 6
dirección *f.* address 14
  dirección electrónica *f.* e-mail
    address 11
director(a) *m., f.* director;
  (*musical*) conductor 17
dirigir *v.* to direct 17
disco compacto compact disc
  (CD) 11
discriminación *f.*
  discrimination 18
discurso *m.* speech 18
diseñador(a) *m., f.* designer 16
diseño *m.* design
disfraz *m.* costume 9
disfrutar (de) *v.* to enjoy; to reap
  the benefits (of) 15
disminuir *v.* to reduce 16
diversión *f.* fun activity;
  entertainment; recreation 4
divertido/a *adj.* fun
divertirse (e:ie) *v.* to have fun 9
divorciado/a *adj.* divorced 9

divorciarse (de) *v.* to get divorced
  (from) 9
divorcio *m.* divorce 9
doblar *v.* to turn 14
doble *adj.* double 5
doce twelve 1
doctor(a) *m., f.* doctor 3; 10
documental *m.* documentary 17
documentos de viaje *m., pl.*
  travel documents
doler (o:ue) *v.* to hurt 10
dolor *m.* ache; pain 10
  dolor de cabeza *m.*
    headache 10
doméstico/a *adj.* domestic 12
domingo *m.* Sunday 2
don *m.* Mr.; sir 1
doña *f.* Mrs.; ma'am 1
donde *adv.* where
  ¿Dónde está...? Where is...? 2
  ¿dónde? where? 1, 2
dormir (o:ue) *v.* to sleep 4
dormirse (o:ue) *v.* to go to sleep;
  to fall asleep 7
dormitorio *m.* bedroom 12
dos two 1
  dos veces *f.* twice; two times 6
doscientos/as two hundred 2
drama *m.* drama; play 17
dramático/a *adj.* dramatic 17
dramaturgo/a *m., f.* playwright 17
droga *f.* drug 15
drogadicto/a *m., f.* drug
  addict 15
ducha *f.* shower 7
ducharse *v.* to shower; to take a
  shower 7
duda *f.* doubt 13
dudar *v.* to doubt 13
  no dudar *v.* not to doubt 13
dueño/a *m., f.* owner 8
dulces *m., pl.* sweets; candy 9
durante *prep.* during 7
durar *v.* to last 18

E

e *conj. (used instead of* **y** *before
  words beginning with* **i** *and* **hi**)
  and
echar *v.* to throw
  echar (una carta) al buzón *v.*
    to put (a letter) in the
    mailbox; to mail 14
ecología *f.* ecology 13
ecológico/a *adj.* ecological 13
ecologista *m., f.* ecologist 13
economía *f.* economics 2
ecoturismo *m.* ecotourism 13
ecuatoriano/a *adj.* Ecuadorian 3
edad *f.* age 9
edificio *m.* building 12
  edificio de apartamentos
    apartment building 12
(en) efectivo *m.* cash 6

ejercer *v.* to practice/exercise (a degree/profession) 16

ejercicio *m.* exercise 15

ejercicios aeróbicos aerobic exercises 15

ejercicios de estiramiento stretching exercises 15

ejército *m.* army 18

el *m., sing., def. art.* the 1

él *sub. pron.* he 1; *obj. pron.* him

elecciones *f., pl.* election 18

electricista *m., f.* electrician 16

electrodoméstico *m.* electric appliance 12

elegante *adj. m., f.* elegant 6

elegir (e:i) *v.* to elect 18

ella *sub. pron.* she 1; *obj. pron.* her

ellos/as *sub. pron.* they 1; *obj. pron.* them

embarazada *adj.* pregnant 10

emergencia *f.* emergency 10

emitir *v.* to broadcast 18

emocionante *adj. m., f.* exciting

empezar (e:ie) *v.* to begin 4

empleado/a *m., f.* employee 5

empleo *m.* job; employment 16

empresa *f.* company; firm 16

en *prep.* in; on 2

en casa at home

en caso (de) que *conj.* in case (that) 13

en cuanto *conj.* as soon as 13

en efectivo in cash 14

en exceso in excess; too much 15

en línea in-line 4

en punto on the dot; exactly; sharp (*time*) 1

en qué in what; how

¿En qué puedo servirles? How can I help you? 5

en vivo live 7

enamorado/a (de) *adj.* in love (with) 5

enamorarse (de) *v.* to fall in love (with) 9

encantado/a *adj.* delighted; pleased to meet you 1

encantar *v.* to like very much; to love (*inanimate objects*) 7

encima de *prep.* on top of 2

encontrar (o:ue) *v.* to find 4

encontrar(se) (o:ue) *v.* to meet (each other); to run into (each other) 11

encontrarse con to meet up with 7

encuesta *f.* poll; survey 18

energía *f.* energy 13

energía nuclear nuclear energy 13

energía solar solar energy 13

enero *m.* January 5

enfermarse *v.* to get sick 10

enfermedad *f.* illness 10

enfermero/a *m., f.* nurse 10

enfermo/a *adj.* sick 10

enfrente de *adv.* opposite; facing 14

engordar *v.* to gain weight 15

enojado/a *adj.* angry 5

enojarse (con) *v.* to get angry (with) 7

ensalada *f.* salad 8

ensayo *m.* essay 3

enseguida *adv.* right away

enseñar *v.* to teach 2

ensuciar *v.* to get (something) dirty 12

entender (e:ie) *v.* to understand 4

enterarse *v.* to find out 16

entonces *adv.* so, then 5, 7

entrada *f.* entrance 12; ticket

entre *prep.* between; among 2

entregar *v.* to hand in 11

entremeses *m., pl.* hors d'oeuvres; appetizers 8

entrenador(a) *m., f.* trainer 15

entrenarse *v.* to practice; to train 15

entrevista *f.* interview 16

entrevistador(a) *m., f.* interviewer 16

entrevistar *v.* to interview 16

envase *m.* container 13

enviar *v.* to send; to mail 14

equilibrado/a *adj.* balanced 15

equipaje *m.* luggage 5

equipo *m.* team 4

equivocado/a *adj.* wrong 5

eres *fam.* you are 1

es he/she/it is 1

Es bueno que... It's good that... 12

es cierto it's certain 13

es extraño it's strange 13

es igual it's the same 5

Es importante que... It's important that... 12

es imposible it's impossible 13

es improbable it's improbable 13

Es malo que... It's bad that... 12

Es mejor que... It's better that... 12

Es necesario que... It's necessary that... 12

es obvio it's obvious 13

es posible it's possible 13

es probable it's probable 13

es ridículo it's ridiculous 13

es seguro it's certain 13

es terrible it's terrible 13

es triste it's sad 13

Es urgente que... It's urgent that... 12

Es la una. It's one o'clock. 1

es una lástima it's a shame 13

es verdad it's true 13

esa(s) *f., adj.* that; those 6

ésa(s) *f., pron.* that (one); those (ones) 6

escalar *v.* to climb 4

escalar montañas to climb mountains 4

escalera *f.* stairs; stairway 12

escalón *m.* step 15

escanear *v.* to scan 11

escoger *v.* to choose 8

escribir *v.* to write 3

escribir un mensaje electrónico to write an e-mail 4

escribir una carta to write a letter 4

escrito/a *p.p.* written 14

escritor(a) *m., f.* writer 17

escritorio *m.* desk 2

escuchar *v.* to listen (to) 2

escuchar la radio to listen to the radio 2

escuchar música to listen to music 2

escuela *f.* school 1

esculpir *v.* to sculpt 17

escultor(a) *m., f.* sculptor 17

escultura *f.* sculpture 17

ese *m., sing., adj.* that 6

ése *m., sing., pron.* that one 6

eso *neuter, pron.* that; that thing 6

esos *m., pl., adj.* those 6

ésos *m., pl., pron.* those (ones) 6

España *f.* Spain

español *m.* Spanish (*language*) 2

español(a) *adj. m., f.* Spanish 3

espárragos *m., pl.* asparagus 8

especialidad: las especialidades del día today's specials 8

especialización *f.* major 2

espectacular *adj.* spectacular

espectáculo *m.* show 17

espejo *m.* mirror 7

esperar *v.* to hope; to wish 13

esperar (+ inf.) *v.* to wait (for); to hope 2

esposo/a *m., f.* husband/wife; spouse 3

esquí (acuático) *m.* (water) skiing 4

esquiar *v.* to ski 4

esquina *f.* corner 14

está he/she/it is, you are

Está bien. That's fine.

Está (muy) despejado. It's (very) clear. (*weather*)

Está lloviendo. It's raining. 5

Está nevando. It's snowing. 5

Está (muy) nublado. It's (very) cloudy. (*weather*) 5

esta(s) *f., adj.* this; these 6

esta noche tonight

ésta(s) *f., pron.* this (one); these (ones) 6

establecer *v.* to establish 16

estación *f.* station; season 5

estación de autobuses bus station 5

estación del metro subway station 5

estación de tren train station 5

estacionamiento *m.* parking lot 14
estacionar *v.* to park 11
estadio *m.* stadium 2
estado civil *m.* marital status 9
Estados Unidos *m., pl.* (EE.UU.; E.U.) United States
estadounidense *adj. m., f.* from the United States 3
estampilla *f.* stamp 14
estante *m.* bookcase; bookshelves 12
estar *v.* to be 2
  estar a dieta to be on a diet 15
  estar aburrido/a to be bored 5
  estar afectado/a (por) to be affected (by) 13
  estar cansado/a to be tired 5
  estar contaminado/a to be polluted 13
  estar de acuerdo to agree 17
    Estoy de acuerdo. I agree. 17
    No estoy de acuerdo. I don't agree. 17
  estar de moda to be in fashion 6
  estar de vacaciones *f., pl.* to be on vacation 5
  estar en buena forma to be in good shape 15
  estar enfermo/a to be sick 10
  estar harto/a de... to be sick of... 18
  estar listo/a to be ready 5
  estar perdido/a to be lost 14
  estar roto/a to be broken 5
  estar seguro/a to be sure 5
  estar torcido/a to be twisted; to be sprained 10
  No está nada mal. It's not bad at all. 5
estatua *f.* statue 17
este *m.* east 14
este *m., sing., adj.* this 6
éste *m., sing., pron.* this (one) 6
estéreo *m.* stereo 11
estilo *m.* style
estiramiento *m.* stretching 15
esto *neuter pron.* this; this thing 6
estómago *m.* stomach 10
estornudar *v.* to sneeze 10
estos *m., pl., adj.* these 6
éstos *m., pl., pron.* these (ones) 6
estrella *f.* star 13
  estrella de cine *m., f.* movie star 17
estrés *m.* stress 15
estudiante *m., f.* student 1, 2
estudiantil *adj. m., f.* student 2
estudiar *v.* to study 2
estufa *f.* stove 12
estupendo/a *adj.* stupendous 5
etapa *f.* stage 9
evitar *v.* to avoid 13
examen *m.* test; exam 2

examen médico physical exam 10
excelente *adj. m., f.* excellent 5
exceso *m.* excess 15
excursión *f.* hike; tour; excursion 4
excursionista *m., f.* hiker
éxito *m.* success
experiencia *f.* experience
explicar *v.* to explain 2
explorar *v.* to explore
expresión *f.* expression
extinción *f.* extinction 13
extranjero/a *adj.* foreign 17
extrañar *v.* to miss 16
extraño/a *adj.* strange 13

F

fábrica *f.* factory 13
fabuloso/a *adj.* fabulous 5
fácil *adj.* easy 3
falda *f.* skirt 6
faltar *v.* to lack; to need 7
familia *f.* family 3
famoso/a *adj.* famous
farmacia *f.* pharmacy 10
fascinar *v.* to fascinate 7
favorito/a *adj.* favorite 4
fax *m.* fax (machine)
febrero *m.* February 5
fecha *f.* date 5
¡Felicidades! Congratulations! 9
¡Felicitaciones! Congratulations! 9
feliz *adj.* happy 5
  ¡Feliz cumpleaños! Happy birthday! 9
fenomenal *adj.* great, phenomenal 5
feo/a *adj.* ugly 3
festival *m.* festival 17
fiebre *f.* fever 10
fiesta *f.* party 9
fijo/a *adj.* fixed, set 6
fin *m.* end 4
  fin de semana weekend 4
finalmente *adv.* finally
firmar *v.* to sign (*a document*) 14
física *f.* physics 2
flan (de caramelo) *m.* baked (caramel) custard 9
flexible *adj.* flexible 15
flor *f.* flower 13
folclórico/a *adj.* folk; folkloric 17
folleto *m.* brochure
forma *f.* shape 15
formulario *m.* form 14
foto(grafía) *f.* photograph 1
francés, francesa *adj. m., f.* French 3
frecuentemente *adv.* frequently
frenos *m., pl.* brakes
frente (frío) *m.* (cold) front 5
fresco/a *adj.* cool
frijoles *m., pl.* beans 8

frío/a *adj.* cold
frito/a *adj.* fried 8
fruta *f.* fruit 8
frutería *f.* fruit store 14
fuera *adv.* outside
fuerte *adj. m., f.* strong 15
fumar *v.* to smoke 15
  (no) fumar *v.* (not) to smoke 15
funcionar *v.* to work 11; to function
fútbol *m.* soccer 4
fútbol americano *m.* football 4
futuro/a *adj.* future
  en el futuro in the future

G

gafas (de sol) *f., pl.* (sun)glasses 6
gafas (oscuras) *f., pl.* (sun)glasses
galleta *f.* cookie 9
ganar *v.* to win 4; to earn (money) 16
ganga *f.* bargain 6
garaje *m.* garage; (mechanic's) repair shop 11; garage (*in a house*) 12
garganta *f.* throat 10
gasolina *f.* gasoline 11
gasolinera *f.* gas station 11
gastar *v.* to spend (*money*) 6
gato *m.* cat 13
gemelo/a *m., f.* twin 3
genial *adj.* great 16
gente *f.* people 3
geografía *f.* geography 2
gerente *m., f.* manager 8, 16
gimnasio *m.* gymnasium 4
gobierno *m.* government 13
golf *m.* golf 4
gordo/a *adj.* fat 3
grabar *v.* to record 11
gracias *f., pl.* thank you; thanks 1
  Gracias por invitarme. Thanks for inviting me. 9
graduarse (de/en) *v.* to graduate (from/in) 9
grande *adj.* big; large 3
grasa *f.* fat 15
gratis *adj. m., f.* free of charge 14
grave *adj.* grave; serious 10
gripe *f.* flu 10
gris *adj. m., f.* gray 6
gritar *v.* to scream, to shout
grito *m.* scream 5
guantes *m., pl.* gloves 6
guapo/a *adj.* handsome; good-looking 3
guardar *v.* to save (on a computer) 11
guerra *f.* war 18
guía *m., f.* guide
gustar *v.* to be pleasing to; to like 2
  Me gustaría... I would like...
gusto *m.* pleasure 1
  El gusto es mío. The pleasure is mine. 1

Mucho gusto. Pleased to meet you. 1
¡Qué gusto verlo/la! *(form.)* *How nice to see you!* 18
¡Qué gusto verte! *(fam.) How nice to see you!* 18

H

haber *(auxiliar) v.* to have (done something) 15
habitación *f.* room 5
  habitación doble double room 5
  habitación individual single room 5
hablar *v.* to talk; to speak 2
hacer *v.* to do; to make 4
  Hace buen tiempo. The weather is good. 5
  Hace (mucho) calor. It's (very) hot. *(weather)* 5
  Hace fresco. It's cool. *(weather)* 5
  Hace (mucho) frío. It's (very) cold. *(weather)* 5
  Hace mal tiempo. The weather is bad. 5
  Hace (mucho) sol. It's (very) sunny. *(weather)* 5
  Hace (mucho) viento. It's (very) windy. *(weather)* 5
  hacer cola to stand in line 14
  hacer diligencias to run errands 14
  hacer ejercicio to exercise 15
  hacer ejercicios aeróbicos to do aerobics 15
  hacer ejercicios de estiramiento to do stretching exercises 15
  hacer el papel (de) to play the role (of) 17
  hacer gimnasia to work out 15
  hacer juego (con) to match (with) 6
  hacer la cama to make the bed 12
  hacer las maletas to pack (one's) suitcases 5
  hacer quehaceres domésticos to do household chores 12
  hacer (wind)surf to (wind)surf 5
  hacer turismo to go sightseeing
  hacer un viaje to take a trip 5
  ¿Me harías el honor de casarte conmigo? Would you do me the honor of marrying me? 17
hacia *prep.* toward 14
hambre *f.* hunger
hamburguesa *f.* hamburger 8
hasta *prep.* until 6; toward
  Hasta la vista. See you later. 1
  Hasta luego. See you later. 1
  Hasta mañana. See you tomorrow. 1

  Hasta pronto. See you soon. 1
hasta que *conj.* until 13
hay there is; there are 1
  Hay (mucha) contaminación. It's (very) smoggy.
  Hay (mucha) niebla. It's (very) foggy.
  Hay que It is necessary that
  No hay de qué. You're welcome. 1
  No hay duda de There's no doubt 13
hecho/a *p.p.* done 14
heladería *f.* ice cream shop 14
helado/a *adj.* iced 8
helado *m.* ice cream 9
hermanastro/a *m., f.* stepbrother/stepsister 3
hermano/a *m., f.* brother/sister 3
hermano/a mayor/menor *m., f.* older/younger brother/sister 3
hermanos *m., pl.* siblings (brothers and sisters) 3
hermoso/a *adj.* beautiful 6
hierba *f.* grass 13
hijastro/a *m., f.* stepson/stepdaughter 3
hijo/a *m., f.* son/daughter 3
  hijo/a único/a *m., f.* only child 3
  hijos *m., pl.* children 3
híjole *interj.* wow 6
historia *f.* history 2; story 17
hockey *m.* hockey 4
hola *interj.* hello; hi 1
hombre *m.* man 1
  hombre de negocios *m.* businessman 16
hora *f.* hour 1; the time
horario *m.* schedule 2
horno *m.* oven 12
  horno de microondas *m.* microwave oven 12
horror *m.* horror 17
  de horror horror (genre) 17
hospital *m.* hospital 10
hotel *m.* hotel 5
hoy *adv.* today 2
  hoy día *adv.* nowadays
  Hoy es... Today is... 2
hueco *m.* hole 4
huelga *f.* strike *(labor)* 18
hueso *m.* bone 10
huésped *m., f.* guest 5
huevo *m.* egg 8
humanidades *f., pl.* humanities 2
huracán *m.* hurricane 18

I

ida *f.* one way *(travel)*
idea *f.* idea 18
iglesia *f.* church 4
igualdad *f.* equality 18
igualmente *adv.* likewise 1
impermeable *m.* raincoat 6

importante *adj. m., f.* important 3
importar *v.* to be important to; to matter 7
imposible *adj. m., f.* impossible 13
impresora *f.* printer 11
imprimir *v.* to print 11
improbable *adj. m., f.* improbable 13
impuesto *m.* tax 18
incendio *m.* fire 18
increíble *adj. m., f.* incredible 5
indicar cómo llegar *v.* to give directions 14
individual *adj.* single *(room)* 5
infección *f.* infection 10
informar *v.* to inform 18
informe *m.* report; paper *(written work)* 18
ingeniero/a *m., f.* engineer 3
inglés *m.* English *(language)* 2
inglés, inglesa *adj.* English 3
inodoro *m.* toilet 7
insistir (en) *v.* to insist (on) 12
inspector(a) de aduanas *m., f.* customs inspector 5
inteligente *adj. m., f.* intelligent 3
intento *m.* attempt 11
intercambiar *v.* to exchange
interesante *adj. m., f.* interesting 3
interesar *v.* to be interesting to; to interest 7
internacional *adj. m., f.* international 18
Internet Internet 11
inundación *f.* flood 18
invertir (e:ie) *v.* to invest 16
invierno *m.* winter 5
invitado/a *m., f.* guest 9
invitar *v.* to invite 9
inyección *f.* injection 10
ir *v.* to go 4
  ir a (+ inf.) to be going to do something 4
  ir de compras to go shopping 5
  ir de excursión (a las montañas) to go on a hike (in the mountains) 4
  ir de pesca to go fishing
  ir de vacaciones to go on vacation 5
  ir en autobús to go by bus 5
  ir en auto(móvil) to go by auto(mobile); to go by car 5
  ir en avión to go by plane 5
  ir en barco to go by boat 5
  ir en metro to go by subway 5
  ir en moto(cicleta) to go by motorcycle 5
  ir en taxi to go by taxi 5
  ir en tren to go by train
irse *v.* to go away; to leave 7
italiano/a *adj.* Italian 3
izquierda *f.* left 2
  a la izquierda de to the left of 2

J

jabón *m.* soap 7
jamás *adv.* never; not ever 7
jamón *m.* ham 8
japonés, japonesa *adj.* Japanese 3
jardín *m.* garden; yard 12
jefe, jefa *m., f.* boss 16
jengibre *m.* ginger 10
joven *adj. m., f., sing.* (**jóvenes** *pl.*)
  young 3
  joven *m., f., sing.* (**jóvenes** *pl.*)
  young person 1
joyería *f.* jewelry store 14
jubilarse *v.* to retire (*from work*) 9
juego *m.* game
jueves *m., sing.* Thursday 2
jugador(a) *m., f.* player 4
jugar (u:ue) *v.* to play 4
  jugar a las cartas *f., pl.* to
  play cards 5
jugo *m.* juice 8
  jugo de fruta *m.* fruit juice 8
julio *m.* July 5
jungla *f.* jungle 13
junio *m.* June 5
juntos/as *adj.* together 9
juventud *f.* youth 9

K

kilómetro *m.* kilometer 11

L

la *f., sing., def. art.* the 1; *f., sing.,*
  d.o. pron. her, it, *form.* you 5
laboratorio *m.* laboratory 2
lago *m.* lake 13
lámpara *f.* lamp 12
lana *f.* wool 6
langosta *f.* lobster 8
lápiz *m.* pencil 1
largo/a *adj.* long 6
las *f., pl., def. art.* the 1; *f., pl., d.o.*
  pron. them; you 5
lástima *f.* shame 13
lastimarse *v.* to injure oneself 10
  lastimarse el pie to injure
  one's foot 10
lata *f.* (*tin*) can 13
lavabo *m.* sink 7
lavadora *f.* washing machine 12
lavandería *f.* laundromat 14
lavaplatos *m., sing.* dishwasher 12
lavar *v.* to wash 12
  lavar (el suelo, los platos) to
  wash (the floor, the dishes) 12
lavarse *v.* to wash oneself 7
  lavarse la cara to wash one's
  face 7
  lavarse las manos to wash
  one's hands 7
le *sing., i.o. pron.* to/for him, her,
  form. you 6

Le presento a... *form.* I would
  like to introduce you to (name). 1
lección *f.* lesson 1
leche *f.* milk 8
lechuga *f.* lettuce 8
leer *v.* to read 3
  leer el correo electrónico
  to read e-mail 4
  leer un periódico to read a
  newspaper 4
  leer una revista to read a
  magazine 4
leído/a *p.p.* read 14
lejos de *prep.* far from 2
lengua *f.* language 2
  lenguas extranjeras *f., pl.*
  foreign languages 2
lentes de contacto *m., pl.*
  contact lenses
  lentes (de sol) (sun)glasses
lento/a *adj.* slow 11
les *pl., i.o. pron.* to/for them,
  you 6
letrero *m.* sign 14
levantar *v.* to lift 15
  levantar pesas to lift
  weights 15
levantarse *v.* to get up 7
ley *f.* law 13
libertad *f.* liberty; freedom 18
libre *adj. m., f.* free 4
librería *f.* bookstore 2
libro *m.* book 2
licencia de conducir *f.* driver's
  license 11
limón *m.* lemon 8
limpiar *v.* to clean 12
  limpiar la casa *v.* to clean the
  house 12
limpio/a *adj.* clean 5
línea *f.* line 4
listo/a *adj.* ready; smart 5
literatura *f.* literature 2
llamar *v.* to call 11
  llamar por teléfono to call on
  the phone
llamarse *v.* to be called; to be
  named 7
llanta *f.* tire 11
llave *f.* key 5; wrench 11
llegada *f.* arrival 5
llegar *v.* to arrive 2
llenar *v.* to fill 11, 14
  llenar el tanque to fill the
  tank 11
  llenar (un formulario) to fill
  out (a form) 14
lleno/a *adj.* full 11
llevar *v.* to carry 2; to wear;
  to take 6
  llevar una vida sana to lead
  a healthy lifestyle 15
  llevarse bien/mal (con) to
  get along well/badly (with) 9
llorar *v.* to cry 15
llover (o:ue) *v.* to rain 5

Llueve. It's raining. 5
lluvia *f.* rain
lo *m., sing. d.o. pron.* him, it, *form.*
  you 5
  ¡Lo he pasado de película!
  I've had a fantastic time! 18
  lo mejor the best (thing)
  lo que that which; what 12
  Lo siento. I'm sorry. 1
loco/a *adj.* crazy 6
locutor(a) *m., f.* (TV or radio)
  announcer 18
lodo *m.* mud
los *m., pl., def. art.* the 1; *m. pl.,*
  d.o. pron. them, you 5
luchar (contra/por) *v.* to fight;
  to struggle (against/for) 18
luego *adv.* then 7; later 1
lugar *m.* place 2, 4
luna *f.* moon 13
lunares *m.* polka dots
lunes *m., sing.* Monday 2
luz *f.* light; electricity 12

M

madrastra *f.* stepmother 3
madre *f.* mother 3
madurez *f.* maturity; middle age 9
maestro/a *m., f.* teacher 16
magnífico/a *adj.* magnificent 5
maíz *m.* corn 8
mal, malo/a *adj.* bad 3
maleta *f.* suitcase 1
mamá *f.* mom
mandar *v.* to order 12; to send;
  to mail 14
manejar *v.* to drive 11
manera *f.* way
mano *f.* hand 1
manta *f.* blanket 12
mantener *v.* to maintain 15
  mantenerse en forma to stay
  in shape 15
mantequilla *f.* butter 8
manzana *f.* apple 8
mañana *f.* morning, a.m. 1;
  tomorrow 1
mapa *m.* map 1, 2
maquillaje *m.* makeup 7
maquillarse *v.* to put on
  makeup 7
mar *m.* sea 5
maravilloso/a *adj.* marvelous 5
mareado/a *adj.* dizzy; nauseated
  10
margarina *f.* margarine 8
mariscos *m., pl.* shellfish 8
marrón *adj. m., f.* brown 6
martes *m., sing.* Tuesday 2
marzo *m.* March 5
más *adv.* more 2
  más de (+ number) more
  than 8
  más tarde later (on) 7
  más... que more... than 8

masaje *m.* massage 15
matemáticas *f., pl.* mathematics 2
materia *f.* course 2
matrimonio *m.* marriage 9
máximo/a *adj.* maximum 11
mayo *m.* May 5
mayonesa *f.* mayonnaise 8
mayor *adj.* older 3
  el/la mayor *adj.* oldest 8
me *sing., d.o. pron.* me 5; *sing. i.o. pron.* to/for me 6
  Me gusta... I like... 2
  Me gustaría(n)... I would like... 15
  Me llamo... My name is... 1
  Me muero por... I'm dying to (for)...
mecánico/a *m., f.* mechanic 11
mediano/a *adj.* medium
medianoche *f.* midnight 1
medias *f., pl.* pantyhose, stockings 6
medicamento *m.* medication 10
medicina *f.* medicine 10
médico/a *m., f.* doctor 3; *adj.* medical 10
medio/a *adj.* half 3
  medio ambiente *m.* environment 13
  medio/a hermano/a *m., f.* half-brother/half-sister 3
  mediodía *m.* noon 1
  medios de comunicación *m., pl.* means of communication; media 18
  y media thirty minutes past the hour (time) 1
mejor *adj.* better 8
  el/la mejor *m., f.* the best 8
mejorar *v.* to improve 13
melocotón *m.* peach 8
menor *adj.* younger 3
  el/la menor *m., f.* youngest 8
menos *adv.* less 10
  menos cuarto..., menos quince... quarter to... (*time*) 1
  menos de (+ number) fewer than 8
  menos... que less... than 8
mensaje *m.* **de texto** text message 11
mensaje electrónico *m.* e-mail message 4
mentira *f.* lie 4
menú *m.* menu 8
mercado *m.* market 6
  mercado al aire libre open-air market 6
merendar (e:ie) *v.* to snack 8; to have an afternoon snack
merienda *f.* afternoon snack 15
mes *m.* month 5
mesa *f.* table 2
mesita *f.* end table 12
  mesita de noche night stand 12
meterse en problemas *v.* to get into trouble 13

metro *m.* subway 5
mexicano/a *adj.* Mexican 3
mí *pron., obj. of prep.* me 9
mi(s) *poss. adj.* my 3
microonda *f.* microwave 12
  horno de microondas *m.* microwave oven 12
miedo *m.* fear
miel *f.* honey 10
mientras *conj.* while 10
miércoles *m., sing.* Wednesday 2
mil *m.* one thousand 2
  mil millones billion
milla *f.* mile
millón *m.* million 2
millones (de) *m.* millions (of)
mineral *m.* mineral 15
minuto *m.* minute
mío(s)/a(s) *poss.* my; (of) mine 11
mirar *v.* to look (at); to watch 2
  mirar (la) televisión to watch television 2
mismo/a *adj.* same 3
mochila *f.* backpack 2
moda *f.* fashion 6
moderno/a *adj.* modern 17
molestar *v.* to bother; to annoy 7
monitor *m.* (computer) monitor 11
  monitor(a) *m., f.* trainer
mono *m.* monkey 13
montaña *f.* mountain 4
montar *v.* **a caballo** to ride a horse 5
montón: un montón de a lot of 4
monumento *m.* monument 4
morado/a *adj.* purple 6
moreno/a *adj.* brunet(te) 3
morir (o:ue) *v.* to die 8
mostrar (o:ue) *v.* to show 4
moto(cicleta) *f.* motorcycle 5
motor *m.* motor
muchacho/a *m., f.* boy/girl 3
mucho/a *adj.,* a lot of; much; many 3
  (Muchas) gracias. Thank you (very much); Thanks (a lot). 1
  muchas veces *adv.* a lot; many times 10
  Mucho gusto. Pleased to meet you. 1
mudarse *v.* to move (from one house to another) 12
muebles *m., pl.* furniture 12
muerte *f.* death 9
muerto/a *p.p.* died 14
mujer *f.* woman 1
  mujer de negocios *f.* business woman 16
  mujer policía *f.* female police officer
multa *f.* fine
mundial *adj. m., f.* worldwide
mundo *m.* world 8
muro *m.* wall 15
músculo *m.* muscle 15
museo *m.* museum 4
música *f.* music 2, 17

musical *adj. m., f.* musical 17
músico/a *m., f.* musician 17
muy *adv.* very 1
  (Muy) bien, gracias. (Very) well, thanks. 1

N

nacer *v.* to be born 9
nacimiento *m.* birth 9
nacional *adj. m., f.* national 18
nacionalidad *f.* nationality 1
nada nothing 1; not anything 7
  nada mal not bad at all 5
nadar *v.* to swim 4
nadie *pron.* no one, nobody, not anyone 7
naranja *f.* orange 8
nariz *f.* nose 10
natación *f.* swimming 4
natural *adj. m., f.* natural 13
naturaleza *f.* nature 13
navegador *m.* **GPS** GPS 11
navegar (en Internet) *v.* to surf (the Internet) 11
Navidad *f.* Christmas 9
necesario/a *adj.* necessary 12
necesitar (+ inf.) *v.* to need 2
negar (e:ie) *v.* to deny 13
  no negar (e:ie) *v.* not to deny 13
negocios *m., pl.* business; commerce 16
negro/a *adj.* black 6
nervioso/a *adj.* nervous 5
nevar (e:ie) *v.* to snow 5
  Nieva. It's snowing. 5
ni...ni neither... nor 7
niebla *f.* fog
nieto/a *m., f.* grandson/ granddaughter 3
nieve *f.* snow
ningún, ninguno/a(s) *adj.* no; none; not any 7
niñez *f.* childhood 9
niño/a *m., f.* child 3
no no; not 1
  ¿no? right? 1
  no cabe duda de there is no doubt 13
  no es seguro it's not certain 13
  no es verdad it's not true 13
  No está nada mal. It's not bad at all. 5
  no estar de acuerdo to disagree
  No estoy seguro. I'm not sure.
  no hay there is not; there are not 1
  No hay de qué. You're welcome. 1
  no hay duda de there is no doubt 13
  ¡No me diga(s)! You don't say!
  No me gustan nada. I don't like them at all. 2

no muy bien not very well 1
No quiero. I don't want to. 4
No sé. I don't know.
No te preocupes. (*fam.*) Don't worry. 7
no tener razón to be wrong 3
noche *f.* night 1
nombre *m.* name 1
norte *m.* north 14
norteamericano/a *adj.* (North) American 3
nos *pl., d.o. pron.* us 5; *pl., i.o. pron.* to/for us 6
Nos vemos. See you. 1
nosotros/as *sub. pron.* we 1; *obj. pron.* us
noticia *f.* news 11
noticias *f., pl.* news 18
noticiero *m.* newscast 18
novecientos/as nine hundred 2
noveno/a *adj.* ninth 5
noventa ninety 2
noviembre *m.* November 5
novio/a *m., f.* boyfriend/ girlfriend 3
nube *f.* cloud 13
nublado/a *adj.* cloudy 5
Está (muy) nublado. It's very cloudy. 5
nuclear *adj. m. f.* nuclear 13
nuera *f.* daughter-in-law 3
nuestro(s)/a(s) *poss. adj.* our 3; our, (of) ours 11
nueve nine 1
nuevo/a *adj.* new 6
número *m.* number 1; (shoe) size 6
nunca *adv.* never; not ever 7
nutrición *f.* nutrition 15
nutricionista *m., f.* nutritionist 15

O

o or 7
o... o ; either... or 7
obedecer *v.* to obey 18
obra *f.* work (*of art, literature, music, etc.*) 17
obra maestra *f.* masterpiece 17
obtener *v.* to obtain; to get 16
obvio/a *adj.* obvious 13
océano *m.* ocean
ochenta eighty 2
ocho eight 1
ochocientos/as eight hundred 2
octavo/a *adj.* eighth 5
octubre *m.* October 5
ocupación *f.* occupation 16
ocupado/a *adj.* busy 5
ocurrir *v.* to occur; to happen 18
odiar *v.* to hate 9
oeste *m.* west 14
oferta *f.* offer
oficina *f.* office 12

oficio *m.* trade 16
ofrecer *v.* to offer 6
oído *m.* (sense of) hearing; inner ear 10
oído/a *p.p.* heard 14
oír *v.* to hear 4
ojalá (que) *interj.* I hope (that); I wish (that) 13
ojo *m.* eye 10
olvidar *v.* to forget 10
once eleven 1
ópera *f.* opera 17
operación *f.* operation 10
ordenado/a *adj.* orderly 5
ordinal *adj.* ordinal (*number*)
oreja *f.* (outer) ear 10
organizarse *v.* to organize oneself 12
orquesta *f.* orchestra 17
ortografía *f.* spelling
ortográfico/a *adj.* spelling
os *fam., pl. d.o. pron.* you 5; *fam., pl. i.o. pron.* to/for you 6
otoño *m.* autumn 5
otro/a *adj.* other; another 6
otra vez again

P

paciente *m., f.* patient 10
padrastro *m.* stepfather 3
padre *m.* father 3
padres *m., pl.* parents 3
pagar *v.* to pay 6
pagar a plazos to pay in installments 14
pagar al contado to pay in cash 14
pagar en efectivo to pay in cash 14
pagar la cuenta to pay the bill
página *f.* page 11
página principal *f.* home page 11
país *m.* country 1
paisaje *m.* landscape 5
pájaro *m.* bird 13
palabra *f.* word 1
paleta helada *f.* popsicle 4
pálido/a *adj.* pale 14
pan *m.* bread 8
pan tostado *m.* toasted bread 8
panadería *f.* bakery 14
pantalla *f.* screen 11
pantalla táctil *f.* touch screen
pantalones *m., pl.* pants 6
pantalones cortos *m., pl.* shorts 6
pantuflas *f.* slippers 7
papa *f.* potato 8
papas fritas *f., pl.* fried potatoes; French fries 8
papá *m.* dad
papás *m., pl.* parents
papel *m.* paper 2; role 17

papelera *f.* wastebasket 2
paquete *m.* package 14
par *m.* pair 6
par de zapatos pair of shoes 6
para *prep.* for; in order to; by; used for; considering 11
para que *conj.* so that 13
parabrisas *m., sing.* windshield 11
parar *v.* to stop 11
parecer *v.* to seem 6
pared *f.* wall 12
pareja *f.* (married) couple; partner 9
parientes *m., pl.* relatives 3
parque *m.* park 4
párrafo *m.* paragraph
parte: de parte de on behalf of 11
partido *m.* game; match (*sports*) 4
pasado/a *adj.* last; past 6
pasado *p.p.* passed
pasaje *m.* ticket 5
pasaje de ida y vuelta *m.* roundtrip ticket 5
pasajero/a *m., f.* passenger 1
pasaporte *m.* passport 5
pasar *v.* to go through
pasar la aspiradora to vacuum 12
pasar por la aduana to go through customs
pasar tiempo to spend time
pasarlo bien/mal to have a good/bad time 9
pasatiempo *m.* pastime; hobby 4
pasear *v.* to take a walk; to stroll 4
pasear en bicicleta to ride a bicycle 4
pasear por to walk around
pasillo *m.* hallway 12
pasta *f.* **de dientes** toothpaste 7
pastel *m.* cake; pie 9
pastel de chocolate *m.* chocolate cake 9
pastel de cumpleaños *m.* birthday cake
pastelería *f.* pastry shop 14
pastilla *f.* pill; tablet 10
patata *f.* potato 8
patatas fritas *f., pl.* fried potatoes; French fries 8
patinar (en línea) *v.* to (inline) skate 4
patineta *f.* skateboard 4
patio *m.* patio; yard 12
pavo *m.* turkey 8
paz *f.* peace 18
pedir (e:i) *v.* to ask for; to request 4; to order (*food*) 8
pedir prestado *v.* to borrow 14
pedir un préstamo *v.* to apply for a loan 14
Todos me dijeron que te pidiera una disculpa de su parte. They all told me to ask you to excuse them/forgive them. 18
peinarse *v.* to comb one's hair 7

película *f.* movie 4
peligro *m.* danger 13
peligroso/a *adj.* dangerous 18
pelirrojo/a *adj.* red-haired 3
pelo *m.* hair 7
pelota *f.* ball 4
peluquería *f.* beauty salon 14
peluquero/a *m., f.* hairdresser 16
penicilina *f.* penicillin
pensar (e:ie) *v.* to think 4
   pensar (+ *inf.*) *v.* to intend to;
     to plan to (*do something*) 4
   pensar en *v.* to think about 4
pensión *f.* boardinghouse
peor *adj.* worse 8
   el/la peor *adj.* the worst 8
pequeño/a *adj.* small 3
pera *f.* pear 8
perder (e:ie) *v.* to lose; to miss 4
perdido/a *adj.* lost 13, 14
Perdón. Pardon me.;
   Excuse me. 1
perezoso/a *adj.* lazy
perfecto/a *adj.* perfect 5
periódico *m.* newspaper 4
periodismo *m.* journalism 2
periodista *m., f.* journalist 3
permiso *m.* permission
pero *conj.* but 2
perro *m.* dog 13
persona *f.* person 3
personaje *m.* character 17
   personaje principal *m.*
     main character 17
pesas *f. pl.* weights 15
pesca *f.* fishing
pescadería *f.* fish market 14
pescado *m.* fish (*cooked*) 8
pescar *v.* to fish 5
peso *m.* weight 15
pez *m., sing.* (**peces** *pl.*) fish (*live*) 13
pie *m.* foot 10
piedra *f.* stone 13
pierna *f.* leg 10
pimienta *f.* black pepper 8
pintar *v.* to paint 17
pintor(a) *m., f.* painter 16
pintura *f.* painting; picture 12, 17
piña *f.* pineapple
piscina *f.* swimming pool 4
piso *m.* floor (*of a building*) 5
pizarra *f.* blackboard 2
placer *m.* pleasure
planchar la ropa *v.* to iron the
   clothes 12
planes *m., pl.* plans
planta *f.* plant 13
   planta baja *f.* ground floor 5
plástico *m.* plastic 13
plato *m.* dish (*in a meal*) 8; *m.*
   plate 12
   plato principal *m.* main dish 8
playa *f.* beach 5
plaza *f.* city or town square 4
plazos *m., pl.* periods; time 14
pluma *f.* pen 2
plumero *m.* duster 12
población *f.* population 13

pobre *adj. m., f.* poor 6
pobrecito/a *adj.* poor thing 3
pobreza *f.* poverty
poco *adv.* little 5, 10
poder (o:ue) *v.* to be able to; can 4
   ¿Podría pedirte algo? Could I
     ask you something? 17
   ¿Puedo dejar un recado?
     May I leave a message? 11
poema *m.* poem 17
poesía *f.* poetry 17
poeta *m., f.* poet 17
policía *f.* police (force) 11
política *f.* politics 18
político/a *m., f.* politician 16; *adj.*
   political 18
pollo *m.* chicken 8
   pollo asado *m.* roast chicken 8
poner *v.* to put; to place 4; to turn
   on (*electrical appliances*) 11
   poner la mesa to set the
     table 12
   poner una inyección to give
     an injection 10
   ponerle el nombre to name
     someone/something 9
ponerse (+ *adj.*) *v.* to become
   (+ *adj.*) 7; to put on 7
por *prep.* in exchange for; for;
   by; in; through; around; along;
   during; because of; on account
   of; on behalf of; in search of;
   by way of; by means of 11
   por aquí around here 11
   por ejemplo for example 11
   por eso that's why;
     therefore 11
   por favor please 1
   por fin finally 11
   por la mañana in the
     morning 7
   por la noche at night 7
   por la tarde in the afternoon 7
   por lo menos *adv.* at least 10
   ¿por qué? why? 2
   Por supuesto. Of course.
   por teléfono by phone; on the
     phone
   por último finally 7
porque *conj.* because 2
portátil *adj.* portable 11
portero/a *m., f.* doorman/
   doorwoman 1
porvenir *m.* future 16
   por el porvenir for/to the
     future 16
posesivo/a *adj.* possessive
posible *adj.* possible 13
   es posible it's possible 13
   no es posible it's not
     possible 13
postal *f.* postcard
postre *m.* dessert 9
practicar *v.* to practice 2
   practicar deportes *m., pl.* to
     play sports 4
precio (fijo) *m.* (fixed; set)
   price 6

preferir (e:ie) *v.* to prefer 4
pregunta *f.* question
preguntar *v.* to ask (*a question*) 2
premio *m.* prize; award 17
prender *v.* to turn on 11
prensa *f.* press 18
preocupado/a (por) *adj.* worried
   (about) 5
preocuparse (por) *v.* to worry
   (about) 7
preparar *v.* to prepare 2
preposición *f.* preposition
presentación *f.* introduction
presentar *v.* to introduce; to
   present 17; to put on (*a
   performance*) 17
   Le presento a... I would like
     to introduce you to (name).
     (*form.*) 1
   Te presento a... I would like
     to introduce you to (name).
     (*fam.*) 1
presiones *f., pl.* pressures 15
prestado/a *adj.* borrowed
préstamo *m.* loan 14
prestar *v.* to lend; to loan 6
primavera *f.* spring 5
primer, primero/a *adj.* first 5
primero *adv.* first 2
primo/a *m., f.* cousin 3
principal *adj. m., f.* main 8
prisa *f.* haste
   darse prisa *v.* to hurry;
     to rush 15
probable *adj. m., f.* probable 13
   es probable it's probable 13
   no es probable it's not
     probable 13
probar (o:ue) *v.* to taste; to try 8
probarse (o:ue) *v.* to try on 7
problema *m.* problem 1
profesión *f.* profession 3; 16
profesor(a) *m., f.* teacher 1, 2
programa *m.* program 1
   programa de computación
     m. software 11
   programa de entrevistas *m.*
     talk show 17
   programa de realidad *m.*
     reality show 17
programador(a) *m., f.* computer
   programmer 3
prohibir *v.* to prohibit 10;
   to forbid
pronombre *m.* pronoun
pronto *adv.* soon 10
propina *f.* tip 8
propio/a *adj.* own
proteger *v.* to protect 13
proteína *f.* protein 15
próximo/a *adj.* next 3, 16
proyecto *m.* project 11
prueba *f.* test; quiz 2
psicología *f.* psychology 2
psicólogo/a *m., f.*
   psychologist 16
publicar *v.* to publish 17

público *m.* audience 17
pueblo *m.* town
puerta *f.* door 2
puertorriqueño/a *adj.* Puerto Rican 3
pues *conj.* well
puesto *m.* position; job 16
puesto/a *p.p.* put 14
puro/a *adj.* pure 13

Q

que *pron.* that; which; who 12
  ¿En qué...? In which...?
  ¡Qué...! How...!
  ¡Qué dolor! What pain!
  ¡Qué ropa más bonita! What pretty clothes! 6
  ¡Qué sorpresa! What a surprise!
  ¿qué? what? 1, 2
  ¿Qué día es hoy? What day is it? 2
  ¿Qué hay de nuevo? What's new? 1
  ¿Qué hora es? What time is it? 1
  ¿Qué les parece? What do you (*pl.*) think?
  ¿Qué onda? What's up? 14
  ¿Qué pasa? What's happening? What's going on? 1
  ¿Qué pasó? What happened?
  ¿Qué precio tiene? What is the price?
  ¿Qué tal...? How are you?; How is it going? 1
  ¿Qué talla lleva/usa? What size do you wear? 6
  ¿Qué tiempo hace? How's the weather? 5
quedar *v.* to be left over; to fit (*clothing*) 7; to be located 14
quedarse *v.* to stay; to remain 7
quehaceres domésticos *m., pl.* household chores 12
quemar (un CD/DVD) *v.* to burn (a CD/DVD)
querer (e:ie) *v.* to want; to love 4
queso *m.* cheese 8
quien(es) *pron.* who; whom; that 12
¿quién(es)? who?; whom? 1, 2
  ¿Quién es...? Who is...? 1
  ¿Quién habla? Who is speaking/calling? (*telephone*) 11
química *f.* chemistry 2
quince fifteen 1
  menos quince quarter to (time) 1
  y quince quarter after (time) 1
quinceañera *f.* young woman celebrating her fifteenth birthday 9
quinientos/as five hundred 2
quinto/a *adj.* fifth 5
quisiera *v.* I would like

quitar el polvo *v.* to dust 12
quitar la mesa *v.* to clear the table 12
quitarse *v.* to take off 7
quizás *adv.* maybe 5

R

racismo *m.* racism 18
radio *f.* radio (*medium*) 2; *m.* radio (set) 11
radiografía *f.* X-ray 10
rápido *adv.* quickly 10
ratón *m.* mouse 11
ratos libres *m., pl.* spare (free) time 4
raya *f.* stripe
razón *f.* reason
rebaja *f.* sale 6
receta *f.* prescription 10
recetar *v.* to prescribe 10
recibir *v.* to receive 3
reciclaje *m.* recycling 13
reciclar *v.* to recycle 13
recién casado/a *m., f.* newly-wed 9
recoger *v.* to pick up 13
recomendar (e:ie) *v.* to recommend 8, 12
recordar (o:ue) *v.* to remember 4
recorrer *v.* to tour an area
recorrido *m.* tour 13
recuperar *v.* to recover 11
recurso *m.* resource 13
  recurso natural *m.* natural resource 13
red *f.* network; Web 11
reducir *v.* to reduce 13
refresco *m.* soft drink 8
refrigerador *m.* refrigerator 12
regalar *v.* to give (a gift) 9
regalo *m.* gift 6
regatear *v.* to bargain 6
región *f.* region; area
regresar *v.* to return 2
regular *adv.* so-so; OK 1
reído *p.p.* laughed 14
reírse (e:i) *v.* to laugh 9
relaciones *f., pl.* relationships
relajarse *v.* to relax 9
reloj *m.* clock; watch 2
renovable *adj.* renewable 13
renunciar (a) *v.* to resign (from) 16
repetir (e:i) *v.* to repeat 4
reportaje *m.* report 18
reportero/a *m., f.* reporter 16
representante *m., f.* representative 18
reproductor de CD *m.* CD player 11
reproductor de DVD *m.* DVD player 11
reproductor de MP3 *m.* MP3 player 11
resfriado *m.* cold (*illness*) 10
residencia estudiantil *f.* dormitory 2

resolver (o:ue) *v.* to resolve; to solve 13
respirar *v.* to breathe 13
responsable *adj.* responsible 8
respuesta *f.* answer
restaurante *m.* restaurant 4
resuelto/a *p.p.* resolved 14
reunión *f.* meeting 16
revisar *v.* to check 11
  revisar el aceite *v.* to check the oil 11
revista *f.* magazine 4
rico/a *adj.* rich 6; *adj.* tasty; delicious 8
ridículo/a *adj.* ridiculous 13
río *m.* river 13
rodilla *f.* knee 10
rogar (o:ue) *v.* to beg; to plead 12
rojo/a *adj.* red 6
romántico/a *adj.* romantic 17
romper *v.* to break 10
  romperse la pierna *v.* to break one's leg 10
romper (con) *v.* to break up (with) 9
ropa *f.* clothing; clothes 6
  ropa interior *f.* underwear 6
rosado/a *adj.* pink 6
roto/a *adj.* broken 14
rubio/a *adj.* blond(e) 3
ruso/a *adj.* Russian 3
rutina *f.* routine 7
  rutina diaria *f.* daily routine 7

S

sábado *m.* Saturday 2
saber *v.* to know; to know how 6
  saber a to taste like 8
sabrosísimo/a *adj.* extremely delicious 8
sabroso/a *adj.* tasty; delicious 8
sacar *v.* to take out
  sacar buenas notas to get good grades 2
  sacar fotos to take photos 5
  sacar la basura to take out the trash 12
  sacar(se) un diente to have a tooth removed 10
sacudir *v.* to dust 12
  sacudir los muebles to dust the furniture 12
sal *f.* salt 8
sala *f.* living room 12; room
  sala de emergencia(s) emergency room 10
salario *m.* salary 16
salchicha *f.* sausage 8
salida *f.* departure; exit 5
salir *v.* to leave 4; to go out
  salir con to go out with; to date 4, 9
  salir de to leave from 4
  salir para to leave for (a place) 4
salmón *m.* salmon 8

salón de belleza *m.* beauty salon 14
salud *f.* health 10
saludable *adj.* healthy 10
saludar(se) *v.* to greet (each other) 11
saludo *m.* greeting 1
  saludos a... greetings to... 1
sandalia *f.* sandal 6
sandía *f.* watermelon
sándwich *m.* sandwich 8
sano/a *adj.* healthy 10
se *ref. pron.* himself, herself, itself, *form.* yourself, themselves, yourselves 7
se *impersonal* one 10
  Se hizo... He/she/it became...
secadora *f.* clothes dryer 12
secarse *v.* to dry (oneself) 7
sección de (no) fumar *f.* (non) smoking section 8
secretario/a *m., f.* secretary 16
secuencia *f.* sequence
sed *f.* thirst
seda *f.* silk 6
sedentario/a *adj.* sedentary; related to sitting 15
seguir (e:i) *v.* to follow; to continue 4
según according to
segundo/a *adj.* second 5
seguro/a *adj.* sure; safe; confident 5
seis six 1
seiscientos/as six hundred 2
sello *m.* stamp 14
selva *f.* jungle 13
semáforo *m.* traffic light 14
semana *f.* week 2
  fin *m.* **de semana** weekend 4
  semana *f.* **pasada** last week 6
semestre *m.* semester 2
sendero *m.* trail; path 13
sentarse (e:ie) *v.* to sit down 7
sentir (e:ie) *v.* to be sorry; to regret 13
sentirse (e:ie) *v.* to feel 7
señor (Sr.); don *m.* Mr.; sir 1
señora (Sra.); doña *f.* Mrs.; ma'am 1
señorita (Srta.) *f.* Miss 1
separado/a *adj.* separated 9
separarse (de) *v.* to separate (from) 9
septiembre *m.* September 5
séptimo/a *adj.* seventh 5
ser *v.* to be 1
  ser aficionado/a (a) to be a fan (of)
  ser alérgico/a (a) to be allergic (to) 10
  ser gratis to be free of charge 14
serio/a *adj.* serious
servicio *m.* service 15
servilleta *f.* napkin 12
servir (e:i) *v.* to serve 8; to help 5
sesenta sixty 2
setecientos/as seven hundred 2

setenta seventy 2
sexismo *m.* sexism 18
sexto/a *adj.* sixth 5
sí *adv.* yes 1
si *conj.* if 4
SIDA *m.* AIDS 18
siempre *adv.* always 7
siete seven 1
silla *f.* seat 2
sillón *m.* armchair 12
similar *adj. m., f.* similar
simpático/a *adj.* nice; likeable 3
sin *prep.* without 13
  sin duda without a doubt
  sin embargo however
  sin que *conj.* without 13
sino but (rather) 7
síntoma *m.* symptom 10
sitio *m.* place 3
sitio *m.* **web** website 11
situado/a *p.p.* located
sobre *m.* envelope 14; *prep.* on; over 2
  sobre todo above all 13
(sobre)población *f.* (over)population 13
sobrino/a *m., f.* nephew/niece 3
sociología *f.* sociology 2
sofá *m.* couch; sofa 12
sol *m.* sun 13
solar *adj. m., f.* solar 13
soldado *m., f.* soldier 18
soleado/a *adj.* sunny
solicitar *v.* to apply (*for a job*) 16
solicitud (de trabajo) *f.* (job) application 16
sólo *adv.* only 6
solo/a *adj.* alone
soltero/a *adj.* single 9
solución *f.* solution 13
sombrero *m.* hat 6
Son las dos. It's two o'clock. 1
sonar (o:ue) *v.* to ring 11
sonreído *p.p.* smiled 14
sonreír (e:i) *v.* to smile 9
sopa *f.* soup 8
sorprender *v.* to surprise 9
sorpresa *f.* surprise 9
sótano *m.* basement; cellar 12
soy I am 1
  Soy de... I'm from... 1
su(s) *poss. adj.* his; her; its; *form.* your; their 3
subir(se) a *v.* to get on/into (*a vehicle*) 11
sucio/a *adj.* dirty 5
sudar *v.* to sweat 15
suegro/a *m., f.* father-in-law/mother-in-law 3
sueldo *m.* salary 16
suelo *m.* floor 12
sueño *m.* sleep
suerte *f.* luck
suéter *m.* sweater 6
sufrir *v.* to suffer 10
  sufrir muchas presiones to be under a lot of pressure 15
  sufrir una enfermedad to suffer an illness 10

sugerir (e:ie) *v.* to suggest 12
supermercado *m.* supermarket 14
suponer *v.* to suppose 4
sur *m.* south 14
sustantivo *m.* noun
suyo(s)/a(s) *poss.* (of) his/her; (of) hers; its; *form.* your, (of) yours, (of) theirs, their 11

T

tabla de (wind)surf *f.* surf board/sailboard 5
tal vez *adv.* maybe 5
talentoso/a *adj.* talented 17
talla *f.* size 6
  talla grande *f.* large
taller *m.* **mecánico** garage; mechanic's repair shop 11
también *adv.* also; too 2; 7
tampoco *adv.* neither; not either 7
tan *adv.* so 5
  tan... como as... as 8
  tan pronto como *conj.* as soon as 13
tanque *m.* tank 11
tanto *adv.* so much
  tanto... como as much... as 8
  tantos/as... como as many... as 8
tarde *adv.* late 7; *f.* afternoon; evening; P.M. 1
tarea *f.* homework 2
tarjeta *f.* (post) card
tarjeta de crédito *f.* credit card 6
tarjeta postal *f.* postcard
taxi *m.* taxi 5
taza *f.* cup 12
te *sing., fam., d.o. pron.* you 5; *sing., fam., i.o. pron.* to/for you 6
  Te presento a... *fam.* I would like to introduce you to (name). 1
  ¿Te gustaría? Would you like to?
  ¿Te gusta(n)...? Do you like...? 2
té *m.* tea 8
  té helado *m.* iced tea 8
teatro *m.* theater 17
teclado *m.* keyboard 11
técnico/a *m., f.* technician 16
tejido *m.* weaving 17
teleadicto/a *m., f.* couch potato 15
(teléfono) celular *m.* (cell) phone 11
telenovela *f.* soap opera 17
teletrabajo *m.* telecommuting 16
televisión *f.* television 2
televisión por cable *f.* cable television
televisor *m.* television set 11
temer *v.* to fear; to be afraid 13
temperatura *f.* temperature 10
temporada *f.* period of time 5
temprano *adv.* early 7

tenedor *m.* fork 12
tener *v.* to have 3
  tener... años to be... years old 3
  tener (mucho) calor to be (very) hot 3
  tener (mucho) cuidado to be (very) careful 3
  tener dolor to have pain 10
  tener éxito to be successful 16
  tener fiebre to have a fever 10
  tener (mucho) frío to be (very) cold 3
  tener ganas de (+ *inf.*) to feel like (*doing something*) 3
  tener (mucha) hambre *f.* to be (very) hungry 3
  tener (mucho) miedo (de) to be (very) afraid (of); to be (very) scared (of) 3
  tener miedo (de) que to be afraid that 13
  tener planes *m., pl.* to have plans
  tener (mucha) prisa to be in a (big) hurry 3
  tener que (+ *inf.*) *v.* to have to (*do something*) 3
  tener razón *f.* to be right 3
  tener (mucha) sed *f.* to be (very) thirsty 3
  tener (mucho) sueño to be (very) sleepy 3
  tener (mucha) suerte to be (very) lucky 3
  tener tiempo to have time 14
  tener una cita to have a date; to have an appointment 9
tenis *m.* tennis 4
tensión *f.* tension 15
tercer, tercero/a *adj.* third 5
terco/a *adj.* stubborn 10
terminar *v.* to end; to finish 2
  terminar de (+ *inf.*) *v.* to finish (*doing something*)
terremoto *m.* earthquake 18
terrible *adj. m., f.* terrible 13
ti *obj. of prep., fam.* you 9
tiempo *m.* time 14; weather 5
  tiempo libre free time
tienda *f.* store 6
tierra *f.* land; soil 13
tinto/a *adj.* red (wine) 8
tío/a *m., f.* uncle/aunt 3
tíos *m., pl.* aunts and uncles 3
título *m.* title 16
tiza *f.* chalk 2
toalla *f.* towel 7
tobillo *m.* ankle 10
tocar *v.* to play (*a musical instrument*) 17; to touch 17
todavía *adv.* yet; still 3, 5
todo *m.* everything 5
todo(s)/a(s) *adj.* all
todos *m., pl.* all of us; *m., pl.* everybody; everyone
todos los días *adv.* every day 10
tomar *v.* to take; to drink 2

tomar clases *f., pl.* to take classes 2
tomar el sol to sunbathe 4
tomar en cuenta to take into account
tomar fotos *f., pl.* to take photos 5
tomar la temperatura to take someone's temperature 10
tomar una decisión to make a decision 15
tomate *m.* tomato 8
tonto/a *adj.* foolish 3
torcerse (o:ue) (el tobillo) *v.* to sprain (one's ankle) 10
tormenta *f.* storm 18
tornado *m.* tornado 18
tortuga (marina) *f.* (sea) turtle 13
tos *f., sing.* cough 10
toser *v.* to cough 10
tostado/a *adj.* toasted 8
tostadora *f.* toaster 12
trabajador(a) *adj.* hard-working 3
trabajar *v.* to work 2
trabajo *m.* job; work 16
traducir *v.* to translate 6
traer *v.* to bring 4
tráfico *m.* traffic 11
tragedia *f.* tragedy 17
traído/a *p.p.* brought 14
traje *m.* suit 6
  traje de baño *m.* bathing suit 6
trajinera *f.* type of barge 3
tranquilo/a *adj.* calm; quiet 15
  Tranquilo/a. Relax. 7
  Tranquilo/a, cariño. Relax, sweetie. 11
transmitir *v.* to broadcast 18
tratar de (+ *inf.*) *v.* to try (*to do something*) 15
trece thirteen 1
treinta thirty 1, 2
  y treinta thirty minutes past the hour (time) 1
tren *m.* train 5
tres three 1
trescientos/as three hundred 2
trimestre *m.* trimester; quarter 2
triste *adj.* sad 5
tú *fam. sub. pron.* you 1
tu(s) *fam. poss. adj.* your 3
turismo *m.* tourism
turista *m., f.* tourist 1
turístico/a *adj.* touristic
tuyo(s)/a(s) *fam. poss. pron.* your; (of) yours 11

Ud. *form. sing.* you 1
Uds. *pl.* you 1
último/a *adj.* last 7
  la última vez the last time 7
un, uno/a *indef. art.* a; one 1
  a la una at one o'clock 1
  una vez once 6
  una vez más one more time

uno one 1
único/a *adj.* only 3; unique 9
universidad *f.* university; college 2
unos/as *m., f., pl. indef. art.* some 1
urgente *adj.* urgent 12
usar *v.* to wear; to use 6
usted (Ud.) *form. sing.* you 1
ustedes (Uds.) *pl.* you 1
útil *adj.* useful
uva *f.* grape 8

vaca *f.* cow 13
vacaciones *f. pl.* vacation 5
valle *m.* valley 13
vamos let's go 4
vaquero *m.* cowboy 17
  de vaqueros *m., pl.* western (genre) 17
varios/as *adj. m. f., pl.* various; several
vaso *m.* glass 12
veces *f., pl.* times 6
vecino/a *m., f.* neighbor 12
veinte twenty 1
veinticinco twenty-five 1
veinticuatro twenty-four 1
veintidós twenty-two 1
veintinueve twenty-nine 1
veintiocho twenty-eight 1
veintiséis twenty-six 1
veintisiete twenty-seven 1
veintitrés twenty-three 1
veintiún, veintiuno/a *adj.* twenty-one 1
veintiuno twenty-one 1
vejez *f.* old age 9
velocidad *f.* speed 11
  velocidad máxima *f.* speed limit 11
vencer *v.* to expire 14
vendedor(a) *m., f.* salesperson 6
vender *v.* to sell 6
venir *v.* to come 3
ventana *f.* window 2
ver *v.* to see 4
  a ver *v.* let's see
  ver películas *f., pl.* to see movies 4
verano *m.* summer 5
verbo *m.* verb
verdad *f.* truth 4
  (no) es verdad it's (not) true 13
  ¿verdad? right? 1
verde *adj., m. f.* green 6
verduras *pl., f.* vegetables 8
vestido *m.* dress 6
vestirse (e:i) *v.* to get dressed 7
vez *f.* time 6
viajar *v.* to travel 2
viaje *m.* trip 5
viajero/a *m., f.* traveler 5

vida *f.* life 9
video *m.* video 1
videoconferencia *f.*
    videoconference 16
videojuego *m.* video game 4
vidrio *m.* glass 13
viejo/a *adj.* old 3
viento *m.* wind
viernes *m., sing.* Friday 2
vinagre *m.* vinegar 8
vino *m.* wine 8
    vino blanco *m.* white wine 8
    vino tinto *m.* red wine 8
violencia *f.* violence 18
visitar *v.* to visit 4
    visitar monumentos *m., pl.*
        to visit monuments 4
visto/a *p.p.* seen 14
vitamina *f.* vitamin 15
viudo/a *adj.* widower/widow 9
vivienda *f.* housing 12
vivir *v.* to live 3
vivo/a *adj.* clever; living
volante *m.* steering wheel 11
volcán *m.* volcano 13
vóleibol *m.* volleyball 4
volver (o:ue) *v.* to return 4
volver a ver(te, lo, la) *v.* to see
    (you, him, her) again
vos *pron.* you

vosotros/as *fam., pl.* you 1
votar *v.* to vote 18
vuelta *f.* return trip
vuelto/a *p.p.* returned 14
vuestro(s)/a(s) *poss. adj.* your 3;
    your, (of) yours *fam., pl.* 11

Y

y *conj.* and 1
    y cuarto quarter after (time) 1
    y media half-past (time) 1
    y quince quarter after (time) 1
    y treinta thirty (minutes past
        the hour) 1
    ¿Y tú? *fam.* And you? 1
    ¿Y usted? *form.* And you? 1
ya *adv.* already 6
yerno *m.* son-in-law 3
yo *sub. pron.* I 1
yogur *m.* yogurt 8

Z

zanahoria *f.* carrot 8
zapatería *f.* shoe store 14
zapatos de tenis *m., pl.* tennis
    shoes, sneakers 6

English-Spanish

A

a **un/a** *m., f., sing.; indef. art.* 1
@ (*symbol*) **arroba** *f.* 11
a.m. **de la mañana** *f.* 1
able: be able to **poder (o:ue)** *v.* 4
aboard **a bordo**
above all **sobre todo** 13
accident **accidente** *m.* 10
accompany **acompañar** *v.* 14
account **cuenta** *f.* 14
    on account of **por** *prep.* 11
accountant **contador(a)** *m., f.* 16
accounting **contabilidad** *f.* 2
ache **dolor** *m.* 10
acquainted: be acquainted with
    conocer *v.* 6
action (genre) **de acción** *f.* 17
active **activo/a** *adj.* 15
actor **actor** *m.*, **actriz** *f.* 16
addict (*drug*) **drogadicto/a**
    m., f. 15
additional **adicional** *adj.*
address **dirección** *f.* 14
adjective **adjetivo** *m.*
adolescence **adolescencia** *f.* 9
adventure (genre) **de aventuras**
    f. 17
advertise **anunciar** *v.* 18
advertisement **anuncio** *m.* 16
advice **consejo** *m.*
    give advice **dar consejos** 6
advise **aconsejar** *v.* 12
advisor **consejero/a** *m., f.* 16
aerobic **aeróbico/a** *adj.* 15
    aerobics class **clase de**
        ejercicios aeróbicos 15
    to do aerobics **hacer ejercicios**
        aeróbicos 15
affected **afectado/a** *adj.* 13
    be affected (by) **estar** *v.*
        afectado/a (por) 13
affirmative **afirmativo/a** *adj.*
afraid: be (very) afraid (of) **tener**
    (mucho) miedo (de) 3
    be afraid that **tener miedo**
        (de) que
after **después de** *prep.* 7;
    después de que *conj.* 13
afternoon **tarde** *f.* 1
afterward **después** *adv.* 7
again **otra vez**
age **edad** *f.* 9
agree **concordar** *v.*
agree **estar** *v.* **de acuerdo** 17
    I agree. **Estoy de acuerdo.** 17
    I don't agree. **No estoy de**
        acuerdo. 17
agreement **acuerdo** *m.*
AIDS **SIDA** *m.* 18
air **aire** *m.* 13
    air pollution **contaminación**
        del aire 13
airplane **avión** *m.* 5
airport **aeropuerto** *m.* 5
alarm clock **despertador** *m.* 7

alcohol **alcohol** *m.* 15
    to consume alcohol **consumir**
        alcohol 15
alcoholic **alcohólico/a** *adj.* 15
all **todo(s)/a(s)** *adj.*
    all of us **todos**
allergic **alérgico/a** *adj.* 10
    be allergic (to) **ser alérgico/a**
        (a) 10
alleviate **aliviar** *v.*
almost **casi** *adv.* 10
alone **solo/a** *adj.*
along **por** *prep.* 11
already **ya** *adv.* 6
also **también** *adv.* 2; 7
altar **altar** *m.* 9
aluminum **aluminio** *m.* 13
    (made) of aluminum **de**
        aluminio 13
always **siempre** *adv.* 7
American (*North*)
    norteamericano/a *adj.* 3
among **entre** *prep.* 2
amusement **diversión** *f.*
and **y** 1, **e** (*before words beginning*
    with i or hi)
    And you?**¿Y tú?** *fam.* 1;
        ¿Y usted? *form.* 1
angel **ángel** *m.* 9
angry **enojado/a** *adj.* 5
    get angry (with) **enojarse** *v.*
        (con) 7
animal **animal** *m.* 13
ankle **tobillo** *m.* 10
anniversary **aniversario** *m.* 9
    (wedding) anniversary
        aniversario *m.* **(de bodas)** 9
announce **anunciar** *v.* 18
announcer (*TV/radio*) **locutor(a)**
    m., f. 18
annoy **molestar** *v.* 7
another **otro/a** *adj.* 6
answer **contestar** *v.* 2;
    respuesta *f.*
answering machine **contestadora** *f.*
antibiotic **antibiótico** *m.* 10
any **algún, alguno/a(s)** *adj.* 7
anyone **alguien** *pron.* 7
anything **algo** *pron.* 7
apartment **apartamento** *m.* 12
apartment building **edificio de**
    apartamentos 12
app **aplicación** *f.* 11
appear **parecer** *v.*
appetizers **entremeses** *m., pl.* 8
applaud **aplaudir** *v.* 17
apple **manzana** *f.* 8
appliance (electric)
    electrodoméstico *m.* 12
applicant **aspirante** *m., f.* 16
application **solicitud** *f.* 16
    job application **solicitud de**
        trabajo 16
apply (*for a job*) **solicitar** *v.* 16
    apply for a loan **pedir (e:i)** *v.*
        un préstamo 14
appointment **cita** *f.* 9
    have an appointment **tener** *v.*
        una cita 9
appreciate **apreciar** *v.* 17

April **abril** *m.* 5
archeologist **arqueólogo/a**
    m., f. 16
archeology **arqueología** *f.* 2
architect **arquitecto/a** *m., f.* 16
area **región** *f.*
Argentine **argentino/a** *adj.* 3
arm **brazo** *m.* 10
armchair **sillón** *m.* 12
army **ejército** *m.* 18
around **por** *prep.* 11
    around here **por aquí** 11
arrange **arreglar** *v.* 11
arrival **llegada** *f.* 5
arrive **llegar** *v.* 2
art **arte** *m.* 2
    (fine) arts **bellas artes** *f., pl.* 17
article **artículo** *m.* 18
artist **artista** *m., f.* 3
artistic **artístico/a** *adj.* 17
arts **artes** *f., pl.* 17
as **como** 8
    as a child **de niño/a** 10
    as... as **tan... como** 8
    as many... as **tantos/as...**
        como 8
    as much... as **tanto...**
        como 8
    as soon as **en cuanto** *conj.* 13;
        tan pronto como *conj.* 13
ask (*a question*) **preguntar** *v.* 2
    ask for **pedir (e:i)** *v.* 4
asparagus **espárragos** *m., pl.* 8
aspirin **aspirina** *f.* 10
at **a** *prep.* 1; **en** *prep.* 2
    at + *time* **a la(s)** + *time* 1
    at home **en casa**
    at least **por lo menos** 10
    at night **por la noche** 7
    At what time...? **¿A qué**
        hora...? 1
    At your service. **A sus**
        órdenes.
ATM **cajero automático** *m.* 14
attempt **intento** *m.* **11**
attend **asistir (a)** *v.* 3
attic **altillo** *m.* 12
audience **público** *m.* 17
August **agosto** *m.* 5
aunt **tía** *f.* 3
    aunts and uncles **tíos** *m., pl.* 3
automobile **automóvil** *m.* 5;
    carro *m.*; **coche** *m.* 11
autumn **otoño** *m.* 5
avenue **avenida** *f.*
avoid **evitar** *v.* 13
award **premio** *m.* 17

B

backpack **mochila** *f.* 2
bad **mal, malo/a** *adj.* 3
    It's bad that... **Es malo**
        que... 12
    It's not bad at all. **No está**
        nada mal. 5
bag **bolsa** *f.* 6
bakery **panadería** *f.* 14

balanced **equilibrado/a** *adj.* 15
  to eat a balanced diet **comer una dieta equilibrada** 15
balcony **balcón** *m.* 12
ball **pelota** *f.* 4
banana **banana** *f.* 8
band **banda** *f.* 17
bank **banco** *m.* 14
bargain **ganga** *f.* 6; **regatear** *v.* 6
baseball (*game*) **béisbol** *m.* 4
basement **sótano** *m.* 12
basketball (*game*) **baloncesto** *m.* 4
bathe **bañarse** *v.* 7
bathing suit **traje** *m.* **de baño** 6
bathroom **baño** *m.* 7; **cuarto de baño** *m.* 7
be **ser** *v.* 1; **estar** *v.* 2
  be... years old **tener... años** 3
  be sick of... **estar harto/a de...** 18
beach **playa** *f.* 5
beans **frijoles** *m.*, *pl.* 8
beautiful **hermoso/a** *adj.* 6
beauty **belleza** *f.* 14
  beauty salon **peluquería** *f.* 14; **salón** *m.* **de belleza** 14
because **porque** *conj.* 2
  because of **por** *prep.* 11
become (+ *adj.*) **ponerse (+ *adj.*)** 7; **convertirse** *v.*
bed **cama** *f.* 5
  go to bed **acostarse (o:ue)** *v.* 7
bedroom **alcoba** *f.*, **recámara** *f.*; **dormitorio** *m.* 12
beef **carne de res** *f.* 8
beer **cerveza** *f.* 8
before **antes** *adv.* 7; **antes de** *prep.* 7; **antes (de) que** *conj.* 13
beg **rogar (o:ue)** *v.* 12
begin **comenzar (e:ie)** *v.* 4; **empezar (e:ie)** *v.* 4
behalf: on behalf of **de parte de** 11
behind **detrás de** *prep.* 2
believe (in) **creer** *v.* **(en)** 3; **creer** *v.* 13
  not to believe **no creer** 13
believed **creído/a** *p.p.* 14
bellhop **botones** *m.*, *f. sing.* 5
below **debajo de** *prep.* 2
belt **cinturón** *m.* 6
benefit **beneficio** *m.* 16
beside **al lado de** *prep.* 2
besides **además (de)** *adv.* 10
best **mejor** *adj.*
  the best **el/la mejor** *m.*, *f.* 8
  lo mejor *neuter*
better **mejor** *adj.* 8
  It's better that... **Es mejor que...** 12
between **entre** *prep.* 2
beverage **bebida** *f.* 8
  alcoholic beverage **bebida alcohólica** *f.* 15
bicycle **bicicleta** *f.* 4

big **grande** *adj.* 3
bill **cuenta** *f.* 8
billion **mil millones**
biology **biología** *f.* 2
bird **ave** *f.* 13; **pájaro** *m.* 13
birth **nacimiento** *m.* 9
birthday **cumpleaños** *m.*, *sing.* 9
  have a birthday **cumplir** *v.* **años**
black **negro/a** *adj.* 6
blackboard **pizarra** *f.* 2
blanket **manta** *f.* 12
block (city) **cuadra** *f.* 14
blog **blog** *m.* 11
blond(e) **rubio/a** *adj.* 3
blouse **blusa** *f.* 6
blue **azul** *adj. m.*, *f.* 6
boarding house **pensión** *f.*
boat **barco** *m.* 5
body **cuerpo** *m.* 10
bone **hueso** *m.* 10
book **libro** *m.* 2
bookcase **estante** *m.* 12
bookshelves **estante** *m.* 12
bookstore **librería** *f.* 2
boot **bota** *f.* 6
bore **aburrir** *v.* 7
bored **aburrido/a** *adj.* 5
  be bored **estar** *v.* **aburrido/a** 5
  get bored **aburrirse** *v.* 17
boring **aburrido/a** *adj.* 5
born: be born **nacer** *v.* 9
borrow **pedir (e:i)** *v.* **prestado** 14
borrowed **prestado/a** *adj.*
boss **jefe** *m.*, **jefa** *f.* 16
bother **molestar** *v.* 7
bottle **botella** *f.* 9
  bottle of wine **botella de vino** 9
bottom **fondo** *m.*
boulevard **bulevar** *m.*
boy **chico** *m.* 1; **muchacho** *m.* 3
boyfriend **novio** *m.* 3
brakes **frenos** *m.*, *pl.*
bread **pan** *m.* 8
break **romper** *v.* 10
  break (one's leg) **romperse (la pierna)** 10
  break down **dañar** *v.* 10
  break up (with) **romper** *v.* **(con)** 9
breakfast **desayuno** *m.* 8
  have breakfast **desayunar** *v.* 2
breathe **respirar** *v.* 13
bring **traer** *v.* 4
broadcast **transmitir** *v.* 18; **emitir** *v.* 18
brochure **folleto** *m.*
broken **roto/a** *adj.* 14
  be broken **estar roto/a**
brother **hermano** *m.* 3
brother-in-law **cuñado** *m.* 3
brothers and sisters **hermanos** *m.*, *pl.* 3
brought **traído/a** *p.p.* 14

brown **café** *adj.* 6; **marrón** *adj.* 6
browser **buscador** *m.* 11
brunet(te) **moreno/a** *adj.* 3
brush **cepillar(se)** *v.* 7
  brush one's hair **cepillarse el pelo** 7
  brush one's teeth **cepillarse los dientes** 7
bucket **balde** *m.* 5
build **construir** *v.*
building **edificio** *m.* 12
bump into (*something accidentally*) **darse con** 10; (*someone*) **encontrarse** *v.* 11
burn (a CD/DVD) **quemar** *v.* **(un CD/DVD)**
bus **autobús** *m.* 1
  bus station **estación** *f.* **de autobuses** 5
business **negocios** *m. pl.* 16
  business administration **administración** *f.* **de empresas** 2
  business-related **comercial** *adj.* 16
businessperson **hombre** *m.* / **mujer** *f.* **de negocios** 16
busy **ocupado/a** *adj.* 5
but **pero** *conj.* 2; (rather) **sino** *conj.* (*in negative sentences*) 7
butcher shop **carnicería** *f.* 14
butter **mantequilla** *f.* 8
buy **comprar** *v.* 2
by **por** *prep.* 11; **para** *prep.* 11
  by means of **por** *prep.* 11
  by phone **por teléfono**
  by plane **en avión** 5
  by way of **por** *prep.* 11
bye **chau** *interj. fam.* 1

C

cable television **televisión** *f.* **por cable** *m.*
café **café** *m.* 4
cafeteria **cafetería** *f.* 2
caffeine **cafeína** *f.* 15
cake **pastel** *m.* 9
  chocolate cake **pastel de chocolate** *m.* 9
calculator **calculadora** *f.* 2
call **llamar** *v.* 11
  be called **llamarse** *v.* 7
  call on the phone **llamar por teléfono**
calm **tranquilo/a** *adj.* 15
calorie **caloría** *f.* 15
camera **cámara** *f.* 11
camp **acampar** *v.* 5
can (*tin*) **lata** *f.* 13
can **poder (o:ue)** *v.* 4
  Could I ask you something? **¿Podría pedirte algo?** 17
Canadian **canadiense** *adj.* 3

candidate **aspirante** *m., f.* 16; **candidato/a** *m., f.* 18
candy **dulces** *m., pl.* 9
capital city **capital** *f.*
car **coche** *m.* 11; **carro** *m.* 11; **auto(móvil)** *m.* 5
caramel **caramelo** *m.* 9
card **tarjeta** *f.*; *(playing)* **carta** *f.* 5
care **cuidado** *m.*
  take care of **cuidar** *v.* 13
career **carrera** *f.* 16
careful: be (very) careful **tener** *v.* **(mucho) cuidado** 3
caretaker **ama** *m., f.* **de casa** 12
carpenter **carpintero/a** *m., f.* 16
carpet **alfombra** *f.* 12
carrot **zanahoria** *f.* 8
carry **llevar** *v.* 2
cartoons **dibujos** *m, pl.* **animados** 17
case: in case (that) **en caso (de) que** 13
cash (a check) **cobrar** *v.* 14; cash **(en) efectivo** 6
  cash register **caja** *f.* 6
  pay in cash **pagar** *v.* **al contado** 14; **pagar en efectivo** 14
cashier **cajero/a** *m., f.*
cat **gato** *m.* 13
CD **disco compacto** *m.* 11
CD player **reproductor de CD** *m.* 11
CD-ROM **cederrón** *m.*
celebrate **celebrar** *v.* 9
celebration **celebración** *f.*
cellar **sótano** *m.* 12
(cell) phone **(teléfono) celular** *m.* 11
cemetery **cementerio** *m.* 9
cereal **cereales** *m., pl.* 8
certain **cierto/a** *adj.*; **seguro/a** *adj.* 13
  it's (not) certain **(no) es cierto/seguro** 13
chalk **tiza** *f.* 2
champagne **champán** *m.* 9
change **cambiar** *v.* **(de)** 9
change: in change **de cambio** 2
channel *(TV)* **canal** *m.* 11; 17
character *(fictional)* **personaje** *m.* 17
  (main) character *m.* **personaje (principal)** 17
charger **cargador** *m.* 11
chat **conversar** *v.* 2; **chatear** *v.* 11
cheap **barato/a** *adj.* 6
check **comprobar (o:ue)** *v.*; **revisar** *v.* 11; *(bank)* **cheque** *m.* 14
  check the oil **revisar el aceite** 11
checking account **cuenta** *f.* **corriente** 14
cheese **queso** *m.* 8
chef **cocinero/a** *m., f.* 16
chemistry **química** *f.* 2
chest of drawers **cómoda** *f.* 12
chicken **pollo** *m.* 8

child **niño/a** *m., f.* 3
childhood **niñez** *f.* 9
children **hijos** *m., pl.* 3
Chinese **chino/a** *adj.* 3
chocolate **chocolate** *m.* 9
  chocolate cake **pastel** *m.* **de chocolate** 9
cholesterol **colesterol** *m.* 15
choose **escoger** *v.* 8
chop *(food)* **chuleta** *f.* 8
Christmas **Navidad** *f.* 9
church **iglesia** *f.* 4
cinnamon **canela** *f.* 10
citizen **ciudadano/a** *m., f.* 18
city **ciudad** *f.*
class **clase** *f.* 2
  take classes **tomar clases** 2
classical **clásico/a** *adj.* 17
classmate **compañero/a** *m., f.* **de clase** 2
clean **limpio/a** *adj.* 5; **limpiar** *v.* 12
  clean the house *v.* **limpiar la casa** 12
clear *(weather)* **despejado/a** *adj.*
  clear the table **quitar la mesa** 12
  It's (very) clear. *(weather)* **Está (muy) despejado.**
clerk **dependiente/a** *m., f.* 6
climate change **cambio climático** *m.* 13
climb **escalar** *v.* 4
  climb mountains **escalar montañas** 4
clinic **clínica** *f.* 10
clock **reloj** *m.* 2
close **cerrar (e:ie)** *v.* 4
closed **cerrado/a** *adj.* 5
closet **armario** *m.* 12
clothes **ropa** *f.* 6
  clothes dryer **secadora** *f.* 12
clothing **ropa** *f.* 6
cloud **nube** *f.* 13
cloudy **nublado/a** *adj.* 5
  It's (very) cloudy. **Está (muy) nublado.** 5
coat **abrigo** *m.* 6
coffee **café** *m.* 8
  coffee maker **cafetera** *f.* 12
cold **frío** *m.* 5; *(illness)* **resfriado** *m.* 10
  be *(feel)* (very) cold **tener (mucho) frío** 3
  It's (very) cold. *(weather)* **Hace (mucho) frío.** 5
college **universidad** *f.* 2
collision **choque** *m.* 18
color **color** *m.* 6
comb one's hair **peinarse** *v.* 7
come **venir** *v.* 3
come on **ándale** *interj.* 14
comedy **comedia** *f.* 17
comfortable **cómodo/a** *adj.* 5
commerce **negocios** *m., pl.* 16
commercial **comercial** *adj.* 16
communicate (with) **comunicarse** *v.* **(con)** 18

communication **comunicación** *f.* 18
  means of communication **medios** *m. pl.* **de comunicación** 18
community **comunidad** *f.* 1
company **compañía** *f.* 16; **empresa** *f.* 16
comparison **comparación** *f.*
composer **compositor(a)** *m., f.* 17
computer **computadora** *f.* 1
  computer disc **disco** *m.*
  computer monitor **monitor** *m.* 11
  computer programmer **programador(a)** *m., f.* 3
  computer science **computación** *f.* 2
concert **concierto** *m.* 17
conductor *(musical)* **director(a)** *m., f.* 17
confident **seguro/a** *adj.* 5
confirm **confirmar** *v.* 5
  confirm a reservation **confirmar una reservación** 5
confused **confundido/a** *adj.* 5
congested **congestionado/a** *adj.* 10
Congratulations! **¡Felicidades!**; **¡Felicitaciones!** *f., pl.* 9
conservation **conservación** *f.* 13
conserve **conservar** *v.* 13
considering **para** *prep.* 11
consume **consumir** *v.* 15
container **envase** *m.* 13
contamination **contaminación** *f.*
content **contento/a** *adj.* 5
contest **concurso** *m.* 17
continue **seguir (e:i)** *v.* 4
control **control** *m.*; **controlar** *v.* 13
conversation **conversación** *f.* 1
converse **conversar** *v.* 2
cook **cocinar** *v.* 12; **cocinero/a** *m., f.* 16
cookie **galleta** *f.* 9
cool **fresco/a** *adj.* 5
  It's cool. *(weather)* **Hace fresco.** 5
corn **maíz** *m.* 8
corner **esquina** *f.* 14
cost **costar (o:ue)** *v.* 6
Costa Rican **costarricense** *adj.* 3
costume **disfraz** *m.* 9
cotton **algodón** *f.* 6
  (made of) cotton **de algodón** 6
couch **sofá** *m.* 12
couch potato **teleadicto/a** *m., f.* 15
cough **tos** *f.* 10; **toser** *v.* 10
counselor **consejero/a** *m., f.* 16
count **contar (o:ue)** *v.* 4
country *(nation)* **país** *m.* 1
countryside **campo** *m.* 5
(married) couple **pareja** *f.* 9
course **curso** *m.* 2; **materia** *f.* 2
courtesy **cortesía** *f.*
cousin **primo/a** *m., f.* 3

cover **cubrir** *v.*
covered **cubierto/a** *p.p.*
cow **vaca** *f.* 13
crafts **artesanía** *f.* 17
craftsmanship **artesanía** *f.* 17
crater **cráter** *m.* 13
crazy **loco/a** *adj.* 6
create **crear** *v.*
credit **crédito** *m.* 6
  credit card **tarjeta** *f.* **de crédito** 6
crime **crimen** *m.* 18
cross **cruzar** *v.* 14
cry **llorar** *v.* 15
Cuban **cubano/a** *adj.* 3
culture **cultura** *f.* 2, 17
cup **taza** *f.* 12
currency exchange **cambio** *m.* **de moneda**
current events **actualidades** *f.*, *pl.* 18
curtains **cortinas** *f., pl.* 12
custard (*baked*) **flan** *m.* 9
custom **costumbre** *f.*
customer **cliente/a** *m., f.* 6
customs **aduana** *f.*
  customs inspector **inspector(a)** *m., f.* **de aduanas** 5
cybercafé **cibercafé** *m.* 11
cycling **ciclismo** *m.* 4

D

dad **papá** *m.*
daily **diario/a** *adj.* 7
  daily routine **rutina** *f.* **diaria** 7
damage **dañar** *v.* 10
dance **bailar** *v.* 2; **danza** *f.* 17; **baile** *m.* 17
dancer **bailarín/bailarina** *m., f.* 17
danger **peligro** *m.* 13
dangerous **peligroso/a** *adj.* 18
date (*appointment*) **cita** *f.* 9; (*calendar*) **fecha** *f.* 5; (*someone*) **salir** *v.* **con (alguien)** 9
  have a date **tener una cita** 9
daughter **hija** *f.* 3
daughter-in-law **nuera** *f.* 3
day **día** *m.* 1
  day before yesterday **anteayer** *adv.* 6
death **muerte** *f.* 9
decaffeinated **descafeinado/a** *adj.* 15
December **diciembre** *m.* 5
decide **decidir** *v.* **(+ inf.)** 3
declare **declarar** *v.* 18
deforestation **deforestación** *f.* 13
delicious **delicioso/a** *adj.* 8; **rico/a** *adj.* 8; **sabroso/a** *adj.* 8
delighted **encantado/a** *adj.* 1
dentist **dentista** *m., f.* 10
deny **negar (e:ie)** *v.* 13
  not to deny **no negar** 13

department store **almacén** *m.* 6
departure **salida** *f.* 5
deposit **depositar** *v.* 14
describe **describir** *v.* 3
described **descrito/a** *p.p.* 14
desert **desierto** *m.* 13
design **diseño** *m.*
designer **diseñador(a)** *m., f.* 16
desire **desear** *v.* 2
desk **escritorio** *m.* 2
dessert **postre** *m.* 9
destroy **destruir** *v.* 13
develop **desarrollar** *v.* 13
diary **diario** *m.* 1
dictatorship **dictadura** *f.* 18
dictionary **diccionario** *m.* 1
die **morir (o:ue)** *v.* 8
died **muerto/a** *p.p.* 14
diet **dieta** *f.* 15; **alimentación**
  balanced diet **dieta equilibrada** 15
  be on a diet **estar a dieta** 15
difficult **difícil** *adj. m., f.* 3
digital camera **cámara** *f.* **digital** 11
dining room **comedor** *m.* 12
dinner **cena** *f.* 8
  have dinner **cenar** *v.* 2
direct **dirigir** *v.* 17
director **director(a)** *m., f.* 17
dirty **ensuciar** *v.*; **sucio/a** *adj.* 5
  get (something) dirty **ensuciar** *v.* 12
disagree **no estar de acuerdo**
disaster **desastre** *m.* 18
discover **descubrir** *v.* 13
discovered **descubierto/a** *p.p.* 14
discrimination **discriminación** *f.* 18
dish **plato** *m.* 8, 12
  main dish *m.* **plato principal** 8
dishwasher **lavaplatos** *m., sing.* 12
disk **disco** *m.*
disorderly **desordenado/a** *adj.* 5
divorce **divorcio** *m.* 9
divorced **divorciado/a** *adj.* 9
  get divorced (from) **divorciarse** *v.* **(de)** 9
dizzy **mareado/a** *adj.* 10
do **hacer** *v.* 4
  do aerobics **hacer ejercicios aeróbicos** 15
  do household chores **hacer quehaceres domésticos** 12
  do stretching exercises **hacer ejercicios de estiramiento** 15
  (I) don't want to. **No quiero.** 4
doctor **doctor(a)** *m., f.* 3; 10; **médico/a** *m., f.* 3
documentary (*film*) **documental** *m.* 17
dog **perro** *m.* 13
domestic **doméstico/a** *adj.*
  domestic appliance **electrodoméstico** *m.*
done **hecho/a** *p.p.* 14
door **puerta** *f.* 2

doorman/doorwoman **portero/a** *m., f.* 1
dormitory **residencia** *f.* **estudiantil** 2
double **doble** *adj.* 5
  double room **habitación** *f.* **doble** 5
doubt **duda** *f.* 13; **dudar** *v.* 13
  not to doubt **no dudar** 13
  there is no doubt that **no cabe duda de** 13; **no hay duda de** 13
download **descargar** *v.* 11
downtown **centro** *m.* 4
drama **drama** *m.* 17
dramatic **dramático/a** *adj.* 17
draw **dibujar** *v.* 2
drawing **dibujo** *m.*
dress **vestido** *m.* 6
  get dressed **vestirse (e:i)** *v.* 7
drink **beber** *v.* 3; **bebida** *f.* 8; **tomar** *v.* 2
drive **conducir** *v.* 6; **manejar** *v.* 11
driver **conductor(a)** *m., f.* 1
drug **droga** *f.* 15
  drug addict **drogadicto/a** *m., f.* 15
dry (oneself) **secarse** *v.* 7
during **durante** *prep.* 7; **por** *prep.* 11
dust **sacudir** *v.* 12; **quitar** *v.* **el polvo** 12
  dust the furniture **sacudir los muebles** 12
duster **plumero** *m.* 12
DVD player **reproductor** *m.* **de DVD** 11

E

each **cada** *adj.* 6
ear (outer) **oreja** *f.* 10
early **temprano** *adv.* 7
earn **ganar** *v.* 16
earring **arete** *m.* 6
earthquake **terremoto** *m.* 18
ease **aliviar** *v.*
east **este** *m.* 14
  to the east **al este** 14
easy **fácil** *adj. m., f.* 3
eat **comer** *v.* 3
ecological **ecológico/a** *adj.* 13
ecologist **ecologista** *m., f.* 13
ecology **ecología** *f.* 13
economics **economía** *f.* 2
ecotourism **ecoturismo** *m.* 13
Ecuadorian **ecuatoriano/a** *adj.* 3
effective **eficaz** *adj. m., f.*
egg **huevo** *m.* 8
eight **ocho** 1
eight hundred **ochocientos/as** 2
eighteen **dieciocho** 1
eighth **octavo/a** 5
eighty **ochenta** 2
either... or **o... o** *conj.* 7
elect **elegir (e:i)** *v.* 18
election **elecciones** *f. pl.* 18

electric appliance **electrodoméstico** *m.* 12

electrician **electricista** *m., f.* 16

electricity **luz** *f.* 12

elegant **elegante** *adj. m., f.* 6

elevator **ascensor** *m.* 5

eleven **once** 1

e-mail **correo** *m.* **electrónico** 4

   e-mail address **dirección** *f.* **electrónica** 11

   e-mail message **mensaje** *m.* **electrónico** 4

   read e-mail **leer** *v.* **el correo electrónico** 4

embarrassed **avergonzado/a** *adj.* 5

embrace (each other) **abrazar(se)** *v.* 11

emergency **emergencia** *f.* 10

   emergency room **sala** *f.* **de emergencia(s)** 10

employee **empleado/a** *m., f.* 5

employment **empleo** *m.* 16

end **fin** *m.* 4; **terminar** *v.* 2

   end table **mesita** *f.* 12

endure **aguantar** *v.* 14

energy **energía** *f.* 13

engaged: get engaged (to) **comprometerse** *v.* **(con)** 9

engineer **ingeniero/a** *m., f.* 3

English (*language*) **inglés** *m.* 2; **inglés, inglesa** *adj.* 3

enjoy **disfrutar** *v.* **(de)** 15

enough **bastante** *adv.* 10

entertainment **diversión** *f.* 4

entrance **entrada** *f.* 12

envelope **sobre** *m.* 14

environment **medio ambiente** *m.* 13

environmental science **ciencias ambientales** 2

equality **igualdad** *f.* 18

erase **borrar** *v.* 11

eraser **borrador** *m.* 2

errand **diligencia** *f.* 14

essay **ensayo** *m.* 3

establish **establecer** *v.* 16

evening **tarde** *f.* 1

event **acontecimiento** *m.* 18

every day **todos los días** 10

everything **todo** *m.* 5

exactly **en punto** 1

exam **examen** *m.* 2

excellent **excelente** *adj.* 5

excess **exceso** *m.* 15

   in excess **en exceso** 15

exchange **intercambiar** *v.*

   in exchange for **por** 11

exciting **emocionante** *adj. m., f.*

excursion **excursión** *f.*

excuse **disculpar** *v.*

Excuse me. (*May I?*) **Con permiso.** 1; (*I beg your pardon.*) **Perdón.** 1

exercise **ejercicio** *m.* 15; **hacer** *v.* **ejercicio** 15; (a degree/profession) **ejercer** *v.* 16

exit **salida** *f.* 5

expensive **caro/a** *adj.* 6

experience **experiencia** *f.*

expire **vencer** *v.* 14

explain **explicar** *v.* 2

explore **explorar** *v.*

expression **expresión** *f.*

extinction **extinción** *f.* 13

eye **ojo** *m.* 10

F

fabulous **fabuloso/a** *adj.* 5

face **cara** *f.* 7

facing **enfrente de** *prep.* 14

fact: in fact **de hecho**

factory **fábrica** *f.* 13

fall (down) **caerse** *v.* 10

   fall asleep **dormirse (o:ue)** *v.* 7

   fall in love (with) **enamorarse** *v.* **(de)** 9

fall (season) **otoño** *m.* 5

fallen **caído/a** *p.p.* 14

family **familia** *f.* 3

famous **famoso/a** *adj.*

fan **aficionado/a** *m., f.* 4

   be a fan (of) **ser aficionado/a (a)**

far from **lejos de** *prep.* 2

farewell **despedida** *f.*

fascinate **fascinar** *v.* 7

fashion **moda** *f.* 6

   be in fashion **estar de moda** 6

fast **rápido/a** *adj.*

fat **gordo/a** *adj.* 3; **grasa** *f.* 15

father **padre** *m.* 3

father-in-law **suegro** *m.* 3

favorite **favorito/a** *adj.* 4

fax (machine) ***fax*** *m.*

fear **miedo** *m.*; **temer** *v.* 13

February **febrero** *m.* 5

feel **sentir(se) (e:ie)** *v.* 7

   feel like (*doing something*) **tener ganas de (+ *inf.*)** 3

festival **festival** *m.* 17

fever **fiebre** *f.* 10

   have a fever **tener** *v.* **fiebre** 10

few **pocos/as** *adj. pl.*

   fewer than **menos de (+ *number*)** 8

field: major field of study **especialización** *f.*

fifteen **quince** 1

   fifteen-year-old girl celebrating her birthday **quinceañera** *f.*

fifth **quinto/a** 5

fifty **cincuenta** 2

fight (for/against) **luchar** *v.* **(por/ contra)** 18

figure (*number*) **cifra** *f.*

file **archivo** *m.* 11

fill **llenar** *v.* 11

   fill out (a form) **llenar (un formulario)** 14

   fill the tank **llenar el tanque** 11

finally **finalmente** *adv.*; **por último** 7; **por fin** 11

find **encontrar (o:ue)** *v.* 4

   find (each other) **encontrar(se)**

   find out **enterarse** *v.* 16

fine **multa** *f.*

   That's fine. **Está bien.**

(fine) arts **bellas artes** *f., pl.* 17

finger **dedo** *m.* 10

finish **terminar** *v.* 2

   finish (*doing something*) **terminar** *v.* **de (+ *inf.*)**

fire **incendio** *m.* 18; **despedir (e:i)** *v.* 16

firefighter **bombero/a** *m., f.* 16

firm **compañía** *f.* 16; **empresa** *f.* 16

first **primer, primero/a** 2, 5

fish (*food*) **pescado** *m.* 8; **pescar** *v.* 5; (*live*) **pez** *m., sing.* **(peces** *pl.***)** 13

   fish market **pescadería** *f.* 14

fishing **pesca** *f.*

fit (*clothing*) **quedar** *v.* 7

five **cinco** 1

five hundred **quinientos/as** 2

fix (*put in working order*) **arreglar** *v.* 11; (*clothes, hair, etc. to go out*) **arreglarse** *v.* 7

fixed **fijo/a** *adj.* 6

flag **bandera** *f.*

flexible **flexible** *adj.* 15

flood **inundación** *f.* 18

floor (*of a building*) **piso** *m.* 5; **suelo** *m.* 12

   ground floor **planta baja** *f.* 5

   top floor **planta** *f.* **alta**

flower **flor** *f.* 13

flu **gripe** *f.* 10

fog **niebla** *f.*

folk **folclórico/a** *adj.* 17

follow **seguir (e:i)** *v.* 4

food **comida** *f.* 4, 8

foolish **tonto/a** *adj.* 3

foot **pie** *m.* 10

football **fútbol** *m.* **americano** 4

for **para** *prep.* 11; **por** *prep.* 11

   for example **por ejemplo** 11

   for me **para mí** 8

forbid **prohibir** *v.*

foreign **extranjero/a** *adj.* 17

   foreign languages **lenguas** *f., pl.* **extranjeras** 2

forest **bosque** *m.* 13

forget **olvidar** *v.* 10

fork **tenedor** *m.* 12

form **formulario** *m.* 14

forty **cuarenta** 2

four **cuatro** 1

four hundred **cuatrocientos/as** 2

fourteen **catorce** 1

fourth **cuarto/a** *m., f.* 5

free **libre** *adj. m., f.* 4
  be free (of charge) **ser gratis** 14
  free time **tiempo libre**; spare (free) time **ratos libres** 4
freedom **libertad** *f.* 18
freezer **congelador** *m.* 12
French **francés, francesa** *adj.* 3
  French fries **papas** *f., pl.* **fritas** 8; **patatas** *f., pl.* **fritas** 8
frequently **frecuentemente** *adv.*; **con frecuencia** *adv.* 10
Friday **viernes** *m., sing.* 2
fried **frito/a** *adj.* 8
  fried potatoes **papas** *f., pl.* **fritas** 8; **patatas** *f., pl.* **fritas** 8
friend **amigo/a** *m., f.* 3
friendly **amable** *adj. m., f.* 5
friendship **amistad** *f.* 9
from **de** *prep.* 1; **desde** *prep.* 6
  from the United States **estadounidense** *m., f. adj.* 3
  from time to time **de vez en cuando** 10
  I'm from… **Soy de…** 1
front: (cold) front **frente (frío)** *m.* 5
fruit **fruta** *f.* 8
  fruit juice **jugo** *m.* **de fruta** 8
  fruit store **frutería** *f.* 14
full **lleno/a** *adj.* 11
fun **divertido/a** *adj.*
  fun activity **diversión** *f.* 4
  have fun **divertirse (e:ie)** *v.* 9
function **funcionar** *v.*
furniture **muebles** *m., pl.* 12
furthermore **además (de)** *adv.* 10
future **porvenir** *m.* 16
  for/to the future **por el porvenir** 16
  in the future **en el futuro**

G

gain weight **aumentar** *v.* **de peso** 15; **engordar** *v.* 15
game **juego** *m.*; *(match)* **partido** *m.* 4
  game show **concurso** *m.* 17
garage *(in a house)* **garaje** *m.* 12; **garaje** *m.* 11; **taller (mecánico)** 11
garden **jardín** *m.* 12
garlic **ajo** *m.* 8
gas station **gasolinera** *f.* 11
gasoline **gasolina** *f.* 11
gentleman **caballero** *m.* 8
geography **geografía** *f.* 2
German **alemán, alemana** *adj.* 3

get **conseguir (e:i)** *v.* 4; **obtener** *v.* 16
  get along well/badly (with) **llevarse bien/mal (con)** 9
  get bigger **aumentar** *v.* 13
  get bored **aburrirse** *v.* 17
  get good grades **sacar buenas notas** 2
  get into trouble **meterse en problemas** *v.* 13
  get off of (a vehicle) **bajar(se)** *v.* **de** 11
  get on/into (a vehicle) **subir(se)** *v.* **a** 11
  get out of (a vehicle) **bajar(se)** *v.* **de** 11
  get ready **arreglarse** *v.* 7
  get up **levantarse** *v.* 7
gift **regalo** *m.* 6
ginger **jengibre** *m.* 10
girl **chica** *f.* 1; **muchacha** *f.* 3
girlfriend **novia** *f.* 3
give **dar** *v.* 6; *(as a gift)* **regalar** 9
  give directions **indicar cómo llegar** 14
glass *(drinking)* **vaso** *m.* 12; **vidrio** *m.* 13
  (made) of glass **de vidrio** 13
glasses **gafas** *f., pl.* 6
  sunglasses **gafas** *f., pl.* **de sol** 6
global warming **calentamiento global** *m.* 13
gloves **guantes** *m., pl.* 6
go **ir** *v.* 4
  go away **irse** 7
  go by boat **ir en barco** 5
  go by bus **ir en autobús** 5
  go by car **ir en auto(móvil)** 5
  go by motorcycle **ir en moto(cicleta)** 5
  go by plane **ir en avión** 5
  go by taxi **ir en taxi** 5
  go down **bajar(se)** *v.*
  go on a hike **ir de excursión** 4
  go out (with) **salir** *v.* **(con)** 9
  go up **subir** *v.*
  Let's go. **Vamos.** 4
goblet **copa** *f.* 12
going to: be going to *(do something)* **ir a (+ inf.)** 4
golf **golf** *m.* 4
good **buen, bueno/a** *adj.* 3, 6
  Good afternoon. **Buenas tardes.** 1
  Good evening. **Buenas noches.** 1
  Good morning. **Buenos días.** 1
  Good night. **Buenas noches.** 1
  It's good that… **Es bueno que…** 12

goodbye **adiós** *m.* 1
  say goodbye (to) **despedirse** *v.* **(de) (e:i)** 18
good-looking **guapo/a** *adj.* 3
government **gobierno** *m.* 13
GPS **navegador GPS** *m.* 11
graduate (from/in) **graduarse** *v.* **(de/en)** 9
grains **cereales** *m., pl.* 8
granddaughter **nieta** *f.* 3
grandfather **abuelo** *m.* 3
grandmother **abuela** *f.* 3
grandparents **abuelos** *m., pl.* 3
grandson **nieto** *m.* 3
grape **uva** *f.* 8
grass **hierba** *f.* 13
grave **grave** *adj.* 10
gray **gris** *adj. m., f.* 6
great **fenomenal** *adj. m., f.* 5; **genial** *adj.* 16
great-grandfather **bisabuelo** *m.* 3
great-grandmother **bisabuela** *f.* 3
green **verde** *adj. m., f.* 6
greet (each other) **saludar(se)** *v.* 11
greeting **saludo** *m.* 1
  Greetings to… **Saludos a…** 1
grilled **a la plancha** 8
ground floor **planta baja** *f.* 5
grow **aumentar** *v.* 13
guest *(at a house/hotel)* **huésped** *m., f.* 5 *(invited to a function)* **invitado/a** *m., f.* 9
guide **guía** *m., f.*
gymnasium **gimnasio** *m.* 4

H

hair **pelo** *m.* 7
hairdresser **peluquero/a** *m., f.* 16
half **medio/a** *adj.* 3
  half-brother **medio hermano** *m.* 3
  half-past… *(time)* **…y media** 1
  half-sister **media hermana** *f.* 3
hallway **pasillo** *m.* 12
ham **jamón** *m.* 8
hamburger **hamburguesa** *f.* 8
hand **mano** *f.* 1
hand in **entregar** *v.* 11
handsome **guapo/a** *adj.* 3
happen **ocurrir** *v.* 18
happiness **alegría** *v.* 9
Happy birthday! **¡Feliz cumpleaños!** 9
happy **alegre** *adj.* 5; **contento/a** *adj.* 5; **feliz** *adj. m., f.* 5
  be happy **alegrarse** *v.* **(de)** 13
hard **difícil** *adj. m., f.* 3
hard-working **trabajador(a)** *adj.* 3
hardly **apenas** *adv.* 10
hat **sombrero** *m.* 6

hate **odiar** *v.* 9
have **tener** *v.* 3
   have time **tener tiempo** 14
   have to (*do something*) **tener que** (+ *inf.*) 3
   have a tooth removed **sacar(se) un diente** 10
he **él** 1
head **cabeza** *f.* 10
headache **dolor** *m.* **de cabeza** 10
health **salud** *f.* 10
healthy **saludable** *adj. m., f.* 10; **sano/a** *adj.* 10
   lead a healthy lifestyle **llevar** *v.* **una vida sana** 15
hear **oír** *v.* 4
heard **oído/a** *p.p.* 14
hearing: sense of hearing **oído** *m.* 10
heart **corazón** *m.* 10
heat **calor** *m.*
Hello. **Hola.** 1; (*on the telephone*) **Aló.** 11; **Bueno.** 11; **Diga.** 11
help **ayudar** *v.*; **servir (e:i)** *v.* 5
   help each other **ayudarse** *v.* 11
her **su(s)** *poss. adj.* 3; (of) hers **suyo(s)/a(s)** *poss.* 11
   her **la** *f., sing., d.o. pron.* 5
   to/for her **le** *f., sing., i.o. pron.* 6
here **aquí** *adv.* 1
   Here is/are... **Aquí está(n)...** 5
Hi. **Hola.** 1
highway **autopista** *f.* 11; **carretera** *f.* 11
hike **excursión** *f.* 4
   go on a hike **ir de excursión** 4
hiker **excursionista** *m., f.*
hiking **de excursión** 4
him *m., sing., d.o. pron.* **lo** 5; to/for him **le** *m., sing., i.o. pron.* 6
hire **contratar** *v.* 16
his **su(s)** *poss. adj.* 3; (of) his **suyo(s)/a(s)** *poss. pron.* 11
history **historia** *f.* 2; 17
hobby **pasatiempo** *m.* 4
hockey **hockey** *m.* 4
hold up **aguantar** *v.* 14
hole **hueco** *m.* 4
holiday **día** *m.* **de fiesta** 9
home **casa** *f.* 2
   home page **página** *f.* **principal** 11
homework **tarea** *f.* 2
honey **miel** *f.* 10
hood **capó** *m.* 11; **cofre** *m.* 11
hope **esperar** *v.* (+ *inf.*) 2; **esperar** *v.* 13
   I hope (that) **ojalá (que)** 13
horror (genre) **de horror** *m.* 17
hors d'oeuvres **entremeses** *m., pl.* 8
horse **caballo** *m.* 5
hospital **hospital** *m.* 10

hot: be (*feel*) (very) hot **tener (mucho) calor** 3
   It's (very) hot. **Hace (mucho) calor.** 5
hotel **hotel** *m.* 5
hour **hora** *f.* 1
house **casa** *f.* 2
household chores **quehaceres** *m. pl.* **domésticos** 12
housekeeper **ama** *m., f.* **de casa** 12
housing **vivienda** *f.* 12
How...! **¡Qué...!**
   how **¿cómo?** *adv.* 1, 2
   How are you? **¿Qué tal?** 1
   How are you? **¿Cómo estás?** *fam.* 1
   How are you? **¿Cómo está usted?** *form.* 1
   How can I help you? **¿En qué puedo servirles?** 5
   How is it going? **¿Qué tal?** 1
   How is the weather? **¿Qué tiempo hace?** 5
   How much/many? **¿Cuánto(s)/a(s)?** 1
   How much does... cost? **¿Cuánto cuesta...?** 6
   How old are you? **¿Cuántos años tienes?** *fam.*
however **sin embargo**
hug (each other) **abrazar(se)** *v.* 11
humanities **humanidades** *f., pl.* 2
hundred **cien, ciento** 2
hunger **hambre** *f.*
hungry: be (very) hungry **tener** *v.* **(mucha) hambre** 3
hunt **cazar** *v.* 13
hurricane **huracán** *m.* 18
hurry **apurarse** *v.* 15; **darse prisa** *v.* 15
   be in a (big) hurry **tener** *v.* **(mucha) prisa** 3
hurt **doler (o:ue)** *v.* 10
husband **esposo** *m.* 3

I

I **yo** 1
   I hope (that) **Ojalá (que)** *interj.* 13
   I wish (that) **Ojalá (que)** *interj.* 13
ice cream **helado** *m.* 9
   ice cream shop **heladería** *f.* 14
iced **helado/a** *adj.* 8
   iced tea **té** *m.* **helado** 8
idea **idea** *f.* 18
if **si** *conj.* 4
illness **enfermedad** *f.* 10

important **importante** *adj.* 3
   be important to **importar** *v.* 7
   It's important that... **Es importante que...** 12
impossible **imposible** *adj.* 13
   it's impossible **es imposible** 13
improbable **improbable** *adj.* 13
   it's improbable **es improbable** 13
improve **mejorar** *v.* 13
in **en** *prep.* 2; **por** *prep.* 11
   in the afternoon **de la tarde** 1; **por la tarde** 7
   in a bad mood **de mal humor** 5
   in the direction of **para** *prep.* 11
   in the early evening **de la tarde** 1
   in the evening **de la noche** 1; **por la tarde** 7
   in a good mood **de buen humor** 5
   in the morning **de la mañana** 1; **por la mañana** 7
   in love (with) **enamorado/a (de)** 5
   in search of **por** *prep.* 11
in front of **delante de** *prep.* 2
increase **aumento** *m.*
incredible **increíble** *adj.* 5
inequality **desigualdad** *f.* 18
infection **infección** *f.* 10
inform **informar** *v.* 18
injection **inyección** *f.* 10
   give an injection *v.* **poner una inyección** 10
injure (oneself) **lastimarse** 10
   injure (one's foot) **lastimarse** *v.* **(el pie)** 10
inner ear **oído** *m.* 10
inside **dentro** *adv.*
insist (on) **insistir** *v.* **(en)** 12
installments: pay in installments **pagar** *v.* **a plazos** 14
intelligent **inteligente** *adj.* 3
intend to **pensar** *v.* **(+ *inf.*)** 4
interest **interesar** *v.* 7
interesting **interesante** *adj.* 3
   be interesting to **interesar** *v.* 7
international **internacional** *adj. m., f.* 18
Internet **Internet** 11
interview **entrevista** *f.* 16; interview **entrevistar** *v.* 16
interviewer **entrevistador(a)** *m., f.* 16
introduction **presentación** *f.*
   I would like to introduce you to (name). **Le presento a...** *form.* 1; **Te presento a...** *fam.* 1
invest **invertir (e:ie)** *v.* 16
invite **invitar** *v.* 9
iron (clothes) **planchar** *v.* **la ropa** 12

it **lo/la** *sing., d.o., pron.* 5
Italian **italiano/a** *adj.* 3
its **su(s)** *poss. adj.* 3;
    suyo(s)/a(s) *poss. pron.* 11
it's the same **es igual** 5

J

jacket **chaqueta** *f.* 6
January **enero** *m.* 5
Japanese **japonés, japonesa**
    adj. 3
jeans **(blue)jeans** *m., pl.* 6
jewelry store **joyería** *f.* 14
job **empleo** *m.* 16; **puesto**
    m. 16; **trabajo** *m.* 16
    job application **solicitud** *f.* **de**
        trabajo 16
jog **correr** *v.*
journalism **periodismo** *m.* 2
journalist **periodista** *m., f.* 3
joy **alegría** *f.* 9
juice **jugo** *m.* 8
July **julio** *m.* 5
June **junio** *m.* 5
jungle **selva, jungla** *f.* 13
just **apenas** *adv.*
    have just done something
        acabar de (+ inf.) 6

K

key **llave** *f.* 5
keyboard **teclado** *m.* 11
kilometer **kilómetro** *m.* 11
kiss **beso** *m.* 9
    kiss each other **besarse** *v.* 11
kitchen **cocina** *f.* 9, 12
knee **rodilla** *f.* 10
knife **cuchillo** *m.* 12
know **saber** *v.* 6; **conocer** *v.* 6
know how **saber** *v.* 6

L

laboratory **laboratorio** *m.* 2
lack **faltar** *v.* 7
lake **lago** *m.* 13
lamp **lámpara** *f.* 12
land **tierra** *f.* 13
landscape **paisaje** *m.* 5
language **lengua** *f.* 2
laptop (computer) **computadora**
    f. **portátil** 11
large **grande** *adj.* 3
large (*clothing size*) **talla**
    grande
last **durar** *v.* 18; **pasado/a**
    adj. 6; **último/a** *adj.* 7
    last name **apellido** *m.* 3
    last night **anoche** *adv.* 6
    last week **semana** *f.* **pasada** 6
    last year **año** *m.* **pasado** 6
    the last time **la última vez** 7

late **tarde** *adv.* 7
later (on) **más tarde** 7
    See you later. **Hasta la vista.** 1;
        Hasta luego. 1
laugh **reírse (e:i)** *v.* 9
laughed **reído** *p.p.* 14
laundromat **lavandería** *f.* 14
law **ley** *f.* 13
lawyer **abogado/a** *m., f.* 16
lazy **perezoso/a** *adj.*
learn **aprender** *v.* **(a + inf.)** 3
least, at **por lo menos** *adv.* 10
leave **salir** *v.* 4; **irse** *v.* 7
    leave a tip **dejar una**
        propina
    leave behind **dejar** *v.* 16
    leave for (*a place*) **salir para**
    leave from **salir de**
left **izquierda** *f.* 2
    be left over **quedar** *v.* 7
    to the left of **a la izquierda de** 2
leg **pierna** *f.* 10
lemon **limón** *m.* 8
lend **prestar** *v.* 6
less **menos** *adv.* 10
    less… than **menos… que** 8
    less than **menos de (+ number)**
lesson **lección** *f.* 1
let **dejar** *v.*
let's see **a ver**
letter **carta** *f.* 4, 14
lettuce **lechuga** *f.* 8
liberty **libertad** *f.* 18
library **biblioteca** *f.* 2
license (*driver's*) **licencia** *f.* **de**
    conducir 11
lie **mentira** *f.* 4
life **vida** *f.* 9
lifestyle: lead a healthy lifestyle
    llevar una vida sana 15
lift **levantar** *v.* 15
    lift weights **levantar pesas** 15
light **luz** *f.* 12
like **como** *prep.* 8; **gustar** *v.* 2
    I like… **Me gusta(n)…** 2
    like this **así** *adv.* 10
    like very much **encantar** *v.*;
        fascinar *v.* 7
    Do you like…? **¿Te**
        gusta(n)…? 2
likeable **simpático/a** *adj.* 3
likewise **igualmente** *adv.* 1
line **línea** *f.* 4; **cola** (*queue*) *f.* 14
listen (to) **escuchar** *v.* 2
    listen to music **escuchar**
        música 2
    listen to the radio **escuchar la**
        radio 2
literature **literatura** *f.* 2
little (*quantity*) **poco** *adv.* 10
live **vivir** *v.* 3; **en vivo** *adj.* 7
living room **sala** *f.* 12
loan **préstamo** *m.* 14; **prestar**
    v. 6, 14
lobster **langosta** *f.* 8
located **situado/a** *adj.*
    be located **quedar** *v.* 14

long **largo/a** *adj.* 6
look (at) **mirar** *v.* 2
look for **buscar** *v.* 2
lose **perder (e:ie)** *v.* 4
    lose weight **adelgazar** *v.* 15
lost **perdido/a** *adj.* 13, 14
    be lost **estar perdido/a** 14
lot, a **muchas veces** *adv.* 10
lot of, a **mucho/a** *adj.* 3; **un**
    montón de 4
love (*another person*) **querer**
    (e:ie) *v.* 4; (*inanimate objects*)
    encantar *v.* 7; **amor** *m.* 9
    in love **enamorado/a** *adj.* 5
    love at first sight **amor a**
        primera vista 9
luck **suerte** *f.*
lucky: be (very) lucky **tener**
    (mucha) suerte 3
luggage **equipaje** *m.* 5
lunch **almuerzo** *m.* 4, 8
    have lunch **almorzar (o:ue)**
        v. 4

M

ma'am **señora (Sra.); doña** *f.* 1
mad **enojado/a** *adj.* 5
magazine **revista** *f.* 4
magnificent **magnífico/a** *adj.* 5
mail **correo** *m.* 14; **enviar** *v.*,
    mandar *v.* 14; **echar (una**
    carta) al buzón 14
    mail carrier **cartero** *m.* 14
mailbox **buzón** *m.* 14
main **principal** *adj. m., f.* 8
maintain **mantener** *v.* 15
major **especialización** *f.* 2
make **hacer** *v.* 4
    make a decision **tomar una**
        decisión 15
    make the bed **hacer la**
        cama 12
makeup **maquillaje** *m.* 7
    put on makeup **maquillarse** *v.* 7
man **hombre** *m.* 1
manager **gerente** *m., f.* 8, 16
many **mucho/a** *adj.* 3
    many times **muchas veces** 10
map **mapa** *m.* 1, 2
March **marzo** *m.* 5
margarine **margarina** *f.* 8
marinated fish **ceviche** *m.* 8
    lemon-marinated shrimp
        ceviche *m.* **de camarón** 8
marital status **estado** *m.* **civil** 9
market **mercado** *m.* 6
    open-air market **mercado al**
        aire libre 6
marriage **matrimonio** *m.* 9
married **casado/a** *adj.* 9
    get married (to) **casarse** *v.*
        (con) 9
    I'll marry you! **¡Acepto**
        casarme contigo! 17

marvelous **maravilloso/a** *adj.* 5
massage **masaje** *m.* 15
masterpiece **obra maestra** *f.* 17
match (*sports*) **partido** *m.* 4
match (with) **hacer** *v.*
    juego (con) 6
mathematics **matemáticas**
    f., pl. 2
matter **importar** *v.* 7
maturity **madurez** *f.* 9
maximum **máximo/a** *adj.* 11
May **mayo** *m.* 5
May I leave a message? **¿Puedo**
    dejar un recado? 11
maybe **tal vez** 5; **quizás** 5
mayonnaise **mayonesa** *f.* 8
me **me** *sing., d.o. pron.* 5
    to/for me **me** *sing., i.o. pron.* 6
meal **comida** *f.* 8
means of communication **medios**
    m., pl. **de comunicación** 18
meat **carne** *f.* 8
mechanic **mecánico/a** *m., f.* 11
    mechanic's repair shop **taller**
      mecánico 11
media **medios** *m., pl.* **de**
    comunicación 18
medical **médico/a** *adj.* 10
medication **medicamento** *m.* 10
medicine **medicina** *f.* 10
medium **mediano/a** *adj.*
meet (each other) **encontrar(se)**
    v. 11; **conocer(se)** *v.* 8
    meet up with **encontrarse con** 7
meeting **reunión** *f.* 16
menu **menú** *m.* 8
message **mensaje** *m.*
Mexican **mexicano/a** *adj.* 3
microwave **microonda** *f.* 12
    microwave oven **horno** *m.* **de**
      microondas 12
middle age **madurez** *f.* 9
midnight **medianoche** *f.* 1
mile **milla** *f.*
milk **leche** *f.* 8
million **millón** *m.* 2
    million of **millón de** 2
mine **mío(s)/a(s)** *poss.* 11
mineral **mineral** *m.* 15
    mineral water **agua** *f.*
      mineral 8
minute **minuto** *m.*
mirror **espejo** *m.* 7
Miss **señorita (Srta.)** *f.* 1
miss **perder (e:ie)** *v.* 4; **extrañar**
    v. 16
mistaken **equivocado/a** *adj.*
modern **moderno/a** *adj.* 17
mom **mamá** *f.*
Monday **lunes** *m., sing.* 2
money **dinero** *m.* 6
monitor **monitor** *m.* 11
monkey **mono** *m.* 13
month **mes** *m.* 5
monument **monumento** *m.* 4

moon **luna** *f.* 13
more **más** 2
    more... than **más... que** 8
    more than **más de (+**
      number) 8
morning **mañana** *f.* 1
mother **madre** *f.* 3
mother-in-law **suegra** *f.* 3
motor **motor** *m.*
motorcycle **moto(cicleta)** *f.* 5
mountain **montaña** *f.* 4
mouse **ratón** *m.* 11
mouth **boca** *f.* 10
move (*from one house to another*)
    mudarse *v.* 12
movie **película** *f.* 4
    movie star **estrella** *f.*
      de cine 17
    movie theater **cine** *m.* 4
MP3 player **reproductor** *m.* **de**
    MP3 11
Mr. **señor (Sr.)**; **don** *m.* 1
Mrs. **señora (Sra.)**; **doña** *f.* 1
much **mucho/a** *adj.* 3
mud **lodo** *m.*
murder **crimen** *m.* 18
muscle **músculo** *m.* 15
museum **museo** *m.* 4
mushroom **champiñón** *m.* 8
music **música** *f.* 2, 17
musical **musical** *adj., m., f.* 17
musician **músico/a** *m., f.* 17
must **deber** *v.* (+ *inf.*) 3
my **mi(s)** *poss. adj.* 3; **mío(s)/a(s)**
    poss. pron. 11

N

name **nombre** *m.* 1
    be named **llamarse** *v.* 7
    in the name of **a nombre de** 5
    last name **apellido** *m.* 3
    My name is... **Me llamo...** 1
    name someone/something
      ponerle el nombre 9
napkin **servilleta** *f.* 12
national **nacional** *adj. m., f.* 18
nationality **nacionalidad** *f.* 1
natural **natural** *adj. m., f.* 13
    natural disaster **desastre** *m.*
      natural 18
    natural resource **recurso** *m.*
      natural 13
nature **naturaleza** *f.* 13
nauseated **mareado/a** *adj.* 10
near **cerca de** *prep.* 2
neaten **arreglar** *v.* 12
necessary **necesario/a** *adj.* 12
    It is necessary that... **Es**
      necesario que... 12
neck **cuello** *m.* 10
need **faltar** *v.* 7; **necesitar** *v.* (+
    inf.) 2
neighbor **vecino/a** *m., f.* 12
neighborhood **barrio** *m.* 12

neither **tampoco** *adv.* 7
neither... nor **ni... ni** *conj.* 7
nephew **sobrino** *m.* 3
nervous **nervioso/a** *adj.* 5
network **red** *f.* 11
never **nunca** *adj.* 7; **jamás** 7
new **nuevo/a** *adj.* 6
newlywed **recién casado/a**
    m., f. 9
news **noticias** *f., pl.* 18;
    actualidades *f., pl.* 18; **noticia**
    f. 11
newscast **noticiero** *m.* 18
newspaper **periódico** 4; **diario**
    m. 18
next **próximo/a** *adj.* 3, 16
    next to **al lado de** *prep.* 2
nice **simpático/a** *adj.* 3; **amable**
    adj. 5
niece **sobrina** *f.* 3
night **noche** *f.* 1
    night stand **mesita** *f.* **de**
      noche 12
nine **nueve** 1
nine hundred **novecientos/as** 2
nineteen **diecinueve** 1
ninety **noventa** 2
ninth **noveno/a** 5
no **no** 1; **ningún, ninguno/a(s)**
    adj. 7
    no one **nadie** *pron.* 7
nobody **nadie** 7
none **ningún, ninguno/a(s)**
    adj. 7
noon **mediodía** *m.* 1
nor **ni** *conj.* 7
north **norte** *m.* 14
    to the north **al norte** 14
nose **nariz** *f.* 10
not **no** 1
    not any **ningún, ninguno/a(s)**
      adj. 7
    not anyone **nadie** *pron.* 7
    not anything **nada** *pron.* 7
    not bad at all **nada mal** 5
    not either **tampoco** *adv.* 7
    not ever **nunca** *adv.* 7; **jamás**
      adv. 7
    not very well **no muy bien** 1
    not working **descompuesto/a**
      adj. 11
notebook **cuaderno** *m.* 1
nothing **nada** 1; 7
noun **sustantivo** *m.*
November **noviembre** *m.* 5
now **ahora** *adv.* 2
nowadays **hoy día** *adv.*
nuclear **nuclear** *adj. m., f.* 13
    nuclear energy **energía**
      nuclear 13
number **número** *m.* 1
nurse **enfermero/a** *m., f.* 10
nutrition **nutrición** *f.* 15
nutritionist **nutricionista** *m.,*
    f. 15

O

o'clock: It's… o'clock **Son las…** 1
    It's one o'clock. **Es la una.** 1
obey **obedecer** *v.* 18
obligation **deber** *m.* 18
obtain **conseguir (e:i)** *v.* 4; **obtener** *v.* 16
obvious **obvio/a** *adj.* 13
    it's obvious **es obvio** 13
occupation **ocupación** *f.* 16
occur **ocurrir** *v.* 18
October **octubre** *m.* 5
of **de** *prep.* 1
    Of course. **Claro que sí.; Por supuesto.**
offer **oferta** *f.*; **ofrecer (c:zc)** *v.* 6
office **oficina** *f.* 12
    doctor's office **consultorio** *m.* 10
often **a menudo** *adv.* 10
Oh! **¡Ay!**
oil **aceite** *m.* 8
OK **regular** *adj.* 1
    It's okay. **Está bien.**
old **viejo/a** *adj.* 3
old age **vejez** *f.* 9
older **mayor** *adj. m., f.* 3
    older brother, sister **hermano/a mayor** *m., f.* 3
oldest **el/la mayor** 8
on **en** *prep.* 2; **sobre** *prep.* 2
    on behalf of **por** *prep.* 11
    on the dot **en punto** 1
    on time **a tiempo** 10
    on top of **encima de** 2
once **una vez** 6
one **uno** 1
    one hundred **cien(to)** 2
    one million **un millón** *m.* 2
    one more time **una vez más**
    one thousand **mil** 2
    one time **una vez** 6
onion **cebolla** *f.* 8
only **sólo** *adv.* 6; **único/a** *adj.* 3
    only child **hijo/a único/a** *m., f.* 3
open **abierto/a** *adj.* 5, 14; **abrir** *v.* 3
open-air **al aire libre** 6
opera **ópera** *f.* 17
operation **operación** *f.* 10
opposite **enfrente de** *prep.* 14
or **o** *conj.* 7
orange **anaranjado/a** *adj.* 6; **naranja** *f.* 8
orchestra **orquesta** *f.* 17
order **mandar** 12; (*food*) **pedir (e:i)** *v.* 8
    in order to **para** *prep.* 11
orderly **ordenado/a** *adj.* 5
ordinal (*numbers*) **ordinal** *adj.*
organize oneself **organizarse** *v.* 12
other **otro/a** *adj.* 6

ought to **deber** *v.* (**+ inf.**) *adj.* 3
our **nuestro(s)/a(s)** *poss. adj.* 3; *poss. pron.* 11
out of order **descompuesto/a** *adj.* 11
outside **afuera** *adv.* 5
outskirts **afueras** *f., pl.* 12
oven **horno** *m.* 12
over **sobre** *prep.* 2
(over)population **(sobre)población** *f.* 13
over there **allá** *adv.* 2
own **propio/a** *adj.*
owner **dueño/a** *m., f.* 8

P

p.m. **de la tarde, de la noche** *f.* 1
pack (one's suitcases) **hacer** *v.* **las maletas** 5
package **paquete** *m.* 14
page **página** *f.* 11
pain **dolor** *m.* 10
    have pain **tener** *v.* **dolor** 10
paint **pintar** *v.* 17
painter **pintor(a)** *m., f.* 16
painting **pintura** *f.* 12, 17
pair **par** *m.* 6
    pair of shoes **par** *m.* **de zapatos** 6
pale **pálido/a** *adj.* 14
pants **pantalones** *m., pl.* 6
pantyhose **medias** *f., pl.* 6
paper **papel** *m.* 2; (*report*) **informe** *m.* 18
Pardon me. (*May I?*) **Con permiso.** 1; (*Excuse me.*) Pardon me. **Perdón.** 1
parents **padres** *m., pl.* 3; **papás** *m., pl.*
park **estacionar** *v.* 11; **parque** *m.* 4
parking lot **estacionamiento** *m.* 14
partner (*one of a married couple*) **pareja** *f.* 9
party **fiesta** *f.* 9
passed **pasado/a** *p.p.*
passenger **pasajero/a** *m., f.* 1
passport **pasaporte** *m.* 5
past **pasado/a** *adj.* 6
pastime **pasatiempo** *m.* 4
pastry shop **pastelería** *f.* 14
path **sendero** *m.* 13
patient **paciente** *m., f.* 10
patio **patio** *m.* 12
pay **pagar** *v.* 6
    pay in cash **pagar** *v.* **al contado; pagar en efectivo** 14
    pay in installments **pagar** *v.* **a plazos** 14
    pay the bill **pagar la cuenta**
pea **arveja** *m.* 8
peace **paz** *f.* 18
peach **melocotón** *m.* 8

peak **cima** *f.* 15
pear **pera** *f.* 8
pen **pluma** *f.* 2
pencil **lápiz** *m.* 1
penicillin **penicilina** *f.*
people **gente** *f.* 3
pepper (*black*) **pimienta** *f.* 8
per **por** *prep.* 11
perfect **perfecto/a** *adj.* 5
period of time **temporada** *f.* 5
person **persona** *f.* 3
pharmacy **farmacia** *f.* 10
phenomenal **fenomenal** *adj.* 5
photograph **foto(grafía)** *f.* 1
physical (exam) **examen** *m.* **médico** 10
physician **doctor(a), médico/a** *m., f.* 3
physics **física** *f. sing.* 2
pick up **recoger** *v.* 13
picture **cuadro** *m.* 12; **pintura** *f.* 12
pie **pastel** *m.* 9
pill (tablet) **pastilla** *f.* 10
pillow **almohada** *f.* 12
pineapple **piña** *f.*
pink **rosado/a** *adj.* 6
place **lugar** *m.* 2, 4; **sitio** *m.* 3; **poner** *v.* 4
plaid **de cuadros** 6
plans **planes** *m., pl.*
    have plans **tener planes**
plant **planta** *f.* 13
plastic **plástico** *m.* 13
    (made) of plastic **de plástico** 13
plate **plato** *m.* 12
play **drama** *m.* 17; **comedia** *f.* 17 **jugar (u:ue)** *v.* 4; (*a musical instrument*) **tocar** *v.* 17; (*a role*) **hacer el papel de** 17; (*cards*) **jugar a (las cartas)** 5; (*sports*) **practicar deportes** 4
player **jugador(a)** *m., f.* 4
playwright **dramaturgo/a** *m., f.* 17
plead **rogar (o:ue)** *v.* 12
pleasant **agradable** *adj.*
please **por favor** 1
Pleased to meet you. **Mucho gusto.** 1; **Encantado/a.** *adj.* 1
pleasing: be pleasing to **gustar** *v.* 7
pleasure **gusto** *m.* 1; **placer** *m.*
    The pleasure is mine. **El gusto es mío.** 1
poem **poema** *m.* 17
poet **poeta** *m., f.* 17
poetry **poesía** *f.* 17
police (force) **policía** *f.* 11
political **político/a** *adj.* 18
politician **político/a** *m., f.* 16
politics **política** *f.* 18
polka-dotted **de lunares** 6
poll **encuesta** *f.* 18
pollute **contaminar** *v.* 13

polluted **contaminado/a** *m., f.* 13
  be polluted **estar contaminado/a** 13
pollution **contaminación** *f.* 13
pool **piscina** *f.* 4
poor **pobre** *adj., m., f.* 6
  poor thing **pobrecito/a** *adj.* 3
popsicle **paleta helada** *f.* 4
population **población** *f.* 13
pork **cerdo** *m.* 8
  pork chop **chuleta** *f.* **de cerdo** 8
portable **portátil** *adj.* 11
  portable computer **computadora** *f.* **portátil** 11
position **puesto** *m.* 16
possessive **posesivo/a** *adj.*
possible **posible** *adj.* 13
  it's (not) possible **(no) es posible** 13
post office **correo** *m.* 14
postcard **postal** *f.*
poster **cartel** *m.* 12
potato **papa** *f.* 8; **patata** *f.* 8
pottery **cerámica** *f.* 17
practice **entrenarse** *v.* 15; **practicar** *v.* 2; (a degree/ profession) **ejercer** *v.* 16
prefer **preferir (e:ie)** *v.* 4
pregnant **embarazada** *adj. f.* 10
prepare **preparar** *v.* 2
preposition **preposición** *f.*
prescribe (*medicine*) **recetar** *v.* 10
prescription **receta** *f.* 10
present **regalo** *m.*; **presentar** *v.* 17
press **prensa** *f.* 18
pressure **presión** *f.*
  be under a lot of pressure **sufrir muchas presiones** 15
pretty **bonito/a** *adj.* 3
price **precio** *m.* 6
  (fixed, set) price **precio** *m.* **fijo** 6
print **imprimir** *v.* 11
printer **impresora** *f.* 11
prize **premio** *m.* 17
probable **probable** *adj.* 13
  it's (not) probable **(no) es probable** 13
problem **problema** *m.* 1
profession **profesión** *f.* 3; 16
professor **profesor(a)** *m., f.*
program **programa** *m.* 1
programmer **programador(a)** *m., f.* 3
prohibit **prohibir** *v.* 10
project **proyecto** *m.* 11
promotion (*career*) **ascenso** *m.* 16
pronoun **pronombre** *m.*
protect **proteger** *v.* 13
protein **proteína** *f.* 15
provided (that) **con tal (de) que** *conj.* 13
psychologist **psicólogo/a** *m., f.* 16

psychology **psicología** *f.* 2
publish **publicar** *v.* 17
Puerto Rican **puertorriqueño/a** *adj.* 3
purchases **compras** *f., pl.*
pure **puro/a** *adj.* 13
purple **morado/a** *adj.* 6
purse **bolsa** *f.* 6
put **poner** *v.* 4; **puesto/a** *p.p.* 14
  put (a letter) in the mailbox **echar (una carta) al buzón** 14
  put on (*a performance*) **presentar** *v.* 17
  put on (*clothing*) **ponerse** *v.* 7
  put on makeup **maquillarse** *v.* 7

Q

quality **calidad** *f.* 6
quarter (*academic*) **trimestre** *m.* 2
  quarter after (*time*) **y cuarto** 1; **y quince** 1
  quarter to (*time*) **menos cuarto** 1; **menos quince** 1
question **pregunta** *f.*
quickly **rápido** *adv.* 10
quiet **tranquilo/a** *adj.* 15
quit **dejar** *v.* 16
quiz **prueba** *f.* 2

R

racism **racismo** *m.* 18
radio (*medium*) **radio** *f.* 2
  radio (set) **radio** *m.* 11
rain **llover (o:ue)** *v.* 5; **lluvia** *f.*
  It's raining. **Llueve.** 5; **Está lloviendo.** 5
raincoat **impermeable** *m.* 6
rain forest **bosque** *m.* **tropical** 13
raise (*salary*) **aumento de sueldo** 16
rather **bastante** *adv.* 10
read **leer** *v.* 3; **leído/a** *p.p.* 14
  read e-mail **leer el correo electrónico** 4
  read a magazine **leer una revista** 4
  read a newspaper **leer un periódico** 4
ready **listo/a** *adj.* 5
reality show **programa de realidad** *m.* 17
reap the benefits (of) *v.* **disfrutar** *v.* **(de)** 15
receive **recibir** *v.* 3
recommend **recomendar (e:ie)** *v.* 8; 12
record **grabar** *v.* 11
recover **recuperar** *v.* 11
recreation **diversión** *f.* 4

recycle **reciclar** *v.* 13
recycling **reciclaje** *m.* 13
red **rojo/a** *adj.* 6
red-haired **pelirrojo/a** *adj.* 3
reduce **reducir** *v.* 13; **disminuir** *v.* 16
  reduce stress/tension **aliviar el estrés/la tensión** 15
refrigerator **refrigerador** *m.* 12
region **región** *f.*
regret **sentir (e:ie)** *v.* 13
relatives **parientes** *m., pl.* 3
relax **relajarse** *v.* 9
  Relax. **Tranquilo/a.** 7
  Relax, sweetie. **Tranquilo/a, cariño.** 11
remain **quedarse** *v.* 7
remember **acordarse (o:ue)** *v.* **(de)** 7; **recordar (o:ue)** *v.* 4
remote control **control remoto** *m.* 11
renewable **renovable** *adj.* 13
rent **alquilar** *v.* 12; (payment) **alquiler** *m.* 12
repeat **repetir (e:i)** *v.* 4
report **informe** *m.* 18; **reportaje** *m.* 18
reporter **reportero/a** *m., f.* 16
representative **representante** *m., f.* 18
request **pedir (e:i)** *v.* 4
reservation **reservación** *f.* 5
resign (from) **renunciar (a)** *v.* 16
resolve **resolver (o:ue)** *v.* 13
resolved **resuelto/a** *p.p.* 14
resource **recurso** *m.* 13
responsibility **deber** *m.* 18; **responsabilidad** *f.*
responsible **responsable** *adj.* 8
rest **descansar** *v.* 2
restaurant **restaurante** *m.* 4
résumé **currículum** *m.* 16
retire (from work) **jubilarse** *v.* 9
return **regresar** *v.* 2; **volver (o:ue)** *v.* 4
returned **vuelto/a** *p.p.* 14
rice **arroz** *m.* 8
rich **rico/a** *adj.* 6
ride a bicycle **pasear** *v.* **en bicicleta** 4
ride a horse **montar** *v.* **a caballo** 5
ridiculous **ridículo/a** *adj.* 13
  it's ridiculous **es ridículo** 13
right **derecha** *f.* 2
  be right **tener razón** 3
  right? (*question tag*) **¿no?** 1; **¿verdad?** 1
  right away **enseguida** *adv.*
  right now **ahora mismo** 5
  to the right of **a la derecha de** 2
rights **derechos** *m.* 18
ring **anillo** *m.* 17

ring (*a doorbell*) **sonar (o:ue)** *v.* 11
river **río** *m.* 13
road **carretera** *f.* 11; **camino** *m.*
roast **asado/a** *adj.* 8
roast chicken **pollo** *m.* **asado** 8
rollerblade **patinar en línea** *v.*
romantic **romántico/a** *adj.* 17
room **habitación** *f.* 5; **cuarto**
    m. 2; 7
    living room **sala** *f.* 12
roommate **compañero/a**
    m., f. **de cuarto** 2
roundtrip **de ida y vuelta** 5
    roundtrip ticket **pasaje** *m.* **de**
        ida y vuelta 5
routine **rutina** *f.* 7
rug **alfombra** *f.* 12
run **correr** *v.* 3
    run errands **hacer**
        diligencias 14
    run into (*have an accident*)
        chocar (con) *v.*; (*meet*
        accidentally) **encontrar(se)**
        (o:ue) *v.* 11; (*run into*
        something) **darse (con)** 10
    run into (*each other*)
        encontrar(se) (o:ue) *v.* 11
rush **apurarse, darse prisa** *v.* 15
Russian **ruso/a** *adj.* 3

S

sad **triste** *adj.* 5; 13
    it's sad **es triste** 13
safe **seguro/a** *adj.* 5
said **dicho/a** *p.p.* 14
sailboard **tabla de windsurf** *f.* 5
salad **ensalada** *f.* 8
salary **salario** *m.* 16; **sueldo**
    m. 16
sale **rebaja** *f.* 6
salesperson **vendedor(a)** *m., f.* 6
salmon **salmón** *m.* 8
salt **sal** *f.* 8
same **mismo/a** *adj.* 3
sandal **sandalia** *f.* 6
sandwich **sándwich** *m.* 8
Saturday **sábado** *m.* 2
sausage **salchicha** *f.* 8
save (*on a computer*) **guardar**
    v. 11; save (money) **ahorrar**
    v. 14
savings **ahorros** *m.* 14
    savings account **cuenta** *f.* **de**
        ahorros 14
say **decir** *v.* 4; **declarar** *v.* 18
say (that) **decir (que)** *v.* 4
    say the answer **decir la**
        respuesta 4
scan **escanear** *v.* 11
scarcely **apenas** *adv.* 10
scared: be (very) scared (of) **tener**
    (mucho) miedo (de) 3
schedule **horario** *m.* 2
school **escuela** *f.* 1
sciences *f., pl.* **ciencias** 2

science fiction (genre) **de**
    ciencia ficción *f.* 17
scientist **científico/a** *m., f.* 16
scream **grito** *m.* 5; **gritar** *v.*
screen **pantalla** *f.* 11
scuba dive **bucear** *v.* 4
sculpt **esculpir** *v.* 17
sculptor **escultor(a)** *m., f.* 17
sculpture **escultura** *f.* 17
sea **mar** *m.* 5
    (sea) turtle **tortuga (marina)**
        f. 13
season **estación** *f.* 5
seat **silla** *f.* 2
second **segundo/a** 5
secretary **secretario/a** *m., f.* 16
sedentary **sedentario/a** *adj.* 15
see **ver** *v.* 4
    see (you, him, her) again **volver**
        a ver(te, lo, la)
    see movies **ver películas** 4
    See you. **Nos vemos.** 1
    See you later. **Hasta la vista.** 1;
        Hasta luego. 1
    See you soon. **Hasta pronto.** 1
    See you tomorrow. **Hasta**
        mañana. 1
seem **parecer** *v.* 6
seen **visto/a** *p.p.* 14
sell **vender** *v.* 6
semester **semestre** *m.* 2
send **enviar; mandar** *v.* 14
separate (from) **separarse** *v.*
    (de) 9
separated **separado/a** *adj.* 9
September **septiembre** *m.* 5
sequence **secuencia** *f.*
serious **grave** *adj.* 10
serve **servir (e:i)** *v.* 8
service **servicio** *m.* 15
set (*fixed*) **fijo/a** *adj.* 6
    set the table **poner la mesa** 12
seven **siete** 1
seven hundred **setecientos/as** 2
seventeen **diecisiete** 1
seventh **séptimo/a** 5
seventy **setenta** 2
several **varios/as** *adj. pl.*
sexism **sexismo** *m.* 18
shame **lástima** *f.* 13
    it's a shame **es una lástima** 13
shampoo **champú** *m.* 7
shape **forma** *f.* 15
    be in good shape **estar en**
        buena forma 15
    stay in shape **mantenerse en**
        forma 15
share **compartir** *v.* 3
sharp (*time*) **en punto** 1
shave **afeitarse** *v.* 7
shaving cream **crema** *f.* **de**
    afeitar 5, 7
she **ella** 1
shellfish **mariscos** *m., pl.* 8
ship **barco** *m.*
shirt **camisa** *f.* 6
shoe **zapato** *m.* 6
    shoe size **número** *m.* 6
    shoe store **zapatería** *f.* 14

tennis shoes **zapatos** *m., pl.* **de**
    tenis 6
shop **tienda** *f.* 6
shopping, to go **ir de compras** 5
    shopping mall **centro**
        comercial *m.* 6
short (*in height*) **bajo/a** *adj.* 3; (*in*
    length) **corto/a** *adj.* 6
short story **cuento** *m.* 17
shorts **pantalones cortos**
    m., pl. 6
should (*do something*) **deber** *v.*
    (+ *inf.*) 3
shout **gritar** *v.*
show **espectáculo** *m.* 17;
    mostrar (o:ue) *v.* 4
    game show **concurso** *m.* 17
shower **ducha** *f.* 7; **ducharse** *v.* 7
shrimp **camarón** *m.* 8
siblings **hermanos/as** *pl.* 3
sick **enfermo/a** *adj.* 10
    be sick **estar enfermo/a** 10
    get sick **enfermarse** *v.* 10
sign **firmar** *v.* 14; **letrero** *m.* 14
silk **seda** *f.* 6
    (made of) silk **de seda** 6
since **desde** *prep.*
sing **cantar** *v.* 2
singer **cantante** *m., f.* 17
single **soltero/a** *adj.* 9
    single room **habitación** *f.*
        individual 5
sink **lavabo** *m.* 7
sir **señor (Sr.), don** *m.* 1;
    caballero *m.* 8
sister **hermana** *f.* 3
sister-in-law **cuñada** *f.* 3
sit down **sentarse (e:ie)** *v.* 7
six **seis** 1
six hundred **seiscientos/as** 2
sixteen **dieciséis** 1
sixth **sexto/a** 5
sixty **sesenta** 2
size **talla** *f.* 6
    shoe size *m.* **número** 6
(in-line) skate **patinar (en línea)** 4
skateboard **andar en patineta**
    v. 4
ski **esquiar** *v.* 4
skiing **esquí** *m.* 4
    water-skiing **esquí** *m.*
        acuático 4
skirt **falda** *f.* 6
skull made out of sugar **calavera**
    de azúcar *f.* 9
sky **cielo** *m.* 13
sleep **dormir (o:ue)** *v.* 4; **sueño** *m.*
    go to sleep **dormirse**
        (o:ue) *v.* 7
sleepy: be (very) sleepy **tener**
    (mucho) sueño 3
slender **delgado/a** *adj.* 3
slim down **adelgazar** *v.* 15
slippers **pantuflas** *f.* 7
slow **lento/a** *adj.* 11
slowly **despacio** *adv.* 10
small **pequeño/a** *adj.* 3
smart **listo/a** *adj.* 5
smile **sonreír (e:i)** *v.* 9
smiled **sonreído** *p.p.* 14

smoggy: It's (very) smoggy. **Hay (mucha) contaminación.**
smoke **fumar** *v.* 15
(not) to smoke **(no) fumar** 15
smoking section **sección** *f.* **de fumar** 8
(non) smoking section *f.* **sección de (no) fumar** 8
snack **merendar (e:ie)** *v.* 8
afternoon snack **merienda** *f.* 15
have a snack **merendar** *v.* 8
sneakers **los zapatos de tenis** 6
sneeze **estornudar** *v.* 10
snow **nevar (e:ie)** *v.* 5; **nieve** *f.*
snowing: It's snowing. **Nieva.** 5; **Está nevando.** 5
so (*in such a way*) **así** *adv.* 10; **tan** *adv.* 5
so much **tanto** *adv.*
so-so **regular** 1
so that **para que** *conj.* 13
soap **jabón** *m.* 7
soap opera **telenovela** *f.* 17
soccer **fútbol** *m.* 4
sociology **sociología** *f.* 2
sock(s) **calcetín (calcetines)** *m.* 6
sofa **sofá** *m.* 12
soft drink **refresco** *m.* 8
software **programa** *m.* **de computación** 11
soil **tierra** *f.* 13
solar **solar** *adj., m., f.* 13
solar energy **energía solar** 13
soldier **soldado** *m., f.* 18
solution **solución** *f.* 13
solve **resolver (o:ue)** *v.* 13
some **algún, alguno/a(s)** *adj.* 7; **unos/as** *indef. art.* 1
somebody **alguien** *pron.* 7
someone **alguien** *pron.* 7
something **algo** *pron.* 7
sometimes **a veces** *adv.* 10
son **hijo** *m.* 3
song **canción** *f.* 17
son-in-law **yerno** *m.* 3
soon **pronto** *adv.* 10
See you soon. **Hasta pronto.** 1
sorry: be sorry **sentir (e:ie)** *v.* 13
I'm sorry. **Lo siento.** 1
soul **alma** *f.* 9
soup **sopa** *f.* 8
south **sur** *m.* 14
to the south **al sur** 14
Spain **España** *f.*
Spanish (*language*) **español** *m.* 2; **español(a)** *adj.* 3
spare (free) time **ratos libres** 4
speak **hablar** *v.* 2
Speaking. (*on the telephone*) **Con él/ella habla.** 11
special: today's specials **las especialidades del día** 8
spectacular **espectacular** *adj. m., f.*
speech **discurso** *m.* 18
speed **velocidad** *f.* 11
speed limit **velocidad** *f.* **máxima** 11

spelling **ortografía** *f.,* **ortográfico/a** *adj.*
spend (*money*) **gastar** *v.* 6
spoon (*table or large*) **cuchara** *f.* 12
sport **deporte** *m.* 4
sports-related **deportivo/a** *adj.* 4
spouse **esposo/a** *m., f.* 3
sprain (one's ankle) **torcerse (o:ue)** *v.* **(el tobillo)** 10
spring **primavera** *f.* 5
(city or town) square **plaza** *f.* 4
stadium **estadio** *m.* 2
stage **etapa** *f.* 9
stairs **escalera** *f.* 12
stairway **escalera** *f.* 12
stamp **estampilla** *f.* 14; **sello** *m.* 14
stand in line **hacer** *v.* **cola** 14
star **estrella** *f.* 13
start (*a vehicle*) **arrancar** *v.* 11
station **estación** *f.* 5
statue **estatua** *f.* 17
status: marital status **estado** *m.* **civil** 9
stay **quedarse** *v.* 7
stay in shape **mantenerse en forma** 15
steak **bistec** *m.* 8
steering wheel **volante** *m.* 11
step **escalón** *m.* 15
stepbrother **hermanastro** *m.* 3
stepdaughter **hijastra** *f.* 3
stepfather **padrastro** *m.* 3
stepmother **madrastra** *f.* 3
stepsister **hermanastra** *f.* 3
stepson **hijastro** *m.* 3
stereo **estéreo** *m.* 11
still **todavía** *adv.* 5
stockbroker **corredor(a)** *m., f.* **de bolsa** 16
stockings **medias** *f., pl.* 6
stomach **estómago** *m.* 10
stone **piedra** *f.* 13
stop **parar** *v.* 11
stop (*doing something*) **dejar de (+ *inf.*)** 13
store **tienda** *f.* 6
storm **tormenta** *f.* 18
story **cuento** *m.* 17; **historia** *f.* 17
stove **cocina, estufa** *f.* 12
straight **derecho** *adv.* 14
straight (ahead) **derecho** 14
straighten up **arreglar** *v.* 12
strange **extraño/a** *adj.* 13
it's strange **es extraño** 13
street **calle** *f.* 11
stress **estrés** *m.* 15
stretching **estiramiento** *m.* 15
do stretching exercises **hacer ejercicios** *m. pl.* **de estiramiento** 15
strike (*labor*) **huelga** *f.* 18
striped **de rayas** 6
stroll **pasear** *v.* 4
strong **fuerte** *adj. m., f.* 15

struggle (for/against) **luchar** *v.* **(por/contra)** 18
student **estudiante** *m., f.* 1; 2; **estudiantil** *adj.* 2
study **estudiar** *v.* 2
stupendous **estupendo/a** *adj.* 5
style **estilo** *m.*
suburbs **afueras** *f., pl.* 12
subway **metro** *m.* 5
subway station **estación** *f.* **del metro** 5
success **éxito** *m.*
successful: be successful **tener éxito** 16
such as **tales como**
suddenly **de repente** *adv.* 6
suffer **sufrir** *v.* 10
suffer an illness **sufrir una enfermedad** 10
sugar **azúcar** *m.* 8
suggest **sugerir (e:ie)** *v.* 12
suit **traje** *m.* 6
suitcase **maleta** *f.* 1
summer **verano** *m.* 5
sun **sol** *m.* 13
sunbathe **tomar** *v.* **el sol** 4
Sunday **domingo** *m.* 2
(sun)glasses **gafas** *f., pl.* **(de sol)** 6
sunny: It's (very) sunny. **Hace (mucho) sol.** 5
supermarket **supermercado** *m.* 14
suppose **suponer** *v.* 4
sure **seguro/a** *adj.* 5
be sure **estar seguro/a** 5
surf **hacer** *v.* **surf** 5; (*the Internet*) **navegar** *v.* **(en Internet)** 11
surfboard **tabla de surf** *f.* 5
surprise **sorprender** *v.* 9; **sorpresa** *f.* 9
survey **encuesta** *f.* 18
sweat **sudar** *v.* 15
sweater **suéter** *m.* 6
sweep the floor **barrer el suelo** 12
sweets **dulces** *m., pl.* 9
swim **nadar** *v.* 4
swimming **natación** *f.* 4
swimming pool **piscina** *f.* 4
symptom **síntoma** *m.* 10

T

table **mesa** *f.* 2
tablespoon **cuchara** *f.* 12
tablet (*pill*) **pastilla** *f.* 10
take **tomar** *v.* 2; **llevar** *v.* 6
take care of **cuidar** *v.* 13
take someone's temperature **tomar** *v.* **la temperatura** 10
take (*wear*) a shoe size **calzar** *v.* 6
take a bath **bañarse** *v.* 7
take a shower **ducharse** *v.* 7
take off **quitarse** *v.* 7

take out the trash *v.* **sacar la basura** 12
    take photos **tomar** *v.* **fotos** 5; **sacar** *v.* **fotos** 5
talented **talentoso/a** *adj.* 17
talk **hablar** *v.* 2
    talk show **programa** *m.* **de entrevistas** 17
tall **alto/a** *adj.* 3
tank **tanque** *m.* 11
taste **probar (o:ue)** *v.* 8
    taste like **saber a** 8
tasty **rico/a** *adj.* 8; **sabroso/a** *adj.* 8
tax **impuesto** *m.* 18
taxi **taxi** *m.* 5
tea **té** *m.* 8
teach **enseñar** *v.* 2
teacher **profesor(a)** *m., f.* 1, 2; **maestro/a** *m., f.* 16
team **equipo** *m.* 4
technician **técnico/a** *m., f.* 16
telecommuting **teletrabajo** *m.* 16
telephone **teléfono** 11
television **televisión** *f.* 2
    television set **televisor** *m.* 11
tell **contar** *v.* 4; **decir** *v.* 4
tell (that) **decir** *v.* **(que)** 4
    tell lies **decir mentiras** 4
    tell the truth **decir la verdad** 4
temperature **temperatura** *f.* 10
ten **diez** 1
tennis **tenis** *m.* 4
    tennis shoes **zapatos** *m., pl.* **de tenis** 6
tension **tensión** *f.* 15
tent **tienda** *f.* **de campaña**
tenth **décimo/a** 5
terrible **terrible** *adj. m., f.* 13
    it's terrible **es terrible** 13
terrific **chévere** *adj.*
test **prueba** *f.* 2; **examen** *m.* 2
text message **mensaje** *m.* **de texto** 11
Thank you. **Gracias.** *f., pl.* 1
    Thank you (very much). **(Muchas) gracias.** 1
    Thanks (a lot). **(Muchas) gracias.** 1
    Thanks for inviting me. **Gracias por invitarme.** 9
that **que, quien(es)** *pron.* 12
    that (one) **ése, ésa, eso** *pron.* 6; **ese, esa,** *adj.* 6
    that (*over there*) **aquél, aquélla, aquello** *pron.* 6; **aquel, aquella** *adj.* 6
    that which **lo que** 12
    that's why **por eso** 11
the **el** *m.*, **la** *f. sing.*, **los** *m.*, **las** *f., pl.* 1
theater **teatro** *m.* 17
their **su(s)** *poss. adj.* 3; **suyo(s)/a(s)** *poss. pron.* 11
them **los/las** *pl., d.o. pron.* 5
    to/for them **les** *pl., i.o. pron.* 6
then (*afterward*) **después** *adv.* 7; (*as a result*) **entonces** *adv.* 5, 7; (*next*) **luego** *adv.* 7

there **allí** *adv.* 2
    There is/are… **Hay…** 1
    There is/are not… **No hay…** 1
therefore **por eso** 11
these **éstos, éstas** *pron.* 6; **estos, estas** *adj.* 6
they **ellos** *m.*, **ellas** *f. pron.* 1
    They all told me to ask you to excuse them/forgive them. **Todos me dijeron que te pidiera una disculpa de su parte.** 18
thin **delgado/a** *adj.* 3
thing **cosa** *f.* 1
think **pensar (e:ie)** *v.* 4; (believe) **creer** *v.*
    think about **pensar en** *v.* 4
third **tercero/a** 5
thirst **sed** *f.*
thirsty: be (very) thirsty **tener (mucha) sed** 3
thirteen **trece** 1
thirty **treinta** 1; thirty (*minutes past the hour*) **y treinta; y media** 1
this **este, esta** *adj.*; **éste, ésta, esto** *pron.* 6
those **ésos, ésas** *pron.* 6; **esos, esas** *adj.* 6
those (over there) **aquéllos, aquéllas** *pron.* 6; **aquellos, aquellas** *adj.* 6
thousand **mil** *m.* 2
three **tres** 1
three hundred **trescientos/as** 2
throat **garganta** *f.* 10
through **por** *prep.* 11
Thursday **jueves** *m., sing.* 2
thus (*in such a way*) **así** *adv.*
ticket **boleto** *m.* 2, 17; **pasaje** *m.* 5
tie **corbata** *f.* 6
time **vez** *f.* 6; **tiempo** *m.* 14
    have a good/bad time **pasarlo bien/mal** 9
    I've had a fantastic time. **Lo he pasado de película.** 18
    What time is it? **¿Qué hora es?** 1
    (At) What time…? **¿A qué hora…?** 1
times **veces** *f., pl.* 6
    many times **muchas veces** 10
    two times **dos veces** 6
tip **propina** *f.* 8
tire **llanta** *f.* 11
tired **cansado/a** *adj.* 5
    be tired **estar cansado/a** 5
title **título** *m.* 16
to **a** *prep.* 1
toast (*drink*) **brindar** *v.* 9
    toast **pan** *m.* **tostado** 8
toasted **tostado/a** *adj.* 8
    toasted bread **pan tostado** *m.* 8
toaster **tostadora** *f.* 12
today **hoy** *adv.* 2
    Today is… **Hoy es…** 2
toe **dedo** *m.* **del pie** 10
together **juntos/as** *adj.* 9
toilet **inodoro** *m.* 7

tomato **tomate** *m.* 8
tomorrow **mañana** *f.* 1
    See you tomorrow. **Hasta mañana.** 1
tonight **esta noche** *adv.*
too **también** *adv.* 2; 7
    too much **demasiado** *adv.* 6; **en exceso** 15
tooth **diente** *m.* 7
toothpaste **pasta** *f.* **de dientes** 7
top **cima** *f.* 15
tornado **tornado** *m.* 18
touch **tocar** *v.* 17
touch screen **pantalla táctil** *f.*
tour **excursión** *f.* 4; **recorrido** *m.* 13
    tour an area **recorrer** *v.*
tourism **turismo** *m.*
tourist **turista** *m., f.* 1; **turístico/a** *adj.*
toward **hacia** *prep.* 14; **para** *prep.* 11
towel **toalla** *f.* 7
town **pueblo** *m.*
trade **oficio** *m.* 16
traffic **circulación** *f.* 11; **tráfico** *m.* 11
    traffic light **semáforo** *m.* 14
tragedy **tragedia** *f.* 17
trail **sendero** *m.* 13
train **entrenarse** *v.* 15; **tren** *m.* 5
    train station **estación** *f.* **de tren** *m.* 5
trainer **entrenador(a)** *m., f.* 15
translate **traducir** *v.* 6
trash **basura** *f.* 12
travel **viajar** *v.* 2
    travel agency **agencia** f. **de viajes** 5
    travel agent **agente** *m., f.* **de viajes** 5
traveler **viajero/a** *m., f.* 5
    (traveler's) check **cheque (de viajero)** 14
treadmill **cinta caminadora** *f.* 15
tree **árbol** *m.* 13
trillion **billón** *m.*
trimester **trimestre** *m.* 2
trip **viaje** *m.* 5
    take a trip **hacer un viaje** 5
tropical forest **bosque** *m.* **tropical** 13
true: it's (not) true **(no) es verdad** 13
trunk **baúl** *m.* 11
truth **verdad** *f.* 4
try **intentar** *v.*; **probar (o:ue)** *v.* 8
    try (*to do something*) **tratar de (+ inf.)** 15
    try on **probarse (o:ue)** *v.* 7
t-shirt **camiseta** *f.* 6
Tuesday **martes** *m., sing.* 2
tuna **atún** *m.* 8
turkey **pavo** *m.* 8
turn **doblar** *v.* 14
    turn off (*electricity/appliance*) **apagar** *v.* 11
    turn on (*electricity/appliance*) **poner** *v.* 11; **prender** *v.* 11

twelve **doce** 1
twenty **veinte** 1
twenty-eight **veintiocho** 1
twenty-five **veinticinco** 1
twenty-four **veinticuatro** 1
twenty-nine **veintinueve** 1
twenty-one **veintiuno** 1;
  veintiún, veintiuno/a *adj.* 1
twenty-seven **veintisiete** 1
twenty-six **veintiséis** 1
twenty-three **veintitrés** 1
twenty-two **veintidós** 1
twice **dos veces** 6
twin **gemelo/a** *m., f.* 3
two **dos** 1
  two hundred **doscientos/as** 2
  two times **dos veces** 6

U

ugly **feo/a** *adj.* 3
uncle **tío** *m.* 3
under **debajo de** *prep.* 2
understand **comprender** *v.* 3;
  entender (e:ie) *v.* 4
underwear **ropa interior** 6
unemployment **desempleo** *m.* 18
unique **único/a** *adj.* 9
United States **Estados Unidos**
  (EE.UU.) *m. pl.*
university **universidad** *f.* 2
unless **a menos que** *conj.* 13
unmarried **soltero/a** *adj.* 9
unpleasant **antipático/a** *adj.* 3
until **hasta** *prep.* 6; **hasta que**
  conj. 13
urgent **urgente** *adj.* 12
  It's urgent that... **Es urgente**
    que... 12
us **nos** *pl., d.o. pron.* 5
  to/for us **nos** *pl., i.o. pron.* 6
use **usar** *v.* 6
used for **para** *prep.* 11
useful **útil** *adj. m., f.*

V

vacation **vacaciones** *f., pl.* 5
  be on vacation **estar de**
    vacaciones 5
  go on vacation **ir de**
    vacaciones 5
vacuum **pasar** *v.* **la aspiradora** 12
  vacuum cleaner **aspiradora** *f.* 12
valley **valle** *m.* 13
various **varios/as** *adj. m., f. pl.*
vegetables **verduras** *pl., f.* 8
verb **verbo** *m.*
very **muy** *adv.* 1
  (Very) well, thank you. **(Muy)**
    bien, gracias. 1
video **video** *m.* 1
  video camera **cámara** *f.* **de**
    video 11
  video game **videojuego** *m.* 4

videoconference
  videoconferencia *f.* 16
vinegar **vinagre** *m.* 8
violence **violencia** *f.* 18
visit **visitar** *v.* 4
  visit monuments **visitar**
    monumentos 4
vitamin **vitamina** *f.* 15
voice mail **correo de voz** *m.* 11
volcano **volcán** *m.* 13
volleyball **vóleibol** *m.* 4
vote **votar** *v.* 18

W

wait (for) **esperar** *v.* **(+** *inf.***)** 2
waiter/waitress **camarero/a**
  m., f. 8
wake up **despertarse (e:ie)** *v.* 7
walk **caminar** *v.* 2
  take a walk **pasear** *v.* 4
  walk around **pasear por** 4
wall **pared** *f.* 12; **muro** *m.* 15
wallet **cartera** *f.* 4, 6
want **querer (e:ie)** *v.* 4
war **guerra** *f.* 18
warm up **calentarse (e:ie)** *v.* 15
wash **lavar** *v.* 12
  wash one's face/hands **lavarse**
    la cara/las manos 7
  wash (the floor, the dishes)
    lavar (el suelo, los
    platos) 12
  wash oneself **lavarse** *v.* 7
washing machine **lavadora** *f.* 12
wastebasket **papelera** *f.* 2
watch **mirar** *v.* 2; **reloj** *m.* 2
  watch television **mirar (la)**
    televisión 2
water **agua** *f.* 8
  water pollution **contaminación**
    del agua 13
  water-skiing **esquí** *m.*
    acuático 4
way **manera** *f.*
we **nosotros(as)** *m., f.* 1
weak **débil** *adj. m., f.* 15
wear **llevar** *v.* 6; **usar** *v.* 6
weather **tiempo** *m.*
  The weather is bad. **Hace mal**
    tiempo.
  The weather is good. **Hace**
    buen tiempo. 5
weaving **tejido** *m.* 17
Web **red** *f.* 11
website **sitio** *m.* **web** 11
wedding **boda** *f.* 9
Wednesday **miércoles** *m., sing.* 2
week **semana** *f.* 2
weekend **fin** *m.* **de semana** 4
weight **peso** *m.* 15
  lift weights **levantar** *v.* **pesas**
    f., pl. 15
welcome **bienvenido(s)/a(s)**
  adj. 1

well: (Very) well, thanks. **(Muy)**
  bien, gracias. 1
well-being **bienestar** *m.* 15
well organized **ordenado/a** *adj.* 5
west **oeste** *m.* 14
  to the west **al oeste** 14
western (*genre*) **de vaqueros** 17
whale **ballena** *f.* 13
what **lo que** *pron.* 12
what? **¿qué?** 1
  At what time...? **¿A qué**
    hora...? 1
  What a pleasure to...! **¡Qué**
    gusto (+ *inf.***)...!** 18
  What day is it? **¿Qué día es**
    hoy? 2
  What do you guys think? **¿Qué**
    les parece?
  What happened? **¿Qué**
    pasó?
  What is today's date? **¿Cuál**
    es la fecha de hoy? 5
  What nice clothes! **¡Qué ropa**
    más bonita! 6
  What size do you wear? **¿Qué**
    talla lleva (usa)? 6
  What time is it? **¿Qué hora**
    es? 1
  What's going on? **¿Qué pasa?** 1
  What's happening? **¿Qué**
    pasa? 1
  What's... like? **¿Cómo es...?**
  What's new? **¿Qué hay de**
    nuevo? 1
  What's the weather like? **¿Qué**
    tiempo hace? 5
  What's up? **¿Qué onda?** 14
  What's wrong? **¿Qué pasó?**
  What's your name? **¿Cómo se**
    llama usted? *form.* 1;
    ¿Cómo te llamas (tú)? *fam.* 1
when **cuando** *conj.* 7; 13
When? **¿Cuándo?** 2
where **donde**
where (to)? (*destination*)
  ¿adónde? 2; (*location*)
  ¿dónde? 1, 2
  Where are you from? **¿De**
    dónde eres (tú)? (*fam.*) 1;
    ¿De dónde es (usted)?
    (*form.*) 1
  Where is...? **¿Dónde está...?** 2
which **que** *pron.*, **lo que** *pron.* 12
which? **¿cuál?** 2; **¿qué?** 2
  In which...? **¿En qué...?**
  which one(s)? **¿cuál(es)?** 2
while **mientras** *conj.* 10
white **blanco/a** *adj.* 6
  white wine **vino blanco** 8
who **que** *pron.* 12; **quien(es)**
  pron. 12
who? **¿quién(es)?** 1, 2
Who is...? **¿Quién es...?** 1
  Who is speaking/calling? (*on*
    telephone)
  ¿De parte de quién? 11
  Who is speaking? (*on telephone*)
    ¿Quién habla? 11
whole **todo/a** *adj.*

whom **quien(es)** *pron.* 12
whose? **¿de quién(es)?** 1
why? **¿por qué?** 2
widower/widow **viudo/a** *adj.* 9
wife **esposa** *f.* 3
win **ganar** *v.* 4
wind **viento** *m.*
window **ventana** *f.* 2
windshield **parabrisas** *m.,*
   sing. 11
windsurf **hacer** *v.* **windsurf** 5
windy: It's (very) windy. **Hace**
   (mucho) viento. 5
wine **vino** *m.* 8
   red wine **vino tinto** 8
   white wine **vino blanco** 8
wineglass **copa** *f.* 12
winter **invierno** *m.* 5
wireless connection **conexión**
   inalámbrica *f.* 11
wish **desear** *v.* 2; **esperar** *v.* 13
   I wish (that) **ojalá (que)** 13
with **con** *prep.* 2
   with me **conmigo** 4; 9
   with you **contigo** *fam.* 5, 9
within (ten years) **dentro de (diez**
   años) *prep.* 16
without **sin** *prep.* 2; **sin que**
   conj. 13
woman **mujer** *f.* 1
wool **lana** *f.* 6
   (made of) wool **de lana** 6
word **palabra** *f.* 1
work **trabajar** *v.* 2; **funcionar**
   v. 11; **trabajo** *m.* 16
   work (*of art, literature, music,*
     etc.) **obra** *f.* 17
   work out **hacer gimnasia** 15
world **mundo** *m.* 8
worldwide **mundial** *adj. m., f.*
worried (about) **preocupado/a**
   (por) *adj.* 5
worry (about) **preocuparse** *v.*
   (por) 7
   Don't worry. **No te preocupes.**
     fam. 7
worse **peor** *adj. m., f.* 8
worst **el/la peor** 8
Would you like to…? **¿Te**
   gustaría…? *fam.*
Would you do me the honor of
   marrying me? **¿Me harías**
   el honor de casarte
   conmigo? 17
wow **híjole** *interj.* 6
wrench **llave** *f.* 11
write **escribir** *v.* 3
   write a letter/an e-mail
   escribir una carta/un
   mensaje electrónico 4

writer **escritor(a)** *m., f* 17
written **escrito/a** *p.p.* 14
wrong **equivocado/a** *adj.* 5
   be wrong **no tener razón** 3

X

X-ray **radiografía** *f.* 10

Y

yard **jardín** *m.* 12; **patio** *m.* 12
year **año** *m.* 5
   be… years old **tener…**
     años 3
yellow **amarillo/a** *adj.* 6
yes **sí** *interj.* 1
yesterday **ayer** *adv.* 6
yet **todavía** *adv.* 5
yogurt **yogur** *m.* 8
you **tú** *fam.* **usted (Ud.)** *form.*
   sing. **vosotros/as** *m., f. fam. pl.*
   ustedes (Uds.) *pl.* 1; (to, for)
   you *fam. sing.* **te** *pl.* **os** 6; *form.*
   sing. **le** *pl.* **les** 6
   you **te** *fam., sing.,* **lo/la** *form.,*
     sing., **os** *fam., pl.,* **los/las**
     pl, d.o. pron. 5
You don't say! **¡No me digas!**
   fam.; **¡No me diga!** *form.*
You're welcome. **De nada.** 1; **No**
   hay de qué. 1
young **joven** *adj., sing.* (**jóvenes**
   pl.) 3
   young person **joven** *m., f., sing.*
     (**jóvenes** *pl.*) 1
   young woman **señorita**
     (**Srta.**) *f.*
younger **menor** *adj. m., f.* 3
younger: younger brother, sister *m.,*
   f. **hermano/a menor** 3
youngest **el/la menor** *m., f.* 8
your **su(s)** *poss. adj. form.* 3;
   tu(s) *poss. adj. fam. sing.* 3;
   vuestro/a(s) *poss. adj. fam.*
   pl. 3
your(s) *form.* **suyo(s)/a(s)** *poss.*
   pron. form. 11; **tuyo(s)/a(s)**
   poss. fam. sing. 11; **vuestro(s)**
   /a(s) *poss. fam.* 11
youth *f.* **juventud** 9

Z

zero **cero** *m.* 1

Text Credits

498 ©Denevi, Marco, *Cartas peligrosas y otros cuentos. Obras Completas, Tomo 5*, Buenos Aires, Corregidor, 1999, pags. 192-193.

530 Gabriel García Márquez, "Un día de estos", LOS FUNERALES DE LA MAMA GRANDE ©Gabriel García Márquez, 1962 y Herederos de Gabriel García Márquez, 2014.

565 de Burgos, Julia. "Julia de Burgos: yo misma fui mi ruta" from *Song of the Simple Truth: The Complete Poems of Julia de Burgos*. Willimantic: Curbstone Press, 1995.

600 © Herederos de Federico García Lorca.

Film Credits

110 By permission of Xochitl Dorsey.

534 By permission of Instituto Mexicano de Cinematografía (IMCINE).

568 By permission of Elemental Films.

604 By Jorge Naranjo and Nana Films (http://vimeo.com/35170814).

Comic Credits

31 © Joaquin Salvador Lavado (QUINO) Toda Mafalda - Ediciones de La Flor, 1993.

394 TUTE.

Television Credits

34 By permission of Edgardo Tettamanti.

72 By permission of Cencosud.

146 By permission of Diego Reves.

184 By permission of Univision.com.

220 ©Comercial Mexicana.

256 By permission of Asepxia, Genommalab and Kepel & Mata.

294 By permission of Andres Felipe Roa.

326 By permission of Javier Ugarte (director).

362 By permission of Getting Better Creative Studio.

398 By permission of Davivienda.

436 By permission of Carrefour.

470 By permission of Ecovidrio.

502 By permission of Banco Ficensa.

636 By permission of Subdirector de la Secretaria de Comunicaciones, Gobierno de Chile.

Photography Credits

All images © Vista Higher Learning unless otherwise noted.

Cover: © AWL Images/Getty Images.

Frontmatter: 18: © Robert S/Shutterstock; **19:** © Shotshop GmbH/Alamy; **36:** © Rido/123RF.

Lesson 01: 1: Paula Diez; **2:** © John Henley/Corbis; **3:** Martín Bernetti; **4:** Martín Bernetti; **10** (l): Rachel Distler; **10** (r): Ali Burafi; **11** (l): © Matt Sayles/AP/Corbis; **11** (tr) © Hans Georg Roth/Corbis; **11** (br) Paola Ríos-Schaaf; **12** (l) Janet Dracksdorf; **12** (r): © Tom Grill/Corbis; **16** (l): © José Girarte/iStockphoto; **16** (r): © Blend Images/Alamy; **19** (l): Dario Eusse Tobón; **19** (m): Anne Loubet; **19** (r): © Digital Vision/Getty Images; **28** (all): Martín Bernetti; **31** (tl): Ana Cabezas Martín; **31** (tml): Martín Bernetti; **31** (tmr): © Serban Enache/Dreamstime; **31** (tr): Vanessa Bertozzi; **31** (bl): © Corey Hochachka/Design Pics/Corbis; **31** (bm): VHL; **31** (br): © Ramino Isaza/Fotocolombia; **32:** Carolina Zapata; **33:** Paula Diez; **36** (t) © Robert Holmes/Corbis; **36** (m): © Jon Arnold Images Ltd./Alamy; **36** (b): © Andresr/Shutterstock; **37** (tl): © PhotoLink/Getty Images; **37** (tr): © Tony Arruza/Corbis; **37** (bl): © Shaul Schwarz/Sygma/Corbis; **37** (br): Marta Mesa.

Lesson 02: 39: © Radius Images/MaXx Images; **42:** Martín Bernetti; **48** (l): Mauricio Arango; **48** (r): © Pablo Corral V/Corbis; **49** (t): © Murle/Dreamstime; **49** (b): © Paul Almasy/Corbis; **57:** © Stephen Coburn/Shutterstock; **59** (l): Paola Rios-Schaaf; **59** (r): © Image Source/Corbis; **67** (l): © Rick Gomez/Corbis; **67** (r): © Hola Images/Workbook; **68:** José Blanco; **69** (l): Mauricio Osorio; **69** (r): Pascal Pernix; **70** (t): Martín Bernetti; **70** (b): Martín Bernetti; **71:** Nora y Susana/Fotocolombia; **74** (tl): José Blanco; **74** (tr): José Blanco; **74** (m): © Elke Stolzenberg/Corbis; **74** (b): © Reuters/Corbis; **75** (t): Courtesy of Charles Ommanney; **75** (ml): Diego Velázquez. Las meninas. 1656. Derechos Reservados © Museo Nacional del Prado, Madrid. Photo credit: José Blanco; **75** (mr): José Blanco; **75** (bl): Iconotec/Fotosearch; **75** (br): VHL.

Lesson 03: 77: © Paul Bradbury/Age Fotostock; **79:** Martín Bernetti; **80** (tl): Anne Loubet; **80** (tr): © Blend Images/Alamy; **80** (mtl): Ana Cabezas Martín; **80** (mtr): Ventus Pictures; **80** (mbl): Martín Bernetti; **80** (mbr): Martín Bernetti; **80** (bl): Martín Bernetti; **80** (br): Martín Bernetti; **86** (tl): © David Cantor/AP Wide World Photos; **86** (tr): © Rafael Perez/Reuters/Corbis; **86** (b): © Martial Trezzini/EPA/Corbis; **87** (t): © Dani Cardona/Reuters/Corbis; **87** (b): © Lote/Splash News/Corbis; **90** (l): Martín Bernetti; **90** (r): José Blanco; **92:** © Andres Rodriguez/Alamy; **97** (l): © Tyler Olson/Fotolia; **97** (r): Martín Bernetti; **98:** Martín Bernetti; **106** (all): Martín Bernetti; **107** (t): Nora y Susana/Fotocolombia; **107** (m): © Chuck Savage/Corbis; **107** (b): Martín Bernetti; **108:** © Tom & Dee Ann McCarthy/Corbis; **109:** Martín Bernetti; **110:** By permission of Xochitl Dorsey; **112** (t): Martín Bernetti; **112** (ml): Martín Bernetti; **112** (mm): Iván Mejía; **112** (mr): Lauren Krolick; **112** (b): Martín Bernetti; **113** (tl): Martín Bernetti; **113** (tr): © Pablo Corral V/Corbis; **113** (ml): Martín Bernetti; **113** (mr): © Gerardo Mora; **113** (b): Martín Bernetti.

Lesson 04: 115: © Digital Vision/Getty Images; **117:** © George Shelley/Corbis; **119:** © Nora y Susana/Fotocolombia; **124** (l): © Javier Soriano/AFP/Getty Images; **124** (r): © Fernando Bustamante/AP Images; **125** (t): ©Photoworks/Shutterstock; **125** (b): © Zuma Press/Alamy; **135:** Warner Bros/The Kobal Collection at Art Resource; **139:** Anne Loubet; **141:** © Images.com/Corbis; **142:** Martín Bernetti; **143:** © Fernando Llano/AP Images; **144:** Martín Bernetti; **145:** © Rick Gomez/Corbis; **148** (tl): © Randy Miramontez/Shutterstock; **148** (tr): Frida Kahlo. Autorretrato con mono. 1938. Albright-Knox Art Gallery, Buffalo, New York. Bequest of A Conger Goodyear, 1966. © Albright-Knox Art Gallery/Corbis. © 2014 Banco de México Diego Rivera Frida Kahlo Museums Trust, Mexico, D.F./Artists Rights Society (ARS), New York; **148** (ml): Ruben Varela; **148** (mr): Carolina Zapata; **148** (b): © Henry Romero/Reuters/Corbis; **149** (tl): © Radius Images/Alamy; **149** (tr): © Bettmann/Corbis; **149** (m): © Corel/Corbis; **149** (b): © David R. Frazier Photolibrary/Alamy.

Lesson 05: 151: © Gavin Hellier/Getty Images; **162:** © Gary Cook/Alamy; **163** (t): © AFP/Getty Images; **163** (b): © Mark A. Johnson/Corbis; **167:** © Ronnie Kaufman/Corbis; **180:** Carlos Gaudier; **181** (tl): © Corel/Corbis; **181** (tr): Carlos Gaudier; **181** (m): Carlos Gaudier; **181** (b): Carlos Gaudier; **182:** Carolina Zapata; **186** (tl): © Nanniqui/Dreamstime; **186** (tr): José Blanco; **186** (ml): Carlos Gaudier; **186** (mr): © Capricornis Photographic/Shutterstock; **186** (b): © Dave G. Houser/Corbis; **187** (tl): Carlos Gaudier; **187** (tr): © Lawrence Manning/Corbis; **187** (m): © Stocktrek/Getty Images; **187** (b): Carlos Gaudier.

Lesson 06: 189: © Asiapix Royalty-Free/Inmagine; **198** (l): © Jose Caballero Digital Press Photos/Newscom; **198** (r): Janet Dracksdorf; **199** (t): © Carlos Alvarez/Getty Images; **199** (bl): © Guiseppe Carace/Getty Images; **199** (b): © Mark Mainz/Getty Images; **201:** © Jack Hollingsworth/Corbis; **204** (all): Pascal Pernix; **209** (all): Martín Bernetti; **210** (all): Paula Díez; **211:** Paula Díez; **216-217** (all): Courtesy of Paula Díez and Shutterstock; **218:** © Noam/Fotolia; **219:** Martín Bernetti; **222** (tl, tr, mt, mb): Pascal Pernix; **222** (b): © PhotoLink/Getty Images; **223** (tl): © Don Emmert/AFP/Getty Images; **223** (tr): Pascal Pernix; **223** (bl): Pascal Pernix; **223** (br): Title: BUENA VISTA SOCIAL CLUB. Year: 1998. Dir: WENDERS, WIM. Road Movie Productions. Photo credit: The Kobal Collection at Art Resource, NY.

Lesson 07: 225: © Media Bakery; **234:** © Stewart Cohen/Blend Images/Corbis; **235** (t): Ali Burafi; **235** (b): Janet Dracksdorf; **237** (all): Martín Bernetti; **239** (l): Martín Bernetti; **239** (r): © Ariel Skelley/Corbis; **242:** José Blanco; **243:** Martín Bernetti; **252-253:** © Didem Hizar/Fotolia;

About the Authors

José A. Blanco founded Vista Higher Learning in 1998. A native of Barranquilla, Colombia, Mr. Blanco holds a B.A. in Literature from the University of California, Santa Cruz, and a M.A. in Hispanic Studies from Brown University. He has worked as a writer, editor, and translator for Houghton Mifflin and D.C. Heath and Company and has taught Spanish at the secondary and university levels. Mr. Blanco is also the co-author of several other Vista Higher Learning programs: **Panorama, Aventuras,** and **¡Viva!** at the introductory level, **Ventanas, Facetas, Enfoques, Imagina,** and **Sueña** at the intermediate level, and **Revista** at the advanced conversation level.

Philip Redwine Donley received his M.A. in Hispanic Literature from the University of Texas at Austin in 1986 and his Ph.D. in Foreign Language Education from the University of Texas at Austin in 1997. Dr. Donley taught Spanish at Austin Community College, Southwestern University, and the University of Texas at Austin. He published articles and conducted workshops about language anxiety management, and the development of critical thinking skills, and was involved in research about teaching languages to the visually impaired. Dr. Donley was also the co-author of **Aventuras** and **Panorama,** two other introductory college Spanish textbook programs published by Vista Higher Learning.

About the Illustrators

Yayo, an internationally acclaimed illustrator, was born in Colombia. He has illustrated children's books, newspapers, and magazines, and has been exhibited around the world. He currently lives in Montreal, Canada.

Pere Virgili lives and works in Barcelona, Spain. His illustrations have appeared in textbooks, newspapers, and magazines throughout Spain and Europe.

Born in Caracas, Venezuela, **Hermann Mejía** studied illustration at the *Instituto de Diseño de Caracas.* Hermann currently lives and works in the United States.

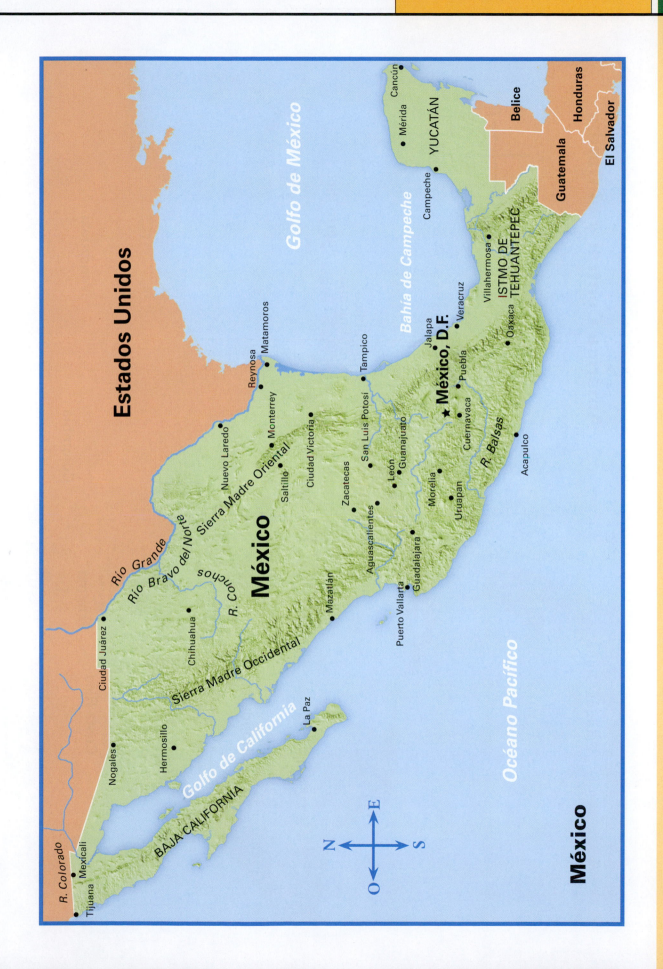

México

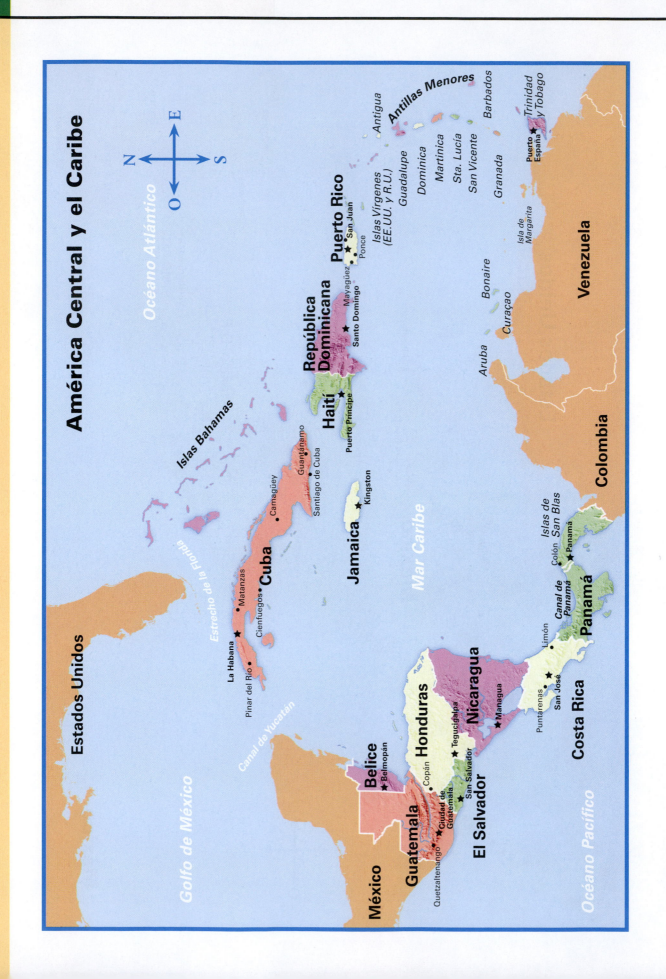

América Central y el Caribe

Estados Unidos

Golfo de México

Océano Atlántico

N E
O S

Islas Bahamas

Estrecho de la Florida

Canal de Yucatán

La Habana
Pinar del Río
Matanzas
Cienfuegos • Cuba
Camagüey
Santiago de Cuba
Guantánamo

Jamaica
Kingston

Mar Caribe

México

Guatemala
Quetzaltenango
Ciudad de Guatemala
El Salvador
San Salvador

Belice
Belmopán
Copán •
Honduras
Tegucigalpa
Nicaragua
Managua

Costa Rica
Puntarenas
San José
Limón
Colón • Panamá
Canal de Panamá
Islas de San Blas
Panamá

Haití
Puerto Príncipe
República Dominicana
Santo Domingo
Mayagüez
Puerto Rico
San Juan
Ponce

Islas Vírgenes
(EE.UU. y R.U.)

Antillas Menores
Antigua
Guadalupe
Dominica
Martinica
Sta. Lucía
San Vicente
Granada
Barbados

Isla de Margarita
Aruba
Bonaire
Curaçao

Puerto España
Trinidad y Tobago

Venezuela

Colombia

Océano Pacífico

América del Sur

Andorra

Marruecos

Islas Canarias

Lanzarote
Arrecife
Puerto del Rosario
Fuerteventura
La Palma
Santa Cruz de la Palma
Santa Cruz de Tenerife
Tenerife
Las Palmas
Gran Canaria
Gomera
Hierro

Océano Atlántico

Menorca

Mallorca
Palma

Formentera

Ibiza

Islas Baleares

Mar Mediterráneo

Melilla (Esp.)

Gerona

CATALUÑA

Barcelona

Tarragona

Lérida

NAVARRA

Pirineos

PAÍS VASCO

Pamplona

Zaragoza

ARAGÓN

LA RIOJA

España

COMUNIDAD VALENCIANA

Valencia

Alicante

Albacete

Murcia

Cartagena

San Sebastián

Bilbao

CANTABRIA

Santander

Mar Cantábrico

ASTURIAS

Gijón
Oviedo
Avilés

CASTILLA-LEÓN

Burgos

Palencia

Valladolid

Zamora

Salamanca

Segovia

Ávila

★ **Madrid**

Toledo

CASTILLA-LA MANCHA

Sierra Morena

Jaén

Córdoba

ANDALUCÍA

Granada

Sierra Nevada

Almería

Málaga

Sevilla

Huelva

Cádiz

Algeciras

Gibraltar (R.U.)

Ceuta (Esp.)

Estrecho de Gibraltar

Marruecos

GALICIA

La Coruña

Pontevedra

Vigo

Oporto

Braga

Coimbra

Serra da Estrela

EXTREMADURA

Cáceres

Mérida

Badajoz

Portugal

Setúbal

★ Lisboa

Océano Atlántico

N
O
S
E